U0771797

法学专业新兴学科、交叉学科系列

卫生健康法学

主　编　申卫星

撰稿人（以撰写章节先后为序）

申卫星　赵　敏　杨淑娟　尹　梅

石　悦　刘兰秋　满洪杰　王　岳

杨　芳　石佳友　宋华琳　武亦文

中国教育出版传媒集团

高等教育出版社·北京

图书在版编目（ＣＩＰ）数据

卫生健康法学 / 申卫星主编 . -- 北京：高等教育
出版社，2025. 6. -- ISBN 978-7-04-064741-9

Ⅰ. D922. 164

中国国家版本馆CIP数据核字第2025FX9520号

Weisheng Jiankang Faxue

策划编辑　姜　洁　　责任编辑　程传省　徐　诺　　封面设计　杨立新　　版式设计　杜微言
责任校对　刘丽娴　　责任印制　刘弘远

出版发行	高等教育出版社	网　　址	http://www.hep.edu.cn	
社　　址	北京市西城区德外大街 4 号		http://www.hep.com.cn	
邮政编码	100120	网上订购	http://www.hepmall.com.cn	
印　　刷	湖南天闻新华印务有限公司		http://www.hepmall.com	
开　　本	787 mm×1092 mm　1/16		http://www.hepmall.cn	
印　　张	25.75			
字　　数	610千字	版　　次	2025 年 6 月第 1 版	
购书热线	010-58581118	印　　次	2025 年 6 月第 1 次印刷	
咨询电话	400-810-0598	定　　价	66.00 元	

本书如有缺页、倒页、脱页等质量问题，请到所购图书销售部门联系调换

版权所有　侵权必究

物 料 号　64741-00

作者简介

（以撰写章节先后为序）

申卫星 清华大学法学院教授、博士生导师。国务院政府特殊津贴专家，第七届"全国杰出青年法学家"，首都教育先锋，北京市教学名师。美国哈佛大学富布莱特访问学者、德国洪堡学者。中国法学教育研究会副会长、中国卫生法学会副会长、中华预防医学会公共卫生管理与法治分会主任委员，国家卫生健康委员会、国家药品监督管理局法律顾问。在《中国社会科学》《中国法学》《法学研究》等期刊上发表论文100多篇，在卫生健康法学领域主编《中国卫生法前沿问题研究》《〈医疗纠纷预防和处理条例〉条文释义与法律适用》《〈中华人民共和国基本医疗卫生与健康促进法〉理解与适用》《民法典与医疗卫生健康事业：规则、原理与运用》《卫生法学原论》等。

赵敏 湖北中医药大学医学人文学院三级教授、卫生健康与中医药法治研究中心主任、博士生导师。湖北名师，卫生法省级教学团队、省级优秀基层教学组织、省级一流课程负责人，湖北省高校人文社科重点研究基地——湖北大健康产业发展研究中心主任，湖北省人大常委会立法顾问。日本北海道大学访问学者。中国卫生法学会常务理事，中华预防医学会公共卫生管理与法治分会常务委员，湖北省卫生健康法学会副会长，湖北省医院协会医疗法制管理专业委员会副主任委员。发表论文100余篇，主编《医疗法律风险预防与处理》《中国卫生法发展研究》《卫生法学》《中医药服务综合监管工作指南》《医疗暴力防控的法治方略研究》等。

杨淑娟 吉林大学公共卫生学院社会医学与医事法学系主任、教授、博士生导师。中国卫生法学会副会长、中华预防医学会公共卫生管理与法治分会副主任委员、吉林省健康管理学会健康法学委员会主任委员。从事卫生法学教育和研究工作20余年，是我国首批医事法学专业创始学校——吉林大学医事法学专业的创始人。参与国家和地方多部卫生法的立法起草、论证和研究工作，同时承担国家卫健委和地方卫健委委托的多个项目的专家论证、风险评估等智库服务，近几年主要从事公共卫生法律制度研究。参与编写《卫生法概论》等教材、著作30余部。

尹梅 哈尔滨医科大学人文社会科学学院院长、医学伦理学研究所所长、二级教授、博士生导师。全国师德标兵，黑龙江省教学名师，黑龙江省卫生系统"有突出贡献中青年专家"。中国卫生法学会副会长，黑龙江省卫生法学研究会会长，黑龙江省律师协会"一带一路"国际投资法律服务研究会专家,"世界卫生组织卫生信息和出版合作中心"专家委员会委员。主要研究领域为医学伦理学、医患沟通学、医事法学,出版专著和国家规划教材 10 余部,发表 SCI 文章及国家核心期刊文章百余篇。

石悦 大连医科大学人文与社会科学学院党总支书记、三级教授。辽宁省教学名师,辽宁省优秀教师。中国卫生法学会常务理事、中国法学教育研究会理事、中华预防医学会公共卫生管理与法治分会常委、中国研究型医院学会医药法律专业委员会委员,辽宁省法学会卫生法学研究会会长,辽宁省省级首席法律咨询专家,大连市法学会兼职副会长。在卫生健康法学领域出版专著《医疗侵权法》《医疗知情同意损害责任研究》,主编《卫生法学(案例版)》《卫生法原理与实务》,负责并主讲的"卫生法学"获国家级一流本科课程。

刘兰秋 首都医科大学医学人文学院卫生法学系教授、博士生导师,首都医科大学卫生法学研究中心主任,中国政法大学卫生健康法学研究中心兼职研究员。首都卫生管理与政策研究基地研究人员,中华预防医学会公共卫生管理与法治分会常务理事,中国医院协会医疗法制专业委员会常务理事,中国卫生法学会学术委员会委员,北京卫生法学会常务理事。北京市法学会"百名法学英才",北京市中青年骨干教师,获北京市优秀人才项目资助。在《比较法研究》《中国行政管理》《行政法学研究》等期刊上发表学术论文近 60 篇,主编、副主编著作近 10 部,主持完成国家社科基金等省部级以上课题 6 项,获北京市第十一届哲学社会科学优秀成果奖一等奖,研究成果多次被政府相关部门采纳。

满洪杰 华东政法大学中国法治战略研究院院长、卫生健康法治与政策研究院院长、教授、博士生导师。中国卫生法学会常务理事、中国法学会民法学研究会理事、中国法学会港澳基本法委员会常务理事、中国人权研究会理事、中华预防医学会公共卫生管理与法治分会常务理事,世界卫生法协会主席团成员。先后在美国威斯康星大学法学院、德国马克斯普朗克比较和国际私法研究所、加拿大麦吉尔大学等担任访问学者。出版《医疗损害责任法的体系反思与解释论构建》等专著、教材共计 16 部,在《法学家》《法学》《法制与社会发展》《当代法学》《法律科学》《法商研究》等期刊上发表中英文论文 40 余篇,主持国家社科基金项目、教育部基地重大项目等多项。

王岳 北京大学医学人文学院副院长、教授、博士生导师,医学伦理与法律学系主任,《卫生法学》杂志主编。国家免疫规划专家咨询委员会委员,北京市人民政府法律咨询专家委员会委员,国家卫健委公立医院院长职业化能力建设专家委员会法律专业委员会副主任委员,全国高等院校医事(卫生)法学教育联盟理事长。研究方向包括卫生政策与卫生法学、医学人文与医患关系、医药政策法制史。代表作有《疯癫与法律》《电影叙事中的医学人文》《医患关系与医患沟通》《医事法学》(中国台湾月旦版)以及 China's Health Situation, Policy, and Law(Royal Collins Publishing Group Inc.),在 SCI、SSCI 上发表论文 9 篇,在国内核心期刊上发表论文 50 余篇。

杨芳 安徽医科大学法学院副院长、教授,清华大学法学院访问学者,省教学名师,安徽省法学会卫生法学研究会副会长,安徽省医学伦理专家委员会副主任委员,国家卫健委能力建设和继续教育中心现代医院管理能力建设专家委员会医院人文建设分委会委员,科技部人类遗传资源项目评审专家。主讲本科生课程《民法学》《医事法学》《生命法学》,研究生课程《生命伦理与法律》《伦理学专题》。主持和参加国家社科基金项目《人类辅助生殖法律制度比较研究》《人类遗传资源安全监管法律制度研究》等，著有《高新生命技术的民法问题研究》等，主编省规划教材《卫生法学》等多部，发表学术论文 50 余篇。

石佳友　中国人民大学法学院教授，博士生导师，中国人民大学民商事法律科学研究中心执行主任。曾于巴黎第一大学和中国人民大学获得法学博士学位，兼任巴黎第二大学、巴黎第八大学、日内瓦大学、拉瓦尔大学客座教授和博士生合作导师。在《法学研究》、《中国法学》、Journal of Medical Ethics、Revue internationale de droit comparé 等国内外期刊上发表论文百余篇；出版著作《人类胚胎基因编辑立法研究》《民法典与社会转型》《民法法典化的方法论问题研究》等。

宋华琳　南开大学法学院院长，南开大学医药卫生法研究中心主任、教授、博士生导师。第十届"全国杰出青年法学家"，国家社科基金重大项目"突发重大公共卫生事件防控的法治体系研究"首席专家。中国行政法学研究会常务理事、副秘书长、政府规制专业委员会执行主任，中国卫生法学会常务理事暨学术委员会副主任委员。出版《药品行政法专论》《药品监管制度的法律改革》《药品管理立法比较研究》《药物创新立法比较研究》4 部著作，出版《牛津规制手册》《公共卫生法：伦理、治理与规制》等 8 部译著。参与《药品管理法》《疫苗管理法》《食品安全法》《化妆品监督管理条例》等法律法规起草或修改工作。

武亦文　武汉大学法学院副院长、教授、博士生导师，武汉大学"珞珈特聘教授"，武汉大学"人文社会科学优秀青年学者"，武汉大学大健康法制研究中心执行主任。中央依法治国办国家级法治人才库专家，中国法学会保险法学研究会常务理事，中华预防医学会公共卫生管理与法治分会常委，中国法学会商法学研究会理事，中国法学教育研究会理事，最高人民检察院民事行政案件咨询专家，中国保险学会智库专家，湖北省法律咨询专家，湖北省"八五"普法讲师团成员，宁夏回族自治区反垄断和公平竞争审查专家库专家，以及广州、长沙、鄂州仲裁委员会仲裁员。先后在《法学研究》《中外法学》《清华法学》《法商研究》等核心期刊上发表学术论文 30 余篇，主持国家社科基金项目、国家高端智库重点研究课题、教育部人文社会科学研究项目，以及国家市场监督管理总局、国家卫生健康委员会、中国法学会等部级研究课题和其他研究项目 10 余项。

编写说明

卫生法学教育由来已久，但在中国法学学科体系中始终没有成为一项独立的二级学科。2024 年 1 月，国务院学位委员会法学学科评议组、全国专业学位研究生教育指导委员会编制的《研究生教育学科专业简介及其学位基本要求（试行版）》正式将卫生健康法学列为法学二级学科，明确卫生健康法学是以卫生健康法及其规律为研究对象的法学学科，研究方向涵盖公共卫生法学、医事法学、药事法学、医疗保障法学等。这为卫生健康法学的学科建设和人才培养带来了难得的机遇，而学科建设最为核心的工作就是教材建设。为此，我们 12 位长期从事卫生健康法学教育的同仁，在备受鼓舞的大好形势下，几经充分深入的讨论，形成了本教材的编写团队和编写内容。

全书以习近平法治思想为指导，将卫生健康法治的理论与实践相结合，努力阐释中国卫生健康法学的自主知识体系。与过往以"卫生法学"为名的教材不同，本教材以"健康权"为核心，采总分的结构，将全书分为五编，涵盖"健康入万策"大健康理念下的卫生健康法总论、保障公共健康权实现的公共健康法、促进个体健康权实现的医事法、作为实现健康权物质基础的药事法，以及作为实现健康权筹资保障的医疗保障法。为了开阔学生视野，满足不同学生的需求，本教材还以二维码链接了相关背景材料、典型案例以及域外经验介绍等内容。

本教材面向全国高等院校法学及医学专业本科生，希望帮助同学们在"健康中国"和"法治中国"两大战略的指引下，形成健康中国法治的理念和体系，并具备熟练适用卫生健康领域 15 部法律、35 部行政法规、85 部部门规章的能力。

本教材编写队伍由来自清华大学、北京大学、中国人民大学、南开大学、武汉大学、吉林大学、华东政法大学、首都医科大学、安徽医科大学、湖北中医药大学、哈尔滨医科大学、大连医科大学等长期从事卫生健康法教育的学者组成，体现了法学与医学、综合性与专业性、理论与实践的结合，希望本教材能够不断推动中国卫生健康法学的科学化和体系化发展。

本教材具体分工（以撰写章节先后为序）如下：

申卫星：绪论，第一章，第二章，第三章，第九章第二节，第十章，第十五章第二节，各编引言；

赵敏：第四章，第六章第三节，第七章第二节，第八章第二节，第九章第一、三节，第十三章第一、二、四节，第十四章；

杨淑娟：第五章，第六章第一、二、四节，第七章第一节；

尹梅：第六章第五节，第七章第三节；

石悦：第六章第六节，第七章第四、五节，第八章第五节；

刘兰秋：第八章第一、三、四节，第十九章，第二十章第三节，第二十一章，第二十二章第三节；

满洪杰：第十一章，第十二章，第二十二章第一、二节；

王岳：第十三章第三节；

杨芳：第十五章第一、三节；

石佳友：第十五章第四、五节；

宋华琳：第十六章，第十七章，第十八章；

武亦文：第二十章第一、二节。

本教材初稿完成后，国家卫生健康委员会法规司司长赵宁同志、全国人大常委会法制工作委员会行政法室原主任袁杰同志对全书初稿进行了审读并提出了详细的修改建议，在此表示诚挚的感谢！厦门大学法学院助理教授傅雪婷及清华大学法学院博士生鲍伊帆、李卓凡作为研究助理，就教材编写做了大量的协助、整理、校对工作，在此一并表示感谢！

教材中若有不当之处，恳请各位读者批评指正！

申卫星

2024 年 8 月 30 日

目 录

第一编　卫生健康法总论

● 第三章 | 卫生健康法的基本原则 / 26

● 第四章 | 实现健康权的中国特色中医药法律制度 / 48

第二编 公共健康法

● 第八章 | 公共健康产品法律制度 / 131

第三编　医　事　法

第四编　药　事　法

● 第十九章 ｜ 医疗器械管理法律制度　　　　　　　　　　　　　　／ 314

第五编　医疗保障法

绪论
卫生健康法的时代意义

随着人类社会的发展，健康与健康权的重要性日益凸显，人们逐渐意识到卫生健康法的重要地位。卫生健康法以健康权这一事关人类福祉的基本权利为主线，以促进和实现公民健康权为己任。21 世纪以来，非典疫情和新冠疫情引发的全球性公共卫生巨大挑战、医患关系及其规范模式的调整、现代医学科学技术的快速发展，以及各国以"健康入万策"①为指导持续进行的医疗卫生体制改革，深刻地影响着人类健康权的实现，同时也呼唤着以"健康权"为核心的现代卫生健康法学的不断发展。

一、卫生健康事业发展与卫生健康法

随着全面依法治国基本方略的推进，卫生健康事业的健康发展更加需要法治的规范、引领和保障，特别是全球性公共卫生危机的不断出现、医患关系的发展和演变、现代医学科技的迅猛发展，都对卫生健康事业提出了新的挑战，亟需卫生健康法给予积极回应，推进卫生健康领域的全面法治化。

（一）公共卫生危机应对呼唤卫生健康事业法治化

"人类文明史也是一部同疾病和灾难的斗争史。"②公共卫生防治是国家治理长期以来面临的重要难题，以传染病为代表的公共卫生危机涉及人口多、影响范围广、社会影响大，深刻地影响着人类社会的发展。公共卫生健康法治对于科学、有效防治传染疾病，保障公共卫生安全，维护公共卫生事件爆发后的社会稳定，以及保障公民基本权利，都有着举足轻重的作用。

前有 2003 年的非典疫情，后有 2019 年底爆发的新冠疫情，公共卫生危机给人们带来了巨大的心理冲击，由此导致的经济、社会失序既是对国家治理与全球治理的重大考验，又警示我们必须从多维度进行反思。疾病不会消失，未来也将和人类长期共存，我们要充分认识到公共卫生建设的重要性和紧迫性，居安思危，切实加大对公共卫生建设的投入，唯有"养兵千日"，方能"用兵于关键之一时"。同时，要建立高效、敏捷、反应迅速的突发公共卫生事件应急机制，并使之产生实际效果等，这也需要法律对公共卫生系统进行整

---

① "健康入万策"（Health in All Policies，又译为"将健康融入所有政策"）是 2013 年世界卫生组织（WHO）在第八届国际健康促进大会上的主题。核心理念为基于人群健康和健康公平的原则，呼吁各国关注公共政策制定过程中的健康影响，倡导通过跨部门合作减少健康隐患。

② 习近平：《团结合作战胜疫情　共同构建人类卫生健康共同体》，《人民日报》2020 年 5 月 19 日，第 2 版。

体设计与制度创新。①

在公共卫生防治过程中，维护公众健康和保障个体权利之间有时存在着紧张关系。一方面，为了实现公共利益，公共卫生权力需对个体自由与权利加以控制，如政府运用行政权来管控明显的健康风险，对个人进行强制检测、强制治疗、强制隔离等；另一方面，为保障公共卫生安全而采取的管控措施不能超过必要的限度，如果过度侵犯公民的基本权利，不但不符合法治以及伦理的要求，反而可能对公共健康造成伤害。卫生健康法用法律的手段，在法治轨道内通过权利义务的分配，对公共善与个体善、国家权力干预与个体权利保护、社会利益与个人负担、公共健康与个人自由等加以平衡，②证成出于公共健康考虑对个体基本权利进行限制的正当性及其限度。上述公共健康法治的核心命题，在保障公众健康的同时，对公民的财产权、人身权、信息自决权等基本权利加以维护，对卫生健康事业的发展有着积极的作用。

（二）医患关系的重塑需要卫生健康法治的正确引导

随着社会的进步和患者权利意识的勃兴，医患关系模式也在悄然发生变化。从医学心理学角度，医患关系可以划分为三种基本模式：（1）主动—被动模式。这是一种较为古老的医患关系模式，该模式下医生是主动的，患者是被动的。（2）指导—合作模式。该模式下医生是主动的，患者也有一定的主动能力，但要以医生的意志为前提，医生起着决定性作用。（3）共同参与模式。该模式强调平等的医患关系，医患双方有着同等权利，相互依存、相互配合，共同参与医疗方案的制定和实施，是一种较为理想的医患关系模式。③

在我国，随着改革开放以来社会主义市场经济的深入发展，社会治理模式发生了重大变迁，医患关系的模式也从过去的"主动—被动模式"转向"引导—合作模式"，并逐步过渡到现代社会所倡导的"共同参与模式"。过去行政管理思维模式主导下的立法更加强调医师的权威，相对忽视了患者的自决权，无法适应当前医患关系的现实需求。在传统医患关系模式下，医患关系面临信任危机，医患纠纷日益增多，甚至出现了伤医乃至杀医的恶性事件，极大影响了民众健康权的实现，也阻碍了医疗卫生事业的发展。

随着权利意识和法治观念的不断深化，在全面依法治国的背景下，一切社会关系都被纳入法治化轨道，在医疗领域通过卫生健康法治建设恢复医患之间的信任，成为引导医患关系模式转换、重塑现代新型医患关系的"重中之重"。④卫生健康法以法治的思维和法治的方式化解医患矛盾，构建和谐的医患关系，合理解决医患纠纷，维护正常的医疗关系，进而推动医疗卫生事业的发展，在医疗服务工作中，坚持医患双方平等和医患权利义务平衡的理念，推动实现医疗卫生服务领域的法治化。

---

① 参见申卫星：《公共卫生法治建设：意义、价值与机制》，载《暨南学报（哲学社会科学版）》2022 年第 1 期。

② 参见郭杜婧怡、任天波、姜彩霞：《应对突发公共卫生事件中伦理困境的策略研究》，载《中国医学伦理学》2023 年第 4 期。

③ Szasz T S, Holender M H, "A Contribution to the Philosophy of Medicine: the Basic Models of the Doctor-patient Relationship", *JAMA Internal Medicine*, 1956, 97 (5): 585–592.

④ 参见申卫星：《医患关系的重塑与我国〈医疗法〉的制定》，载《法学》2015 年第 12 期。

（三）现代医学技术发展推动卫生健康法治体系的变革

19世纪晚期以来，现代医学取得了一系列斐然成就。特别是21世纪以来，生命科学蓬勃发展，分子生物学和以基因工程为核心的生物技术发展迅速，如计算机、电子显微镜、同位素、激光、超声显像、免疫疫苗、基因技术、光导纤维、人工器官、精准医疗……现代科技的发展和医疗新方法新技术的探索，都在指引着人类揭示生命的奥秘，也极大地改变了人类的生存质量和生活预期。

不可忽视的是，新兴医学技术的发展往往也意味着技术风险的扩大。医疗伦理失信现象屡禁不止，从轰动全世界科技界和法律界的基因编辑婴儿事件，[①] 到问题疫苗事件，再到频发的冷冻胚胎纠纷，都严重阻碍着我国医疗卫生事业的发展。现代医学技术不断进步，科技诊疗手段不断增多，相应的医疗过程及其结果反而蕴含了更大的不确定性。为应对现代医学技术带来的风险挑战，我国已经有针对性地出台了《基本医疗卫生与健康促进法》《生物安全法》等法律和《人类辅助生殖技术管理办法》《涉及人的生物医学研究伦理审查办法》《医疗技术临床应用管理办法》等多层次法规、规章，但距离将医学技术发展体系化纳入法治轨道尚有距离。"察势者明，趋势者智"，建立全面、现代的卫生健康法治体系刻不容缓。

一方面，新兴医疗技术的创新发展，需要法律的规范和引导，以防范技术的"双刃剑"风险，避免医学的创新发展导致人的尊严的消减；另一方面，医学技术的创新也给既有法律体系提出了挑战，需要国家相关部门修改、调整、优化现有的法律规范，变革、重塑现代卫生健康法治体系。

二、"从生到死"终极关怀与卫生健康法

卫生健康法与人的联系十分紧密，可以说体现了对人"从生到死"全面系统的终极关怀。[②] 卫生健康法学始终以问题为主导，以健康权为主线，以促进人类健康为使命，是一个深富人文主义精神的法学领域。

（一）从生命的孕育到出生的卫生健康法律问题

一个生命的诞生对于父母和子女都是一生中的一件大事，对卫生健康法来说，这是一个不容忽视且需要进一步加强的重要领域。围绕生命的孕育和出生存在的生育权问题、人工生殖中试管婴儿的法律地位问题、代孕协议引发的法律纠纷的处理问题、胎盘和脐带血的归属和处分问题等，都值得认真研究。

第一，生育权所涉及的法律问题。随着人们权利意识的加强，近年来关于生育权的纠纷屡屡见诸报端，其中不乏值得深思的学理与司法问题。例如，单身女性是否享有生育权？夫妻或同居双方避孕协议的效力如何？未经男方同意，女方私自堕胎，是否侵犯了男方的生育权？对此，卫生健康法予以积极回应。例如，《吉林省人口与计划生育条例（2021修正）》第29条规定："达到法定婚龄决定不再结婚并无子女的妇女，可以采取合法的医学辅助生育技术手段生育一个子女。"不过，上述规定也给人们留下了新的思考：

---

① 参见王岳、吴焱斌：《论基因治疗研究投资行为的伦理审查》，载《法治社会》2022年第2期。
② 申卫星：《从生到死的民法学思考：兼论中国卫生健康法学研究的重要性》，载《湖南社会科学》2011年第2期。

如果承认了主观上希望单身生育的妇女的生育权，单身生育的方式是否可以自由选择？单身女性是否可以冻卵？推而广之，男性的单身生育权是否也应该被保护？对于上述问题，本书在第三编"医事法"部分，以健康伦理为视角进行了研究。

第二，人工生殖中试管婴儿的法律地位。试管婴儿引起的问题很复杂，在婴儿的生物学父亲、生物学母亲、法律上的父亲、法律上的母亲中，谁具有法律和道德上的义务和权利？把"婴儿"当作"物品"来生产，是否人道？试管婴儿是否享有一定的权利？2001年，卫生部颁布了《人类辅助生殖技术管理办法》和《人类精子库管理办法》，规定人类辅助生殖技术和人类精子库实行严格的审批准入管理，同时也规定了人类辅助生殖技术应用、人类精子库设置以及精子采集与提供等方面的原则和规范。这些问题随着医疗实践的发展逐渐成为卫生健康法学需要持续研究解决的现实问题。

第三，出借子宫协议纠纷以及代孕母亲的法律地位。《人类辅助生殖技术管理办法》第3条第2款规定，"禁止以任何形式买卖配子、合子、胚胎。医疗机构和医务人员不得实施任何形式的代孕技术"。但实践中代孕婴儿的现象仍屡见不鲜，引发了一系列法律、伦理与道德困境。到底谁才是婴儿真正的母亲？一方面，"代孕"生出的婴儿虽然遗传特质完全同精子、卵子提供人一致，但由于"代孕母亲"经过10个月的孕育，会对新生婴儿产生感情，容易引起婴儿归属问题纠纷；[1]另一方面，虽然婴儿在遗传物质上与提供精子、卵子的个体完全一致，但在法律上很难判断该婴儿的真正母亲究竟是提供卵子的母亲还是提供子宫的母亲。[2]综上，对于如何处理代孕合同纠纷，以及代孕母亲的法律地位等问题，社会仍然存在很大的争议，亟待法律回应。全国首例由代孕引发的监护权纠纷案已于2015年宣判。[3]该案受理法院在自然血亲关系父亲的确定上采"血缘说"，而在自然血亲关系母亲的确定上，不采纳"契约说""子女最佳利益说""血缘说"，而坚持"分娩说"，主张"分娩者为母"。

（二）生命存续期间的卫生健康法律问题

第一，医患间的合同与侵权关系。生命存续期间的法律问题首先涉及的就是医患间的合同与侵权关系。一方面，医疗合同是特殊的非典型合同。债法关系上的主给付义务、从给付义务、附随义务以及不真正义务在医疗合同中表现得最为明显和突出，需要利用债法关系上的义务群理论这一"债法理论的核心"[4]来分析医疗服务合同的诊断义务、检验义务、治疗义务、护理义务等给付义务和照顾义务、保密义务等附随义务，以及如实陈述病情、遵守

【典型案例】
邢某某、顾某诉神州中泰（武汉）健康咨询服务有限公司合同纠纷案

---

① 美国的判例法下，代孕母亲事后反悔而主张自己为婴儿法律上母亲的案件时常发生。例如，在 In the Matter of Baby M，109 N. J. 396，537 A. 2d 1227（1988）一案中，Stern 先生与 Whitehead 夫人签订了代孕协议，约定通过人工生育辅助技术将 Stern 先生提供的精子植入 Whitehead 夫人体内，由其代孕生育一名婴儿。Whitehead 夫人承诺，等婴儿出生交给 Stern 先生后，她将放弃其作为法律上母亲的权利。然而，等到新生儿落地后，Whitehead 夫人无法割舍其对孩子的情感依恋而拒绝交出孩子。于是，就出现了两个家庭抢夺婴儿的情况。类似的案件还有 Johnson v. Calvert 5 Cal 4 th 84（Supreme Court of California 1993），R. R. v M. H. 689 N. E. 2 d 790（Mass. 1998）。

② 就谁是孩子法律上的母亲的纠纷也时有发生。例如，在 Culliton v. Beth Israel Deaconess Medical Center 756 N. E. 2d 1133（Mass. 2001）一案中，原告是新生婴儿的基因父母，被告是代孕母亲，双方就谁是孩子法律上的母亲发生争执并诉诸法庭。法院最后认定原告为该名孩子法律上的父母。

③ 参见上海市第一中级人民法院（2015）沪一中少民终字第 56 号民事判决书。

④ 参见王泽鉴：《债法原理（一）》，中国政法大学出版 2001 年版，第 34—48 页。

医嘱等不真正义务。另一方面，医疗损害责任也是重要的医疗卫生健康法问题，包括医疗技术损害责任、医疗伦理损害责任和医疗产品损害责任等类型，[①]这些内容都会在本书第三编"医事法"部分详细展开阐述。

第二，知情同意原则与患者隐私保护问题。知情同意原则（principle of informed consent）是民法上私法自治原则在医患关系上的具体化，是医患关系的根本原则。在传统医疗观念下形成的"法律文件模式"，或是在"家长主义"观念下形成的"共同决定模式"，都不足以回应新时代的医患关系问题。告知主体、告知对象、告知内容、告知形式和告知程度，以及同意的主体、同意能力的判断、同意的要求等问题，一方面是私法自治原则在医疗领域的具体化，另一方面也会促进私法自治原则的发展。

第三，器官捐献和移植所涉及的法律问题。在代表现代生物医学最高成就的基因疗法、人工生殖和器官移植三大领域，器官移植的医学和法律实践最为成熟，取得了举世公认的重大进展。除涉及道德伦理争论外，器官捐献和移植在法律上也有诸多问题。在总结既往经验和凝聚广泛共识的基础上，国务院对 2007 年制定的《人体器官移植条例》进行了修订，自 2024 年 5 月 1 日起实施修订后的《人体器官捐献和移植条例》，不仅对立法理念进行了调整，而且建立了从器官捐献、器官获取、器官分配到器官移植监管的全流程工作体系，将进一步推动器官捐献和移植领域的法治化进程。[②]

第四，以人体为试验对象的法律问题。人体试验是医学发展不可或缺的部分，对于新药研发者了解掌握新药疗效和毒性、副作用具有不可替代的权威观测意义。在人体试验中如何保护受试人的权益[③]，成为我国当前法律规制和法学研究的重点。另外，对于特殊人群，如无民事行为能力人、限制民事行为能力人、失去自由的人、孕妇、胎儿等作为受试者，其权益如何给予特殊保护？[④]受试者是否可以任意反悔？受试者对医院或者试验单位要承担什么样的责任？知情同意书的说明义务应如何履行？受试者出现功能性障碍、残疾、死亡情况时的费用和补偿如何计算？医院能否因为在知情同意书中写明相应的免责条款就可以免责？卫生健康法需要对上述问题进行研究，在保证受试者不会受到不必要伤害的同时，促进医药产业的健康发展。

第五，基因技术的应用。21 世纪以来，基因技术取得了巨大进步，但同时也给我们所处的时代带来了多维风险。2019 年 12 月 30 日，"基因编辑婴儿"案一审宣判，[⑤]人类基因技术上的不确定性风险、伦理性风险、公平性风险和合法性风险，再一次引起了社会的广泛关注和担忧。《民法典》第 1009 条[⑥]为基因研究划定了边界。本书以此为研究视角，在第三编"医事法"的医疗伦理章节关注基因权利立法，明确如何保护基因隐私权、解决

---

① 杨立新：《医疗损害责任研究》，法律出版社 2012 年版，第 1—21 页。

② 申卫星：《人体器官捐献和移植迈上法治化新台阶》，载《中国卫生》2024 年第 1 期。

③ 《民法典》第 1008 条规定："为研制新药、医疗器械或者发展新的预防和治疗方法，需要进行临床试验的，应当依法经相关主管部门批准并经伦理委员会审查同意，向受试者或者受试者的监护人告知试验目的、用途和可能产生的风险等详细情况，并经其书面同意。进行临床试验的，不得向受试者收取试验费用。"

④ 参见罗蓉：《医学研究中人体试验的保护》，斯科特·伯里斯、申卫星主编：《中国卫生法前沿问题研究》，北京大学出版社 2005 年版，第 251—256 页。

⑤ 《聚焦"基因编辑婴儿"案件》，《人民日报》2019 年 12 月 31 日，第 11 版。

⑥ 《民法典》第 1009 条规定："从事与人体基因、人体胚胎等有关的医学和科研活动，应当遵守法律、行政法规和国家有关规定，不得危害人体健康，不得违背伦理道德，不得损害公共利益。"

基因歧视问题、规制基因实验多维度风险，在研究自由、技术进步、风险防范和权利保护等方面予以衡平考量，以维护人的尊严、自由和社会安全。

（三）因生命结束而引发的卫生健康法律问题

古人云："死生亦大矣。"死亡具有重要的法律意义。法律对生命的终极关怀，同样体现在因生命结束而引发的法律问题上。

第一，缓和医疗与临终关怀问题。随着生命质量概念的提出和全人类健康照护理念在世界范围内的发展，缓和医疗作为一门新兴学科愈加受到重视。然而，在操作层面，缓和医疗还存在诸多具体的法律问题有待解决，包括缓和医疗的基本条件、缓和医疗和安乐死的界限、患者自主决定权的行使和预先指示的适用条件、不实行心肺复苏术意愿书的法律效力以及主治医师的法律义务、医疗代理人决策权的法律边界等。未来我国需要在借鉴相关立法经验的基础上，完善缓和医疗的适用前提、医疗决定权、医生义务等内容，促进缓和医疗的发展。[①]

第二，安乐死之争。"安乐死"一词来源于希腊文 Euthanasia，意思是无痛苦的、幸福的死亡。安乐死有广义和狭义之分，广义的安乐死是指一切健康原因导致的死亡，包括任其死亡和自杀。狭义的安乐死则局限于对患有不治之症的病人或死亡已经开始的病人，不再采取人工的方法延长其生命，或者为使病人不再遭受剧烈疼痛的折磨而不得不对其使用加速死亡的药物。从 20 世纪 30 年代起，各国围绕安乐死应否合法化展开激烈论战。什么条件下才可以实施安乐死？如何区分对待主动安乐死与被动安乐死？何为安乐死中的"无痛苦"？什么叫作"确实无法挽救的病人"？只有上述问题得以回答，安乐死制度才能充分完善，不违背社会的伦理道德。卫生健康法立足医疗伦理，在厘清相关医疗措施概念差异的基础上，通过妥善界定医生救治义务的边界、处理患者家属的定位等，妥善处理安乐死的合法性问题。

第三，遗体的性质与法律保护。关于遗体的法律属性，学界并未形成一致见解。遗体是否能被评价为民法中的"物"？如何评价和平衡遗体之上的所有权与人格利益的双重因素？"死者生前意愿"和"公序良俗"对遗体的法律保护会产生什么影响？在法教义学体系中，对上述问题的一个基本的判断是，人死亡后不再是法律关系的主体，而是法律关系的客体，作为客体其性质只能是"物"。同时，遗体是一种特殊的"物"，其上负载着亲人的情感，所以只能用于祭祀、火化和器官捐献。[②]

人从出生之时（甚至出生之前）起就面临很多法律问题。在成长过程中，没有人永远不和医院、医疗、医药、医保打交道。每个人都会面临死亡，而末期疾病的治疗、临床关怀与安宁疗护、安乐死、脑死亡乃至死后诸事等一系列问题，都需要法律认真面对，由此，卫生健康法学的重要意义也才能得到体现。

三、医疗卫生体制改革与卫生健康法

医学的发展一靠技术，二靠体制。医学首先是一门科学，技术在促进医学发展方面

---

① 赵雪帆、申卫星：《缓和医疗立法的问题、经验与构建》，载《中国卫生产业》2019 年第 17 期。
② 参见申卫星：《论遗体在民法教义学体系中的地位——兼谈民法总则相关条文的立法建议》，载《法学家》2016 年第 6 期。

起着主要的作用。同时，医学的发展也离不开体制的革新与发展。医疗卫生体制从两方面为医学发展保驾护航：一是提高医生诊疗的积极性，二是提高医疗服务的可及性与可负担性。总之，治病首先是一个医学问题，法律与医疗卫生体制虽不可直接治病，但能够通过建立科学的体制机制，使治病更加有质量、更加有效果。技术与体制相互作用、密不可分，共同促进着医学的发展与进步。

医疗卫生制度是在一定的经济、政治、社会和价值取向等多方面因素的共同影响下逐渐形成的，它植根于政治、经济环境，受人们意识观念的影响。根据我国经济体制的发展，以及影响医疗卫生服务体系变迁的重大政策、事件，我国的医疗卫生体制大体可以划分为三个阶段。

第一阶段是 1949—1978 年计划经济时期的医疗卫生体制。此阶段我国在农村和城市分别建立了三级网，中国医疗卫生服务体系的根基在这个时期基本形成，这一时期的医疗卫生制度被称为"福利国家模式"。[1]但计划经济的低效率导致医疗卫生服务的总体技术水平较低；经济、社会发展的不平衡状况导致地区之间、城乡之间在医疗服务体系发展和医疗保障水平上存在很大差距；过分严格的政府计划管理，一定程度上影响着医疗服务机构及医疗人员的积极性。[2]

第二阶段是 1978—2009 年的医疗卫生体制。此阶段我国实现了城市医院的分级管理，建立了包括城镇职工医疗保险、城镇居民医疗保险及新型农村合作医疗的医疗保障制度，在 2003 年非典疫情后还建立了公共卫生投入体系，医疗卫生体制从"福利国家模式"向"社会保险模式"转变。但随着医院由政府资助的公益性机构转变成基本上自负盈亏的组织，整个医疗服务体系开始走上市场化的道路。

第三阶段是 2009 年至今的医药卫生体制。2009 年中共中央、国务院发布了《关于深化医药卫生体制改革的意见》，标志着新一轮医改的正式启动。新医改从三方面入手，对医药卫生体制进行改革：一是加大政府的投入；二是把基本医疗卫生制度重新作为公共产品，明确由政府提供；三是建立基本药物制度，明确提出解决以药补医问题，实行医药分开，以及进行公立医院改革，吸引各种资本进入医疗领域，形成竞争办医疗的格局等。党的十八大期间提出建设健康中国，而党的十九大把健康中国战略上升到了国家战略高度层面。2021 年，国务院发布的《国民经济和社会发展第十四个五年规划和 2035 年远景目标纲要》要求在 2035 年建成健康中国，并将深化医药卫生体制改革，以提高医疗质量和效率为导向，以公立医疗机构为主体、非公立医疗机构为补充，扩大医疗服务资源供给等，作为健康中国建设的战略目标。

在推进健康中国建设的道路上，新医改尚存在一些亟待攻克的问题。一是，现阶段我国政府实际上仍是医疗资源的主要配置者，医疗在政府提供的制度框架内由医患双方通过交易实现平等竞争的结构尚未形成。[3]二是，公立医院改革未能解决医疗资源配置效率较

---

[1]　陈永正、李珊珊、黄滢：《中国医改的几个理论问题》，载《财经科学》2018 年第 1 期。

[2]　黄滢、李珊珊、骆前秋等：《中国医疗卫生改革的思考》，四川大学出版社 2016 年版，第 1—20 页。

[3]　陈永正、李珊珊、黄滢：《中国医改的几个理论问题》，载《财经科学》2018 年第 1 期。

低的问题。在公立医院改革增加医疗供给的同时，医疗成本也在不断增高，[①]抵消了不断增长的医疗供给。只有破解了高成本难题，才能真正解决看病难和看病贵的问题。此外，我国医疗系统还存在医疗资源配置不均、医疗服务利用不合理等问题。[②]

我国医疗卫生体制改革已经进入深水区，因此，必须深入研究并解决医改的关键问题，方能实现医改的基本目标。

第一，理顺医疗卫生体制改革中政府与市场的关系。一方面，医药卫生服务具有公益性质，政府有责任保障人民可以公平地享有基本的医药卫生服务，合理配置医疗资源；另一方面，要发挥市场的作用，积极鼓励社会办医，形成公立医院、私立医院、非营利性医疗机构、医师协会成员和单个医生多元竞争主体格局，改善医疗供方过于垄断的问题。[③]

第二，健全基本医疗保障制度，提高医疗服务的可及性和可负担性。在统一的、全覆盖的医疗保障制度之外建构医疗救助制度，同时将公共卫生服务与医保结合，使医保由原先的单纯购买医疗服务向购买预防、康复等综合型医疗服务发展。[④]此外，还应提高并均衡医疗保障待遇水平，加强医疗保险管理，提高基金使用效率，进一步完善基本医疗保障制度。

第三，深化公立医院改革，优化资源配置，加快基层医疗机构建设。一方面，从回归公立医院的公益性、规范混合所有制医院、提升医院的管理专业化、把握经济新常态以处理好医疗中的利益平衡等方面入手，深化公立医院改革；[⑤]另一方面，健全城乡基层医疗卫生服务网络，加快建设分级诊疗体系，积极发展医疗联合体，加强基层医疗卫生机构能力建设和人才培养，提高服务水平，促进城乡一体化和医院与社区一体化的发展。[⑥]

第四，提高医疗资源配置的效率，控制医疗费用支出。一方面，要建立医疗价格增长的识别机制，厘清供给诱导需求和技术进步的边界，建立适宜和先进医疗技术库，针对常见病症使用适宜技术；另一方面，先进医疗技术的推广应审慎而行，按照先试点、再示范、后推广的方法稳步推进。[⑦]

第五，进一步完善基本药物制度，建立科学合理的药价形成机制。对市场竞争准备充分的药品，政府放开药价，简政放权，能充分发挥市场资源配置的作用。应进一步推进仿制药一致性评价、促进市场良性竞争，同时完善医疗保险付费机制和药品价格市场监督机制。[⑧]

以上医疗卫生体制改革的推进会伴随产生许多新的法律问题，使得卫生健康法治建设

---

① 世界银行和世界卫生组织与我国财政部、国家卫计委、人力资源和社会保障部联合撰写并于 2016 年 7 月 22 日发布的《中国医药卫生体制改革联合研究报告》指出，我国卫生支出在 GDP 中所占比重将从 2014 年的 5.6% 增至 9% 以上，即从 2014 年的 3.5 万亿元增加到 2035 年的 15.8 万亿元，这种医保系统高成本难题已经上升为我国医改的战略性问题。

② 雷鹏等：《中国医疗资源配置与服务利用现状评价》，载《卫生经济研究》2019 年第 5 期。

③ 陈永正、李姗姗、黄滢：《中国医改的几个理论问题》，载《财经科学》2018 年第 1 期。

④ 王坤等：《我国公共卫生体系建设发展历程、现状、问题与策略》，载《中国公共卫生》2019 年第 7 期。

⑤ 秦宇、杨纲：《公立医院改革路在何方》，载《医学争鸣》2017 年第 2 期。

⑥ 陈中楼：《"四大问题"拷问新医改——新形势下医改面临的重大问题及对策思考》，载《财税监督》2014 年第 33 期。

⑦ 高春亮、余晖：《新医改能遏制医疗支出上涨吗》，载《江海学刊》2019 年第 3 期。

⑧ 宋燕：《新医改后药品价格形成及其影响因素研究》，载《价格理论与实践》2019 年第 2 期。

的价值更加凸显。健康权的实现程度与一国的医疗卫生体制关系密切，医疗卫生体制改革天然地需要卫生健康法学的指导，同时也会推动我国卫生健康法学的变革。

四、健康中国战略与卫生健康法治

2016 年，全国卫生与健康大会召开，中共中央、国务院印发《"健康中国 2030"规划纲要》，明确了"以基层为重点，以改革创新为动力，预防为主，中西医并重，将健康融入所有政策，人民共建共享"的卫生与健康工作方针，明确了推进健康中国建设的宏伟蓝图和行动纲领。党的十九大报告进一步提出要"实施健康中国战略"，党的二十大报告将"建成健康中国"作为 2035 年我国发展的总体目标之一。

法者，治之端也。"健康入万策"，首先要"入法"。《法治中国建设规划（2020—2025 年）》提出："加强保障和改善民生、创新社会治理方面的法律制度建设，为推进教育现代化、实施健康中国战略、维护社会治安等提供有力保障。"《法治中国建设规划（2020—2025 年）》将法治中国的治国方略与健康中国的发展战略相结合，并将公共健康治理的转型问题提上议事日程。健康中国战略为公共健康治理提供了方向和目标，法治中国战略为国民健康治理规划出了方式和途径。[①] 卫生健康法治以健康权为其最高宗旨与核心理念，[②] 应承担起推动健康中国建设的担当。强化法治之力，赋能健康中国，已经成了社会共识。[③]

卫生健康法治，是指卫生健康体系的运行需要符合"办事依法、遇事找法、解决问题用法、化解矛盾靠法"的特征。[④] 卫生健康法治的目标是尊重、保护和实现公民的健康权，以及保障由此产生的其他相关权利和利益的依法调节和依法分配。在健康中国的建设中，卫生健康法治发挥着以下几方面的作用：

第一，卫生健康法治回应医疗卫生事业的发展需要，规范和引领卫生和健康事业的发展。与日益增长的健康需求相比，医疗卫生资源仍然具有较大缺口，卫生资源分布不均衡、资源不足、医药产业发展水平有待提升等问题仍然存在。在这种情况下，卫生健康法治通过巩固和完善基本医疗卫生服务体系、建设基层医疗服务网络和全方位全周期的服务体系、建立医疗机构分类管理体制和多层次的医疗保障体系、明确药品供应保障体系等，积极保障健康资源分配的可获得性和公平性，推动健康中国建设。

第二，卫生健康法治贯彻大健康理念，强调生命全周期和全方位的健康保障，将传统的以治病为中心转变为以人民健康为中心，突出健康权这一公民享有的基本权利的核心地位，从而有力地保障健康中国战略的实施。除"公民是自己健康的第一责任人"外，政府也需要尊重并保护公民健康权。这不仅是推进国家治理体系和治理能力现代化的重要组成部分，也是健康中国战略的内在要求。卫生健康法在国家与公民之间分配权利（力）与义

① 参见董文勇：《国民健康治理顶层设计及健康基本法的战略定位——层次、视角和本位的立法选择》，载《河北法学》2018 年第 11 期。
② 参见王晨光：《论以保障公民健康权为宗旨打造医药卫生法治的坚实基础》，载《医学与法学》2016 年第 1 期。
③ 参见王晨光：《论以保障公民健康权为宗旨打造医药卫生法治的坚实基础》，载《医学与法学》2016 年第 1 期；江必新：《实现医疗法治　推进健康中国建设》，载《人民法治》2017 年第 1 期。
④ 参见莫纪宏：《法治思维和法治方式的核心是"依宪治国"》，载《前线》2013 年第 3 期。

务（责任），明确了政府在健康领域负有的不可推卸的职责、政府发挥作用的方式以及政府行为的负面清单，为健康中国保驾护航。

第三，卫生健康法治通过常态化的、稳定的机制，为健康中国建设提供了可靠的制度保障。一方面，我国卫生健康法的制定为国家的医疗卫生事业的发展提供了法律依据，建立了一个以卫生健康法为主体，卫生部门规范为辅助的全面的卫生健康法律法规体系，为我国医疗卫生事业的发展提供了健全的法律环境，也为卫生健康法的实施提供了制度前提，另一方面，卫生健康法治要求社会主体自觉遵守卫生健康法相关规定、国家机关根据法定权限和程序执行与适用卫生健康法律、解决卫生领域的纠纷，使得卫生健康法的目的得以实现，卫生健康法的作用与社会效应得以发挥，进而有力地保障我国医疗卫生事业的健康发展。

本章思考题

1. 请结合我国医疗卫生事业的发展，谈谈学习卫生健康法学的重要意义。
2. 请根据你的生活经验，谈谈卫生健康法学与人们生活的密切联系。
3. 请结合"法治中国"方略和"健康中国"战略，谈谈你对卫生健康法治建设的建议。

第一编
卫生健康法总论

　　卫生健康法学是以卫生健康法律规范及其规律为研究对象的法学新兴学科，主要研究对象包括有关公共健康服务的法律规范，有关医疗服务主体及医疗行为的法律规范，有关药品与其他医疗健康产品的法律规范，有关医疗社会保险、健康保险、社会救助、互助保险的法律规范，以及其他卫生健康法律事务，研究方向涵盖公共健康法学、医事法学、药事法学和医疗保障法学。

　　作为一个新兴二级学科，卫生健康法学以"大健康"为目标和指引，对传统卫生法学进行迭代更新。从"大健康"视角观察，在中国特色社会主义法律体系中，涉及"健康权"保障的共有15部法律、35部行政法规、85部部门规章、480余部地方性法规，在这一庞大的卫生健康法律体系中，以"健康权"为核心可以实现卫生健康法的体系化。其中，公共健康法是针对群体健康权的法律规范，医事法是针对个体健康权的法律规范，药事法等健康产品法是健康权得以实现的物质基础，而医疗保障法则是实现健康权的筹资保障。

　　本教材以"健康权"为内在逻辑展开，第一编卫生健康法总论是对作为分论的公共健康法、医事法、药事法、医疗保障法提取公因式而形成的卫生健康法学基本理论，作为分论的第二编至第五编则是基于群体健康权、个体健康权、健康权的物质基础、健康权的筹资保障等健康权的不同面向展开形成的理论体系。

第一章
卫生健康法的调整对象和法律体系

　　法是社会关系的调整器，任何一个部门法都以一定的社会关系为调整对象，从而使其成为有别于其他法律部门的独立的法律体系。卫生健康法也有其独立的调整对象和由此形成的法律体系。

第一节　卫生健康法的调整对象和学科独立性

一、卫生健康法的调整对象

　　卫生健康法以健康权的实现所引发的社会关系为调整对象，涉及国家、各类社会组织和公民个人在卫生健康活动中形成的各种社会关系。因卫生健康法有着不同的面向，公共健康法、医事法、药事法、医疗保障法也各自有着不同类型的调整对象。

　　对于卫生健康法调整对象，不同学者分别以法律部门[1]、调整对象的内容[2]或法律部门和调整对象的内容为标准[3]进行分类。综合这些学说，可以看到卫生健康法同时调整公共健康关系、医疗健康服务关系、健康产品关系、医疗保障关系等各类卫生健康法律关系，涉及宪法、行政法、经济法、民法、商法、诉讼法、证据法、国际法、刑法、社会法等多个法律部门，[4]具有明显的广泛性、交叉性和复合性。因此，学好卫生健康法学不仅需要具备法学和医学的交叉学科素养，在法学内部也需要具备多个部

---

[1]　樊立华主编：《卫生法律制度与监督学（第3版）》，人民卫生出版社2012年版，第4—6页。石超明主编：《卫生法学》，武汉大学出版社2010年版，第9页。张静、王萍主编：《卫生法学》，西南师范大学出版社2008年版，第10页。黎东生主编：《卫生法学》，人民卫生出版社2013年版，第11页。

[2]　蒲川、王安富主编：《医事法学》，西南师范大学出版社2008年版，第7页；孙东东主编：《卫生法学（第2版）》，高等教育出版社2011年版，第6页。

[3]　吴崇其、张静主编：《卫生法学》，法律出版社2012年版，第21页。

[4]　关于卫生健康法涉及的法律部门，可参见陈云良主编：《卫生法学》，高等教育出版社2019年版，第1—10页；张静、赵敏：《卫生法学》，清华大学出版社2014年版，第13页；樊立华主编：《卫生法律制度与监督学（第3版）》，人民卫生出版社2012年版，第4页；张静、王萍主编：《卫生法学》，西南师范大学出版社2008年版，第23页。

门法的基础知识，并需要坚持问题导向，综合运用各部门法学知识来解决健康权实现的难题。

二、卫生健康法的学科独立性

在"卫生健康法"这个概念提出之前，学界多以"卫生法"来指称这个领域，[1] 对于"卫生法"能否成为独立的法律部门，从卫生法产生至今，相关的争论从来没有停止。[2] 卫生法学科独立性存在争论的主要原因就在于，前述提到的卫生法调整对象的复合性，使得部分学者认为其缺乏独立性。

反对者认为，卫生法并不是严谨的法律领域，它与各个主要部门法都有联系，包括民法、刑法、行政法等，其并不是一个封闭的、完善的法律体系，而是带有一定开放性的、诸多法律交织的体系。甚至有学者认为，卫生法更多是历史的产物，而不是成体系的、概念化的组织体。[3] 然而，哈佛大学法学院教授艾纳·埃尔豪格（Einer R. Elhauge）认为，尽管卫生健康法学还不是一个连贯的、有组织的法律领域，其基本原则的确定也还存在争议，但是这并不能够阻碍它成为独立的法律部门。换言之，对那些有组织的法律领域而言，其基本原则也并非没有争议，出于卫生健康法在实践中的重要性，其独立地位应当得到认可。[4]

国内支持卫生健康法作为独立法律部门的学者，更多从划分部门法的标准入手进行研究，认为卫生健康法具有独特的调整对象、调整方式、功能、特征和独立的法律体系，因此是一个独立的法律部门。[5] 也有学者从卫生健康法的发展及性质的角度揭示其部门法的形成过程，认为卫生健康法是社会法领域又一独立的法律部门，其调整对象和调整方法具有社会法的综合属性、科学性、技术规范性和伦理道德性。[6] 还有学者不是从"划定卫生健康法势力范围"的角度去思考卫生健康法的独立性，而是从卫生健康法的价值目标——以追求人的生命健康为最大利益的角度考虑，认为要实现这一法益，必然要求卫生立法形成体系，以实现其部门法的内容扩张和功能勃兴。[7]

---

[1] 当然也有使用"医事法""医疗法""医疗卫生""生命法""健康法""生命健康法"等概念的，相较而言，使用"卫生法"的为多数。今后，在更加广阔的"大健康"理念指导下，将以"卫生健康法"取代"卫生法"。

[2] 持肯定说的学者及其论述可参见刘莘、覃慧：《卫生法理论体系建构的前提》，载《行政法学研究》2015年第4期；石超明、何振主编：《卫生法学（第2版）》，武汉大学出版社2014年版，第15—16页。持否定观点的学者及其论述可参见李筱永：《卫生法学的概念及基本范畴辨析》，载《医学与社会》2011年第8期；钱矛锐：《论卫生法的部门法属性》，载《医学与哲学（人文社会医学版）》2008年第2期；陈绍辉：《卫生法地位研究》，载《法律与医学杂志》2005年第2期。事实上，不仅在我国，这个问题在国际层面也是研究的热点。例如，哈佛大学法学院教授Einer R. Elhauge在2006年的一篇论文中专门回应了关于卫生法学可独立性的问题，See Einer R. Elhauge, "Can Health Law Become a Coherent Field of Law", *Wake Forest Law Review*, 2006.41（2）.

[3] 李筱永：《卫生法学的概念及基本范畴辨析》，载《医学与社会》2011年第8期，第77—86页。

[4] Einer R. Elhauge, "Can Health Law Become a Coherent Field of Law", *Wake Forest Law Review*, 2006.41（2）.

[5] 吴崇其、张静主编：《卫生法学》，法律出版社2012年版，第35—36页；石超明、何振主编：《卫生法学》，武汉大学出版社2014年版，第15—16页；石超明、何振主编：《卫生法学》，武汉大学出版社2014年版，第15—16页。

[6] 钱矛锐：《论卫生法的部门法属性》，载《医学与哲学（人文社会医学版）》，2008年第2期。

[7] 李筱永：《卫生法学的概念及基本范畴辨析》，载《医学与社会》2011年第8期。

2021年5月，中国卫生法学会年会在湖北汉川举行，申卫星教授发表题为"关于卫生立法成典的建议"的主旨演讲，阐明了卫生立法为何需要成典，何以成典，以及如何成典。①2024年3月，马怀德教授在认可卫生健康法学科有其独立性的前提下，进一步主张其应单独成典，应编纂《卫生健康法典》总结卫生健康事业发展的重大成就和基本经验，提炼卫生健康治理领域的一般制度规则，形成系统全面、逻辑清晰、体系完备的卫生健康法律规范体系，推动卫生健康事业现代化。②

社会学家卢曼（Niklas Luhmann）认为，学科是具有自我创生功能的社会系统。由于这种自我创生的功能，学科内部会越来越精致、细化，变得更为复杂，如此一个学科就与其他社会系统区分开来，从而成为一个相对独立的体系。③法学作为一门实践性学科，应当以解决社会问题为己任。卫生健康法学科独立的必要性就体现在对愈加精细化和复杂化的现实需求的回应上：（1）有助于打破医学界和法学界各自的话语霸权，促进知识的融合。（2）在某种意义上，健康可以说比财产更为重要。随着社会的发展和人们生活水平的提高，如何过上一种健康而有质量的生活，这一问题需要法律予以足够的关注。（3）人的一生从生到死的整个过程，始终都存在许多重要的法律问题。例如，在人出生时，存在着母亲和胎儿权益冲突的法律问题，存在着生育权的争论和胎儿利益保护的法律问题，存在着人工生殖技术引发的法律问题，存在着代孕合同的效力和代孕母亲的法律地位问题；人出生以后，存在着包括医疗过失在内的医患关系问题，存在着在治疗疾病和药品开发过程中以人体进行药品实验所引发的法律问题，以及通过器官移植挽救生命所引发的法律问题；在死亡时，存在着临床死亡与脑死亡之争、安乐死是否合法化等一系列需要法律作出回答的问题。套用德沃金的话，我们应该"认真对待医学中的法学问题"。④

本教材认为，卫生健康法能够且应当成为一个独立的法律部门，其核心与根本所在就是健康权。随着人类社会的发展，健康问题从来没有像今天这样强烈地牵动着社会方方面面的神经。健康权是一项事关人类福祉的基本权利，"人民群众的获得感、幸福感、安全感都离不开健康"。⑤以健康权为主线，卫生健康法学的各部分渐次展开：公共健康法以公众健康权为核心，调整公共健康事务组织关系、公共健康服务关系、公共健康风险防控关系；医事法（医疗服务法）以个体健康权的实现为目标，调整医疗服务合同关系、医疗事务无因管理关系、强制医疗关系、医疗侵权及其纠纷解决机制、医疗伦理规范；药事法等健康产品法是关于健康权实现的物质基础——健康产品的全过程、全周期的法律体系；医疗保障法则对公共健康防治和医疗服务提供筹资和支付保障。

---

① 申卫星教授设计的《中华人民共和国卫生法典》包括卫生法总则编、公共卫生法编、医疗服务法编、健康产品法编、健康科技伦理法编、健康法治的国际合作编六大部分。

② 《全国政协委员马怀德：尽快编纂〈卫生健康法典〉以更大力度推动健康中国和法治中国建设》，载于中国法学创新网。

③ 曹永国：《何谓学科：一个整体性的考量》，载《苏州大学学报（教育科学版）》2018年第4期。

④ 斯科特·伯里斯、申卫星主编：《中国卫生健康法前沿问题研究》，北京大学出版社2005年版，第13页。

⑤ 汪晓东、张炜、赵梦阳：《为中华民族伟大复兴打下坚实健康基础——习近平总书记关于健康中国重要论述综述》，《人民日报》2021年8月8日，第1版。

第二节　卫生健康法的渊源和体系

一、卫生健康法的渊源

卫生健康法调整公共健康法律关系、医事法律关系、健康产品法律关系、医疗保障法律关系等各类卫生健康法律关系。新中国成立以来，我国卫生立法在数量上空前繁荣，各类各级有权机关颁布了大量涉及健康权的法律、法规、规章，其中包括 15 部法律、35 部行政法规以及 85 部部门规章。法律文件在数量上的增长一定程度上满足了医药卫生领域对法律的需求，初步形成了卫生健康法体系，[①] 这些法律文件也成为卫生健康法的主要渊源。

具体而言，我国当前卫生健康法律体系分为以下层次：

第一，宪法。《宪法》第 21 条第 1 款、第 25 条、第 26 条第 1 款、第 33 条第 3 款、第 36 条第 3 款、第 45 条第 1 款、第 49 条第 2 款涉及国家推行医疗卫生事业、人权保障、计划生育等内容，从国家根本法的高度规定了我国医药卫生保障的基本制度，以及对公民基本生命健康权利的保障。

第二，法律。法律分为狭义的法律和广义的法律，此处的"法律"为狭义的法律，即由全国人民代表大会及其常务委员会制定的法律。涉及"大健康"的 15 部法律包括《药品管理法》《国境卫生检疫法》《传染病防治法》《红十字会法》《母婴保健法》《献血法》《医师法》《职业病防治法》《人口与计划生育法》《食品安全法》《精神卫生法》《中医药法》《疫苗管理法》《基本医疗卫生与健康促进法》《生物安全法》，其中《基本医疗卫生与健康促进法》为发展医疗卫生与健康事业、保障公民享有基本医疗卫生服务、提高公民健康水平、推进健康中国建设提供了法律保障，是卫生健康法的基本法。除了这 15 部卫生健康法律以外，我国《民法典》专章规定了自然人享有"生命权、身体权和健康权"等人格权，《刑法》规定了"危害公共卫生罪"等相关罪名，《劳动法》《环境保护法》也包含有关卫生健康事务的规定，共同构成了广义的卫生健康法律体系。

第三，行政法规。国务院根据宪法和法律或者全国人大常委会的授权决定，依照法定权限和程序，制定颁布卫生健康领域的行政法规，包括《突发公共卫生事件应急条例》《医疗机构管理条例》《医疗事故处理条例》《医疗纠纷预防和处理条例》《血液制品管理条例》等。

第四，部门规章、地方性法规、地方政府规章、自治条例与单行条例、卫生标准和技术规程。[②] 其中，部门规章主要是指卫生健康部门发布的管理性文件，如《食品安全国家

---

① 董文勇：《论基础性卫生立法的定位：价值、体系及原则》，载《河北法学》2015 年第 2 期。
② 解志勇主编：《卫生法学通论》，中国政法大学出版社 2019 年版，第 84—87 页。

标准管理办法》《药品召回管理办法》《药品注册管理办法》《药品广告审查办法》《公共场所卫生管理条例实施细则》《托儿所幼儿园卫生保健管理办法》等。还存在一些地方性法规，如《深圳经济特区医疗条例》，它是我国首部地方性医疗基本法规。

第五，国际条约。我国作为国际法主体，参与缔结的卫生健康领域国际条约包括《国际卫生条例》《精神药物公约》《麻醉品单一公约》等，调整着我国与其他国家、政治实体和国际组织之间，在保护人体健康活动中所产生的权利义务关系。

二、卫生健康法的体系

关于卫生健康法的体系，学界和实务界还没有完全取得一致的观点。由于卫生健康法的形式渊源表现为散落在各部门法中的医疗卫生健康法律规范以及众多单行法，因而需要遵循一定的逻辑，在学理上将卫生健康法划分为不同领域，从而形成卫生健康法体系。①

本教材主张以健康权为主线，将卫生健康法分为保障公众健康权的公共健康法、保护个体健康权的医事法、为健康权实现提供物质基础的健康产品法和为健康权实现提供筹资保障的医疗保障法四个部门。

第一，公共健康法。公共健康法是指调整围绕公众健康权实施所产生的社会关系的法律规范，主要包括《基本医疗卫生与健康促进法》《传染病防治法》《职业病防治法》《人口与计划生育法》《母婴保健法》《精神卫生法》《国境卫生检疫法》等法律，《突发公共卫生事件应急条例》《公共场所卫生管理条例》《学校卫生工作条例》《艾滋病防治条例》《使用有毒物品作业场所劳动保护条例》等行政法规，以及《传染病防治法实施办法》《突发公共卫生事件与传染病疫情监测信息报告管理办法》《结核病防治管理办法》《性病防治管理办法》等部门规章。

第二，医事法。医事法也称医疗服务法，是指调整维护个体健康权的医疗服务活动中所产生的各种社会关系的法律规范，主要包括《民法典》中的相关条款和《基本医疗卫生与健康促进法》《医师法》等法律，《医疗机构管理条例》《护士条例》《医疗事故处理条例》《医疗纠纷预防和处理条例》《医疗废物管理条例》《乡村医生从业管理条例》《人体器官捐献和移植条例》等行政法规，以及《医院感染管理办法》等部门规章。

第三，药事法等健康产品法。药事法等健康产品法是指规制与恢复、维持和增进人体健康密切相关，需要政府进行严格监管的健康产品的法律规范，主要包括《药品管理法》《疫苗管理法》《食品安全法》等法律，《药品管理法实施条例》《化妆品卫生监督条例》《医疗器械监督管理条例》《血液制品管理条例》《麻醉药品和精神药品管理条例》等行政法规，以及《放射性药品管理办法》《医疗用毒性药品管理办法》等部门规章。

第四，医疗保障法。医疗保障法是调整在公共健康保障维护和医疗服务过程产生的有关费用如何筹集和支付的社会关系的法律规范。主要包括《基本医疗卫生与健康促进法》《社会保险法》《残疾人保障法》《老年人权益保障法》等法律，《医疗保障基金使用监督管理条例》等行政法规，《健康保险管理办法》《农村医疗救助基金管理试行办法》等部门规

---

① 陈云良主编：《卫生法学》，高等教育出版社 2019 年版，第 14 页。

章，以及《关于健全重特大疾病医疗保险和救助制度的意见》等大量政策性文件。

本章思考题

1. 如何理解卫生健康法的调整对象？
2. 如何看待卫生健康法学作为一个二级学科的独立性？
3. 如何理解卫生健康法的渊源、体系及其内在的逻辑？

第二章
健康权与卫生健康法律关系

法律关系是法律规范作用于其调整对象所产生的以权利义务为内容的社会关系，卫生健康法律关系是卫生健康法律体系之纲，掌握它可以起到纲举目张的效果。健康权是卫生健康法的核心范畴，是卫生健康法得以成为独立学科的基础。本章将从健康权的界定出发，展开对卫生健康法律关系的阐释，通过对不同类型卫生健康法律关系的分析，我们可以宏观把握卫生健康法的主要架构。

第一节　健康权概述

一、健康权的概念

健康权是卫生健康法的核心。从健康权产生至今，关于健康权内涵的争议从未停止。健康权概念的界定依公法权利、私法权利和社会权之研究视角的不同而有所区别。

首先，公法权利视角下的健康权。作为公法权利的健康权，其作用主要在于促使政府履行保护义务，并确保政府在履行行政职能时避免对个人自由的不当侵犯。作为公法权利的健康权有助于推动政府在医疗卫生领域的依法行政。2024 年全国卫生健康法治工作会议强调，"加强行政审批制度和法治化营商环境建设，强化重点领域机构、行为、职能、穿透式、持续监管，深入做好卫生健康标准化工作，从严开展法制审核，依法办理行政复议应诉案件"，这些都是公法权利视角下的健康权内容。

其次，私法权利视角下的健康权。作为私法权利的健康权，主要是指在医患关系中自然人的健康权利。在健康权的谱系中，作为私法权利的健康权最为精致，在我国见于《民法典》《医师法》《医疗机构管理条例》《护士条例》等法律法规。[1]《基本医疗卫生与健康促进法》旗帜鲜明地肯定了健康是人的基本权益，该法第 4 条第 1 款规定："国家和社会尊重、保护公民的健康权。"总结起来，私法权利视角下自然人的健康权利，包括生命权、健康权、生育权、身体权、隐私权、平等医疗保健权、自主决定权、人身和财产

---

[1]　饶浩：《论国际人权法上的健康权与〈基本医疗卫生法〉的起草》，载《人权研究》2018 年第 1 期。

安全权，^①医疗文书查阅权、复制权及封存权，以及合理医疗服务的权利、知情同意的权利等。^②

最后，社会权视角下的健康权。所谓社会权，是指基于福利国家或社会国家的理念，为使任何人都可以有尊严地生存而予以保障的所有权利的总称。社会权的内容决定了它要求国家履行积极的给付义务，而非恪守传统的消极立场。社会权是公法权利与私法权利的融合，判断一项权利是否属于社会权，不在于它出现在何种性质的法律中，而在于权利内容本身的性质。从社会权的视角来看，健康权强调对特定群体的医疗卫生保障，其根本目的在于实现社会公平，维护公民的生存尊严与生活质量。它要求政府履行积极义务，建立医疗卫生保障制度，对符合条件的公民提供健康产品或服务。

总之，健康权的规范构造较为复杂。健康权既是自由权，也是社会权；既包含消极权利，也包含积极权利。从消极的层面来看，健康权既要求民事主体的健康权免受他人的侵犯，又要求政府恪守尊重义务。后者又包括政府不得干预公民对健康权的享有、政府应当遵守平等和非歧视原则、政府不得实施伤害公民健康的行为等三个方面。从积极的层面来看，健康权也有两方面内容：一是指健康权主体自由控制自己的健康和身体，二是强调政府的保护义务和给付义务，即健康权的内容应明确肯定公民的权利诉求。此外，健康权既包括个体的健康权，也包括群体的健康权；既指获得卫生保健的权利，也包括获得构成健康基础条件的权利。

二、健康权的法律基础

健康之于人的价值不言而喻，《联合国宪章》第 55 条第 2 款规定，促进国际经济、社会、健康（health）及有关问题之解决是联合国的基本职责之一。《世界卫生组织组织法》序言规定，"健康不仅为疾病或羸弱之消除，而系体格、精神与社会之完全健康状态"，并且首次明确提出"享受最高而能获致之健康标准，为人人基本权利之一。不因种族、宗教、政治信仰、经济或社会情境各异，而分轩轾"。《世界人权宣言》第 25 条第 1 款规定，"人人有权享受为维持他本人和家属的健康和福利所需的生活水准，包括食物、衣着、住房、医疗和必要的社会服务"。与《世界卫生组织组织法》相比，《世界人权宣言》虽然再次肯定了健康权的价值，但表述较为保守，仅将健康权视为维持必要生活水准的条件。1966 年，《经济、社会及文化权利国际公约》第 12 条规定"人人有权享受可能达到之最高标准之身体与精神健康"，并列举了若干缔约国为实现该权利应采取的措施。这是健康权第一次以公约形式出现在条约之中，对缔约国具有法律约束力，其他公约中的健康权条款基本上是对该条款的展开和适用，因而《经济、社会及文化权利国际公约》第 12 条被视为健康权的核心条款。

在国际人权法的影响下，越来越多的国家选择将健康权纳入本国宪法之中。根据美国学者金尼（Kinney）在 2001 年做的一项统计，世界上有 142 个国家批准了《经济、社

---

① 申卫星：《医患关系的重塑与我国〈医疗法〉的制定》，载《法学》2015 年第 12 期。
② 解志勇主编：《卫生法学通论》，中国政法大学出版社 2019 年版，第 140—153 页。

会及文化权利国际公约》，83 个国家批准了与健康权有关的区域性公约，而在宪法中直接或者间接规定健康权的国家达到 109 个。[①] 在我国，随着"健康中国"战略和"健康入万策"的实施，健康权得到越来越广泛的关注。我国宪法上有多个条款可以作为健康权的依据，其规范内涵包括：公民健康不受侵犯；公民在患病时有权从国家和社会获得医疗照护、物质给付和其他服务；国家应发展医疗卫生事业、体育事业，保护生活和生态环境，从而保护和促进公民健康。[②]《宪法》的上述规定是原则性规定，不能直接适用于司法裁判，国家根据《宪法》的规定制定了一系列卫生健康法律。[③]《基本医疗卫生与健康促进法》明确提出了"健康权"的概念，此外，我国现行法律规定对社会权和自由权层面的健康权都有涉及，如社会权层面的《劳动法》《社会保险法》《未成年人保护法》《残疾人保障法》《妇女权益保障法》《母婴保健法》等；再如当前我国私法上规定的患者健康权利，散见于《民法典》《医师法》《医疗机构管理条例》《护士条例》等。[④]

三、健康权的内容与类型

（一）健康权的内容

健康权作为一项基本权利，其内容包括两个层面：第一层面是维持人的生命；第二层面是保障人生存的质量，即安慰免于痛苦。

健康权的内容首先是维持生命。作为一项基本权利，健康权与生命权、自由与人身安全、居住与迁徙自由、表达自由及文化权等基本权利都有密切的关系。从基本权利的角度来看，自由权、平等权、生存权、健康权、发展权是基本人权，生存权是其他权利存在的基础和前提。健康是伴随人一生的重要资本，在保障生存权的前提下，健康便成为其他一切权利能否实现或在多大程度上实现的先决条件。从某种程度上讲，剥夺健康就是剥夺人的生命，两者仅是程度轻重的区别。[⑤]

健康权不仅保障人活着的权利，也保障人有质量地生存的权利，这就是健康权内容另一层面的含义——安慰免于痛苦。无论是《世界卫生组织组织法》对健康的定义，还是现

---

① See Kinney E. D., "The International Human Right to Health: What Does this Mean for Our Nation and World ？", *Indiana Law Revivew* 34，no. 4（2002）：1457–1475.

② 焦洪昌：《论作为基本权利的健康权》，载《中国政法大学学报》2010 年第 1 期；邓海娟：《论非国家行为体的健康权保障义务》，载《湖北大学学报（哲学社会科学版）》2012 年第 3 期；夏立安：《经济和社会权利的可裁决性——从健康权展开》，载《法制与社会发展》2008 年第 2 期；曲相霏：《国际法事例中的健康权保障——基于〈国际法上作为人权的健康权〉分析》，载《学习与探索》2008 年第 2 期；蒋月、林志强：《健康权观源流考》，载《学术论坛》2007 年第 4 期；杜承铭、谢敏贤：《论健康权的宪法权利属性及实现》，载《河北法学》2007 年第 1 期；林志强：《论健康权的国家义务》，载《社会科学家》2006 年第 4 期；韦以明：《"生命权"、"生命安全权"、"生命健康权"谁宜入宪——"非典"现象中的生命观透视》，载《政法论坛》2003 年第 6 期。

③ 陈云良主编：《卫生法学》，高等教育出版社 2019 年版，第 21—22 页。

④ 饶浩：《论国际人权法上的健康权与〈基本医疗卫生法〉的起草》，载《人权研究》2018 年第 1 期。

⑤ 陈云良主编：《卫生法学》，高等教育出版社 2019 年版，第 20 页。

代医学对健康的保护从单一的生物因素向生物—心理—社会医学模式发展的转向,[①]均体现了人类社会对健康内涵与外延认识的不断完善。随着生命质量概念的提出,健康权安慰免于痛苦这一层次的内涵越来越受到人们的重视,[②]缓和医疗、安宁疗护、临终关怀的出现和发展就充分说明了这一发展趋势。未来,健康权还应包含人们追求幸福生活的主张和制度保障。

（二）健康权的类型

健康权的类型依照自由权与社会权、积极权利与消极权利划分标准的不同而有不同。

首先,依照自由权和社会权的划分标准,健康权除了具有自由权性质和社会权的性质之外,还具有公法权力的性质。作为自由权的健康权强调政府不得迫害人民、侵犯人民的自由和健康,并且应当在人民健康受第三人侵害时提供救济。在社会权时代,健康权作为自由权的性质并没有消失,但政府的积极义务得到强调,要求政府履行社会保险立法义务,为人民提供基本的医疗卫生保健服务。这一点也体现在联合国经济、社会及文化权利委员会在 2000 年通过的一般评论中。该评论认为,健康权既包括自由也包括权利,具体来说,自由包括控制自己健康和身体的权利,如性自由和生育自由,免于干涉的自由,免于酷刑、强制医疗和实验的自由。健康权除了具有自由权性质和社会权性质之外,还具有公法权利的性质。例如,知情同意权中的知情权有一部分属于行政法上的权利,依据知情权,公民有权要求政府公开与健康保障有关的信息,并获得相关资料。再如,医疗卫生服务过程中患者享有投诉权,可以向卫生行政部门投诉医疗机构。又如,政府控制和防止传染病的义务也是基于健康权所产生的政府义务,显然也具有行政法性质。[③]

其次,依照积极权利与消极权利的划分标准,健康权呈现出混合积极权利与消极权利的复式构造。[④]积极健康权是健康权主体要求公权力履行积极义务的权利。根据权利行使方式的不同,可以分为直接要求行政给付的主观受益权和间接要求权利保障的客观秩序保障权。行使方式不同,相应的权利、义务、责任也不同。具体而言,有基于健康权主体请求的积极权利和基于国家制度构建的积极权利之分。[⑤]积极健康权肯定公民的权利诉求,强调政府的保护义务和给付义务。[⑥]前者要求国家采取必要步骤防止他人造成的权利侵害,

---

① 该医学模式是 1977 年美国精神病学教授恩格尔（Egle）提出的,恩格尔分别从生物学、心理学、社会学三个不同领域,综合考察人类健康以及疾病,运用综合措施防病治病,增强人类健康。参见张广森：《生物 – 心理 – 社会医学模式：医学整合的学术范式》,载《医学与哲学（人文社会医学版）》2009 年第 9 期。

② 赵雪帆、申卫星：《缓和医疗立法的问题、经验与构建》,载《中国卫生产业》2019 年第 17 期。

③ 申卫星、饶浩：《论健康权在基本医疗卫生立法中的地位》,第一届中欧卫生法国际研讨会论文集,2015 年。

④ 参见王晨光、饶浩：《国际法中健康权的产生、内涵及实施机制》,载《比较法研究》2019 年第 3 期；解志勇主编：《卫生法学通论》,中国政法大学出版社 2019 年版,第 39—40 页；陈云良：《健康权的规范构造》,载《中国法学》2019 年第 5 期；夏立安：《经济和社会权利的可裁决性——从健康权展开》,载《法制与社会发展》2008 年第 2 期；曲相霏：《国际法事例中的健康权保障——基于〈国际法上作为人权的健康权〉的分析》,载《学习与探索》2008 年第 2 期；杜承铭、谢敏贤：《论健康权的宪法权利属性及实现》,载《河北法学》2007 年第 1 期。

⑤ 陈云良：《健康权的规范构造》,载《中国法学》2019 年第 5 期。

⑥ 参见饶浩：《论国际人权法上的健康权与〈基本医疗卫生法〉的起草》,载《人权研究》2018 年第 1 期。

如制止健康领域的歧视现象，后者需要国家采取措施以实现法定的权利。① 另外，积极健康权还主张民事主体自由控制自己的健康和身体。② 消极健康权也有两层含义：一方面，强调健康权主体的健康免受他人的侵犯，③ 旨在排除他人干涉并于受到侵害时请求损害赔偿。④ 当健康权主体具有有效选择能力和条件时，其享有按照自己意愿行为、不受外界干预的权利，负有不影响他人利益和公共利益的义务，必须对自己的行为承担责任。健康免受他人侵犯的权利有两种较为典型的表现形式：一种表现为日常生活中与健康权有关的行为、习惯等，另一种表现为医疗过程中健康权主体自由选择医疗方式并自愿承受风险后果的行为。这两种表现形式都由民法规范。⑤ 另一方面，消极健康权要求政府恪守尊重义务：一是政府不得干预公民对健康权的享有，二是政府应当遵守平等和非歧视原则，三是政府不得实施伤害公民健康的行为。⑥

第二节 卫生健康法律关系

一、卫生健康法律关系的属性

卫生健康法律关系是混合公私法的复式构造，笼统地界定某类卫生健康法律关系属于"私法关系"或"公法关系"往往是不准确的，而应当具体分析。例如，医事法律关系中，其内容有两个层面的含义，第一个层面，医患双方的权利义务是针对对方而言的，⑦ 主要涉及的是私法关系；第二个层面是针对政府而言的，⑧ 主要涉及的是公法关系。又如，健康产品法律关系在强调政府对健康产品监督管理的权力与责任的同时，要求尊重与保障消费者自主选择健康产品的权利等。再如，公共健康卫生法律关系强调国家对公共健康的保障义务，同时尊重个人自主与社会共治。生命伦理健康法律关系以尊严至上、尊重自主为基本原则，但也离不开国家监管与法律规制。总之，卫生健康法涉及宪法、行政法、经济法、民法、商法、诉讼法、证据法、国际法、刑法、社会法等多个法律部门，⑨ 呈现出混合公私法的复式构造。

① 夏立安：《经济和社会权利的可裁决性——从健康权展开》，载《法制与社会发展》2008 年第 3 期。
② 解志勇主编：《卫生法学通论》，中国政法大学出版社 2019 年版，第 39—40 页。
③ 解志勇主编：《卫生法学通论》，中国政法大学出版社 2019 年版，第 39—40 页。
④ 陈云良主编：《卫生法学》，高等教育出版社 2019 年版，第 20 页。
⑤ 陈云良：《健康权的规范构造》，载《中国法学》2019 年第 5 期。
⑥ 饶浩：《论国际人权法上的健康权与〈基本医疗卫生法〉的起草》，载《人权研究》2018 年第 1 期。
⑦ 申卫星：《医患关系的重塑与我国〈医疗法〉的制定》，载《法学》2015 年第 12 期。
⑧ 申卫星：《医患关系的重塑与我国〈医疗法〉的制定》，载《法学》2015 年第 12 期。
⑨ 关于卫生健康法涉及的法律部门，可参见陈云良主编：《卫生法学》，高等教育出版社 2019 年版，第 1—10 页；张静、赵敏：《卫生法学》，清华大学出版社 2014 年版，第 13 页；樊立华主编：《卫生法律制度与监督学（第 3 版）》，人民卫生出版社 2012 年版，第 4 页；张静、王萍主编：《卫生法学》，西南师范大学出版社 2008 年版，第 23 页。

二、卫生健康法律关系的类型

健康权是卫生健康法学的核心。围绕健康权，卫生健康法可以分为保障公众健康权的公共健康法、保障个体健康权的医事法、作为健康权实现物质基础的药事法，以及作为健康权实现筹资保障的医疗保障法。各部分围绕健康权这一核心分别展开，形成了公共健康法律关系、医事法律关系、药事法律关系、医疗保障法律关系这四类基本的卫生健康法律关系。

三、卫生健康法律关系的内容

卫生健康法律关系的内容包括卫生权利（力）、卫生义务（责任）。依据卫生健康法律关系类型的不同，各卫生健康法律关系主体享有的权利（力）、承担的义务（责任）也不尽相同。

（一）公共健康法律关系的内容

第一，国家与公民的卫生健康法律关系的内容，包括：（1）公民的健康权利，包括医疗卫生服务权、基本医疗保险权、医疗救助权、紧急医疗救治权；（2）公民的健康义务，包括遵守医疗卫生秩序的义务、配合公共卫生服务的义务、接受疫苗接种的义务、特定传染病患者配合相关部门的义务、接受健康管理的义务、支付医疗费用的义务；（3）政府的主导责任，包括免费提供公共卫生服务，举办医学教育、培养医疗人才，举办公立医疗卫生机构，建立基本医疗保险制度，保障基本药物供给，等等。[①]

第二，国家与医疗机构的卫生健康法律关系的内容，包括：（1）医疗机构的权利，包括设置权、自主展开医疗活动的权利、寻求救济的权利；（2）医疗机构的义务，包括登记义务、明显悬挂的义务、预防保健义务；（3）卫生行政部门的职权，包括设置医疗机构的许可权、医疗机构展开执业的许可权、检查指导和评审权、卫生行政事项的行政处罚权；（4）卫生行政部门的义务，包括申请许可程序中法定期间内的书面通知义务，等等。

第三，国家与药品企业的卫生健康法律关系的内容，包括：（1）药品企业的权利，包括开设药品企业并进行生产经营的权利、对检验结果的异议权、研制新药的权利；（2）药品企业的义务，包括依法组织生产经营的义务、质量保证的义务、新药申请的报送义务、合理妥善包装的义务、购销价格和数量的报送义务；（3）药品监督管理部门的职权，包括开办药品生产、经营企业的许可权，临床试验和新药审批许可权，监督检查权，药品管理事项的行政处罚权；（4）药品监督管理部门的义务，包括监督检查过程中的证明义务、保密义务、公告义务、不得参与生产经营的义务，等等。

第四，国家与医务人员的卫生健康法律关系的内容，包括：（1）医务人员的权利，包括执业的权利、从事学术研究和参加专业学术团体的权利、依法寻求救济的权利；（2）医务人员的义务，包括服从调遣的义务、报告义务、变更注册和变更报告义务、如实出具

---

① 陈云良主编：《卫生法学》，高等教育出版社 2019 年版，第 5—9、23—33、37—44 页。

证明文件的义务；（3）卫生行政部门的职权，包括执业许可权，指导、检查、监督权，表彰、奖励权；（4）卫生行政部门的义务，包括培训义务、听取意见和建议的义务，等等。[1]

公共健康法律关系的内容中，除了国家的公众健康义务、权力及权力限制外，公共健康领域隐私权的限制与保护、公共健康领域自己决定权的限制与保护等内容同样值得注意。例如，美国《州公共卫生示范法》明确了在预防和控制公共卫生威胁方面，州和地方公共卫生机构的核心职责和权力，包括监测活动、报告、流行病学调查、通知和转诊服务、试验、检查和筛查、医学治疗、检疫和隔离、疫苗接种等。同时，该法还阐述了公共卫生应急和公共卫生信息隐私权，为州和地方公共卫生机构合理地获取、使用、披露和储存可用于识别个人身份的健康信息提供了一套行之有效的"金标准"。[2]

（二）医事法律关系的内容

医事法（医疗服务法）的核心使命在于保证自然人的个体健康权，健康权作为公民的一项基本权利，对政府的立法有双重规制作用。

第一，就医生与患者而言，医事法律关系的内容包括：（1）患者的权利。包括获得合理医疗服务的权利，知情同意的权利，[3]生命权，健康权，生育权，身体权，隐私权，平等医疗保健权，自主决定权，人身和财产安全权，[4]医疗文书查阅、复制及封存权等；另有几类特殊的权利保护，包括医疗活动中与胎儿有关的权利，患者的身体权与遗体处分权，医患纠纷发生后纠纷解决前患者的权利等。[5]（2）患者的义务，包括交纳费用的义务，尊重医师人格尊严的义务，不得侵害医师人身安全的义务，不得妨害公共医疗秩序的义务等。（3）医方的权利，包括获得医疗报酬的权利，医师人身安全和名誉不侵犯的权利等。（4）医方的义务，包括医方的告知义务，医疗救治义务等。如果从医疗服务合同的角度出发，可以对医患权利义务进行进一步的研究。医疗服务人员的义务可以分为：主给付义务，包括诊疗、检验、治疗、护理义务；从给付义务，包括说明义务和病历制作保管提供义务；附随义务，主要是对患者本着"爱人如己"而善尽照顾、保护、保密等义务。患者的义务可以分为主给付义务（缴纳医疗费用的义务）和不真正义务（如实陈述病情和既往病史的义务）。

第二，就政府对私主体义务而言，医事法律关系的内容包括：患者要求政府保障医疗服务可及性的权利、要求政府提供基本医疗保险的权利，医师有获得合理医疗报酬的权利等。[6]

此外，现代医疗服务关系中，还存在医疗伦理关系，以保障人的尊严。

（三）药事法律关系的内容

药事法律关系是指国家药品监督管理机构在对药品、疫苗、医疗器械等健康产品进行

---

[1] 解志勇主编：《卫生法学通论》，中国政法大学出版社 2019 年版，第 14—26 页。

[2] 汪建荣、沈洁等主编：《用法律保护公众健康——美国公共卫生法律解读》，中国科学技术出版社 2008 年版，第 82 页；李燕、金根林：《公共健康法原论》，中国政法大学出版社 2014 年版，第 92—100、130—134、153、189、240—292 页。

[3] 申卫星：《医患关系的重塑与我国〈医疗法〉的制定》，载《法学》2015 年第 12 期。

[4] 解志勇主编：《卫生法学通论》，中国政法大学出版社 2019 年版，第 140—153 页。

[5] 侯雪梅：《患者的权利——理论探微与实务指南》，知识产权出版社 2005 年版，第 67—217 页。

[6] 申卫星：《医患关系的重塑与我国〈医疗法〉的制定》，载《法学》2015 年第 12 期。

监管过程中产生的权利义务关系。此处的监管具体包括对药品、疫苗、医疗器械的安全监督管理、标准管理、注册管理、质量管理、上市后风险管理、执业药师资格准入管理，组织指导药品（含疫苗）、医疗器械监督检查，药品、医疗器械监督管理领域对外交流与合作，指导省、自治区、直辖市药品监督管理部门工作等 11 项职责。[①]药事法律关系是在这一过程中产生的监管者与被监管对象之间的有关药品、疫苗、医疗器械的生产、经营、检验、监管等的法律关系。

（四）医疗保障法律关系的内容

无论是围绕群体健康权形成的公共健康法律关系，还是围绕个体健康权形成的医事法律关系，健康权的实现和保障，除了需要具备药品、化妆品、保健品、医疗器械等健康产品的物质保障外，还需要资金的保障。由此形成了医疗社会保险、健康保险、社会救助、互助保险等法律规范，以及围绕健康权实现的筹资和支付形成的医疗保障法律关系，这种法律关系包括社会法角度的社会保障法律关系，也包括平等主体之间的商业健康保险法律关系。

本章思考题

1. 如何理解"健康权"这一概念及其重要意义？
2. 如何理解卫生健康法律关系及其类型？

[①]　解志勇主编：《卫生法学通论》，中国政法大学出版社 2019 年版，第 188—189 页。

第三章
卫生健康法的基本原则

卫生健康法的基本原则是指贯穿卫生法律规范始终，并对卫生健康立法、执法、司法发挥指导作用的根本准则。卫生健康法之所以能成为相对独立的法律部门，根本原因在于卫生健康法具有独特的价值追求，[①] 而最能体现这一点的，恰是卫生健康法特有的基本原则。可以说，卫生健康法的基本原则是卫生健康法的灵魂。

学界关于卫生健康法基本原则的讨论，有二原则说[②]、四原则说[③]、五原则说、六原则说[④]、七原则说和八原则说[⑤]等不同主张。本教材面向未来并考虑到"大健康"的指导理念，主张我国卫生健康法的基本原则包括：（1）保障人权原则；（2）健康正义原则；（3）健康自主原则；（4）健康共治原则；（5）健康促进原则。

上述基本原则集中体现着卫生健康法的价值目标和制度理念，对卫生健康法的制定与实施具有普遍的指导意义，是卫生健康法的基本出发点和指导思想。从功能上讲，卫生健康法的基本原则连接着卫生健康法的价值与具体制度、具体规则，统率着卫生健康法的立改废释纂，指导着卫生健康法的法律适用，并发挥弥补现行卫生健康法律规范漏洞的重要作用。

第一节　保障人权原则

一、保障人权原则的内涵

现代人权概念的"发现"始于17—18世纪的资产阶级革命，并在几部重要人权文献

---

① 解志勇：《卫生法基本原则论要》，载《比较法研究》2019年第3期。

② 解志勇：《卫生法基本原则论要》，载《比较法研究》2019年第3期。该学说主张将生命健康权保障原则和科技促进与伦理约束原则作为卫生法的基本原则。

③ 参见吴崇其主编：《中国卫生法学（第2版）》，中国协和医科大学出版社2005年版，第20—22页；丁朝刚主编：《卫生法学》，北京大学出版社2015年版，第8—11页；崔新宇、安丰生主编：《卫生法学概论（第3版）》，人民军医出版社2009年版，第5—6页；朱新力、王国平主编：《卫生法学》，人民出版社2000年版，第10—15页。

④ 参见杜仕林主编：《卫生法学》，中山大学出版社2012年版，第6—7页；吕秋香、杨捷主编：《卫生法学》，北京大学医学出版社2011年版，第3—4页。

⑤ 参见石悦、王安富主编：《卫生法学（案例版）》，科学出版社2016年版，第16—17页；樊立华主编：《卫生法学概论（第2版）》，人民卫生出版社2007年版，第16—18页；达庆东、田侃主编：《卫生法学纲要》，复旦大学出版社2014年版，第6—7页；徐玉芳、赵保海主编：《卫生法学教程》，中国中医药出版社2014年版，第6—7页。

中得以彰显，其思想可追溯到启蒙运动时期。[①] 人权一开始是针对个人提出的。作为个人权利，人权从发展史上看，可以划分为"消极人权""积极人权""连带关系人权"等三代人权。[②] 其中，第一代消极人权与公民的人身、自由和政治权利相对应，更强调国家的消极义务。第二代积极人权则以国家的积极行动为前提，包含经济、社会、文化权利等。1977 年，卡雷尔·瓦萨克（Karel Vašák）提出了第三代人权——"连带关系人权"的概念，强调个人、国家和其他政治组织要采取集体行动，保障人权的实现。[③] 作为人权的重要内容，健康权的保障关乎人权的实现，健康权是其他人权得以存在、发展的重要前提。联合国人权高专办指出，健康权不仅包括及时和适当的卫生保健，也包括决定健康的基本因素，身心健康权与其他人权的实现密切相关、相互交织。[④] 在我国，《中国健康事业的发展与人权进步》白皮书旗帜鲜明地指出："健康是人类生存和社会发展的基本条件。健康权是一项包容广泛的基本人权，是人类有尊严地生活的基本保证，人人有权享有公平可及的最高健康标准。"[⑤]

作为卫生健康法基本原则的保障人权原则，指的是将国家作为人权保障的主要实施主体对包括健康权在内的诸多人权加以保障。这一方面要求国家承担消极义务，保护健康权免受侵犯；另一方面更要求国家积极地采取措施促进健康目标的实现，促进卫生健康事业的发展进步。同时，人权保障原则也需要多元化人权责任主体的分工与合作，共同促进卫生健康领域的人权保障。我国《宪法》第 45 条规定，公民有从国家和社会获得物质帮助的权利，这为卫生健康法的人权保障原则奠定了基础。多年来，我国坚持为人民健康服务，把提高人民的健康水平、实现人人得享健康作为发展的重要目标，经过长期不懈奋斗，中国显著提高了人民健康水平，不仅摘掉了"东亚病夫"的耻辱帽子，而且公共卫生整体实力、医疗服务和保障能力不断提升，全民身体素质、健康素养持续增强。这极大地提高了整个社会的人权水平，体现了卫生健康法人权保障基本原则的意旨，被世界卫生组织誉为"发展中国家的典范"。[⑥]

保障人权作为卫生健康法的一项基本原则，在卫生健康法中得到贯彻和落实，有着一系列深层次的原因和重要的意义。

首先，人权的国际化趋势、国际秩序和国内政治对于合法性的需求，是保障人权原则成为卫生健康法基本原则的时代背景与政治动力。人权问题是当代全球性重要议题之一，"二战"期间，法西斯践踏人权的恶行引发了人们的深刻反思，国际人权法兴起。维护战后国际秩序的最好方式就是巩固国际人权公约的地位，不断强化各国对于国际人权的保障力度。我国作为国际社会的重要一员，不断总结人类社会发展经验，在建设中国特色社会

---

① 譬如斯宾诺莎的"思想自由"、伏尔泰的"不宽容不可能是人权"、康德的"人是目的"等。总之，"人权是人类启蒙观念的反映"。参见托马斯·弗莱纳：《人权是什么？》，谢鹏程译，中国社会科学出版社 2000 年版，第 5 页。

② See Spasimir Domaradzki, "Karel Vasak's Generations of Rights and the Contemporary Human Rights Discourse", *Human Rights Review*, 2019（20），423-443.

③ See Karel Vašák, "A 30-year Struggle; the Sustained Efforts to Give Force of Law to the Universal Declaration of Human Rights", *The UNESCO Courier: A Window Open on the World*, XXX, 11, 28-29, 32, illus.

④ 参见《话题：人权高专办与健康权》，联合国人权高级专员办事处官方网站。

⑤ 中华人民共和国国务院新闻办公室：《中国健康事业的发展与人权进步》，人民出版社 2017 年版，第 1 页。

⑥ 参见中华人民共和国国务院新闻办公室：《中国健康事业的发展与人权进步》，人民出版社 2017 年版，第 1 页。

主义的伟大实践中,坚持把人权的普遍性原则与自身实际相结合,奉行以人民为中心的人权理念,[①] 谱写了人权文明的新篇章。生存权和发展权始终被视为首要的基本人权。健康关乎人类的生存与长远发展,卫生健康作为社会生活的一个重要领域,同样离不开对人权及其保障的关注。事实上,健康权的实现,正是人权保障的一个重要组成部分。在此背景下,我们不难理解为何保障人权得以成为卫生健康法基本原则。

其次,健康权的兴起对卫生健康法提出了保障人权的内在要求。"二战"后,随着医药技术的不断进步和人类平均预期寿命的提高,[②] 作为卫生健康法核心的健康权兴起。健康权与人权相互促进、密不可分。一方面,健康权本身就是一项重要的基本人权。另一方面,健康权与人权有着紧密的联系:(1)健康对人权的保障有重要影响,没有健康就无法享有其他人权;(2)人权保障与健康直接相关,如非法拘禁等侵犯人权的行为将直接损害公民的健康;(3)健康和人权在促进人类福祉这一核心问题上具有互补性。[③] 在我国,随着"健康中国""健康入万策"战略的实施,[④] 其民本基础与法律保障对卫生健康法提出了更高要求,要求坚持以人的健康权为中心,坚持以"人民至上""生命至上"促进我国卫生健康事业的发展,使人之为人,服务于人的全面发展。换言之,卫生健康法以健康权为主线,而健康权与人权密不可分的联系为卫生健康法保障人权提供了内在动力。

二、保障人权原则的适用

作为卫生健康法的基本原则,保障人权原则具有统率性,对卫生健康法律体系中所有具体法律部门都具有普遍的指导意义。

在公共健康法领域,保障人权的需求日益使世界在前所未有的公共卫生合作中走到一

---

① 参见中华人民共和国国务院新闻办公室:《为人民谋幸福:新中国人权事业发展 70 年》,人民出版社 2019 年版,第 1—2 页。

② See Roger A. Ritvo, Edward A. McKinney & Pranab Chatterjee, "Health Care as a Human Right", 10 *Case Western Reserve Journal of International Law*, 323, 339–343(1978).

③ Gostin L. O., Lazzarini Z., "Human Rights and Public Health in the HIV/AIDS Pandemic", *Fletcher Forum of World Affairs* 1998,22(1),125–134. 此外,Jonathan Mann 和同事也提供了一个三部分框架,以描述健康和人权之间的关系,展示二者促进人类福利增长的途径。首先,当隔离检疫剥夺个体自由时,健康政策能够代替人权行使责任;其次,侵犯人权的行为可能会损害健康,甚至可能严重到出现像酷刑那样明显的案例。例如,对女孩子入学的歧视,可能会增加婴幼儿的死亡率;第三,健康和人权相辅相成。比如,知情权、受教育权、获得营养和社会保障的权利,不仅能够保障健康,而且能够使得健康的人更好地参与政治进程和行使公民权利。See Jonathan Mann et al. "Health and Human Rights", *Health and Human Rights Journal*, 1994, 6–23.

④ 2016 年 8 月 19 至 20 日,全国卫生与健康大会在北京召开,中共中央总书记、国家主席习近平出席大会并发表重要讲话,提出"把人民健康放在优先发展战略地位"。这是国民经济社会生活中"健康"地位显著提升的标志,也是我国卫生与健康事业发展史上的一个里程碑。至此,健康优先成为国家政策。2016 年 11 月 21—24 日,第九届全球健康促进大会在上海召开,时任国务院总理李克强出席大会开幕式并致辞。这次会议把健康列入可持续发展的议程中,将其提升为各国政府的政治承诺,是健康促进领域的新起点。2016 年 10 月 25 日,中共中央、国务院发布《"健康中国 2030"规划纲要》。该纲要围绕总体健康水平、健康影响因素、健康服务与健康保障、健康产业、促进健康的制度体系等方面设置了若干量化指标,并据此提出健康中国"三步走"的目标。2017 年,《中国健康事业的发展与人权进步》白皮书开篇写道,"健康是人类生存和社会发展的基本条件。健康权是一项包容广泛的基本人权,是人类有尊严地生活的基本保障,人人有权享有公平可及的最高健康标准"。

起，[①]形成了以权利为基础的国际卫生话语体系。[②]艾滋病防治、传染病强制医疗、支持和促进性健康、堕胎、安乐死和协助自杀（assisted suicide）等公众健康问题，都可以从人权保障原则的视角进行观察与回应。以艾滋病防治为例，健康和人权的真正结合开始于艾滋病流行早期，当时的普遍观点认为，在以个体为中心的人权与社区公众健康相冲突时，为了保障公众健康，必须采取强制手段。艾滋病患者反对强制检测和刑事诉讼，这让当时的普遍观点转移到了健康和人权的相互加强上，健康与人权领域由此诞生。为调和公共健康与人权，学者们制定了"人权影响评估"，[③]提出应当在疾病防治与公民人权克减之间达成合理比例。尤其是隔离检疫剥夺个体自由时，健康政策要能代替人权履行责任。[④]

在医事法领域，就医疗服务及其医疗伦理而言，与人权相关的特定话题有知情同意、专业疏忽和医疗事故、欺诈行为、医患关系、资源分配、商业伦理、人类健康和环境、科研伦理、生殖健康和遗传学问题等。[⑤]此外，全球化时代的医疗服务框架[⑥]、医疗保健标准等，也与人权密切相关。人权保障原则要求将医疗服务作为一项普遍人权，实现其可及性、多样性和公平性。[⑦]

保障人权原则也贯穿以药事法为代表的健康产品法领域。例如，我国《专利法》第55条规定："为了公共健康目的，对取得专利权的药品，国务院专利行政部门可以给予制造并将其出口到符合中华人民共和国参加的有关国际条约规定的国家或者强制地区的强制许可。"该药品专利强制许可的根本目的在于保障健康权这一基本人权。再如，就"孤儿药"这类用于预防、治疗、诊断罕见病的药品而言，由于罕见病患病人群少、市场需求少、研发成本高，很少有制药企业关注其治疗药物的研发，罕见病患者的治疗药物基本依赖国外进口，导致很多罕见病患者只能选择昂贵的进口药或者无药可用。从保障人权的基本原则出发，有必要加大对罕见病及相关用药情况的关注，重视相关法律、政策的制定和完善，鼓励相关药品的研发，提高我国"孤儿药"可及性。这不仅关系到"孤儿药"的顺利研发上市，同时也是保护罕见病患者及其家庭基本人权的重要一环。[⑧]

在医疗保障法领域，保障人权原则体现为国家支持并保障公民的医疗保障权的实现。医疗保障权是指维持人类基本生存、免受疾病困扰并获得健康的一项基本人权。这就要求

---

① Benjamin Mason Meier, Dabney P. Evans, Matthew M. Kavanagh, Jessica M. Keralis, Gabriel Armas-Cardona, "Human Rights in Public Health", *Health Hum Rights Journal*, 2018.20（2），85–91.

② Anderson W., "Indigenous Health in a Global Frame: from Community Development to Human Rights", *Health History*, 2008.10（2），94–108.

③ Lawrence O. Gostin, Jonathan Mann, "Towards the Development of a Human Rights Impact Assessment for the Formulation and Evalution of Health Policies", *Health and Human Rights Journal*, 1994, 58–81. Lawrence O. Gostin, "Public Health, Ethics, and Human Rights: A Tributeto the Late Jonathan Mann", *Journal of Law, Medicine and Ethics*, 29（2001），121–130.

④ Jonathan Mann et al. "Health and Human Rights", *Health and Human Rights Journal*, 1994, 6–23.

⑤ Riaan van de Venter, "Bioethics, Human Rights and Health Law: Principle and Practice", *South African Radiographer*, 2017.55（2），6.

⑥ David N. Weisstub, Guillermo Diaz Pintos, Eds, "Autonomy and Human Rights in Health Care", *International Library of Ethics, Law, and the New Medicine*, 2011, 36.

⑦ Ricardo F. Muñoz, Blanca S. Pineda, Jazmin A. Llamas, "Indigeneity, Diversity, and Equity in Internet Interventions: Could ISRII Contribute to Making Health Care a Universal Human Right ?", *Internet Interventions*, 2019, 100.

⑧ 董慧慧、陶四海：《国际孤儿药政策及其启示》，载《临床医药文献杂志》2019 年第 37 期。

进入现代文明的人类社会，充分重视每一个个体的生存需要，对个人应当负担最低标准的公共卫生和医疗保障。为此，政府要通过多种形式积极筹资，为民众健康权的实现提供必要的财政支持。

第二节 健康正义原则

正义，是人类社会恒久存在的价值哲学问题，也是人类社会生活中最具争议的问题之一。可以说，一切有关人类社会行为的活动及对此的价值判断都直接或间接地与正义相关。正如埃德加·博登海默（Edgar Bodenheimer）所言，正义具有一张"普罗透斯（Proteus）似的脸，变化无常并且随时可呈现不同的样态"。[①] 不同学者对正义的标准和见解均不同：在柏拉图（Plato）看来，正义就是"各守其分"；亚里士多德（Aristotle）认为，正义理论包含分配正义和矫正正义的双重面向；罗尔斯（Rawls）以公平诠释正义；斯宾塞（Spenser）和康德（Kant）则将自由而非平等视为与正义最相关联的价值。[②]

尽管正义有着不同的面向，但在卫生健康法领域，健康正义始终是其基本原则与价值追求。健康权的核心地位决定了保障国民健康权益的享有和实现理所当然地成为卫生健康法的目标和价值追求，健康正义原则由此指导、统率着卫生健康法的所有领域。

一、健康正义原则的内涵

健康正义原则以正义理论为基础，围绕"医疗卫生资源的分配正义""健康可行能力"等问题，学界就健康正义原则进行了充分的探讨。美国哈佛大学生命伦理学教授诺曼·丹尼尔斯（Norman Daniels）指出，健康具有特殊的道德重要性（special moral importance）的原因在于，其与保护个人的机会平等有关，能够使人们全方位地参与社会生活。丹尼尔斯还认为，罗尔斯的资源分配正义理论和公平原则抓住了健康的核心社会决定因素[③]，而遵守这一公平原则将有可能较大程度地降低健康的社会梯度（social gradients）[④]。美国学者罗莎蒙德·罗兹（Rosamond Rhodes）在梳理了亚里士多德、罗尔斯等人的正义理论后指出，用单一的正义理论无法指导卫生资源的合理配置，需要根据具体情况对多个正义原则（如差别原则、避免不必要的负担和反对搭便车行为等）进行筛选和排序。如果缺乏统一的理想化通用指导规则，卫生健康政策的制定就很难实现正义。[⑤] 从健康正义出发，她在《关于医疗保健分配的医学和社会正义的文集》中，还检索了不同国家卫生健康的分配情况和

---

① ［美］博登海默：《法理学：法律哲学与法律方法》，邓正来译，中国政法大学出版社 2004 年版，第 2 页。
② ［美］博登海默：《法理学：法律哲学与法律方法》，邓正来译，中国政法大学出版社 2004 年版，第 262 页。
③ Daniels N., Just Health Care, Cambridge University Press, 1985.
④ Daniels N., Just Health: Meeting Health Needs Fairly, Cambridge University Press, 2008.
⑤ Rhodes R., "Justice in Medicine and Public Health", *Cambridge Quarterly of Healthcare Ethics*, 2005, 14（3）.

不公正之处，探讨了卫生健康分配政策所导致的不同社会人群的特殊需求和某些特定的正义相关问题。[①]

　　健康可行能力是健康正义原则的重要体现。2010 年，艾米丽·本弗（Emily Benfer）发起了"健康正义项目"，[②] 提出了健康可行能力理论（capability to be healthy）。该理论认为，罗尔斯的正义理论基于社会契约论，无法解决生理、精神不健全的人的正义和跨国正义等问题。[③] 对此，有必要通过可行能力理论，关注追求良善生活、支配资源的可行能力，实现健康正义。[④] 珍妮弗·普拉赫·鲁格（Jennifer Prah Ruger）和斯里达尔·文卡塔普拉姆（Sridhar Venkatapuram）在此基础上进一步发展了健康可行能力理论，在探讨亚里士多德的政治思想和上述健康可行能力理论的基础上，尝试运用这些理论影响全球卫生机构的公共政策制定，并通过政治学、经济学、哲学等多角度审视美国医改及其卫生政策的正当性。[⑤] 斯里达尔·文卡塔普拉姆在多篇文章及著作中强调，健康是社会正义的"首要任务"和"核心意义"，而不应该仅仅被视为一种私人利益。社会正义的实现不能只满足于公平分配有限的医疗卫生资源。在他看来，健康可行能力是人作为人在现代社会中以平等人格尊严生活的基本能力，是每个个体追求良善生活的基础。[⑥]

　　在我国，直接使用"健康正义"这一术语的学者较少，现有的讨论主要集中在社会正义对公众健康的实现方面，尤其是卫生资源分配中的正义。有学者从公共事务的理论出发，通过分析政府、市场和公民社会关系，研究卫生资源分配中的问题。[⑦] 还有学者从法哲学的角度，主张健康正义是社会正义的一个重要方面，是"正义的价值理念在健康领域的现实关照"，其核心是健康权利的正义分配。[⑧] 另外，许多学者还从罗尔斯的正义理论出发，对我国医改、医疗资源的分配和公众健康伦理，尤其是对一些罕见病、不同地域间的医疗卫生资源分配应当考虑的价值取向、农村地区健康与分配正义等问题进行了深入研究。[⑨] 在此基础上，有人提出了"医疗正义"的概念，认为卫生健康法的基本价值定位是医疗正义，而正义的实质内容包括自由、平等、秩序等价值目标。从不同的角度出发会得到不同的正义要求。例如，从自由角度来理解医疗正义，就要承认和尊重公民的健康权；从平等角度来理解医疗正义，就要合理地配置医疗资源，确保每个公民的健康权底线内容能得到基本实现；从秩序的角度来理解医疗正义，就要强化政府责任，以完善医疗秩序。据此，我国卫生健康法的具体设计、制度构建应该符合"合理地配置医疗资源以确保

---

① Rosamond Rhodes，M. Pabst Battin，Anita Silvers，Medicine and Social Justice：Essays on the Distribution of Health Care，Oxford University Press.

② Beazley School of Law Institute for Health Law and Policy，Health Justice Project，Loyola University Chicago.

③ 玛莎·C. 纳斯鲍姆：《正义的前沿》，朱慧玲、谢慧媛、陈文娟译，中国人民大学出版社 2016 年版。

④ Martha N.，Sen A.，The Quality of Life，Clarendon Press，1993

⑤ Ruger J.，"Health and Social Justice"，The Lancet，2004，364；Ruger J.，Health and Social Justice，Oxford University Press，2010.

⑥ Sridhar Venkatapuram，Health Justice：An Argument from the Capabilities Approach，Polity Press，2011.

⑦ 王俊华：《当代卫生事务研究：卫生正义论》，科学出版社 2005 年版。

⑧ 朱海林：《论健康正义：道德哲学视角》，载《河南师范大学学报（哲学社会科学版）》2014 年第 4 期。

⑨ 蒋谨慎、修江帆：《罗尔斯正义观视角中的医疗公平问题探析》，载《医学与社会》2008 年第 8 期；史军：《功利与正义：公共健康的伦理选择初探》，载《学术论坛》2006 年第 7 期。

每个公民的健康权底线内容能得到基本实现"的医疗正义的价值目标,强调对政府责任的强化。[①]

总之,"社会正义是公共健康的核心价值",社会正义在公共健康领域涉及公民权利的公正对待、医疗保健资源的合理分配和社会特定群体健康问题的正确解决,由于公共健康的维护本质上依赖于公共政策,政府必须从制度设计方面着手,解决公共健康的社会正义问题,[②]以分配正义与医疗卫生二元互动而生成的卫生正义来优化医疗卫生基本法的价值理念。[③]

二、健康正义原则的适用

健康正义作为卫生健康法的基本价值与追求,统率整个卫生健康法领域,是卫生健康法的一项重要的基本原则。从健康正义的核心价值出发,健康正义原则的适用至少包括三个方面:平等原则、反歧视原则和公平原则。

第一,平等原则。关于什么是平等,以及其与正义的关系,法国思想家拉法格(Lafargue)形象地描述为:"正义的观念用毕达哥拉斯派的公式来表示就是,不要破坏天平盘上的平衡——天平秤自从被发明之时起便成了正义的形容词。"[④]换言之,正义首先表现为平等。如前所述,罗尔斯的正义观深刻地影响了卫生健康领域的分配理论,其强调卫生资源、社会基本物品、福祉或者能力等方面的平等分配。[⑤]作为健康正义原则的内容,联合国《经济、社会及文化权利国际公约》第12条第1款提出,"人人有权享受可能达到之最高标准之身体与精神健康",医疗卫生领域对平等价值的追求在"人人"二字中彰显得淋漓尽致。在卫生健康法领域,平等不仅指人人有权获得有质量的卫生保护和卫生服务,协调个人利益与社会健康利益的关系也是其应有之义。卫生健康法中的平等可分为形式平等和实质平等。形式平等对应的问题是反对歧视,而实质平等则旨在保障每个人能享受到基本的医疗服务。[⑥]实践中,平等原则与医疗资源、基本医疗服务的平等问题密切相关,具体表现为全体国民在享有卫生服务、获得有关知识和信息等方面的平等。然而,医疗资源的有限性使得在现实生活中完全意义上的平等很难实现,因而平等原则主要体现为机会和过程的均等或同等,而非结果的平等。我国规模大、医疗设备相对较好的医院基本分布在经济发达的大城市,而经济欠发达地区的医疗资源则相对匮乏。[⑦]对此,未来有必要进一步以健康正义原则为导向,加强医疗保障,避免不同地区、不同人群间保障水平的轻重失衡。

第二,反歧视原则。反歧视原则与平等原则密切相关,因为平等原则本身就包含了反歧视的含义,即平等承认人与人之间的广泛差异,但反对没有正当理由的不合理区分——

---

① 李筱永:《卫生基本法的价值定位:医疗正义》,载《中国医院管理》2011年第10期。
② 李伦、喻文德:《论公共健康的社会正义问题》,载《湖南大学学报(社会科学版)》2010年第3期。
③ 汪习根、宋大平:《基于分配正义的医疗卫生基本法立法构想》,载《新疆师范大学学报(哲学社会科学版)》2017年第3期。
④ 拉法格:《思想起源论》,王子野译,生活·读书·新知三联书店1963年版,第96页。
⑤ 峭怡:《论卫生资源公平分配的平等主义、优先主义和充足主义》,载《西南政法大学学报》2016年第3期。
⑥ 解志勇主编:《卫生法学通论》,中国政法大学出版社2019年版,第53页。
⑦ 李筱永:《卫生基本法的价值定位:医疗正义》,载《中国医院管理》2011年第10期。

歧视。[①] 所谓歧视，指的是人际关系的一种状态，即"人对人的一种不应有的、不平等地低下看待或对待"[②]。歧视与特权一样都是对平等的否定，特权拥有者的权利超出了一般人的限度，而歧视承受者的权利低于一般人的水平。[③] 巴里·R. 弗瑞（Barry R. Furrow）在《健康法：案例、材料与问题》中基于反歧视原则，探讨了"健康不平等"的问题，健康不平等通常被视为歧视与社会性非正义的一种形式，此种差异是不公平、不公正且可以避免的。[④] 现实生活中，健康不平等现象广泛存在，需要我们以反歧视原则加以应对。健康不平等的常见情形有：患者因经济或社会原因而受到歧视，被拒绝给予医疗保健或治疗；社会经济地位较低的人群、少数民族或个别的种族所居住的社区可能缺乏足够的医疗保健资源；残疾人和跨性别者可能面临更高的无法获取医疗服务的风险；[⑤] 即使在工作场所，医疗保健歧视也广泛存在。[⑥] 联合国经济、社会及文化权利委员会曾从非歧视性原则出发，判断政府是否违反健康权保障义务，尤其强调对少数民族、贫困人群、妇女等特定群体的保护。[⑦] 在我国，反歧视也一贯是卫生健康事业建设的重点。2022 年，为营造无歧视环境、消除艾梅乙母婴传播，国家卫生健康委员会（以下简称卫生健康委）颁布了《消除艾滋病、梅毒和乙肝母婴传播行动计划（2022—2025 年）》，力图营造一个无歧视的医疗环境，要求尊重生命、尊重科学，消除艾梅乙母婴传播。为了依法维护新冠病毒感染康复者的合法权益、消除歧视，人力资源和社会保障部、国家卫生健康委也曾联合发文《关于坚决打击对新冠肺炎康复者就业歧视的紧急通知》，提出要科学认识新冠病毒传播机理，查处歧视行为。可以说，反歧视原则不仅是对政府保障人民健康权益的外在形式要求，也是国家履行健康权保障义务的前提性条件。如果政府在履行健康权保障义务过程中，没有遵循非歧视性和平等保护的原则，即使其没有违反最低限度的健康权义务，也应当认定构成对健康权实质义务的违反。[⑧]

第三，公平原则。世界卫生组织在 1996 年的《健康与卫生服务的公平性》中提出，公平性（equity）与平等（equality）不同，它意味着生存机会的分配应以需要（need）为导向，而不应取决于社会特权。[⑨] 按照世界卫生组织的定义，[⑩] 健康公平指社会中的每一个

---

① 解志勇主编：《卫生法学通论》，中国政法大学出版社 2019 年版，第 53 页。

② 解志勇主编：《卫生法学通论》，中国政法大学出版社 2019 年版，第 50—54 页。

③ 卓泽渊：《法的价值论（第 2 版）》，法律出版社 2006 年版，第 296—299 页。

④ Barry R. Furrow, Thomas L. Greaney, Sandra H. Johnson, Timothy Stoltzfus Jost, Robert L. Schwartz, Brietta R. Clark, Erin G. Fuse Brown, Robert Gatter, Jamie S. King & Elizabeth Pendo, Health Law: Cases, Materials and Problems, Eighth Edition, 8.

⑤ Barry R. Furrow, Thomas L. Greaney, Sandra H. Johnson, Timothy Stoltzfus Jost, Robert L. Schwartz, Brietta R. Clark, Erin G. Fuse Brown, Robert Gatter, Jamie S. King & Elizabeth Pendo, Health Law: Cases, Materials and Problems, Eighth Edition, 357.

⑥ Barry R. Furrow, Thomas L. Greaney, Sandra H. Johnson, Timothy S. Jost, Robert L. Schwartz, The Law of Health Care Organization and Finance, Sixth Edition, 549.

⑦ Bambra, Clare, Debbie Fox, and Alex Scott-Samuel, "Towards a Politics of Health", Health Promotion International, 2005.20（2），187–193.

⑧ 饶浩：《论国际人权法上的健康权与〈基本医疗卫生法〉的起草》，载《人权研究》2018 年第 1 期。

⑨ World Health Organization: Equity in Health and Health Care, a WHO/SIDA Initiative, 1996.

⑩ World Health Organization: Constitution of World Health Organization. In: Basic Documents, 38th edition（including amendments adopted up to 31 October 1990）.

成员均应有公平的机会达到其最佳的健康状态，只要可以避免，不应有人在获得健康方面受到区别对待。[1] 由此，健康公平原则意味着人们可共享社会进步的成果，而不是分摊本可避免的不幸和健康权利的损失。健康公平要求努力降低社会人群在健康和卫生服务获得方面存在的不公正的和不应有的社会差距，力求使每个社会成员均能达到基本生存标准。此处的公平指不存在不合理的差别，不同国家和地区在不同的经济发展状况下，对不公平的状态有着不同的界定，[2] 从公平的核心概念来讲，并非所有的差别都代表着不公平，只有那些可以避免的、不应该存在的差别才可能被认定为不公平。健康公平的内涵及外延大致包括"卫生保健公平性""健康公平性"[3]"权利公平""机会公平""规则公平"[4] 等不同面向。[5] 公平作为健康正义原则的应有之义，体现了健康事务的强烈道德性、政治性和社会性，意味着国民健康本身即为目的，而非实现某种目的（如经济发展）的工具，其不具有可置换性或可交易性，更不可被舍弃。[6]

健康公平原则要求每个人都要有公平、公正的机会去尽可能地实现健康，各种阻碍健康实现的障碍，如贫困、歧视及由其导致的教育不公平、环境不安全、医疗保障不足等，都需要被消除。[7]1991 年，世界卫生组织欧洲地区委员会提出了 7 个提高卫生保健和健康公平性的行动原则，包括"公平性政策的制定应关注改善生活和工作条件""引导人们形成健康的生活方式""分散政策制定和决策权，鼓励人们参与政策制定的各个阶段""各部门互相协作，共同评价各个部门的行为对人群健康的影响""国际水平上的互相关心与控制""卫生保健公平性基于人人均可获得高质量的卫生服务""公平性政策应建立在充分研究、监测和评价的基础上"。实践中，以上 7 个方面构成了实现健康公平原则的基本导向。另外，健康公平原则的实现还与卫生资源的配置和分配密切相关。可以说，医疗保障体系的建立很大程度上依赖于财富的分配机制。有时，公共资助的医疗保健项目往往只能对特定人群提供医疗保障资金，[8] 这往往会引发人们对于健康公平实现的担忧。随着社会的发展，健康公平的价值倾向应当越来越清晰地反映在医疗立法当中，尤其是在医疗保险和保障制度中。[9]

---

[1] 高建民、杨金娟：《健康公平性概述》，载《卫生经济研究》2014 年第 10 期。

[2] Whitehead M，"The Concepts and Principles of Equity and Health"，*International Journal of Health Services*，1992（22），429–445.

[3] 所谓卫生保健公平性，指在卫生服务的可及性、利用量和支出的费用上，应该获得同等的利用（Equality of use for equal need）。

[4] 赵丁海、乔学斌：《健康公平发展的伦理关切与实践向度》，载《医学与哲学》2019 年第 10 期。

[5] 权利公平与健康权作为基本人权的向度相联系，与健康公平性类似，机会公平指共享机会与差别机会。前者需要保障不同收入、种族、性别的人群具有同样或类似的健康水平，各健康指标如患病率、婴儿死亡率、孕产妇死亡率、期望寿命等的分布在不同人群中应无显著差别，健康的分布不应与个人或群体的社会经济属性有关，参见侯剑平：《中国居民区域健康公平性影响因素实证研究》，载《特区经济》2006 年第 10 期。

[6] 董文勇：《论基础性卫生立法的定位：价值、体系及原则》，载《河北法学》2015 年第 2 期。

[7] Paula Braveman，"What is Health Equity？And What Difference Does a Definition Make？"，Princeton，NJ：Robert Wood Johnson Foundation，2017.

[8] Barry R. Furrow，Thomas L. Greaney，Sandra H. Johnson，Timothy S. Jost，Robert L. Schwartz，The Law of Health Care Organization and Finance，Sixth Edition，71.

[9] Barry R. Furrow，Thomas L. Greaney，Sandra H. Johnson，Timothy S. Jost，Robert L. Schwartz，The Law of Health Care Organization and Finance，Sixth Edition，71.

第三节　健康自主原则

一、健康自主原则的内涵

健康自主原则的理论渊源十分丰富。康德的自主理论是其哲学基础之一，德沃金（Dworkin）也主张以"尊重"来表达和承载"自主"，比彻姆（Beauchamp）更是直接把"自主原则"表述为"尊重自主原则"。上述个人自主理论受到社群主义、女性主义等群体的尖锐批评，[①] 为了对其加以修正，在卫生健康法领域，英国哲学家奥尼尔（O'Neill）提出关系自主理论，认为自主不是个人自主，而是原则自主、理性自主，提倡将患者的自主性置于关系网中予以理解，主张对原则的执行和对义务的履行，避免过分强调个体独立性造成的医患信任困难。[②]

目前，我国学界对健康自主原则的提法主要是患者自主原则或患者权利自主原则并认为其是卫生健康法的基本原则。[③] 另外，亦有学者从卫生健康法的核心价值[④]、医疗信息自主[⑤]、消费者自主选择权[⑥] 等角度对健康自主原则展开研究，但并未将其上升到卫生健康法基本原则的高度。

对此，本书认为，卫生健康法的基本原则应当具有统率性，对卫生健康法部门的所有法律规范都具有普遍指导意义。患者自主原则或患者权利自主原则的表述，仅是患者对自己疾病的医疗问题的知情权或自我决定权，仅适用于医事法领域，适用层次较低且统率力不足，无法上升到卫生健康法基本原则层面。[⑦] 因此，应当以"健康自主原则"的表述取代之。作为卫生健康法最为核心的基本原则，健康自主原则统率整个卫生健康法领域，其指的是尊重一个有自主能力的个体就健康问题所作出的自主选择，承认该个体拥有基于个人价值信念而持有看法、作出选择并采取行动的权利。[⑧]

① 庄晓平：《西方生命伦理学自主原则"自主"之涵义辨析——从比彻姆、德沃金和奥尼尔的观点看》，载《哲学研究》2014 年第 2 期，第 93—98 页。

② Onora O'Neill, Autonomy and Trust in Bioethics, Cambridge University Press, 2001, 23、36.

③ 蒲川、陈大义：《卫生法学》，科学出版社 2017 年版，第 3 页；宋文质、孙东东主编：《卫生法学》，北京大学医学出版社 2008 年版，第 6 页；张静、王萍主编：《卫生法学》，西南师范大学出版社 2008 年版，第 13 页。

④ 此种观点认为自由是卫生法的核心价值，包含生命健康方面的自由（涉及知情同意权、强制医疗问题、"安乐死"问题、堕胎问题等）与卫生行业从业者的职业自由。参见解志勇主编：《卫生法学通论》，中国政法大学出版社 2019 年版，第 45—50 页。

⑤ 此种观点从医疗合同的附随义务出发，提出现代医事法要求促进信息自主，另论述了医疗机构有权自主展开医疗活动。参见陈云良主编：《卫生法学》，高等教育出版社 2019 年版，第 37—42 页。

⑥ 即消费者有权根据自己的意愿自主地选择其购买的商品及接受服务。参见朱新力、王国平主编：《卫生法学》，人民出版社 2000 年版，第 57 页。

⑦ 参见解志勇：《卫生法基本原则论要》，载《比较法研究》2019 年第 3 期。

⑧ 参见黄丁全：《医疗法律与生命伦理》，法律出版社 2007 年版，第 30 页。

二、健康自主原则的适用

健康自主原则是统率卫生健康法的基本原则，贯穿卫生健康法的所有子部门。

首先，在医疗资源的分配、研究的自主和疾病隔离等公共健康法领域，虽然许多问题都是"道德"问题，但其主要涉及个人和社会，[①] 关键性原则在于个人自主（personal autonomy）。[②] 以传染病强制医疗为例，一方面，当隔离检疫剥夺个体自由时，健康政策能够代替人权行使责任。[③] 例如，疫情暴发后，政府可根据实际情况，依法采取禁止入境、强制隔离、强制检疫、自我隔离等强度不一的防控措施。[④] 另一方面，即便为了保障公共卫生安全，对个人自主的限制也不是任意的。欧洲人权法院在 Enhorn v. Sweden 案中，就提出了强制隔离必须符合比例原则和不被任意拘留的相关标准。[⑤] 美国《州卫生紧急权力示范法》则采用危险性标准，规定只有出现不立即采取隔离与检疫措施将会危及传染病防治的紧急情况时，州政府的公共卫生主管机关才能以书面形式作出隔离或检疫命令。我国《传染病防治法》第 41 条第 1 款规定："对已经发生甲类传染病病例的场所或者该场所内的特定区域的人员，所在地的县级以上地方人民政府可以实施隔离措施，并同时向上一级人民政府报告；接到报告的上级人民政府应当即时作出是否批准的决定。上级人民政府作出不予批准决定的，实施隔离措施的人民政府应当立即解除隔离措施。"上述强制隔离措施应当贯彻比例原则，只有当采取强制隔离措施能够实现公共卫生目标，且在能够实现该目标的众多手段中强制隔离措施对个人的损害程度是最小的，而强制隔离所能够实现的利益又不小于它给个人带来的损害时，才能够采取强制隔离措施，以便体现自主原则。[⑥]

其次，在医事法领域，接受医疗服务是以患者自主为前提展开的，自主（autonomy）原则是当代医疗决定伦理的话语核心。[⑦] 世界范围内，发端于《纽伦堡法典》（1946 年）[⑧] 和《赫尔辛基宣言》（1964 年）[⑨]，并经过不断发展，自主原则已经被许多国家承认并用法律加以保障。经 1957 年的 Salgo v. Leland Stanford Jr. University Board of Trustees 案 [⑩]、1960 年

---

① Arthur B. LaFrance, Bioethics: Health Care, Human Rights, and the Law, Matthew Bender Press, 2006, 263−483.

② Kozlowski, Lynn. T, Sweanor, David, "Withholding Differential Risk Information on Legal Consumer Nicotine/Tobacco Products: The Public Health Ethics of Health Information Quarantines", *International Journal of Drug Policy*, 2016.32, 17−23. 该文提出的国民健康道德的三大关键性原则分别是：个人自主（personal autonomy）、个人权利和健康素养。

③ Jonathan Mann et al. "Health and Human Rights", *Health and Human Rights Jounal*, 1994, 6−23.

④ See Lawrence O. Gostin, "What Questions Should Global Health Policy Makers Be Asking About The Novel Coronavirus？", Health Affairs Blog, 2020.

⑤ See Enhorn v. Sweden, ECHR（2005）, 41.

⑥ 申卫星：《公共卫生法治建设：意义、价值与机制》，载《暨南学报》2022 年第 1 期。

⑦ Mary Donnelly, Healthcare Decision-Making and the Law, Cambrige University Press, 2011, 1−81.

⑧ 该法典明确强调受试者的自愿同意绝对必要，其终极理念就是尊重和承认受试者自主决定权的正当基础和合法地位。

⑨ 1964 年世界医学大会在《赫尔辛基宣言》中进一步明确，参与医学研究的医生有责任保护研究受试者的生命、健康、尊严、公正、自我决定的权利、隐私和个人信息的保密，这正式确立了尊重自主的法律原则地位。

⑩ Salgo v. Leland Stanford Jr. University Board of Trustees, 317P. 2d 170（1957）.

的 Natanson v. Kline 案① 和 1972 年的 Canterbury v. Spence 案②，美国在判例法上确立了知情同意理论。1973 年，美国《患者权利法案》以成文形式明确规定了患者的知情同意权。该法还赋予了患者对未来的医疗事务事先表达意愿的权利，即预先指示权。在德国，联邦宪法法院在 1979 年的一项判决中指出，必须取得患者对医师作出的全部诊断、预防以及治疗措施的有效同意，这是法的要求。③

自 20 世纪 90 年代中期以来，我国立法者意识到有必要保护病患的知情同意权，逐步制定了一系列相关的法律、法规和规章。1994 年《医疗机构管理条例》第 32 条就涉及患者的知情同意权，《医疗机构管理条例实施细则》第 62 条规定了医疗机构的说明义务和患者的知情权。1999 年实施的《执业医师法》正式在法律中规定了医疗机构的告知义务。2002 年《医疗美容服务管理办法》第 20 条在特定行业管理中规定必须遵循知情同意原则，《医疗事故处理条例》将医疗机构及医护人员的说明义务扩大至整个医疗行业，《病历书写基本规范》则对同意书的签署作了细致的规定。2006 年《人体器官移植技术临床应用暂行规定》在正式文本中使用"知情同意"一词。2010 年《侵权责任法》明确规定了患者的知情同意权。2019 年《基本医疗卫生与健康促进法》也明确规定了公民在接受医疗卫生服务、参与试验性医学研究时的知情同意权。

自主不仅意味着"不干涉"，即拒绝专业人士作出的治疗选择的消极权利，同时也意味着赋权。④患者自主决定意味着有决定能力的患者在被充分告知有关病情、治疗的信息的前提下，享有独立、自愿地作出是否接受治疗、在哪里治疗、选择治疗方案、拒绝治疗等决定的权利；在有决定能力时，考虑到自己未来可能患病失去决定能力的情形，事先对治疗作出具体的指令或指定代理人，保证其即便失去决定能力，仍能按照自己的意愿进行治疗。⑤

现代医学已逐渐从"父权主义"转向"以患者为中心"。患者的意志自主需要得到充分尊重与保护，自主决定权以此为价值归依，成为独立权利。从权利内容上看，患者的自主决定权大致分为：（1）医疗选择权，即患者有权选择或者变更为其治疗的医师或者其他提供医疗保健服务的机构，或者有权在存在多种诊断、检验、治疗或药剂时从中进行选择的权利。⑥（2）医疗拒绝权，通常情况下，接受医疗是患者的权利而非义务。因此，基于患者的人格自主权，患者享有医疗拒绝权，即有权利在允许的范围内（精神病、传染病患者的某些情况属不允许范围，此时需要基于公共利益对患者实施强制性医疗）拒绝任何检查、检验或治疗、药物方法，并获知所做决定可能的后果；在不违反法律规定的范围内，患者有权出院。⑦（3）医疗同意权（知情同意权），即医疗活动中，患者在知晓并理解医生提供其医疗决定所必需的理由的基础上，自愿作出医疗同意的权利。⑧

---

① Natanson v. Kline，350 P. 2d 1093（1960）.
② Canterbury v. Spence，464 F. 2d 772（1972）.
③ 赵西巨：《医事法研究》，法律出版社 2008 年版，第 59 页。
④ Mary Donnelly，Healthcare Decision-Making and the law，Cambrige University Press，2011，1–81.
⑤ 侯雪梅：《患者的权利——理论探微与实务指南》，知识产权出版社 2005 年版，第 138 页。
⑥ 侯雪梅：《患者的权利——理论探微与实务指南》，知识产权出版社 2005 年版，第 139—150 页。
⑦ 侯雪梅：《患者的权利——理论探微与实务指南》，知识产权出版社 2005 年版，第 147—150 页。
⑧ 古津贤、强美英：《医事法学》，北京大学出版社 2011 年版，第 189 页。

健康自主原则在医疗伦理领域亦占据核心地位。①《纽伦堡法典》明确强调"受试者的自愿同意绝对必要",其终极理念就是尊重和承认受试者自主决定权。1964 年世界医学大会在《赫尔辛基宣言》中进一步明确,"参与医学研究的医生有责任保护研究受试者的生命、健康、尊严、公正、自我决定的权利、隐私和个人信息",这正式确立了医学伦理中健康自主原则的核心地位。从此以后,该原则被确立为多个涉及人类受试者国际准则的基础,得到了广泛应用。1978 年,美国国家委员会《贝尔蒙特报告:保护人类受试者的伦理原则与准则》把尊重人(Respect for Persons)确立为生物医学研究伦理的三大原则之一。尊重人意味着参与者有权自己作出是否参与研究的决定。许多学者甚至认为,健康自主原则不仅占据主导地位,而且是"优先的"和"排他的"。②生命伦理法的几乎每一个话题,从知情同意原则到预先指示(advanced directives)和器官捐赠的法律,再到关于拒绝治疗、安乐死/协助自杀(assisted suicide)、产前干预(prenatal intervention)、母胎冲突(maternal-fetal conflict)和基因研究的争论,虽然也都是"道德"问题,但其主要涉及的是个人选择,因此都可以从自治原则——自主与尊重他人自主的角度进行分析。③

总之,在医事法各领域,从医疗决定、预先指示(advanced directives)、医学试验的参与④到医疗数据的利用⑤等,无一不贯穿着健康自主原则。自主是现代医事法的基石,塑造着医事法的形态和发展。

再次,健康产品法领域同样贯穿着健康自主原则。例如,消费者有权根据自己的意愿自主地选择购买健康商品及接受服务。⑥又如,对健康产品差异风险信息的强制隔离需要正当化理由,否则便不能推翻个人自治的原则。换言之,消费者有权完整得知健康产品有关健康的信息,以据此作出明智的个人选择。⑦

---

① Arthur B. LaFrance, Bioethics: Health Care, Human Rights, and the Law, Matthew Bender Press, 2006, 263–483. Marsha Garrison, Carl E. Schneider, The Law of Bioethics: Individual Autonomy and Social Regulation, Garrison Schneider Press, 2015.

② Daniel Callahan, "Can the Moral Commons Survive Autonomy？", 26 *Hastings Center Report* 41（Nov/Dec 1996）. B. Steinbock, "Liberty, Responsibility, and the Common Good", 27 *Hastings Center Report* 45–46（Nov/Dec 1996）. Willard Gaylin, "Worshipping Autonomy", 26 *Hastings Center Report* 44–45（Nov/Dec 1996）. Renee C. Fox, "More than Bioethics", *Hastings Center Report* 5, 6（Nov/Dec 1996）.

③ Arthur B. LaFrance, Bioethics: Health Care, Human Rights, and the Law, Matthew Bender Press, 2006, 263–483. Marsha Garrison, Carl E. Schneider, The Law of Bioethics: Individual Autonomy and Social Regulation, Garrison Schneider Press, 2015.

④ Jean McHale and Marie Fox, Health Care Law, Thomson Sweet & Maxwell Press, 2007, 291–561. C. Adéle Kent, Medical Ethics The State of the Law, Lexis Nexis Butterworths Press, 2005, 109–153. 布伦丹·格瑞尼:《医疗法基础（影印版）》,武汉大学出版社 2004 年版,第 11—39 页。Massachusetts General Hospital, Harvard Medical School, "A New Mental Health Law to Protect Patients' Autonomy Could Lead to Drastic Changes in the Delivery of Mental Health Services: is the Risk too High to Take？", *Shanghai Achieves of Psychiatry*, 2012（1）, 41–43. Chen, Chung-Lin, "Reconciling Family Paternalism and Autonomy in Taiwan's Health Information Law", *Australian Journal of Asian Law*, 2009.11（2）, 247–272.

⑤ 刘瑞爽:《GDPR 对我国医学研究伦理审查的启示》,载《医学与哲学》2019 年第 3 期;刘建利:《医疗人工智能临床应用的法律挑战及应对》,载《东方法学》2019 年第 5 期。

⑥ 朱新力、王国平主编:《卫生法学》,人民出版社 2008 年版,第 57 页。

⑦ Lynn. T Kozlowski, David Sweanor, "Withholding Differential Risk Information on Legal Consumer Nicotine/Tobacco Products: The Public Health Ethics of Health Information Quarantines", *International Journal of Drug Policy*, 2016.32, 17–23.

最后，在医疗保障法领域，健康自主原则主要体现在当事人有权在多种形式的医疗保障中进行自主选择，特别是在商业保险中，商业医疗保险合同双方当事人地位平等，合同条款协商一致，是健康自主原则的必然要求。实践中，医疗保险多为保险公司单方拟定的标准合同，投保人处于"要么接受，要么走开"的弱势地位。为保障健康自主原则的实现，《民法典》第 496 条规定的格式条款的提示注意和说明义务，第 497 条规定的对不公平格式条款的控制规则，尤其需要发挥作用，以保障投保人健康自主权的实现。

作为一项基本原则，健康自主原则不是万能的，应当受到限制。有时，过分强调个人自主，不但不能实现福利最大化，反而可能产生以下弊端：（1）累积损害。许多例子表明，单个行为可能没有造成损害或者造成的损害很少，但多个累积起来就会产生显著的效果，如践踏草坪，没有任何原则、理由可以说明为什么一个人应该被允许做其他人不被允许做的事情。[①]有时，为了避免个人自主对社会造成的累积损害，要对其加以限制。（2）无形损害。有时一项活动被认为是错误的，不是因为它对个人造成了切实的伤害，而是因为它违反了一项重要的价值或原则。例如，之所以要禁止利用胚胎制造化妆品、赚钱或治疗癌症，是因为纯粹出于商业目的而使用胚胎是对人的生命的不尊重，违反了法的基本价值和原则。[②]（3）无法促进公共利益。维持社会秩序既需要尊重自由，也需要尊重公共利益。有时，对个人自由的限制可以促进共同利益。当社会利益受到威胁时，自主（autonomy）"必须让步"。[③]（4）受环境的制约。人的行为其实并不那么"自愿"，[④]认为健康自主原则一定能充分发挥作用不过是"法律的想象"和"空中楼阁"。例如，实证研究表明，除了一些非常年老和循规蹈矩的人外，患者很少作出预先指示（advanced directives），这是因为即使他们有意思决定能力，也会因为缺乏相关知识，难以理解治疗选择并作出理性反应。[⑤]（5）监管失败。仅靠自主是无法实现所有的监管目标的，反而可能适得其反。

为了弥补上述缺陷，健康自主原则在卫生健康领域应受到限制。具言之，在公共健康法和健康产品法领域，健康自主原则受到限制的表现通常包括：在传染病防治中，当隔离检疫剥夺个体自由时，健康政策能够代替人权行使责任。[⑥]当然，上述限制不是任意的，而是需要符合比例原则等相关标准。[⑦]对于隔离等对公民权利的限制程度较高的措施，从启动条件、被隔离者权利保障、程序与救济等方面来看，均需达到较高标准。大量的公共卫生健康法律和伦理规范探讨更是表明，只有当有充分证据表明被隔离者所患的是一种传染性疾病，认为此人在一定时间内具有传播风险，并对这种情况有较高预期的情况下，限制自主、进行隔离才是正当的。

① B. Steinbock, "Liberty, Responsibility, and the Common Good", 27 *Hastings Center Report* 45-46（Nov/Dec 1996）.
② B. Steinbock, "Liberty, Responsibility, and the Common Good", 27 *Hastings Center Report* 45-46（Nov/Dec 1996）.
③ Willard Gaylin, "Worshipping Autonomy", 26 *Hastings Center Report* 44-45（Nov/Dec 1996）. Robert Veatch, "Which Grounds for Overriding Autonomy Are Legitimate ?", 27 *Hastings Center Report* 42（Nov/Dec 1996）. B. Steinbock, "Liberty, Responsibility, and the Common Good", 27 *Hastings Center Report* 45-46（Nov/Dec 1996）. Willard Gaylin, "Worshipping Autonomy", 26 *Hastings Center Report* 44-45（Nov/Dec 1996）. Willard Gaylin, "Worshipping Autonomy", 26 *Hastings Center Report* 44-45（Nov/Dec 1996）.
④ Willard Gaylin, "Worshipping Autonomy", 26 *Hastings Center Report* 44-45（Nov/Dec 1996）.
⑤ Schneider, The Law of Bioethics: Individual Autonomy and social regulation, Garrison Schneider Press, 2015.
⑥ Jonathan Mann et al. "Health and Human Rights", *Health and Human Rights Journal*, 1994, 6-23.
⑦ 雷娟：《传染病强制医疗的立法规制检视——以 Enhorn V. Sweden 为例》，载《行政法学研究》2013 年第 3 期。

涉及公共卫生时，公民的财产权亦可能受到限制。我国《传染病防治法》第 41 条就划定了传染病防治的隔离范围。《民法典》第 245 条则将疫情防控纳入征用的紧急需要。《突发事件应对法》第 12 条以及《传染病防治法》第 45 条也分别规定了突发事件和传染病暴发、流行时，政府有征用有关单位和个人的财产的权力。

个人信息自主同样受到限制，其收集、利用不再遵循"告知同意原则"，各国对此已达成共识。欧盟《通用数据保护条例（GDPR）》序言第 45 段规定，公共卫生构成重大公共利益，依第 6 条第 1 款（e）的规定，个人数据处理为"为公共利益目的执行任务或履行所赋予公共职能所必要"时，可不征得数据主体的同意；序言第 46 段明确传染病监测除构成公共利益之外，还构成"重大生命利益"，依第 6 条第 1 款（d）规定，个人数据处理为"保护数据主体或其他自然人的重要利益所必要"时，亦可不征得同意；序言第 52 段明确传染病预防和控制构成第 9 条第 2 款（i）中所述的公共利益，从而允许处理第 9 条第 1 款中所规定的特殊类型个人数据，如基因数据、生物识别数据、健康相关数据等。美国《隐私权法》也规定，在紧急情况下，为了某人的健康或安全而使用个人记录时，行政机关公开个人记录无须征得本人同意。[1] 2019 年末新冠疫情暴发，在这场突如其来的公共卫生危机中，公共利益相较于个人信息自主具有优先性，可谓国际通例。欧洲数据保护委员会（EDPB）在《关于新冠肺炎暴发背景下处理个人资料的声明》中就明确指出，雇主和公共卫生部门在流行病背景下处理个人数据，无须获得数据主体的同意。[2] 美国卫生与公众服务部（HHS）的民权办公室（OCR）也发布公告，重申《健康保险携带和责任法案》规定的公共卫生事件属"国家利益优先"情形，可不经个人同意而披露、使用健康信息。我国《个人信息保护法》第 13 条第 1 款第 4 项亦明确规定，为应对突发公共卫生事件，或者紧急情况下为保护自然人的生命健康和财产安全所必需，可以不经信息主体同意而采集、处理个人信息。

在医事法领域，患者自主同样不是无边界的，在某些特定情形下，患者自主受到一定限制，以达到对患者、他人和社会公共利益负责的目的。

首先，从内部边界来看，自主权与作出医疗决定的相应的意思能力密切相关。一方面，不是所有人都具有作出医疗决定所需的同意能力。从患者同意权的行使主体来看，同意能力分为民事行为能力说和表意能力说。前者是我国现有立法的立场，将限制民事行为能力人和无民事行为能力人视为在医学判断上欠缺充分决定能力或同意能力之人，其医疗决定由监护人代而为之。后者则认为表意能力应依个案认定，表意能力是指患者作出选择、理解相关信息、认定其处境和后果、合理处理信息的能力。[3] 本书认为，表意能力说更为合理，同意能力和行为能力的范围并非完全一致，有无同意能力应就具体情况，对同意的内容能否被理解与判断而为决定，不能因患者为未成年人或精神疾病患者而一概认定其没有同意能力。另一方面，即使是具有同意能力的主体，其医疗决定也非完全"自主"，由于医疗服务以复杂的系统提供，医疗决定通常与个人的文化、宗教或道德背景相关联，

---

[1]　The Privacy Act of 1974, 5 U. S. C., §552a.（b）（8）.

[2]　《欧洲数据保护委员会主席关于新冠肺炎爆发背景下处理个人资料的声明》，载于安全内参网。

[3]　黄丁全：《医事法》，中国政法大学出版社 2003 年版，第 270 页。

医疗服务中的自主还需要包括专业人士、患者和家庭在内的多主体紧密合作。[①]

其次，从外部界限来看，患者自主也有大量例外：（1）紧急救治情况下对患者自主的限制。在抢救生命垂危的患者等紧急情况下，不能取得患者或者其近亲属意见的，经医疗机构负责人或者授权的负责人批准，可以立即实施相应的医疗措施。（2）保护性医疗措施对患者自主的限制。《医疗机构管理条例实施细则（2017 修正）》第 61、62 条以及《病历书写基本规范》第 10 条第 2 款，明确提到了保护性医疗措施，规定因实施保护性医疗措施不宜告知患者真实情况的，应告知家属。（3）拒绝治疗[②]、管理式医疗（managed care）对患者自主的限制。基于保护患者生命健康权的立场，法律对拒绝治疗场合下的患者自主加以限制。管理式医疗（HMO/MCO）否认骨髓移植或干细胞治疗癌症，理由是这是"试验"；从根本上否定对多发性硬化症（MS）患者进行物理治疗，因为它不是"医学上必要"的。[③]上述做法，也体现了对患者自主的限制。（4）基于社会公共利益或第三方利益的限制。为保护公众健康和病患本人的利益，《传染病防治法》《精神卫生法》《禁毒法》分别规定了针对法定传染病患者、发作期的精神病患者、吸毒成瘾者的强制治疗。（5）轻微医疗行为和医疗风险的不可预测性的限制。前者是指对患者造成轻微伤害的医疗行为，如服用某些感冒药导致患者昏昏欲睡，抗生素类药会刺激胃肠，注射会有疼痛感等。这是患者自己可预料的结果，因此免除医方的说明义务。后者则基于医疗风险的不可预知性，平衡医患双方义务，限制患者知情同意权。[④]（6）在医疗数据的利用中，个人对医疗信息并非完全自主，会受到公共利益、科学研究等的限制。欧盟《通用数据保护条例》（GDPR）第 9 条第 2 款（j）允许在出于公共利益、科学或历史研究或统计的存档目的需要时，将遗传数据作为特殊数据类别的一部分进行处理，并豁免知情同意，这构成对自主原则的限制。[⑤]我国同样从生命伦理从个体自治到社会合作的转向入手，力求在医疗数据利用与隐私保护（个人自主）间求得平衡。[⑥]《民法典》第 1036 条和《个人信息保护法》第 13 条第 1 款第 5 项均将维护公共利益界定为个人信息的合理使用情形。根据《信息安全技术：个人信息安全规范 GB/T 35273—2020》第 5.6 条，个人信息控制者为学术研究机构，出于公共利益开展统计或学术研究所必要，且其对外提供学术研究或描述的结果时，对结果中所包含的个人信息进行去标识化处理的，个人信息控制者收集、使用个人信息不必征得个人信息主体的授权同意。由此，医学研究的需要与患者自主可得平衡。

---

①　David N. Weisstub and Guillermo Diaz Pintos，Eds，"Autonomy and Human Rights in Health Care"，*International Library of Ethics*，*Law*，*and the New Medicine*，2011.36，44–45.

②　Mary Donnelly，Healthcare Decision-Making and the Law，Cambrige University Press，2011，1–81.

③　当然，也有学者对此展开批评，认为管理式医疗（managed care）限制了患者和医生的选择，侵害了信托关系。Arthur D. LaFrance，Bioethics，Health Care，Human Rights，and the Law，Matthew Bender Press，2006，263–483.

④　梅春英、刘健康：《患者知情同意权的内部冲突及其边界》，载《中国卫生事业管理》2019 年第 4 期。

⑤　Morriss-Roberts C，Oulton K，Sell D，Wray J，Gibson F，"How Should Health Service Researchers Respect Children's Personal Data under GDPR？"，*The Lancet Child & Adolescent Health*，2018.

⑥　参见刘士国、熊静文：《健康医疗大数据中隐私利益的群体维度》，载《法学论坛》2019 年第 5 期；刘瑞爽：《GDPR 对我国医学研究伦理审查的启示》，载《医学与哲学》2019 年第 3 期；刘建利：《医疗人工智能临床应用的法律挑战及应对》，载《东方法学》2019 年第 5 期；蒋言斌、麻欣张乐、李响：《论医疗大数据患者隐私权的请求权》，载《医学与哲学（A）》2018 年第 6 期。

第四节 健康共治原则

健康共治原则是共建人类卫生健康共同体理念在卫生健康法领域的重要体现，在风险社会，对于卫生健康事业的发展与风险应对，健康共治原则起到了无可比拟的重要作用。

一、健康共治原则的内涵

"共治"指的是社会治理主体共同治理社会的活动。[①] 卫生健康法的共治原则有两层含义，第一个层面的含义是"社会治理"，第二个层面的含义是"共同决策"。其中，前者强调政府及其他社会主体，为实现社会的良性运转，采取一系列管理理念、方法和手段进行共治，从而在社会稳定的基础上保障公民权利，实现公共利益的最大化。[②] 从主体上讲，共治强调的是政府、市场、社会组织、公众的多元化特性；从客体上讲，共治既要协调人与人之间的关系，也要协调人与自然之间的关系；从手段上讲，社会治理采用"法、理、情"三种不同的社会控制手段，是基于调和与参与，而非基于控制和命令；此外，从权力（利）的运行上讲，社会治理趋于网状结构，不再是自上而下的组织、指挥和控制，而是上下平等协商、协调互动、合作治理。[③] 后者在卫生健康领域强调医疗以复杂的系统提供，需要包括专业人士、患者和家庭在内的多主体的合作。因此，医疗保健的背景要求通常具有不同的道德观念的人共同作出往往充满道德挑战的决策。[④]

健康共治原则作为卫生健康法的基本原则，有着一系列积极意义。

首先，风险社会是健康共治原则的时代背景。人类荣辱与共、命运相连，当今社会是一个风险社会，随着工业化、市场化和全球化的不断推进，社会公众的生活越发暴露在市场经济、先进科技和多头行政等现代性所带来的巨大风险之下。[⑤] 与此同时，医疗风险是现代医疗活动的产物，是技术性与社会性的结合。[⑥] 正因医疗活动的固有风险和健康产品安全问题的复杂性，卫生事业的发展面临着因风险社会所带来的巨大挑战：药物不良反应已经成为继癌症、高血压、心脏病之后，导致我国居民死亡的第四大原因。[⑦] 重大食品药

---

① 江国华、刘文君：《习近平"共建共治共享"治理理念的理论解读》，载《求索》2018 年第 1 期。
② 周晓丽、党秀云：《西方国家的社会治理：机制、理念及其启示》，载《南京社会科学》2013 年第 10 期。
③ 参见申卫星、刘畅：《论我国药品安全社会治理的内涵、意义与机制》，载《法学杂志》2017 年第 11 期；丁冬：《食品安全社会共治的主体和路径》，载《党政论坛》2014 年第 8 期。
④ David N. Weisstub and Guillermo Diaz Pintos, Eds, "Autonomy and Human Rights in Health Care", *International Library of Ethics, Law, and the New Medicine*, 2011.36, 44–45.
⑤ Beck, U., Risk Socity: Towards A New Modernity, London, Sage Publications, 1992.
⑥ 满洪杰：《风险社会视角下医疗损害责任立法之反思——兼评〈民法典侵权责任编（草案）〉的相关规定》，载《山东大学学报（哲学社会科学版）》2019 年第 4 期。
⑦ 《药物不良反应成我国居民死亡第四大原因》，载于新浪网。

品安全事件仍呈高发态势，[①]"毒奶粉""毒胶囊""假疫苗"等食品药品安全问题屡禁不止，健康产品安全形势较为严峻。为有效应对上述风险，社会各界应携起手来，协同合作，共同促进健康权的有效实现。

其次，医疗卫生事业的建设对健康共治原则提出了现实需求。风险社会中，除了物质环境等影响健康的因素之外，社会因素对健康的影响也越来越大。要改变这些因素，不能单靠政府的威权监管模式，[②]而需要政府与其他主体之间的团结合作，全社会共同商讨健康议题，共同支持和实施卫生健康政策。卫生事业的建设需要社会各个系统相互协作、各方主体共同努力，"其实施的有效性依赖于社会各界的合作与参与"。[③]

最后，健康共治原则是健康自主原则的重要补充。过分强调个人自主，会产生种种弊端。受环境的制约，人的行为其实并不那么"自愿"，威拉德·盖林（Willard Gaylin）等就认为自主原则一定能充分发挥作用不过是"法律的想象"和"空中楼阁"。[④]因此，在个人自主之外，还需要共治原则作为补充，以协调私人利益与社会公众利益，让每个人都能"置身事内"。

二、健康共治原则的适用

在卫生健康法领域，健康共治原则需要一系列核心机制加以适用和落实。

首先，在公共健康法领域，公共健康建设需要社会各个系统相互协作、各方主体共同努力。公共健康法的核心要素之一就是，在政府的法定权力与责任之外，还需要非政府主体的协作努力。以疫苗接种为例，政府可以通过科普、宣传，引导民众理性接种疫苗以降低非理性恐慌，以及加强疫苗接种环节的社会监督。[⑤]公共健康治理的系统论思想也得到了国际社会的广泛认可，世界卫生组织《国际卫生条例（2005）》第14条就规定了世界卫生组织与政府组织和国际机构的合作。

其次，医事法领域也贯穿着健康共治原则。当患者有意思决定能力并即将作出医疗决定时，理解自己的治疗选择并作出理性的反应是很困难的，因为患者可能缺乏相应的对将要作出的治疗选择的知识的了解。[⑥]因此，有效的医疗决策需要由包括专业人士、患者和家庭等在内的多主体共同作出。[⑦]

再次，在健康产品法领域，我国更是着力建设健康共治机制。食品安全方面，2021年修正的《食品安全法》第3条明确规定："食品安全工作实行预防为主、风险管理、全

---

① 参见申卫星、刘畅：《论我国药品安全社会治理的内涵、意义与机制》，载《法学杂志》2017年第11期。

② 齐萌：《从威权管制到合作治理：我国食品安全监管模式之转型》，载《河北法学》2013年第3期。

③ 斯科特·伯里斯、申卫星主编：《中国卫生法前沿问题研究》，北京大学出版社2005年版，第7页。

④ Willard Gaylin, "Worshipping Autonomy", 26 *Hastings Center Report* 44—45 (Nov/Dec 1996).

⑤ 胡颖廉：《行政吸纳市场：我国药品安全　与公共卫生的治理困境——以非法疫苗案件为例》，载《广东社会科学》2017年第5期。

⑥ Marsha Garrison, Carl E. Schneider, The Law of Bioethics：Individual Autonomy and Social Regulation, Garrison Schneider Press, 2015.

⑦ David N. Weisstub and Guillermo Diaz Pintos, Eds, "Autonomy and Human Rights in Health Care", *International Library of Ethics, Law, and the New Medicine*, 2011.36, 44—45.

程控制、社会共治，建立科学、严格的监督管理制度。"《食品安全法》还借鉴美国的"吹哨人制度"和日本的"公益告发制度"，规定了食品安全有奖举报和保护举报人合法权益的内容，第 23 条还确立了食品安全风险交流法律制度。药品安全方面，不少学者早就呼吁应当实现药品安全风险治理，并提出了创新多元主体参与制度、确立惩罚性赔偿制度、建立药品风险分担与激励惩戒机制等一系列核心机制。[①]2019 年修订的《药品管理法》明确了风险预防理念，在"风险管理、全程管控、社会共治"的基本原则下建立了一系列的监管制度、监管机制、监管方式等，从强化药品研制管理、药品全程追溯制度、药物警戒制度、附条件审批制度、优先审批制度、药品安全责任制度、严惩各种违法行为、充分体现"四个最严"等方面，治理药品安全风险。

最后，在医疗保障法领域，不论是医疗社会保险、健康保险，还是社会救助、互助保险，各种保险都是建立在健康共治理念之下的，所谓保险体现的就是"我助人人，人人助我"的"抱团取暖"理念。

第五节　健康促进原则

健康促进是公共卫生工作领域的工作重点，也是我国疾病防控工作的重要手段和策略，在传染性疾病和慢性非传染性疾病的预防与控制、伤害预防、突发公共卫生事件应对、精神卫生、妇幼卫生、食品与环境卫生、计划免疫等公共卫生领域发挥着重要作用。健康促进具有公认的普惠性和公平性，并且最为经济和有效，因而构成了卫生健康法的一项重要的基本原则，是加强全国卫生服务工作、提高全民健康水平的必然选择。[②]

一、健康促进原则的内涵

健康促进原则（health promotion）最早记载于亨利·E. 西格里斯特（Henry E. Sigerist）1945 年发表的一篇论文，其在对医学进行定义时提出"健康促进""疾病预防""疾病治疗""康复"是医学的四种功能，并主张应该通过提供适宜的生活标准，良好的劳动条件、教育、物质文化以及休闲方式来促进健康；倡议政治家、劳工、企业、教育家和卫生人员共同协作来达到这一目的。[③] 1986 年，在世界卫生组织的领导和加拿大卫生及福利部与加拿大公共卫生学会的组织下，40 多个国家在加拿大渥太华召开了首届全球健康促进大会，

---

①　参见申卫星、刘畅：《论我国药品安全社会治理的内涵、意义与机制》，载《法学杂志》2017 年第 11 期；刘鹏：《中国药品安全风险治理》，中国社会科学出版社 2017 年版；胡颖廉：《中国药品安全治理现代化》，中国医药科技出版社 2017 年版，第 249—253 页；胡颖廉：《监管和市场：我国药品安全的现状、挑战及对策》，载《中国卫生政策研究》2013 年第 7 期。

②　中国健康促进与教育协会编：《健康促进理论与实践》，上海交通大学出版社 2009 年版，第 26 页。

③　Terris，Milton. "Concepts of Health Promotion：Dualities in Public Health Theory"，*Journal of Public Health Policy*，1992（13），267–276.

并发表了《渥太华宪章》(*Ottawa charter*)，试图率先在发达国家实现"人人享有卫生保健"的战略目标。该宪章提出了健康促进目前在世界范围内最广为认可的定义，即"健康促进是促使人们提高控制和改善健康的全过程，以至达到身体的、精神的和社会的完美状态，确保个人或群体能确定和实现自己的愿望，满足自己的需求，改变或处理周围环境。因此，健康应被视为日常生活的一种资源，而不是生活的目标。健康是一个积极的概念，强调社会和个人的资源以及身体的功能。所以，健康促进不仅是卫生部门的职责，它还涉及健康的生活方式和良好的健康状况。"[1]1991 年，第三届全球健康促进大会在瑞典宋斯瓦尔召开，并通过《宋斯瓦尔宣言》，提出了创造"有利于健康的环境"，在健康与环境之间建立了紧密联系。[2]1997 年，第四届全球健康促进大会通过的《雅加达宣言》坚持《渥太华宪章》确定的五项战略依然是健康促进运动的关键，同时认为采用综合性的方法对健康促进最为有益。2000 年，世界卫生组织前总干事布伦特兰（Brundtland）在第五届全球健康促进大会上对健康促进作出了进一步诠释："健康促进就是使人们尽可能让他们的精神和身体保持在最优状态，宗旨是使人们知道如何保持健康，在健康的生活方式下生活，并有能力作出健康的选择。""健康促进所阐述的就是作决定，包括在家庭、社会、国家乃至国际机构内作决定，而不论这些决定是否关系到发展、贸易、健康或是金融。"布伦特兰认为，"我们必须给人民增权，让他们为自己和家庭的健康作出选择"[3]。换言之，健康促进以增权（empowerment）为核心。所谓"增"，是指使内在能动性发挥和增强；所谓"权"，是指自主控制和决定的能力。所以，增权是指使人们得到更大控制其影响健康决策和行动能力的过程。除非把增权作为其策略的一部分，否则不能称之为健康促进。[4]

我国首次对健康促进的概念进行界定是在 20 世纪 90 年代："健康促进是指以教育、组织、法律（政策）和经济等手段干预那些对健康有害的生活方式、行为和环境，以促进健康。"[5]1991 年《国民经济和社会发展十年规划和第八个五年计划纲要》提出的"预防为主、依靠科技进步、动员全社会参与、中西医并重、为人民健康服务"卫生工作方针，对后来的卫生工作产生了重大的影响。其后，1997 年《中共中央、国务院关于卫生改革与发展的决定》明确提出新时期的卫生工作方针是"以农村为重点，预防为主，中西医并重，依靠科技与教育，动员全社会参与，为人民健康服务，为社会主义现代化建设服务"[6]。随着医学模式的改变和社会的发展，实现卫生事业的目标不能仅靠卫生行政部门，而是需要全社会的参与。因此，人人参与成为卫生事业良好运行的关键。由此可见，健康促进远远超出了通过信息传播和行为干预帮助个人和群体采纳有利于健康的行为和生活方式的健康教育，它要求调动社会、政治和经济的广泛力量，改变影响人们健康的社会和物质环境条件，从而促进人们维护和提高其自身健康。

---

① 殷大奎主编：《健康教育　健康促进重要文献选编》，中国人口出版社 1998 年版。
② 甘兴发：《在亚太地区建立有利于促进健康环境的曼谷宣言》，载《中国健康教育》1994 年第 1 期。
③ 世界卫生组织总干事布伦特兰在第五届全球健康促进大会上的发言，参见卫生部基层卫生与妇幼保健司、中国疾病预防控制中心编译：《第五届全球健康促进大会技术报告集》。
④ Rootman I, Goodstadt M, Hyndman B, et al. eds. Evaluation in Health Promotion: Principles and Perspective, Copenhagen, Denmark: WHO, 2001.
⑤ 中国健康促进与教育协会编：《健康促进理论与实践》，上海交通大学出版社 2009 年版，第 26 页。
⑥ 傅华、李枫主编：《现代健康促进理论与实践》，复旦大学出版社 2003 年版，第 15 页。

二、健康促进原则的适用

健康促进原则是卫生健康法的基本原则，统率着整个卫生健康法领域。《基本医疗卫生与健康促进法》旗帜鲜明地宣告："国家和社会尊重、保护公民的健康权。国家实施健康中国战略，普及健康生活，优化健康服务，完善健康保障，建设健康环境，发展健康产业，提升公民全生命周期健康水平。国家建立健康教育制度，保障公民获得健康教育的权利，提高公民的健康素养。""各级人民政府应当把人民健康放在优先发展的战略地位，将健康融入各项政策，坚持预防为主，完善健康促进工作体系，组织实施健康促进的规划和行动，推进全民健身，建立健康影响评估制度，将公民主要健康指标改善情况纳入政府目标责任考核。"事实上，公共健康法、医事法、健康产品法、医疗保障法等卫生健康法子部门均围绕健康促进原则展开。

首先，在公共健康法领域，法律以促进和实现公众健康权为己任。以控烟为例，在当今世界，烟草危害被视为危害最严重的社会问题之一，吸烟是造成肺癌、心血管病、脑中风、冠心病和慢性肺组织疾病的主要危险因素，每年因吸烟导致疾病死亡者约 300 万，[①] 通过制定法律法规和公共政策控烟成为改善公众健康的重要举措。2003 年世界卫生大会批准通过的《烟草控制框架公约》呼吁所有国家尽可能广泛地开展国际合作，控制烟草的流行。我国在 2003 年正式签署《烟草控制框架公约》，并先后出台了一系列禁烟、控烟条例与细则，推动公约落实。2019 年《基本医疗卫生与健康促进法》也明确提及控烟措施，并禁止向未成年人出售烟酒，以此保障公众健康。此外，该法还规定了健康教育，国民健康状况调查和统计，疾病和健康危险因素监测、调查和风险评估制度，爱国卫生运动、全民健身运动和健康工作计划等内容，积极促进公众健康。

其次，医事法领域同样贯彻着健康促进原则。医学的目的不仅是疾病治疗，还包括疾病预防和健康维护。[②] 在医疗卫生领域，健康促进与一定的"管制"（control）相关，国家可以限制个体从事"非健康的行为"，如禁止孕期妇女从事可能伤害胎儿的行为，[③] 限制酗酒者接受肝脏移植手术，超重者应当在接受手术前减重，抽烟者的治疗可能受到限制等。[④] 当然，健康促进的手段应当主要表现为"劝说"（persuasion）而非"强迫"（coercion）。为促进健康，判断究竟应采取何种手段以及手段的强度时，关键在于明确"公民对健康实现是否也负担义务"。政府有必要向公民提供健康相关的信息和建议，并鼓励他们追求健康，但是原则上，最终应当由公民自主决定其健康相关事项，政府无权要求他们保持健康。[⑤]

再次，健康产品法领域也以健康促进原则为归依。健康产品法的各种制度，包括食品、药品、医疗器械、化妆品和保健品的市场准入制度，安全监管制度，风险监测、评

---

① 《世卫组织：烟草不仅致癌　还伤害心脏——吸烟每年造成 300 万例心血管疾病死亡》，载于联合国新闻网。

② 罗芳菲、李菁、宋盈莹等：《外伤性肝破裂患者腹腔镜下修补术后发生焦虑抑郁的危险因素分析》，载《现代生物医学进展》2019 年第 16 期。

③ Jean McHale & Marie Fox，Health Care Law：Text and Materials，Sweet & Maxwell Press，24.

④ W. Glannon，"Responsibility，Alcoholism and Liver Transplantation"，*Journal of Medical Philosophy*（1998）.

⑤ Jean McHale & Marie Fox，Health Care Law：Text and Materials，Sweet & Maxwell Press，12.

估、警示制度，召回制度，根本目的均是保证健康产品安全、质量有效和可控，对人体健康不造成危害，发挥其健康促进作用。

最后，在医疗保障法领域，促进医疗保障深入、全面发展的重要目的就是促进健康。各项医疗保障措施，如基本医疗保险、商业健康保险、医疗救助等，为构建健康生活提供了坚实的基石，为人民群众健康权的实现保驾护航，彰显了健康促进原则的意旨。

本章思考题

1. 如何理解卫生健康法的基本原则及其价值？
2. 如何理解健康人权原则及其具体表现？
3. 如何理解健康正义原则及其具体表现？
4. 如何理解健康自主原则及其具体表现？
5. 如何理解健康共治原则及其具体表现？
6. 如何理解健康促进原则及其具体表现？

第四章
实现健康权的中国特色中医药法律制度

中医药是中华民族几千年来在同疾病作斗争中形成和积累的宝贵财富，其丰富的理论体系和显著的临床疗效中蕴含着深厚的科学内涵，是中华民族的伟大创造，是中国古代科学的瑰宝，也是打开中华文明宝库的钥匙，为中华民族繁衍生息作出了巨大贡献，[①]在维护中国人民健康权方面发挥着重要且独特的作用，成为我国卫生健康事业的重要组成部分，也对世界文明进步产生了积极影响。党和政府高度重视中医药工作，中医药法律制度走向越来越契合中医药自身发展规律与特点，特别是党的十八大以来，以习近平同志为核心的党中央把中医药工作摆在更加突出的位置，中医药改革发展取得显著成绩，形成了包括中医药专门法律规范、中西医同等适用的医药类法律规范和涉及中医药的其他法律规范在内的中医药法律体系，为中医药医疗事业的高质量发展带来了广阔的发展前景与空间。《中医药法》是我国中医药领域的一部基础性、全局性、综合性的重要法律，是一部反映社会主义制度优势，具有中国气派、中国风格、中国特色的重要医药卫生法律。

第一节　实现健康权的中国特色中医药法律制度概述

中医药是包括汉族和少数民族医药等的我国各民族医药的统称，是反映中华民族对生命、健康和疾病的认识，具有悠久的历史传统和独特的理论以及技术方法的医药学体系。

中医药的具体含义可以从两个层面理解。一是中医药是包括汉族和少数民族医药在内的我国各民族医药的统称。中医药发源于我国，是我国各族人民几千年来在同疾病作斗争中形成和发展起来的，是人民群众集体智慧的结晶。少数民族医药是我国中医药的重要组成部分，包括藏医药、蒙医药、维吾尔医药、傣医药等。二是中医药是反映中华民族对生命、健康和疾病的认识，具有悠久的历史传统和独特的理论及技术方法的医药学体系。中医学理论体系是以气一元论和阴阳、五行学说为哲学思辨模式，以整体观念为指导思想，以脏腑、经络和精气血津液神等的生理和病理为基础，以辨证论治为诊疗特点，包括理、

---

① 《中共中央、国务院关于促进中医药传承创新发展的意见》。

法、方、药在内的医学理论体系。中医药技术方法主要包括针刺疗法、灸法类、手法类、外治疗法、内服法及中药炮制技术等。

中医药法律制度是调整在继承和发展中医药事业、保障人民健康等活动中形成的各种社会关系的法律规范的总称。

新中国成立以来，国家高度重视并大力发展中医药事业，并通过制定一系列法律法规推动中医药事业发展。《宪法》明确规定，国家发展现代医药和我国传统医药。2003 年 4 月 7 日，国务院颁布了《中医药条例》。2016 年 12 月 25 日第十二届全国人大常委会第二十五次会议通过了《中医药法》，这是我国第一部全面、系统体现中医药特点的综合性法律，为继承和弘扬中医药、促进中医药事业健康发展提供了有力的法律支撑。目前，我国已经形成了包括宪法、法律、行政法规、地方性法规、部门规章等在内的中医药法律体系。

一、中医药发展的方针和原则

（一）中西医并重的方针

中医药事业是我国医药卫生事业的重要组成部分，国家实行中西医并重的方针，建立符合中医药特点的管理制度，充分发挥中医药在我国医药卫生事业中的作用。

（二）继承与创新相结合的原则

中医药是独特的，所以发展中医药事业必须有中医药的思维，遵循中医药的内在发展规律，建立符合中医药特点的管理制度，在医疗机构管理、医师执业管理、中药管理、人才培养等方面都要体现中医药特点。坚持继承和创新相结合，保持和发挥中医药特色及优势，运用现代科学技术，促进中医药理论和实践的发展。中医药有 3000 多年的历史，在中华民族繁衍昌盛中发挥了不可替代的作用。但中医药本身又是不断发展的，随着中医药现代化战略的推进，中医药事业取得了长足的进步，为经济社会发展和人民群众健康维护作出了突出贡献。发展中医药必须坚持继承和创新相结合。所谓"继承"就是要保持和发挥中医药特色和优势，加强中医药理论方法继承。所谓"创新"，就是要运用现代科学技术，促进中医药理论和实践的发展。传承与创新是中医药发展的两大基本支柱，传承是创新的基础与保障，创新又对传承具有推动作用，二者之间相互促进，共同推动中医药事业的发展。

（三）促进中西医结合的原则

鼓励中医西医相互学习，相互补充，协调发展，发挥各自优势，促进中西医结合。中西医结合是我国卫生工作长期实行的一项重要原则，是指将中医药的基本理论、临床实践与西医药知识结合起来，二者相互学习，相互补充，协调发展，发挥各自优势，提高临床疗效，发展具有中国特色的新医药学。

二、中医药管理体制

国务院中医药主管部门、县级以上地方人民政府中医药主管部门分别负责全国、本行政区域的中医药管理工作，国务院与县级以上地方人民政府其他有关部门在各自的职责范围内负责与中医药有关的工作。完善中医药工作跨部门协调机制。

三、中医药发展保障措施

（一）投入与政策保障

县级以上人民政府应当为中医药事业发展提供政策支持和条件保障，将中医药事业发展经费纳入本级财政预算，建立持续稳定的中医药发展多元投入机制。在制定基本医疗保险支付政策、药物政策等医药卫生政策时，应当有中医药主管部门参加，注重发挥中医药的优势，支持提供和利用中医药服务。

（二）中医医疗服务价格

县级以上人民政府及其有关部门应当合理确定中医医疗服务的收费项目和标准，体现中医医疗服务成本和专业技术价值。

（三）中医药医保政策

县级以上地方人民政府有关部门应当按照国家规定，将符合条件的中医医疗机构纳入基本医疗保险定点医疗机构范围，将符合条件的中医诊疗项目、中药饮片、中成药和医疗机构中药制剂纳入基本医疗保险基金支付范围。分批遴选中医优势明显、治疗路径清晰、费用明确的病种，实施按病种付费，合理确定付费标准。通过对部分慢性病病种等实行按人头付费、完善相关技术规范等方式，鼓励引导基层医疗卫生机构提供适宜的中医药服务。

（四）中医药标准体系建设

国家加强中医药标准体系建设，根据中医药特点对需要统一的技术要求制定标准并及时修订。中医药国家标准、行业标准由国务院有关部门依据职责制定或者修订，并在其网站上公布，供公众免费查阅。推动中医药国际标准制定，积极参与国际传统医学相关规则制定。

（五）中医药评审制度

开展法律、行政法规规定的与中医药有关的评审、评估、鉴定活动，应当成立中医药评审、评估、鉴定的专门组织，或者有中医药专家参加。

（六）少数民族医药扶持制度

国家加大对少数民族医药传承创新、应用发展和人才培养的扶持力度，加强少数民族医疗机构和医师队伍建设，促进和规范少数民族医药事业发展。

第二节　中医药服务管理法律制度

一、中医医疗机构管理

中医医疗机构是指依法设立的能够提供中医药（含民族医药）医疗服务的医疗机构，

包括中医类医院、中医类门诊部、中医类诊所等。

县级以上人民政府应当将中医医疗机构建设纳入医疗机构设置规划，举办规模适宜的中医医疗机构，扶持有中医药特色和优势的医疗机构发展。合并、撤销政府举办的中医医疗机构或者改变其中医医疗性质，应当征求上一级人民政府中医药主管部门的意见。

政府举办的综合医院、妇幼保健机构和有条件的专科医院、社区卫生服务中心、乡镇卫生院，应当设置中医药科室。县级以上人民政府应当采取措施，增强社区卫生服务站和村卫生室提供中医药服务的能力。大力发展中医诊所、门诊部和特色专科医院，鼓励连锁经营。

举办中医医疗机构应当依法办理审批手续；举办中医诊所的，向所在地县级人民政府中医药主管部门备案后即可开展执业活动。

中医医疗机构开展中医药服务，应当以中医药理论为指导，充分发挥中医药特色和优势，遵循中医药自身发展规律，运用传统理论和方法，结合现代科学技术手段，发挥中医药在防治疾病、保健、康复中的作用，为群众提供价格合理、质量优良的中医药服务。建立综合医院、专科医院中西医会诊制度，将中医纳入多学科会诊体系。

中医医院要办成以中医药为主，体现中医药防治疾病为特点的医疗机构。

二、中医从业人员管理

中医从业人员包括两类。第一类是指经考试取得《医师资格证》并经注册取得《医师执业证书》的中医执业医师和中医助理医师。其包括两类：一是具有高等学校相关医学专业本科或专科学历，按照法律规定参加执业医师资格考试合格后经注册取得《医师执业证书》的人员；二是以师承方式学习中医或经多年实践医术确有专长，取得《传统医学师承出师证书》或《传统医学医术确有专长证书》后，按照法律规定参加执业助理医师资格考试合格后经注册取得《医师执业证书》的人员。第二类是指以师承方式学习中医或者经多年实践，医术确有专长的人员，由至少两名中医医师推荐，经省、自治区、直辖市人民政府中医药主管部门组织实践技能和效果考核合格后，取得《中医（专长）医师资格证书》。按照考核内容进行执业注册后取得《中医（专长）医师执业证书》，即可在注册的执业范围内，以个人开业的方式或者在医疗机构内从事中医医疗活动。

经考试取得医师资格的中医医师按照国家有关规定，经培训和考核合格后，在执业活动中可以采用与其专业相关的现代科学技术方法。在医疗活动中采用现代科学技术方法的，应当有利于保持和发挥中医药特色和优势。基层医疗卫生机构应当合理配备中医药专业技术人员，并运用和推广适宜的中医药技术方法。

三、中医药在公共卫生工作中的作用

《中医药法》规定，县级以上人民政府应当发展中医药预防、保健服务，并按照国家有关规定将其纳入基本公共卫生服务项目统筹实施。县级以上人民政府应当发挥中医药在突发公共卫生事件应急工作中的作用，加强中医药应急物资、设备、设施、技术与人才资源储备。医疗卫生机构应当在疾病预防与控制中积极运用中医药理论和技术方法。

四、中医医疗服务监管

《中医药法》规定，县级以上人民政府中医药主管部门应当加强对中医药服务的监督检查，并将下列事项作为监督检查的重点：（1）中医医疗机构、中医医师是否超出规定的范围开展医疗活动；（2）开展中医药服务是否符合国务院中医药主管部门制定的中医药服务基本要求；（3）中医医疗广告发布行为是否符合该法的规定。中医药主管部门依法开展监督检查，有关单位和个人应当予以配合，不得拒绝或者阻挠。

五、中医药法律责任

（一）中医药主管部门未履行职责的法律责任

县级以上人民政府中医药主管部门及其他有关部门未履行《中医药法》规定的职责的，由本级人民政府或者上级人民政府有关部门责令改正；情节严重的，对直接负责的主管人员和其他直接责任人员，依法给予处分。

（二）中医诊所超出备案范围开展医疗活动的法律责任

中医诊所超出备案范围开展医疗活动的，由所在地县级人民政府中医药主管部门责令改正，没收违法所得，并处1万元以上3万元以下罚款；情节严重的，责令停止执业活动。中医诊所被责令停止执业活动的，其直接负责的主管人员自处罚决定作出之日起5年内不得在医疗机构内从事管理工作。医疗机构聘用上述不得从事管理工作的人员从事管理工作的，由原发证部门吊销执业许可证或者由原备案部门责令停止执业活动。

（三）中医医师超出注册的执业范围从事医疗活动的法律责任

经考核取得医师资格的中医医师超出注册的执业范围从事医疗活动的，由县级以上人民政府中医药主管部门责令暂停6个月以上1年以下执业活动，并处1万元以上3万元以下罚款；情节严重的，吊销执业证书。

（四）应当备案的事项未备案的法律责任

举办中医诊所、炮制中药饮片、委托配制中药制剂应当备案而未备案，或者备案时提供虚假材料的，由中医药主管部门和药品监督管理部门按照各自职责分工责令改正，没收违法所得，并处3万元以下罚款，向社会公告相关信息；拒不改正的，责令停止执业活动或者责令停止炮制中药饮片、委托配制中药制剂活动，其直接责任人员5年内不得从事中医药相关活动。医疗机构应用传统工艺配制中药制剂未依照《中医药法》规定备案，或者未按照备案材料载明的要求配制中药制剂的，按生产假药给予处罚。

（五）篡改经批准的中医医疗广告内容的法律责任

发布的中医医疗广告内容与经审查批准的内容不相符的，由原审查部门撤销该广告的审查批准文件，1年内不受理该医疗机构的广告审查申请。发布中医医疗广告有其他违法行为的，依照《广告法》的规定给予处罚。

第三节　中药保护与发展法律制度

中药是指在中医药理论指导下使用的药用物质及其制剂，包括中药材、中药饮片、中药配方颗粒和中成药等。

一、中药研发与注册管理

国家鼓励和支持中药新药的研制和生产。国家保护传统中药加工技术和工艺，支持传统剂型中成药的生产，鼓励运用现代科学技术研究开发传统中成药。中药新药的研制应当符合中医药理论，注重临床实践基础，具有临床应用价值，保证中药的安全有效和质量稳定均一，保障中药材来源的稳定和资源的可持续利用，并应关注对环境保护等因素的影响。涉及濒危野生动植物的应当符合国家有关规定。

国家支持中药传承和创新，建立和完善符合中药特点的注册管理制度和技术评价体系，鼓励运用现代科学技术和传统研究方法研制中药，加强中药质量控制，提高中药临床试验水平。中药注册分类包括中药创新药、中药改良型新药、古代经典名方中药复方制剂、同名同方药等。

二、中药材生产管理

（一）中药材生产管理

国家制定中药材种植养殖、采集、贮存和初加工的技术规范、标准，加强对中药材生产流通全过程的质量监督管理，严格控制农药、化肥、植物生长调节剂等使用，禁止在中药材种植过程中使用剧毒、高毒农药，提高中药材质量。根据我国《中医药法》第58条的规定，在中药材种植过程中使用剧毒、高毒农药的，依照有关法律、法规规定给予处罚；情节严重的，可以由公安机关对其直接负责的主管人员和其他直接责任人员处5日以上15日以下拘留。

建立中药材质量监测制度。采集、贮存中药材以及对中药材进行初加工，应当符合国家有关技术规范、标准和管理规定。对中药材质量管理规范（简称中药材GAP）实施延伸检查。

（二）道地中药材管理

《中医药法》规定，道地中药材，是指经过中医临床长期应用优选出来的，产在特定地域，与其他地区所产同种中药材相比，品质和疗效更好，且质量稳定，具有较高知名度的中药材。

国家建立道地中药材评价体系、支持道地中药材品种选育、扶持道地中药材生产基地建设及保护其生态环境，鼓励采取地理标志产品保护等措施保护道地中药材。

（三）药用野生动植物资源保护

国家保护药用野生动植物资源，对药用野生动植物资源实行动态监测和定期普查，建立药用野生动植物资源种质基因库，鼓励发展人工种植养殖，支持依法开展珍贵、濒危药用野生动植物的保护、繁育及其相关研究。

（四）中药饮片的生产管理

中药饮片是指在中医药理论的指导下，可直接用于调配或制剂的中药材及其中药材的加工炮制品。中药饮片应当按照国家药品标准炮制；国家药品标准没有规定的，应当按照省级药品监督管理部门制定的炮制规范炮制。省级药品监督管理部门制定的炮制规范应当报国务院药品监督管理部门备案。不符合国家药品标准或者不按照省级药品监督管理部门制定的炮制规范炮制的，不得出厂、销售。

对市场上没有供应的中药饮片，医疗机构可以根据本医疗机构医师处方的需要，在本医疗机构内炮制、使用。但应当向药品监督管理部门备案。根据临床用药需要，医疗机构可以凭本医疗机构医师的处方对中药饮片进行再加工。炮制中药饮片必须按照国家药品标准。

在村医疗机构执业的中医医师、具备中药材知识和识别能力的乡村医生，按照国家有关规定可以自种、自采地产中药材并在其执业活动中使用。

三、中药经营管理

从事中药经营的，应当依法取得《药品经营许可证》，无《药品经营许可证》的，不得经营药品。从事药品经营活动，应当遵守药品经营质量管理规范，建立健全药品经营质量管理体系，保证药品经营全过程持续符合法定要求。中药材经营者应当建立进货查验和购销记录制度，并标明中药材产地。城乡集市贸易市场可以出售中药材，国务院另有规定的除外。新发现和从境外引种的药材，经国务院药品监督管理部门批准后，方可销售。

四、医疗机构中药制剂管理

国家鼓励医疗机构根据本医疗机构临床用药需要配制和使用中药制剂，支持应用传统工艺配制中药制剂，支持以中药制剂为基础研制中药新药。医疗机构配制中药制剂，应当依法取得医疗机构制剂许可证，或者委托取得药品生产许可证的药品生产企业、取得医疗机构制剂许可证的其他医疗机构配制中药制剂，但委托配制中药制剂，应当向委托方所在地省、自治区、直辖市人民政府药品监督管理部门备案。仅应用传统工艺配制的中药制剂品种，向医疗机构所在地省级人民政府药品监督管理部门备案后即可配制。

五、中药品种保护

为了提高中药品种的质量、保护中药生产企业的合法权益、促进中药事业的发展，国务院于1992年10月14日发布《中药品种保护条例》，适用于中国境内生产制造的中药品种，包括中成药、天然药物的提取物及其制剂和中药人工制成品。受保护的中药品种分为一级、二级。中药一级保护品种的保护期限分别为30年、20年、10年。中药二级保护品种为7年。

符合下列条件之一的中药品种，可以申请一级保护：（1）对特定疾病有特殊疗效的；

（2）相当于国家一级保护野生药材物种的人工制成品；（3）用于预防和治疗特殊疾病的。符合下列条件之一的中药品种，可以申请二级保护：（1）符合申请一级保护条件的品种或者已经解除一级保护的品种；（2）对特定疾病有显著疗效的；（3）从天然药物中提取的有效物质及特殊制剂。

第四节　中医药传承创新与文化传播法律制度

一、中医药传承

（一）中医药学术传承

对于具有重要学术价值的中医药理论和技术方法，应遴选本行政区域内的中医药学术传承项目和传承人，并为传承活动提供必要的条件。传承人应当积极开展中医药学术传承活动。

（二）中医药传统知识保护

中医药传统知识是在中华民族发展繁衍过程中，基于中华民族长期实践积累、世代传承并持续发展、具有现实或潜在商业价值的医药卫生知识，包括中医药理论知识、中药方剂、诊疗技术以及与中医药传统知识有关的药材资源、中药材加工炮制技术、中医药特有标志符号等。国家建立中医药传统知识保护数据库、保护名录和保护制度。

（三）整理、研究、利用中医药古典文献

国家应当采取措施支持对中医药古籍文献、著名中医药专家的学术思想和诊疗经验以及民间中医药技术方法的整理、研究和利用。加快推进中医药活态传承。

（四）发展和规范中医养生保健服务

国家发展中医养生保健服务，支持社会力量举办规范的中医养生保健机构。

二、中医药创新发展

（一）中医药科学研究

国家鼓励中医药科学研究。运用现代科学技术和传统中医药研究方法，开展中医药科学研究。重视运用现代科学技术进行中医药科学研究，要遵循中医药自身发展规律和特点，坚持中医药原创优势，注重继承和发掘中医理论精髓。

中医科学研究的任务是加强中医药、中西医结合研究，促进中医药理论和技术方法的继承和创新。国家建立和完善符合中医药特点的科学技术创新体系、评价体系和管理体制，推动中医药科学技术进步与创新。

（二）加强重大项目科学研究

加强对中医药基础理论和辨证论治方法，常见病、多发病、慢性病和重大疑难疾病、重大传染病的中医药防治，以及其他对中医药理论和实践发展有重大促进作用的项目的科学研究。

三、中医药教育

（一）中医药教育遵循的原则

中医药院校教育应坚持以中医药专业为主体，按照中医药人才成长规律施教，强化中医药基础理论教学和基本实践技能培养，建立早跟师、早临床学习制度。

中医药教育在教学内容上应以中医药学为主，融入现代医学知识，体现中医药学特点，强化中医思维培养和临床能力训练，使学生掌握中医药基本理论、基本知识、基本技能，具备中医药临床诊治技能。

中医专业人才培养必须重视临床实践，必须加强学生临床能力的训练。

（二）中医药院校教育

中医药院校是培养中医药人才的主要基地，应充分发挥中医药院校在培养中医药人才中的主渠道作用。完善中医药学校教育体系，推动院校教育与师承教育深度融合，尊重中医药人才成长规律，突出中医药学科特色，遵循中医药学科发展规律。

（三）中医药师承教育

建立中医药师承教育培养体系，将师承教育全面融入院校教育、毕业后教育和继续教育。鼓励医疗机构发展师承教育，支持有丰富临床经验和技术专长的中医医师、中药专业技术人员在执业、业务活动中带徒授业，传授中医药理论和技术方法，培养中医药专业技术人员。

（四）中医药继续教育

中医药专业技术人员应当按照规定参加继续教育。国家加强对中医医师和城乡基层中医药专业技术人员的培养和培训，发展中西医结合教育，培养高层次的中西医结合人才。加强对医务人员，特别是城乡基层医务人员中医药基本知识和技能的培训。

四、中医药文化传播

县级以上人民政府应当加强中医药文化宣传，普及中医药知识，鼓励组织和个人创作中医药文化和科普作品。开展中医药文化宣传和知识普及活动，应当遵守国家有关规定。任何组织或者个人不得对中医药作虚假、夸大宣传，不得冒用中医药名义牟取不正当利益。广播、电视、报刊、互联网等媒体开展中医药知识宣传，应当聘请中医药专业技术人员进行。

本章思考题

1. 如何理解中医药法的体系和地位？
2. 为什么国家坚持中西医并重的方针？
3. 简述中医药从业人员资格取得制度。
4. 简述促进中医药传承创新发展的主要制度措施。
5. 简述中医药法确定了哪些符合中医药自身发展规律的特色制度。

第二编
公共健康法

　　将卫生健康法学作为一个新兴二级学科，有利于推动国家卫生健康领域法学研究和法学教育的发展。公共健康法是卫生健康法的重要组成部分，其研究对象是基于公共健康权保护而形成的公共健康法治。相应地，公共健康法学亦是卫生健康法学的重要组成部分，是以公共健康法治为研究对象的学科。本编的构成以"公共健康权"为内在逻辑而展开：第五章是公共健康法概论，阐释了公共健康权的含义及其国家义务属性，确立了政府主导、预防为主、公共健康利益优先、公平与效率相平衡的基本原则；第六章至第八章是对基于公共健康权保障而形成的法律制度的解析，包括公共健康管理法律制度、公共健康促进法律制度和公共健康产品法律制度。

第五章
公共健康法概论

公共健康是相对于"个体健康"或"个人健康"的概念，内涵丰富，凡是与公众健康相关的问题都可以理解为公共健康问题，如社会医疗体系与制度、社会卫生体制与应急系统、医疗卫生和保健资源的分配、劳动保护、卫生状况、环境保护、流行病、健康教育、交通以及一些与他人健康相关的个人行为，如性行为和吸烟等。[①] 公共健康是一种共同的目标、物品或共同善的形式，具备整体性的特点。《"健康中国 2030"规划纲要》提出健康优先战略，把健康摆在优先发展的战略地位，立足国情，将促进健康的理念融入公共政策制定实施的全过程，加快形成有利于健康的生活方式、生态环境和经济社会发展模式，实现健康与经济社会良性协调发展。公共健康法就是为维护公共健康权，由国家制定或认可，调整保护和改善公众生产生活条件、预防和控制疾病、促进和保障公众健康的各种社会关系的法律规范的总称。

第一节　公共健康权概述

一、公共健康权的内涵与国家义务

（一）公共健康权的内涵

健康权不仅包含及时和适当的医疗保障，而且包含各种健康的决定性因素，如安全的饮水、适当的公共卫生，安全的食品、营养和住宅的充分供应，健康的工作和环境条件，以及获得与包括性健康和生育健康在内的健康相关的教育和信息等。此外，还应包含相关人群在社区、国家和国际范围内参与与医疗相关的决策的权利。根据我国《宪法》和世界卫生组织关于健康权含义的阐述，一国之内的全体公民均有权享有卫生服务、健康和安全的工作条件、适足的住房和有营养的食物，在年老、疾病或者丧失劳动能力的情况下，有从国家和社会获得物质帮助的权利。据此，公共健康权是指所有公民享有的平等获得与社会水平发展相一致的医疗卫生服务、社会医疗保障、最高水平的健康机会、疾病防治等权

---

① 肖巍：《从"非典"看公共健康的意义——访丹尼尔·维克勒教授》，载《哲学动态》2003 年第 7 期。

利。其中，妇、孕、幼、残等特定群体要享有特别的照顾以示公平。① 因此，公共健康权不应仅被看作一种免于遭受他人侵害的消极权利，还包括每个人获得健康保障的积极权利。此种权利是所有人普遍享有的基本人权，国家是其义务主体。

（二）保障公共健康权的国家义务

《经济、社会及文化权利国际公约》第 12 条第 2 款规定，各缔约国为实现健康权应采取的措施包括：减低死胎率和婴儿死亡率，以及使儿童得到健康的发育；改善环境卫生和工业卫生的各个方面；预防、治疗和控制传染病、风土病、职业病以及其他的疾病；创造保证人人在患病时能得到医疗照顾的条件。《关于可达到的最高标准健康的第 14 号一般性意见》进一步对健康权的国家义务进行了深入规定，其第 33 段指出，健康权与各项人权一样，要求缔约国承担三类或三个层次的义务，即尊重、保护和实现的义务。同时，对于公共健康，国家还附有不可减损的核心义务，以及应当优先实现的优先义务。综上，国家义务包括对公共健康权的尊重义务、对公共健康权的保护义务、对公共健康权的实现（促进）义务、国家核心义务和优先义务。

我国《宪法》第 21 条第 1 款规定："国家发展医疗卫生事业，发展现代医药和我国传统医药，鼓励和支持农村集体经济组织、国家企业事业组织和街道组织举办各种医疗卫生设施，开展群众性的卫生活动，保护人民健康。"第 26 条第 1 款规定："国家保护和改善生活环境和生态环境，防治污染和其他公害。"第 33 条第 3 款规定："国家尊重和保障人权。"第 36 条第 3 款规定："国家保护正常的宗教活动。任何人不得利用宗教进行破坏社会秩序、损害公民身体健康、妨碍国家教育制度的活动。"

二、我国公共健康权保障的国家战略

为保障公共健康权，中共中央、国务院于 2016 年 10 月印发了《"健康中国 2030"规划纲要》，从总体战略、普及健康生活、优化健康服务、完善健康保障、建设健康环境、发展健康产业、健全支撑与保障、强化组织实施等 8 个方面对我国公共健康权保障作出了国家层面的战略安排。

（一）健康优先、改革创新、科学发展、公平公正、共建共享、全民健康原则

以人民健康为中心，把健康摆在优先发展的战略地位，将促进健康的理念融入公共政策制定实施的全过程，实现健康与经济社会良性协调发展。坚持预防为主、防治结合、中西医并重，构建整合型医疗卫生服务体系。以农村和基层为重点，推动健康领域基本公共服务均等化，维护基本医疗卫生服务的公益性，促进社会公平。坚持政府主导与调动社会、个人的积极性相结合，推动人人参与、人人尽力、人人享有，实现全民健康。

（二）确定公共健康的中长期战略目标

为保障公众健康，国家制定了公共健康中长期战略目标，即到 2020 年，建立覆盖城乡居民的中国特色基本医疗卫生制度，健康素养水平持续提高，健康服务体系完善高效，

---

① 世界卫生组织指出，健康权是指政府必须创造条件使人人能够尽可能健康。这些条件包括确保公民获得卫生服务、健康和安全的工作条件、适足的住房和有营养的食物。

人人享有基本医疗卫生服务和基本体育健身服务，基本形成内涵丰富、结构合理的健康产业体系，主要健康指标居于中高收入国家前列。到 2030 年，促进全民健康的制度体系更加完善，健康领域发展更加协调，健康生活方式得到普及，健康服务质量和健康保障水平不断提高，健康产业繁荣发展，基本实现健康公平，主要健康指标进入高收入国家行列。到 2050 年，建成与社会主义现代化国家相适应的健康国家。《"健康中国 2030"规划纲要》在人民预期寿命、健康危险因素控制、健康服务能力、健康产业规模、健康促进制度体系完善等方面提出了具体的战略目标。

（三）提高健康服务能力，完善公共健康生活和健康环境建设

公共健康保障首先需要公众提高健康意识，建立健康的生活方式，同时应当建设有利于健康生活的外部环境。从优化健康服务、完善健康保障、完善药物供应保障体系、发展健康产业等方面进行规划，提高健康服务的能力。

第二节　公共健康法基础理论

公共健康法律体系的基础是公共健康实现体系，公共健康法律体系是多向度、多层次、围绕公众的健康需要而组织起来的法律系统。公共健康法律体系侧重体现对公众健康权的保护，并融入了大量的卫生方针和政策。

一、公共健康法的概念

公共健康是基于公共卫生发展而来的概念。1920 年，美国公共健康专家温思络（Winslow）提出："公共健康是通过有组织的社区努力来预防疾病、延长寿命、促进健康和效益的科学与艺术。这些有组织的社区努力包括改进环境卫生，控制传染病，教育每个人注意卫生，组织医护人员为疾病的早期诊断和预防性治疗提供服务，建立社会机制来确保社区中的每个人都能达到适于保持健康的生活标准。组织这些效益的目的是使每个公民都能实现其与生俱来的健康和长寿权利。"这一定义为世界卫生组织所接受，并沿用至今。公共健康是一种共同的目标、物品或共同善的形式，具备整体性的特点，是全社会成员共同促进的公众健康。

公共健康法是调整人们在公共卫生领域所形成的社会关系，即在公共卫生活动中形成的与公共健康权利和义务相关的社会关系的法律规范的总称。公共健康以提高公众整体健康水平为目标，以保障公众健康权益得以实现为根本宗旨，并以此形成公共健康法的基本原则。

二、公共健康法律体系的构成

公共健康法律体系是现代法治社会的一个重要标志，是落实宪法和现代发展观的具体体现，是实现公民健康权和公共健康权的重要保障。建立起系统、完备的公共健康法律体系是公共卫生治理实现现代化、科学化治理的必备要素之一。我国国内公共健康立法以及加入和批准的相关国际公约，共同构成了保障公共健康权的公共健康法律体系。

我国《宪法》第14条、第21条、第45条分别规定了国家建立包括医疗保障在内的社会保障制度的义务、国家发展医疗卫生事业的义务和对于需要帮助的公民提供医疗救助的义务。基于公共健康法调整对象和国家对实现公共健康权的干预措施与干预程度以及控制手段，根据《基本医疗卫生与健康促进法》立法体例，本编将公共健康法学涉及的法律制度分为公共健康管理法律制度、公共健康促进法律制度和公共健康产品法律制度。本书认为，我国已经初步形成以卫生基本法为基础，以公共健康管理法律、公共健康促进法律、公共健康产品法律为核心，以国际条约和公约、公共健康政策为补充，以《行政许可法》《行政复议法》《行政诉讼法》为救济保障的系统化公共健康法律体系。

三、公共健康法的特征

（一）公共健康的责任主体是国家

公共健康法是保障公共健康权的法律，其主要责任主体是国家，讨论公共健康权应该从国家的立场出发，许多国际法律文献中提到的"The Right of Health"其实就是本书所阐述的公共健康权。国家在公共健康领域应履行的责任和义务经历了一个逐步发展的过程。公共健康的国家权力体现在国家为了维护公共健康而对个体的自由空间进行适当限制。国家治理公共健康事务、行使公共权力也要受到必要的限制，非经法律规定并履行正当程序不得侵犯个体的经济自由、人身自由、隐私自由等。但是，为维护公共健康，公权力经法律许可可以对个体的自由空间进行必要的限制，如在传染病防治中对个体人身自由、行为选择进行必要限制；强制要求个体为一定行为（如强制隔离）或不为一定行为（如不吸毒）；基于公共健康监测需要，要求个体提供相关的个人隐私信息等。

（二）公共健康法保障的公众健康权是共同善

公共利益是以"共同善"（common good）来指称的。所谓的"善治"，就是使公共利益最大化的管理过程。

第一，从目的性共同善分析，公共健康权重视公众的健康，强调群体而不是个人的健康。每个个体的健康需求都可以归结为共同的健康需求，即公众健康。

第二，从条件性共同善分析，公共健康权与社会关联密切，涵盖范围广。凡是与社会公众健康相关的问题都可以纳入公共健康加以理解，如医疗体制改革与制度、卫生体制与应急系统、医院与医生、卫生资源的分配、劳动卫生、环境保护状况、流行病、健康教育、食品安全及一些个人行为（如性行为和吸烟）等，这些问题的解决都需要社会支持，包括政府行为、社会资本、制度约束等。

第三，从成果性共同善分析，公共健康是一种社会产品，公共健康具有不可分割性、非排他性和全社会参与性三个特征。公共健康权同个体健康权具有质的不同，它由全体公众共同享有、共同受益。

基于以上特征，公共健康法要放眼全球，不能仅仅限于某一个国家，而应应对全世界都可能面临的公共健康问题。

四、公共健康法基本原则

（一）政府主导原则

公共健康的政府主导是指政府以较高的政府强度和较强的政府能力，保障公共健康权实现所依赖的各项政策有效落实，以推动公共卫生事业的发展。政府对公共健康法的主导作用主要体现在公立医院改革、公共卫生保障、社区卫生服务与健康教育等方面。由于公共健康是公众的共同利益，具体到每一个公民来说又是公民个人的健康权，保护公众健康是各国政府、社会和每一个公民的义务。在公共健康领域，政府负有两方面的义务，即保护个人健康权和公共健康权。目前，我国已经形成了基本完善的以政府为主导，以国家、省、市、区县、乡镇各级各类医疗卫生机构为主体，财政、社保、农业、教育、体育、科技、市场监管、媒体等多个部门配合，全社会参与的公共卫生服务体系，确定了政府在公共卫生中的角色，即决策者、出资者、组织动员者、服务提供者以及执法者，公共卫生服务的公益性决定了政府在其中发挥举足轻重的多重作用。[1]

政府主导原则在公共健康权保护中的体现，主要包括：（1）政府尽最大能力为公共健康权的实现提供资金，完善基本公共卫生服务均等化的规范和制度，而且要担负起基本公共卫生服务中的主要财政支出，并把应尽的职责纳入法治化轨道；[2]（2）通过立法和准立法形式，确定公共健康权的范围、政府职能、权利保障措施、法律责任及救济等内容；（3）在基本医疗保障和医疗救助方面，让每个公民都能实现平等的就医权和基本医疗卫生权利是政府应尽的职责。

（二）预防为主原则

预防为主是卫生立法及司法必须遵循的一条重要原则。预防和治疗是医疗卫生保健工作的两大基本组成部分，是有机联系、缺一不可的两个方面，其中预防显得尤为重要。卫生工作要坚持"预防为主，防治结合"的方针，正确处理防病和治病的关系，把疾病预防控制工作放在首位，做到防治结合。预防工作是一项综合性的系统工程，必须增强公民预防保健意识，明确疾病预防控制工作是全社会及全体公民的共同责任。

预防为主是我国的基本卫生工作方针，我国的传染病预防策略可概括为：以预防为主，群策群力，因地制宜，发展三级保健网，采取综合性防治措施。传染病的预防就是要在疫情出现前，针对可能暴露于病原体并发生传染的易感人群采取措施。

（三）公共健康利益优先原则

公共健康权是国际社会承认的基本人权，公共健康权基于公共健康利益，具有优先于任何个人的个体健康权的属性。在一定条件下，为了保障公共健康权，可以适度限制个体自由权、自主权、隐私权等权利。这种优先权尤其体现在传染病防治过程中的预防免疫、

---

① 李立明：《新中国公共卫生 60 年的思考》，载《中国公共卫生管理》2014 年第 3 期。
② 王锐、孙巍、郎晓宇：《基本公共卫生服务均等化的难点及应对思考》，载《中国卫生产业》2015 年第 16 期。

强制隔离、知情同意以及信息公开等方面。公共健康利益优先原则表现在三方面：一是公共健康权优先于个人健康权；二是公共健康权优先于经济成本；三是公共健康利益优先于其他民事权利。

（四）公平与效率相平衡原则

公共健康公平指不同地域之间、城乡之间、不同人群之间、不同个体之间具有平等机会享有国家的基本公共卫生服务和基本医疗服务，具体包括卫生服务利用公平、健康保障筹资公平、健康状况公平、卫生信息对称公平等。

公共健康的公平依赖于公共健康的效率。效率的提高有利于社会用更多的资源支持基本医疗卫生服务公平分配，也有利于个人健康权利的拥有和实现。公共健康的效率也依赖于公共健康的公平，提高效率要以公平为目标，只有体现卫生服务公平，才能增加发展机会，创造良好的效率。公共健康公平与效率的博弈要考虑公共健康的经济成本、社会成本、心理成本等。

公共健康的公平与效率在本质上是对立统一的关系。为实现可持续发展，公共政策要体现公平与效率的结合，谋求公平与效率的平衡。《"健康中国 2030"规划纲要》提出，要遵循公平公正原则。以农村和基层为重点，推动健康领域基本公共服务均等化，维护基本医疗卫生服务的公益性，逐步缩小城乡、地区、人群间基本健康服务和健康水平的差异，实现全民健康覆盖，促进社会公平。立足全人群和全生命周期两个着力点，提供公平可及、系统连续的健康服务，实现更高水平的全民健康。

本章思考题

1. 公共健康权的含义及特征是什么？
2. 公共健康法的基本原则包括哪些？
3. 公共健康法律体系是如何构成的？

第六章
公共健康管理法律制度

公共健康管理是实现公共健康权的重要手段。预防、控制和消除疾病的根本目的是保障公共健康，为广大人民群众的生活、生产、学习提供一个良好的公共卫生环境。公共健康管理法律根据社会经济发展的新要求，补充完善了疾病预防控制制度，强化对疾病防治的监督管理措施，加大对违法行为的打击力度，为维护公众健康提供法律保障。基于公众健康实现的计划、组织、协调、控制等方面，公共健康管理法律制度主要包括传染病防治法律制度、公共健康应急管理法律制度、国境卫生检疫法律制度、职业病防治法律制度、院感防控法律制度等。

第一节　公共健康管理法律制度概述

一、公共健康管理的基本原则

进入新时代，推进公共健康管理法治化成为公共健康管理工作的基本要求。公共健康管理工作应遵守如下原则：

第一，预防为主，防治结合。预防为主是卫生与健康工作方针，也是公共健康管理的根本原则。预防是最经济、最有效的健康策略，重视重大疾病预防控制，优化防治策略，最大限度减少人群患病，是保障人民健康的关键环节。在重预防的同时，也要重视治疗，强调防治结合。

第二，科学防控，分类管理。这是公共健康管理的核心原则。无论是宏观层面上的疾病预防控制规划的编制、公共卫生项目的确定、项目实施的效果评价、疫苗的生产使用等，还是具体的健康危险因素监测、卫生检验检疫、流行病学调查等，都需要科学论证、科学实施。要采取分类管理的方针，采取不同的措施与手段，控制影响健康的危险因素，提高疾病的预防控制水平。

第三，共同参与，综合治理。公共健康管理主要针对群体健康，是公共卫生的一部分，需要全社会的共同参与和多个部门共同的协作，并且需要综合治理。公共健康管理部门主要为各级卫生健康行政部门。国务院卫生健康行政部门主管全国的疾病预防控制及其监督管理工作，县级以上地方人民政府卫生健康行政部门负责本行政区域内的疾病预防控制及其监督管理工作。2021 年 5 月，国家成立国家疾病预防控制局，负责组织拟定传染病防控及公共卫生监督的法律法规草案、政策、规划、标准，指导疾病预防控制体系建设，规划指导疫情监测预警体系建设，协同指导疾病预防控制科研体系建设，以及公共卫生监督管理、传染病防治监督等。

二、公共健康管理的内容

对公共健康的有效管理，是实现公共健康权的重要手段。公共健康管理的内容包括公共健康的应急管理、传染病的预防控制管理、国境卫生检疫管理、职业病防治管理、院感防控管理以及地方病防治管理等。

地方病是在一定地理环境条件下，由某种特殊因素导致的一类疾病，这些因素可能是地质气候土壤等环境因素，也可能是人为因素，地方病多发生在一些经济条件较差的地区，危害人民群众的健康和生命安全。地方病防治管理属于公共健康的管理，制定地方病防治管理制度，可以为防治地方病提供制度保障和政策支持，有效提升地方病防治的效果。同时，地方病防治管理制度的健全，还能够为地方政府提供规范指导和技术支持，帮助地方政府更好地履行地方病防治的职责。

第二节　公共健康应急法律制度

我国对于"公共健康应急管理"乃至"应急管理"的研究主要是从非典疫情防控开始的。非典疫情之后，我国在传统民防基础之上迅速建立起突发事件应急管理组织体系，逐步实现了从单一民防到应急与民防并存、以现代应急体系为主的跨越。应急管理是在应对突发事件过程中，为了降低突发事件的危害，达到优化决策的目的，基于对突发事件的起因、发展过程和导致后果的分析，有效集成社会各方面的相关资源，对突发事件进行有效预警、控制和处理的过程。本节以公共健康权为核心，对公共卫生应急制度进行梳理与分析。

一、公共健康应急概述

（一）公共健康应急相关概念

公共健康应急管理，是指为降低突发事件的危害、维护公众健康，基于可能对公共健康造成损害的突发事件的起因、发展过程和导致后果的分析，有效集成社会各方面的相关资源，对相关事件进行有效预警、控制和处理的动态过程。

突发公共卫生事件，是指突然发生，造成或者可能造成社会公众健康严重损害的重大传染病疫情、群体性不明原因疾病、重大食物和职业中毒以及其他严重影响公众健康的事件。突发公共卫生事件具有以下特征：

第一，突发性。突发公共卫生事件发生比较突然，成因复杂，较少存在发生征兆和预警，人们往往难以对其做出准确预测和及时识别，而且突发公共卫生事件的蔓延范围、发展速度、趋势和结局都很难预料。

第二，公共性。突发公共卫生事件是发生在公共领域的突发事件，其不针对特定的人群，也不局限于某一固定区域。

第三，危害性。突发公共卫生事件导致的后果往往较为严重，主要表现为发病人数多或致死率高，受害者可能产生应激性心理障碍。突发公共卫生事件还可能破坏交通运输、通信等基础设施，造成巨大的财产损失，甚至可能扰乱社会稳定，影响国家形象[①]。

根据突发公共卫生事件性质、危害程度和涉及范围，可将突发公共卫生事件分为特别重大（Ⅰ级）、重大（Ⅱ级）、较大（Ⅲ级）和一般（Ⅳ级）四级。

（二）公共健康应急立法

经过多年发展，我国出台了大量的公共健康应急法律法规，包括《基本医疗卫生与健康促进法》《传染病防治法》《突发事件应对法》《突发公共卫生事件应急条例》《突发事件应急预案管理办法》《传染性非典型肺炎防治管理办法》《突发公共卫生事件与传染病疫情监测信息报告管理办法》《国家救灾防病与突发公共卫生事件信息报告管理规范》等法律、法规及部门规章。"突发公共卫生事件应对法"正在推进制定中。

我国初步形成了以《传染病防治法》《突发事件应对法》为基础，《防震减灾法》《传染病防治法》《水法》《安全生产法》《消防法》《国家安全法》等单行法并存的全方位、多层级、宽领域的公共健康应急法律体系。同时，我国建立了以《国家突发公共事件总体应急预案》为总纲，由总体应急预案、专项应急预案、部门应急预案、地方应急预案、企事业单位应急预案和重大活动应急预案六个部分组成的应急预案体系，这不仅为突发公共事件应对工作提供了基本的法律支撑，而且成为公共健康政府主导、政府参与的有效方式。《国家突发公共事件总体应急预案》通过公共健康应急立法，明确国家建立统一领导、综合协调、分类管理、分级负责、属地管理为主的应急管理体制，指出国务院是全国应急管理工作的最高行政领导机关，国务院各有关部门依据有关法律、行政法规和各自职责，负责相关类别突发公共事件的应急管理工作，地方各级人民政府是本行政区域应急管理工作的行政领导机关，负责本行政区域各类突发公共事件的应对工作。[②]

（三）公共健康应急管理的原则

1. 全社会动员原则

我国公共健康应急管理体系包含公共健康应急管理组织机构体系、应急管理运作机制和管理支持系统三大部分，主要由各级卫生行政部门负责组建，医疗机构、疾病预防控制机构、卫生监督机构和进境出境检验检疫机构等均是突发公共卫生事件应急处置的专业技术机构。从参与主体角度，公共健康应急管理的全社会参与原则表现为以下几方面：

第一，政府在公共健康应急管理中的权利义务。政府的权利义务体现为政府的以下

---

① 肖鹏主编：《卫生法学》，华南理工大学出版社 2021 年版。

② 刘霞、严晓：《我国应急管理"一案三制"建设：挑战与重构》，载《政治学研究》2011 年第 1 期。

职责：（1）公共健康应急管理法律法规的立法职责。应急法律、法规和预案对预防、控制和消除突发公共卫生事件的危害，保障公众身体健康与生命安全，维护正常的社会秩序提供了具体科学的操作规范。（2）公共健康应急管理中的应急处理职责。政府的应急处理责任体现在应急事件爆发前、事中、事后全过程。在事件爆发前，政府应进行公共卫生危机管理的知识系统和管理计划系统的建设，完善预防机制，以预防突发公共卫生事件所导致的巨大冲击；在事件发生时要充分发挥现有资源的积极作用，使事件造成的消极影响最小化，保障人民群众的健康利益和其他权益，促进社会的稳定和谐；事件结束后，积极做好善后工作，总结经验，恢复因突发事件造成的健康损失和其他损失。应急处理的全过程应以公众健康权保护为根本宗旨。（3）公共健康应急管理信息发布职责。政府信息公开在行政程序制度中具有重要的地位，它不仅是保障公民知情权的重要手段，也是妥善应对和解决突发事件的重要方式。《政府信息公开条例》第 23 条规定："行政机关应当建立健全政府信息发布机制，将主动公开的政府信息通过政府公报、政府网站或者其他互联网政务媒体、新闻发布会以及报刊、广播、电视等途径予以公开。"政府部门在处理公共卫生突发事件时，要保证事件信息的公开化、透明化，坚持"第一时间"原则。（4）公共健康应急管理物质保障职责。物质保障是公共健康应急管理中重要的基础和支撑。政府及相关行政部门在公共健康应急事件的不同阶段，都承担着物质保障的责任和义务。统一的应急物质保障体系是国家应急管理体系建设的重要内容，是精准布局推进国家应急管理体系和能力现代化的重要支撑，是应对和处置突发公共事件的物质基础保障，是决定突发事件应急处置成败的关键因素。

第二，相关部门在公共健康应急管理中的权利义务。公共健康应急管理相关部门主要包括疾病预防控制机构、医疗机构及其他卫生机构。《突发公共卫生事件应急条例》对相关部门在预防与应急准备、报告及信息发布、应急处理方面的权利义务均作出了明确规定。

第三，公民的权利义务。社会的广泛参与是建设好国家公共卫生应急管理体系的重要支撑，而提升全民卫生素养是实现社会广泛参与的基础。卫生应急素养一般是指公众在突发公共卫生事件中获取、理解、接受、运用卫生应急知识，掌握避险、救援技能并参与简单应急救援活动的素养与能力，集中体现为公众在突发公共卫生事件中的自救与互救。卫生应急素养是全民健康素养的组成部分，是政府建立公共卫生群防群控机制的社会基础。

2. 强制与自由相平衡原则

应急管理中的强制性体现在三个方面：（1）在影响公共卫生健康的事件中，对具有传染性的疾病进行强制接种，从源头进行管理，医疗机构、疾控机构与儿童的监护人应当相互配合，保证儿童及时接受预防接种；（2）相关人员和机构强制性配合有关部门的工作，发现危害公共健康的事件强制性上报，不能进行隐瞒，任何单位和个人对突发事件，不得隐瞒、缓报、谎报或者授意他人隐瞒、缓报、谎报；（3）存在相关隐患时接受强制性的治疗，在公共卫生健康事件后，有关个人和单位必须强制接受检查、隔离等强制措施，拒绝隔离治疗或者隔离期未满擅自脱离隔离治疗的，可以由公安机关协助医疗机构采取强制隔离治疗措施。

《宪法》第 37 条第 1 款明确规定："中华人民共和国公民的人身自由不受侵犯。"《宪法》第 51 条规定："中华人民共和国公民在行使自由和权利时不得损害国家的、社会的、集体的利益和其他公民的合法权利和自由。"这一条款体现了对公民权利的一定限制，为政府在公共卫生应急管理中行使行政紧急权力提供了有力的宪法依据。这也说明了行政紧急权力具有公益性和以实现危机应对与处理为最终目标的特点。对公民进行人身自由限制要有法律上的依据。并且，这种限制除了应具备法定条件外，还需要最大限度地体现"利民益民"原则，减少对公民权利限制造成的损失和不利影响。

《突发事件应对法》对权利保护和有限限制的统一，体现了应急管理中强制和自由的辩证关系。《突发事件应对法》对公民权利的保护主要体现在两个方面：（1）坚持比例原则，即政府在应急管理中，为了维护国家和社会的整体秩序和利益，需要对公民的某些权利进行限制或者增加公民的义务，但限制应当维持在一定限度，既要合宪，又要符合法律保留的立法者初衷；（2）对公民权利的保护贯穿各项制度和整个应急处置过程始终，只有强制和自由的规定相辅相成，才能更好地应对公共健康安全事件。

二、公共健康应急管理法律制度

（一）公共健康应急预警制度

应急管理体系涉及错综复杂相互交织的多个方面，其核心要素"一案三制"主要包括应急预案和应急管理体制、机制、法制四个要素。[①] 党和政府站在新的历史方位，提出一系列新理念、新思想、新战略，强调坚持底线思维，着力防范化解重大风险。习近平指出，"要坚持以防为主、防抗救相结合的方针，坚持常态减灾和非常态救灾相统一，努力实现从注重灾后救助向注重灾前预防转变，从应对单一灾种向综合减灾转变，从减少灾害损失向减轻灾害风险转变"。[②]

对于任何突发性公共卫生事件，有效应对的基础都是"早发现"与"早报告"。虽然我国已经开展网络直报体系建设，但在疫情的传播过程中，最先发现线索、作出响应的还是公民。"关口前移"的真正落实，要求网络报告系统不断提高其监测与报告的灵敏度，这也更加有赖于公民在发现异常事件时向卫生系统提供及时、准确的报告。只有提升公民参与卫生应急事件防控的水平，才能够真正做到社会协同、公众参与，实现群策群力、群防群治。

突发公共卫生事件的预防在《突发事件应对法》和《突发公共卫生事件应急条例》中有明确规定。国家依照《突发公共卫生事件应急条例》的规定建立统一的突发事件预防控制体系。应急预案，是指各级人民政府及其部门、基层组织、企事业单位和社会组织等为依法、迅速、科学、有序应对突发事件，最大限度减少突发事件及其造成的损害而预先制定的方案。按照制定主体划分，应急预案分为政府及其部门应急预案、单位和基层组织应急预案两大类。

第一，政府及其部门应急预案。政府及其部门应急预案包括总体应急预案、专项应急

---

① 钟开斌：《"一案三制"：中国应急管理体系建设的基本框架》，载《南京社会科学》2009 年第 11 期。
② 《习近平关于总体国家安全观论述摘编》，中央文献出版社 2018 年版，第 140 页。

预案、部门应急预案等。总体应急预案围绕突发事件事前、事中、事后全过程，主要明确应对工作的总体要求、事件分类分级、预案体系构成、组织指挥体系与职责，以及风险防控、监测预警、处置救援、应急保障、恢复重建、预案管理等内容。专项应急预案是人民政府为应对某一类型或某几种类型突发事件，或者针对重要目标保护、重大活动保障、应急保障等重要专项工作而预先制定的涉及多个部门职责的方案。部门应急预案是人民政府有关部门根据总体应急预案、专项应急预案和部门职责，为应对本部门（行业、领域）突发事件，或者针对重要目标保护、重大活动保障、应急保障等涉及部门工作而预先制定的方案。

第二，单位和基层组织应急预案。单位和基层组织应急预案包括企事业单位、村民委员会、居民委员会、社会组织等编制的应急预案。单位应急预案侧重明确应急响应责任人、风险隐患监测、主要任务、信息报告、预警和应急响应、应急处置措施、人员疏散转移、应急资源调用等内容。

（二）公共健康应急管理风险评估制度

风险评估是基于科学知识和科学方法分析风险，属于自然科学的研究范围，[①] 是多因素、多灾种、多环节和全过程的研究。《突发事件公共卫生风险评估管理办法》所称风险评估是指通过风险识别、风险分析和风险评价，对突发公共卫生事件风险或其他突发事件的公共卫生风险进行评估，并提出风险管理建议的过程。

突发事件公共卫生风险评估分为日常风险评估和专题风险评估。日常风险评估主要是根据常规监测收集的信息、部门通报的信息、国际组织及有关国家（地区）通报的信息等，对突发公共卫生事件风险或其他突发事件的公共卫生风险开展初步、快速的评估。专题风险评估主要针对国内外重要突发公共卫生事件、大型活动、自然灾害和事故灾难等，开展全面、深入的专项公共卫生风险评估。具体情形包括：日常风险评估中发现的可能导致重大突发公共卫生事件的风险；国内发生的可能对本辖区造成危害的突发公共卫生事件；国外发生的可能对我国造成公共卫生风险和危害的突发事件；可能引发公共卫生危害的其他突发事件；大型活动等其他需要进行专题评估的情形。

三、公共健康应急管理报告与信息发布法律制度

（一）公共健康应急管理报告制度

国家依照《突发公共卫生事件应急条例》的规定，建立突发公共卫生事件应急报告制度。国务院卫生行政部门制定突发事件应急报告规范，建立重大、紧急疫情信息报告系统。突发公共卫生事件的应急报告是有关决策机关掌握突发公共卫生事件发生、发展信息的重要渠道。只有建立起一套完整的突发公共卫生事件应急报告制度，并且保证其正常运转，才能保证信息的通畅。[②]

---

① 任建超、韩青：《欧盟食品安全应急管理体系及其借鉴》，载《管理现代化》2016 年第 1 期。
② 刘洪凤主编：《卫生法学》，陕西科学技术出版社 2021 年版。

1. 报告主体

根据《国家突发公共卫生事件应急预案》第 3.3 条规定，任何单位和个人都有权向国务院卫生行政部门和地方各级人民政府及其有关部门报告突发公共卫生事件及其隐患，也有权向上级政府部门举报不履行或者不按照规定履行突发公共卫生事件应急处理职责的部门、单位及个人。县级以上各级人民政府卫生行政部门指定的突发公共卫生事件监测机构、各级各类医疗卫生机构、卫生行政部门、县级以上地方人民政府和检验检疫机构、食品药品监督管理机构、环境保护监测机构、教育机构等有关单位为突发公共卫生事件的责任报告单位。执行职务的各级各类医疗卫生机构的医疗卫生人员、个体开业医生为突发公共卫生事件的责任报告人。

【典型案例】
突发诺如病毒感染性腹泻公共卫生事件的应对

按照《突发公共卫生事件应急条例》的规定，任何单位和个人不得隐瞒、缓报、谎报或者授意他人隐瞒、缓报、谎报突发公共卫生事件。

2. 报告内容和时限

《突发公共卫生事件应急条例》对突发公共卫生事件报告的内容和时限作出了明确规定。有下列情形之一的，省、自治区、直辖市人民政府应当在接到报告 1 小时内，向国务院卫生行政部门报告：（1）发生或者可能发生传染病暴发、流行的；（2）发生或者发现不明原因的群体性疾病的；（3）发生传染病菌种、毒种丢失的；（4）发生或者可能发生重大食物和职业中毒事件的。国务院卫生行政主管部门对可能造成重大社会影响的突发事件，应当立即向国务院报告。

突发事件监测机构、医疗卫生机构和有关单位发现上述需要报告情形之一的，应当在 2 小时内向所在地县级人民政府卫生行政主管部门报告。接到报告的卫生行政主管部门应当在 2 小时内向本级人民政府报告，并同时向上级人民政府卫生行政主管部门和国务院卫生行政主管部门报告。地方人民政府应当在接到报告后 2 小时内向上一级人民政府报告。接到报告的地方人民政府、卫生行政主管部门在依照规定报告的同时，应当立即组织力量对报告事项调查核实、确证，采取必要的控制措施，并及时报告调查情况。

对举报突发公共卫生事件有功的单位和个人，县级以上各级人民政府及其有关部门应当予以奖励。

（二）公共健康应急管理信息发布制度

国家建立公共健康应急管理信息发布制度。国务院卫生行政部门负责向社会发布突发事件的信息。必要时，可以授权省、自治区、直辖市人民政府卫生行政部门向社会发布本行政区域内突发事件的信息。《突发公共卫生事件应急条例》规定，信息发布应当及时、准确、全面。

国家建立突发事件举报制度，公布统一的突发事件报告、举报电话。

四、公共健康应急处理法律制度

公共健康应急处理是减少财产损害和人身损害、防止危害结果进一步扩大的核心环节。对此，运用法治手段与方式开展公共健康应急处理是法治国家的基本要求。① 经过长期发展，我国公共健康应急处理的法律规范体系正在逐步完善。

《突发公共卫生事件应急条例》对突发公共卫生事件应急处理的主体、工作机制、责任等内容予以明确，规范了突发公共卫生事件的应对。《国家突发公共卫生事件应急预案》从总则，应急组织体系及职责，突发公共卫生事件的监测、预警与报告，突发公共卫生事件的应急反应和终止，善后处理，突发公共卫生事件应急处置的保障，预案管理与更新等方面对突发公共卫生事件的全流程应急处理予以详细具体的说明，要求应急主体严格履行职责要求，最大限度地减少突发公共卫生事件对公众健康造成的危害，保障公众身心健康与生命安全。《突发事件应对法》要求各级人民政府在职责范围内落实突发事件监测、预警制度，对发生突发公共卫生事件的单位采取必要应急处置措施，防止发生公共卫生事件的次生、衍生事件或者重新引发社会安全事件。我国公共卫生应急核心能力已达到《国际卫生条例（2005）》（International Health Regulations，IHR）的标准要求，我国公共卫生应急水平显著提高。2020 年，《全国人民代表大会常务委员会法制工作委员会关于强化公共卫生法治保障立法修法工作有关情况和工作计划的报告》中明确强调，"强化公共卫生法治保障，完善重大疫情防控体制机制，健全国家公共卫生应急管理体系"。同年，在"坚持中西医并重"卫生工作方针的指导下，国家发展改革委、国家卫生健康委、国家中医药局印发《公共卫生防控救治能力建设方案》，提出着眼我国国情实际，探索建立中西医结合的应急工作机制，充分发挥中医药"简、便、验、廉"优势，改善中医药疫情防控救治基础条件。

《基本医疗卫生与健康促进法》的出台对突发事件卫生应急体系的建设、应急方案的制定与完善、卫生应急工作的开展提出了新的要求，并在我国应对突发公共卫生事件经验的基础上强调建立中央与地方两级医药储备，用于保障重大灾情、疫情及其他突发事件等应急需要。2023 年，国家卫生健康委发布了《突发事件医疗应急工作管理办法（试行）》，明确突发事件医疗应急工作机制与流程，规范、高效做好各类突发事件紧急医学救援，避免和减少人员伤亡，保障人民群众生命安全和身体健康。2024 年，国务院办公厅印发《突发事件应急预案管理办法》，从总则、分类与内容、规划与编制、审批、发布、备案、培训、宣传、演练、评估与修订、保障措施等方面对突发事件应急预案的管理工作予以指导，加强了突发事件应急预案体系建设，规范了应急预案管理，进一步增强了应急预案的针对性、实用性和可操作性。

综上所述，在总结应对突发公共卫生事件实践经验的基础上，我国建立并不断健全公共健康应急管理体系，逐步提高突发公共卫生事件应对能力，动员各方主体在职责范围内审慎履行规范职责，切实落实有法可依、有法必依、执法必严、违法必究。

五、公共健康应急管理法律责任

在全面依法治国基本方略下，我国公共卫生法治建设稳步推进，公共卫生法治水平逐

---

① 王晨光：《疫情防控法律体系优化的逻辑及展开》，载《中外法学》2020 年第 3 期。

步提高。在公共健康应急管理法律框架下，法律主体侵犯他人权利或违反义务的，需承担相应的法律责任，具体包括民事责任、行政责任和刑事责任。

（一）行政主体法律责任

依法行政是全面依法治国的重要环节，各级行政主体应当贯彻落实合法行政、合理行政、程序正当、高效便民、诚实守信、权责统一的基本原则，及时履行法定义务。

国家建立健全突发事件应急报告制度，县级以上地方人民政府及其卫生行政主管部门未依照《突发公共卫生事件应急条例》的规定履行报告职责，对突发事件隐瞒、缓报、谎报或者授意他人隐瞒、缓报、谎报的，对政府主要领导人及其卫生行政主管部门主要负责人，依法给予降级或者撤职的行政处分；造成传染病传播、流行或者对社会公众健康造成其他严重危害后果的，依法给予开除的行政处分；构成犯罪的，依法追究刑事责任。

国务院有关部门、县级以上地方人民政府及其有关部门未依照《突发公共卫生事件应急条例》的规定，完成突发事件应急处理所需要的设施、设备、药品和医疗器械等物资的生产、供应、运输和储备的，对政府主要领导人和政府部门主要负责人依法给予降级或者撤职的行政处分；造成传染病传播、流行或者对社会公众健康造成其他严重危害后果的，依法给予开除的行政处分；构成犯罪的，依法追究刑事责任。

突发事件发生后，县级以上地方人民政府及其有关部门对上级人民政府有关部门的调查不予配合，或者采取其他方式阻碍、干涉调查的，对政府主要领导人和政府部门主要负责人依法给予降级或者撤职的行政处分；构成犯罪的，依法追究刑事责任。

县级以上各级人民政府卫生行政主管部门和其他有关部门在突发事件调查、控制、医疗救治工作中玩忽职守、失职、渎职的，由本级人民政府或者上级人民政府有关部门责令改正、通报批评、给予警告；对主要负责人、负有责任的主管人员和其他责任人员依法给予降级、撤职的行政处分；造成传染病传播、流行或者对社会公众健康造成其他严重危害后果的，依法给予开除的行政处分；构成犯罪的，依法追究刑事责任。

县级以上各级人民政府有关部门拒不履行应急处理职责的，由同级人民政府或者上级人民政府有关部门责令改正、通报批评、给予警告；对主要负责人、负有责任的主管人员和其他责任人员依法给予降级、撤职的行政处分；造成传染病传播、流行或者对社会公众健康造成其他严重危害后果的，依法给予开除的行政处分；构成犯罪的，依法追究刑事责任。

医疗卫生机构有下列行为之一的，由卫生行政主管部门责令改正、通报批评、给予警告；情节严重的，吊销《医疗机构执业许可证》；对主要负责人、负有责任的主管人员和其他直接责任人员依法给予降级或者撤职的纪律处分；造成传染病传播、流行或者对社会公众健康造成其他严重危害后果，构成犯罪的，依法追究刑事责任：（1）未依照规定履行报告职责，隐瞒、缓报或者谎报的；（2）未依照规定及时采取控制措施的；（3）未依照规定履行突发事件监测职责的；（4）拒绝接诊病人的；（5）拒不服从突发事件应急处理指挥部调度的。

（二）行政相对人法律责任

在突发事件应急处理工作中，有关单位和个人未依照《突发公共卫生事件应急条例》的规定履行报告职责，隐瞒、缓报或者谎报，阻碍突发事件应急处理工作人员执行职务，拒绝国务院卫生行政主管部门或者其他有关部门指定的专业技术机构进入突发事件现场，或者不配合调查、采样、技术分析和检验的，对有关责任人员依法给予行政处分或者纪律处分；触犯《治安管理处罚法》，构成违反治安管理行为的，由公安机关依法予以处罚；构成犯罪的，依法追究刑事责任。

在突发事件发生期间，散布谣言、哄抬物价、欺骗消费者，扰乱社会秩序、市场秩序的，由公安机关或者工商行政管理部门依法给予行政处罚；构成犯罪的，依法追究刑事责任。

第三节　传染病防治法律制度

一、传染病防治法律制度概述

（一）传染病防治的概念及法定传染病分类

传染病防治是指对传染病进行预防、控制和消除的活动。预防是指在传染病发生前采取有效的措施防止和减少传染病的发生与流行。控制是指在传染病发生后及时采取综合性防疫措施，消除各种传播因素，对病人进行隔离、治疗，保护好易感人群，使疫情不再继续蔓延。消除是指在传染病发生前后采取有效的措施扑灭传染病的传播与流行。

传染病是指各种病原体引起的能在人与人、动物与动物或人与动物之间相互传染的疾病。病原体可以是微生物或寄生虫，包括病毒、立克次体、细菌、真菌、螺旋体、原虫等。

法定传染病，是指因危害大、传播性强等而被纳入《传染病防治法》进行规范管理的传染病。《传染病防治法》对法定传染病进行了分类，该法明确列举以外的其他传染病，根据其暴发、流行情况和危害程度，需要列入乙类、丙类传染病的，由国务院卫生行政部门决定并予以公布。省、自治区、直辖市人民政府对本行政区域内常见、多发的其他地方性传染病，可以根据情况决定按照乙类或者丙类传染病管理并予以公布，报国务院卫生行政部门备案。截至2024年2月，法定管理的传染病病种有41种，其中甲类传染病2种，乙类传染病28种，丙类传染病11种。①

① 甲类传染病：鼠疫、霍乱。
乙类传染病：传染性非典型肺炎、艾滋病、病毒性肝炎、脊髓灰质炎、人感染高致病性禽流感、麻疹、流行性出血热、狂犬病、流行性乙型脑炎、登革热、炭疽、细菌性和阿米巴性痢疾、肺结核、伤寒和副伤寒、流行性脑脊髓膜炎、百日咳、白喉、新生儿破伤风、猩红热、布鲁氏菌病、淋病、梅毒、钩端螺旋体病、血吸虫病、疟疾、人感染高致病性禽流感、新型冠状病毒感染、猴痘。
丙类传染病：流行性感冒、流行性腮腺炎、风疹、急性出血性结膜炎、麻风病、流行性和地方性斑疹伤寒、黑热病、包虫病、丝虫病、除霍乱、细菌性和阿米巴性痢疾、伤寒和副伤寒以外的感染性腹泻病、手足口病。
对乙类传染病中传染性非典型肺炎、炭疽中的肺炭疽和人感染高致病性禽流感，采取《传染病防治法》所称甲类传染病的预防、控制措施。

法定传染病的种类是根据传染病病种的传播方式、传播速度、流行强度以及对人体健康、对社会危害程度的不同，参照国际统一分类标准划分的。甲类传染病，是指发病率高，治疗延误时引起病死率高，在人间传播速度快，波及面广，可能危及社会安全，流行时需要采取强制性隔离病人或者密切接触者，甚至采取疫区封锁或者交通卫生检疫等措施的烈性传染病。乙类传染病，是指具备下列情形之一的传染病：（1）发病率较高，引起高病死率，但传播能力有限，对社会造成一定危害，需要采取计划性疫苗接种，进行义务性、公众性检查与治疗，对传染源或者对传播环节进行系统控制等社会性控制工程的传染病。（2）发病率较高，引起高病死率，能在人间传播但没有高致残率或者没有高致畸能力，对社会造成一定危害，需要采取计划性疫苗接种，进行义务性、公众性检查与治疗，对传染源或者对传播环节进行系统控制等社会性控制工程的传染病。丙类传染病，是指对社会和人民健康造成一定影响，需要开展主动性系统监测以掌握流行情况，需要建立和改善控制措施，开展防治的传染病。

根据上述原则，结合我国和世界传染病发生的疾病谱和流行趋势，并考虑到该传染病是否有明确的诊断方法、有力的防治措施、有效的防治效果、有效利用有限卫生资源等情况，将相关传染病分别纳入甲、乙类法定传染病管理。适当扩大丙类传染病病种，以加强监测管理。对于每一类传染病，又根据其生物学特征及危害程度等，按照病毒类、细菌类、寄生虫类及其他类顺序进行了排序。

传染病实行分类管理既是法律的原则性与灵活性相结合的体现，也是突出重点、兼顾一般的经济有效的管理原则的体现，是符合我国国情特别是广大农村客观情况的。

（二）传染病防治的立法

1989 年 2 月，第七届全国人民代表大会常务委员会第六次会议通过并颁布了《传染病防治法》，该法于同年 9 月 1 日起施行，后于 2004 年 8 月 28 日修订、2013 年 6 月 29 日修正，目前该法已进入新一轮修改。此外，我国有关传染病防治的法律、法规、规章等还包括：《传染病防治法实施办法》《重大动物疫情应急条例》《突发公共卫生事件与传染病疫情监测信息报告管理办法》《传染病信息报告管理规范》《传染病病人或疑似病人尸体解剖查验规定》《医疗机构传染病预检分诊管理办法》《艾滋病防治条例》《结核病防治管理办法》《性病防治管理办法》《传染病防治卫生监督工作规范》等。

我国在 2003 年非典疫情后，从保障人体健康的根本目的出发，认真总结我国传染病防治实践，基本建立了较为完善的传染病防治及公共卫生应急体系和法律制度体系。在抗击新冠疫情过程中，以现行的《传染病防治法》《突发公共卫生事件应急条例》等构成的法律制度体系为核心，坚持人民至上、生命至上，联防联控、群防群控，形成了系统全面的卫生应急机制。同时，新冠疫情防控也反映出现行传染病防治法律制度体系存在的短板和弱项，《传染病防治法》已进入新一轮修改。

（三）《传染病防治法》的适用范围

《传染病防治法》第 12 条第 1 款规定："在中华人民共和国领域内的一切单位和个人，必须接受疾病预防控制机构、医疗机构有关传染病的调查、检验、采集样本、隔离治疗等预防、控制措施，如实提供有关情况。疾病预防控制机构、医疗机构不得泄露涉及个人隐私的有关信息、资料。"

这是《传染病防治法》的适用范围，包括地域效力和对人效力的规定。"在中华人民共和国领域内"体现了属地原则，即以领域为标准，领域是指领陆、领水和领空，凡是在我国领域内都必须遵守该法的规定。"一切单位"包括我国的一切机关、团体、企事业单位，也包括我国领域内的外资企业、中外合资企业、中外合作企业等。"一切个人"是指我国领域内的一切自然人，包括中国人、具有外国国籍的人和无国籍人。因为传染病防治的特殊性，根据我国有关法律规定和国际惯例，外交人员无传染病防治方面的豁免权，所以，驻中国的外国使、领馆人员也应遵守该法的规定。当然，在单位和个人履行配合传染病防治义务的同时，其合法权益也受到法律的保护。

（四）传染病防治方针和原则

国家对传染病防治实行预防为主的方针，坚持防治结合、分类管理、依靠科学、依靠群众的原则。

传染病流行的发生需要满足三个条件，即传染源、传播途径和易感人群。遵循传染病的防治方针，防止传染病传播和流行的关键在于采取措施控制传染源、切断传播途径、保护易感人群。

预防为主是我国卫生工作的基本方针，是人类在与传染病长期斗争中总结出来的经验。70多年来，我国在传染病防治工作中始终坚持贯彻预防为主的方针，在预防、控制传染病发生与流行上取得了巨大成功。

预防为主是指传染病防治要把预防工作放在首位，从预防传染病发生入手，通过采取各种防治措施，使传染病不发生、不流行。需要指出的是，预防为主并不是不重视医疗，而是要求无病防病、有病治病，立足于防。

防治结合要求在贯彻预防为主方针的前提下，将预防措施和治疗措施相结合。防与治本身是相辅相成的，防治结合既符合阻断传染病流行的三个环节，又适应由过去单纯的生物医学模式向生物、心理、社会医学模式的转变。

（五）传染病防治的管理体制

我国传染病防治管理体制的特点是政府领导、多部门分工合作、全社会共同参与。

各级人民政府领导传染病防治工作，县级以上人民政府制定传染病防治规划并组织实施，建立健全传染病防治的疾病预防控制、医疗救治和监督管理体系。县级以上人民政府其他部门在各自的职责范围内负责传染病防治工作。

传染病防治绝不是单纯的业务工作，而是关系经济发展、社会进步、国家富强、民族繁衍的大事。"各级人民政府领导传染病防治工作"这一规定明确了各级人民政府在传染病防治工作中的领导地位，同时也表明了从中央到乡镇各级人民政府在传染病防治上的重大社会责任。各级人民政府在传染病防治工作中起领导作用，有利于动员全社会力量共同做好传染病防治工作，有利于发挥各部门、各方面资源的综合效益，有利于集中力量解决传染病防治上存在的突出问题。传染病防治是一项长期工作，不是一朝一夕可以完成的，因此，县级以上人民政府应当制定传染病防治规划并组织实施，将传染病防治工作的发展目标、发展战略、发展重点以及发展步骤等用规划的形式确立下来，并围绕规划建立系统的、科学的、可操作的评价指标，从根本上解决传染病防治工作中存在的顾此失彼问题，保证传染病防治工作符合社会经济发展要求，促进社会经济协调发展。

国务院卫生行政部门主管全国传染病防治及其监督管理工作。县级以上地方人民政府卫生行政部门负责本行政区域内的传染病防治及其监督管理工作。

各级疾病预防控制机构承担传染病监测、预测、流行病学调查、疫情报告以及其他预防、控制工作。

医疗机构承担与医疗救治有关的传染病防治工作和责任区域内的传染病预防工作。城市社区和农村基层医疗机构在疾病预防控制机构的指导下，承担城市社区、农村基层相应的传染病防治工作。

在我国领域内的一切单位和个人，必须接受疾病预防控制机构、医疗机构有关传染病的调查、检验、采集样本、隔离治疗等预防、控制措施，如实提供有关情况。疾病预防控制机构、医疗机构不得泄露涉及个人隐私的有关信息、资料。卫生行政部门以及其他有关部门、疾病预防控制机构和医疗机构因违法实施行政管理或者预防、控制措施，侵犯单位和个人合法权益的，有关单位和个人可以依法申请行政复议或者提起诉讼。

居民委员会、村民委员会应当组织居民、村民参与社区、农村的传染病预防与控制活动。

各级各类学校应当对学生进行健康知识和传染病预防知识的教育。医学院校应当加强预防医学教育和科学研究，对在校学生以及其他与传染病防治相关人员进行预防医学教育和培训，为传染病防治工作提供技术支持。

国家和社会应当关心、帮助传染病病人、病原携带者和疑似传染病病人，使其得到及时救治。传染病病人、病原携带者和疑似传染病病人，在治愈前或者在排除传染病嫌疑前，不得从事法律、行政法规和国务院卫生行政部门规定禁止从事的易使该传染病扩散的工作。

二、传染病预防法律制度

（一）传染病的预防

传染病防治的方针是预防为主，传染病预防在传染病防治工作中具有重要地位，《传染病防治法》规定了一系列传染病预防措施，如组织开展群众性卫生活动，制定传染病预防、控制预案，预防接种，传染病监测预警，防止医源性感染和医院感染，防止实验室感染和病原微生物扩散，防止经血液传播疾病发生，加强消毒管理，自然疫源地传染病监测及人畜共患传染病管理等。以下具体介绍一些主要预防措施。

1. 组织开展群众性卫生活动

各级人民政府组织开展群众性卫生活动，进行预防传染病的健康教育，倡导文明健康的生活方式，提高公众对传染病的防治意识和应对能力，加强环境卫生建设，消除鼠害和蚊、蝇等病媒生物的危害。

各级人民政府农业、水利、林业行政部门按照职责分工负责指导和组织消除农田、湖区、河流、牧场、林区的鼠害与血吸虫危害，以及其他传播传染病的动物和病媒生物的危害。铁路、交通、民用航空行政部门负责组织消除交通工具以及相关场所的鼠害和蚊、蝇等病媒生物的危害。地方各级人民政府应当有计划地建设和改造公共卫生设施，改善饮用水卫生条件，对污水、污物、粪便进行无害化处置。

2. 传染病的预防、控制预案制度

县级以上地方人民政府应当制定传染病预防、控制预案，报上一级人民政府备案。传染病预防、控制预案应当包括以下主要内容：（1）传染病预防控制指挥部的组成和相关部门的职责；（2）传染病的监测、信息收集、分析、报告、通报制度；（3）疾病预防控制机构、医疗机构在发生传染病疫情时的任务与职责；（4）传染病暴发、流行情况的分级以及相应的应急工作方案；（5）传染病预防、疫点疫区现场控制，应急措施、设备、救治药品和医疗器械以及其他物资和技术的储备与调用。

3. 预防接种制度

预防接种，是指根据疾病预防控制规划，利用预防性生物制品，按照国家规定的免疫程序，由合格的接种技术人员，对适宜接种的对象进行接种，提高人群的免疫水平，以达到预防和控制传染病发生和流行的目的。国家实行有计划的预防接种制度，国家免疫规划项目实行免费预防接种，通过《疫苗管理法》对疫苗管理和预防接种作出了明确的规定。

4. 传染病监测制度

国家建立传染病监测制度。国务院卫生行政部门制定国家传染病监测规划和方案。省、自治区、直辖市人民政府卫生行政部门根据国家传染病监测规划和方案，制定本行政区域的传染病监测计划和工作方案。各级疾病预防控制机构对传染病的发生、流行以及影响其发生、流行的因素，进行监测；对国外发生、国内尚未发生的传染病或国内新发生的传染病，进行监测。

5. 传染病预警制度

国家建立传染病预警制度。国务院卫生行政部门和省、自治区、直辖市人民政府根据传染病发生、流行趋势的预测，及时发出传染病预警，根据情况予以公布。地方人民政府和疾病预防控制机构接到国务院卫生行政部门或者省、自治区、直辖市人民政府发出的传染病预警后，应当按照传染病预防、控制预案，采取相应的预防、控制措施。传染病的预警是指：（1）对传染病可能发生的危害程度和后果进行综合评估；（2）采取一定的方式在一定范围内发布传染病危害警告；（3）启动相应级别的传染病预警响应，防止危害的发生、发展。

（二）传染病疫情的报告、通报和公布

1. 传染病疫情的报告

第一，报告主体。各级各类医疗卫生机构为责任报告单位，其执行职务的人员和乡村医生、个体开业医生均为责任疫情报告人。

第二，报告的程序与方式。传染病报告实行属地化管理，首诊负责制。具备传染病疫情网络直报或者直接数据交换条件的医疗机构，进行网络直报，不具备网络直报条件的，在规定的时间内通过传染病报告卡进行信息报告。

第三，报告的时限。对于甲类传染病和乙类传染病中的肺炭疽、传染性非典型肺炎等按照甲类管理的传染病人或疑似病人，或发现其他传染病和不明原因疾病暴发时，应于2小时内将传染病报告卡通过网络报告。对于其他乙类、丙类传染病病人、疑似病人和规定报告的传染病病原携带者在诊断后，应于 24 小时内进行网络直报。不具备网络直报条件的，应及时向所在地乡镇卫生院、城市社区卫生服务中心或县级疾病预防控制机构报告，并于 24 小时内寄送传染病报告卡至代报单位。

2. 传染病疫情的通报

国务院卫生行政部门应当及时向国务院其他有关部门和各省、自治区、直辖市人民政府卫生行政部门通报全国传染病疫情以及监测、预警的相关信息。毗邻的以及相关的地方人民政府卫生行政部门，应当及时互相通报本行政区域的传染病疫情以及监测、预警的相关信息。县级以上人民政府有关部门发现传染病疫情时，应当及时向同级人民政府卫生行政部门通报。中国人民解放军卫生主管部门发现传染病疫情时，应当向国务院卫生行政部门通报。动物防疫机构和疾病预防控制机构，应当及时互相通报动物间和人间发生的人畜共患传染病疫情以及相关信息。

3. 传染病疫情的公布

国家建立传染病疫情信息公布制度。国务院卫生行政部门定期公布全国传染病疫情信息。省、自治区、直辖市人民政府卫生行政部门定期公布本行政区域的传染病疫情信息。传染病暴发、流行时，国务院卫生行政部门负责向社会公布传染病疫情信息，并可以授权省、自治区、直辖市人民政府卫生行政部门向社会公布本行政区域的传染病疫情信息。公布传染病疫情信息应当及时、准确。

三、传染病控制法律制度

（一）传染病发生时各级机构应采取的措施

1. 医疗机构应采取的措施

医疗机构发现甲类传染病时，应当及时采取的措施包括：（1）对病人、病原携带者，予以隔离治疗，隔离期限根据医学检查结果确定；（2）对疑似病人，确诊前在指定场所单独隔离治疗；（3）对医疗机构内的病人、病原携带者、疑似病人的密切接触者，在指定场所进行医学观察和采取其他必要的预防措施。拒绝隔离治疗或者隔离期未满擅自脱离隔离治疗的，可以由公安机关协助医疗机构采取强制隔离治疗措施。医疗机构发现乙类或者丙类传染病病人，应当根据病情采取必要的治疗和控制传播措施。同时，医疗机构对本单位内被传染病病原体污染的场所、物品以及医疗废物，必须依照法律、法规的规定实施消毒和无害化处置。

2. 疾病预防控制机构应采取的措施

疾病预防控制机构发现传染病疫情或者接到传染病疫情报告时，应当及时采取下列措施：（1）对传染病疫情进行流行病学调查，根据调查情况提出划定疫点、疫区的建议，对被污染的场所进行卫生处理，对密切接触者，在指定场所进行医学观察和采取其他必要的预防措施，并向卫生行政部门提出疫情控制方案；（2）传染病暴发、流行时，对疫点、疫区进行卫生处理，向卫生行政部门提出疫情控制方案，并按照卫生行政部门的要求采取措施；（3）指导下级疾病预防控制机构实施传染病预防、控制措施，组织、指导有关单位对传染病疫情的处理。

3. 国境卫生检验机关应采取的措施

国境卫生检验机关发现染疫人时，应当立即将其隔离，防止任何人遭受感染。对鼠疫、霍乱、黄热病的染疫人，国境卫生检疫机关应当按照《国境卫生检疫法实施细则》的规定处理。除此之外的疑似传染病人，国境卫生防疫机关可以从该人员离开感染环境的时候算起，实施不超过该传染病最长潜伏期的就地诊疗或者留验等卫生处理方式。

（二）政府部门应采取的紧急措施

1. 发生甲类传染病病例时应采取的措施

对已经发生甲类传染病病例的场所或者该场所内的特定区域的人员，所在地的县级以上地方人民政府可以实施隔离措施，并同时向上一级人民政府报告；接到报告的上级人民政府应当即时作出是否批准的决定。上级人民政府作出不予批准决定的，实施隔离措施的人民政府应当立即解除隔离措施。在隔离期间，实施隔离措施的人民政府应当对被隔离人员提供生活保障；被隔离人员有工作单位的，所在单位不得停止支付其隔离期间的工作报酬。隔离措施的解除，由原决定机关决定并宣布。

2. 传染病暴发、流行时的紧急措施

传染病暴发、流行时，县级以上地方人民政府应当立即组织力量，按照预防、控制预案进行防治，切断传染病的传播途径，必要时，报经上一级人民政府决定，可以采取下列紧急措施并予以公告：（1）限制或者停止集市、影剧院演出或者其他人群聚集的活动；（2）停工、停业、停课；（3）封闭或者封存被传染病病原体污染的公共饮用水源、食品以及相关物品；（4）控制或者扑杀染疫野生动物、家畜家禽；（5）封闭可能造成传染病扩散的场所。

上级人民政府接到下级人民政府关于采取上述紧急措施的报告时，应当即时作出决定。紧急措施的解除，由原决定机关决定并宣布。需要特别注意的是，当传染病暴发、流行时，要采取紧急措施必须符合以下条件：（1）控制疫情确实需要采取紧急措施；（2）必须报上一级人民政府批准。

3. 疫区封锁措施

甲类、乙类传染病暴发、流行时，县级以上地方人民政府报经上一级人民政府决定，可以宣布本行政区域部分或全部为疫区；县级以上地方政府可以在疫区内采取相关的紧急措施，并可以对出入疫区的人员、物资和交通工具实施卫生检疫。省、自治区、直辖市人民政府可以决定对本行政区域内的甲类传染病疫区实施封锁；封锁大、中城市的疫区或者封锁跨省、自治区、直辖市的疫区以及封锁疫区导致中断干线交通或者封锁国境的，由国务院决定。疫区封锁的解除，由原决定机关决定并宣布。

（三）其他措施

1. 交通卫生检疫

发生甲类传染病时，为了防止该传染病通过交通工具及其乘运的人员、物资传播，可以实施交通卫生检疫，具体办法由国务院制定。

2. 紧急调集人员、征用物资等措施

传染病暴发、流行时，根据传染病疫情控制的需要，国务院有权在全国范围或者跨省、自治区、直辖市范围内，县级以上地方人民政府有权在本行政区域内紧急调集人员或者调用储备物资，临时征用房屋、交通工具以及相关设施、设备。紧急调集人员的，应当按照规定给予合理报酬。临时征用房屋、交通工具以及相关设施、设备的，应当依法给予补偿；能返还的，应当及时返还。

3. 疫区中被传染病污染的物品的处理措施

疫区中被传染病病原体污染或者可能被传染病病原体污染的物品，经消毒可以使用的，应当在当地疾病预防控制机构的指导下，进行消毒处理后，方可使用、出售和运输。

4. 药品和医疗器械供应措施

传染病暴发、流行时，药品和医疗器械生产、供应单位应当及时生产、供应防治传染病的药品和医疗器械。铁路、交通、民用航空经营单位必须优先运送处理传染病疫情的人员以及防治传染病的药品和医疗器械，县级以上人民政府有关部门应当做好组织协调工作。

四、传染病医疗救治法律制度

（一）加强和完善传染病医疗救治服务网络建设

县级以上人民政府应当加强和完善传染病医疗救治服务网络的建设，指定具备传染病救治条件和能力的医疗机构承担传染病救治任务，或者根据传染病救治需要设置传染病医院。医疗救治服务网络由医疗救治机构、医疗救治信息网络和医疗救治专业技术人员组成。

（二）医疗机构的医疗救治

医疗机构应当对传染病病人或者疑似传染病病人提供医疗救护、现场救援和接诊治疗，书写病历记录以及其他有关资料，并妥善保管。

医疗机构应当实行传染病预检、分诊制度；对传染病病人、疑似传染病病人，应当引导至相对隔离的分诊点进行初诊。医疗机构不具备相应救治能力的，应当将患者及其病历记录复印件一并转至具备相应救治能力的医疗机构。

在传染病暴发、流行时，各级各类医疗卫生机构及其医务人员必须服从国务院卫生行政部门和执业所在地县级以上地方人民政府卫生行政部门依照法律、法规进行的调遣。

五、艾滋病防治法律制度

（一）预防与控制措施

1. 艾滋病监测、检测制度

国家建立健全艾滋病监测网络。国家实行艾滋病自愿咨询和自愿检测制度，患者可自愿接受艾滋病抗病毒治疗。逐步推广艾滋病新发感染识别检测、病毒感染窗口期检测和婴幼儿感染艾滋病病毒早期诊断技术，提高检测服务的可及性和质量。加强医疗卫生机构检测的病例报告和管理，对可能发生的疫情进行预警。加强监测信息的分析和利用，建立部门间信息合作与共享机制，定期公布疫情。

2. 加强血站安全管理

血站、单采血浆站应当对采集的人体血液、血浆进行艾滋病检测；不得向医疗机构和血液制品生产单位供应未经艾滋病检测或者艾滋病检测阳性的人体血液、血浆。采集或者使用人体组织、器官、细胞、骨髓等的，应当进行艾滋病检测；未经艾滋病检测或者艾滋病检测阳性的，不得采集或者使用。

（二）治疗与救助措施

医疗机构应当为艾滋病病毒感染者和艾滋病病人提供艾滋病防治咨询、诊断和治疗服务。要根据感染者和病人的具体情况，按照就地治疗的原则，及时开展抗艾滋病病毒治疗工作，加强随访，提高治疗效果。进一步完善艾滋病治疗药品的供应保障体系，健全药物采购、配送、支付和储备等制度。

县级以上人民政府应当采取下列艾滋病防治关怀、救助措施：（1）向农村艾滋病病人和城镇经济困难的艾滋病病人免费提供抗艾滋病病毒治疗药品；（2）向农村和城镇经济困难的艾滋病病毒感染者、艾滋病病人适当减免抗机会性感染治疗药品的费用；（3）向接受艾滋病咨询、检测的人员免费提供咨询和初筛检测；（4）向感染艾滋病病毒的孕产妇免费提供预防艾滋病母婴传播的治疗和咨询。

（三）艾滋病病毒感染者、艾滋病患者的权利与义务

艾滋病病毒感染者、艾滋病患者享有法律法规规定的权利，任何单位和个人不得歧视艾滋病病毒感染者、艾滋病病人及其家属。艾滋病病毒感染者、艾滋病病人及其家属享有的婚姻、就业、就医、入学等合法权益受法律保护。未经本人或者其监护人同意，任何单位或者个人不得公开艾滋病病毒感染者、艾滋病病人及其家属的姓名、住址、工作单位、肖像、病史资料以及其他可能推断出其具体身份的信息。

艾滋病病毒感染者和艾滋病病人应当履行下列义务：（1）接受疾病预防控制机构或者出入境检验检疫机构的流行病学调查和指导；（2）将感染或者发病的事实及时告知与其有性关系者；（3）就医时，将感染或者发病的事实如实告知接诊医生；（4）采取必要的防护措施，防止感染他人。艾滋病病毒感染者和艾滋病病人不得以任何方式故意传播艾滋病。

（四）保障措施

县级以上人民政府应当将艾滋病防治工作纳入国民经济和社会发展规划，加强和完善艾滋病预防、检测、控制、治疗和救助服务网络的建设，建立健全艾滋病防治专业队伍。加强基层防治能力建设，全面建立以县级疾病预防控制机构为主导，县级定点治疗医院为支撑，乡镇卫生院、村卫生室、社区卫生服务中心（站）、基层计划生育技术服务机构为平台，乡（镇）政府、街道办事处、村（居）民委员会、社区组织等为补充的基层艾滋病防治服务体系，所有社区卫生服务中心和乡镇卫生院应具备开展艾滋病快速检测和梅毒检测的能力。高流行地区的县（市、区）疾病预防控制机构设立独立从事艾滋病防治工作的科室，建立艾滋病确证检测实验室，疾病预防控制机构和定点医疗机构具备艾滋病相关免疫细胞检测能力。

六、传染病防治监督管理与法律责任

（一）传染病防治监督管理

省级以上人民政府卫生行政部门负责组织对传染病防治重大事项的处理。县级以上人

民政府卫生行政部门对传染病防治工作履行下列监督检查职责：（1）对下级人民政府卫生行政部门履行《传染病防治法》规定的传染病防治职责进行监督检查；（2）对疾病预防控制机构、医疗机构的传染病防治工作进行监督检查；（3）对采供血机构和采供血活动进行监督检查；（4）对用于传染病防治的消毒产品及其生产单位进行监督检查，并对饮用水供水单位从事生产或者供应活动以及涉及饮用水卫生安全的产品进行监督检查；（5）对传染病菌种、毒种和传染病检测样本的采集、保藏、携带、运输、使用进行监督检查；（6）对公共场所和有关单位的卫生条件和传染病预防、控制措施进行监督检查。

县级以上地方人民政府卫生行政部门在履行监督检查职责时，发现被传染病病原体污染的公共饮用水源、食品以及相关物品，如不及时采取控制措施可能导致传染病传播、流行的，可以采取封闭公共饮用水源、封存食品以及相关物品或者暂停销售的临时控制措施，并予以检验或者进行消毒。经检验，属于被污染的食品，应当予以销毁；对未被污染的食品或者经消毒后可以使用的物品，应当解除控制措施。

（二）违反《传染病防治法》的法律责任

1. 行政责任

《传染病防治法》第65条到第73条分别对地方各级人民政府和卫生行政部门、疾病预防控制机构、医疗机构、采供血机构、国境卫生检疫机关、动物防疫机构和铁路、交通、民用航空经营单位，以及负有责任的主管人员或其他直接责任人员违反《传染病防治法》应承担的相关行政责任作出了规定。

地方各级人民政府未依法履行报告职责，或者隐瞒、谎报、缓报传染病疫情，或者在传染病暴发、流行时，未及时组织救治、采取控制措施的，由上级人民政府责令改正，通报批评；造成传染病传播、流行或者其他严重后果的，对负有责任的主管人员，依法给予行政处分。县级以上人民政府卫生行政部门违反法律规定，有下列情形之一的，由本级人民政府、上级人民政府卫生行政部门责令改正，通报批评；造成传染病传播、流行或其他严重后果的，对负有责任的主管人员或其他直接责任人员，依法给予行政处分：（1）未依法履行传染病疫情通报、报告或公布职责，或者隐瞒、谎报、缓报传染病疫情的；（2）发生或者可能发生传染病传播时未及时采取预防、控制措施的；（3）未履行监督检查职责，或者发现违法行为不及时查处的；（4）未及时调查、处理单位和个人对下级卫生行政部门不履行传染病防治职责的举报的；（5）有其他失职、渎职行为的。

疾病预防控制机构违反法律规定，有下列情形之一的，由县级以上人民政府卫生行政部门责令限期改正，通报批评，给予警告；对负有责任的主管人员和其他直接责任人员，依法给予降级、撤职、开除的处分，并可以依法吊销有关责任人员的执业证书：（1）未依法履行传染病监测职责的；（2）未依法履行传染病疫情报告、通报职责，或者隐瞒、谎报、缓报传染病疫情的；（3）未主动收集传染病疫情信息，或者对传染病疫情信息和疫情报告未及时进行分析、调查、核实的；（4）发现传染病疫情时，未依据职责及时采取法律规定的措施的；（5）故意泄露传染病病人、病原携带者、疑似传染病病人、密切接触者涉及个人隐私的有关信息、资料的。

医疗机构违反法律规定，有下列情形之一的，由县级以上人民政府卫生行政部门责令改正，通报批评，给予警告；造成传染病传播、流行或者其他严重后果的，对负有责任的主管人员和其他直接责任人员，依法给予降级、撤职、开除的处分，并可以依法吊销有关责任人员的执业证书：（1）未按照规定承担本单位的传染病预防、控制工作、医院感染控制任务和责任区域内的传染病预防工作的；（2）未按照规定报告传染病疫情，或者隐瞒、谎报、缓报传染病疫情的；（3）发现传染病疫情时，未按照规定对传染病病人、疑似传染病病人提供医疗救护、现场救援、接诊、转诊的，或者拒绝接受转诊的；（4）未按照规定对本单位内被传染病病原体污染的场所、物品以及医疗废物实施消毒或者无害化处置的；（5）未按照规定对医疗器械进行消毒，或者对按照规定一次使用的医疗器具未予销毁，再次使用的；（6）在医疗救治过程中未按照规定保管医学记录资料的；（7）故意泄露传染病病人、病原携带者、疑似传染病病人、密切接触者涉及个人隐私的有关信息、资料的。

采供血机构未按照规定报告传染病疫情，或者隐瞒、谎报、缓报传染病疫情，或者未执行国家有关规定，导致因输入血液引起经血液传播疾病发生的，由县级以上人民政府卫生行政部门责令改正，通报批评，给予警告；造成传染病传播、流行或者其他严重后果的，对负有责任的主管人员和其他直接责任人员，依法给予降级、撤职、开除的处分，并可以依法吊销采供血机构的执业许可证。非法采集血液或者组织他人出卖血液的，由县级以上人民政府卫生行政部门予以取缔，没收违法所得，可以并处 10 万元以下的罚款。

国境卫生检疫机关、动物防疫机构未依法履行传染病病情通报职责的，由有关部门在各自职责范围内责令改正，通报批评；造成传染病传播、流行或者其他严重后果的，对负有责任的主管人员和其他直接责任人员，依法给予降级、撤职、开除的处分。

铁路、交通、民用航空经营单位未依照法律的规定优先运送处理传染病疫情的人员以及防治传染病的药品和医疗器械的，由有关部门责令限期改正，给予警告；造成严重后果的，对负有责任的主管人员和其他直接责任人员，依法给予降级、撤职、开除的处分。

2. 民事责任

单位和个人违反《传染病防治法》规定，导致传染病传播、流行，给他人人身、财产造成损害的，应当依法承担民事责任。

3. 刑事责任

根据《传染病防治法》和《刑法》的规定，传染病防治领域涉及的犯罪行为可能构成以下犯罪：《刑法》第 114 条规定的投放危险物质罪，第 291 条之一规定的编造、故意传播虚假信息罪，第 330 条规定的妨害传染病防治罪，第 331 条规定的传染病菌种、毒种扩散罪，第 332 条规定的妨害国境卫生检疫罪，第 335 条规定的医疗事故罪，第 337 条规定的妨害动植物防疫、检疫罪，第 338 条规定的污染环境罪，第 409 条规定的传染病防治失职罪。

第四节　国境卫生检疫法律制度

检疫是风险管理的一种措施，是确认某种对象达到一定要求和标准的评定过程。检验检疫是一个多面性的系统，它不仅关注产品安全和卫生，还涉及国家主权、经济安全和质量发展等多个方面。我国的国境卫生检疫制度内涵丰富，已不仅限于"检疫"本身所代表的含义，它是指由国境卫生检疫机关进行的，以国境口岸为依托，以预防医学及相关自然科学为手段，以法学等社会科学为指导，包括传染病检疫、监测和卫生监督，核生化有害因子监测和国际旅行卫生保障等内容，以行政执法为主的综合性涉外卫生活动。

一、国境卫生检疫概述

（一）国境卫生检疫的概念

国境卫生检疫起源于 14 世纪中叶，随着航海贸易的发展，鼠疫侵入地中海沿岸的国家和地区，鼠疫第二次世界性大流行（史称"黑死病"），波及整个欧、亚两洲及非洲北海岸，欧洲约死亡 2 500 万人，几乎占当时欧洲总人口的 1/4，东方各国约死亡 1 300 万人。为此，1445 年意大利在威尼斯港圣拉扎罗岛建立了世界上第一个检疫站，实施严格的海港检疫措施，来自国外的商船一律先要在港口外海面上停留 40 天，如果不发生疫情，才允许进港。随后，欧洲各国相继成立了自己的检验机构。

我国卫生检疫起始于 19 世纪 70 年代，至今已有 150 多年历史。1873 年，为防止霍乱疫情传入，中国于上海和厦门成立了最早的卫生检疫机构。

根据口岸类型的不同，国境卫生检疫可分为海港检疫、航空检疫和陆地边境检疫三种，国境卫生检疫机关依照《国境卫生检疫法》规定实施传染病检疫、监测和卫生监督。国境卫生检疫既具有国际性，又具有历史性。各个国家和地区对卫生检疫的叫法不同，有的国家和地区称作"口岸卫生控制"，我国称为"国境卫生检疫"。

国境卫生检疫有广义和狭义之分。从广义上讲，国境卫生检疫的对象、任务和目的与"进出境"联系在一起，根据《国际卫生条例（2005）》，各成员国的卫生检疫管理范围，从检疫传染病扩展到核、生物、化学（简称核生化）等多种因素引起的国际关注的突发公共卫生事件。狭义上的国境卫生检疫，指由国境卫生检疫机关在国际通航的港口、机场以及陆地边境和国界江河的口岸，依法对进境、出境的人员、交通工具、运输设备以及可能传播传染病的行李、货物、邮包等物品实施传染病检疫、监测和卫生监督的卫生行政执法活动。我国的国境卫生检疫制度，既包括传染病检疫、监测和卫生监督，也包括核生化有害因子监测、国际旅行卫生健康服务和突发公共卫生事件应对等内容，是以行政执法为主的综合性涉外卫生活动。

（二）国境卫生检疫法律依据

1.《国际卫生条例》

1948 年 4 月，世界卫生组织宣布成立。1951 年 5 月，第 4 届世界卫生大会通过了《国际公共卫生条例》。1969 年 7 月，第 22 届世界卫生大会将国际检疫委员会改称国际传染病监测委员会，并对《国际公共卫生条例》作了较大的修改和补充，同时将《国际公共卫生条例》改称为《国际卫生条例》，即《国际卫生条例（1969）》。1979 年 6 月，我国开始对该条例承担义务。

2005 年 5 月，第 58 届世界卫生大会批准了《国际卫生条例（2005）》。与《国际卫生条例（1969）》相比，《国际卫生条例（2005）》规定的管理范围从 3 种检疫传染病扩展到核、生物、化学等多种因素引起的国际关注的突发公共卫生事件，规定了国境卫生检疫机关的 9 项职责，规定了口岸需要具备的 12 项核心能力。卫生检疫工作流程、工作模式、工作方法发生了根本性的改变，纳入了许多新的观点和内容，包含了范围更广的公共卫生危害。2007 年 5 月，我国宣布该条例适用于包括香港、澳门和台湾的中国全境。

2.《国境卫生检疫法》及其实施细则

为了维护国家的主权和尊严，控制传染病的国际传播，保证我国对外开放的顺利进行，1986 年 12 月 2 日第六届全国人大常委会第十八次会议通过了《国境卫生检疫法》，并于 1987 年 5 月 1 日起正式施行，它是在总结新中国成立以来国境卫生检疫实践经验的基础上，参照《国际卫生条例》的有关条款以及各国的检疫法规制定的。1989 年 3 月 6 日，经国务院批准，原卫生部发布了《中华人民共和国国境卫生检疫法实施细则》（以下简称《国境卫生检疫法实施细则》），卫生检疫法制建设得以逐步完善。1994 年，我国国境卫生检疫机构发展到 210 个。1995 年 10 月 30 日第八届全国人大常委会第十六次会议通过并于当日施行的《食品卫生法》与《国境口岸卫生监督办法》《艾滋病监测管理的若干规定》《入境、出境集装箱卫生管理规定》《国境卫生检疫卫生处理办法》等，分别调整国境口岸卫生控制、进出口卫生监督检验和国际旅行卫生保健等各个不同行政法律活动中产生的行政法律关系，共同构成国境卫生检疫法制的有机整体。2007 年 12 月 29 日，《全国人民代表大会常务委员会关于修改〈中华人民共和国国境卫生检疫法〉的决定》由中华人民共和国第十届全国人民代表大会常务委员会第三十一次会议通过。2018 年 4 月 27 日，第十三届全国人民代表大会常务委员会第二次会议通过了《关于修改〈中华人民共和国国境卫生检疫法〉等六部法律的决定》，《国境卫生检疫法》第三次修正。2024 年 6 月 28 日，十四届全国人大常委会第十次会议表决通过《国境卫生检疫法》，该法自 2025 年 1 月 1 日起施行。《国境卫生检疫法》及《国境卫生检疫法实施细则》对传染病检疫、监测和卫生监督制度，对进境、出境的人员、交通工具、集装箱以及可能传播检疫传染病的行李、货物、邮包等物品的卫生检疫作了全面规定。

3. 其他法律法规

除了《国境卫生检疫法》及《国境卫生检疫法实施细则》规定的直接责任以外，其他法律法规规定的责任，国境卫生检疫机关也应当承担。例如，在进行国境口岸食品卫生监督时应执行《食品安全法》的有关规定；在对公共场所进行卫生监督时应执行《公共场所卫生管理条例》的有关规定；在对检疫传染病以外的传染病进行管理时应执行《传染病防治法》的有关规定；在对核生化有害因子监测时应执行《反恐怖主义法》的规定；等等。

（三）国境卫生检疫管理机关

国境卫生检疫机关是国境卫生检疫的执法主体，是《国境卫生检疫法》所授权的国境卫生检疫机关，即在中华人民共和国国境口岸设立的，对入境、出境的人员、交通工具、集装箱以及可能传播检疫传染病的行李、货物、邮包等物品实施卫生检疫权力，能以自己的名义从事检疫活动，并承担因实施卫生检疫活动而产生的责任的国境卫生检疫机关。

自《国境卫生检疫法》及《国境卫生检疫法实施细则》实行以来，我国国境卫生检疫机关的隶属关系随着我国改革开放的不断深入和我国社会经济的不断发展发生了多次变化。1988 年，国境卫生检疫机关为中华人民共和国卫生检疫总所和驻各地的卫生检疫所。1995 年，卫生检疫总所更名为中华人民共和国卫生检疫局，归原卫生部管理。1998 年，国家进出口商品检验局、国家动植物检疫局和国家卫生检疫局组建国家出入境检验检疫局，由海关总署管理。2001 年，国家出入境检验检疫局和国家质量技术监督局合并，组建了国家质量监督检验检疫总局，期间的各地出入境检验检疫机构成为国境卫生检疫机关。2018 年，出入境检验检疫管理职责和队伍划归中华人民共和国海关总署。

海关总署统一管理全国国境卫生检疫工作。国务院卫生健康主管部门、国务院疾病预防控制部门和其他有关部门依据各自职责做好国境卫生检疫相关工作。口岸所在地县级以上地方人民政府应当将国境卫生检疫工作纳入传染病防治规划，加大对国境卫生检疫工作的支持力度。海关、卫生健康、疾病预防控制和其他有关部门在国境卫生检疫工作中应当密切配合，建立部门协调机制，强化信息共享和协同联动。

（四）国境卫生检疫的特征

国境卫生检疫具有国际性、主权性、强制性、应急性、预见性、技术性和综合性等特点。国境卫生检疫的对象是入境、出境的人员、交通工具、运输设备以及可能传播检疫传染病的行李、货物、邮包、人体组织及生物制品、尸体及骸骨、病媒生物、特殊物品等。

1. 国际性

国境卫生检疫是以国境口岸为依托的行政执法活动。国境口岸包括中华人民共和国国际通航的港口、机场以及陆地边境和国界江河的口岸。

2. 主权性

国境卫生检疫对内是行政执法活动，对外是维护卫生主权的国家行为。国境卫生检疫机关的权力来自《国境卫生检疫法》及《国境卫生检疫法实施细则》等法律法规，国境卫生检疫工作人员必须以事实为依据，以法律为准绳，依法行政，不得滥用权力。对外而言，卫生检疫行为是代表国家做出的，我国已加入《国际卫生条例》，享有《国际卫生条例》赋予缔约国的权利，同时承担该条例对缔约国规定的义务。

3. 强制性

我国《国境卫生检疫法》规定，进境出境的人员、交通运输工具，集装箱等运输设备、货物、行李、邮包等物品及外包装，应当依法接受检疫查验，经海关准许，方可进境出境；血液等人体组织、病原微生物、生物制品等关系公共卫生安全的货物、物品进境出境，除纳入药品、兽药、医疗器械管理的外，应当由海关事先实施卫生检疫审批，并经检疫查验合格后方可进境出境。

4. 应急性

发生重大传染病疫情，需要在口岸采取应急处置措施的，海关总署、国务院卫生健康主管部门、国务院疾病预防控制部门应当提请国务院批准启动应急响应。海关总署、国务院卫生健康主管部门、国务院疾病预防控制部门和其他有关部门应当依据各自职责，密切配合开展相关的应急处置工作。

5. 预见性

国境卫生检疫机关应在国际公共卫生合作框架下，完善传染病监测网络布局，加强对境外传染病疫情的监测，会同国务院疾病预防控制部门建立跨境传播传染病监测制度，对可能跨境传播的传染病的发生、流行及其影响因素、发展趋势等进行评估，海关总署应当根据传染病监测情况，对境外传　染病疫情风险进行评估，并及时发布相关预警信息。

6. 技术性

国境卫生检疫是以医学等自然科学为主要手段的执法行为，是一项技术性很强的活动，包括进出境检疫的管理、卫生监督和对疫情报告实行监督，保证疫情报告的及时性和准确性。国境卫生检疫是以预防医学、临床医学、食品卫生学、分析化学、生物学、放射医学、环境保护学等为主要手段和科学依据进行的，行政执法行为必须以科学的、准确的结论为依据，具有技术性。

7. 综合性

国境卫生检疫的范围十分广泛，既包括进出国境的人员、交通工具、运输设备以及可能传播检疫传染病的行李、货物、邮包等物品，又包括传染病。此外，广义的卫生检疫还包括国境口岸内的涉外宾馆、生活服务单位、公共场所、交通工具、饮用水、食品及其从业人员等的卫生监督。检疫活动包括风险评估、医学检查、卫生检查和必要的卫生处理等，具有综合性特征。

国境卫生检疫是以防止传染病传播、促进对外经济贸易发展为目的的执法活动。国境卫生检疫的最终目的是提高全民族的物质文化生活水平，为国家的经济建设服务。这就要求国境卫生检疫机关和全体工作人员明确自己的职责，不断深化改革，适应新时代中国特色社会主义的新形势，建立中国特色的国境卫生检疫制度，服务国家对外经济贸易发展。

二、国境卫生检疫制度

（一）传染病检疫查验制度

传染病检疫查验是指国境卫生检疫机关及其工作人员依法对进出境的人员、交通工具、运输设备和货物、物品及其外包装实施医学检查和卫生检查，经海关准许，方可进境与出境。

《国境卫生检疫法》规定的传染病是指检疫传染病和监测传染病。《国境卫生检疫法》第3条规定，该法所称传染病，包括检疫传染病、监测传染病和其他需要在口岸采取相应卫生检疫措施的新发传染病、突发原因不明的传染病。检疫传染病目录，由国务院疾病预防控制部门会同海关总署编制、调整，报国务院批准后公布。根据我国国家卫生健康委员会2020年第1号公告规定，新冠肺炎被纳入法定的检疫传染病管理。监测传染病目录，由国务院疾病预防控制部门会同海关总署编制、调整并公布。检疫传染病目录、监测传染病目录应当根据境内外传染病暴发、流行情况和危害程度及时调整。传染病检疫制度的主要内容包括：

第一，进境出境的人员、交通运输工具，集装箱等运输设备、货物、行李、邮包等物品及外包装（以下统称货物、物品），应当依法接受检疫查验，经海关准许，方可进境出境。

第二，血液等人体组织、病原微生物、生物制品等关系公共卫生安全的货物、物品进境出境，除纳入药品、兽药、医疗器械管理的外，应当由海关事先实施卫生检疫审批，并经检疫查验合格后方可进境出境。

第三，进境出境的人员、交通运输工具、货物、物品，应当分别在最先到达的口岸和最后离开的口岸接受检疫查验；货物、物品也可以在海关指定的其他地点接受检疫查验。

第四，来自境外的交通运输工具因不可抗力或者其他紧急原因停靠、降落在境内口岸以外地区的，交通运输工具负责人应当立即向就近的海关报告，接到报告的海关应当立即派员到场处理，必要时可以请求当地人民政府疾病预防控制部门予以协助；除避险等紧急情况外，未经海关准许，该交通运输工具不得装卸货物、物品，不得上下人员。

第五，对进境出境人员，海关可以要求如实申报健康状况及相关信息，进行体温检测、医学巡查，必要时可以查阅旅行证件。海关还可以根据情况对有关进境出境人员实施下列检疫查验措施：（1）要求提供疫苗接种证明或者其他预防措施证明并进行核查；（2）进行流行病学调查、医学检查；（3）法律、行政法规规定的其他检疫查验措施。进境的外国人拒绝接受检疫查验措施的，海关可以作出不准其进境的决定，并同时通知移民管理机构。

第六，已经实施检疫查验的交通运输工具在口岸停留期间，发现检疫传染病染疫人、疑似染疫人或者有人非因意外伤害死亡且死因不明的，交通运输工具负责人应当立即向海关报告，海关应当依照法律规定采取相应的措施。海关依据检疫医师提供的检疫查验结果，对判定为检疫传染病染疫人、疑似染疫人的，应当立即采取有效的现场防控措施，并及时通知口岸所在地县级以上地方人民政府疾病预防控制部门。接到通知的疾病预防控制部门应当及时组织将检疫传染病染疫人、疑似染疫人接送至县级以上地方人民政府指定的医疗机构或者其他场所实施隔离治疗或者医学观察。有关医疗机构和场所应当及时接收。对可能患有监测传染病的人员，海关应当发给就诊方便卡，并及时通知口岸所在地县级以上地方人民政府疾病预防控制部门。对持有就诊方便卡的人员，医疗机构应当优先诊治。

第七，托运尸体、骸骨进境出境的，托运人或者其代理人应当按照规定向海关如实申报，经检疫查验合格后，方可进境出境。因患检疫传染病死亡的，尸体应当就近火化。

第八，享有外交、领事特权与豁免等相关待遇的人员，以及享有外交、领事特权与豁免等相关待遇的机构和人员的物品进境出境，在不影响其依法享有特权与豁免的前提下，应当依法接受检疫查验。

（二）传染病监测制度

传染病监测是指海关对特定环境、人群进行流行病学、血清学、病原学、临床症状以及其他有关影响因素的调查研究，监测国际传染病流行动态，预测有关传染病的发生、发展和流行规律，并采取必要的预防控制措施的医学执法活动。传染病监测制度主要内容包括：首发病例的个案调查，暴发流行的流行病学调查，传染源调查，国境口岸内监测传染病的回顾性调查，病原体的分离、鉴定，人群、有关动物血清学调查以及其他流行病学调查，有关动物、病媒昆虫、食品、饮用水和环境因素的调查，消毒、除鼠、除虫的效果观察与评价，国境口岸以及国内外监测传染病疫情的收集、整理、分析和传递，对特定对象开展健康检查和监测，传染病病人、疑似病人、密切接触人员的管理。

海关会同国务院疾病预防控制部门建立跨境传播传染病监测制度，在国际公共卫生合作框架下，完善传染病监测网络布局，加强对境外传染病疫情的监测，对进出境人员、交通工具、运输设备、货物、物品等实施检疫查验，系统、持续地收集、核对和分析相关数据，对可能跨境传播的传染病的发生、流行及其影响因素、发展趋势等进行评估。根据我国缔结或者参加的国境卫生检疫国际条约，依据职责，充分利用大数据等现代信息技术与有关国家或者地区、国际组织互相通报传染病相关信息、传染病监测情况，对境外传染病疫情风险进行评估，并及时发布相关预警信息。

（三）国境卫生监督制度

国境卫生监督是指海关根据卫生法律法规和卫生标准对国境口岸和停泊在国境口岸的交通工具进行的卫生检查、卫生鉴定、卫生评价和采样检验等活动。

海关根据国家规定的卫生标准，对口岸的卫生状况和停留在口岸的进出境交通工具的卫生状况实施卫生监督。卫生监督的主要内容是：（1）开展病媒生物监测，监督和指导有关单位和人员对病媒生物的防除；（2）监督食品生产经营、饮用水供应、公共场所的卫生状况以及从业人员健康状况；（3）监督固体、液体废弃物和船舶压舱水的处理；（4）其他卫生监督职责。

海关实施卫生监督，发现口岸或者进出境交通工具的卫生状况不符合法律、行政法规和国家规定的卫生标准要求的，有权要求有关单位和个人进行整改，必要时要求其进行卫生处理。

（四）国境卫生处理制度

根据《国境卫生检疫法实施细则》的规定，卫生处理是指国境卫生检疫机关对发现的患有检疫传染病、监测传染病、疑似检疫传染病的进出境人员实施的隔离、留验和就地诊断等医学措施，以及对需要采取卫生措施的进出境交通工具、运输设备和其他可能传播检疫传染病的行李、货物、邮包、尸体、骸骨等进行的消毒、除鼠、除虫等卫生措施。

《国际卫生条例（2005）》对卫生处理没有直接的定义，从内涵上看等同于卫生措施，即为预防疾病或污染传播而实施的程序，其中包括"除污""灭鼠""消毒""除虫"四项措施。因此，卫生处理是指对"物"采取的消毒、除鼠、除虫等卫生措施。其中的"物"包括进出境交通工具、集装箱、货物（包括废旧物品、废旧交通工具等）、行李、邮包、尸体、骸骨以及国境口岸区域等。

卫生处理是卫生检疫工作的一个重要组成部分，是《国际卫生条例（2005）》《国境卫生检疫法》及《国境卫生检疫法实施细则》等法律法规赋予的神圣职责，是有效防止传染病病原体、病媒生物、危险化学品和核生化有害因子等公共卫生风险传入传出的重要手段之一。卫生处理涉及传染病病原体、病媒生物、有毒有害物质。传染病病原体有的可直接使人感染，有的通过病媒生物或其他途径使人感染；有毒有害物质可以直接或间接对人体造成危害。做好卫生处理工作，对防止人类传染病和病媒生物、有毒有害化学物质由国外传入或由国内传出，保护国境口岸安全卫生和人体健康，促进我国对外经济贸易的发展具有重大意义。

（五）出入境突发公共卫生事件应急处置制度

进出境突发公共卫生事件应急处置是指国境卫生检疫机关为有效预防、及时缓解、控制和消除突发公共卫生事件的危害，保障进出境人员和国境口岸公众身体健康，维护国境口岸正常的社会秩序，依据《国境卫生检疫法》《国境卫生检疫法实施细则》《突发公共卫生事件应急条例》而采取的应急准备、报告通报和应急处理措施。境外或者境内发生重大传染病疫情，需要在口岸采取应急处置措施的，国境卫生检疫机关、国务院卫生健康主管部门、国务院疾病预防控制部门应当提请国务院批准启动应急响应。具体应急措施如下：

第一，发生重大传染病疫情，国境卫生检疫机关经报请国务院，可以对所有进境人员或者来自特定国家或者地区的人员集中实施采样检验、医学观察等措施；指定进出境口岸；临时关闭口岸或者暂停口岸部分功能；临时封锁有关国境；禁止特定货物、物品出入境；以及其他必要的措施。

第二，重大传染病疫情应急处置需要，国务院有关部门依据职责，可以决定减少出入境的航次、班次或者暂停特定航线、班线，限定交通运输工具载运旅客的数量；要求进境人员在境外接受相关检测，凭检测合格证明登乘交通运输工具并采取必要的个人防护措施；对拒绝接受检测或者拒绝提供证明的，可以不准其登乘交通运输工具；限制来自特定国家或者地区的外国人进境，限制中国公民前往特定国家或者地区；暂停签发进出境证件；对进出境的特定货物、物品实施预防性卫生处理措施；以及其他必要的措施。

（六）国际旅行健康服务与保障制度

国际旅行健康服务与保障是指国境卫生检疫机关根据《国境卫生检疫法》的要求开展的进出境人员健康管理和传染病监测等工作。

国际旅行健康保障是卫生检疫的一项重要工作内容，也符合我国进出境旅行人员健康保障的强烈需求。主要内容有：研究国际旅行健康影响因素；对出境旅行人员进行健康指导、旅行中和旅行后进行传染病监测；传染病的预防接种、疫苗研发；针对不同人群采取针对性国际旅行健康干预措施；研究不同旅行目的地的传染病预防措施；等等。

三、国境卫生检疫法律责任

国境卫生检疫法律责任是指一切违反国境卫生检疫法律规范的行为主体，对其违法行为所应承担的带有强制性的法律后果。

根据《国境卫生检疫法》及《国境卫生检疫法实施细则》，国境卫生检疫法律责任主要分为行政责任和刑事责任。

（一）行政责任

根据《国境卫生检疫法》及《国境卫生检疫法实施细则》规定，应当受行政处罚的行为包括：应当受进境检疫的船舶，不悬挂检疫信号的；进境、出境的交通工具，在进境检疫之前或者在出境检疫之后，擅自上下人员，装卸行李、货物、邮包等物品的；拒绝接受检疫或者抵制卫生监督，拒不接受卫生处理的；伪造或者涂改检疫单、证，不如实申报疫情的；瞒报携带禁止进口的微生物、人体组织、生物制品、血液及其制品或者其他

【典型案例】
周某某携带美容针入境案

可能引起传染病传播的动物和物品的；未经检疫的进境、出境交通工具，擅自离开检疫地点，逃避查验的；隐瞒疫情或者伪造情节的；未经卫生检疫机关实施卫生处理，擅自排放压舱水，移下垃圾、污物等控制的物品的；未经卫生检疫机关实施卫生处理，擅自移运尸体、骸骨的；废旧物品、废旧交通工具，未向卫生检疫机关申报，未经卫生检疫机关实施卫生处理和签发卫生检疫证书而擅自进境、出境或者使用、拆卸的；未经卫生检疫机关检查，从交通工具上移下传染病病人造成传染病传播危险的。

对于国境卫生检疫机关及其工作人员的违法责任，《国境卫生检疫法》第49、50条规

定，国境卫生检疫机关工作人员在国境卫生检疫工作中违法失职的，给予行政处分，情节严重构成犯罪的，依法追究刑事责任。

（二）刑事责任

最高人民法院、最高人民检察院、公安部、司法部、海关总署于 2020 年 3 月 13 日联合发布《关于进一步加强国境卫生检疫工作依法惩治妨害国境卫生检疫违法犯罪的意见》，明确六类行为以妨害国境卫生检疫罪定罪处罚。根据《刑法》第 332 条规定，违反国境卫生检疫规定，实施下列行为之一的，属于妨害国境卫生检疫行为：

第一，检疫传染病染疫人或者染疫嫌疑人拒绝执行海关依照《国境卫生检疫法》等法律法规提出的健康申报、体温监测、医学巡查、流行病学调查、医学排查、采样等卫生检疫措施，或者隔离、留验、就地诊验、转诊等卫生处理措施的。

第二，检疫传染病染疫人或者染疫嫌疑人采取不如实填报健康申明卡等方式隐瞒疫情，或者伪造、涂改检疫单、证等方式伪造情节的。

第三，知道或者应当知道实施审批管理的微生物、人体组织、生物制品、血液及其制品等特殊物品可能造成检疫传染病传播，未经审批仍逃避检疫，携运、寄递出入境的。

第四，出入境交通工具上发现有检疫传染病染疫人或者染疫嫌疑人，交通工具负责人拒绝接受卫生检疫或者拒不接受卫生处理的。

第五，来自检疫传染病流行国家、地区的出入境交通工具上出现非意外伤害死亡且死因不明的人员，交通工具负责人故意隐瞒情况的。

第六，其他拒绝执行海关依照《国境卫生检疫法》等法律法规提出的检疫措施的。

实施上述行为，引起鼠疫、霍乱、黄热病以及新冠肺炎等国务院确定和公布的其他检疫传染病传播或者有传播严重危险的，依照《刑法》第 332 条的规定，以妨害国境卫生检疫罪定罪处罚。

对于单位实施妨害国境卫生检疫行为，引起鼠疫、霍乱、黄热病以及新冠肺炎等国务院确定和公布的其他检疫传染病传播或者有传播严重危险的，应当对单位判处罚金，并对其直接负责的主管人员和其他直接责任人员定罪处罚。

第五节　职业病防治法律制度

一、职业病防治法律制度概述

（一）职业病的概念和特征

职业病是指企业、事业单位和个体经济组织等用人单位的劳动者在职业活动中，因接触粉尘、放射性物质或其他有毒、有害因素而引起的疾病。职业病有广义、狭义之分：广义的职业病是指人们通常认为的一切与职业有关的疾病，包括"工作有关疾病"；本书中的职业病是狭义的职业病，即由政府主管部门规定的，具有一定法律意义的"法定职业病"。《职业病分类和目录》是原国家卫生和计划生育委员会（现国家卫生健康委员会）、人力资源和社会保障部、原国家安全生产监督管理总局（现应急管理部）、中华全国总工会于2013年12月联合公布的，包括10大类，分别是职业性尘肺病及其他呼吸系统疾病、职业性皮肤病、职业性眼病、职业性耳鼻喉口腔疾病、职业性化学中毒、物理因素所致职业病、职业性放射性疾病、职业性传染病、职业性肿瘤以及其他职业病，共132种法定职业病。

在我国，职业病呈现五大特点：第一，危害人数多，患病数量大；第二，危害分布行业广，中小企业尤为严重；第三，危害流动性大、危害转移严重；第四，具有隐匿性、迟发性特点，危害往往被忽视；第五，造成的经济损失巨大，影响长远。

（二）《职业病防治法》概述

我国《职业病防治法》适用于中华人民共和国领域内的职业病防治活动，并作出了有关《职业病分类和目录》调整的规定。随着社会经济发展和职业结构变革，社会各界高度关注《职业病分类和目录》的调整工作，期盼扩大病种，把职业人群在职业活动中出现的疾病更多地纳入法定职业病分类和目录。

《职业病防治法》在总则部分规定了该法的立法目的、适用范围、用人单位责任、劳动者权利、政府和有关部门的职责及职业病防治的方针和原则等。

1. 立法目的

根据《职业病防治法》第1条规定，该法的立法目的是预防、控制和消除职业病危害，防治职业病，保护劳动者健康及其相关权益，促进经济社会发展。该立法目的中提及的"相关权益"，包括职业病患者依法应享有的工伤保险待遇和其他职业病待遇，获得赔偿权利，以及单位发生分立、合并、破产时按国家有关规定获得妥善安置的权利。与其他卫生法的立法目的相比，该立法目的中还有"促进经济社会发展"，这是因为《职业病防治法》主要保护的是劳动力人口的健康，尤其是工业企业职工的健康。

2. 劳动者的权利

劳动者依法享有职业卫生保护的权利，包括对职业病危害的知情权，接受职业卫生培训权，获得职业健康检查与职业病诊治康复权，要求用人单位提供防护设施和个人防护用品权，对没有防护措施的作业的拒绝操作权，对违反《职业病防治法》以及危害其生命健康的行为有批评、检举、控告权等。

3. 用人单位的责任

用人单位应当为劳动者创造符合国家职业卫生标准和卫生要求的工作环境和条件，并采取措施保障劳动者获得职业卫生保护。用人单位应当建立、健全职业病防治责任制，加强职业病防治管理。同时，用人单位必须依法参加工伤保险。

4. 职业病防治工作的方针与原则

坚持预防为主、防治结合的方针，实行分类管理、综合治理。

（三）职业病诊断

职业病诊断是认定劳动者是否患有职业病的法定程序，也是劳动者申请工伤认定和工伤保险待遇或工伤赔偿的前置程序。工作相关疾病既与工作相关，又与生活相关，还可能与其他因素相关。从关联程度上来看，法定职业病是从工作相关疾病中遴选出来的，易于进行职业病归因、诊断并纳入职业病分类和目录的疾病。在我国，认定为法定职业病需满足 4 个条件：申请人系企业、事业单位或个体经济组织中的劳动者；此疾病是在职业活动中得的；此疾病是因为接触职业病危害因素得的；此疾病是职业病目录中的病种。

1. 职业病诊断主体

职业病诊断应当由取得《医疗机构执业许可证》的医疗卫生机构承担。承担职业病诊断的医疗卫生机构不得拒绝劳动者进行职业病诊断的要求。劳动者可以在用人单位所在地、本人户籍所在地或者经常居住地依法承担职业病诊断的医疗卫生机构申请并进行职业病诊断。

2. 承担职业病诊断的必备条件

《职业病防治法》规定，承担职业病诊断的医疗卫生机构应当具备以下条件：（1）取得《医疗机构执业许可证》；（2）具有与开展职业病诊断相适应的医疗卫生技术人员；（3）具有与开展职业病诊断相适应的仪器、设备；（4）具有健全的职业病诊断质量管理制度。

3. 对职业病诊断的监督

用人单位应如实提供职业病诊断、鉴定所需的劳动者职业史和职业病危害接触史、工作场所职业病危害因素检测结果等资料；卫生行政部门应当监督检查和督促用人单位提供上述资料；劳动者和有关机构也应当提供与职业病诊断、鉴定有关的资料。

职业病诊断、鉴定机构需要了解工作场所职业病危害因素情况时，可以对工作场所进行现场调查，也可以向卫生行政部门提出，卫生行政部门应当在 10 日内组织现场调查。用人单位不得拒绝、阻挠。

4. 职业病诊断依据

由国务院卫生行政部门制定职业病诊断标准和职业病诊断、鉴定办法，由国务院劳动保障行政部门会同国务院卫生行政部门制定职业病伤残等级的鉴定办法。职业病诊断，应当综合分析下列因素：病人的职业史；职业病危害接触史和工作场所职业病危害因素情况；临床表现以及辅助检查结果等。没有证据否定职业病危害因素与病人临床表现之间的必然联系的，应当诊断为职业病。职业病诊断证明书应当由参与诊断的取得职业病诊断资格的执业医师签署，并经承担职业病诊断的医疗卫生机构审核盖章。

5. 职业病诊断争议解决

当事人对职业病诊断有异议的，可以向作出诊断的医疗卫生机构所在地地方人民政府卫生行政部门申请鉴定。职业病诊断争议由设区的市级以上地方人民政府卫生行政部门根据当事人的申请，组织由相关专业专家组成的职业病诊断鉴定委员会进行鉴定。当事人对设区的市级职业病诊断鉴定委员会的鉴定结论不服的，可以向省、自治区、直辖市人民政府卫生行政部门申请再鉴定。

省、自治区、直辖市人民政府卫生行政部门应当设立相关的专家库，需要对职业病争议作出诊断鉴定时，由当事人或者当事人委托有关卫生行政部门从专家库中以随机抽取的方式确定参加诊断鉴定委员会的专家。职业病诊断鉴定委员会应当按照国务院卫生行政部门颁布的职业病诊断标准和职业病诊断、鉴定办法进行职业病诊断鉴定，向当事人出具职业病诊断鉴定书。职业病诊断、鉴定费用由用人单位承担。

（四）职业病病人的权利保障

根据《职业病防治法》，职业病病人依法享有以下权利：职业病病人的诊疗、康复费用，伤残以及丧失劳动能力的职业病病人的社会保障，按照国家有关工伤保险的规定执行。劳动者被诊断患有职业病，但用人单位没有依法参加工伤保险的，其医疗和生活保障由该用人单位承担。职业病病人变动工作单位，其依法享有的待遇不变。职业病病人除依法享有工伤保险外，依照有关民事法律，尚有获得赔偿的权利的，有权向用人单位提出赔偿要求。用人单位已经不存在或者无法确认劳动关系的职业病病人，可以向地方人民政府医疗保障、民政部门申请医疗救助和生活等方面的救助。地方各级人民政府应当根据本地区的实际情况，采取其他措施，使上述职业病病人获得医疗救治。

用人单位应当及时安排对疑似职业病病人进行诊断；在疑似职业病病人诊断或者医学观察期间，不得解除或者终止与其订立的劳动合同。疑似职业病病人在诊断、医学观察期间的费用，由用人单位承担。用人单位应当保障职业病病人依法享受国家规定的职业病待遇。用人单位应当按照国家有关规定，安排职业病病人进行治疗、康复和定期检查。对不适宜继续从事原工作的职业病病人，用人单位应将该员工调离原岗位，并妥善安置。用人单位对从事接触职业病危害的作业的劳动者，应当给予适当岗位津贴。用人单位在发生分立、合并、解散、破产等情形时，应当对从事接触职业病危害的作业的劳动者进行健康检查，并按照国家有关规定妥善安置职业病病人。

【典型案例】
某用人单位未按照规定报告疑似职业病及未安排疑似职业病病人进行诊治案

二、职业病的预防和防护法律制度

职业病防治工作要坚持预防为主、防治结合的方针，建立用人单位负责、行政机关监管、行业自律、职工参与和社会监督的机制，实行分类管理、综合治理。

（一）职业病预防

1. 用人单位工作场所应符合职业卫生要求

产生职业病危害的用人单位除应当符合法律、行政法规规定的设立条件外，还需满足以下条件：（1）职业病危害因素的强度或者浓度符合国家职业卫生标准；（2）有与职业病危害防护相适应的设施；（3）生产布局合理，符合有害与无害作业分开的原则；（4）有配套的更衣间、洗浴间、孕妇休息间等卫生设施；（5）设备、工具、用具等设施符合保护劳动者生理、心理健康的要求；（6）法律、行政法规和国务院卫生行政部门关于保护劳动者健康的其他要求。

2. 职业病危害项目申报制度

用人单位工作场所存在职业病目录所列职业病的危害因素的，应当及时、如实向所在地卫生行政部门申报危害项目，接受监督。职业病危害因素分类目录由国务院卫生行政部门制定、调整并公布。

3. 建设项目职业卫生"三同时"制度

《职业病防治法》规定了新建、改建、扩建建设单位要开展职业卫生"三同时"工作，即建设项目的职业病防护设施与主体工程同时设计，同时施工，同时投入生产和使用，并规定卫生行政部门为执法主体。建设项目的职业病防护设施设计应当符合国家职业卫生标准和卫生要求。其中，医疗机构放射性职业病危害严重

【典型案例】
某公司未按规定申报职业病危害项目等案

的建设项目的防护设施设计，应当经卫生行政部门审查同意后，方可施工。建设项目在竣工验收前，建设单位应当进行职业病危害控制效果评价。医疗机构可能产生放射性职业病危害的建设项目竣工验收时，其放射性职业病防护设施经卫生行政部门验收合格后，方可投入使用；其他建设项目的职业病防护设施应当由建设单位负责依法组织验收，验收合格后，方可投入生产和使用。卫生行政部门应当加强对建设单位组织的验收活动和验收结果的监督核查。

（二）劳动过程中的防护与管理

第一，用人单位应采取职业病防治管理措施 《职业病防治法》规定：（1）设置或者指定职业卫生管理机构或者组织，配备专职或者兼职的职业卫生管理人员，负责本单位的职业病防治工作；（2）制定职业病防治计划和实施方案；（3）建立、健全职业卫生管理制度和操作规程；（4）建立、健全职业卫生档案和劳动者健康监护档案；（5）建立、健全工作场所职业病危害因素监测及评价制度；（6）建立、健全职业病危害事故应急救援预案。

第二，用人单位应当实施由专人负责的职业病危害因素日常监测，并确保监测系统处于正常运行状态。用人单位应定期对工作场所进行职业病危害因素检测、评价。检测、评价结果存入用人单位职业卫生档案，定期向所在地卫生行政部门报告并向劳动者公布。

第三，用人单位与劳动者订立劳动合同（含聘用合同）时，须如实告知可能产生的职业病危害及后果、职业病防护措施和待遇等，并在劳动合同中写明，不得隐瞒或欺骗。

第四，产生职业病危害的用人单位，应在醒目位置设置公告栏，公布有关职业病防治的规章制度、操作规程、职业病危害事故应急救援措施和工作场所职业病危害因素检测结果。

（三）劳动者的职业卫生保护权利

《职业病防治法》规定，劳动者享有下列职业卫生保护权利：（1）获得职业卫生教育、培训；（2）获得职业健康检查、职业病诊疗、康复等职业病防治服务；（3）了解工作场所产生或者可能产生的职业病危害因素、危害后果和应当采取的职业病防护措施；（4）要求用人单位提供符合防治职业病要求的职业病防护设施和个人使用的职业病防护用品，改善工作条件；（5）对违反职业病防治法律、法规以及危及生命健康的行为提出批评、检举和控告；（6）拒绝违章指挥和强令进行没有职业病防护措施的作业；（7）参与用人单位职业卫生工作的民主管理，对职业病防治工作提出意见和建议。

【典型案例】
某五金制品公司未根据职业健康检查情况采取相应措施等案

三、职业病防治卫生监督

（一）职业病防治卫生监督的主体及职责

《职业病防治法》总则部分第9条规定，国家实行职业卫生监督制度。

1. 卫生行政部门和劳动保障行政部门

依照《职业病防治法》和国务院确定的职责，国务院卫生行政部门、劳动保障行政部门负责全国职业病防治的监督管理工作，地方各级卫生行政部门、劳动保障行政部门依据各自职责，负责本行政区域内职业病防治的监督管理工作。国务院卫生行政部门负责制定有关防治职业病的国家职业卫生标准、职业危害项目申报办法、职业危害分类目录和管理办法、职业病诊断标准、职业病诊断与鉴定办法等；省级人民政府卫生行政部门审查批准职业病诊断医疗机构；县级以上地方人民政府卫生行政部门负责职业病统计报告和职业健康教育管理工作。

2. 其他有关部门

国务院有关部门和县以上地方人民政府有关部门在各自的职责范围内负责职业病防治的有关监督管理工作；国务院和地方人民政府的劳动保障行政部门负责与职业病有密切关系的工伤社会保险的监督管理。

3. 各级人民政府

该法总则第 10 条规定，"国务院和县级以上地方人民政府应当制定职业病防治规划，将其纳入国民经济和社会发展计划，并组织实施"，"乡、民族乡、镇的人民政府应当认真执行本法，支持职业卫生监督管理部门依法履行职责"。乡镇政府应基于乡镇企业的职业病危害现状，支持乡镇企业的职业病防治工作。

4. 工会组织

工会组织的职责主要规定在"劳动过程中的防护与管理"一章，具体为：（1）督促并协助用人单位开展职业卫生宣传教育和培训；（2）对用人单位职业病防治工作提出意见和建议；（3）与用人单位就有关问题进行协调；（4）要求用人单位纠正违法行为；（5）发生重大职业病危害时有权要求采取防护措施，或向政府建议采取强制性措施；（6）参与职业危害事故调查；（7）发现危及劳动者生命健康的情形时，有权建议劳动者立即撤离危险现场。

（二）职业卫生监督的实施

县级以上地方人民政府职业卫生监督管理部门依照职业病防治法律、法规、国家职业卫生标准和卫生要求，依据职责划分，对职业病防治工作进行监督检查。

卫生行政部门履行监督检查职责时，有权采取以下措施：（1）进入被检查单位和职业病危害现场，了解情况，调查取证；（2）查阅或者复制与违反职业病防治法律、法规的行为有关的资料和采集样品；（3）责令违反职业病防治法律、法规的单位和个人停止违法行为。

发生职业病危害事故或者有证据证明危害状态可能导致职业病危害事故发生时，卫生行政部门可以采取临时管控措施：（1）责令暂停导致职业病危害事故的作业；（2）封存造成职业病危害事故或者可能导致职业病危害事故发生的材料和设备；（3）组织控制职业病危害事故现场。

职业卫生监督执法人员依法执行职务时，应当出示监督执法证件。职业卫生监督执法人员应当忠于职守，秉公执法，严格遵守执法规范；涉及用人单位的秘密的，应当为其保密。职业卫生监督执法人员依法执行职务时，被检查单位应当接受检查并予以支持配合，不得拒绝和阻碍。卫生行政部门及其职业卫生监督执法人员履行职责时，不得有下列行为：（1）对不符合法定条件的，发给建设项目有关证明文件、资质证明文件或者予以批准；（2）对已经取得有关证明文件的，不履行监督检查职责；（3）发现用人单位存在职业病危害，可能造成职业病危害事故，不及时依法采取控制措施；（4）其他违反《职业病防治法》的行为。职业卫生监督执法人员应当依法经过资格认定。

四、职业病防治法律责任

（一）行政责任

向用人单位提供可能产生职业病危害的设备、材料，未按照规定提供中文说明书或者设置警示标识和中文警示说明的，由卫生行政部门责令限期改正，给予警告，并处 5 万元以上 20 万元以下的罚款。

用人单位和医疗卫生机构未按照规定报告职业病、疑似职业病的，由有关主管部门依据职责分工责令限期改正，给予警告，可以并处 1 万元以下的罚款；弄虚作假的，并处 2 万元以上 5 万元以下的罚款；对直接负责的主管人员和其他直接责任人员，可以依法给予降级或者撤职的处分。

生产、经营或者进口国家明令禁止使用的可能产生职业病危害的设备或者材料的，依照有关法律、行政法规的规定给予处罚。

卫生行政部门不按照规定报告职业病和职业病危害事故的，由上一级行政部门责令改正，通报批评，给予警告；虚报、瞒报的，对单位负责人、直接负责的主管人员和其他直接责任人员依法给予降级、撤职或者开除的处分。

县级以上地方人民政府在职业病防治工作中未依法履行职责，本行政区域出现重大职业病危害事故、造成严重社会影响的，依法对直接负责的主管人员和其他直接责任人员给予记大过直至开除的处分。县级以上人民政府职业卫生监督管理部门不履行法律规定的职责，滥用职权、玩忽职守、徇私舞弊，依法对直接负责的主管人员和其他直接责任人员给予记大过或者降级的处分；造成职业病危害事故或者其他严重后果的，依法给予撤职或者开除的处分。

（二）民事责任

《职业病防治法》第 58 条规定："职业病病人除依法享有工伤保险外，依照有关民事法律，尚有获得赔偿的权利的，有权向用人单位提出赔偿要求。"该条为职业病病人主张民事赔偿的请求权基础。职业病民事赔偿制度归根结底仍是侵权法律制度，仍然需要遵守侵权法律制度的原则及具体规则。职业病民事赔偿主要包括三项内容：残疾赔偿金，被扶养人生活费和精神抚慰金，医疗费、误工费、护理费等。

（三）刑事责任

违反《职业病防治法》规定，构成犯罪的，依法追究刑事责任。

用人单位违反《职业病防治法》规定，造成重大职业病危害事故或者其他严重后果，构成犯罪的，对直接负责的主管人员和其他直接责任人员，依法追究刑事责任，其可能涉及的罪名包括重大责任事故罪、重大劳动安全事故罪、危险物品肇事罪等。职业卫生技术服务机构、医疗卫生机构可能涉及的罪名包括提供虚假证明文件罪、出具证明文件重大失实罪等。卫生行政部门及其职业卫生监督执法人员可能涉及的罪名包括滥用职权罪、玩忽职守罪等。

第六节　医院感染管理法律制度

一、医院感染管理法律制度概述

医院感染是指住院病人在医院内获得的感染，包括在住院期间发生的感染和在医院内获得、出院后发生的感染，但不包括入院前已开始或者入院时已处于潜伏期的感染。医院工作人员在医院内获得的感染也属于医院感染。医院感染暴发是指在医疗机构或其科室的患者中，短时间内发生 3 例以上同种同源感染病例的现象。

根据《医院感染管理办法》规定，医院感染管理是各级卫生行政部门、医疗机构及医务人员针对诊疗活动中存在的医院感染、医源性感染及相关的危险因素进行的预防、诊断和控制活动。国家卫生行政部门负责全国医院感染管理的监督管理工作。县级以上地方人民政府卫生行政部门负责本行政区域内医院感染管理的监督管理工作。

二、医疗废物管理制度

（一）医疗废物的概念与分类

医疗废物，是指医疗卫生机构在医疗、预防、保健以及其他相关活动中产生的具有直接或者间接感染性、毒性以及其他危害性的废物。医疗废物处置不当很容易引起医源性感染，导致医院感染事件发生，甚至造成社会公害，威胁人民群众身体健康。

《医疗废物分类目录》将医疗废物分为感染性废物、损伤性废物、病理性废物、药物性废物和化学性废物五类。感染性废物是指携带病原微生物具有引发感染性疾病传播危险的医疗废物，如被患者血液、体液、排泄物等污染的棉球、棉签、纱布，使用后废弃的一次性使用医疗器械等；损伤性废物是指能够刺伤或者割伤人体的废弃的医用锐器，如医用针头、手术刀等；病理性废物是指诊疗过程中产生的人体废弃物和医学实验动物尸体等；药物性废物是指过期、淘汰、变质或者被污染的废弃的药品；化学性废物是指具有毒性、腐蚀性、易燃性、反应性的废弃的化学物品，包括废弃的含汞体温计等。

（二）医疗废物的院内管理

医疗卫生机构和医疗废物集中处置单位，应当建立、健全医疗废物管理责任制，其法定代表人为第一责任人，应切实履行职责，防止因医疗废物导致传染病传播和环境污染事故。

1. 医疗废物的收集

医疗卫生机构应当及时收集本单位产生的医疗废物，并按照类别分置于防渗漏、防锐器穿透的专用包装物或者密闭的容器内。医疗废物专用包装物、容器，应当有明显的警示标识和警示说明。医疗废物专用包装物、容器的标准和警示标识的规定，由国务院卫生行政主管部门和环境保护行政主管部门共同制定。

2. 医疗废物的贮存

医疗卫生机构应当建立医疗废物的暂时贮存设施、设备，不得露天存放医疗废物；医疗废物的暂时贮存时间不得超过2天。

医疗废物的暂时贮存设施、设备，应当远离医疗区、食品加工区和人员活动区以及生活垃圾存放场所，并设置明显的警示标识和防渗漏、防鼠、防蚊蝇、防蟑螂、防盗以及预防儿童接触等安全措施。医疗废物的暂时贮存设施、设备应当定期消毒和清洁。

3. 医疗废物的运送

医疗卫生机构应当使用防渗漏、防遗撒的专用运送工具，按照本单位确定的内部医疗废物运送时间、路线，将医疗废物收集、运送至暂时贮存地点。运送工具使用后应当在医疗卫生机构内指定的地点及时消毒和清洁。

4. 医疗废物的处理

医疗卫生机构应当根据就近集中处置的原则，及时将医疗废物交由医疗废物集中处置单位处置。医疗废物中病原体的培养基、标本和菌种、毒种保存液等高危险废物，在交医疗废物集中处置单位处置前应当就地消毒。

医疗卫生机构产生的污水、传染病病人或者疑似传染病病人的排泄物，应当按照国家规定严格消毒。达到国家规定的排放标准后，方可排入污水处理系统。

（三）医疗废物的监督管理

县级以上地方人民政府卫生行政主管部门、环境保护行政主管部门，应当依照规定，按照职责分工，对医疗卫生机构和医疗废物集中处置单位进行监督检查。

1. 卫生行政部门

县级以上地方人民政府卫生行政主管部门，应当对医疗卫生机构和医疗废物集中处置单位从事医疗废物的收集、运送、贮存、处置中的疾病防治工作，以及工作人员的卫生防护等情况进行定期监督检查或者不定期的抽查。

2. 环境保护部门

县级以上地方人民政府环境保护行政主管部门，应当对医疗卫生机构和医疗废物集中处置单位从事医疗废物收集、运送、贮存、处置中的环境污染防治工作进行定期监督检查或者不定期的抽查。

卫生行政主管部门、环境保护行政主管部门应当定期交换监督检查和抽查结果。在监督检查或者抽查中发现医疗卫生机构和医疗废物集中处置单位存在隐患时，应当责令立即消除隐患。医疗卫生机构和医疗废物集中处置单位，对有关部门的检查、监测、调查取证，应当予以配合，不得拒绝和阻碍，不得提供虚假材料。

三、医院感染管理制度

（一）医院感染管理部门及其职责

各级各类医疗机构应当建立医院感染管理责任制。医院感染管理部门、分管部门及医院感染管理专（兼）职人员具体负责医院感染预防与控制方面的管理和业务工作，医院感染管理专职人员应当经过省级以上卫生健康行政部门指定的医院感染管理培训单位的培训，并取得省级卫生健康行政部门颁发的《医院感染管理专业岗位培训证书》。实际配备人数应统计本年度医院感染管理专职人员数与同期全院实际开放床位数。

医院感染管理委员会的职责包括：（1）认真贯彻医院感染管理方面的法律法规及技术规范、标准，制定本医院预防和控制医院感染的规章制度、医院感染诊断标准并监督实施；（2）根据预防医院感染和卫生学要求，对本医院的建筑设计、重点科室建设的基本标准、基本设施和工作流程进行审查并提出意见；（3）研究并确定本医院的医院感染管理工作计划，并对计划的实施进行考核和评价；（4）研究并确定本医院的医院感染重点部门、重点环节、重点流程、危险因素以及采取的干预措施，明确各有关部门、人员在预防和控制医院感染工作中的责任；（5）研究并制定本医院发生医院感染暴发及出现不明原因传染性疾病或者特殊病原体感染病例等事件时的控制预案；（6）建立会议制度，定期研究、协调和解决有关医院感染管理方面的问题；（7）根据本医院病原体特点和耐药现状，配合药事管理委员会提出合理使用抗菌药物的指导意见；（8）其他有关医院感染管理的重要事宜。

医疗机构发生的医院感染属于法定传染病的，应当按照《传染病防治法》和《国家突发公共卫生事件应急预案》的规定进行报告和处理。

（二）医院感染的预防控制

医疗机构应当按照有关医院感染管理的规章制度和技术规范，加强医院感染的预防与控制工作：（1）制定具体措施，保证医务人员的手卫生、诊疗环境条件、无菌操作技术和职业卫生防护工作符合规定要求；（2）严格执行隔离技术规范；（3）制定医务人员职业卫生防护工作的具体措施；（4）严格按照《抗菌药物临床应用指导原则》，加强抗菌药物临床使用和耐药菌监测管理；（5）按照医院感染诊断标准及时诊断医院感染病例，建立有效的医院感染监测制度和预防与控制措施；（6）及时发现医院感染病例和医院感染的暴发，采取有效的处理和控制措施，积极救治患者；（7）对于医院感染暴发导致患者死亡、导致3人以上人身损害后果的，及时上报所在地卫生行政部门及疾控部门；（8）发生10例以上的医院感染暴发事件、发生特殊病原体或者新发病原体的医院感染及可能造成重大公共影响或者严重后果的医院感染，应当按照《国家突发公共卫生事件相关信息报告管理工作规范（试行）》的要求进行报告；（9）发生的医院感染属于法定传染病的，应当按照《传染病防治法》和《国家突发公共卫生事件应急预案》的规定进行报告和处理。

医疗机构发生医院感染暴发时，所在地的疾病预防控制机构应当及时进行流行病学调查，查找感染源、感染途径、感染因素，采取控制措施，防止感染源的传播和感染范围的扩大。卫生行政部门接到报告，应当根据情况指导医疗机构进行医院感染的调查和控制工作，并可以组织提供相应的技术支持。

医疗机构应当按照《消毒管理办法》，严格执行医疗器械、器具的消毒工作技术规范，并达到以下要求：（1）进入人体组织、无菌器官的医疗器械、器具和物品必须达到灭菌水平；（2）接触皮肤、黏膜的医疗器械、器具和物品必须达到消毒水平；（3）各种用于注射、穿刺、采血等有创操作的医疗器具必须一用一灭菌。一次性使用的医疗器械、器具不得重复使用。

（三）门急诊医院感染管理

医疗机构的门急诊应成立医院感染管理小组，全面负责门急诊的医院感染管理工作，明确小组及其人员的职责并落实。小组由门急诊负责人担任组长，人员应包括医师和护士，小组成员为本区域内相对固定人员，应至少配备医院感染管理兼职人员1名。

门急诊医院感染管理小组应依据医疗保健相关感染特点和门急诊医疗工作实际，制定门急诊医院感染管理相关制度、计划、措施和流程，开展医院感染管理工作。门急诊医院感染管理小组负责组织工作人员开展医院感染管理知识和技能的培训，宜对患者及陪同人员开展相应的宣传教育。门急诊医院感染管理小组应接受医疗机构对医院感染管理工作的监督、检查与指导，落实医院感染管理相关改进措施，评价改进效果，做好相应记录。

门急诊医院感染管理制度相关规则包括门急诊医院感染管理小组及其职责；门急诊医疗保健相关感染病例报告制度；门急诊医务人员培训制度；医务人员手卫生制度；门急诊清洁和消毒制度；门急诊预检分诊制度；门急诊隔离制度；门急诊个人防护制度；门急诊医疗废物管理制度；门急诊职业暴露报告处置制度；等等。

（四）对医院感染管理的监督

县级以上地方人民政府卫生行政部门应当按照有关法律法规和规定，对所辖区域的医疗机构进行监督检查，主要内容包括：（1）医院感染管理的规章制度及落实情况；（2）针对医院感染危险因素的各项工作和控制措施；（3）消毒灭菌与隔离、医疗废物管理及医务人员职业卫生防护工作状况；（4）医院感染病例和医院感染暴发的监测工作情况；（5）现场检查。

卫生行政部门在检查中发现医疗机构存在医院感染隐患时，应当责令限期整改或者暂时关闭相关科室或者暂停相关诊疗科目。医疗机构对卫生行政部门的检查、调查取证等工作，应当予以配合，不得拒绝和阻碍，不得提供虚假材料。

四、医院感染管理法律责任

（一）医疗废物管理法律责任

医疗卫生机构、医疗废物集中处置单位违反《医疗废物管理条例》规定，有下列情形之一的，由县级以上地方人民政府卫生行政主管部门或者环境保护行政主管部门按照各自的职责责令限期改正，给予警告，可以并处5000元以下罚款；逾期不改正的，处5000元以上3万元以下的罚款：（1）贮存设施或者设备不符合环境保护、卫生要求的；（2）未将医疗废物按照类别分置于专用包装物或者容器的；（3）未使用符合标准的专用车辆运送医疗废物或者使用运送医疗废物的车辆运送其他物品的。

医疗卫生机构、医疗废物集中处置单位有下列情形之一的，由县级以上地方人民政府卫生行政主管部门或者环境保护行政主管部门按照各自的职责责令限期改正，给予警告，并处5000元以上1万元以下的罚款；逾期不改正的，处1万元以上3万元以下的罚款；造成传染病传播或者环境污染事故的，由原发证部门暂扣或者吊销执业许可证件或者经营许可证件；构成犯罪的，依法追究刑事责任：（1）在运送过程中丢弃医疗废物，在非贮存地点倾倒、堆放医疗废物或者将医疗废物混入其他废物和生活垃圾的；（2）未执行危险废物转移联单管理制度的；（3）将医疗废物交给未取得经营许可证的单位或者个人收集、运送、贮存、处置的；（4）对医疗废物的处置不符合国家规定的环境保护、卫生标准、规范的；（5）未按照《医疗废物管理条例》的规定对污水、传染病病人或者疑似传染病病人的排泄物，进行严格消毒，或者未达到国家规定的排放标准，排入污水处理系统的；（6）对收治的传染病病人或者疑似传染病病人产生的生活垃圾，未按照医疗废物进行管理和处置的。

（二）医院感染管理法律责任

医疗机构违反《医院感染管理办法》等相关规定，有下列行为之一的由县级以上地方人民政府卫生行政部门责令改正，逾期不改的，给予警告并通报批评；情节严重的，对主要负责人和直接责任人给予降级或者撤职的行政处分：（1）未建立或者未落实医院感染管理的规章制度、工作规范；（2）未设立医院感染管理部门、分管部门以及指定专（兼）职人员负责医院感染预防与控制工作；（3）违反对医疗器械、器具的消毒工作技术规范；（4）违反无菌操作技术规范和隔离技术规范；（5）未对消毒药械和一次性医疗器械、器具的相关证明进行审核；（6）未对医务人员职业暴露提供职业卫生防护。

医疗机构违反《医院感染管理办法》规定，未采取预防和控制措施或者发生医院感染未及时采取控制措施，造成医院感染暴发、传染病传播或者其他严重后果的，对负有责任的主管人员和直接责任人员给予降级、撤职、开除的行政处分；情节严重的，依照《传染病防治法》第 69 条规定，可以依法吊销有关责任人员的执业证书；构成犯罪的，应依法追究刑事责任。

医疗机构发生医院感染暴发事件未按《医院感染管理办法》规定报告的，由县级以上地方人民政府卫生行政部门通报批评；造成严重后果的，对负有责任的主管人员和其他直接责任人员给予降级、撤职、开除的处分。

本章思考题

1. 何为突发公共卫生事件？突发公共卫生事件发生时对报告的主体和时限有何规定？

2. 公共健康应急管理的基本原则有哪些？如何理解应急管理中的强制与自由的辩证关系？

3. 当传染病暴发时，公民在疫情防控中有哪些权利和义务？传染病防治的方针、原则有哪些，在实践中如何运用？

4. 当传染病暴发时，政府部门应采取哪些措施？在传染病的控制过程中医疗机构、疾病预防控制机构以及国境卫生检验机关应当采取哪些措施？

5. 如何理解国境卫生检疫法律制度？国境卫生检疫制度的主要内容是什么？

6. 何为医疗废物？如何进行医疗废物的院内管理？

7. 何为医院感染？如何加强医院感染的预防与控制工作？

第七章
公共健康促进法律制度

随着社会物质生活条件的不断改善和医疗服务水平的不断提升，我国人均寿命正不断提高，国民健康素质也不断提升。但健康受多方面因素的影响，社会环境、生产方式、公众的生活方式等对公众健康的影响日益增加。因此，必须完成从疾病治疗到健康预防观念的转变，着眼于从社会环境、生产方式、生活方式、健康观念等方面全方位促进公共健康。加强普及公共卫生与健康知识教育，引导城乡居民改变不科学的健康观念，树立良好的健康意识，培养健康生活习惯。只有人人树立健康观念，人人参与防病治病，建立科学文明的生活方式，国民的健康素质才能提升，社会才能实现和谐可持续发展。

公共健康促进不仅限于某些疾病或者某些疾病的危险因素，其涉及人们生活的各个方面。健康促进指导下的疾病控制已非单纯的医疗卫生服务，而是全社会关心的系统工程，应建立多部门多学科多专业的广泛合作机制[1]。公共健康促进法律制度便应运而生。根据《基本医疗卫生与健康促进法》第六章规定，本书将学校卫生法律制度、饮用水管理法律制度、妇幼卫生法律制度、公共场所管理法律制度、精神卫生管理法律制度纳入公共健康促进法律制度。

第一节　公共健康促进法律制度概述

一、公共健康促进定义

（一）健康促进定义

耶鲁大学公共卫生系创系主任查尔斯·温斯洛教授（Charles Winslow），被誉为"美国公共卫生之父"。早在 1920 年，温斯洛便首次提出了"健康促进"的概念，将健康促进理解为开展健康教育和制定健康政策，主张通过开展个人卫生教育和健全社会机构职责，应对各种危险因素，维持和提高健康的生活水准。1945 年，亨利·西格里斯（Henry Sigerist）将健康促进阐释为医疗环节中的重要步骤，即分为"健康促进""疾病预防""疾

---

[1]　陈仁友：《基于健康促进控制慢病危险因素的行为干预研究》，山东大学 2012 年博士学位论文，第 48 页。

病恢复""身体康健"四步，强调其在疾病治疗中的前期准备作用。[①]直到 20 世纪 70 年代，研究发现，高达 50% 的疾病或死亡因素与"行为及不健康的生活方式"有关，人们开始将健康促进从疾病预防中分开，并将二者置于同等地位，强调针对健康的人群采取积极有益的健康行为，通过改善教育、政策、环境等来获得更健康的生活方式。随着美国教育与福利部提出"正向积极的健康（positive health）"概念，人们一致认为，应把健康教育和政治、经济干预结合起来，共同促使行为和环境发生改变，以改善和保护人们的健康。[②]1986年，世界卫生组织在加拿大渥太华召开第一届全球健康促进大会时发表了著名的《渥太华宪章》，界定了健康促进的概念，提出了建立促进健康的政策、创造健康支持环境和有利于维护健康的环境、开展以社区为基础的健康促进活动、发展个人技能、调整卫生服务方向等有关健康促进的五项工作。该宪章提出了倡导、赋权、协调健康促进的三大策略，形成了健康促进发展的基本理论。1986 年，发表在《美国健康促进》杂志上的文章，将"健康促进"的概念正式从学术界引入公众的视野。奥唐纳（O'Donnell）将健康促进阐释为"帮助人们改变其生活习惯以达到理想健康状态的一门科学与艺术，理想的健康状态应是实现身体、情感、社会适应、精神和智力的平衡"[③]。著名健康教育学家格林认为，健康促进指一切能促使行为和生活条件向有益于健康的教育和环境支持的综合体，即健康教育环境支持。健康教育是通过有计划、有组织、系统性的教育活动，促使人们自觉地采纳有益健康的行为和生活方式，达到预防或控制疾病、促进健康的目的。[④]进入 21 世纪之后，有关健康促进的研究又进一步强调了其动态变化，并进行了较为系统和全面的总结。作为一种新的策略和工作方法，健康促进被定义为应对青少年身心健康问题所追求的一个理想目标。[⑤]世界卫生组织认为健康促进是促使人们维护和提高他们自身健康的过程，是协调人类与环境的战略，它规定个人与社会对健康各自所负的责任。[⑥]健康促进超越了传统的卫生保健范畴，将健康的责任扩展到政府、社会、环境等多个层面，是一种融合了自然科学、健康科学和行为科学知识，通过改善包括身体活动、饮食习惯和心理状态等生活方式，寻求与整个环境的和谐统一，以提升生命质量的整体策略。[⑦]

（二）公共健康促进定义

健康不仅由个人负责，还需要家庭、社会积极参与。健康促进指导下的疾病控制已非单纯的医疗卫生服务，正如前文所说，其是全社会关心的系统工程，应建立部门多学科多专业的广泛合作机制。一个国家的经济发展水平和能力，在很大程度上取决于一国人口的数量、质量以及人力资本利用程度。因此，关注健康、以国民健康促进经济增长，既符合以人为本、改善民生、全面建成小康社会的发展目标，又可以扩大内需、提升人力资本质量、促进经济转型升级。要加强普及公共卫生与健康知识教育，引导城乡居民改变不科学

① SIGERIST H E. The University at the Crossroads［M］. New York：Henry Schuman，1946. 转引自汪晓赞等：《中国青少年体育健康促进的理论溯源与框架构建》，载《体育科学》2014 年第 3 期。

② 汪晓赞等：《中国青少年体育健康促进的理论溯源与框架构建》，载《体育科学》2014 年第 3 期。

③ O'Donnell，"Definition of health promotion"，*American journal of health promotion*1，1986，4.

④ 陈婉珍、竺欣：《格林模式在医院健康教育中的应用》，载《浙江预防医学》2001 年第 8 期。

⑤ 刘书元：《健康促进与青少年体质三层次说》，载《体育与科学》2007 年第 2 期。

⑥ 马骁主编：《健康教育学》，人民卫生出版社 2012 年版，第 70—73 页。

⑦ 汪晓赞等：《中国青少年体育健康促进的理论溯源与框架构建》，载《体育科学》2014 年第 3 期。

的健康观念，树立良好的健康意识，培养健康生活习惯。只有人人树立健康观念，人人参与防病治病，建立科学文明的生活方式，国民的健康素质才能得以提升，社会才能实现和谐可持续发展。国家建立慢性非传染性疾病防控与管理制度，对慢性非传染性疾病及其致病危险因素开展监测、调查和综合防控干预，及时发现高危人群，为患者和高危人群提供诊疗、早期干预、随访管理和健康教育等服务。

二、公共健康促进的国家政策

（一）《"健康中国 2030"规划纲要》与公共健康促进

2016 年 8 月，中共中央、国务院召开了新世纪以来第一次全国卫生与健康大会，这是新中国成立后第一次以"健康"为主题的会议，也是我国卫生与健康事业发展的重要里程碑。此次大会明确了健康中国建设的新格局，对健康中国建设进行了全面系统规划。2016 年 10 月，中共中央、国务院印发了《"健康中国 2030"规划纲要》（以下简称《纲要》），完成了健康中国战略的顶层设计，明确五项基本医疗卫生制度，即分级诊疗制度、现代医院管理制度、全民医保制度、药品供应保障制度、综合监管制度。《纲要》对建设健康中国指导思想、主题、目标等进行了全面规划，以普及健康生活、优化健康服务、完善健康保障、建设健康环境、发展健康产业为重点，为推进健康中国建设进行了全面布局。普及健康生活涉及健康教育、健康行为和全民身体素质等问题；优化健康服务包含覆盖全民的公共卫生服务、优质高效的医疗服务、中医药发展、重点人群健康服务四个方面；完善健康保障包括医疗保障和药品供应保障两个体系；建设健康环境主要涉及深入开展爱国卫生运动、加强影响健康的环境问题治理、保障食品药品安全、完善公共安全体系四个方面，我国首次把水、空气、土壤等纳入健康层面予以治理。健康产业连接着经济发展、民生福祉、生态环境，既是关乎经济的朝阳产业，也是关乎民生的幸福产业，还是关乎生态的绿色产业。习近平提出，要加快推动发展方式绿色低碳转型，坚持把绿色低碳发展作为解决生态环境问题的治本之策，加快形成绿色生产方式和生活方式，厚植高质量发展的绿色底色。[1]绿色低碳发展有助于促进人与自然和谐共生的经济社会发展。

（二）健康中国战略与公共健康促进

《基本医疗卫生与健康促进法》提出国家实施健康中国战略，普及健康生活，优化健康服务，完善健康保障，建设健康环境，发展健康产业，提升公民全生命周期健康水平。国家应当建立基本医疗卫生制度，建立健全医疗卫生服务体系，保护和实现公民获得基本医疗卫生服务的权利。各级人民政府应当把人民健康放在优先发展的战略地位，将健康理念融入各项政策，坚持预防为主，完善健康促进工作体系，组织实施健康促进的规划和行动，推进全民健身，建立健康影响评估制度，将公民主要健康指标改善情况纳入政府目标责任考核。全社会应当共同关心和支持医疗卫生与健康事业的发展。

国务院和地方各级人民政府领导医疗卫生与健康促进工作。国务院卫生健康主管部门

---

[1] 习近平：《以美丽中国建设全面推进人与自然和谐共生的现代化》，载《求是》2024 年第 1 期。

负责统筹协调全国医疗卫生与健康促进工作。国务院其他有关部门在各自职责范围内负责有关的医疗卫生与健康促进工作。县级以上地方人民政府卫生健康主管部门负责统筹协调本行政区域医疗卫生与健康促进工作。县级以上地方人民政府其他有关部门在各自职责范围内负责有关的医疗卫生与健康促进工作。

（三）健康中国行动与公共健康促进政策

2019 年 6 月，我国印发了《国务院关于实施健康中国行动的意见》，动员全社会落实预防为主方针，实施健康中国行动。同年 7 月，从政策体系的顶层设计出发，发布《健康中国行动（2019—2030 年）》，围绕全方位干预健康影响因素、维护全生命周期健康、防控重大疾病三大领域，形成了 15 个专项行动。

（四）党的二十大报告与公共健康促进政策

党的二十大报告指出，要把保障人民健康放在优先发展的战略位置，完善人民健康促进政策。这是"完善人民健康促进政策"首次写入党的代表大会报告。要破解卫生健康事业改革发展重点难点问题，全局性谋划、整体性推进各项工作，推动构建中国式现代化的健康促进政策体系、医疗卫生服务体系、公共卫生体系。构建健康促进政策体系的最终归依是"人民性"。坚持以人民健康为中心，方能守住基本医疗卫生、基本医疗保障的公益性底线，锲而不舍地为广大群众提供公平可及、系统连续、优质高效的整合型医疗卫生服务。

三、公共健康促进的内容和方式

（一）公共健康促进的内容

根据《"十四五"国民健康规划》，公共健康促进的内容主要包括以下六方面：

1. 普及健康生活方式

推行健康生活方式。全面实施全民健康生活方式行动，推进"三减三健"（减盐、减油、减糖，健康口腔、健康体重、健康骨骼）等专项行动。实施国民营养计划和合理膳食行动，倡导树立珍惜食物的意识和养成平衡膳食的习惯，推进食品营养标准体系建设，健全居民营养监测制度，强化重点区域、重点人群营养干预。开展控烟行动，大力推进无烟环境建设，持续推进控烟立法，综合运用价格、税收、法律等手段提高控烟成效，强化戒烟服务。加强限酒健康教育，控制酒精过度使用，减少酗酒。

开展全民健身运动。深化体卫融合，举办全民健身主题示范活动，倡导主动健康理念，普及运动促进健康知识。构建更高水平的全民健身公共服务体系，推进公共体育场馆和学校体育场馆开放共享，扩大健身步道等便民健身场所覆盖面。针对特殊人群开展体育健身指导，加强非医疗健康干预，建立完善运动处方库，推进处方应用。

2. 加强传染病、寄生虫病和地方病防控

做好重点传染病防控。做好疫情防控，强化鼠疫等传染病监测、疫源性调查、风险评估、及时处置和区域联防联控。加强艾滋病、病毒性肝炎、肺结核、布鲁氏菌病等疾病的防控，突出重点地区、重点人群和重点环节，有效落实宣传教育、综合干预、检测咨询、治疗随访、综合治理等防治措施。强化疫苗预防接种。加强疫苗可预防传染病监测、监管。巩固重点寄生虫病、地方病防治成果。

3. 强化慢性病综合防控和伤害预防干预

实施慢性病综合防控策略。加强国家慢性病综合防控示范区建设，到 2025 年覆盖率达到 20%。提高心脑血管疾病、癌症、慢性呼吸系统疾病、糖尿病等重大慢性病综合防治能力，强化预防、早期筛查和综合干预，逐步将符合条件的慢性病早诊早治适宜技术按规定纳入诊疗常规。强化死因监测、肿瘤随访登记和慢性病与营养监测体系建设，探索建立健康危险因素监测评估制度。逐步建立完善慢性病健康管理制度和管理体系，推动防、治、康、管整体融合发展。

加强伤害预防干预。完善全国伤害监测体系，拓展儿童伤害监测，开发重点伤害干预技术标准和指南。实施交通安全生命防护工程，减少交通伤害事件的发生。加强儿童和老年人伤害预防和干预，减少儿童溺水和老年人意外跌倒。完善产品伤害监测体系，建立健全消费品质量安全事故强制报告制度，加强召回管理，减少消费品安全伤害。

4. 完善心理健康和精神卫生服务

促进心理健康。健全社会心理健康服务体系，加强心理援助热线的建设与宣传，为公众提供公益服务。提高精神卫生服务能力。

5. 维护环境健康和食品药品安全

加强环境健康管理。深入开展污染防治行动，基本消除重污染天气，完善水污染防治流域协同机制。持续推进北方地区城市清洁取暖，加强农村生活和冬季取暖散煤替代。开展新污染物健康危害识别和风险评估。强化公共场所及室内环境健康风险评价。完善环境健康风险评估技术方法、监测体系和标准体系，逐步建立国家环境与健康监测、调查和风险评估制度。强化食品安全标准与风险监测评估。保障药品质量安全。构建药品和疫苗全生命周期质量管理机制，推动信息化追溯体系建设，实现重点类别来源可溯、去向可追。稳步实施医疗器械唯一标识制度。

6. 深入开展爱国卫生运动

全面推进卫生城镇和健康城镇建设；改善城乡环境卫生；完善城乡环境卫生治理长效机制，提高基础设施现代化水平，统筹推进城乡环境卫生整治；创新社会动员机制。

（二）健康教育与健康促进方式

1. 常规教育和重点教育相结合

全体人群健康教育采取的是常规的健康教育与宣传方式；以社区人群为基础的健康教育是针对有卫生问题的重点人群开展一系列健康教育活动。在社区卫生服务中的"六位一体"都离不开健康教育，它们是社区工作的灵魂，覆盖社区卫生服务各个环节。[①]

2. 传统方式与现代方式并用

目前，健康教育主要通过语言教育、书面教育、形象化教育等形式开展，随着互联网的发展，数字技术和网络化教育不断发展和完善，并与传统方式相结合，更好地实现健康教育的目标。

针对健康教育对象的教育方式，主要由政府及卫生行政部门完成，但是，由于政府及

---

① 詹文青、林皞、薛东恩：《社区健康教育工作存在的困难及需求比较分析》，载《社区医学杂志》2014 年第 9 期。

相关部门保障能力有限，社区或非政府组织可以向公众提供一些基本公共卫生服务，在减少卫生部门行政成本的同时，担负起相应的健康教育职能，如开展社区健康教育及建设健康促进医院等。

第二节 精神卫生法律制度

一、精神卫生法律制度概述

（一）精神卫生法律制度中的基本概念

精神卫生又称心理卫生、心理健康或精神健康，是指开展精神障碍的预防、治疗和康复，促进公民心理健康的各项活动。精神卫生有狭义和广义之分。[1] 狭义的精神卫生，是指精神障碍的预防、医疗和康复工作，即对精神障碍患者尽早发现、及时治疗、有效康复，最终使其回归社会。广义的精神卫生，除了上述内容外，还包括促进全体公民心理健康的内容，通过政府及有关部门、用人单位、学校、新闻媒体等的工作，促使公民了解精神卫生知识，提高社会公众的心理健康水平。精神卫生法使用的是广义的精神卫生概念。

精神障碍是一种精神疾病，指由各种原因引起感知、情感和思维等精神活动的紊乱或者异常，导致患者遭受明显的心理痛苦或者社会适应等功能损害。常见的精神障碍有情感性精神障碍、脑器质性精神障碍等。精神障碍的致病因素涉及多方面，既有先天遗传、个性特征及体质、器质性因素，也有社会性环境因素等。许多精神障碍患者会出现妄想、幻觉、错觉、情感障碍、哭笑无常、自言自语、行为怪异、意志减退等现象，绝大多数患者缺乏自知力，不承认自己有病，不主动寻求医生的帮助。

精神障碍根据病情的严重程度，分为一般的精神障碍和严重的精神障碍。其中，严重精神障碍，是指疾病症状严重，导致患者社会适应等功能严重损害、对自身健康状况或者客观现实不能完整认识，或者不能处理自身事务的精神障碍，主要包括精神分裂症、偏执性精神病、分裂情感障碍、双相情感障碍、癫痫所致精神障碍、精神发育迟滞六种精神疾病。

精神卫生问题既是公共卫生问题，也是重大的社会问题。随着我国经济社会的发展、人们生活节奏的加快以及工作、生活中面临的各种压力的增大，精神卫生问题逐渐增多，成为我们迫切需要关注的一个重要问题。制定精神卫生法，依法促进精神卫生事业的发展，对于做好精神障碍的预防、治疗和康复，加强精神障碍服务体系建设，增进人民群众的身心健康，保障我国经济社会全面、协调和可持续发展具有重要意义。2012 年 10 月 26

---

[1] 全国人大常委会法制工作委员会行政法室编著：《中华人民共和国精神卫生法释义及实用指南》，中国民主法制出版社 2012 年版，第 21 页。

日，第十一届全国人民代表大会常务委员会第二十九次会议审议并通过《精神卫生法》，该法自 2013 年 5 月 1 日起施行，并于 2018 年 4 月 27 日修正。

（二）精神卫生工作的方针和原则

精神卫生工作实行预防为主的方针，坚持预防、治疗和康复相结合的原则。

预防是精神卫生工作中非常重要的一环，通过积极有效的预防，可以减少精神障碍的发生，促进全民的心理健康。精神卫生预防分为三级。一级预防即病因预防，通过减少或者消除致病因素来减少或防止精神障碍发生，属于最积极、最主动的预防措施。其主要内容包括：增进精神健康的保健工作，减少与各种应激因素有关的心理障碍发生；加强遗传咨询，禁止近亲结婚，减少精神障碍发生率；对一些易患精神障碍的"高危人群"，包括具有特殊心理素质者和从事高心理压力职业者，应采取特殊的心理干预措施；定期进行精神障碍的流行病学调查，研究精神障碍在人群的发生率、发病规律、影响因素等，为相关部门制订规划、进行决策，从宏观上预防精神障碍的发生提供依据。二级预防的重点是早期发现、早期诊断、早期治疗，并争取疾病缓解后有良好的预后，防止复发。三级预防的重点是做好精神障碍患者的康复训练，最大限度地促进患者社会功能的恢复，减少功能残疾，延缓衰退的进程，提高患者的生活质量。

除了预防为主外，对于已经患有精神障碍的患者，及时的治疗和有效的康复极为重要，特别是康复环节，对于患者彻底战胜疾病、重新回归社会具有重要作用。因为精神疾病绝大部分属于慢性疾病，在急性期的治疗过后，病情会稳定下来，这时候往往需要通过康复帮助其恢复各方面的能力，使之最终能痊愈并重新回归社会。精神障碍康复有三项基本原则，即功能训练、全面康复、回归社会。

（三）精神卫生工作管理机制

要做好精神卫生工作，就需要在政府的统一领导下，发挥各方积极性，实行政府组织领导、部门各负其责、家庭和单位尽力尽责、全社会共同参与的精神卫生工作综合管理机制。

政府组织领导。《精神卫生法》规定，国家加强基层精神卫生服务体系建设，鼓励和支持开展精神卫生专门人才的培养。国家对安排精神障碍患者就业的用人单位依法给予税收优惠，并在生产、经营、技术、资金、物资、场地等方面给予扶持。县级以上人民政府领导精神卫生工作，将其纳入国民经济和社会发展规划，建设和完善精神障碍的预防、治疗和康复服务体系，建立健全精神卫生工作协调机制和工作责任制。各级人民政府应当根据精神卫生工作需要，加大财政投入力度，将精神卫生工作经费列入本级财政预算，保障精神卫生工作所需经费。鼓励和支持社会力量举办从事精神障碍诊断、治疗的医疗机构和精神障碍患者康复机构。县级人民政府应当对家庭经济困难的严重精神障碍患者参加基本医疗保险给予资助。

部门各司其职。卫生、民政、公安、教育、司法、人力资源和社会保障、残联等部门要依据《精神卫生法》的规定，在各自职责范围内采取有效措施，加大工作力度。同时，要注意各部门之间的相互配合，既有分工，也有合作。例如，目前我国精神卫生机构总体上数量不足，各部门需要在精神卫生资源的利用方面形成合力，共同配合做好患者的收治工作，具体体现为：卫生健康部门应当督促所属精神卫生机构承担起精神障碍患者的救治任务、提高治疗与康复水平，应当组织医疗机构为严重精神障碍患者免费提供基本公共卫生服务；医疗保险经办机构应当将精神障碍患者纳入基本医疗保险；民政部门要及时将符合城乡最低生活保障条件的严重精神障碍患者纳入最低生活保障，并按照规定供养、救助无劳动能力、无生活来源、无赡养人和抚养人的精神障碍患者；教育部门要支持人才培训，医学院校应当加强精神医学的教学和研究，按照精神卫生工作的实际需要培养精神医学专门人才，为非精神医学专业的学生开设精神卫生课程，师范院校应当为学生开设精神卫生课程等。再如，在精神障碍患者的送诊方面，对查找不到近亲属的流浪乞讨疑似精神障碍患者，由当地民政等有关部门按照职责分工，将其送往医疗机构进行精神障碍诊断。

家庭和单位尽力尽责。家庭和有关单位在精神障碍的预防、治疗和康复等方面应依法承担起相应的责任。如《精神卫生法》明确了家庭和各有关单位在精神障碍的预防方面的相关义务。

全社会共同参与。做好精神卫生工作，需要全社会的共同参与。在此方面，新闻媒体和基层群众自治组织等应当发挥重要作用。

（四）精神障碍患者权益保护

《精神卫生法》规定全社会应当尊重、理解、关爱精神障碍患者。精神障碍患者的人格尊严、人身和财产安全不受侵犯，其在教育、劳动、医疗以及从国家和社会获得物质帮助等方面的合法权益受法律保护。任何组织或者个人不得歧视、侮辱、虐待精神障碍患者，不得非法限制精神障碍患者的人身自由。有关单位和个人应当对精神障碍患者的姓名、肖像、住址、工作单位、病历资料以及其他可能推断出其身份的信息予以保密。但是，依法履行职责需要公开的除外。

新闻报道和文学艺术作品等不得含有歧视、侮辱精神障碍患者的内容。

监护人应当履行监护职责，维护精神障碍患者的合法权益。禁止对精神障碍患者实施家庭暴力，禁止遗弃精神障碍患者。

二、心理健康促进和精神障碍预防法律制度

（一）心理健康促进法律制度

各级人民政府和县级以上人民政府有关部门应当采取措施，加强心理健康促进和精神障碍预防工作，提高公众心理健康水平。

用人单位应当创造有益于职工身心健康的工作环境，关注职工的心理健康；对处于职业发展特定时期或者在特殊岗位工作的职工，应当有针对性地对其开展心理健康教育。

各级各类学校应当对学生进行精神卫生知识教育；配备或者聘请心理健康教育教师、辅导人员，设立心理健康辅导室对学生进行心理健康教育。学前教育机构应当对幼儿开展符合其特点的心理健康教育。发生自然灾害、意外伤害、公共安全事件等可能影响学生心理健康的事件时，学校应当及时组织专业人员对学生进行心理援助。教师应当学习和了解相关的精神卫生知识，关注学生心理健康状况，正确引导、激励学生。学校和教师应当与学生父母或者其他监护人、近亲属沟通学生心理健康情况。

地方各级人民政府教育行政部门和学校应当重视教师的心理健康。

（二）精神障碍预防法律制度

政府有关部门应当制定包括心理援助内容的突发事件应急预案并组织开展心理援助工作。

医务人员开展疾病诊疗服务，应当按照诊断标准和治疗规范的要求，对就诊者进行心理健康指导。发现就诊者可能患有精神障碍的，应当建议其到符合规定的医疗机构就诊。

监狱、看守所、拘留所、强制隔离戒毒所等场所，应当对服刑人员，被依法拘留、逮捕、强制隔离戒毒的人员等，开展精神卫生知识宣传，关注其心理健康状况，必要时提供心理咨询和心理辅导。

县级以上人民政府司法行政、民政、公安、教育、医疗保障等部门在各自职责范围内负责相关的精神卫生工作。村民委员会、居民委员会应当协助所在地人民政府及其有关部门开展社区心理健康指导、精神卫生知识宣传教育活动，创建有益于居民身心健康的社区环境。乡镇卫生院或者社区卫生服务机构应当为村民委员会、居民委员会开展社区心理健康指导、精神卫生知识宣传教育活动提供技术指导。

家庭成员之间应当相互关爱，创造良好、和睦的家庭环境，提高精神障碍预防意识；发现家庭成员可能患有精神障碍的，应当帮助其及时就诊，照顾其生活，做好看护管理工作。

国家鼓励和支持新闻媒体、社会组织开展精神卫生的公益性宣传，普及精神卫生知识，引导公众关注心理健康，预防精神障碍的发生。

心理咨询人员应当提高业务素质，遵守执业规范，为社会公众提供专业化的心理咨询服务。但心理咨询人员不得从事心理治疗或者精神障碍的诊断、治疗。心理咨询人员发现接受咨询的人员可能患有精神障碍的，应当建议其到符合《精神卫生法》规定的医疗机构就诊。心理咨询人员应当尊重接受咨询人员的隐私，并为其保守秘密。

国务院卫生行政部门建立精神卫生监测网络，实行严重精神障碍发病报告制度，组织开展精神障碍发生状况、发展趋势等的监测和专题调查工作。

三、精神障碍的诊断与治疗法律制度

（一）精神障碍诊断机构的资质

开展精神障碍诊断、治疗活动，应当具备下列条件，并依照医疗机构的管理规定办理有关手续：（1）有与从事的精神障碍诊断、治疗相适应的精神科执业医师、护士；（2）有满足开展精神障碍诊断、治疗需要的设施和设备；（3）有完善的精神障碍诊断、治疗管理制度和质量监控制度。

从事精神障碍诊断、治疗的专科医疗机构还应当配备从事心理治疗的人员。精神障碍的诊断、治疗，应当遵循维护患者合法权益、尊重患者人格尊严的原则，保障患者在现有条件下获得良好的精神卫生服务。

专门从事心理治疗的人员不得从事精神障碍的诊断，不得为精神障碍患者开具处方或者提供外科治疗。

（二）精神障碍的诊断

1. 诊断依据

精神障碍的诊断应当以精神健康状况为依据。除法律另有规定外，不得违背本人意志进行确定其是否患有精神障碍的医学检查。

2. 精神障碍患者的送诊主体和条件

除个人自行到医疗机构进行精神障碍诊断外，疑似精神障碍患者的近亲属可以将其送往医疗机构进行精神障碍诊断。对查找不到近亲属的流浪乞讨疑似精神障碍患者，由当地民政等有关部门按照职责分工，帮助送往医疗机构进行精神障碍诊断。

疑似精神障碍患者发生伤害自身、危害他人安全的行为，或者有伤害自身、危害他人安全的危险的，其近亲属、所在单位、当地公安机关应当立即采取措施予以制止，并将其送往医疗机构进行精神障碍诊断。

医疗机构接到送诊的疑似精神障碍患者，不得拒绝为其作出诊断。

3. 诊断人的资格

精神障碍的诊断应当由精神科执业医师作出。医疗机构接到伤害自身、危害他人安全的疑似精神障碍患者，应当将其留院，立即指派精神科执业医师进行诊断，并及时出具诊断结论。

（三）精神障碍患者的住院治疗

1. 住院自愿原则

《精神卫生法》第30条规定，精神障碍的住院治疗实行自愿原则。但精神障碍患者的诊断结论、病情评估表明，就诊者为严重精神障碍患者并有下列情形之一的，应当对其实施住院治疗：（1）已经发生伤害自身的行为，或者有伤害自身的危险的；（2）已经发生危害他人安全的行为，或者有危害他人安全的危险的。

精神障碍的住院治疗与其他疾病的住院治疗一样，原则上都要根据患者的意愿进行，即实行自愿原则，这是知情同意原则在精神障碍住院治疗上的体现。除法律另有规定的外，患者不同意住院治疗的，医疗机构不得对患者实施住院治疗。之所以这样规定，是因为精神障碍是一个大概念，包括精神障碍分类和诊断标准中涵盖的各种精神障碍，既有轻度抑郁等轻微的精神障碍，又有精神分裂症等严重的精神障碍。严重精神障碍只占精神障碍患者的一小部分，大部分精神障碍患者是有自知力的轻微精神障碍患者，有能力理解所患疾病的性质和程度，有能力决定采取哪种治疗方式进行治疗。因此，是进行住院治疗还是居家治疗，除法律另有规定外，医疗机构要尊重患者本人的意愿，不得强迫。《联合国保护精神病患者和改善精神保健的原则》对知情同意和自愿原则作了明确阐述。该决议提出，除另有规定外，未经患者知情同意，不得对其施行任何治疗。知情同意系指以患者理解的形式和语言适当地向患者提供充足的、可以理解的以下方面情况后，在无威胁或不当引诱情况下自由取得的同意：（1）诊断评价；（2）建议治疗的目的、方法、可能的期限和预期好处；（3）可采用的其他治疗方式，包括侵扰性较小的治疗方式；（4）建议治疗可能产生的疼痛或不适、可能产生的风险和副作用。如患者需要在精神病院接受治疗，应尽一切努力避免非自愿住院。精神病院入院条件应与为其他任何疾病住入其他任何医院的条件相同。

我国在规定精神障碍的住院治疗实行自愿原则的同时，针对严重精神障碍患者往往缺乏自知力、对自身健康状况或者客观现实不能完整认识的特殊情况，规定了非自愿住院治疗制度，以保证迫切需要住院治疗的患者得到及时的住院治疗，维护患者健康和他人安全。同时，为了保证公民的合法权益不因滥用非自愿住院治疗措施而受到侵害，严格设定了非自愿住院治疗的条件，即诊断结论、病情评估表明，就诊者为严重精神障碍患者并有以下两种情形之一的，才能对其实施非自愿住院治疗：（1）已经发生伤害自身的行为，或者有伤害自身的危险的；（2）已经发生危害他人安全的行为，或者有危害他人安全的危险的。

2. 监护人决定原则

伤害自身或者有伤害自身危险的精神障碍患者，不能辨认和控制自己行为的患者，经其监护人同意，医疗机构应当对患者实施住院治疗；监护人不同意的，医疗机构不得对患者实施住院治疗。监护人应当对在家居住的患者做好看护管理。

（四）精神障碍患者的再次诊断和医学鉴定

1. 再次诊断

精神障碍患者已经发生危害他人安全的行为，或者有危害他人安全的危险情形，患者或者其监护人对需要住院治疗的诊断结论有异议，不同意对患者实施住院治疗的，可以要求再次诊断和鉴定。

要求再次诊断的精神障碍患者及其监护人，应当自收到诊断结论之日起3日内向原医疗机构或者其他具有合法资质的医疗机构提出。承担再次诊断的医疗机构应当在接到再次诊断要求后指派2名初次诊断医师以外的精神科执业医师进行再次诊断，并及时出具再次诊断结论。承担再次诊断的执业医师应当到收治患者的医疗机构面见、询问患者，该医疗机构应当予以配合。

2. 异议鉴定

对再次诊断结论有异议的，可以自主委托依法取得相关执业资质的鉴定机构进行精神障碍医学鉴定；医疗机构应当公示经公告的鉴定机构名单和联系方式。接受委托的鉴定机构应当指定本机构具有该鉴定事项执业资格的2名以上鉴定人共同进行鉴定，并及时出具鉴定报告。

3. 再次诊断结论和鉴定报告

再次诊断结论或者鉴定报告表明，不能确定就诊者为严重精神障碍患者，或者患者不需要住院治疗的，医疗机构不得对其实施住院治疗。

再次诊断结论或者鉴定报告表明，精神障碍患者确有危害他人安全，或者有危害他人安全的危险的情形的，其监护人应当同意对患者实施住院治疗。监护人阻碍实施住院治疗或者患者擅自脱离住院治疗的，可以由公安机关协助医疗机构采取措施对患者实施住院治疗。

在相关机构出具再次诊断结论、鉴定报告前，收治精神障碍患者的医疗机构应当按照诊疗规范的要求对患者实施住院治疗。

（五）精神障碍患者的住院治疗及出院

1. 住院手续的办理

诊断结论表明需要住院治疗的精神障碍患者，本人没有能力办理住院手续的，由其监护人办理住院手续；患者属于查找不到监护人的流浪乞讨人员的，由送诊的有关部门办理住院手续。

精神障碍患者有危害他人安全的行为，或者有危害他人安全的危险情形，其监护人不办理住院手续的，由患者所在单位、村民委员会或者居民委员会办理住院手续，并由医疗机构在患者病历中予以记录。

2. 告知和知情同意

医疗机构及其医务人员应当将精神障碍患者在诊断、治疗过程中享有的权利，告知患者或者其监护人；医疗机构及其医务人员应当遵循精神障碍诊断标准和治疗规范，制定治疗方案，并向精神障碍患者或者其监护人告知治疗方案、方法、目的以及可能产生的后果。

医疗机构对精神障碍患者实施下列治疗措施，应当向患者或者其监护人告知医疗风险、替代医疗方案等情况，并取得患者的书面同意；无法取得患者意见的，应当取得其监护人的书面同意，并经本医疗机构伦理委员会批准：（1）导致人体器官丧失功能的外科手术；（2）与精神障碍治疗有关的实验性临床医疗。实施第1项治疗措施，因情况紧急查找不到监护人的，应当取得本医疗机构负责人和伦理委员会批准。禁止对精神障碍患者实施与治疗其精神障碍无关的实验性临床医疗。

3. 保护性医疗措施

精神障碍患者在医疗机构内发生或者将要发生伤害自身、危害他人安全、扰乱医疗秩序的行为，医疗机构及其医务人员在没有其他可替代措施的情况下，可以实施约束、隔离等保护性医疗措施，并在实施后告知患者的监护人。

禁止对实施住院治疗的已经发生危害他人安全的行为，或者有危害他人安全的危险的精神障碍患者实施以治疗精神障碍为目的的外科手术。

4. 精神障碍患者的出院

自愿住院治疗的精神障碍患者可以随时要求出院，医疗机构应当同意。

对已经发生伤害自身的行为，或者有伤害自身的危险情形的精神障碍患者实施住院治疗的，监护人可以随时要求患者出院，医疗机构应当同意。

医疗机构认为精神障碍患者不宜出院的，应当告知不宜出院的理由；患者或者其监护人仍要求出院的，执业医师应当在病历资料中详细记录告知的过程，同时提出出院后的医学建议，患者或者其监护人应当签字确认。

对已经发生危害他人安全的行为，或者有危害他人安全的危险情形的精神障碍患者实施住院治疗后，医疗机构认为患者可以出院的，应当立即告知患者及其监护人。

精神障碍患者出院时，本人没有能力办理出院手续的，监护人应当为其办理出院手续。

四、精神障碍康复法律制度

（一）精神障碍康复的概念

精神障碍康复是指对精神障碍患者本身和家庭采取各种措施，使其精神障碍解除，从而能够正常参与社会工作与生活。

（二）相关机构和单位职责

社区康复机构应当为需要康复的精神障碍患者提供场所和条件，对患者进行生活自理能力和社会适应能力等方面的康复训练。

村民委员会、居民委员会应当为生活困难的精神障碍患者家庭提供帮助，并向所在地乡镇人民政府或者街道办事处以及县级人民政府有关部门反映患者及其家庭的情况和要求，帮助其解决实际困难，为患者融入社会创造条件。

医疗机构应当为在家居住的严重精神障碍患者提供精神科基本药物以维持治疗，并为社区康复机构提供有关精神障碍康复的技术指导和支持。社区卫生服务机构、乡镇卫生院、村卫生室应当建立严重精神障碍患者的健康档案，对在家居住的严重精神障碍患者定期随访，指导患者服药和开展康复训练，并对患者的监护人进行精神卫生知识和看护知识的培训。县级人民政府卫生行政部门应当为社区卫生服务机构、乡镇卫生院、村卫生室开展上述工作给予指导和培训。

残疾人组织或者残疾人康复机构应当根据精神障碍患者康复的需要，组织患者参加康复活动。

用人单位应当根据精神障碍患者的实际情况，安排患者从事力所能及的工作，保障患者享有同等待遇，安排患者参加必要的职业技能培训，提高患者的就业能力，为患者创造适宜的工作环境，对患者在工作中取得的成绩予以鼓励。

（三）监护人的责任

精神障碍患者的监护人应当协助患者进行生活自理能力和社会适应能力等方面的康复训练。精神障碍患者的监护人在看护患者过程中需要技术指导的，社区卫生服务机构或者乡镇卫生院、村卫生室、社区康复机构应当提供。

五、精神卫生法律责任

（一）行政责任

1. 卫生行政部门和其他有关部门的行政责任

《精神卫生法》第72条规定，县级以上人民政府卫生行政部门和其他有关部门未依照该法规定履行精神卫生工作职责，或者滥用职权、玩忽职守、徇私舞弊的，由本级人民政府或者上一级人民政府有关部门责令改正，通报批评，对直接负责的主管人员和其他直接责任人员依法给予警告、记过或者记大过的处分；造成严重后果的，给予降级、撤职或者开除的处分。

2. 不符合法定条件的医疗机构的行政责任

《精神卫生法》第73条规定，不符合该法规定条件的医疗机构擅自从事精神障碍诊断、治疗的，由县级以上人民政府卫生行政部门责令停止相关诊疗活动，给予警告，并处5 000元以上10 000元以下罚款，有违法所得的，没收违法所得；对直接负责的主管人员和其他直接责任人员依法给予或者责令给予降低岗位等级或者撤职、开除的处分；对有关医务人员，吊销其执业证书。

3. 医疗机构及其工作人员的行政责任

《精神卫生法》第 74 条规定，医疗机构及其工作人员有下列行为之一的，由县级以上人民政府卫生行政部门责令改正，给予警告；情节严重的，对直接负责的主管人员和其他直接责任人员依法给予或者责令给予降低岗位等级或者撤职、开除的处分，并可以责令有关医务人员暂停 1 个月以上 6 个月以下执业活动：（1）拒绝对送诊的疑似精神障碍患者作出诊断的；（2）对依照该法第 30 条第 2 款规定实施住院治疗的患者未及时进行检查评估或者未根据评估结果作出处理的。

《精神卫生法》第 75 条规定，医疗机构及其工作人员有下列行为之一的，由县级以上人民政府卫生行政部门责令改正，对直接负责的主管人员和其他直接责任人员依法给予或者责令给予降低岗位等级或者撤职的处分；对有关医务人员，暂停 6 个月以上 1 年以下执业活动；情节严重的，给予或者责令给予开除的处分，并吊销有关医务人员的执业证书：（1）违反该法规定实施约束、隔离等保护性医疗措施的；（2）违反该法规定，强迫精神障碍患者劳动的；（3）违反该法规定对精神障碍患者实施外科手术或者实验性临床医疗的；（4）违反该法规定，侵害精神障碍患者的通讯和会见探访者等权利的；（5）违反精神障碍诊断标准，将非精神障碍患者诊断为精神障碍患者的。

4. 心理咨询人员、心理治疗人员的行政责任

《精神卫生法》第 76 条规定，有下列情形之一的，由县级以上人民政府卫生行政部门、市场监督管理部门依据各自职责责令改正，给予警告，并处 5 000 元以上 10 000 元以下罚款，有违法所得的，没收违法所得；造成严重后果的，责令暂停 6 个月以上 1 年以下执业活动，直至吊销执业证书或者营业执照：（1）心理咨询人员从事心理治疗或者精神障碍的诊断、治疗的；（2）从事心理治疗的人员在医疗机构以外开展心理治疗活动的；（3）专门从事心理治疗的人员从事精神障碍的诊断的；（4）专门从事心理治疗的人员为精神障碍患者开具处方或者提供外科治疗的。

5. 有关单位和个人的行政责任

《精神卫生法》第 77 条规定，有关单位和个人违反该法第 4 条第 3 款规定，给精神障碍患者造成损害的，依法承担赔偿责任；对单位直接负责的主管人员和其他直接责任人员，还应当依法给予处分。

6. 其他人员的行政责任

《精神卫生法》第 80 条规定，在精神障碍的诊断、治疗、鉴定过程中，寻衅滋事，阻挠有关工作人员依照该法的规定履行职责，扰乱医疗机构、鉴定机构工作秩序的，依法给予治安管理处罚。违反《精神卫生法》规定，有其他构成违反治安管理行为的，依法给予治安管理处罚。

（二）民事责任

1. 侵害精神障碍患者的民事责任

《精神卫生法》第 78 条规定，违反《精神卫生法》规定，有下列情形之一，给精神障碍患者或者其他公民造成人身、财产或者其他损害的，依法承担赔偿责任：（1）将非精神障碍患者故意作为精神障碍患者送入医疗机构治疗的；（2）精神障碍患者的监护人遗弃患者，或者有不履行监护职责的其他情形的；（3）歧视、侮辱、虐待精神障碍患者，侵害患

者的人格尊严、人身安全的；（4）非法限制精神障碍患者人身自由的；（5）其他侵害精神障碍患者合法权益的情形。

2. 精神障碍患者监护人的民事责任

《精神卫生法》第79条规定，医疗机构出具的诊断结论表明精神障碍患者应当住院治疗而其监护人拒绝，致使患者造成他人人身、财产损害的，或者患者有其他造成他人人身、财产损害情形的，其监护人依法承担民事责任。

3. 心理咨询人员、专门从事心理治疗人员的民事责任

心理咨询人员、专门从事心理治疗的人员在心理咨询、心理治疗活动中造成他人人身、财产或者其他损害的，依法承担民事责任。

（三）刑事责任

《精神卫生法》第81条规定，违反《精神卫生法》规定，构成犯罪的，依法追究刑事责任。这是对于刑事责任统一作出规定，不涉及具体的罪名内容，主要是为了与刑法相衔接。具体的衔接方式可以该法第80条第1款为例，在精神障碍的诊断、治疗、鉴定过程中，寻衅滋事，阻挠有关工作人员依照该法的规定履行职责，扰乱医疗机构、鉴定机构工作秩序的，依法给予治安管理处罚。如果寻衅滋事行为情节严重，可能构成《刑法》第293条规定的寻衅滋事罪。

第三节　妇幼卫生法律制度

妇幼卫生法律制度是由国家制定的有关妇女儿童公共卫生服务和基本医疗服务的法律规范的总和。在我国，妇幼卫生法律制度是以《母婴保健法》《中国妇女发展纲要（2021—2030年）》《中国儿童发展纲要（2021—2030年）》（简称"一法两纲"）为核心，以《基本医疗卫生与健康促进法》《妇女权益保障法》《人口与计划生育法》等法律中有关妇幼卫生健康方面的规定，《母婴保健法》《婚前保健工作规范（修订）》《孕产期保健工作规范》《全国儿童保健工作规范（试行）》等规范性文件为主要内容，以《产前诊断技术管理办法》《新生儿疾病筛查管理办法》《孕产妇妊娠风险评估与管理工作规范》等行政规章为配套的法律规范的总和，为我国妇幼卫生工作推进和妇幼健康事业发展提供了规则遵循和法律保障。

一、妇幼卫生法律制度概述

妇幼卫生是根据妇女儿童的生理特点，运用医学科学技术，面向妇女、儿童进行经常性的预防保健工作，并采取有效措施控制妇女、儿童疾病，不断提高妇女、儿童的身心健康水平的活动。

保障妇女和儿童的健康权利是世界各国共同关心的话题。1948年，联合国《世界人权宣言》提出了"母亲和儿童有权享受特别照顾和协助"的原则；1995年，联合国第四

次妇女大会通过了《北京宣言》；2000 年，联合国召开妇女问题特别联大，促请各国政府和社会各界履行对提高妇女地位所作的积极承诺。1989 年，联合国大会通过了《儿童权利公约》，中国是参与起草且较早批准该公约的国家；1990 年，世界儿童首脑会议通过了《儿童生存、保护和发展世界宣言》；2002 年 5 月，儿童问题特别联大召开，并通过《适合儿童生长的世界》的决议，明确了在保健、教育、保护和艾滋病防治等领域保护儿童权益、改善儿童生存条件的目标。

（一）我国妇幼卫生立法

党和政府十分重视妇女和儿童的健康。《宪法》规定，婚姻、家庭、母亲和儿童受国家的保护。《民法典》《妇女权益保障法》《未成年人保护法》《母婴保健法》等法律及《母婴保健法实施办法》《幼儿园管理条例》等行政法规对保护妇女、儿童的健康都作了规定。这些法律法规对于推动和保证国家妇幼卫生保健事业的发展，改善我国妇女健康状况、提高儿童健康水平以及降低孕产妇及婴儿死亡率起到了显著的成效。2001 年 5 月，国务院规定和发布了《中国儿童发展纲要（2021—2030 年）》和《中国妇女发展纲要（2021—2030 年）》，国家卫生健康委员会还制定了《国家卫生健康委关于贯彻 2021—2030 年中国妇女儿童发展纲要的实施方案》。另外，不少省、自治区、直辖市根据当地实际情况，制定了相应的有关妇幼卫生保健的地方性法规规章，这些法律法规的制定和颁布推动了我国妇幼卫生法律体系的基本形成。

（二）妇幼卫生保健服务内容

1. 工作目标

根据《关于进一步加强妇幼卫生工作的指导意见》规定，妇幼卫生工作的目标是：继续落实《母婴保健法》及其实施办法要求的各项任务，实现《联合国千年发展目标》《中国妇女发展纲要（2001—2010 年）》《中国儿童发展纲要（2001—2010 年）》《我国国民经济和社会发展第十一个五年规划纲要》提出的妇幼卫生工作目标。降低孕产妇、婴儿和 5 岁以下儿童死亡率，到 2010 年孕产妇死亡率降至 40/10 万，婴儿死亡率降至 17‰；提高出生人口素质，不断满足人民群众生殖健康需求，预防和减少出生缺陷；建立适合流动人口的妇幼保健服务模式；逐步缩小城乡、区域等妇幼卫生指标差距。

2. 机构及其功能

（1）机构。各级妇幼保健机构是由政府举办、不以营利为目的、具有公共卫生性质的公益性事业单位，是为妇女儿童提供公共卫生和基本医疗服务的专业机构。这些机构受同级卫生行政部门和上级妇幼卫生保健专业机构的业务指导。

（2）功能。以保健为中心，实行保健与临床相结合的发展方向，以群体保健工作为基础，面向基层，预防为主，依法为妇女儿童提供健康教育、预防保健、计划生育技术服务、常见病筛查、卫生信息管理等公共卫生服务，适当开展与妇女儿童健康密切相关的基本医疗服务。具体内容如下：①完成各级政府和卫生行政部门下达的指令性任务；②掌握本辖区妇女、儿童健康状况及影响因素，协助卫生行政部门制定本辖区妇幼卫生工作的相关政策、技术规范及各项规章制度；③受卫生行政部门委托对本辖区各级、各类医疗保健机构开展的妇幼卫生服务工作进行检查、考核与评价；④负责指导和开展本辖区的妇幼保健教育与健康促进工作，组织实施本辖区母婴保健技术培训，对基层医疗保健机构开展业务指导并提供技术支持；⑤负责本辖区孕产妇死亡、婴儿及5岁以下儿童死亡、出生缺陷监测、妇幼卫生服务及技术管理等信息的收集、统计、分析、质量控制和汇总上报；⑥开展妇幼保健服务，包括青春期保健、婚前和孕前保健、孕产期保健、更年期保健、老年期保健，重点加强心理卫生咨询、营养指导、计划生育技术服务、生殖道感染、性传播疾病等妇女常见病防治；⑦开展儿童保健服务，包括胎儿期、新生儿期、婴幼儿期、学龄前期及学龄期保健，受卫生行政部门委托对托幼园（所）卫生保健进行管理和业务指导，重点加强儿童早期综合发展、营养与喂养指导、生长和发育监测、心理行为咨询、儿童疾病综合管理等儿童保健服务；⑧开展妇幼卫生、生殖健康的应用性科学研究并组织推广适宜技术。

妇幼保健机构为妇女儿童提供基本医疗服务，包括妇女和儿童常见疾病诊治、计划生育技术服务、产前筛查、新生儿疾病筛查、助产技术服务等，根据需要和条件，开展产前诊断、产科并发症处理、新生儿急危重症抢救和治疗等。

二、母婴保健法律制度

"健康中国 母亲行动"是"健康中国行动"的源头工程。《中国妇女发展纲要（2021—2030年）》指出，"建立完善妇女全生命周期健康管理模式"。孕产期是女性全生命周期的关键时期，也是关乎新生人口健康的关键期，做好母婴保健法治建设对妇幼卫生法律工作意义重大。

《母婴保健法》是我国针对母婴保健的专门法律，旨在维护母亲和婴儿的个人健康权，提高出生人口素质，从而从根源上保障公众健康权、助力国民健康建设的一部法律。20世纪80年代初期至90年代中期，我国各领域立法加速推进，《母婴保健法》正是这一时期法治建设的产物，具有鲜明的时代特色。在《母婴保健法》出台之前，1982年《宪法》第48条对妇女权益保障作出了原则性规定，1992年出台了《妇女权益保障法》，这些法律为其实施奠定了基础。而《母婴保健法》的出台，标志着我国妇女儿童权益保障法制建设的完成。《母婴保健法》自1995年6月1日起实施，于2009年、2017年进行了两次修正。2001年6月20日，国务院以《母婴保健法》为根据，制定并颁布了《母婴保健法实施办法》，就《母婴保健法》的适用和实施提出具体做法和要求。

从立法初衷来看，《母婴保健法》是基于妇女儿童生理特征和社会角色对其生命健康权益予以保障的法律规范，但总体的权利体系架构与一般的公民生命健康权相同，是在一般公民生命健康权利保障的基础上对妇女儿童特殊生命健康权益的强化保障。其立法目的，一是保障母亲和婴儿健康；二是提高出生人口素质，兼顾维护人民生命健康的直接目的和推动社会发展的长远利益。

对此，《母婴保健法》在总则部分，一是提出了国家发展母婴保健事业提供和给予的政策，包括提供必要条件和物质帮助以使母亲和婴儿获得医疗保健服务，对边远贫困地区的母婴保健事业给予扶持等。二是明确了各级人民政府、国务院有关部门等法律主体在母婴保健工作中的职责，如"各级人民政府领导母婴保健工作。母婴保健事业应当纳入国民经济和社会发展计划"；"国务院卫生行政部门主管全国母婴保健工作，根据不同地区情况提出分级分类指导原则，并对全国母婴保健工作实施监督管理；国务院其他有关部门在各自职责范围内，配合卫生行政部门做好母婴保健工作"。三是对母婴保健领域的教育和科研工作做出了指示，"国家鼓励、支持母婴保健领域的教育和科学研究，推广先进、实用的母婴保健技术，普及母婴保健科学知识"。

分则部分主要聚焦婚前和孕产期这两个母婴保健的关键期，规定了母婴保健的婚前保健、孕产期保健、技术鉴定许可、行政管理和法律责任四个方面的内容，明确了卫生行政主管部门、医疗保健机构从事母婴保健工作的人员等的公共责任及其社会义务，其中还特别规定了卫生行政部门监督管理、医学技术鉴定、制定技术标准等责任。

（一）婚前保健

1. 服务内容

（1）婚前卫生指导：关于性卫生知识、生育知识和遗传病知识的教育。

（2）婚前卫生咨询：对有关婚配、生育保健等问题提供医学意见。

（3）婚前医学检查：对准备结婚的男女双方可能患影响结婚和生育的疾病进行医学检查。

2. 婚前医学检查病种

婚前医学检查包括对下列疾病的检查：（1）严重遗传性疾病；（2）指定传染病；（3）有关精神病。经婚前医学检查，医疗保健机构应当出具婚前医学检查证明。

3. 经婚前医学检查不建议结婚的情形

经婚前医学检查，对患指定传染病在传染期内或者有关精神病在发病期内的，医师应当提出医学意见；准备结婚的男女双方应当暂缓结婚。经婚前医学检查，对诊断患医学上认为不宜生育的严重遗传性疾病的，医师应当向男女双方说明情况，提出医学意见；经男女双方同意，采取长效避孕措施或者施行结扎手术后不生育的，可以结婚。但《民法典》"婚姻家庭编"规定禁止结婚的除外。

接受婚前医学检查的人员对检查结果持有异议的，可以申请医学技术鉴定，取得医学鉴定证明。

（二）孕产期保健

1. 服务内容

（1）母婴保健指导：对孕育健康后代以及严重遗传性疾病和碘缺乏病等地方病的发病原因、治疗和预防方法提供医学意见。

（2）孕妇、产妇保健：为孕妇、产妇提供卫生、营养、心理等方面的咨询和指导以及产前定期检查等医疗保健服务。

（3）胎儿保健：为胎儿正常发育进行监护，提供咨询和医学指导。

（4）新生儿保健：为新生儿生长发育、哺乳和护理提供医疗保健服务。

2. 建议终止妊娠的有关规定

对患严重疾病或者接触致畸物质，妊娠可能危及孕妇生命安全或者可能严重影响孕妇健康和胎儿正常发育的，医疗保健机构应当予以医学指导。经产前诊断，医师发现或者怀疑患严重遗传性疾病的育龄夫妻，应当提出医学意见。育龄夫妻应当根据医师的医学意见采取相应的措施。经产前检查，医师发现或者怀疑胎儿异常的，应对孕妇进行产前诊断。经产前诊断，有下列情形之一的，医师应当向夫妻双方说明情况，并提出终止妊娠的医学意见：胎儿患有严重遗传性疾病的；胎儿患有严重缺陷的；因患严重疾病，继续妊娠可能危及孕妇生命安全或者严重危害孕妇健康的。

（三）技术鉴定

县级以上地方人民政府可以设立医学技术鉴定组织，负责对婚前医学检查、遗传病诊断和产前诊断结果有异议的进行医学技术鉴定。从事医学技术鉴定的人员，必须具有临床经验和医学遗传学知识，并具有主治医师以上的专业技术职务。医学技术鉴定组织的组成人员，由卫生行政部门提名，同级人民政府聘任。医学技术鉴定实行回避制度，凡与当事人有利害关系，可能影响公正鉴定的人员，应当回避。

【典型案例】
某诊所未取得母婴保健技术服务执业许可行医案

（四）行政管理

国务院卫生行政部门主管全国母婴保健工作，其主要职责是：（1）制定《母婴保健法》及其实施办法的配套规章和技术规范；（2）按照分级分类指导的原则，制定全国母婴保健工作发展规划和实施步骤；（3）组织推广母婴保健及其他生殖健康的适宜技术；（4）对母婴保健工作实施监督。

【典型案例】
刘某亮等人诉医院产前检查未尽告知义务案

县级以上地方人民政府卫生行政部门负责本行政区域内的母婴保健监督管理工作，其监督管理职责是：（1）依照《母婴保健法》及其实施办法以及国务院卫生行政部门规定的条件和技术标准，对从事母婴保健工作的机构和人员实施许可，并核发相应的许可证书；（2）对《母婴保健法》及其实施办法的执行情况进行监督检查；（3）对违反《母婴保健法》及其实施办法的行为，依法给予行政处罚；（4）负责母婴保健工作监督管理的其他事项。

省、自治区、直辖市人民政府卫生行政部门指定的医疗保健机构负责本行政区域内的母婴保健监测和技术指导。医疗保健机构按照国务院卫生行政部门的规定，负责其职责范围内的母婴保健工作，制定医疗保健工作规范，提高医学技术水平，采取各种措施方便人民群众，做好母婴保健服务工作。符合国务院卫生行政部门规定的条件和技术标准，并经县级以上地方人民政府卫生行政部门许可的医疗保健机构可以依法开展婚前医学检查、遗传病诊断、产前诊断以及施行结扎手术和终止妊娠手术，但不得采用技术手段对胎儿进行性别鉴定，医学上确有需要的除外。

各级人民政府应当采取措施，加强母婴保健工作，提高医疗保健服务水平，积极防治由环境因素所致的严重危害母亲和婴儿健康的地方性高发性疾病，促进母婴保健事业的发展。

二、人口与计划生育法律制度

人口与生育法律制度包含人口和生育两方面内容。人口问题是一个国家的基础性、全局性和战略性的问题，人口发展是关系中华民族发展的大事，生育政策关系千家万户。为提高人口素质，促进人口与经济、社会、资源、环境协调发展，推动我国经济社会发展，我国制定并颁布了《人口与计划生育法》。

（一）相关概念

1. 人口

人口是指构成社会生活主体并具有一定数量和质量的人组成的社会群体。人口是社会存在和发展最基本的要素，人口的规模、结构、分布及变动与经济、社会发展密不可分。

2. 生育

生育是指依据人口与社会经济发展的客观要求，在全社会范围内，实现人类自身的生产。

（二）人口与计划生育法对妇幼卫生的立法意义

《人口与计划生育法》是运用法治方式保障人口发展战略目标顺利实现的保障，是在法治轨道上统筹推进我国生育政策及配套支持措施的客观需要，体现了我国经济社会的变迁。而在妇幼卫生保健领域，《人口与计划生育法》也有着极其重要的意义，可概括为"优生"与"优育"。

"优生""优育"是计划生育具体内涵的延伸，是新的历史条件下对计划生育的具体化体现。"优生"是利用遗传学原理保证子代有正常生存能力的科学，起源于英国，意为"健康遗传"，主要研究如何有效降低胎儿缺陷发生率，加强妇女卫生保健是其不可或缺的一环。

"优育"是指促使子代在其发育阶段各方面素质尽可能提高的一种科学的教养方法，其中涉及子代的身体素质，加强婴幼儿卫生保健是其重要的实现路径。

简言之，"优生"就是让每个家庭都有健康的孩子，"优育"就是让每个出生的孩子都可以受到良好的养育，这些要依靠加强妇幼卫生保健来实现。

（三）人口与计划生育法内容

《人口与计划生育法》对人口发展规划的制定与实施，提高优生优育服务水平，降低生育、养育、教育成本，加强政策调整有序衔接，计划生育技术服务管理这五方面作出规定。其中，妇幼卫生法律制度规定如下。

一方面对提供的妇幼卫生保健服务内容作出了明确规定。第一，保障孕产妇和儿童健康。医疗卫生机构应当针对育龄人群开展优生优育知识宣传教育，对育龄妇女开展围孕期、孕产期保健服务，承担计划生育、优生优育、生殖保健的咨询、指导和技术服务。第二，综合防治出生缺陷。国家建立婚前保健、孕产期保健制度，防止或者减少出生缺陷，提高出生婴儿健康水平。第三，规范人类辅助生殖技术应用。强化规划引领，严格技术审批，建设供需平衡、布局合理的人类辅助生殖技术服务体系。严禁利用超声技术和其他技术手段进行非医学需要的胎儿性别鉴定；严禁非医学需要的选择性别的人工终止妊娠。医疗卫生机构应当规范开展不孕不育症诊疗。第四，生育技术服务管理。各级人民政府应当采取措施，保障公民享有计划生育服务，提高公民的生殖健康水平；计划生育技术服务人员应当指导实行计划生育的公民选择安全、有效、适宜的避孕措施；国家鼓励计划生育新技术、新药具的研究、应用和推广。

另一方面规定了妇幼卫生保健服务的配套制度。建立健全人口服务体系。以"一老一小"为重点，建立健全覆盖全生命周期的人口服务体系。加强基层服务管理体系和能力建设，对家庭婴幼儿照护的支持和指导，增强家庭的科学育儿能力。在城乡社区建设改造中，建设与常住人口规模相适应的婴幼儿活动场所及配套服务设施。公共场所和女职工比较多的用人单位应当配置母婴设施，为婴幼儿照护、哺乳提供便利条件。推动建立普惠托育服务体系，提高婴幼儿家庭获得服务的可及性和公平性。国家鼓励和引导社会力量兴办托育机构，支持幼儿园和机关、企业事业单位、社区提供托育服务。完善生育休假与生育保险制度。严格落实产假、哺乳假等制度。支持有条件的地方开展父母育儿假试点，健全假期用工成本分担机制。按照规定应当享受计划生育家庭老年人奖励扶助的，继续享受相关奖励扶助，并在老年人福利、养老服务等方面给予必要的优先和照顾。

（四）人口与计划生育法律适用

1996 年 10 月，国务院办公厅发布《国务院办公厅关于做好计划生育和母婴保健工作有关问题的通知》（以下简称《通知》），根据《母婴保健法》与原国家计生委、原卫生部两部委的职责分工，就计划生育和母婴保健工作有关问题进行通知。

2013 年 3 月，原卫生部、人口计划生育委员会整合组建为国家卫生和计划生育委员会。2018 年 3 月，国家卫生和计划生育委员会不再保留，国家卫生健康委员会组建。《母婴保健法》《人口与计划生育法》的适用主体随着机构职责合并相应出现变化，两部法律均由国家卫生健康委员会实施。但《通知》仍有效，两部法律因适用前提完全分开而产生竞合。

【典型案例】
某诊所擅自开展非医学需要选择性别的人工终止妊娠案

1. 选择适用

《通知》规定，"《母婴保健法》及其实施办法，规范了医疗保健机构和个人在母婴保健工作中的行为，旨在提高母婴医疗保健服务质量。计划生育技术服务工作不属于《母婴保健法》及其实施办法的调整范围"。如发生建议终止妊娠的情形时，要充分考虑不同原因而进行选择适用，如严重妊高症、遗传疾病等医学需要，适用《母婴保健法》；因计划生育原因，如意外怀孕、无指标等非医学需要，则适用《人口与计划生育法》。

【典型案例】
某中西医结合门诊部非法为他人施行计划生育手术案

2. 适用影响

两部法律对医疗机构和医务人员的资质作出不同要求。根据《母婴保健法》，相关机构要取得特别许可，相关从业人员要考核合格；而根据《人口与计划生育法》，计划生育技术服务机构中的医师无需取得计划生育服务许可或合格证，执业医师经注册后，可以在医疗、预防、保健机构中按照注册的执业地点、执业类别、执业范围执业，从事相应的医疗、预防、保健业务。

四、妇幼卫生法律责任

（一）《母婴保健法》法律责任

第一，根据《母婴保健法实施办法》，违反《母婴保健法实施办法》规定，母婴保健技术服务人员进行胎儿性别鉴定的，由卫生行政部门根据情况给予警告、责令停止违法行为；对医疗、保健机构直接负责的主管人员和其他直接责任人员，依法给予行政处分。进行胎儿性别鉴定 2 次以上或以营利为目的进行胎儿性别鉴定的，由原发证机关撤销相应的母婴保健技术执业资格或医师执业证书。

第二，根据《母婴保健法实施办法》，违反《母婴保健法实施办法》规定，母婴保健技术人员出具虚假医学证明的，由卫生行政部门依法给予行政处分；有下列情形之一的，由原发证机关撤销相应的母婴保健技术执业资格或者医师执业证书：（1）因延误诊治，导致严重后果的；（2）给当事人身心健康造成严重后果的；（3）造成其他严重后果的。

第三，根据《母婴保健法实施办法》规定，医疗、保健机构或者人员未取得母婴保健技术许可，擅自从事婚前医学检查、遗传病诊断、产前诊断、终止妊娠手术和医学技术鉴定或者出具有关医学证明的，由卫生行政部门给予警告，责令停止违法行为，没收违法所得；违法所得 5 000 元以上的，并处违法所得 3 倍以上 5 倍以下的罚款；没有违法所得或者违法所得不足 5 000 元的，并处 5 000 元以上 2 万元以下的罚款。

第四，根据《母婴保健法实施办法》规定，从事母婴保健技术服务的人员出具虚假医学证明文件的，依法给予行政处分。有下列情形之一的，由原发证部门撤销相应的母婴保健技术执业资格或者医师执业证书：（1）因延误诊治，造成严重后果的；（2）给当事人身心健康造成严重后果的；（3）造成其他严重后果的。

（二）《人口与计划生育法》法律责任

1. 违法实施与计划生育相关手术的法律责任

违反《人口与计划生育法》规定，有下列行为之一的，由卫生健康主管部门责令改正，给予警告，没收违法所得；违法所得 1 万元以上的，处违法所得 2 倍以上 6 倍以下的罚款；没有违法所得或者违法所得不足 1 万元的，处 1 万元以上 3 万元以下的罚款；情节严重的，由原发证机关吊销执业证书；构成犯罪的，依法追究刑事责任：（1）非法为他人施行计划生育手术的；（2）利用超声技术和其他技术手段为他人进行非医学需要的胎儿性别鉴定或者选择性别的人工终止妊娠的。

《刑法》第 336 条规定，未取得医生执业资格的人擅自为他人进行节育复通手术、假节育手术、终止妊娠手术或者摘取宫内节育器，情节严重的，处 3 年以下有期徒刑、拘役或者管制，并处或者单处罚金；严重损害就诊人身体健康的，处 3 年以上 10 年以下有期徒刑，并处罚金；造成就诊人死亡的，处 10 年以上有期徒刑，并处罚金。

2. 托育机构未按规定从事业务的法律责任

托育机构违反托育服务相关标准和规范的，由卫生健康主管部门责令改正，给予警告；拒不改正的，处 5 000 元以上 5 万元以下的罚款；情节严重的，责令停止托育服务，并处 5 万元以上 10 万元以下的罚款。托育机构有虐待婴幼儿行为的，其直接负责的主管人员和其他直接责任人员终身不得从事婴幼儿照护服务；构成犯罪的，依法追究刑事责任。

3. 计划生育技术服务人员未按规定从事业务的法律责任

计划生育技术服务人员违章操作或者延误抢救、诊治，造成严重后果的，依照有关法律、行政法规的规定承担相应的法律责任。

4. 国家机关工作人员构成相关违法行为的法律责任

国家机关工作人员在计划生育工作中，有下列行为之一，构成犯罪的，依法追究刑事责任；尚不构成犯罪的，依法给予处分；有违法所得的，没收违法所得：（1）侵犯公民人身权、财产权和其他合法权益的；（2）滥用职权、玩忽职守、徇私舞弊的；（3）索取、收受贿赂的；（4）截留、克扣、挪用、贪污计划生育经费的；（5）虚报、瞒报、伪造、篡改或者拒报人口与计划生育统计数据的。

5. 不履行协助计划生育管理义务的法律责任

违反《人口与计划生育法》规定，不履行协助计划生育管理义务的，由有关地方人民政府责令改正，并给予通报批评；对直接负责的主管人员和其他直接责任人员依法给予处分。

6. 阻碍工作人员依法执行公务的法律责任

拒绝、阻碍卫生健康主管部门及其工作人员依法执行公务的，由卫生健康主管部门给予批评教育并予以制止；构成违反治安管理行为的，依法给予治安管理处罚；构成犯罪的，依法追究刑事责任。

公民、法人或者其他组织认为行政机关在实施计划生育管理过程中侵犯其合法权益，可以依法申请行政复议或者提起行政诉讼。

第四节 学校卫生法律制度

学校卫生法律制度，是调整因改善和加强学校卫生工作、提高学生健康水平而产生的各种社会关系的法律规范的总和，包括教学卫生、教学设施卫生、卫生保健、营养与饮食卫生以及学校卫生工作的监督和管理等制度。学校卫生法律制度为保护和促进学生的正常发育、身心健康，实现德、智、体、美、劳全面发展的社会主义教育目标提供了制度支持和法律保障。

一、学校卫生法律制度概述

学校根据儿童和青少年生长发育的特点，通过制定相应的法律规定，提出相应的学校卫生要求和卫生标准，消除各种不利于儿童和青少年学习和生活的因素，创造良好的学校教育环境，保护和促进学生的正常发育、身心健康，以实现德、智、体全面发展的社会主义教育目标。学校卫生包括普通中小学、农业中学、职业中学、中等专业学校、技工学校、普通高等学校的卫生。

新中国成立后不久，为提高学生的健康水平，原国家政务院于 1951 年 7 月 13 日第 93 次会议通过了《关于改善各级学校学生健康状况的决定》，并由中央人民政府政务院令公布实施。此后，国家有关部门相继颁布了《关于全日制学校的教学、劳动和生活安排的规定》《中、小学卫生工作暂行规定（草案）》和《高等学校卫生工作暂行规定（草案）》。

1990 年 4 月 25 日，经国务院批准，原国家教育委员会和原卫生部联合制定了《学校卫生工作条例》，该条例对学校卫生工作的要求、管理、监督、奖励与处罚等作出了具体的规定，使学校卫生工作走上了法制化的轨道。根据学生卫生保健的要求，国家还批准颁布了一系列学校卫生国家标准，包括《中小学校设计规范》（GB 50099—2011）、《中小学普通教室照明设计安装卫生要求》（GB/T 36876—2018）、《学校课桌椅功能尺寸及技术要求》（GB/T 3976—2014）等。2002年，教育部和原卫生部颁布了《学校预防艾滋病健康教育基本要求》，同年又颁布了《学校食堂与学生集体用餐卫生管理规定》。2005年，原卫生部和教育部颁布了《学校食物中毒事故行政责任追究暂行规定》。2006年，教育部颁布了《学校食堂管理人员与从业人员上岗卫生知识培训基本要求》。学校卫生工作是公共卫生的重要组成部分，关系到校内儿童和青少年的身心健康，也关系到社会的稳定和国家的发展，因此从法律保障层面加强学校卫生工作尤为重要。

二、学校卫生的工作内容

（一）教学卫生

学校应当严格遵守卫生保健原则，根据学生年龄，对教学进度及学生的作息时间进行合理的安排，保证学生的每日学习负担不超过其脑力工作有效容量，使学生的学习能力保持在最佳状态。学生每日学习时间（包括自习）为：小学不超过6个学时，中学不超过8个学时，大学不超过10个学时。

（二）教学设施卫生

学校要为学生创造良好的学习环境和生活环境，加强对学生个人卫生、环境卫生以及教室、宿舍卫生的管理。学校教学建筑、环境噪声、室内微小气候、采光、照明等环境质量以及黑板、课桌椅的设置应当符合国家有关标准；学校应当按照有关规定为学生设置厕所和洗手设施。寄宿制学校应当为学生提供相应的洗漱、洗澡等卫生设施；学校应当按照有关规定为学生提供充足的符合卫生标准的饮用水；学校体育场地和器材应当符合卫生和安全要求。

（三）卫生保健

学校要把健康教育纳入教学计划，开展学生健康咨询活动。普通中小学必须开设健康教育课，普通高等学校、中等专业学校、技工学校、农业中学、职业中学应当开设健康教育选修课或者讲座，进行个人卫生、环境卫生、饮食卫生、教室宿舍卫生等的教育。此外，学校应当建立学生健康管理制度，并根据条件定期对学生进行健康检查，建立学生体质健康卡片，纳入学生档案。

（四）营养与饮食卫生

学校应当认真贯彻执行食品安全法律法规，加强饮食安全管理，办好学生膳食，加强营养指导，保障学生身体健康。学校食堂与学生集体用餐的安全管理，必须坚持预防为主的工作方针，实行食品药品监督管理部门监督指导、教育行政部门管理督查、学校具体实施的工作原则。

（五）学校卫生工作的监督和管理

县以上卫生行政部门对学校卫生工作行使监督职权。其职责包括：（1）对新建、改建、扩建校舍的选址、设计实行卫生监督；（2）对学校内影响学生健康的学习、生活、劳动、环境、食品等方面的卫生和传染病防治工作实行卫生监督；（3）对学生使用的文具、娱乐器具、保健用品实行卫生监督。

行使学校卫生监督职权的机构设立学校卫生监督员，由省级以上卫生行政部门聘任并发给学校卫生监督员证书。学校卫生监督员执行卫生行政部门或者其他有关部门卫生主管机构交付的学校卫生监督任务。学校卫生监督员在进行卫生监督时，有权查阅与卫生监督有关的资料，收集与卫生监督有关的情况，被监督的单位或者个人应当给予配合。学校卫生监督员对所掌握的资料、情况负有保密责任。

三、学校卫生法律责任

未经卫生行政部门许可新建、改建、扩建校舍的，由卫生行政部门对直接责任单位或者个人给予警告、责令停止施工或者限期改建。

【典型案例】
廖某、欧阳某诉某小学教育机构责任纠纷案

对学校教学建筑、环境噪声、室内微小气候、采光、照明等环境质量以及黑板、课桌椅的设置不符合国家卫生标准的，未按照有关规定为学生设置厕所和洗手设施的，寄宿制学校没有为学生提供洗漱、洗澡等卫生设施的，学校体育场地和器材不符合卫生和安全要求的，由卫生行政部门对直接责任单位或者个人给予警告并限期改进。情节严重的，可以同时建议教育行政部门给予行政处分。

对学校组织学生参加生产劳动，致使学生健康受到损害的，由卫生行政部门对直接责任单位或者个人给予警告，责令限期改进。

对学校提供学生使用的文具、娱乐器具、保健用品，不符合国家有关卫生标准的，由卫生行政部门对直接责任单位或者个人给予警告。情节严重的，可以会同市场监督管理部门没收其不符合国家有关卫生标准的物品，并处以非法所得2倍以下的罚款。

拒绝或者妨碍学校卫生监督员实施卫生监督的，由卫生行政部门对直接责任单位或者个人给予警告。情节严重的，可以建议教育行政部门给予行政处分或者处以200元以下的罚款。

第五节　公共场所法律制度

一、公共场所法律制度概述

（一）公共场所概念

公共场所是指供公众从事社会生活的各种场所的总称，是人们生活中不可或缺的组成部分，是反映一个国家、民族物质条件和精神文明的窗口。根据《公共场所卫生管理条例》规定，公共场所主要包括七类：住宿和交流场所，洗浴与美容场所，文化娱乐场所，文化交流场所，商业活动场所，就诊和交通场所，体育、休息场所，共 28 种。

（二）公共场所卫生管理立法

1987 年，国务院发布了《公共场所卫生管理条例》，这部行政法规是针对全国公共场所卫生工作的第一部法律规范。1991 年，原卫生部发布了《公共场所卫生管理条例实施细则》。同年，原卫生部制定了《公共场所卫生监督工作程序（试行）》。2006 年，原卫生部发布了《公共场所集中空调通风系统卫生管理办法》。2017 年，原卫计委修订了《公共场所卫生管理条例实施细则》。之后国家市场监督管理总局、中国国家标准化委员会又发布了《公共场所卫生指标及限值要求》《公共场所设计卫生规范》《公共场所卫生管理规范》和《公共场所卫生学评价规范》等一系列卫生标准。

二、公共场所的卫生管理法律制度

根据《公共场所卫生管理条例》以及《公共场所卫生管理条例实施细则》，公共场所的卫生管理要求主要有以下内容：

（一）建立健全卫生管理制度

公共场所的法定代表人或者负责人是其经营场所卫生安全的第一责任人。公共场所的主管部门应当建立卫生管理制度，配备专职或者兼职卫生管理人员，对所属经营单位（包括个体经营者，下同）的卫生状况进行经常性检查，并提供必要的条件。

（二）落实卫生管理，从业人员持证上岗

经营单位应当负责所经营的公共场所的卫生管理，建立卫生责任制度。对本单位的从业人员进行卫生知识的培训和考核工作，对考核不合格的，不得安排上岗。

公共场所直接为顾客服务的人员，须持有健康证明方能从事本职工作。患有痢疾、伤寒、病毒性肝炎、活动期肺结核、化脓性或者渗出性皮肤病以及其他有碍公共卫生的疾病的，治愈前不得从事直接为顾客服务的工作。

（三）及时办理卫生许可证

除公园、体育场（馆）、公共交通工具外的公共场所，经营单位应当及时向卫生行政部门申请办理卫生许可证，有效期为 4 年，2 年复核 1 次。

（四）制定应急预案，发生事故及时报告

公共场所经营者应当制定公共场所危害健康事故应急预案或者方案，定期检查公共场所各项卫生制度、措施的落实情况，及时消除危害公众健康的隐患。

公共场所因不符合卫生标准和要求发生危害健康事故的，经营者应当妥善处置，防止危害扩大，并及时向县级人民政府卫生计生行政部门报告。任何单位或者个人对危害健康事故不得隐瞒、缓报、谎报或者授意他人隐瞒、缓报、谎报。

（五）定期进行卫生检测

公共场所经营者应当按照卫生标准、规范的要求对公共场所的空气、微小气候、水质、采光、照明、噪声、顾客用品用具等进行卫生检测，检测每年不得少于 1 次；检测结果不符合卫生标准、规范要求的应当及时整改。公共场所经营者不具备检测能力的，可以

委托检测。公共场所经营者应当在醒目位置如实公示检测结果，并对其卫生检测的真实性负责，依法依规承担相应后果。

（六）定期进行设施设备维护，保证使用正常

公共场所经营者应当根据经营规模、项目设置清洗、消毒、保洁、盥洗等设施设备和公共卫生间。公共场所设置的卫生间，应当有单独通风排气设施，保持清洁无异味。

公共场所经营者还应建立卫生设施设备维护制度，定期检查卫生设施设备，确保其正常运行，不得擅自拆除、改造或者挪作他用。还应当配备安全、有效的预防控制蚊、蝇、蟑螂、鼠和其他病媒生物的设施设备及废弃物存放专用设施设备，并保证相关设施设备的正常使用，及时清运废弃物。

三、公共场所的卫生监督主体职责

（一）公共场所卫生监督机构及其职责

各级卫生防疫机构，负责管辖范围内的公共场所卫生监督工作。民航、铁路、交通、厂（场）矿卫生防疫机构对管辖范围内的公共场所施行卫生监督，并接受当地卫生防疫机构的业务指导。

卫生防疫机构对公共场所的卫生监督职责：（1）对公共场所进行卫生监测和卫生技术指导；（2）监督从业人员健康检查，指导有关部门对从业人员进行卫生知识的教育和培训。

（二）公共场所卫生监督员及其要求

卫生防疫机构根据需要设立公共场所卫生监督员，执行卫生防疫机构交给的任务。公共场所卫生监督员由同级人民政府发给证书。民航、铁路、交通、工矿企业卫生防疫机构的公共场所卫生监督员，由其上级主管部门发给证书。

卫生监督员有权对公共场所进行现场检查，索取有关资料，经营单位不得拒绝或隐瞒。卫生监督员对所提供的技术资料有保密的责任。公共场所卫生监督员在执行任务时，应佩戴证章、出示证件。

四、公共场所卫生法律责任

公共场所卫生监督机构和卫生监督员必须尽职尽责，依法办事。对玩忽职守，滥用职权，收取贿赂的，由上级主管部门给予直接责任人员行政处分。构成犯罪的，由司法机关依法追究直接责任人员的刑事责任。

凡有下列行为之一的单位或者个人，卫生防疫机构可以根据情节轻重，给予警告、罚款、停业整顿、吊销卫生许可证的行政处罚：（1）卫生质量不符合国家卫生标准和要求，而继续营业的；（2）未获得健康合格证明而从事直接为顾客服务的；（3）拒绝卫生监督的；（4）未取得卫生许可证，擅自营业的。

违反《公共场所卫生管理条例》的规定造成严重危害公民健康的事故或中毒事故的单位或者个人，应当对受害人赔偿损失。违反该条例致人残疾或者死亡，构成犯罪的，应由司法机关依法追究直接责任人员的刑事责任。

本章思考题

1. 如何理解精神障碍？医疗机构在精神障碍治疗过程中应履行哪些义务？精神障碍患者的权利有哪些？

2. 我国妇女卫生法律制度的核心是什么？《母婴保健法》规定了哪几类母婴保健服务？

3. 如何理解学校卫生制度？学校卫生的工作内容有哪些？

4. 公共场所的卫生管理有哪些？公共场所卫生监督机构及其职责有哪些？

第八章
公共健康产品法律制度

健康产品是维持和增进人体健康、实现健康权的物质基础。在与人的健康有关的各种各样的产品中，食品、药品、化妆品、医疗器械、保健品、生活饮用水等产品与人的健康最为密切且需要政府进行严格监管。健康产品法遵循"风险治理、国家监管、社会共治"的原则，为公共健康提供法治保障。本章主要介绍血液制品、食品、化妆品和生活饮用水安全法律制度。

第一节　公共健康产品法律制度概述

一、健康产品的含义

从广义上说，决定健康的社会因素中的所有产品，即与人的健康有关的所有产品都属于"健康产品"的范畴，涉及衣食住行的方方面面。但是，从健康权实现的物质保障和政府监管的角度而言，健康产品仅指与恢复、维持和增进人体健康密切相关、需要政府进行严格监管的产品。包括食品、药品、化妆品、医疗器械、保健品、涉及饮用水卫生安全产品等。药品、医疗器械管理等法律制度将在第四编"药事法"中介绍，本章主要介绍食品、化妆品和生活饮用水法律制度，以及作为特殊管理药品的血液制品相关法律制度。

二、公共健康产品法律制度的基本原则

公共健康产品法律制度聚焦健康产品质量安全问题，即健康产品在生产、销售、使用等过程中给消费者带来的健康损害与健康风险问题。公共健康产品法律制度为公共健康提供基础支撑，除了遵循公共健康基本原则外，将"风险治理、国家监管、社会共治"作为其特有的原则，例如，《食品安全法》明确规定，食品安全工作实行预防为主、风险管理、全程控制、社会共治，建立科学、严格的监督管理制度。公共健康产品法律制度的三个基本原则相互联系，风险治理是健康产品法的宗旨和目标，在国家监管的同时，需要实现从一元监管到多元综合治理的社会共治转型。

（一）风险治理原则

当今社会是一个风险社会，随着工业化、市场化和全球化的不断发展，社会公众更切身地感受到其生活在市场经济、先进科技和多头行政等带来的巨大风险之下。[1] 以食品为例，食品的大批量生产与面向不特定多数人的供给导致食物中毒、病菌及致癌物质等有害物质的污染、制造流程中的失误等引起有害物质的生成等食品安全相关问题正在逐渐增加。从原材料到制造流程的任何一个环节发生安全问题，哪怕仅仅一次，所导致的健康受损害人数都是自给自足时代的小生产模式无法比拟的。[2] 因此，应遵循风险治理原则，对健康产品进行风险控制。风险治理原则是指从公共利益出发，为将健康产品风险降到人类可以承受之范围内，在法律授权下，多元治理主体主动参与对健康产品的研发、生产、经营和使用的决策、执行、监督与评估的过程。[3] 我国《食品安全法》即明确规定了风险治理原则，确立了包括食品安全风险监测和风险评估、食品安全风险预警和食品召回在内的风险控制制度。

（二）国家监管原则

当前，我国正处于经济体制全面深化改革、社会结构深层变动、利益格局深度调整、思想观念深刻变化、利益冲突和社会矛盾不断凸显的社会转型关键期，健康产品领域的安全形势依然严峻，加之健康产品具有较强的外部性和严重信息不对称，容易引发市场失灵，因此成为政府社会监管的典型领域。[4] 健康产品的国家监管原则，是指国家对健康产品安全和健康产品市场进行监督和管理。我国健康产品监管主体长期以来以国家为主。

从监管力量来看，2013 年，中央政府试图构建食品药品统一规制的大部门监管体系，将原国务院食品安全委员会办公室、国家食品药品监督管理总局、国家质量监督检验检疫总局、国家工商行政管理总局的药品监管职责加以整合，组建了国务院直属机构——国家食品药品监督管理总局（CFDA），作为综合管理药品、医疗器械、化妆品安全的机构，具体负责药品生产、流通、使用中安全性、有效性的风险评估与风险管理，以及促进多元主体与 CFDA 之间风险信息的共享。[5] 目前，CFDA 改名为国家药品监督管理局，由国家市场监督管理总局管理。

（三）社会共治原则

社会共治原则是共治这一卫生法基本原则在健康产品法领域的具体表现。"共治"指的是社会治理主体共同治理社会活动。[6] 健康产品法的社会共治原则，是指政府及其他社会主体为实现社会的良性运转，采取一系列管理理念、方法和手段进行共治，从而在社会稳定的基础上保障公民权利，实现公共利益的最大化。[7] 从主体上讲，共治强调的是政府、市场、社会组织、公众的多元化特性；从客体上讲，共治既要协调人与人之间的关系，也

---

[1]　Ulrich Beck., Risk Society: Towards A New Modernity, Sage Publications Ltd., 1992.

[2]　［日］清水俊雄：《日本食品标示法解析》，于杨曜、黄炎译，华南理工大学出版社 2017 年版，第 175 页。

[3]　申卫星、刘畅：《论我国药品安全社会治理的内涵、意义与机制》，载《法学杂志》2017 年第 11 期。

[4]　于培明、宋丽丽、岳淑梅：《从中美药品监督体系的比较看我国药品监督体系的体制缺陷》，载《国际医药卫生导报》2005 年第 11 期。

[5]　刘畅：《论我国药品安全规制模式之转型》，载《当代法学》2017 年第 3 期。

[6]　江国华、刘文君：《习近平"共建共治共享"治理理念的理论释读》，载《求索》2018 年第 1 期。

[7]　周晓丽、党秀云：《西方国家的社会治理：机制、理念及其启示》，载《南京社会科学》2013 年第 10 期。

要协调人与自然之间的关系；从手段上讲，社会治理采用"法、理、情"三种不同的社会控制手段，这些社会控制手段是基于调和参与，而非基于控制和命令；从权力（利）的运行上讲，社会治理趋于网状结构，不再是自上而下的组织、指挥和控制，而是上下平等协商、协调互动、合作治理。[1]

我国一直积极推进健康产品安全的社会共治格局。在市场主体由经营者、消费者、政府构成的三元模式中，政府与经营者的二元对立式监管显然并不是完美的治理方式。建立多维的合作关系，如政府与企业、政府与公众、政府与媒体、企业与公众以及各个主体之间的多方关系，以预防、惩罚为理念，以自律、公益诉讼等制度为支撑构建的立体保护制度，可以实现对消费者的实质公平，达到监管所无法达到的效果。[2]《食品安全法》中食品安全有奖举报和保护举报人合法权益的内容，有利于保护并提高食品生产经营的内部人员举报食品安全违法行为的积极性，对于及时发现、控制和消除食品安全隐患，形成良好的食品安全社会共治局面具有重要意义。《食品安全法》第23条还原则性地确立了食品安全风险交流法律制度，[3]发挥包括行业协会、公共媒体、消费者、消费者权益保护组织、专家学者、商业保险机构等主体的能动性，强调各方主体的权利和责任。[4]

第二节　血液及血液制品管理法律制度

输血是现代医疗的重要手段，是人类认识自己、征服伤病的伟大发现，它在临床医学领域中有着拯救生命、治疗疾病的重要作用。但是，血液是一种复杂的维持生命的物质，在采集、储存、使用过程中，必须确保其质量。为确保血液质量，保证献血者和用血者的身体健康，有必要通过法律对血液的采集、储存、使用过程进行严格的管理。同时，献血事业的发展程度是社会文明程度的标志之一，我国实行的无偿献血制度是促进精神文明建设的一项具体措施，每个公民都应当积极参与。

一、血液管理法律制度概述

（一）血液管理法律制度的概念

血液管理法是调整国家对献血、采血、临床用血以及血液制品等进行管理时形成的

---

[1]　参见申卫星、刘畅：《论我国药品安全社会治理的内涵、意义与机制》，载《法学杂志》2017年第11期；丁冬：《食品安全社会共治的主体和路径》，《中国社会科学报》2014年11月21日，第A5版。

[2]　隋洪明：《风险社会背景下食品安全综合规制法律制度研究》，法律出版社2017年版。

[3]　由于政府部门间的信息共享和沟通机制尚未建立，政府信息发布的全面性、及时性、充分性尚难以满足民众的信息需求，包括政府工作人员在内的国民欠缺开展风险交流所必要的科学素养与交流意识，导致我国的食品安全风险交流主要呈现应急式的单项信息发布状态，而未形成常态化的交流机制，日常状态下监管主体、科学家、公众之间对食品安全的风险感知的互动式交流沟通局面仍未形成，缺少业界、学界、消费者、公众等各利益相关方能够有效参与的风险交流方式和交流平台。

[4]　丁冬：《食品安全社会共治的主体和路径》，《中国社会科学报》2014年11月21日，第A5版。

各种社会关系的法律规范的总称。血液管理法律法规关系到人民群众的身体健康和生命安全，它是我国卫生法律体系的重要组成部分。

献血法是血液管理法律制度中最重要的法律制度，是指调整保证临床用血需要和安全，保障献血者和用血者身体健康活动中产生的各种社会关系的法律规范的总称。

（二）我国血液管理法律制度的发展

我国血液管理立法始于20世纪70年代后期。为保证血液安全，1978年11月24日，国务院批转原卫生部《关于加强输血工作的请示报告》，正式提出实行公民义务献血制度。《采供血机构和血液管理办法》《血站基本标准》等细化了对血站和单采血浆站的管理。1996年12月30日，国务院发布了《血液制品管理条例》，该条例于2016年2月6日修订。1997年12月29日，第八届全国人大常委会第二十九次会议通过了《中华人民共和国献血法》（以下简称《献血法》），该法自1998年10月1日起施行，以法律的形式确立了我国临床用血实行无偿献血制度，对公民献血、用血，血站采血、储血、供血，以及医疗机构临床用血等活动作了规范。

此后，原卫生部于2005年11月发布了《血站管理办法》，该办法自2006年3月1日起施行，经2016年和2017年两次修改，其对血站的设置、执业、监督管理及法律责任作出明确规定。原卫生部于2012年6月7日发布《医疗机构临床用血管理办法》，国家卫生健康委员会于2019年2月28日对其进行修改，该办法对医疗机构临床用血管理、推进临床科学合理用血、保护血液资源、保障临床用血安全和医疗质量进行了规定。《全国无偿献血表彰奖励办法》《单采血浆站管理办法》《单采血浆站基本标准（2021年版）》等法律法规及血液技术标准和规范被制定或修改。

二、无偿献血制度

（一）无偿献血的概念

无偿献血是指公民向血站自愿、无报酬地提供自身血液的行为。

我国出现过三种献血形式，即个体供血、义务献血、无偿献血。[1] 个体供血是公民向采供血机构提供自身血液并获取一定报酬的行为。义务献血是通过政府献血领导小组或献血委员会向机关、企事业单位分配献血指标，下达献血任务，献血后给予献血者一定营养补助费的献血制度。实行公民义务献血制度以来，我国的输血事业有了长足的发展，义务献血对保障医疗临床用血起到重要作用。但是，义务献血制度是被动地献血，没有充分调动献血者的积极性。无偿献血是国际红十字会和世界卫生组织自20世纪30年代起建议和提倡的，经过数十年不懈努力，世界上许多国家从有偿献血逐步过渡到了无偿献血。1984年，原卫生部和中国红十字会总会在全国倡导无偿献血，深圳市、海南省率先通过地方立法确立了无偿献血制度。《献血法》以法律的形式确立了我国临床用血实行无偿献血制度。无偿献血制度的推行，能从根本上保证血液质量，最大限度地降低经血液传播疾病的危险，保障医疗临床用血安全，达到治病救人的目的，它还是一种"我为人人，人人为我"

---

① 王陇德、张春生主编：《中华人民共和国献血法释义》，法律出版社1998年版，第5页。

的社会共济行为，是一种无私的奉献，是人道主义精神的重要体现。

（二）无偿献血的主体

《献血法》提倡 18—55 周岁的健康公民自愿献血，动员家庭、亲友、单位及社会互助献血；国家机关、军队、社会团体、企事业组织、居民委员会、村民委员会，应当动员和组织本单位或者本居住区的适龄公民参加献血；鼓励国家工作人员、现役军人和高等学校在校学生率先献血。

之所以将献血者年龄限定在 18—55 周岁，是考虑到我国公民的身体素质和满足用血的需要等因素。18 周岁是我国法定的完全行为能力人的年龄界限，无偿献血是公民自愿的行为，需要行为人具备完全行为能力，所以《献血法》规定 18 周岁为无偿献血的最低年龄。科学研究表明，每个成年人平均有 4 000~5 000 毫升血液，其中，80% 左右在血液循环系统内流动，20% 左右在体内贮存作为补充，采取少量血液不会影响身体健康。[①] 而且，定期献血的人，造血功能比不献血的人旺盛。从新陈代谢的角度讲，经常献血的人血细胞比不献血的人有活力，因此，献血对人体的正常生理活动是有利的。考虑到我国公民的体质状况和各地的做法，法律规定 55 周岁为无偿献血的最高年龄，但并非超过 55 周岁的人不允许献血。

国家工作人员、现役军人和高等学校的在校学生，普遍具有较高的思想觉悟和文化素质，身体条件较好，是我国精神文明建设的重要力量，也是参与无偿献血的基本队伍。依法鼓励这部分群体率先献血，是保证《献血法》顺利实施，避免医疗临床用血发生短缺，带动全社会树立救死扶伤的社会新风尚的有力措施。开展无偿献血以来，实践中也是这部分公民起着带头和表率作用。在实行无偿献血制度的其他国家和地区，也主要是以这部分人群为基础。

（三）无偿献血工作的组织和领导

无偿献血最初是由国际红十字组织倡导的，因此，国外无偿献血工作主要由各国红十字会组织。由于红十字会是民间团体，在开展献血活动中遇到困难时，需要政府的支持，所以，国际红十字会组织要求各国红十字会与政府密切合作，共同推进无偿献血工作。为了加强对血液的管理，保障输血安全，有的国家也通过立法等方式，确认政府的责任，加强对献血工作的管理。例如，希腊的献血法规定由卫生福利社会安全部门全权负责组织献血活动；加拿大成立血液署，法国卫生部中设血液局，对血液工作进行指导和监督等。[②]

《献血法》确立了政府领导、部门配合、社会动员、宣教开路、先进带头的献血工作体制和机制。各级人民政府领导本行政区域内的献血工作，统一规划并负责组织、协调有关部门共同做好献血工作；加强对无偿献血宣传教育工作的领导，广泛宣传献血的意义，普及献血的科学知识，开展预防和控制经血液途径传播的疾病的教育。红十字会依法参与、推动献血工作。县级以上卫生行政部门对血源、血液、献血工作进行监督管理。社会团体、新闻媒体开展无偿献血的社会公益性宣传。

---

① 王陇德、张春生主编：《中华人民共和国献血法释义》，法律出版社 1998 年版，第 7 页。
② 王陇德、张春生主编：《中华人民共和国献血法释义》，法律出版社 1998 年版，第 9 页。

三、血站管理制度

（一）血站的概念

血站是指不以营利为目的，采集、制备、储存血液及提供临床用血的公益性卫生机构。

血站分为一般血站和特殊血站。一般血站分为血液中心、中心血站和中心血库。特殊血站包括脐带血造血干细胞库和国家卫生行政部门根据医学发展需要批准、设置的其他类型血库。《血站管理办法》对血站的设置、执业、监督管理及法律责任作出明确规定。

（二）血站设置与登记

1. 审批机关

省、自治区、直辖市人民政府卫生行政部门依据采供血机构设置规划批准设置血站，并报国家卫生行政部门备案。

2. 设置

（1）一般血站的设置。血液中心应当设置在直辖市、省会市、自治区首府市，中心血站应当设置在设区的市，中心血库应当设置在中心血站难以覆盖的县级综合医院内。

（2）特殊血站的设置。国家卫生行政部门统一制定我国脐带血造血干细胞库等特殊血站的设置规划和原则。国家不批准设置以营利为目的的脐带血造血干细胞库等特殊血站。

3. 登记

血站开展采供血活动，应当向所在省级人民政府卫生行政部门申请办理执业登记，取得《血站执业许可证》。《血站执业许可证》的有效期为三年，有效期满前三个月，血站应当办理再次执业登记。

血站申请办理执业登记必须填写《血站执业登记申请书》；省级人民政府卫生行政部门在受理申请后，应当组织有关专家或者委托技术部门，根据《血站质量管理规范》和《血站实验室质量管理规范》，对申请单位进行技术审查，并提交技术审查报告。省级人民政府卫生行政部门应当在接到专家或者技术部门的技术审查报告后 20 日内对申请事项进行审核。审核合格的，予以执业登记，发给《血站执业许可证》及其副本。

不予执业登记的情形包括：（1）《血站质量管理规范》技术审查不合格的；（2）《血站实验室质量管理规范》技术审查不合格的；（3）血液质量检测结果不合格的。执业登记机关对审核不合格、不予执业登记的，将结果和理由以书面形式通知申请人。

《血站执业许可证》有效期满前 3 个月，血站应当办理再次执业登记。省级人民政府卫生行政部门应当根据血站业务开展和监督检查情况进行审核，审核合格的，予以继续执业。未通过审核的，责令其限期整改；经整改仍审核不合格的，注销其《血站执业许可证》。未办理再次执业登记手续或者被注销《血站执业许可证》的血站，不得继续执业。

血站因采供血需要，在规定的服务区域内设置分支机构，应当报所在省级人民政府卫生行政部门批准；设置固定采血点（室）或者流动采血车的，应当报省级人民政府卫生行政部门备案。为保证辖区内临床用血需要，血站可以设置储血点储存血液。储血点应当具备必要的储存条件，并由省级卫生行政部门批准。

（三）血站的职责

1. 血液中心的主要职责

血液中心的主要职责是：（1）按照省级人民政府卫生行政部门的要求，在规定范围内开展无偿献血者的招募、血液的采集与制备、临床用血供应以及医疗用血的业务指导等工作；（2）承担所在省、自治区、直辖市血站的质量控制与评价；（3）承担所在省、自治区、直辖市血站的业务培训与技术指导；（4）承担所在省、自治区、直辖市血液的集中化检测任务；（5）开展血液相关的科研工作；（6）承担卫生行政部门交办的其他任务。

2. 中心血站的主要职责

中心血站的主要职责是：（1）按照省级人民政府卫生行政部门的要求，在规定范围内开展无偿献血者的招募、血液的采集与制备、临床用血供应以及医疗用血的业务指导等工作；（2）承担供血区域范围内血液储存的质量控制；（3）对所在行政区域内的中心血库进行质量控制；（4）承担卫生行政部门交办的其他任务。

3. 中心血库的主要职责

按照省级人民政府卫生行政部门的要求，在规定范围内开展无偿献血者的招募、血液的采集与制备、临床用血供应以及医疗用血业务指导等工作。

（四）血站的采供血管理

1. 执业规定

血站执业，应当遵守有关法律、行政法规、规章和技术规范，保障用血安全。具体包括：（1）应当根据医疗机构临床用血需求，制定血液采集、制备、供应计划，保障临床用血安全、及时、有效；（2）应当开展无偿献血宣传；（3）应当按照国家有关规定对献血者进行健康检查和血液采集，采血前应当对献血者身份进行核对并进行登记，严禁超量、频繁采集血液；（4）采集血液应当遵循自愿和知情同意的原则，并对献血者履行规定的告知义务；（5）应当建立对有易感染经血液传播疾病危险行为的献血者献血后的报告工作程序、献血屏蔽和淘汰制度。

2. 采血管理

《献血法》和《血站管理办法》等对献血者的身体健康条件、采血人员的资格、采血器材、每次采血的采血量、两次采血的间隔期、血液检测等血站必须遵守的操作规程和制度进行规定，保障献血者健康以及用血者用血安全。

采血质量管理要求包括：（1）血站开展采供血业务，应当严格遵守有关操作规程、技术规范和标准；（2）必须使用一次性采血器材，不得重复使用，使用后必须销毁；（3）采血必须由具有采血资格的医务人员进行；（4）血站对采集的血液必须进行检测；（5）血液、采供血和检测的原始记录应当至少保存10年，血液标本的保存期为全血或成分血使用后2年。

3. 供血管理

（1）发血管理。血站应当保证发出的血液质量符合国家有关标准，其品种、规格、数量、活性、血型无差错；未经检测或者检测不合格的血液，不得向医疗机构提供。

（2）血液包装、储存、运输管理。血液的包装、储存、运输应当符合《血站质量管理规范》的要求。血液包装袋上应当标明：① 血站名称及其许可证号；② 献血编号或者条形码；③ 血型；④ 血液品种；⑤ 采血日期及时间或者制备日期及时间；⑥ 有效日期及时间；⑦ 储存条件。血站还应当加强对其所设储血点的质量监督，确保储存条件，保证血液储存质量；按照临床需要进行血液储存和调换。新鲜冰冻血浆贮存温度 −20℃以下，冰冻红细胞贮存温度 −70℃以下，血小板贮存温度 20~24℃以下，冷沉淀贮存温度 −20℃以下。

（3）采集血液的使用。无偿献血的血液必须用于临床，不得买卖。血站剩余成分血浆由省级人民政府卫生行政部门协调血液制品生产单位解决。血站剩余成分血浆以及因科研或者特殊需要用血而进行的调配所得的收入，全部用于无偿献血者用血返还费用，血站不得挪作他用。

四、临床用血管理制度

（一）临床用血的概念

临床用血，是指医疗机构将血站依法采集的供血者的血液或血液成分输注给患者进行抢救、治疗的医疗行为的总称。临床用血包括使用全血和成分血。

（二）临床用血管理

1. 临床用血的管理部门

国家卫生行政部门负责全国医疗机构临床用血的监督管理；县级以上人民政府卫生行政部门负责本行政区域医疗机构临床用血的监督管理。医疗机构法定代表人为临床用血管理第一责任人。

二级以上医疗机构应当设立由主要领导、业务主管部门及相关科室负责人组成的临床用血管理委员会，负责本机构临床合理用血管理工作。

医疗机构应当根据有关规定和临床用血需求，设置输血科或者血库，配备与输血工作相适应的专业技术人员、设施、设备，负责本单位临床用血的计划申报，储存血液，承担相关临床用血的任务。

医疗机构作为用血单位，其临床用血，应当使用卫生行政部门指定血站提供的血液，并对血液的预订、接收、入库、储存、出库及库存动态预警等进行管理，保证血液储存、运送符合国家有关标准和要求。将临床用血情况纳入科室和医务人员工作考核指标体系。

2. 临床用血原则

临床用血应遵照合理、科学的原则，医疗机构应当科学制订临床用血计划，建立临床合理用血的评价制度，提高临床合理用血水平，不得浪费和滥用血液；应当积极推行节约用血的新型医疗技术，三级医院、有条件的二级医院和妇幼保健院应当开展自体输血技术；不得使用原料血浆，除批准的科研项目外，不得直接使用脐带血。

为保障公民临床紧急用血的需要，国家提倡并指导择期手术的患者自身储血，动员家庭、亲友、所在单位以及社会互助献血。

3. 血液的接受和存储管理

医疗机构接收血站发送的血液后，应当对血袋标签进行核对。禁止将血袋标签不合格的血液入库。医疗机构的储血设施应当保证运行有效,储血环境应当符合卫生标准和要求。

4. 临床用血申请和交叉配血制度

医疗机构应当建立临床用血申请管理制度:(1)同一患者一天申请备血量少于800毫升的,由具有中级以上专业技术职务任职资格的医师提出申请,上级医师核准签发后,方可备血;(2)同一患者一天申请备血量在800毫升至1600毫升的,由具有中级以上专业技术职务任职资格的医师提出申请,经上级医师审核,科室主任核准签发后,方可备血;(3)同一患者一天申请备血量达到或超过1600毫升的,由具有中级以上专业技术职务任职资格的医师提出申请,科室主任核准签发后,报医务部门批准,方可备血。上述规定不适用于急救用血。

确定输血后,医护人员应当按照规定程序采集血样,并将受血者输血前3天之内血样与输血申请单送交输血科(血库),输血科(血库)要按照规定逐项核对复查,正确无误时才可进行交叉配血。

5. 临床用血的核查

医疗机构对临床用血必须进行核查,不得将不符合国家规定的血液用于临床。建立医疗机构临床用血核查制度是确保用血者身体健康、预防和控制经血液途径传播疾病的重要环节。根据《献血法》的规定,血液质量的检测由血站来完成。医疗机构对血站提供的血液不再进行检测,但必须进行核查。核查的主要内容应包括:(1)确认患者的资料,包括患者姓名、住院号、病房病床号等,可通过询问患者或患者亲属的方式进行确认,还包括核对病历、核对血型配型标签以及定血单,以确认血液(血液成分)的血型和患者是否相符;(2)核查血液(血液成分)外包装上国家规定的内容,核对血液的有效期限;(3)核对后应在患者病历中记录输血日期、输血时间、输注的血液(血液成分)的单位数、输注的血液(血液成分)的编号,以备查对;(4)在患者病历上签字。经核查,上述内容有不相符的,医务人员不得将血液用于病人。

6. 临床输血

输血是临床输血治疗的最终落实环节。输血前由2名医护人员核对交叉配血报告单及血袋标签各项内容,检查血袋有无破损渗漏,血液颜色是否正常,准确无误方可输血。

输血时,由2名医护人员带病历共同到患者床旁核对患者姓名、性别、年龄、病案号、门急诊/病室、床号、血型等,确认与配血报告相符,再次核对血液后,用符合标准的输血器进行输血。输血过程中应严密观察受血者有无输血不良反应,如出现异常情况应及时处理。输血完毕,医护人员对有输血反应的应逐项填写患者输血反应回报单,并返还输血科(血库)保存。

7. 临床输血治疗的知情同意

在输血治疗前,医师应当向患者或者其近亲属说明输血目的、方式和风险,并签署临床输血治疗知情同意书。因抢救生命垂危的患者需要紧急输血,且不能取得患者或者其近亲属意见的,经医疗机构负责人或者授权的负责人批准后,可以立即实施输血治疗。

8. 临床用血不良事件监测报告制度

医疗机构应当建立临床用血不良事件监测报告制度。临床发现输血不良反应后,应当积极救治患者，及时向有关部门报告，并做好观察和记录。

9. 临床用血文书管理及培训制度

医疗机构应当建立临床用血医学文书管理制度，确保临床用血信息客观真实、完整、可追溯。应当建立培训制度，加强对医务人员临床用血和无偿献血知识的培训。

10. 血液捐献与受用的无偿原则

血液的捐献和受用实行无偿原则，但公民临床用血时需要交付用于血液的采集、储存、分离、检验等费用。具体收费标准由国务院卫生行政部门会同物价管理部门制定。

无偿献血者临床需要用血时，免交前款规定的费用；无偿献血者的配偶和直系亲属临床需要用血时，可以按照省、自治区、直辖市的规定免交或者减交前款规定的费用。

血液是一种特殊的资源，它在临床救治病人生命的活动中，发挥着其他药物不可替代的作用。尽管当今科学技术如此发达，但是临床医疗用血仍然只能依赖人类自身提供的血液来解决。因此，不能将血液当成商品。[①]故血液的采集、储存、分离、检验等费用只能是成本费用，不能存有营利空间。

（三）临时采集血液的管理

一般情况下，除患者自身储血、自体输血外，医疗机构临床用血，由县级以上人民政府卫生行政部门指定的血站供给。但为保证应急用血，医疗机构在符合法定条件，确保采血、用血安全的前提下可以临时采集血液。

《医疗机构临床用血管理办法》规定，为保证应急用血，医疗机构可以临时采集血液，但必须同时符合以下条件：（1）危及患者生命，急需输血；（2）所在地血站无法及时提供血液，且无法及时从其他医疗机构调剂血液，而其他医疗措施不能替代输血治疗；（3）具备开展交叉配血及乙型肝炎病毒表面抗原、丙型肝炎病毒抗体、艾滋病病毒抗体和梅毒螺旋体抗体的检测能力；（4）遵守采供血相关操作规程和技术标准。

医疗机构应当在临时采集血液后 10 日内将情况报告县级以上人民政府卫生行政部门。

五、血液制品管理制度

（一）血液制品的概念

血液制品是指各种人血浆蛋白制品，是一种宝贵的人源性生物药品。《血液制品管理条例》为血液制品生产的整个过程提供了法律依据和技术标准。

原料血浆是指由单采血浆站采集的专用于血液制品生产原料的血浆。对原料血浆的采集，国家实行单采血浆站统一规划、设置的制度，并对单采血浆站实行执业许可制度。

为加强血液制品管理，预防和控制经血液途径传播的疾病，保证血液制品的质量，国务院颁布了《血液制品管理条例》，为血液制品生产的整个过程提供了法律依据和技术标准。

（二）单采血浆站的设置和审批

单采血浆站是指根据地区血源资源，按照有关标准和要求并经严格审批设立，采集供

---

① 王陇德、张春生主编：《中华人民共和国献血法释义》，法律出版社 1998 年版，第 18 页。

应血液制品生产用原料血浆的单位。单采血浆站由血液制品生产单位设置或者由县级人民政府卫生行政部门设置，专门从事单采血浆活动，具有独立法人资格。

1. 单采血浆站的设置规划

国务院卫生行政部门根据核准的全国生产用原料血浆的需求，对单采血浆站的布局、数量和规模制定总体规划。省级人民政府卫生行政部门根据总体规划制定本行政区域内单采血浆站设置规划和采集血浆的区域规划，并报国务院卫生行政部门备案。

2. 单采血浆站设置与审批

设置单采血浆站必须具备下列条件：（1）符合单采血浆站布局、数量、规模的规划；（2）具有与所采集原料血浆相适应的卫生专业技术人员；（3）具有与所采集原料血浆相适应的场所及卫生环境；（4）具有识别供血浆者的身份识别系统；（5）具有与所采集原料血浆相适应的单采血浆机械及其他设置；（6）具有对所采集原料血浆进行质量检验的技术人员以及必要的仪器设备。

申请设置单采血浆站的，由县级人民政府卫生行政部门初审，经设区的市、自治州人民政府卫生行政部门或者省、自治区人民政府设立的派出机关的卫生行政机构审查同意，报省级人民政府卫生行政部门审批；经审查符合条件的，由省级人民政府卫生行政部门核发《单采血浆许可证》，并报国务院卫生行政部门备案。

（三）原料血浆的采集与供应

1. 血浆的采集

供血浆者是指提供血液制品生产用原料血浆的人员。单采血浆站只能对省级人民政府卫生行政部门划定区域内的供血浆者进行筛查和采集血浆。严禁单采血浆站采集非划定区域内的供血浆者和其他人员的血浆。

单采血浆站必须对供血浆者进行健康检查，检查合格的，由县级人民政府卫生行政部门核发《供血浆证》。单采血浆站在采集血浆前，必须对供血浆者进行身份识别并核实其《供血浆证》，确认无误的，方可按照规定程序进行健康检查和血液化验；对检查、化验合格的，按照有关技术操作标准及程序采集血浆，并建立供血浆者健康检查及供血浆记录档案；对于检查、化验不合格的，由单采血浆站收缴《供血浆证》，并由所在地县级人民政府卫生行政部门监督销毁。严禁采集无《供血浆证》者的血浆。

2. 血浆的供应

单采血浆站只能向一个与其签订质量责任书的血液制品生产单位供应原料血浆，严禁单采血浆站采集血液或者将所采集的原料血浆用于临床。国家禁止出口原料血浆。

（四）血液制品生产经营管理制度

新建、改建或者扩建血液制品生产单位，经国务院卫生行政部门根据总体规划进行立项审查同意后，由省级人民政府卫生行政部门依照《药品管理法》的规定审核批准，获得《药品生产企业许可证》。

血液制品生产单位必须达到《药品生产质量管理规范》规定的标准，经国务院卫生行政部门审查合格，并依法向市场监督管理部门申领营业执照后，方可从事血液制品的生产活动。

血液制品生产单位在原料血浆投料生产前，必须使用有产品批准文号并经国家药品生物制品检定机构逐批检定合格的体外诊断试剂，对每一人份血浆进行全面复检，并作检测记录。原料血浆经复检不合格的，不得投料生产。血液制品出厂前，必须经过质量检验；经检验不符合国家标准的，严禁出厂。生产、包装、储存、运输、经营血液制品，应当符合国家规定的卫生标准和要求。

六、血液及血液制品管理法律责任

（一）行政法律责任

1. 违反《献血法》及《血站管理办法》的行政责任

《献血法》规定，有下列行为之一的，由县级以上地方人民政府卫生行政部门予以取缔，没收违法所得，可以并处 10 万元以下的罚款：（1）非法采集血液的；（2）血站、医疗机构出售无偿献血的血液的；（3）非法组织他人出卖血液的。

根据《血站管理办法》规定，有下列行为之一的，属于非法采集血液，由县级以上地方人民政府卫生行政部门按照《献血法》第18条的有关规定予以处罚：（1）未经批准，擅自设置血站，开展采供血活动的；（2）已被注销的血站，仍开展采供血活动的；（3）已取得设置批准但尚未取得《血站执业许可证》即开展采供血活动，或者《血站执业许可证》有效期满未再次登记仍开展采供血活动的；（4）租用、借用、出租、出借、变造、伪造《血站执业许可证》开展采供血活动的。

血站违反有关操作规程和制度采集血液，医疗机构的医务人员违反规定，将不符合国家规定标准的血液用于患者的，由县级以上地方人民政府卫生行政部门责令改正，对直接负责的主管人员和其他直接责任人员，依法给予行政处分。血站造成经血液传播疾病发生或者其他严重后果的，卫生行政部门在行政处罚的同时，可以注销其《血站执业许可证》。

血站和医疗机构在临床用血的包装、储存、运输环节上不符合国家规定的卫生标准和要求的，由县级以上地方人民政府卫生行政部门责令改正，给予警告。

血站违反规定，向医疗机构提供不符合国家规定标准的血液的，由县级以上人民政府卫生行政部门责令改正；情节严重，造成经血液途径传播的疾病传播或者有传播严重危险的，限期整顿，对直接负责的主管人员和其他责任人员，依法给予行政处分。

卫生行政部门及其工作人员在献血、用血的监督管理工作中，玩忽职守，造成严重后果，尚不构成犯罪的，依法给予行政处分。

2. 违反《血液制品管理条例》的行政责任

非法从事组织、采集、供应、倒卖原料血浆活动的，由县级以上地方人民政府卫生行政部门予以取缔，没收违法所得和从事活动的器材、设备，并处违法所得5倍以上10倍以下的罚款；没有违法所得的，并处5万元以上10万元以下的罚款。

单采血浆站违规采集血浆的，由县级以上地方人民政府卫生行政部门责令限期改正，处5万元以上10万元以下的罚款；情节严重的，吊销《单采血浆许可证》。单采血浆站已知其采集的血浆检测结果呈阳性，仍向血液制品生产单位供应的，吊销《单采血浆许可证》，没收违法所得，并处10万元以上30万元以下的罚款。

涂改、伪造、转让《供血浆证》的，由县级人民政府卫生行政部门收缴《供血浆证》，没收违法所得，并处违法所得 3 倍以上 5 倍以下的罚款；没有违法所得的，并处 1 万元以下的罚款。

卫生行政部门工作人员滥用职权、玩忽职守、徇私舞弊、索贿受贿，尚不构成犯罪的，依法给予行政处分。

（二）民事法律责任

血站违反有关操作规程和制度采集血液，给献血者健康造成损害的，应当依法赔偿。医疗机构的医务人员违反规定，将不符合国家规定标准的血液用于患者，给患者健康造成损害的，应当依法赔偿。

（三）刑事法律责任

根据《献血法》和《刑法》的规定，血液管理领域涉及的犯罪行为和罪名主要包括：

1. 非法组织卖血罪、强迫卖血罪

《刑法》第 333 条规定，非法组织他人出卖血液的，处 5 年以下有期徒刑，并处罚金；以暴力、威胁方法强迫他人出卖血液的，处 5 年以上 10 年以下有期徒刑，并处罚金。有上述行为对他人造成伤害的，依照《刑法》第 234 条"故意伤害罪"定罪处罚。

2. 非法采集、供应血液、制作、供应血液制品罪

《刑法》第 334 条第 1 款规定，非法采集、供应血液或者制作、供应血液制品，不符合国家规定的标准，足以危害人体健康的，处 5 年以下有期徒刑或者拘役，并处罚金；对人体健康造成严重危害的，处 5 年以上 10 年以下有期徒刑，并处罚金；造成特别严重后果的，处 10 年以上有期徒刑或者无期徒刑，并处罚金或者没收财产。

3. 采集、供应血液、制作、供应血液制品事故罪

《刑法》第 334 条第 2 款规定，经国家主管部门批准采集、供应血液或者制作、供应血液制品的部门，不依照规定进行检测或者违背其他操作规定，造成危害他人身体健康后果的，对单位判处罚金，并对其直接负责的主管人员和其他直接责任人员，处 5 年以下有期徒刑或者拘役。

第三节　食品安全法律制度

一、食品安全法律制度概述

（一）食品的含义

我国 1995 年的《食品卫生法》将食品定义为"各种供人食用或者饮用的成品和原料以及按照传统既是食品又是药品的物品，但是不包括以治疗为目的的物品"。2009 年的《食品安全法》和修改后的《食品安全法》基本沿用了这一定义。根据《食品安全法》，食品指各种供人食用或者饮用的成品和原料以及按照传统既是食品又是中药材的物品，但是不包括以治疗为目的的物品。根据这一定义，食品不仅包括直接食用的各种食物，还包括食

品原料，既包括加工食品，也包括食用农产品，囊括了从农田到餐桌的整个食物链的食品。供食用的源于农业的初级产品（以下称食用农产品）的质量安全管理遵守《农产品质量安全法》的规定。但是，食用农产品的市场销售、有关质量安全标准的制定、有关安全信息的公布和《食品安全法》对农业投入品作出规定的，应当遵守《食品安全法》的规定。[①]

（二）食品安全立法概况

我国食品安全的法制化建设始于 20 世纪 50 年代，当时的卫生部发布了一些单项规章和标准对食品卫生进行监督管理，此后国务院于 1965 年颁布了《食品卫生管理试行条例》，我国的食品卫生管理工作进一步规范。随着经济社会的发展，第五届全国人大常委会第二十五次会议于 1982 年 11 月通过了《食品卫生法（试行）》。该法律试行十多年之后，第八届全国人大常委会第十六次会议于 1995 年 10 月审议通过了《食品卫生法》。在《食品卫生法》的基础上，2009 年 2 月，第十一届全国人大常委会第七次会议通过《食品安全法》。该法的施行对规范食品生产经营活动、保障食品安全发挥了重要作用。党的十八大以来，我国进一步改革完善食品安全监管体制，着力建立最严格的食品安全监管制度，积极推进食品安全社会共治格局，2015 年 4 月，第十二届全国人大常委会第十四次会议对《食品安全法》进行了修订，此次修法以建立严格的食品安全监管制度为重点，以法律形式固化监管体制改革成果，完善食品安全监管体制机制，强化监管手段，提高执法能力，落实企业的主体责任，动员社会各界积极参与，着力解决当前食品安全领域存在的突出问题，为最严格的食品安全监管提供法律制度保障。[②]2018 年 12 月，第十三届全国人大常委会第七次会议通过了《关于修改〈中华人民共和国产品质量法〉等五部法律的决定》，该法进行了修正。2021 年 4 月，第十三届全国人大常委会第二十八次会议通过了《关于修改〈中华人民共和国道路交通安全法〉等八部法律的决定》，该法进行了第二次修正。

此外，《农产品质量安全法》《产品质量法》《食品安全法实施条例》《乳品质量安全监督管理条例》《国务院关于加强食品等产品安全监督管理的特别规定》[③]等法律法规也从不同角度对食品安全问题作了规定。

二、食品市场准入法律制度

（一）食品生产经营许可制度

《食品安全法》第 35 条规定，国家对食品生产经营实行许可制度。从事食品生产、食品销售、餐饮服务，应当依法取得许可。但是，销售食用农产品不需要取得许可。食品生产经营许可，是指行政主体根据公民、法人或者其他组织的申请，经依法审查，准予其从事特定食品生产经营活动的行为。

---

① 《食品安全法》第 2 条第 2 款。
② 信春鹰、黄薇：《中华人民共和国食品安全法解读》，中国法制出版社 2015 年版，第 3 页。
③ 为加强食品等产品安全监督管理，进一步明确生产经营者、监督管理部门和地方人民政府的责任，加强各监督管理部门的协调、配合，保障人体健康和生命安全，国务院于 2007 年 7 月 26 日发布《国务院关于加强食品等产品安全监督管理的特别规定》。

（二）食品安全标准制度

技术标准已经成为国家现代行政的重要依据，其本身并非法律，但是一旦国家通过法律规范把遵守和执行技术规范确定为法律义务，技术规范便成为法律规范的有机组成部分。[①]《食品安全法》明确规定，食品生产经营者应当依照法律、法规和食品安全标准从事生产经营活动，保证食品安全，诚信自律，对社会和公众负责，接受社会监督，承担社会责任。食品安全标准是指在一定范围内为达到食品质量、安全、营养等要求，以及为保障人体健康，对食品及其生产加工销售过程中的各种相关因素所作的管理性规定或技术性规定。[②]食品安全标准是强制执行的标准。除食品安全标准外，不得制定其他食品强制性标准。

我国的食品安全标准包括食品安全国家标准、食品安全地方标准和食品安全企业标准。食品安全国家标准由国务院卫生行政部门会同国务院食品安全监督管理部门制定、公布，国务院标准化行政部门提供国家标准编号。食品中农药残留、兽药残留的限量规定及其检验方法与规程由国务院卫生行政部门、国务院农业行政部门会同国务院食品安全监督管理部门制定。屠宰畜、禽的检验规程由国务院农业行政部门会同国务院卫生行政部门制定。对地方特色食品未规定食品安全国家标准的，省、自治区、直辖市人民政府卫生行政部门可以制定并公布食品安全地方标准，报国务院卫生行政部门备案。食品安全国家标准制定后，该地方标准即行废止。国家鼓励食品生产企业制定严于食品安全国家标准或者地方标准的企业标准并在该企业适用，并报省、自治区、直辖市人民政府卫生行政部门备案。

（三）食品出厂强制检验制度

食品生产企业应当建立食品出厂检验记录制度，查验出厂食品的检验合格证和安全状况，如实记录食品的名称、规格、数量、生产日期或者生产批号、保质期、检验合格证号、销售日期以及购货者名称、地址、联系方式等内容，并保存相关凭证。记录和凭证保存期限不得少于产品保质期满后 6 个月；没有明确保质期的，保存期限不得少于 2 年。食品生产企业可以自行对所生产的食品进行检验，也可以委托符合《食品安全法》规定的食品检验机构进行检验。

（四）市场禁入制度

《食品安全法》第 34 条之规定，禁止生产经营下列食品、食品添加剂、食品相关产品：（1）用非食品原料生产的食品或者添加食品添加剂以外的化学物质和其他可能危害人体健康物质的食品，或者用回收食品作为原料生产的食品；（2）致病性微生物，农药残留、兽药残留、生物毒素、重金属等污染物质以及其他危害人体健康的物质含量超过食品安全标准限量的食品、食品添加剂、食品相关产品；（3）用超过保质期的食品原料、食品添加剂生产的食品、食品添加剂；（4）超范围、超限量使用食品添加剂的食品；（5）营养成分不符合食品安全标准的专供婴幼儿和其他特定人群的主辅食品；（6）腐败变质、油脂酸败、霉变生虫、污秽不洁、混有异物、掺假掺杂或者感官性状异常的食品、食品添加

[①]　伍劲松：《食品安全标准的性质与效力》，载《华南师范大学学报（社会科学版）》2010 年第 3 期。

[②]　国家标准化管理委员会农轻和地方部编：《食品标准化》，中国标准出版社 2006 年版，第 13—15 页。

剂；（7）病死、毒死或者死因不明的禽、畜、兽、水产动物肉类及其制品；（8）未按规定进行检疫或者检疫不合格的肉类，或者未经检验或者检验不合格的肉类制品；（9）被包装材料、容器、运输工具等污染的食品、食品添加剂；（10）标注虚假生产日期、保质期或者超过保质期的食品、食品添加剂；（11）无标签的预包装食品、食品添加剂；（12）国家为防病等特殊需要明令禁止生产经营的食品；（13）其他不符合法律、法规或者食品安全标准的食品、食品添加剂、食品相关产品。

三、食品安全风险监测制度

食品安全风险监测，是通过系统地、持续地对食品污染、食品中有害因素以及影响食品安全的其他因素进行样品采集、检验、结果分析，及早发现食品安全问题，为食品安全风险研判和处置提供依据的活动。食品安全风险监测的对象是食源性疾病、食品污染和食物中的有害因素。国务院卫生行政部门会同国务院食品安全监督管理部门，制定、实施国家食品安全风险监测计划。国家建立食品安全风险监测计划调整机制。国务院食品安全监督管理部门和其他有关部门获知有关食品安全风险信息后，应当立即核实并向国务院卫生行政部门通报。对有关部门通报的食品安全风险信息以及医疗机构报告的食源性疾病等有关疾病信息，国务院卫生行政部门应当会同国务院有关部门分析研究，认为必要的，及时调整国家食品安全风险监测计划。省、自治区、直辖市人民政府卫生行政部门会同同级食品安全监督管理等部门，根据国家食品安全风险监测计划，结合本行政区域的具体情况，制定、调整本行政区域的食品安全风险监测方案，报国务院卫生行政部门备案并实施。承担食品安全风险监测工作的技术机构应当根据食品安全风险监测计划和监测方案开展监测工作，保证监测数据真实、准确，并按照食品安全风险监测计划和监测方案的要求报送监测数据和分析结果。食品安全风险监测工作人员有权进入相关食用农产品种植养殖、食品生产经营场所采集样品、收集相关数据。采集样品应当按照市场价格支付费用。

四、食品安全风险评估制度

食品安全风险评估，是指对食品、食品添加剂中生物性、化学性和物理性危害对人体健康可能造成的不良影响进行的科学评估，包括危害识别、危害特征描述、暴露评估、风险特征描述等。食品安全风险评估的对象范围包括食品、食品添加剂、食品相关产品中生物性、化学性和物理性危害因素。《食品安全法》规定，国家建立食品安全风险评估制度，运用科学方法，根据食品安全风险监测信息、科学数据以及有关信息，对食品、食品添加剂、食品相关产品中生物性、化学性和物理性危害因素进行风险评估。

食品安全风险评估工作国务院卫生行政部门负责组织，成立由医学、农业、食品、营养、生物、环境等方面的专家组成的食品安全风险评估专家委员会进行食品安全风险评估。食品安全风险评估结果由国务院卫生行政部门公布。对农药、肥料、兽药、饲料和饲料添加剂等的安全性评估，应当有食品安全风险评估专家委员会的专家参加。食品安全风险评估应根据食品安全风险监测信息、科学数据以及其他有关信息，并遵循科学、透明和个案处理的原则进行。

食品安全风险评估分为应当评估、裁量评估、应急评估三种类型。经食品安全风险评估，得出食品、食品添加剂、食品相关产品不安全结论的，国务院食品安全监督管理等部门应当依据各自职责立即向社会公告，告知消费者停止食用或者使用，并采取相应措施，确保该食品、食品添加剂、食品相关产品停止生产经营；需要制定、修订相关食品安全国家标准的，国务院卫生行政部门应当会同国务院食品安全监督管理部门立即制定、修订。

国务院食品安全监督管理部门应当会同国务院有关部门，根据食品安全风险评估结果、食品安全监督管理信息，对食品安全状况进行综合分析。对经综合分析表明可能具有较高程度安全风险的食品，国务院食品安全监督管理部门应当及时提出食品安全风险警示，并向社会公布。

五、食品安全风险警示制度

（一）食品安全风险预警制度

食品安全风险预警是指通过对食品安全隐患的监测、追踪、量化分析、信息通报预报等，建立起一整套针对食品安全问题的功能体系。对潜在的食品安全问题及时发出警报，从而达到早期预防和控制食品安全事件、最大限度地降低损失、变事后处理为事先预警的目的。[①]

根据《食品安全法》第 22 条的规定，国务院食品安全监督管理部门应当会同国务院有关部门，根据食品安全风险评估结果、食品安全监督管理信息，对食品安全状况进行综合分析。对经综合分析表明可能具有较高程度安全风险的食品，国务院食品安全监督管理部门应当及时提出食品安全风险警示，并向社会公布。根据《食品安全法》第 118 条的规定，国家建立统一的食品安全信息平台，实行食品安全信息统一公布制度。国家食品安全总体情况、食品安全风险警示信息、重大食品安全事故及其调查处理信息和国务院确定需要统一公布的其他信息由国务院食品安全监督管理部门统一公布。食品安全风险警示信息和重大食品安全事故及其调查处理信息的影响限于特定区域的，也可以由有关省、自治区、直辖市人民政府食品安全监督管理部门公布。未经授权不得发布上述信息。县级以上人民政府食品安全监督管理、农业行政部门依据各自职责公布食品安全日常监督管理信息。公布食品安全信息，应当做到准确、及时，并进行必要的解释说明，避免误导消费者和社会舆论。

（二）食品标识、标签制度

《食品安全法》第 72 条规定，食品经营者应当按照食品标签标示的警示标志、警示说明或者注意事项的要求销售食品。同时，鉴于公众对转基因食品的安全性认识不一，《食

---

① 叶存杰：《基于 . NET 的食品安全预警系统研究》，载《科学技术与工程》2007 年第 2 期。

品安全法》第 69 条还规定，生产经营转基因食品应当按照规定显著标示。

六、食品召回制度

食品召回，是指食品生产者、经营者发现其生产或销售的已上市销售的食品不符合食品安全标准或者有证据证明可能危害人体健康的，按照规定的程序予以收回的行为。当已上市销售的食品不符合食品安全标准或者有证据证明可能危害人体健康的，就需要进行食品召回。

根据食品召回程序的启动方式，食品召回可分为主动召回和责令召回两种方式。食品主动召回的程序启动主体为食品生产经营者。食品生产经营者发现其生产销售的食品不符合食品安全标准或者有证据证明可能危害人体健康的，应当立即停止生产，召回已经上市销售的食品，通知相关生产经营者和消费者，并记录召回和通知情况。负有主动召回义务的食品生产经营者未依照规定召回或者停止经营的，县级以上人民政府食品安全监督管理部门可以责令其召回或者停止经营。食品生产经营者在接到责令召回的通知后，应当立即停止生产或者经营，按照法律规定的程序进行食品召回，并进行相应的处理，还应将食品召回和处理情况向所在地县级人民政府食品安全监督管理部门报告。

七、食品安全监管制度

食品安全监管是指政府依据法律、法规等规范，在食品安全领域管理和控制各类微观市场主体，以纠正市场失灵的活动。

（一）食品安全监管的主体

监管主体是指具有一定的独立性，通过依法制定相关规范和标准，调整市场主体的经济活动以及解决伴随其经济活动而产生的社会问题，并透过行政程序执行和发展这些标准的行政机构。[①]我国现行的食品监管体制采用以食品监督管理部门为主、其他有关部门为辅的模式。

根据《食品安全法》之规定，国务院设立食品安全委员会，其职责由国务院规定。国务院食品安全监督管理部门依照该法和国务院规定的职责，对食品生产经营活动实施监督管理。国务院卫生行政部门依照该法和国务院规定的职责，组织开展食品安全风险监测和风险评估，会同国务院食品安全监督管理部门制定并公布食品安全国家标准。国务院其他有关部门依照该法和国务院规定的职责，承担有关食品安全工作。

县级以上地方人民政府对本行政区域的食品安全监督管理工作负责，统一领导、组织、协调本行政区域的食品安全监督管理工作以及食品安全突发事件应对工作，建立健全食品安全全程监督管理工作机制和信息共享机制。县级以上地方人民政府依照该法和国务院的规定，确定本级食品安全监督管理、卫生行政部门和其他有关部门的职责。有关部门在各自职责范围内负责本行政区域的食品安全监督管理工作。县级人民政府食品安全监督

---

① 马英娟：《政府监管机构研究》，北京大学出版社 2007 年版，第 32 页。

管理部门可以在乡镇或者特定区域设立派出机构。

《食品安全法》还增加了地方政府实行食品安全责任制的规定，该法第 7 条明确规定："县级以上地方人民政府实行食品安全监督管理责任制。上级人民政府负责对下一级人民政府的食品安全监督管理工作进行评议、考核。县级以上地方人民政府负责对本级食品安全监督管理部门和其他有关部门的食品安全监督管理工作进行评议、考核。"

（二）食品安全监管的范围与内容

食品安全监管的范围涵盖食用农产品监管、食品生产监管、食品销售监管、食品添加剂监管、餐饮服务监管、特殊食品监管、食品广告监管等领域。其中，食品生产经营监管要求食品生产经营企业除了获得食品生产经营许可之外，还应履行《食品安全法》规定的建立健全食品安全管理制度、建立并执行从业人员健康管理制度等各项义务，食品安全监管主体应依法加强对食品生产经营活动的监管。特殊食品监管是指国家对保健食品、特殊医学用途配方食品和婴幼儿配方食品等特殊食品实行严格监督管理。

（三）食品安全监管的手段与制度

食品安全监管主体进行食品安全监管的手段多种多样，以下仅对食品安全全程追溯制度、食品安全风险分级管理制度、食品安全监督管理计划和监督检查措施、责任约谈制度进行介绍。

1. 食品安全全程追溯制度

2015 年修订的《食品安全法》在全程控制的原则下确立了食品安全全程追溯制度，即食品生产经营者应当依法建立食品安全追溯体系，保证食品可追溯。国家鼓励食品生产经营者采用信息化手段采集、留存生产经营信息，建立食品安全追溯体系。[1] 国务院食品安全监督管理部门会同国务院农业行政等有关部门建立食品安全全程追溯协作机制。[2]

2. 食品安全风险分级管理制度

为科学、高效地利用有限的监管资源，提升食品安全监管的效率，《食品安全法》规定了食品安全风险分级管理制度。县级以上人民政府食品安全监督管理部门根据食品安全风险监测、风险评估结果和食品安全状况等，确定监督管理的重点、方式和频次，实施风险分级管理。食品安全年度监督管理计划应当将下列事项作为监督管理的重点：（1）专供婴幼儿和其他特定人群的主辅食品；（2）保健食品生产过程中的添加行为和按照注册或者备案的技术要求组织生产的情况，保健食品标签、说明书以及宣传材料中有关功能宣传的情况；（3）发生食品安全事故风险较高的食品生产经营者；（4）食品安全风险监测结果表明可能存在食品安全隐患的事项。

3. 食品安全监督管理计划和监督检查措施

食品安全监管涉及多个监管部门，为实现食品安全的全程监管和各监管部门之间的无缝对接，《食品安全法》第 109 条第 2 款规定，县级以上地方人民政府组织本级食品安全监督管理、农业行政等部门制定本行政区域的食品安全年度监督管理计划，向社会公布并组织实施。

---

① 《食品安全法》第 42 条第 2 款。
② 《食品安全法》第 42 条第 3 款。

《食品安全法》第110条具体规定了食品安全监督检查措施，主要包括：（1）现场检查。县级以上人民政府食品安全监督管理部门有权进入食品生产经营场所实施现场检查，对食品生产经营者是否依法进行生产经营活动进行检查。（2）抽样检查。县级以上人民政府食品安全监督管理部门应当对食品进行定期或者不定期的抽样检验，并依据有关规定公布检验结果，不得免检。进行抽样检验，应当购买抽取的样品，委托符合该法规定的食品检验机构进行检验，并支付相关费用；不得向食品生产经营者收取检验费和其他费用。（3）查封、扣押有关物品。查封、扣押涉案财物是《行政强制法》规定的行政强制措施之一，县级以上人民政府食品安全监管部门在行使查封、扣押有关物品这一行政强制权时必须符合法定条件，遵循法定程序。即只有在有证据证明食品、食品添加剂、食品相关产品不符合食品安全标准，有证据证明食品、食品添加剂、食品相关产品存在安全隐患以及食品、食品添加剂、食品相关产品用于违法生产经营这三种情形下，才能进行查封、扣押。（4）查封违法从事生产经营活动的场所。查封有关场所也是《行政强制法》规定的行政强制措施之一，县级以上人民政府食品安全监管部门在查封违法从事生产经营活动的场所时，也必须符合法定条件，遵循法定程序。

4. 责任约谈制度

责任约谈是指依法享有监督管理职权的行政主体，发现其所监管的行政相对人出现了特定问题，为了防止发生违法行为，在事先约定的时间、地点与行政相对人进行沟通、协商，然后进行警示、告诫的一种非强制行政行为。责任约谈实现了行政监管方式由事后处罚打击型向事前监督指导型的转变。[①]《食品安全法》规定了对食品生产经营者的法定代表人或者主要负责人的责任约谈和对食品安全监管部门等进行的责任约谈。

食品生产经营过程中存在食品安全隐患，未及时采取措施消除的，县级以上人民政府食品安全监督管理部门可以对食品生产经营者的法定代表人或者主要负责人进行责任约谈。食品生产经营者应当立即采取措施，进行整改，消除隐患。责任约谈情况和整改情况应当纳入食品生产经营者食品安全信用档案。

县级以上人民政府食品安全监督管理等部门未及时发现食品安全系统性风险，未及时消除监督管理区域内的食品安全隐患的，本级人民政府可以对其主要负责人进行责任约谈。地方人民政府未履行食品安全职责，未及时消除区域性重大食品安全隐患的，上级人民政府可以对其主要负责人进行责任约谈。被约谈的食品安全监督管理等部门、地方人民政府应当立即采取措施，对食品安全监督管理工作进行整改。责任约谈情况和整改情况应当纳入地方人民政府和有关部门食品安全监督管理工作评议、考核记录。

八、食品安全法律责任

（一）民事责任

违反《食品安全法》规定，造成人身、财产或者其他损害的，依法承担赔偿责任。食品安全民事责任主要是食品生产经营者违反《食品安全法》规定的义务而对食品消费者承

---

① 信春鹰、黄薇：《中华人民共和国食品安全法解读》，中国法制出版社2015年版，第298—299页。

担的责任，多体现为一种财产性责任。食品安全民事责任既涉及违约责任，也涉及侵权责任。因违反《食品安全法》的规定，造成人身、财产或者其他损害的，除了适用《食品安全法》的规定之外，还应依据《民法典》《产品质量法》《消费者权益保护法》等法律承担民事责任。

《食品安全法》规定了食品安全民事赔偿责任优先制度、食品安全赔偿首负责任制度以及惩罚性赔偿等民事责任制度。

民事赔偿责任优先制度是指食品生产经营企业实施违反《食品安全法》规定的违法行为，可能会出现民事赔偿、行政罚款与刑事罚金等财产责任的竞合，当生产经营者财产不足以同时承担民事赔偿责任和缴纳罚款、罚金时，应先承担民事赔偿责任。

食品安全赔偿首负责任制是指消费者因不符合食品安全标准的食品受到损害的，可以向经营者要求赔偿损失，也可以向生产者要求赔偿损失。接到消费者赔偿要求的生产经营者，应当实行首负责任制，先行赔付，不得推诿；属于生产者责任的，经营者赔偿后有权向生产者追偿；属于经营者责任的，生产者赔偿后有权向经营者追偿。

惩罚性赔偿制度是指生产不符合食品安全标准的食品或者经营明知是不符合食品安全标准的食品，消费者除要求赔偿损失外，还可以向生产者或者经营者要求支付价款 10 倍或者损失 3 倍的赔偿金；增加赔偿的金额不足 1 000 元的，为 1 000 元。但是，食品的标签、说明书存在不影响食品安全且不会对消费者造成误导的瑕疵的除外。正确理解《食品安全法》规定的惩罚性赔偿制度，需要注意如下几点：（1）惩罚性赔偿责任的承担主体是食品生产者和食品经营者。其中，食品经营者包括食品销售环节的经营者和餐饮服务环节的经营者。（2）适用惩罚性赔偿的情形是生产不符合食品安全标准的食品或者经营明知是不符合食品安全标准的食品，不包括食品经营者在不知情的情况下销售不符合食品安全标准的食品这一情形。（3）惩罚性赔偿的幅度是在赔偿损失之外，另行支付价款 10 倍或者损失 3 倍的赔偿金，消费者对此有选择权，而且增加赔偿的金额不足 1 000 元的，为 1 000 元。（4）食品的标签、说明书存在不影响食品安全且不会对消费者造成误导的瑕疵的，不适用有关惩罚性赔偿的规定。

【典型案例】
郭某诉某经营部
产品责任纠纷案

（二）行政责任

1. 市场主体的行政责任

市场主体在食品安全方面可能承担的行政责任可分为如下九种类型：（1）违反食品生产经营许可的行政责任；（2）生产经营不符合安全标准的食品的行政责任；（3）违反食品安全风险管控规定的行政责任；（4）违反食品安全事故报告义务的行政责任；（5）违反食品进出口有关规定的行政责任；（6）违反集中交易市场、食用农产品批发市场有关规定的行政责任；（7）违反网络食品交易有关规定的行政责任；（8）违反食品贮存、运输和装卸有关规定的行政责任；（9）拒绝、阻挠、干涉开展食品安全工作等的行政责任。

2. 食品安全技术主体的行政责任

食品安全技术主体包括承担食品安全风险监测、风险评估工作的技术机构、技术人员，食品检验机构、食品检验人员以及相关认证机构。食品安全技术主体可能承担行政责任的情形包括如下四种：（1）食品安全风险监测、风险评估工作的技术机构、技术人员提供虚假食品安全风险监测、评估信息的；（2）食品检验机构、食品检验人员出具虚假检验报告的；（3）认证机构违反《食品安全法》规定出具虚假认证结论的；（4）食品检验机构违反《食品安全法》规定，以广告或者其他形式向消费者推荐食品的。

3. 监管主体的行政责任

食品安全监督管理等部门违反《食品安全法》，以广告或者其他形式向消费者推荐食品的，由有关主管部门没收违法所得，依法对直接负责的主管人员和其他直接责任人员给予记大过、降级或者撤职处分；情节严重的，给予开除处分。[①] 县级以上地方人民政府食品安全监督管理、卫生行政、农业行政等部门行政主体不依法履行《食品安全法》规定的监督管理职责，导致发生食品安全事故，也应承担相应的行政责任。

（三）刑事责任

《食品安全法》第149条规定，违反该法规定，构成犯罪的，依法追究刑事责任。《食品安全法》并未具体规定食品安全有关的刑事犯罪的罪状和刑事责任，只是明确规定对于食品安全的刑事责任适用《刑法》进行追究。我国《刑法》在第二编第三章的第一节"生产、销售伪劣商品罪"中规定了生产、销售不符合安全标准的食品罪，生产、销售有毒、有害食品罪等专门适用于食品安全领域的犯罪，此外，市场主体与食品安全有关的违法犯罪活动还可能触犯生产、销售伪劣产品罪，假冒注册商标罪，销售假冒注册商标的商品罪，非法制造、销售非法制造的注册商标标识罪，非法经营罪，虚假广告罪以及逃避商检罪等犯罪。而食品安全的监管主体和技术主体则可能会触犯食品、药品监管渎职罪，徇私舞弊不移交刑事案件罪，商检徇私舞弊罪，商检失职罪，动植物检疫徇私舞弊罪，动植物检疫失职罪，放纵制售伪劣商品犯罪行为罪，提供虚假证明文件罪，出具证明文件重大失实罪等犯罪。下面仅对生产、销售不符合安全标准的食品罪，生产、销售有毒、有害食品罪和食品、药品监管渎职罪进行介绍。

1. 生产、销售不符合安全标准的食品罪

《刑法》第143条规定，生产、销售不符合食品安全标准的食品，足以造成严重食物中毒事故或者其他严重食源性疾病的，处3年以下有期徒刑或者拘役，并处罚金；对人体健康造成严重危害或者有其他严重情节的，处3年以上7年以下有期徒刑，并处罚金；后果特别严重的，处7年以上有期徒刑或者无期徒刑，并处罚金或者没收财产。该罪为危险犯。

2. 生产、销售有毒、有害食品罪

《刑法》第144条规定，在生产、销售的食品中掺入有毒、有害的非食品原料的，或者销售明知掺有有毒、有害的非食品原料的食品的，处5年以下有期徒刑，并处罚金；对人体健康造成严重危害或者有其他严重情节的，处5年以上10年以下有期徒刑，并处罚金；致人死亡或者有其他特别严重情节的，依照《刑法》第141条的规定处罚。该罪为行为犯。

3. 食品、药品监管渎职罪

《刑法》第408条之一第1款规定，负有食品药品安全监督管理职责的国家机关工作人员，滥用职权或者玩忽职守，造成严重后果或者有其他严重情节的，处5年以下有期徒

---

① 《食品安全法》第140条第4款。

刑或者拘役；造成特别严重后果或者有其他特别严重情节的，处 5 年以上 10 年以下有期徒刑。该条第 2 款规定，徇私舞弊犯前款罪的，从重处罚。《最高人民法院、最高人民检察院关于办理危害食品安全刑事案件适用法律若干问题的解释》第 20 条第 3 款规定，负有食品安全监督管理职责的国家机关工作人员与他人共谋，利用其职务行为帮助他人实施危害食品安全犯罪行为，同时构成渎职犯罪和危害食品安全犯罪共犯的，依照处罚较重的规定定罪从重处罚。

此外，根据《最高人民法院、最高人民检察院关于办理危害食品安全刑事案件适用法律若干问题的解释》第 20 条第 1 款和第 2 款之规定，负有食品安全监督管理职责的国家机关工作人员滥用职权或者玩忽职守，构成食品监管渎职罪，同时构成徇私舞弊不移交刑事案件罪、商检徇私舞弊罪、动植物检疫徇私舞弊罪、放纵制售伪劣商品犯罪行为罪等其他渎职犯罪的，依照处罚较重的规定定罪处罚。负有食品安全监督管理职责的国家机关工作人员滥用职权或者玩忽职守，不构成食品监管渎职罪，但构成前述规定的其他渎职犯罪的，依照该其他犯罪定罪处罚。

第四节　化妆品安全法律制度

一、化妆品安全法律制度概述

（一）化妆品的含义

化妆品是指以涂抹、喷、洒或者其他类似方法，施于人体（皮肤、毛发、指趾甲、口唇齿等），以清洁、保养、美化、修饰和改变外观，或者修正人体气味，保持良好状态为目的的产品。

（二）我国化妆品立法沿革

随着社会经济的迅速发展和人们生活水平的不断提高，化妆品逐渐成为人们生活中不可或缺的日用消费品。近年来，我国化妆品生产经营主体和注册备案数量呈逐年上升趋势，中国化妆品市场销售规模庞大。化妆品直接作用于人体，其质量关乎人的身体健康和生命安全。为了确保化妆品的质量和安全，维护公众健康权，我国一直对化妆品进行严格、规范的法律监管。

为加强化妆品的卫生监督，保证化妆品的卫生质量和使用安全，保障消费者健康，经国务院批准，原卫生部于 1989 年 11 月 13 日发布了《化妆品卫生监督条例》（已废止），该条例自 1990 年 1 月 1 日起施行。2019 年 3 月 2 日，国家市场监督管理总局公布了《国务院关于修改部分行政法规的决定》，对《化妆品卫生监督条例》部分条款进行了修改，这是 30 年来针对该条例内容的首次修订，明确了化妆品的监管主体，规定对化妆品生产企业实行化妆品生产许可证制度，确定对首次进口非特殊用途化妆品采备案方式。此次修订提升了该条例与社会现实的适应性，但在一定程度上仍滞后于社会生活的发展，《化妆品卫生监督条例》仍重在强调对化妆品生产、经营过程的卫生监督，未能充分体现对化妆品安全进行监管的理念，难以有效满足保障公众健康权的需要。

2020年1月3日，国务院第77次常务会议通过了《化妆品监督管理条例》，该条例自2021年1月1日起施行。《化妆品卫生监督条例》同时废止。《化妆品监督管理条例》充分体现了以人民为中心的发展理念，深入贯彻了习近平总书记对食品药品安全监管工作作出的"四个最严"的重要批示，为做好新时代化妆品安全监管工作指明了方向。《化妆品监督管理条例》分为总则、原料与产品、生产经营、监督管理、法律责任、附则，共6章80条。新条例以化妆品的发展规律和监管实践为基础，落实"放管服"的改革要求，鼓励行业创新，强化企业的质量安全主体责任，体现风险管理、责任管理、全程管理和社会共治的理念。为保障该条例的顺利实施，国家市场监督管理总局制定了《化妆品注册备案管理办法》和《化妆品生产经营监督管理办法》等部门规章，国家药品监督管理局制定了《化妆品注册备案资料管理规定》《化妆品新原料注册备案资料管理规定》《化妆品标签管理办法》《化妆品生产质量管理规范》《化妆品不良反应监测管理办法》等配套文件。

二、化妆品、化妆品新原料注册备案制度

化妆品分为特殊化妆品和普通化妆品。用于染发、烫发、祛斑美白、防晒、防脱发的化妆品以及宣称新功效的化妆品为特殊化妆品，特殊化妆品以外的化妆品为普通化妆品。国家对特殊化妆品和风险程度较高的化妆品新原料实行注册管理，对普通化妆品和其他化妆品新原料实行备案管理。

化妆品、化妆品新原料注册，是指注册申请人依照法定程序和要求提出注册申请，药品监督管理部门对申请注册的化妆品、化妆品新原料的安全性和质量可控性进行审查，决定是否同意其申请的活动。化妆品、化妆品新原料备案，是指备案人依照法定程序和要求，提交表明化妆品、化妆品新原料安全性和质量可控性的资料，药品监督管理部门对提交的资料存档备查的活动。

国家药品监督管理局负责特殊化妆品、进口普通化妆品、化妆品新原料的注册和备案管理，并指导监督省、自治区、直辖市药品监督管理部门承担的化妆品备案相关工作。国家药品监督管理局可以委托具备相应能力的省、自治区、直辖市药品监督管理部门实施进口普通化妆品备案管理工作。省、自治区、直辖市药品监督管理部门负责本行政区域内国产普通化妆品备案管理工作，在委托范围内以国家药品监督管理局的名义实施进口普通化妆品备案管理工作，并协助开展特殊化妆品注册现场核查等工作。

三、化妆品生产许可与委托生产制度

国家对化妆品生产实行许可管理。从事化妆品生产活动，应当依法取得化妆品生产许可证。化妆品生产许可证由省、自治区、直辖市人民政府药品监督管理部门批准并颁发。化妆品生产许可证的有效期为5年。对于特殊化妆品，则由国务院化妆品监督管理部门作出生产许可。

《化妆品监督管理条例》确立了委托生产制度。化妆品注册人、备案人可以自行生产化妆品，也可以委托有资质的生产企业生产其注册或备案的化妆品。委托生产化妆品的，化妆品注册人、备案人应对受委托企业的生产活动进行监督，保证其按照法定要求进行生产，受委托企业应当依照法律、法规、强制性国家标准、技术规范以及合同约定进行生产，对生产活动负责，并接受化妆品注册人、备案人的监督。

四、化妆品生产质量管理制度

化妆品生产应遵守化妆品生产质量管理规范的要求，建立化妆品生产质量管理体系，建立并执行相关质量管理制度。化妆品注册人、备案人、受托生产企业应按照技术要求组织生产。《化妆品监督管理条例》第 31 条第 1 款明确规定，化妆品注册人、备案人、受托生产企业应当建立并执行原料以及直接接触化妆品的包装材料进货查验记录制度、产品销售记录制度。进货查验记录和产品销售记录应当真实、完整，保证可追溯，保存期限不得少于产品使用期限届满后 1 年；产品使用期限不足 1 年的，记录保存期限不得少于 2 年。该条第 2 款规定，化妆品经出厂检验合格后方可上市销售。化妆品注册人、备案人、受托生产企业应当设质量安全负责人，建立并执行从业人员健康管理制度，并应当定期对化妆品生产质量管理规范的执行情况进行自查。生产条件发生变化，不再符合化妆品生产质量管理规范要求的，应当立即采取整改措施；可能影响化妆品质量安全的，应当立即停止生产并向所在地省、自治区、直辖市人民政府药品监督管理部门报告。

五、化妆品标签制度

化妆品的最小销售单元应当有标签。标签应当符合相关法律、行政法规、强制性国家标准，内容真实、完整、准确。进口化妆品可以直接使用中文标签，也可以加贴中文标签；加贴中文标签的，中文标签内容应当与原标签内容一致。化妆品标签应当标注下列内容：（1）产品名称、特殊化妆品注册证编号；（2）注册人、备案人、受托生产企业的名称、地址；（3）化妆品生产许可证编号；（4）产品执行的标准编号；（5）全成分；（6）净含量；（7）使用期限、使用方法以及必要的安全警示；（8）法律、行政法规和强制性国家标准规定应当标注的其他内容。

化妆品标签禁止标注下列内容：（1）明示或者暗示具有医疗作用的内容；（2）虚假或者引人误解的内容；（3）违反社会公序良俗的内容；（4）法律、行政法规禁止标注的其他内容。

六、化妆品经营管理制度

（一）进口化妆品管理制度

首次进口的特殊用途化妆品，进口单位必须提供该化妆品的说明书、质量标准、检验方法等有关资料、样品以及出口国（地区）批准生产的证明文件，经国务院化妆品监督管理部门批准，方可签订进口合同。首次进口的其他化妆品，应当按照规定备案。

（二）化妆品禁售制度

化妆品经营单位和个人不得销售下列化妆品：（1）未取得《化妆品生产企业卫生许可证》的企业所生产的化妆品；（2）无质量合格标记的化妆品；（3）标签、小包装或者说明书不符合规定的化妆品；（4）未取得批准文号的特殊用途化妆品；（5）超过使用期限的化妆品；（6）进口未备案的普通化妆品；（7）过渡期届满之后的化妆品；（8）其他不符合《化妆品监督管理条例》的化妆品。

（三）化妆品广告宣传制度

《化妆品监督管理条例》第43条规定："化妆品广告的内容应当真实、合法。化妆品广告不得明示或者暗示产品具有医疗作用，不得含有虚假或者引人误解的内容，不得欺骗、误导消费者。"第69条同时规定："化妆品广告违反本条例规定的，依照《中华人民共和国广告法》的规定给予处罚；采用其他方式对化妆品作虚假或者引人误解的宣传的，依照有关法律的规定给予处罚；构成犯罪的，依法追究刑事责任。"

七、化妆品风险控制制度

为有效控制化妆品上市后的安全风险，我国建立了化妆品不良反应监测制度、安全风险监测和评价制度以及召回制度等。

（一）化妆品不良反应监测制度

化妆品不良反应是指正常使用化妆品所引起的皮肤及其附属器官的病变，以及人体局部或者全身性的损害。化妆品注册人、备案人应当监测其上市销售化妆品的不良反应，及时开展评价，按照国务院药品监督管理部门的规定向化妆品不良反应监测机构报告。受托生产企业、化妆品经营者和医疗机构发现可能与使用化妆品有关的不良反应的，应当报告化妆品不良反应监测机构。鼓励其他单位和个人向化妆品不良反应监测机构或者负责药品监督管理的部门报告可能与使用化妆品有关的不良反应。化妆品不良反应监测机构负责化妆品不良反应信息的收集、分析和评价，并向负责药品监督管理的部门提出处理建议。化妆品生产经营者应当配合化妆品不良反应监测机构、负责药品监督管理的部门开展化妆品不良反应调查。

（二）化妆品安全风险监测和评价制度

化妆品安全风险监测是指系统和持续地收集化妆品中风险物质的监测数据及相关信息，并进行综合分析与及时通报的活动。国家化妆品安全风险监测计划由国务院药品监督管理部门制定、发布并组织实施。国家化妆品安全风险监测计划应当明确重点监测的品种、项目和地域等。国务院药品监督管理部门建立化妆品质量安全风险信息交流机制，组织化妆品生产经营者、检验机构、行业协会、消费者协会以及新闻媒体等就化妆品质量安全风险信息进行交流沟通。

（三）化妆品召回制度

为强化企业的主体责任，保障消费者的健康安全，《化妆品监督管理条例》规定了化妆品召回制度。根据启动情况不同，可以分为主动召回和责令召回。主动召回是指化妆品注册人、备案人按照法定要求或根据产品不良事件监测信息对化妆品开展质量评估，确定产品存在缺陷或其他问题，可能危害人体健康时，立即停止生产销售存在缺陷的产品，依法向社会公布有关产品缺陷等信息，通知销售者停止销售存在缺陷的产品，通知消费者停止消费存在缺陷的产品，并及时实施召回。责令召回是指行政机关在发现产品存在安全隐患、生产企业应当主动召回产品而不采取召回措施的情况下，作出要求企业召回产品的行为。

八、化妆品安全监管制度

国务院药品监督管理部门负责全国化妆品监督管理工作。国务院有关部门在各自职责范围内负责与化妆品有关的监督管理工作。县级以上地方人民政府负责药品监督管理的部门负责本行政区域的化妆品监督管理工作。县级以上地方人民政府有关部门在各自职责范围内负责与化妆品有关的监督管理工作。《化妆品监督管理条例》还具体规定了化妆品抽检制度、复检制度以及信用监管制度。

九、化妆品安全法律责任

与化妆品安全相关的法律责任包括民事责任、行政责任和刑事责任。《化妆品监督管理条例》具体、详细地规定了市场主体违反该条例所应该承担的行政责任。生产不合格化妆品属于产品责任，消费者有权要求生产者或者销售者承担侵权责任，赔偿相应的损失。

与化妆品安全相关的刑事责任主要指生产、销售不符合卫生标准的化妆品罪，即"生产不符合卫生标准的化妆品，或者销售明知是不符合卫生标准的化妆品，造成严重后果的，处三年以下有期徒刑或者拘役，并处或者单处销售金额百分之五十以上二倍以下罚金"。根据《刑法》第 150 条之规定，单位犯生产、销售不符合卫生标准的化妆品罪的，对单位判处罚金，并对其直接负责的主管人员和其他直接责任人员，依照上述规定处罚。另据《刑法》第 149 条第 1 款之规定，生产、销售不符合卫生标准的化妆品未造成严重后果从而不构成生产、销售不符合卫生标准的化妆品罪，但是销售金额在 5 万元以上的，依照生产、销售伪劣产品罪定罪处罚。生产、销售不符合卫生标准的化妆品构成生产销售不符合卫生标准的化妆品罪，同时又构成生产、销售伪劣产品罪的，属于"法规竞合"，根据《刑法》第 149 条第 2 款规定，依照处罚较重的规定定罪处罚。

第五节　生活饮用水卫生法律制度

一、生活饮用水卫生法律制度概述

生活饮用水，是指可供生活的饮用水和生活用水，是人们日常生活中不可或缺的基本物质。生活饮用水的卫生直接关系到人民群众的生命健康利益。

　　为确保生活饮用水卫生安全，保障居民身体健康，1996 年，原建设部和原卫生部联合发布《生活饮用水卫生监督管理办法》；2010 年，原卫生部对该办法进行了修订；2016 年 4 月 17 日，住房和城乡建设部和原卫计委又对该办法作出修订，自 2016 年 6 月 1 日起施行。原卫生部于 2007 年 9 月 20 日发布了《涉及饮用水卫生安全产品分类目录》，又于 2011 年修订并发布了《涉及饮用水卫生安全产品分类目录（2011 年版）》。2013 年 8 月 20 日，原国家卫计委办公厅发布了《涉及饮用水卫生安全产品标签说明书管理规范》。这些法律规范性文件均对饮用水的卫生安全进行了规范和监管。

二、生活饮用水卫生要求

　　《生活饮用水卫生监督管理办法》规定，供水单位供应的饮用水必须符合国家生活饮用水卫生标准。根据《生活饮用水卫生标准》（GB 5749—2022），生活饮用水水质应当符合下列基本要求：（1）生活饮用水中不得含有病原微生物；（2）生活饮用水中化学物质不得危害人体健康；（3）生活饮用水中放射性物质不得危害人体健康；（4）生活饮用水的感官性状良好；（5）生活饮用水应经消毒处理；（6）生活饮用水水质应符合水质常规指标及限值、非常规指标及限值、参考指标及限值要求，集中式供水出厂水中消毒剂限值、出厂水和管网末梢水中消毒剂余量均应符合饮用水中消毒剂常规指标及要求。

　　农村小型集中式供水和分散式供水的水质因条件限制，部分指标可以按农村小型集中式供水和分散式供水部分水质指标及限值执行，其余指标仍按一般规定执行。

　　当发生影响水质的突发性公共事件时，经市级以上人民政府批准，感官性状和一般化学指标可以适当放宽。

三、生活饮用水卫生许可管理法律制度

　　国家对供水单位和涉及饮用水卫生安全的产品实行卫生许可制度。生产涉及饮用水卫生安全的产品的单位和个人，必须按规定向政府卫生计生主管部门申请办理产品卫生许可批准文件，取得批准文件后，方可生产和销售。任何单位和个人不得生产、销售、使用无批准文件的涉水产品。涉水产品的卫生许可批准文件的有效期为 4 年。

　　我国原卫生和计划生育委员会已根据《国务院关于取消和下放 50 项行政审批项目等事项的决定》和《国务院办公厅关于印发国家卫生和计划生育委员会主要职责内设机构和人员编制规定的通知》，将除利用新材料、新工艺和新化学物质生产的涉水产品的审批职责由国家卫生行政部门下放至省级卫生行政部门。

四、生活饮用水卫生监督法律制度

（一）生活饮用水卫生监督监测

　　《生活饮用水卫生监督管理办法》规定，县级以上人民政府卫生主管部门负责本行政区域内饮用水卫生监督监测工作。具体分工是：（1）供水单位的供水范围在本行政区域内

的，由该行政区卫生主管部门负责其饮用水卫生监督监测工作；（2）供水单位的供水范围超出其所在行政区域的，由供水单位所在行政区域的上一级卫生主管部门负责其饮用水卫生监督监测工作；（3）供水单位的供水范围超出其所在省、自治区、直辖市的，由该供水单位所在省、自治区、直辖市卫生主管部门负责其饮用水卫生监督监测工作。

新建、改建、扩建集中式供水项目时，当地人民政府卫生主管部门应做好预防性卫生监督工作，并负责本行政区域内饮用水的水源水质监测和评价。

（二）医疗单位的报告责任

医疗单位发现饮用水污染导致的介水传染病或化学中毒病例的，应及时向当地人民政府卫生计生主管部门和卫生防疫机构报告。

（三）饮用水污染事故的处置

《生活饮用水卫生监督管理办法》规定，当饮用水被污染，可能危及人体健康时，有关单位或责任人应立即采取措施，消除污染，并向当地人民政府卫生主管部门、住房和城乡建设主管部门报告。县级以上地方人民政府卫生主管部门负责本行政区域内饮用水污染事故对人体健康影响的调查。当发现饮用水污染危及人体健康，须停止使用时，卫生主管部门对二次供水单位应责令其停止供水；对集中式供水单位应当会同住房和城乡建设主管部门报同级人民政府批准后停止供水。

（四）饮用水卫生监督员的职责

县级以上人民政府卫生主管部门设饮用水卫生监督员，负责饮用水卫生监督工作。县级人民政府卫生主管部门可聘任饮用水卫生检查员，负责乡、镇饮用水卫生检查工作。

五、生活饮用水卫生法律责任

（一）民事责任

因生活饮用水及涉水产品不符合国家标准等原因，造成他人人身健康损害的，受害者可以依照《民法典》的有关规定要求损害赔偿；供水单位或者涉及生活饮用水卫生安全产品生产经营单位，应依法承担民事赔偿责任。

（二）行政责任

违反《生活饮用水卫生监督管理办法》的规定，生产或者销售无卫生许可批准文件的涉及饮用水卫生安全的产品的，县级以上地方人民政府卫生计生主管部门应当责令改进，并可处以违法所得3倍以下的罚款，但最高不超过3万元，或处以500元以上1万元以下的罚款。

违反我国《传染病防治法》的规定，涉及饮用水卫生安全的产品不符合国家卫生标准和卫生规范，导致或者可能导致传染病传播、流行的，由县级以上人民政府卫生行政部门责令限期改正，没收违法所得，可以并处5万元以下的罚款；已取得许可证的，原发证部门可以依法暂扣或者吊销许可证。

（三）刑事责任

根据《传染病防治法》和《刑法》的有关规定，供水单位供应的饮用水不符合国家卫生标准，引起甲类传染病传播以及依法确定采取甲类传染病预防、控制措施的传染病传播或者有严重传播危险的，构成危害公共卫生罪，处 3 年以下有期徒刑或者拘役；后果特别严重的，处 3 年以上 7 年以下有期徒刑。

本章思考题

1. 如何理解健康产品法的基本原则及其在工作中的指导意义？
2. 简述无偿献血制度的概念及意义。
3. 简述医疗机构临床紧急采血的法律规定。
4. 如何理解适用《食品安全法》规定的惩罚性赔偿制度？
5. 如何理解并落实化妆品风险控制制度？
6. 如何实现生活饮用水的卫生监督工作？生活饮用水水质应当符合哪些基本要求？

第三编
医事法

　　医事法，也称医疗服务法，是调整医疗服务活动中产生的各种社会关系的法律规范的总称。与公共健康法以保障群体健康权的实现为目的不同，医事法主要保障个体健康权的实现，即个人健康受到损害需要进行治疗以求恢复到健康状态，而与医院之间发生医疗服务合同关系，产生患者与医方之间的权利义务关系时，由医事法予以调整。在此法律关系中，医方对患者负有检验、诊断、治疗、护理等义务，患者对医院负有缴费、如实陈述病情、配合治疗、维护医疗秩序等义务，任何一方违反义务将承担相应的法律责任。

　　医事法是一个包括医疗合同、医疗侵权、医疗保险、医疗纠纷、医疗伦理等内容的完整法律体系，医事法学是以医事法为研究对象的理论体系。本编从个体健康权的实现出发，分析作为医疗法律关系主体的患者和医疗机构的权利义务，逐步展开讨论医疗服务合同、医疗损害责任、医疗纠纷的预防和解决、医疗伦理规范，从而建构对个体健康权予以保护的完整法律制度体系。

第九章
医事法概述

医事法，又称医疗服务法，主要涉及医疗服务所产生的法律关系，其核心使命在于保障公民个体健康权的实现。医事法关系到每一个人，可以说是现代社会最为常见且最为重要的社会关系。本章将系统阐释医事法的概念和体系、医事法的基本原则，以及医事法律关系的构成和类型，这对于医疗服务活动的规范化具有重要指引作用。

第一节　医事法的概念和特征

一、医事法的概念和体系

医事法是调整医疗服务活动中所产生的各种社会关系的法律规范的总称。医事法是卫生健康法的重要组成部分，主要涉及医疗服务过程中平等主体之间的法律关系，是针对患者个体健康权实现的法律体系，广义的医事法还包括医疗伦理制度、医疗保险制度等。从表现形式上看，医事法是各种调整医事法律关系法律规范的总称。在我国，医事法律规范散见于宪法、法律、行政法规、部门规章及我国参加或签订的国际条约之中。

我国医事法体系包括以下四个方面：

一是有关保障公共健康权的规定，主要见于《宪法》及《基本医疗卫生与健康促进法》。《宪法》第 33 条规定了国家尊重和保障人权；第 21 条规定了国家发展医疗卫生事业，发展现代医药和我国传统医药，保护人民健康；第 45 条规定公民在年老、疾病或者丧失劳动能力的情况下，有从国家和社会获得物质帮助的权利。《基本医疗卫生与健康促进法》作为医疗卫生及健康领域的基本法，对公共健康权进行了详细的规定，其构成个体健康权得以实现的外部条件，对个体健康权的实现具有重要的保障支撑作用。

二是调整医患间权利义务的法律规范，主要见于《医师法》《医疗机构管理条例》《护士条例》等关于医务人员和医疗机构管理的法律法规，其既通过规定医师执业规则和医疗机构等方式明确了医疗服务中医方的注意义务，也从侧面规定了患者权利。

三是关于医疗活动中的医疗技术的管理规定，主要包括个别重点医疗技术临床应用管理法律法规、医疗技术临床应用准入管理法律法规及医疗技术临床应用事中事后监管制度。这些法律规范明确了医疗活动中实施医疗技术的注意义务。

四是对医疗损害责任进行救济的法律法规，主要包括《医疗纠纷预防和处理条例》《民法典》等。这些法律规范对医疗损害民事责任确定及责任分配进行了规定。

二、医事法的特征

（一）医事法采取多种法律调节和救济手段

医事法是法学与医学、公共卫生学、伦理学、公众健康政策学的交叉，其调整的范围非常广泛，是一个综合性的法律体系，包括保护人民健康的宪法性规范、调整国家对卫生事业管理的行政法律规范、通过损害赔偿制度调整的侵权责任法律规范、对危害自然人生命健康权行为打击的刑事法律规范，可以说医事法是对宪法、行政法、民法、刑法及程序法等法律规范的综合运用。

（二）医事法包含大量的医疗技术规范

技术规范是人们在同客观事物打交道时必须遵循的行为规则。漫长的历史长河中，人类在预防、治疗疾病的过程中逐渐总结出来的办法和操作规程，就是技术规范。医事法包含了国家通过一定程序法律化的技术规范。

（三）医事法吸收大量的伦理道德规范

在所有的民事法律法规中，医事法具有最强烈的伦理性，因为它是以人体为服务对象的法律规则。基于此，在维护个体生命健康权的医疗服务保健活动中有许多道德性要求，譬如救死扶伤、尊重患者人格、充分保护患者隐私权和个人信息等，医事法的构成体系中有许多是医疗卫生工作人员的职业道德规范。

三、医事法与个体健康权的实现

医事法的核心使命在于保障公民个体健康权的实现。个体健康权是一项民事权利，即我国《民法典》第 110 条和第 990 条第 1 款规定的健康权。随着整个社会在政治、经济、文化等方面不断发展，人民日益增长的美好生活需要和不平衡不充分的发展之间的矛盾成为我国社会的主要矛盾。这在医疗健康领域表现为个人健康需求不断增长，对医疗服务、健康产品等提出更高期望，个人健康权利意识不断增强，对医疗服务提出更高要求。而医患关系的变化、为满足公共健康需求而进行的不断深入的医疗体制改革，都表明个体健康权的实现面临着一系列的问题与挑战。

第一，医疗需求变化，医疗期望值不断提高，使个体健康权的实现程度难以确定。随着人类社会的发展进步与我国经济的快速发展，人们的生活水平不断提高，人口老龄化的现实使得人们对医疗和医疗保障的期待不断加大，"健康"问题已经成为公众关心的问题，人们对医疗服务的需求和期望也从"生理的需求（解除疾病痛苦）"层次跨越步入"自尊与受人尊重的需求"层次。

第二，自主意识增强，医患走向平等合作，使得个体健康权中的医事法律关系随之变化。现代医学模式是 20 世纪 70 年代以后建立起来的一种全新的医学模式，这种医学模式在生物、心理、社会等全面综合的水平上认识人的健康和疾病，要求医疗活动由"以疾病为中心"转向"以病人为中心"，医患关系模式也由"父权主义型"向"指导—合作型"转变，并正在向"共同参与型"发展。这种新型医患关系模式的发展，必然要求相应的医患法律关系随之调整，对医患之间的权利义务应重新界定，而医疗活动相关的法律问题也必然成为社会公众和医学界人士共同关注的热点和焦点，这些都需要法律作出积极回应。

第三，医患关系异化，医疗纠纷增多，使得个体健康权的实现需要重建医患信任。患者染疾、医生治病，其中的社会关系原本并不复杂。在理想状态下，医患之间应当彼此信任和尊重，并通过双方的多种努力，形成一个合作性共同体。在以往传统的熟人社会中，医患之间的信任是一种人格上的相互信任，即使发生纠纷也可以在熟人社会的机制下予以解决。但是，现代社会是一个陌生人社会，医生和患者之间彼此不了解对方的信息，容易因不尽如人意的医疗后果争吵乃至酿成医疗纠纷。医患关系由过去的相互信赖变成现在患者对医生的信任消减，传统医患关系之信任、温情与敬意日渐消退，而医疗活动本质上要求医患之间的彼此信赖与协力合作，医患之间的不信任给个体健康权的实现增加了羁绊，严重影响民众健康权的实现，也阻碍了医疗卫生事业的发展。此时，医患之间的利益平衡和信任关系需要借助法律去修复与重建。

第四，科技发展带来个体生命的延续，引发关于生命质量的讨论，个体健康权实现的标准存在争议。各种新兴的医疗卫生技术应用于医疗卫生领域，与传统观念和现有医疗卫生技术发生冲突，引发伦理与价值观念的冲突，使得卫生领域面临各种悬而未决的问题。生命科技的发展，改变了传统的疾病治疗方法及生命延续方式。

综上，要维护个体健康权利，必须构建良好的医患关系，形成患者安全文化，从而促进个体健康权的实现。为达维护个体健康权利、促进健康权实现之目标，应该让社会认识到医患目标的一致性，医患间彼此信赖是构建医患应对疾病利益共同体的基石；应该让医生了解以人为本、以患者权利为中心，了解医疗职业注意义务的要求；应该促进全社会构建良好医患关系；应该立足于患者安全去设置医疗活动的步骤与环节。在个体健康权这个终极目标实现的过程中，医事法覆盖了以个体健康权维护为核心的多重利益关系。

第二节　医事法基本原则

医事法的基本原则是对医疗服务领域法律特殊本质及价值追求的高度概括，集中体现了医事法的价值、目标和理念，它统率医事法律体系，效力贯穿整个医事法律体系，对医事法律制度及医疗服务活动具有普遍的指导作用。

一、知情同意原则

（一）知情同意原则概述

知情同意原则是调整医患医疗关系的基本原则，是前述卫生健康法的自主原则在医疗服务领域的具体体现。即作为生命健康权的个体，个人有权决定对自己的身体做什么或者不做什么。随着社会的发展，医疗上的知情同意原则并已经成为一项重要的法律原则并日益受到世界各国的重视。

知情同意（informed consent）理论源于第二次世界大战后的纽伦堡审判，针对纳粹医生强迫受试者接受不人道的野蛮实验这一情况，通过了《纽伦堡法典》，其中规定"受试者的自愿同意绝对必要"，"应该使他对所涉及的问题有充分的知识和理解，以便能够做出明智的决定"。[①]这标志着知情同意作为一项医疗法律规则在医学实验领域被确定下来。"知情同意"成为医学界共识的标志是 1964 年的《赫尔辛基宣言》，该宣言再次承认了受试者对参加人体试验享有知情同意权。1973 年，美国《患者权利法案》以成文的形式明确规定了患者的知情同意权。美国的《患者自我决定法（PSDA）》还赋予了患者对未来的医疗事务事先表达意愿的权利，即预先指示权。德国联邦宪法法院在 1979 年的一项判决中指出，必须取得患者对医师做出的全部诊断的、预防的以及治愈的措施的有效同意，这是法的要求。[②]目前，此权利已被许多国家承认并写进其相关法律。

我国法律中关于知情同意的规定最早见于 1982 年的《医院工作制度》，目前，我国关于患者知情同意权的规定散见于法律、行政法规、规章等。《基本医疗卫生与健康促进法》明确规定患者享有知情同意权，该法第 32 条规定，"公民接受医疗卫生服务，对病情、诊疗方案、医疗风险、医疗费用等事项依法享有知情同意的权利"。《民法典》集中规定了患者知情同意权的内容，第 1219 条规定："医务人员在诊疗活动中应当向患者说明病情和医疗措施。需要实施手术、特殊检查、特殊治疗的，医务人员应当及时向患者具体说明医疗风险、替代医疗方案等情况，并取得其明确同意；不能或者不宜向患者说明的，应当向患者的近亲属说明，并取得其明确同意。医务人员未尽到前款义务，造成患者损害的，医疗机构应当承担赔偿责任。"

医疗知情同意理论是随着人权运动、医患关系的发展和医学模式的转变而产生和发展起来的，其从最初的医疗行为习惯变成一项医疗伦理原则，为国家宣言认同，随后深入各国司法实践，最终成为一项国际公认的医疗活动法律规定，这也意味着知情同意成为医事法中一项公认的指导原则。

（二）知情同意原则的例外

知情同意原则主要是为了保护患者的自主权，但是绝对地适用这一原则可能会对患者的生命健康或社会公共利益造成重大不利影响。所以，对患者知情同意权进行适当的排除和限制，是完全必要的。我国《医疗机构管理条例》第 32 条、《医师法》第 25 条、《民法典》第 1220 条等都明确规定了知情同意原则的例外情形，具体包括：

紧急情势，即患者的生命、身体健康面临危急迫切的重大危险，无法取得有同意能力人的有效同意，而需立即予以救急医疗，否则必有生命危险。此时不必取得患者等人的同意。[③]但医师在医疗行为中仍应遵循通常的医疗规范，或者去寻求患者家属的同意，或者

---

① 邱仁宗、卓小勤、冯建妹：《病人的权利》，北京医科大学、中国协和医科大学联合出版社 1996 年版，第 56 页。

② 赵西巨：《医事法研究》，法律出版社 2008 年版，第 59 页。

③ 艾尔肯：《论医疗知情同意理论》，载《河北法学》2008 年第 8 期，第 81 页。

依患者可推知的同意为之。

保护性医疗，即在医疗治疗过程中，为避免和减少外界环境等各种因素对患者可能造成的不利影响而采取的保护性措施，[①] 如对患者施行必要的病情保密等。在我国，保护性医疗由来已久并被普遍认可。保护性医疗措施源于我国的文化和伦理背景，得到了我国相关法律法规的认可。我国《医疗事故处理条例》第 11 条、《医师法》第 25 条等明确规定，医生向患者介绍病情时，应当注意避免对患者产生不利后果，不宜向患者说明的，应当向患者的近亲属说明，并取得其明确同意。

医疗特殊干预权，即在特殊情况下，医师为了不损害患者或者他人利益，对患者自主权进行限制和干预，并由医生作出医疗决定的权利。[②]《民法典》第 1220 条明确规定："因抢救生命垂危的患者等紧急情况，不能取得患者或者其近亲属意见的，经医疗机构负责人或者授权的负责人批准，可以立即实施相应的医疗措施。"

强制性医疗行为，指依法律强制规定，如对感染法定传染病的患者进行强制隔离或强制治疗，不必获得患者的同意。

普通常识的例外，如果某些医疗行为是常识，患者根据常识能够知情并作出选择，则没有必要再由医生告知一次，普通常识实际上对患者的知情同意权并没有实质性的影响。

二、医患平等原则

（一）医患平等原则概述

医患平等原则是体现医事法主体之间特殊关系的基本原则。我国《民法典》第 4 条规定，"民事主体在民事活动中的法律地位一律平等"。平等原则被列为民法的首要基本原则。医患平等原则是民法中平等原则在医疗领域的具体投射。

我国《民法典》第 14 条确认自然人的民事权利能力一律平等；第 128 条规定，法律对未成年人、老年人、残疾人、妇女、消费者等的民事权利保护有特别规定的，依照其规定。上述规定表明，在我国，平等原则通过兼顾特定主体的特殊利益，推动了实质平等的实现。所以，《民法典》确定的平等原则是形式平等与实质平等的有机结合，以具体的人而不仅是抽象的人为主体，不仅以形式意义上的平等为出发点，也注重保护社会生活中的特定群体和个人，通过对具体人格的保护实现实质意义上的平等。

在一般人看来，医患关系中患者是外行，医生是专业人士，处于相对强势地位。但本质上看，医患双方仍然是在患者知情同意前提下基于自主自治形成的平等法律关系，只不过在这种法律关系中要做好对处于相对弱势地位的患者权利的保护。医患关系的平等原则，一方面，强调医患关系的建立、变更和解除应完全建立在双方平等协商的基础上；另一方面，通过特殊的保护来实现患者和医疗机构之间的实质平等。

（二）医患平等原则在医疗服务领域的具体适用

医患双方在法律地位上是平等的。双方是平等的民事主体之间提供医疗服务和接受服

---

① 王岳：《医事法（第 2 版）》，人民卫生出版社 2013 年版，第 81 页。
② 王岳：《医事法（第 2 版）》，人民卫生出版社 2013 年版，第 82 页。

务的关系，双方应平等协商。虽然医患之间在医疗服务和管理过程中存在管理与被管理的关系，但这并不是行政上的隶属关系，因为医疗行业属于特殊性技术服务行业，需要患者的积极配合，且患者在治疗过程中，明显存在着对医务人员的依赖，这使得双方的权利和义务并不完全对应，但这不能作为否定医患关系主体在法律上地位平等的理由。

需要指出的是，医患双方在医学知识、医疗技术等医疗信息的了解上存在不对称，这种不对称可能会造成实质意义的不平等。因此，为保障医疗服务关系中的医患平等，有必要在医事法中加强患者知情同意权，以便患者获得实质性的平等保护，缓和医疗服务关系中的当事人在知识和技术上的不对等性。而这也反过来证成了医疗服务关系中医患在法律上的平等地位，《民法典》第128条对于未成年人、老年人、残疾人、妇女等特定群体的权利保护作出了特殊性规定，在医疗卫生领域也应当遵循这一规定的要求，对于特定群体进行特别保护。事实上，医疗卫生领域有许多法律规定也正是此种平等理念的表现。例如，《母婴保健法》为了保障母亲和婴儿健康而制定，其中有许多为了保护母婴健康而设置的法律规则。又如，患者的知情同意权正是为了平衡医患之间存在因信息、技术的不对称可能造成的实质性不平等的状况而设置的，现在已经成为医疗服务领域公认的原则。

三、患者最佳利益原则

在一般情况下，基于患者知情同意权，应由患者作出医疗选择，但医疗救治活动往往面临紧急情况或特殊情况，在紧急或特殊情况下，如果无法获得患者及其近亲属的意见，则必须设置一个规则来帮助患者做出最佳的决定以挽救其生命或健康，这就是患者最佳利益原则。

（一）患者最佳利益原则概述

患者最佳利益是针对医疗紧急情况救济适用的基本原则，指的是代理人全面地权衡决策为被代理人带来的利益与风险，从而选择最有利的医疗决策。最佳利益原则最早来自家庭法中的"子女最佳利益原则"[1]，是"子女最佳利益原则"在医疗领域中的拓展。最佳利益原则在英国等国家医疗决策中居于较高地位，因为在代表社会中特定群体做决定时，该原则被认为是最合理、最客观、最公平的准则。[2] 在英国等国家，患者最佳利益原则作为医学的核心价值目标居于医患关系的核心部分，在为无相应行为能力作出自己医疗决定的患者治疗时，其被确立为应遵守的法律标准。[3]

患者最佳利益原则是对患者自主原则的补充，两种原则都是基于保护患者的权益而确立的，一般情况下，两种原则之间存在着一致性，因为大多数情况下具有表意能力的患者的选择都是符合自己的最佳利益的，并且法律假定每个人都是自己最佳利益的管理者。但在特殊情况下，当个体患者的决定不理智或其不能决定、涉及第三人利益时，患者最佳利益原则成为个人利益与公共利益冲突时的平衡原则。患者最佳利益原则的确立对于缓解医

① 王洪：《论子女最佳利益原则》，载《现代法学》2003年第6期，第31页。
② Shazia Choudhry, "Best Interests in the MCA 2005—What can Healthcare Law Learn from Family Law？", *Health Care Analysis* 16（2008），240–251.
③ Tony Hope, Julian Savulescu, Judith Hendrick, Medical Ethics and Law, 2nd ed., Churchill Livingstone, 2008, 121.

患矛盾、构建和谐医患关系具有重要意义，应当在我国相关医事法律法规中得到确认。[①]

患者最佳利益原则既考虑了患者的价值偏好，又以患者当下利益为中心，超越了传统模式的狭隘性，为代理决策提供重要的指导。原则上，个体的价值偏好与界定无行为能力状态下的最佳利益具有较强的相关性；当患者的价值偏好不明确时，患者最佳利益取决于大多数临床决策人的认同。[②]

（二）患者最佳利益原则的适用[③]

患者最佳利益中的"最佳"是一种相对的判断。一项决策能提升个体的某些利益但会损害其他利益，而某些利益可能比其他利益更重要，提升这些利益更能改善个体。根据最佳利益原则，判断每一项选择是否最佳时，要看这种选择能否给患者带来纯粹的福祉。一项可能有益于患者的医疗决策，并不一定符合患者的最佳利益，因为这种选择的代价如痛苦与残疾可能超越其受益。[④] 适用患者最佳利益原则，需要注意区分以下情况：

首先，患者具有相应行为能力（capacity），能够凭借自己的智识和医生提供的信息自由地作出选择时。基于自主原则以及法律，个人是自己的最佳利益的判断者，故应当尊重患者自己作出的选择，但前提是医生应当尽到充分的告知说明义务，以使患者能够真实地表达自己的意思，这体现了医生对患者最佳利益的尊重和关心。

其次，患者不具有相应行为能力，即无法凭借自己的智识和医生提供的信息自由做出选择，则应回答如何为其作出医疗选择、什么样的医疗选择符合患者的最佳利益、谁有权利为其作出医疗选择等问题。这时，患者最佳利益原则的价值就凸显出来了，事实上，患者最佳利益原则在英美等国家主要就是为了保护无行为能力（incapacitated）患者合法权益而设计的。对上述问题进行回答的关键在于患者最佳利益的判断标准。对此有两种观点：

其一，医学意义上的最佳利益标准（medical best interests standard）。这种标准强调：（1）抢救患者的生命；（2）避免患者的身体、精神健康或福利遭受损害；（3）改善患者的身体、健康与福利。生命质量是判断患者最佳利益的重要维度。一项维持生命的治疗是否契合患者最佳利益，取决于这种情况下存续的生命对患者的价值。"生命质量在决定什么对个体最好时应该作为一个因素。"[⑤] 在治疗一些无相应行为能力又无预先指示（advance directive）的患者时，如果情况紧急，无法查清患者的真实意思并且代理人也无充分证据证明患者的真实意思时，医生可以依据医学上的标准作出其认为是符合患者最佳利益的医疗选择。

其二，延伸意义上的最佳利益标准（expanded best interests standard）。[⑥] 这种标准强调，最佳利益不仅包括主观元素如患者的愿景、信仰、价值偏好等，还应当包含患者未来的利

① 祝彬：《论患者最佳利益原则》，载《医学与哲学（人文社会医学版）》2009 年第 5 期，第 33 页。
② 陈化、徐喜荣：《论临床代理决策中的"患者最佳利益原则"》，载《医学与哲学（B）》2013 年第 6 期，第 5 页。
③ 祝彬：《论患者最佳利益原则》，载《医学与哲学（人文社会医学版）》2009 年第 5 期，第 33 页。
④ 陈化、徐喜荣：《论临床代理决策中的"患者最佳利益原则"》，载《医学与哲学（B）》2013 年第 6 期，第 5 页。
⑤ 恩格尔哈特：《生命伦理学基础》，范瑞平译，北京大学出版社 2006 年版，第 267 页。
⑥ Edwin C Hui., "The Best Interests of Mentally Incapacitated Patients Without a Living Will", *Hong Kong Medical Journal*，2008. 14（1）.

益，如保持身体完整性以及免受侵犯的利益。这时需要考虑的因素就比较复杂，除了医学因素外还应当考虑和尊重患者的信仰、情感、价值观念、个人喜好等各种因素。如果时间允许，并且可以探寻患者真实意思时，医方就应当努力去探寻患者的真实意思。从表面上看，此标准所指的最佳利益更丰富周全，但是在临床实施中存在不足：对象范围小，局限于曾经具有行为能力且已经明确表达愿望与偏好的患者；不同决策者对患者最佳利益的认识可能存在冲突，家庭成员内部的判断出现分歧，[1] 以及家庭判断与医生判断出现冲突，等等。

绝对地适用哪一种标准都很难单独满足医疗临床实践中处理问题的需要，根据实际情况综合运用上述判断标准，才能更准确地把握无相应行为能力患者的最佳利益，从而作出医疗决策。

其三，代理人代理无行为能力患者作出医疗决策时，应确定其代理人能否代理其作出医疗选择、代理人的选择是否必然代表患者最佳利益。英国法院通过判例昭示了其对患者最佳利益的价值判断标准。R 是一名患有白血病的 10 个月大的女婴，根据病情，需要输血治疗。其父母基于宗教信仰，拒绝对其输血治疗。法院认为，输血与否应主要考虑女婴的福祉，女婴无法表达自己的愿望，如果不治疗将会使其遭受伤害。法院基于女婴的最佳利益考虑，最终否决了女婴父母的请求，支持对女婴予以输血治疗。[2] 由此可见，患者代理人在为患者作出医疗决策时，如果和医生的观点不一致，必须对其进行审查，以考证该选择是否真正符合患者最佳利益。"如果是一般事项，诸如常规检查、用药等普通事项，代理人（即家属或关系人）可完全代理患者行使知情同意权。如果是涉及患者生命和重大健康权益的医疗事项，如手术、特殊检查等事项，则要综合家属、关系人和医生的意见考虑。"[3]

其四，关于患者的预先指示。预先指示（advanced indicative），或称预先声明（advanced statement），是指指示人预先做出指令，详细指定当自己由于疾病或丧失行为能力等不能做决定时，应当对自己采取什么样的治疗方案。[4] 预先指示是患者在其具有相应行为能力时作出的真实的意思表示，对预先指示应当予以尊重。在特定情形下，患者可能会对预先指示作出反言。如患者手术前作出过决定，后因恐惧暂时失去相应行为能力而改变原来决定。此时，应从患者的最佳利益出发，评判其后来的决定是否无效，从而尊重患者真正的意思表示，以保护患者的权益。

其五，尊崇医学专业精神（medical professionalism）为患者最佳利益的实施提供了基础。医学的专业精神要求医师将患者的最佳利益置于首位，且不得因市场、社会压力、机构利益等妥协，同时尊重患者的自主性和公正。[5] 由此可知，在面对那些无相应行为能力

[1] Buchanan Allen E, Deciding for Others: The Ethics of Surrogate Decision Making, Cambridge University Press, 1998, 138.
[2] 布伦丹·格瑞尼：《医疗法基础》，武汉大学出版社（影印版）2004 年版。
[3] 祝彬、姜柏生：《患者知情同意权代理行使的规制——"丈夫拒签字致妻儿死亡事件"法律视角的审视》，载《南京医科大学学报（社会科学版）》，2007 年第 4 期。
[4] Anon: Advance Directive.
[5] "Medical Professionalism in the New Millennium: A Physician Charter", *Annals of Internal Medicine*, 2002（3），243-246；WMA, WMA Declaration of Lisbon the Rights of the Paticent, 2017.

又无预先指示的患者时，假使情况紧急，且无法明确患者及其代理人的真实意思，医生可以基于医学专业精神，结合医学标准及患者意愿等因素，采取其认为符合患者最佳利益的医疗选择。

四、诚实信用原则

（一）诚实信用原则概述

诚实信用原则是体现医患伦理关系本质的基本原则是指具有法律上特殊联系的民事主体应忠诚、守信，做到谨慎维护对方的利益、满足对方的正当期待、给对方提供必要的信息等。[①] 民法上的诚实信用原则是最低限度的道德要求在法律上的体现，是道德观念的法律化、准则化。《民法典》第 7 条规定："民事主体从事民事活动，应当遵循诚信原则，秉持诚实，恪守承诺。"诚实信用原则为一切民事主体的行为树立了一个诚信的标准，是当代民法的重要原则，其系一切社会关系中指导权利行使和义务履行的根本指导方针。[②]

诚实信用原则是民法中的"帝王条款"。民事主体从事民事活动应当诚实守信，恪守承诺，言行一致；尊重他人、尊重社会公益，"己所不欲，勿施于人"；本着"爱人如己之心"善尽义务；以善意的方式行使权利，不滥用权利，不曲解法律。这与医疗行业要求的"大医精诚""医乃仁术"，一脉相通。

在医疗活动中适用诚实信用原则具有独特的伦理与法律价值，反映了医疗活动的内在伦理要求，也是保障公共健康权的需要。由于医患信息不对称，患者健康权的实现更有赖于医者仁心。患者只有在感受到自身被充分尊重时，才会以积极的态度支持和配合医师的诊疗行为；医师只有在得到充分信任和尊重时，才有可能将医疗质量提升得更高。医患之间是否诚信直接影响医患关系及其行为方式。医患的共同诚信，是公民健康权利实现的保障，是医疗正义的重要内容；医患之间诚信的缺失会极大危害医疗正义的实现。[③]

（二）医患诚信的定义及特征

医患诚信是指在医疗活动中，基于抗拒疾病、解除痛苦的共同目的，医患双方应当忠诚、守信，谨慎维护对方的利益，善意地行使权利和履行义务。

诚信的主体是医患双方，医方和患者的共同诚信是实现医患诚信的基础。从医患关系建立过程来看，医者重诚，患者重信，且诚者不假，信者不疑方可。[④] 医患诚信是社会诚信的组成部分，但是其不同于一般社会诚信，医患诚信包含着对生命本身的崇敬，对医患诚信的维护就是尊重生命与健康，是对生命价值的充分肯定。

医患诚信包含医者的职业诚信与就医者的就医诚信，其中，医者的职业诚信是医患诚信的主体成分，占据主导地位。医者职业诚信的本质是"诚实、守信、真实、无妄"，它要求医者要真实无欺、言行一致、表里如一。医疗诚信的本质还是一种实事求是的精神。由于医者与患者的医疗卫生知识储备是不对称的，医患诚信内在地要求医疗资源的公平分

---

① 王利明：《民法》，中国人民大学出版社 2015 年版，第 31 页。

② 四宫和夫、能见善久：《民法总则》，弘文堂 2010 年版，第 16 页。

③ 赵敏、李少娟：《构建医患诚信　促进医疗正义》，载《中国医学伦理学》2008 年第 6 期，第 62—63 页。

④ 尹秀云：《医患诚信问题解析》，载《医学与哲学（人文社会医学版）》2009 年第 2 期，第 29—30 页。

配，是境遇正义在医患信息不对称态势中的表达。[①] 基于医患关系的特殊性，医患间的诚实信用原则有以下特点：

第一，基于医患间信息的不对称，医患诚实信用责任不对等，医者诚实信用应居于主导地位。医患关系的基础来源于患者对医者的信任，而医者的行为是患者信任的先决条件，即医者首先应该对患者负责，对患者讲诚信，这恰恰与医者的救死扶伤使命相吻合，这也意味着做一个符合患者最佳利益的医务人员是医者的精髓所在。[②] 另外，由于患者缺乏对疾病和医疗信息的了解，因此往往存在表达和事实不符的情形。此时不可能因为医生相信患者而患者作为不力，从而谴责患者，患者不必承担诚信责任。

第二，诚信缺失的补偿不平等，医方对患者的诚信缺失补偿要远远大于患者对医方的诚信缺失补偿。[③] 医方既要补偿自身诚信缺失所造成的损失，也要补偿患方诚信缺失所造成的损失。譬如，医方用假药治疗患者，对患者的身体造成了损害，医方必须承担因诚信缺失造成的损害，而不能以患者可以拒绝接受假药为理由来拒绝补偿患者。

（三）医患诚信的具体要求

医疗活动的有限性、风险性及个体化差异性等特点，使得医疗活动不同于一般的买卖与消费活动，在接受医疗活动前，医患双方都不可能作出生死预测或承诺保证治愈。诚实信用原则在规范医患双方行为时，强调医患双方要相互信任、相互理解、相互尊重。医患之间形成的信任共同体，是医患关系和谐发展的道德基础。

概括来说，患者对医者的诚信包括：充分理解信任医生，把生命托付给医生，与医生相互配合共同抗拒疾病；毫无隐瞒地描述病情和症状，不隐瞒自己的病情，不提供虚假信息；尊重医生及其对于疾病治疗的努力，客观地对待医疗的无能为力，理性处理医疗纠纷；诚实求医，主动履约、承担义务。此种义务，一是协力义务，即患者以最大诚信向医方提供与诊疗相关的信息；二是遵守医嘱的义务，即应当积极接受治疗，严格遵循医嘱，与医疗机构及其医务人员共同完成诊疗事项。当患者无法独立履行上述义务时，其近亲属应有协助义务。《民法典》第 1224 条规定，患者在诊疗活动中受到损害，患者或者其近亲属不配合医疗机构进行符合诊疗规范的诊疗医疗机构不承担赔偿责任。这是患者或其近亲属违反协力和遵嘱义务的后果。

由于医患关系的特殊性，医患诚信通常强调医方主体应具有内在品德、恪守行为规范，其首要内涵是保证医疗质量和服务质量。因此，医者对患者的诚信成了医患诚信的主要考察方面。按照诚信原则去调整医疗活动和医患关系，应包含如下要求：

第一，医生对待患者应以"爱人如己之心"善尽义务，恪守医者父母心的医学伦理要求。在医疗活动中遵循诚实、守信、真实、无妄的要求，秉持着"以人为本""以病人为中心"的理念竭诚对待患者的生命健康权。

第二，医学是一个高度专业性的领域，医疗活动中医方占据主导地位，诚实信用原则要求医师运用自己的知识与技能，对患者善尽医疗照护之义务。在医疗活动中，医师应当

---

① 谢裕安：《我国医患诚信危机及其对策研究》，中南大学政治学与行政管理学院博士论文，2008 年，第 25 页。
② 刘欣怡、刘俊荣：《医患诚信危机的伦理思考》，载《医学与社会》2012 年第 12 期，第 8—11 页。
③ 谢裕安：《我国医患诚信危机及其对策研究》，中南大学政治学与行政管理学院博士论文，2008 年，第 24 页。

以患者的利益为中心诚信诊疗，施以最合适而非最贵或最多的检查、治疗和药品，为患者的健康竭尽全力。

第三，积极履行附随义务。附随义务，是指在契约履行过程中，基于诚实信用原则而使当事人负担的以保护他人之人身和财产利益为目的的通知、保密、保护等义务。[①] 医疗服务关系中，医方的附随义务是医方为实现诊疗义务，使患者之合法权益获得最大满足和保护而应履行的职责，包括保护义务、疗养指导之说明义务、保护患者隐私的义务。[②]

第四，医疗权利不得滥用。禁止权利滥用原则，是指民事主体对自己的民事权利的行使，不得超越法律所确定的正当界限，如果行使权利超过其正当限制，损害他人利益和社会利益则构成了权利的滥用。[③] 由于信息不对称在医疗服务市场中的客观存在，医疗服务合同关系呈现出一种供方主导的状态，克服强势地位主导下的医疗权利的滥用，需要诚信原则发挥作用。在医疗活动中，可能存在的医疗权利的滥用主要表现为防御型医疗、过度医疗和乱收费等情形，如惧怕漏诊进行拉网式化验或检查、推诿重症病人、"小病大治"、分解项目收费、巧立名目收费、反复收费等。

第五，医疗活动应该遵循有利无伤的要求，把有利于患者健康放在第一位并切实为患者谋利益。有利无伤，是指行为动机与结果均对病人有利，而且应避免对病人的伤害，即医务人员要为病人尽义务，既使病人获利，又不对其造成伤害。有利无伤包括有利和无伤两个方面。有利，要求医生积极采取行动去促进善即患者利益。无伤，是指不使患者身心受到伤害，当然，无伤并不是绝对的，因为在临床中许多治疗措施是有侵袭性的，存在不同程度的风险，完全无伤是不可能的，所以无伤可以被解读为医师对患者的一种"不加重患者病情"的义务。[④] 其强调维护患者的生命安全，提供符合正常水平的服务；执行的医疗措施是必要的；应以"权衡利害原则"为基础，衡量利弊得失，选取风险少、优点多的方案。有利比不伤更加广泛，它要求所采取的行动能够预防或消除伤害，确有帮助。

第三节 医事法律关系

一、医事法律关系的概念

医事法律关系也称医疗法律关系，主要是指基于双方约定或法律直接规定而在医患之间发生的，就患者疾病的诊断、治疗、护理等医疗活动形成的法律上的权利义务关系。[⑤] 医疗法律关系是一种特殊的民事法律关系。

① 侯国跃：《契约附随义务研究》，西南政法大学博士论文，2006 年，第 36 页。
② 赵敏、邓虹：《医疗事故争议与法律处理》，武汉大学出版社 2007 年版，第 89 页。
③ 申卫星：《民法学（第 2 版）》，北京大学出版社 2017 年版，第 44 页。
④ 王岳主编：《医事法（第 2 版）》，人民卫生出版社 2013 年版，第 5 页。
⑤ 赵敏主编：《医疗法律风险预防与处理》，北京大学出版社 2019 年版，第 54 页。

对于医事法律关系的性质，学术史上存在 "横向说"[1] "纵向说"[2] "斜向说"[3] "消费关系说"[4]，等等。这些学说都从一定程度上揭示了医疗法律关系某一方面的特征，但也都存在一定的局限性。

随着 2002 年修订的《医疗事故处理条例》将医疗纠纷案件的诉讼模式由原 1987 年《医疗事故处理办法》所确立的行政诉讼模式修改为民事诉讼模式，特别是《民法典》的颁布与实施，从部门法的角度来看，医疗法律关系成为一种特殊的民事法律关系，这种特殊性体现在：医方的缔约自由受到限制，一般不能拒绝患者的就诊要求；对于急危患者，医师应当采取紧急措施进行诊治。这又使医疗法律关系在特定的情况下具有了行政法的色彩，兼具私法和公法的性质。

二、医事法律关系的类型

根据医事法律关系的发生原因、当事人权利义务及相应的法律责任的不同，可将医事法律关系分为医疗服务合同关系、医疗事务无因管理关系以及强制医疗关系三类。其中，医疗服务合同关系是基本的医事法律关系，而无因管理关系以及强制医疗关系则是医事法律关系的特殊情形。

而《民法典》"侵权责任编"规定的医疗侵权损害赔偿关系，是从侵权责任法的角度，将医疗侵权损害赔偿关系从医疗违约与医疗侵权的竞合中独立出来。但应当明确的是，在医事法律关系中，医疗服务合同关系是基础，其确定了医患双方的基本权利义务，认定和处理医疗侵权损害赔偿关系也以这些权利义务关系为基础。

（一）医疗服务合同关系

医疗服务合同关系指医方与患方之间就患者疾病的诊断、治疗、护理等医疗活动形成的真实意思表示的民事法律关系。医疗服务合同是一种以医方提供适当医疗行为为内容的合同。医疗服务合同关系是医患双方最基础的法律关系。

医疗服务合同与其他合同相比具有一定的特殊性：

第一，医疗服务合同当事人的意思自治受到公法及道德的某些限制。由于医疗行为的道德性，医疗服务合同不能单纯基于当事人的意思自治行为而成立，医方所负的强制诊疗义务使其在缔结医疗服务合同时，意思自治受到公法的约束，缔约自由也受到限制。

第二，医疗服务合同的内容具有高度的专业性，双方当事人能力具有不对等性。医疗行为是医疗服务合同的基本内容，该行为具有高度的专业性，所以，在医疗服务合同中，医方与患者之间存在医学认知及掌控上的差异。

第三，医疗服务合同具有供方主导性。由于医疗服务合同内容的高度专业性，一般由医方因人而异地实施治疗，供方占据主导地位。

① 梁慧星：《给法官们的建议》，载《公民导刊》1999 年第 2 期，第 8—9 页。
② 胡晓翔：《二论国家主体医疗卫生事业中的医患关系的法律属性——驳 "医患关系是合同契约关系" 的观点》，载《中国卫生事业管理》，1996 年第 11 期，第 590—592 页。
③ 王镭主编：《中国卫生法学》，中国人民大学出版社 1988 年版，第 9 页。
④ 黄军辉：《医患关系的法律规制》，载《证据科学》2002 年第 1 期，第 16—18 页。

第四，医疗服务合同中医方应当尊重患者的决定权。由于医疗行为具有高度专业性的特点，医方在合同履行中具有高度的裁量权，但是，患者才是健康权的主体，因此，在诊疗过程中最大限度地尊重患者的决定权，逐渐成为医疗服务合同的一项内容。当然，对患者决定权的尊重并非绝对，应当以保护患者的权益为目标。

第五，医疗服务合同当事人双方对合同得以履行相互负有协力义务。因为诊疗是对作为合同当事人的患者自身进行的，如果患方在诊疗过程中不予协力，医方即使有再高的医术也无法实现合同的目的，所以合同的履行需要双方的协力配合。

第六，医疗服务合同是"手段债务"，而非一般民事合同中的"结果债务"。它只要求医方提供合乎当时医疗水平的、尽到注意义务的医疗服务，而不能按照患者的期望约定结果，更不能以治疗结果的成败来判断医方是否存在违约行为。

医疗合同，同样须经要约和承诺达成合意而成立，即患者提出医疗的要约，医务人员接受要约即承诺，医疗服务合同方成立。

（二）医疗事务无因管理关系

无因管理指的是没有法定或约定的义务，为避免他人利益受损失，自愿管理他人事务或为他人提供服务的行为。医疗事务的无因管理指医方在没有约定义务和法定义务的情况下，为避免患者的生命健康利益受到损害，自愿为患者提供医疗服务的行为。这种管理他人医疗事务的行为使得医疗机构或医务人员与患者之间产生了一种特殊医疗法律关系。

《民法典》第 121 条规定，没有法定的或者约定的义务，为避免他人利益受损失而进行管理的人，有权请求受益人偿还由此支出的必要费用。医疗事务无因管理关系中，管理人有权向受益患者要求支付管理费用。

医疗事务无因管理的构成要件包括管理他人的医疗事务、医方没有约定或法定义务、医方应有以其医疗行为所生利益归属于患者的意思。由于医疗行为具有高度技术性，患者本人或者普通社会成员对急需医疗救护的患者所需要的管理方式和手段缺乏必要的认识，所以在医疗事务无因管理中，作为管理人的医方的主观性更强。

在临床实践中，常见的无因管理关系主要有三种情形：（1）医务人员在医疗机构外，发现患者而加以治疗；（2）对自杀未遂而不愿就医者，予以救治；（3）无监护人在场的情况下，医疗机构直接针对无行为能力的"非急危"患者进行的诊疗行为。其中，医疗场所外的无因管理对医方注意义务的要求低于医疗场所内的医疗行为，医方仅在故意和重大过失的情况下才承担责任。医疗场所内的无因管理，医方仍应尽善良管理人的注意义务。

（三）强制医疗关系

医疗法律关系中最特殊的就是强制医疗关系。强制医疗关系，是指国家基于医疗的特殊性和对国民生命和身体健康的维护，在法律上要求医疗机构或医务人员强制诊疗和患者接受强制治疗为主要内容的特殊医疗法律关系。与前两种医疗关系不同的是，强制医疗关系一般涉及三方当事人：卫生行政主管机关（国家）、医疗机构和患者。在特定的情况下，卫生行政主体（卫生行政机关和医疗机构）基于法律授权或行政机关委托也可以代表国家对特定患者实施强制性医疗活动。应予注意的是，强制医疗属于行政性行为，强制医疗关系也属于行政法律关系，因强制医疗所支出的费用应当由国家承担。在理论上，大陆法系国家把这种行政法律关系称为特别权力关系，基于特别的法律原因，为实现公法上的特定目的，行政主体在必要范围内对相对人具有概括的支配权力，而相对人负有服从义务的行政法律关系。[①]

在我国，强制医疗主要是针对某些传染病、吸毒、卫生免疫接种等实施的强制诊疗措施。我国《传染病防治法》《突发公共卫生事件应急条例》《艾滋病防治条例》以及《国境卫生检疫法》等都规定了适用强制医疗的法定情形。强制医疗关系的表现形式包括强制留置、强制隔离、强制观察及强制治疗等。实施强制医疗措施一定严格按照法律规定适度进行。

世界上多数国家医疗卫生法律规范都规定了强制医疗的损害赔偿问题。我国《传染病防治法》较全面地规范了强制治疗的各种情形，但是，没有规定因对患者进行强制治疗而造成的损害赔偿问题。《疫苗管理法》规定了因接种免疫规划疫苗引起预防接种异常反应需要对受种者予以补偿的，补偿费用由政府承担。这体现了强制接种是国家公权力行使，适用国家赔偿法律法规中有关强制医疗法律关系的要求。

三、医疗法律关系的构成

医疗法律关系的构成是指医疗法律关系应由哪些要素组成。同其他法律关系一样，医疗法律关系在静态上也是由主体、客体、内容三方面的要素构成的，但其具体内涵有所不同。

（一）医疗法律关系的主体

法律关系的主体是指法律关系的参加者，即在法律关系中享有权利、承担义务的人。医疗法律关系的主体是指在医疗法律关系中享有权利、承担义务的人。一般情况下是指医方和患方，但在强制医疗关系中还包括医疗卫生行政部门。

医疗法律关系中的医方主体一般可分为医疗机构和个体开业医师（个体诊所）两种。

医疗机构一般都是具有独立的法人资格或从属于某些法人单位。有资格向社会提供医疗服务的医疗机构主要是医院，因此，医院是医疗服务合同最主要的主体类型。在我国，医院和医务人员之间是劳动雇佣关系，这与其他国家医师独立执业、医师可以和多家医疗机构建立的合作关系是不同的。即使在多点执业的情况下，从人事管理上看，医务人员与医院之间也是雇员和雇主的关系。因此，医务人员在医疗服务合同中并不是独立的一方主体，而是履行辅助人，医院承担合同主体的权利和义务。

个体开业医师以个人名义开业并承担责任的形式对外提供医疗服务。其对患者进行诊疗时，医疗法律关系就在患者和个体医师之间发生，个体医师是独立享受权利、承担义务的一方法律关系主体。

医疗法律关系中的患方主体主要是指患者及其近亲属，患者本人作为自然人主体，是该关系中的患方主体，不论其是否具有民事行为能力；患者死亡的，其近亲属为损害赔偿的请求权人。

（二）医疗法律关系的客体

法律关系的客体是指法律关系主体的权利和义务所共同指向的对象，包括物、行为、

[①] 杨临宏：《特别权力关系理论研究》，载《法学论坛》2001 年第 4 期。

智力成果等。医疗法律关系作为民事法律关系的一种，是患者因其恢复健康、提高生活质量的需要向医方寻求医疗诊治，由此而形成的医患双方法律上的权利义务关系。其客体就是诊疗护理管理服务行为，即医疗行为。

目前，我国法律中没有明确规定医疗行为的概念。与医疗行为概念相类似的是《医师法》中的"执业"一词。根据《医师法》，"医师执业活动"是指防病治病，救死扶伤。《医疗机构管理条例》第 2 条将医院等医疗机构的活动描述为"从事疾病诊断、治疗活动"。《医疗机构管理条例实施细则》规定，诊疗活动是指通过各种检查，使用药物、器械及手术方式等方法，对疾病作出判断和消除疾病、缓解病情、减轻痛苦、改善功能、延长寿命、帮助患者恢复健康的活动。这是迄今为止我们能够获得的最权威、最贴近"医疗行为"含义的概念。

按照学界的一般理解，医疗行为是指以疾病的预防、患者身体状况的把握、疾病原因以及障害的发现、疾病的治疗、因疾病引起的痛苦的减轻、患者身体及精神状况的改善等为目的对身心所做的诊查治疗行为。简言之，医疗行为就是以治疗疾病为目的的诊断治疗行为。但是，随着医疗技术的发展和民众生活观念的变化，上述传统的医疗行为定义已不能适应医学发展和公众健康保护的需要。为了适应新情况，台湾学者吴建梁先生提出"广义的医疗行为"的概念，认为医疗行为包括临床性医疗行为、实验性医疗行为、诊疗目的性医疗行为、非诊疗目的性医疗行为四种类型。

本书认为，作为医事法律关系客体的医疗行为，应当采取广义理解。凡是运用医学专业知识和专业技能，为接受医疗者消除或缓解疾病、减轻身体痛苦、消除或者减轻其对药物或者毒品等的病态依赖、延长生命、改善身体功能或外观、提高生活质量、矫正畸形、帮助或避免生育等与接受医疗者的身体健康和生命安全密切相关的管理和服务行为都可以称为医疗行为。概言之，医疗行为即诊疗护理管理服务行为，是指以诊疗疾病为目的的诊断、治疗、护理行为和医方对诊疗过程的管理行为。[①]

医疗行为是一门具有高度专业性与高风险的工作，其特点包括：

第一，医疗行为具有高度的专业性。医疗行为是运用医学科学理论和技术对疾病做出诊断治疗，以恢复人体健康、提高生活质量的高技术职业行为，其要求从业者必须经过专业教育，通过资格考试取得从业资格，并获得执业许可才能执业。

第二，医疗行为具有局限性和高风险性。医疗行为的实质是受仪器设备、药物、治疗手段和手术方法、对疾病本质认识等高度局限的一门探索性科学行为，充满风险，医疗行为的结果从该行为开始，就同时存在"获益"和"致害"的双向可能性，这种风险性意味着医务人员承担职业风险，就医者承担医疗风险。

第三，医疗行为的侵袭性应该在"可允许的范围内"。医疗行为虽然是以拯救患者生命健康为目的，但采用的诊疗方法往往对人体具有侵入性和损害性。医学上，对这种具有伤害性的侵袭行为，有着严格的限制，只有在公认的医学标准范围内才属于法律允许的行为，并受到法律的保护，即要遵循法学上认同的"可允许的范围内"原则。一般认为，"可允许的范围内"的判断标准包括：主观上实施侵袭性医疗行为的主体应履行注意义务；

[①]　赵敏：《医疗法律风险预防与处理》，北京大学出版社 2019 年版，第 50 页。

客观上实施侵袭性医疗行为的主体在实施前有认真地全面检查患者身体状况、确定具体的实施方案和防范危险结果出现的措施；实施侵袭性医疗行为的方法和手段成熟、稳定，得到医学界的认可；在紧急医疗状态下实施侵袭性医疗行为往往具有相当的风险性和结果未知性，其目的应是保护患者的生命权。

（三）医疗法律关系的内容

医疗法律关系的内容是指在医疗法律关系中医患双方基于医疗服务合同的约定或法律规定而确定的权利和应承担的义务，它是医疗法律关系中最核心的因素，具体包括患者权利、患者义务、医方权利和医方义务四个方面，其内容详见第十章、第十一章。

本章思考题

1. 简述医事法的特征和调整对象。
2. 简述知情同意原则的含义。
3. 简述诚信原则在医疗服务中的重要意义。
4. 简述医疗服务合同的特殊性。
5. 简述医患法律关系主体及其特点。

第十章
患者的权利和义务

随着社会的变迁，特别是人们权利意识的觉醒，医患关系发生了很大变化，逐渐走向医患平权模式，患者权利构成了整个医事法的逻辑起点和核心概念。医疗服务法律关系中，患者指享有接受治疗的权利并承担缴费和配合治疗等义务的自然人。作为医疗服务的接受方，患者是医事法律关系的权利主体，其享有接受诊断、治疗、护理等权利，承担缴费、配合治疗、维护医疗秩序等义务。总之，医疗服务活动以尊重患者的权利和独立意志为前提，同时患者应承担相应的义务。医事法应是一部医患关系的平衡法，是一部医患之间权利义务相互平衡的法律。[①]唯有如此，才能塑造良好的现代医患关系。

第一节　患者的权利

患者权利指法律所赋予患者在接受医疗服务时享有的作为或不作为的自由，包括生命权、身体权、健康权、妥善医疗权、医疗自主权、知情同意权、隐私权在内的广泛权利体系。

一、生命权

生命权指的是自然人享有的以生命安全、生命维持为内容的人格权，其特征包括：（1）生命权的客体是生命及其安全利益；（2）生命权只有在生命安全受到威胁或者处于危险状况时，才能行使；（3）生命权一旦受到侵害，任何法律救济对于权利主体都是毫无意义的，法律救济的唯一功能在于使权利主体的近亲属得到财产补偿和精神安慰。[①]

生命权是自然人的最高人格利益，是其他人格权和人格利益的基础。16世纪，古典自然法学派对人的自然权利作了进一步的系统阐述，其从人性出发，主张人有保护自己生命的权利。而提出把生命权从自然权利转化为宪法权利的是英国学者约翰·洛克（John Locke），他在《政府论》中对自然法和自然权利进行了论证："人们既然都是平等和独立

---

① 王利明主编：《民法》，中国人民大学出版社2015年版，第512页。

的，任何人就不得侵害他人的生命、健康、自由和财产。"1776 年，美国弗吉尼亚州通过了《弗吉尼亚宣言》，第一次以政治宣言的形式昭示了生命权。同年，托马斯·杰斐逊（Thomas Jefferson）在《独立宣言》中宣告生命权是不可转让的权利。自此，生命权从自然权利变成了法定权利，生命权由此进入法律规范时代。我国《民法典》第 110 条、第 990 条、第 1002 条规定了生命权，构成生命权的法律基础。根据《民法典》第 1005 条，自然人的生命权、身体权、健康权受到侵害或者处于其他危难情形的，享有接受救助的权利。

医疗活动以保护患者的生命权为己任，这往往关涉患者生命权与知情同意权、隐私权等的冲突与博弈。例如，在"安乐死""尊严死"等终止患者生命的行为中，患者的生命权与知情同意权产生冲突，在患者为保持身体无痕而不愿进行手术治疗，患者基于自身经济、工作等方面的考量而选择不进行治疗等情形下，也会产生此种利益冲突。再如，患者隐私权与患者生命权可能会产生冲突。由于医疗活动的特殊性，医生在诊断治疗时会涉及患者不愿为他人所知的与疾病有关的私密信息，若不当泄露或未经患者同意公开相关信息，则可能严重损害患者的身心健康和人格尊严，因此，医生必须严格保护患者疾病隐私，不得随意向他人透露。然而，若患者因罹患严重疾病而万念俱灰，欲轻生自杀以摆脱疾病痛苦，并强烈要求医生不能将此情告知其家人，此时医生应该如何做？是继续维护患者隐私还是将情况告知其家人？若为患者保密则可能引发患者自杀身亡的后果；若将情况告知其家人，则又泄露了患者不愿他人知道的隐私，此时冲突又产生了。[1]

面对上述冲突，首先，应当坚持生命权的最高价值。医务人员不得实施我国法律尚未明文规定的"安乐死""尊严死"等终止患者生命的行为。[2] 同样，当患者的生命权受到威胁时，隐私权应让位于生命权。其次，应当坚持权利克减的有限性原则。这一方面要求权利的克减是发生在患者的生命权受到直接威胁而不得不为的情况下，另一方面要求对克减的程度进行严格限定。例如，在患者的生命权与隐私权冲突时，对患者隐私披露的范围应严格限制在特定的主管部门和医务人员的范围内。[3]

二、身体权

身体权指自然人维持其身体的完整性和完满性，并支配其肢体、器官和其他人体组织的人格权，包括：（1）身体完整性保持权；（2）身体组成部分的支配权。[4] 对于身体权是否自然人一项独立的民事权利，通说一度持否定态度，[5] 其后发生转变。《民法通则》第 98

---

① 譬如，一高龄产妇因婚前曾有过 4 次人工流产史，分娩时必须行剖宫术，否则产妇及胎儿将有生命危险，产妇请求医生不将行剖宫术的缘由告知其家人，由于其丈夫不知原委，拒绝签字手术，坚持自然分娩，使医生陷入维护患者隐私权与患者生命权的冲突之中，左右为难。参见王云霞、贾晓婕、叶红琴：《妇产科医师保护患者隐私权的困惑分析》，载《中国医院》2012 年第 3 期，第 78—81 页。
② 解志勇主编：《卫生法学通论》，中国政法大学出版社 2019 年版，第 141 页。
③ 参见杨咪、杨小丽：《生命权视野下患者隐私权保护中的道德冲突》，载《中国卫生事业管理》2016 年第 8 期，第 599 页。
④ 王利明主编：《民法》，中国人民大学出版社 2015 年版，第 511—512 页。
⑤ 解志勇主编：《卫生法学通论》，中国政法大学出版社 2019 年版，第 145 页。

条只规定了生命健康权，未规定身体权，但第 119 条规定了身体遭受侵害的受害人可寻求民事救济，2001 年最高人民法院发布的《关于确定民事侵权精神损害赔偿责任若干问题的解释》第 1 条第 1 款第 1 项将生命权、健康权和身体权并列，由此确认了三者相互独立的法律地位。目前，《民法典》第 110 条、第 990 条、第 1003 条明确身体权是一项自然人独立的人格权。

身体权的客体即身体，是躯体和身体附属物的总称。一般情况下对身体的组成部分当无疑问，但在特殊情况下亦可能出现疑问。镶嵌、配置的人工制作的残缺身体部分的替代物，例如，假肢、假牙、义眼、为隆胸而注射的凝胶、人工心脏瓣膜、人工关节、助听器等，能否构成身体的组成部分？这关键是看上述器具和人体结合的紧密程度，若不能自由拆卸，则属于身体权的客体；若可以不依赖专业人员的技术而自由拆卸，则不应将其视为身体的组成部分，它们应是民法上的"物"。在器官捐献与移植中，移植后的器官和其他人体组织与受移植人成为一体，即移植成功，此时，这些器官和其他人体组织应为受移植人身体的组成部分，移植人不能再主张这些器官、组织的身体权。最后，对于遗体是否构成身体权的客体，存在"身体权保护说"[1]"身体权延伸保护说"[2]"物说"[3]"物与非物结合说"[4]"所有权客体反对说"[5]等不同的学说主张。本教材认为，遗体应当被评价为民法中的"物"，法定继承人对其具有管理、祭祀、埋葬和捐献等权能。同时，因为遗体所蕴含的伦理道德等因素，遗体之上的权益呈现出所有权与人格利益的双重构造，遗体所有权在内容上受到"死者生前意愿"和"公序良俗"的限制。[6]

侵害身体权的行为包括两大类：一是破坏身体的完整性，二是破坏身体的完满性。[7]在医学领域，侵害身体权的行为有以下几种：（1）对身体组织的非法保留、占有。例如，利用胎盘与脐带血。[8]再如，有的医生肩负科研任务，需要活体材料做实验，往往会利用工作之便，亲自或委托他人通过多取检材。（2）对身体组织不造成疼痛的侵害。一般认为，对身体组织的破坏，只要不造成严重的疼痛，不认为是对健康权的侵害，而是构成对身体权的侵害。（3）如果医生因不合于手术之方法或治疗目的实施过度治疗，以致侵害患者身体，将构成对患者身体权的侵害，如实施过度的外科手术等。[9]

① 参见杨立新：《论公民身体权及其民法保护》，载《法律科学》1994 年第 6 期。

② 参见孟奇勋、杨成亮：《论尸体侵害与尸体的法律保护》，载《中南民族大学学报（人文社会科学版）》2003 年第 S1 期。

③ 参见杨立新、王海英、孙博：《人身权的延伸法律保护》，载《法学研究》1995 年第 2 期，第 21—29 页。

④ 参见李安刚：《也论尸体的民法保护——与杨立新先生商榷》，载《当代法学》2001 年第 8 期，第 53—55 页。

⑤ 参见王利明：《人格权法研究》，中国人民大学出版社 2012 年版，第 319 页。

⑥ 参见申卫星：《论遗体在民法教义学体系中的地位——兼谈民法总则相关条文的立法建议》，载《法学家》2016 年第 6 期。

⑦ 参见王利明主编：《民法》，中国人民大学出版社 2015 年版，第 511—512 页。

⑧ 原卫生部 2005 年 3 月 31 日给山东省卫生厅的相关批复中明确禁止了买卖胎盘："产妇分娩后胎盘应当归产妇所有。产妇放弃或者捐献胎盘的，可以由医疗机构进行处置，任何单位和个人不得买卖胎盘。如果胎盘可能造成传染病传播的，医疗机构应当及时告知产妇，按照《传染病防治法》《医疗废物管理条例》的有关规定进行消毒处理，并按照医疗废物进行处置。"目前，买卖胎盘是被禁止的。

⑨ 参见解志勇主编：《卫生法学通论》，中国政法大学出版社 2019 年版，第 146—147 页。

三、健康权

健康权呈现出复杂的构造，依公法、私法和社会法之研究视角的不同而有所区别，本书所称健康权指的是私法层面的健康权，即自然人以其身体生理机能、心理机能的正常运作和功能的正常发挥，进而维持人体生命活动为内容的人格权。[1] 我国《民法典》第110条、第990条、第1004条规定了健康权，为健康权提供了规范基础。

医疗行为本身具有风险和侵袭性。正如英国法官普罗克勋爵在判词中所说："所有的医疗行为，无论是内科还是外科，都包含着病情不但没有好转，反而恶化到某种程度的风险，这本身是无可避免的。……可能的病情恶化也是程度不一，从微不足道的偶然身体不适，到可以毫不夸张地以灾难作喻的残疾，什么情况都有。"[2] 一方面，药品可能产生副作用，手术和介入性治疗等现代医学手段可能会对人体健康造成伤害。另一方面，疾病本身也会令人的健康受损。对此，如果不存在误诊或漏诊，在医疗水平尚不能达到诊疗疾病的需要时，患者遭受的损害不能划归医疗损害。[3] 此外，医疗行为本身往往具有一定的人身创伤性，也即违法性，法律通过知情同意（informed consent）排除此种违法性。[4]《民法典》第1219条明确规定："医务人员在诊疗活动中应当向患者说明病情和医疗措施。需要实施手术、特殊检查、特殊治疗的，医务人员应当及时向患者具体说明医疗风险、替代医疗方案等情况，并取得其明确同意；不能或者不宜向患者说明的，应当向患者的近亲属说明，并取得其明确同意。医务人员未尽到前款义务，造成患者损害的，医疗机构应当承担赔偿责任。"

四、妥善医疗权

医务人员在医疗活动中负有注意义务，且该注意义务具有高度客观化的特点。[5]《民法典》第1221条规定："医务人员在诊疗活动中未尽到与当时的医疗水平相应的诊疗义务，造成患者损害的，医疗机构应当承担赔偿责任。"与此相对，患者享有妥善医疗权。妥善医疗权指在医疗活动中的每一个环节，患者的生命健康应当得到最大程度的尊重与照顾的权利。[6] 妥善医疗权包含以下内容：

第一，患者享有在紧急状况下获得及时诊断和治疗的权利。《医师法》第27条、《医疗机构管理条例》第30条规定了医疗机构及其医务人员对危重病人进行急救的义务。公民享有的紧急医疗救治权是通过对医疗机构和医疗从业人员设定相应的义务来体现的。公民在患病急危时，即使预先没有缔结医疗合同，也享有受到紧急救助的法定权利。医务人

---

① 王利明主编：《民法》，中国人民大学出版社2015年版，第511—513页。

② 马克·施陶赫：《英国与德国的医疗过失法比较研究》，唐超译，法律出版社2012年版，第46页。

③ 乔乐天：《论医疗侵权责任的要件构成》，法律出版社2018年版，第116页。

④ 解志勇主编：《卫生法学通论》，中国政法大学出版社2019年版，第149页。

⑤ 梁慧星：《论〈侵权责任法〉中的医疗损害责任》，载《法商研究》2010年第6期。

⑥ 侯雪梅：《患者的权利——理论探微与实务指南》，知识产权出版社2005年版，第89页。

员在抢救生命垂危的患者等紧急情况下已经尽到合理诊疗义务，即使患者受到损害，法律也将此种情形规定为免责事由。

第二，患者有获得正确诊断的权利。患者就医时，有获得医方对自己的病症及其有关事项进行全面询问的权利；有获得医方全面、及时检查的权利；初诊后，患者有权要求医方根据患者病情的发展、症状表现来及时修正初步诊断，并根据确诊结果对症治疗的权利。[1]

第三，患者有获得适当治疗的权利。该权利包含以下内容：（1）诊断结果出来后，患者有获得及时治疗的权利。（2）患者有权要求医方严格按照患者病情、药典或药物使用说明为患者开具药品。（3）患者对医方提供给自己的药物的毒副作用有获得详细说明的权利。（4）患者在用药之前，有权获得医方对用药方法的详细指导。（5）在用药或注射期间，患者有权要求医方对其用药或注射情况进行必要观察，并对异常情形及时进行处理或解决。（6）患者有权要求医方严格按照手术操作规程进行手术。（7）患者有权要求医方严格按照注射操作规程进行操作。（8）患者有权要求医方严格按照输液、输血操作规程进行操作。[2]

第四，患者有获得持续治疗的权利。一方面，患者有权要求医方按照治疗目的持续治疗，不得任意终止治疗行为。另一方面，患者有权主动要求终止治疗，但医方必须对终止治疗可能产生的后果予以说明。

第五，患者在治疗过程中有获得合格医护人员、医疗设备及药品的治疗的权利。该权利包含以下内容：（1）患者有权获得合格的医护人员的治疗与护理。《医师法》规定了担任医师的资格和程序，同时，《刑法》规定了非法行医的罪名，用以对未取得医生执业资格的人非法行医的行为进行制裁。（2）患者有权要求医方为自己开具、提供的药品、消毒产品、血液、注射液质量合格、无污染、具备合乎医疗目的的效用。在诊疗护理过程中，患者为治疗需要向医院购买药品、消毒产品、医疗器械、血液时，医患之间成立买卖合同关系。若药品、消毒产品、医疗器械、血液存在缺陷，则作为卖方的医疗机构必须承担相应的违约责任。从侵权责任的角度，《民法典》第1223条规定了医疗产品责任。（3）患者有权获得医师处方所开具的药品、消毒产品、血液、医疗器械。（4）患者有权要求医方保证医疗器械、设备处于合乎医疗使用的良好质量与状态。（5）患者有权要求医方对医疗器械、设备的使用合乎操作规程与医疗目的。

【典型案例】
哈尔滨天价医疗费事件

【典型案例】
一枚弯针引发217项检查

第六，患者有拒绝医方过度医疗行为的权利。"过度医疗"指的是由于多种原因引起的超过疾病实际需要的诊断和治疗的医疗行为或医疗过程。过度医疗纠纷作为社会关注的热点问题由来已久，媒体经常报道医院发生过度医疗纠纷，从"哈尔滨天价医疗费案"到"广州儿童的217项检查案"和"碎石致左肾被切除案"，这些因过度医疗引发的纠纷，无一不成为社会公众事件。对此，《民法典》第1227条规定的"医疗机构及其医务人员不得违反

【典型案例】
碎石致肾脏被切除案

① 侯雪梅：《患者的权利——理论探微与实务指南》，知识产权出版社2005年版，第95—97页。
② 侯雪梅：《患者的权利——理论探微与实务指南》，知识产权出版社2005年版，第97—99页。

诊疗规范实施不必要的检查",为规制过度医疗提供了法律依据。

第七,患者有转诊或转院的权利。患者转诊或转院包括患者主动要求转院和医方劝导患者转诊或转院。患者在转诊或转院中,大致有以下权利:(1)有权及时从医方获得应当转诊或转院治疗的如实告知。(2)医方为患者推荐可转入的诊室或医院。(3)由医院主动转诊或转院时,医方必须与转入诊室或医院进行联系,取得其同意后,方可转入。(4)医方将病历资料转交转诊医院。(5)患者对是否转诊或转院享有最终决定权。

第八,诊疗过程中患者有获得正确指导的权利。《民法典》第 1219 条规定,医务人员在诊疗活动中应当向患者说明病情和医疗措施。《基本医疗卫生与健康促进法》第 67 条规定:"医疗卫生人员在提供医疗卫生服务时,应当对患者开展健康教育。"《医师法》第 23 条也将对患者进行健康教育规定为医师在执业活动中应履行的义务之一。与此相对应,患者在诊疗过程中有获得医方正确指导的权利。

五、知情同意权

知情同意权是指患者在知晓并理解医生提供其医疗决定所必需的充足信息的基础上自愿作出医疗同意的权利。[①]

知情同意可以分为两个阶段,即"知情"的信息处理阶段和"同意"的医疗决定阶段。这两个阶段包含信息披露、表意能力、充分理解、自愿、同意决定五个环节。[②]其中,"表意能力"和"自愿"是知情同意的先决条件,"信息披露"和"充分理解"为知情同意的信息要件。

(一)信息披露

披露或公开,又称告知或揭示,是医师在患者作出决定前对患者所作的信息告知。此环节在我国法律上一般称为告知,学界一般称为医疗说明义务。病患同意权之前提在于医师履行具体之说明义务。[③]一般来说,医师所应告知的信息包括事实和风险,主要涉及以下几个方面:(1)疾病的诊疗信息;(2)建议和实施的治疗方案的理由、性质、特性、目的、预期效果,以及可预见的风险;(3)有无其他供可供选择或替代的治疗方案,其他可选治疗方案的预期效果及可预见的风险;(4)作为实验性临床治疗及医学科学试验对象的特别告知。

1. 实质性信息

关于何种风险或信息应予以告知,即发生什么水平的风险时应启动医方的告知义务,一般应遵循信息的实质性标准,即若某信息或风险会对患者的判断和决定产生实质性影响(如有可能拒绝医疗或选择不同的治疗方案),则此信息有告知的必要。判定何为"实质性",普通法倾向于在影响程度上采"重要性"标准,即医师的合理注意义务要求医师告知患者应赋予重要性的特定信息和实质性风险,且在告知相对人的选择上倾向于采普通法

---

① 古津贤、强美英主编:《医事法学》,北京大学出版社 2011 年版,第 189 页。

② See Applebaum PS, Lidz CW, Meisel A., Informed Consent: Legal Theory and Clinical Practice, Oxford University Press, 1987.

③ 黄丁全:《医事法》,中国政法大学出版社 2003 年版,第 262 页。

上惯用的客观性与"合理之人"标准为参照。[①]正如罗杰斯诉惠特克（Rogers v. Whitaker）案的判决所言："如果在一个特定的情境下，站在患者立场的一个合理之人，在被告知一风险后，有可能赋予其重要性；或者如果医务人员意识到或应当意识到某一特定患者在被告知一风险后有可能赋予其重要性，那么此种风险即是实质性的。"[②]

2. 信息披露的标准

信息披露的标准，又称说明义务的标准、告知义务的标准，是判定医师是否善尽合理说明义务的基准，是判断医师在说明义务履行上是否存在过失的依据。关于医师的说明义务应尽到什么程度才算充分、适当，基于不同的视角有两种判断原则，基于这两种判断原则有三个标准：基于医师原则的"理性医师标准"（reasonable physician standard），基于患者原则的"理性患者标准"（reasonable person standard）和"具体患者标准"。

医师原则即"理性医师标准"，认为医师告知患者的应是"一个通情达理的、有基本能力的医师按照常规惯例应告知患者的信息"，这是一种职业标准。

患者原则强调告知义务应依据患者作出同意之需要。基于患者原则形成了客观标准和主观标准。客观标准即"理性患者标准"，认为医师的告知义务应以一个理性患者为作出一个明智选择所应被告知的风险和具体方案内容为准，即所有与一个通常的患者作出决定有实质性关系的风险均应告知。此处的告知范围被客观化了。主观标准即"具体患者标准"，认为医师的信息告知范围应以个别患者为准，即在医师可能预见的范围内，只要是其治疗的具体、个别患者本人所重视的事项就应告知，其告知范围之标准取决于决定同意的患者本人。此标准着重每个特定患者的受教育程度、职业、年龄、其他特别情况等个性化的因素，告知范围有主观化色彩。

告知义务的标准在美国、英国、德国也众说纷纭，往昔"理性医师标准"较为盛行，如英国相关法律对医师的告知义务持较保守态度，多采用"理性医师标准"，在西达威（Sidaway）案[③]中，医师注意义务要求其根据一个尽责的医疗人员或医疗职业认可的合适标准向患者告知治疗所涉及的风险。奥地利最高法院在1986年的一项判决中使用了"一个合理、尽责的一般医生之标准"，认为医方在履行告知义务时须遵循一个合理谨慎医生之标准。根据德国联邦最高法院的判决，"即使是进修中的妇产科实习医生"，如果在"本人负责的情况下承担了分娩手术任务"，判断其是否有过失，也应以"一个主治医师的手术为准"；"新手对病人也负有后者得以从胜任者那里得以期待的谨慎"。[④]美国纳坦森（Natanson）案[⑤]的，判决指出，"医师的披露义务限于一位合理医师在相同或相似情境下意欲披露的程度"，而合理医师的此种披露应基于"患者最佳治疗利益"。

20世纪70年代后，告知义务之标准逐渐转向"理性患者标准"与"具体患者标准"。在 Natanson 案建立"理性医师标准"12年后，美国司法通过坎特伯雷诉斯彭斯（Canterbury

---

① 赵西巨：《医事法研究》，法律出版社2008年版，第68页。
② Rogers v. Whitaker（1992）175 CLR 479；109 ALR 625.
③ Sidaway v. Board of the Bethlehem Royal Hospital（1985）AC 871. 英国上议院认为，不向患者披露手术可能对脊髓的损害风险（1%）是神经外科界认可的做法，不构成过失。
④ ［美］克雷斯蒂安·冯·巴尔：《欧洲比较侵权行为法（下卷）》，张新宝译，法律出版社2001年版，第373页。
⑤ Natanson v. Kline，350 P. 2d 1093（1960）.

v. Spence）案[1]开始认可理性患者标准，判决指出，"医生向患者披露信息的范围由患者的需要来决定"，"告知范围的标准不是主观的，而应是客观的"。澳大利亚普通法则倾向于具体患者标准，更多地关照具体情境中的患者或者具有特定性的患者。在罗杰斯诉惠特克（Rogers v. Whitaker）案中，澳大利亚高级法院认为，在决定医师是否向患者提供充分信息问题上，其标准不应该是医疗业的规范，而是法定的合理注意标准；此注意标准要求医师告知患者其应赋予重要性的特定信息和实质性风险。[2]

患者标准赋予患者更大的自主权，是尊重患者自我决定权的体现，较为可采，在司法实践中也逐渐替代了"理性医师标准"。"理性患者标准"具有统一、简明、理性和便捷的优点，具有稳定性和确定性，不会过分加重医疗从业者的职业负担。但在我国，由于患者素质等存在差异，故而"具体患者标准"更易促进良好医患关系的建构，更能加强服务的个性化和情感化，更能体现以患者为本位的思想。在立法和司法实践中，不妨兼采"理性患者标准"和"具体患者标准"，一般是以"理性患者标准"为主，辅之以"具体患者标准"，即对于个别患者明显存在认知差异，应关照其个别情况，予以较为充分的说明，以取得医患双方利益平衡的效果。

（二）表意能力

表意能力也称同意能力、判断能力、意思决定能力，是指患者对健康照护作出决定的能力，包括能够理解检查、治疗或研究的程序，能够权衡其利弊得失，能够对各种选择作出评价，能够理解医疗行为的后果，能够根据医生提供的知识作出决定的能力。[3]

医疗行为合法化的前提包括医疗目的的正当性和患者的同意，二者缺一不可。医疗行为的目的是维护患者的生命健康。目的的正当性决定了医疗行为所带来的危险是一种可容许的危险，具有社会正当性。但是，这一正当性是抽象层面的，除特殊情况外，在个案中还必须取得患者的同意，只有患者同意的医疗行为才能获得合法的根据。此处的同意应该是有效同意。有效同意的前提必须是患者对医师的说明有充分的理解、对自己的行动后果有明智的判断，这受到患者的智力水平、精神状况、教育水平、社会阅历等因素的影响，这些综合的因素决定了患者同意能力的有无和高低。[4]

1. 表意能力的判断标准

在判定表意能力的标准上有三种学说。

一为民事行为能力说。我国现有法律规范及司法实践多认同此说。我国现有的医事法要么没有就患者的决定能力作出规定，[5] 要么简单地借用民法中的概念，将限制民事行为能力人和无民事行为能力人视为在医学判断上欠缺充分决定能力或同意能力之人，医疗决定由其监护人代而为之。民事行为能力的界定是基于行为人的年龄和智力状况，具有统一性、便捷性和确定性，但也缺乏具体性，带有机械性。

二为刑事责任能力说。刑事责任能力，是判断一个人是否应当承担刑事法律责任的能

① Canterbury v. Grant, 8 Cal. 3d 229, 243—44, 502 P. 2d 1, 104 Cal. Rptr. 505, 514（1972）.
② 赵西巨：《医事法研究》，法律出版社 2008 年版，第 77 页。
③ 龚赛红：《医疗损害赔偿立法研究》，法律出版社 2001 年版，第 232 页。
④ 王岳主编：《医事法（第 2 版）》，人民卫生出版社 2013 年版，第 78 页。
⑤ 参见我国《医师法》第 25 条、《医疗机构管理条例》第 32 条、《民法典》第 1219 条的规定。

力。此说的不当之处在于，患者同意属于民法范畴，以刑法责任能力为准缺乏法理依据。

三为表意能力说。① 英美法系一般采此观点，后大陆法系一些国家也认同此说。该说认为表意能力应依个案认定，表意能力是指患者理解相关信息、认定其处境和后果、合理处理信息以及作出选择的能力。若无相反证明，成年人应被推定为具有表意能力之人。根据英国相关法律规范，16 岁以上的未成年人所做的同意决定是有效的，无须父母同意。② 对于那些 16 岁以下的未成年人，不能仅因为其年龄．就断定其缺乏同意能力。当他具备了"充分的理解能力和智力"时，父母的干预权应让位于子女的自我决定权。英国相关法律对未成年人的能力认定是"身份"标准和"理解能力"标准的结合。澳大利亚高级法院也认为："当一个未成年人取得了充分的理解能力和智力以便能充分理解医生的建议时，他是能做出知情同意的。"③《欧洲人权与生物医学公约》第 6 条认为，在对医疗干预同意这一问题上，未成年人的意见应予以考虑。这一因素的决定程度应与未成年人的年龄和成熟度相适应。

本书认为，表意能力说较为合理。患者表意能力的判定关涉其重大生命健康权益，必须根据患者的能力进行个案认定。在判断患者的表意能力时，可以考虑患者为未成年人或有精神障碍对其认知能力的影响，但前述状态本身并不表明患者即丧失决定和表意能力。

根据表意能力说，判断一个患者是否具备表意能力应该结合以下情况：（1）患者是否能够对医疗方案的内容和程序具有充分的理解和评价能力，能够表达和交流对某种医疗措施的喜好和选择；（2）患者对医疗方案的选择是否具有准确的逻辑思考和判断能力，其决定是否合乎情理、是否受精神不适的影响；（3）患者对医疗方案的实施后果是否具有相应的推理和承受能力。同时符合这三个标准的，患者即具备了同意能力。

另外，表意能力和行为能力的范围并非完全一致。一些在法律上有完全行为能力的人，不一定具有完全的表意能力。例如，有的患者心理承受能力较差，有些在患病时情绪极度不稳定，他们无法完全理解告知的内容，作出正确的判断。此时，应当认定患者不具有完全的同意能力。同时，基于医疗行为和患者自身利益的密切关系，年龄较大或未成年的患者，可视作具有部分同意能力，从而成为知情同意权的主体。④ 总之，有无同意能力应根据具体情况，判断患者对同意内容能否理解与判断而为决定，不能以患者为未成年人或精神患者为由一概认定其没有同意能力。

2. 表意的代理

对于不具备表意能力的患者，代理决策（surrogate decision-making）是保证其自主权和决定权的一个替代机制，是为维护和实现患者的权利而形成的。决策代理人是当患者不具备或丧失表意能力时担负起决定责任之人。⑤

决策代理人同意权的行使，并非自己决定权的行使，它只是通过代理机制来实现患者的意愿。为了维护被代理人权益的充分实现，决策代理人的代理行为应遵循以下标准：一

---

① 黄丁全：《医事法》，中国政法大学出版社 2003 年版，第 270 页。
② Family Law Reform Act 1969.
③ 赵西巨：《医事法研究》，法律出版社 2008 年版，第 83 页。
④ 王岳主编：《医事法》，人民卫生出版社 2009 年版，第 73 页。
⑤ 赵西巨：《医事法研究》，法律出版社 2008 年版，第 85 页。

是替代判断标准（the substituted judgment standard）。基于对患者自主权的尊重，决策代理人应假设自己是患者而做决定。对于曾经具有表意能力的患者，若有足够的证据可以推测本人的意思，应与本人意思相符合。[①] 二是最佳利益标准（the best interests standard）。该标准要求代理人做决定时必须以患者的最佳利益为依归。代理人必须权衡各种选择的利益与内在风险或成本，最大化患者可得到的利益。

如果决策代理人因认识上的局限性，或者并非出于对患者利益的考虑，而作出不符合患者利益的决定，他的决定是否应该被否定？如果应该被否定，由谁来认定他的决定不符合患者的最佳利益、由谁来否定他的决定？我国法律对此没有明确规定，实践中应如何操作存在争议。对于法定代理人（如父母）滥用同意权的情形，德国相关法律以"病患之最大利益"为考量，可请求法院停止其亲权，另行任命监护人行使监护权，[②] 可资我国借鉴。

（三）充分理解

充分理解，要求患者能理解医师提供的信息，并理解与其处境的相关性。若理解失败，是否意味着知情同意无效？对此，我国法律尚无明确规定。

充分理解并不要求病人彻底了解所有的事实或信息，对核心或实质性的事实或信息能够理解就已足够。因此，医务人员在履行告知义务时，应注意坚持通俗原则，尽量以一种通俗易懂的方式进行，以患者可理解的语言尽说明义务。

（四）自愿

自愿是指不受他人的控制，即意味着免于外在影响。这种外在影响一般来自三个方面：一是以外在的威胁和强制力控制他人；二是透过理性的言说控制他人；三是以其他方式控制他人，包括不真实和不完全的信息告知。

需要指出的是，知情同意中的"自愿"不排斥医师对某种医疗行为或医疗方案的建议。医师和患者对于医疗方法的讨论，应该是公开、真诚和交互的。

（五）同意决定

医师履行告知义务的目的是帮助患者作出合乎其生活状态和价值观的医疗决定。患者同意，属于阻却违法的正当事由，但医师仍负有相当的注意义务，若实施医疗行为时欠缺避免医疗危险应为的注意，以致伤亡结果，仍应负过失责任。

1. 同意的事项

同意的事项是指医疗过程中具体的医疗行为，主要是指对患者的身体具有侵袭性，即可能危及生命、损害身体机能及对身体外观发生重大改变等的医疗行为。它与医生应尽的告知义务的内容相呼应。根据我国相关法律规定，在实施手术、特殊检查、特殊治疗、实验性临床医疗时，必须征得患者的同意。

医生的行为不能超越患者同意的事项。患者的同意针对的仅是所要实施的医疗行为，同意事项以外的医疗措施是不能实施的，即使该措施符合患者的最佳利益。[③] 当然在紧急情况下，为了挽救患者的生命或健康，医师可以不经患者同意而扩大医疗行为。此类"必需"

---

① 黄丁全：《医事法》，中国政法大学出版社 2003 年版，第 272 页。
② 赵西巨：《医事法研究》，法律出版社 2008 年版，第 85 页。
③ Devi v. West Midlands RHA（1981）CA. 在该案中，患者同意的仅是对子宫的修复，但医师同时给她实施了绝育手术，认为这符合她的最佳利益。

抗辩只适用于患者的额外病情具有危及生命的性质或者额外的医疗干预措施不能合理地延迟的情况下。因此在此领域，法律区分了"必需的"手术和仅属"方便"之举的手术。[①]

2. 同意的主体

对医疗行为可为同意之人包括患者本人、配偶及其他近亲属。知情同意原则保护的是患者的自主权，故知情同意的主体当然是患者本人，患者的同意具有优先性和排他性，这体现了对患者人格自主权的尊重。只有当患者本人不能为同意时，才例外地由他人为同意。国外法律多对患者以外可为同意之人划定了范围和顺序。一般而言，除患者以外可为同意的第二顺位人是配偶，第三顺位人是其他近亲属。我国的法律没有对患者以外的近亲属代为同意的顺位进行排序，《民法典》第1219条明确规定了以患者的同意为第一顺位，只有当不宜向患者说明时才应当向其近亲属进行说明并取得同意，以充分尊重患者的自主决定权。该规定明确患者的同意优先于其近亲属同意，同时，将有权代理患者同意的代理人的范围限定于"患者的近亲属"。

3. 同意的形式

同意的形式有明示和默示两种，明示的同意包括书面和口头两种方式。通常情况下，书面的、口头的、默示的同意具有相同的法律效力。《民法典》将医方的告知方式分为口头和书面两种。书面方式即医疗知情同意书。书面的同意是证明患者确实作出了同意的最清楚的证据。在法律没有规定必须书面同意的情况下，口头的、默示的同意同样有效。

根据法律规定，医疗知情同意书一般适用于手术、特殊检查、特殊治疗输血治疗、麻醉、病危（重）通知等创伤性较大或后果较严重的治疗或措施。医疗知情同意书是医方履行告知义务、患方行使知情同意权和承担医疗风险的证明文件。但医疗知情同意书的一些免责条款并不能阻却侵权责任的承担。

口头形式虽然存在证据固定较为困难的缺点，但由于效率高、成本低、方便等特点，在医疗活动中被广泛采用。只需要告知患者而不需要其同意的事项一般采用口头方式，操作简单、风险较小的治疗方法也可以口头告知，如轻微病情、常用药物副作用、插胃管等的告知。对于口头告知的内容，如果患者明确表示不同意，医师需要进一步告知拒绝的后果并作书面记录。

默示同意是指即便不存在事实上的或明示的同意，在某些特殊场合下（如紧急救治），可以推定原告同意接受（在其他场合是侵权行为）。[②]默示同意主要适用于医疗过程中一些已经成为常识的医疗活动，此时医师被免除了告知义务，患者的同意方式可以为默示。

4. 同意的撤销

理论上，知情同意权是患者的基本权利，患者有接受的权利，也有不接受的自由，撤销权是知情同意原则的应有之义，但因此给医方造成损害的，应当由患者承担相应责任。无论治疗行为是否开始实施，或正在实施，同意权人均可撤销同意。但撤销同意应该符合以下条件：（1）撤销为权利人真实的意思表示；（2）撤销在医学上被认为是适当的，停止医疗行为不会产生不利于患者健康和生命的影响；（3）不违背公序良俗，参加药品临床试

---

①   Murry v. McMurchy（1949）2 DLR 442.

②   王岳主编：《医事法》，人民卫生出版社2009年版，第78页。

验的受试者在试验的任何阶段均有权随时撤出而不受歧视和报复。

5. 同意权滥用的限制

患者的知情同意权虽然是患者的根本权利，但它的发端是为了促进患者在医疗事务中的合理参与，达到医患之间的协力配合，从而实现医疗中患者最佳利益的实现。而患者同意权的滥用，有可能损害患者的最佳利益。对此，法律实有进行规制的必要。

【典型案例】
肖某某拒签字致产妇死亡案

具言之，对于滥用同意权的患者（如因宗教原因拒绝输血）[①]或曾预先指示拒绝医疗干预但其对自身和他人造成危险的精神障碍患者[②]，医师应当依照医学专业标准行事，而不是一味迁就当事人的主观意愿。在此种场合，法院往往会权衡患者的自主权、患者的最佳利益和国家的最佳利益。

当然，一味绝对地适用知情同意原则，可能会对患者的生命健康或社会公共利益造成重大不利影响。[③] 所以，对患者知情同意权进行适当的排除和限制是完全必要的。我国《医疗机构管理条例》第 32 条，《医师法》

【典型案例】
榆林产妇坠楼案

第 25 条、第 27 条，《民法典》第 1220 条等都明确规定了知情同意原则的例外，即因抢救生命垂危的患者等紧急情况，不能取得患者或者其近亲属意见的，经医疗机构负责人或授权的负责人批准，可以立即实施相应的医疗措施。

六、隐私权

隐私是自然人的私人生活安宁和不愿为他人知晓的私密空间、私密活动、私密信息。自然人享有隐私权。早在两千多年前，《希波克拉底誓词》就明确强调："凡我所见所闻，不论与行医业务有无直接关系，凡我认为应予保密的事项，坚决不予泄漏。"患者作为自然人，当然享有隐私权。《民法典》第 1226 条明确规定："医疗机构及其医务人员应当对患者的隐私和个人信息保密。泄露患者的隐私和个人信息，或者未经患者同意公开其病历资料的，应当承担侵权责任。"《医师法》第 56 条规定，医师在执业活动中，必须履行保护患者隐私的义务，医师在执业活动中若违反《医师法》的规定，泄露患者隐私，情节严重的，由县级以上人民政府卫生健康主管部门责令暂停 6 个月以上 1 年以下的执业活动直至吊销执业证书。《护士条例》第 18 条规定护士应当尊重、关心、爱护患者，保护患者的隐私。

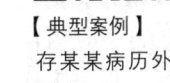
【典型案例】
存某某病历外泄案

在医疗关系中，患者的隐私权保护主要指的是患者的隐私信息保护、

[①] 美国 the Matter of Rena, 46 Mass. Appt. Ct. 335（1999）案中，一位 17 岁患者因宗教信仰拒绝输血的预先指示并没有得到遵循。上诉法院认为，在判断该指示的有效性时，应将患者意志和父母意愿与患者本人的最佳利益和国家利益平衡起来。

[②] 美国佛蒙特州修改后的强制治疗法允许法院在一定条件下超越患者的预先指示。《欧洲人权与生物医学公约》第 7 条规定，如果患者的健康有可能遭受严重损害，可不经患有严重精神疾病的患者的同意进行治疗。欧洲人权法院认为，如果存在医疗干预的必要性，对不能自主做决定的精神患者的强制治疗并不构成《欧洲禁止非人道待遇公约》第 3 条所指的非人道待遇。

[③] 例如，2007 年，怀孕的李某某来到北京市朝阳区医院就诊，因"丈夫"肖某某拒绝签字手术，最终酿成"一尸两命"的惨剧。

隐私空间保护和隐私行为保护。患者的隐私信息是指在不妨碍他人与社会公共利益的前提下，患者个人内心与身体上存在的不愿让别人知晓的秘密信息。这些秘密信息包括：（1）患者身体存在的生理特点、生理缺陷或影响其社会形象、地位、从业的特殊疾病；（2）患者既往的疾病史、生活史、婚姻史；（3）患者家族的疾病史、生活史、情感史；（4）患者的人际关系、财产及其他状况；等等。上述信息作为患者隐私，应当受到保护。患者的隐私空间，是指在医院就诊过程中，暂时为患者占有、使用，其不愿意被他人侵入的场所。医院充分保护患者的隐私空间，首先，要为患者尽量营造隐秘空间；其次，未经患者同意，不应擅自、草率侵入这些私密空间。患者的隐私行为是指在医院就诊过程中，除法律法规特别规定外，患者具有行动自由的权利，医院不得限制患者的行为，隐私行为同样受到法律保护。①

对患者隐私权的侵害责任适用过错责任原则，侵害患者隐私权的表现包括：（1）未经患者同意，擅自向患者之外的第三人披露患者不愿让他人知道的病情。（2）因诊疗需要了解或暴露患者的身体隐私部位时对患者隐私权的侵害。这通常是指未经患者同意，擅自向患者之外的第三人暴露患者的隐私部位。例如，具有教学任务的医院为完成教学、实习任务，不经患者知情同意，擅自让实习生进入诊疗现场观摩，并将患者身体作为标本进行讲解；又如，医院出于医学研究交流的目的，未经患者同意，擅自通过视听媒体录制展示患者身体并在一定范围的人员中直播或转播；再如，未采取合理措施，保护患者身体的隐私部分。（3）未对患者的私人活动空间进行保护。（4）擅自对外宣扬患者的个人病例资料。（5）医方出卖患者的其他信息资料，如患者的身体状况、家庭地址、联系电话、工作单位等。②

【典型案例】
周某某病历泄露事件

七、个人信息权益

个人信息指的是以电子或者其他方式记录的能够单独或者与其他信息结合识别特定自然人的各种信息，包括自然人的姓名、出生日期、身份证件号码、生物识别信息、住址、电话号码、电子邮箱、健康信息、行踪信息等。

在医疗过程中，患者个人主动告知的个人基本资料、个人健康生理信息，对于信息的处理者和控制者而言并不属于私密信息，故而无法受到隐私权的保护。但是，《民法典》第 111 条规定，自然人的个人信息受法律保护。任何组织或者个人需要获取他人个人信息的，应当依法取得并确保信息安全，不得非法收集、使用、加工、传输他人个人信息，不得非法买卖、提供或者公开他人个人信息。《民法典》第四编"人格权"设专章规定了"隐私权和个人信息保护"。以上都表明患者在隐私权之外还享有个人信息权益。

知情同意是控制患者个人信息流出的关键措施。根据《民法典》第 1035 条，处理患者个人信息的，应当征得患者或者其监护人同意，否则不得收集、存储、使用、加工、传输、提供、公开患者的个人信息。即便是获得了患者的同意，在处理患者个人信息过程中还需要明示处理信息的目的、方式和范围，不违反法律、行政法规的规定和双方的约定，

①　解志勇主编：《卫生法通论》，中国政法大学出版社 2019 年版，第 149 页。
②　参见侯雪梅：《患者的权利——理论探微与实务指南》，知识产权出版社 2005 年版，第 170—190 页。

并按照合理的方式公开处理信息。

查询、复制并行使删除权是确保患者对自己个人信息控制权的具体措施。根据《民法典》第 1037 条，患者可以依法向信息处理者查阅或者复制其个人信息；发现信息有错误的，有权提出异议并请求及时采取更正等必要措施。患者发现信息处理者违反法律、行政法规的规定或者双方的约定处理其个人信息的，有权请求信息处理者及时删除。通过这些具体措施，患者可以掌控其个人信息的使用状态，并进行调整，乃至删除，患者个人信息的处理者都需要满足上述权利主张。

对信息处理者施加必要的安全保障责任是维护患者个人信息控制权的必要措施。《民法典》第 1038 条规定，信息处理者不得泄露或者篡改其收集、存储的患者个人信息；未经患者同意，不得向他人非法提供其个人信息。信息处理者应当采取技术措施和其他必要措施，确保其收集、存储的患者个人信息安全，防止信息泄露、篡改、丢失；发生或者可能发生患者个人信息泄露、篡改、丢失的，应当及时采取补救措施，按照规定告知患者并向主管部门报告。

第二节　患者的义务

一直以来，在医疗服务中，患者都被视为相对弱势的一方。法律法规强调了医方在医疗活动中都应履行义务，而对于患者的义务，则缺乏明确、直接的规定。为平衡医患双方的权利义务，体现法律的平等与公正，保障医疗活动的正常有序展开，对患者义务的构建与梳理必不可少。本书认为，患者在医疗活动中有缴纳费用义务、如实陈述病情等配合医疗义务、遵守医嘱义务、遵守医疗秩序义务。

一、缴纳费用的义务

依据债法理论，医疗合同中作为医疗服务接收方的患者所负有的义务可以类型化为主给付义务、从给付义务、附随义务、不真正义务。其中，缴纳费用的义务是患者在医疗服务合同中所负担的主给付义务。

患者缴纳费用的义务指的是患者接受医疗服务后，不论对治疗效果是否满意，均应按照规定支付费用的义务。我国建立社会基本医疗保险，为患者支付一定比例的医疗费用，剩余部分由患者自行支付。政府保障的就医权是基础性的，患者也应履行维护自身健康的义务。国家对医院有一定的投资，但是医院仍需收取必要费用来维持其正常运转。因此，患者应履行支付医疗费用的义务，杜绝以对治疗不满意为由拒绝支付医疗费用的现象。倘若患者认为自己的权利受到侵犯，患者可以通过正当的法律途径，按照《民法典》等法律法规来维护自己的权利。

二、配合医疗的义务

安全有效的诊疗行为，不仅有赖于医疗服务提供者履行其义务，也需要患者的积极配合。例如，《德国民法典》第 630c 条就明确规定，医疗者与患者应就医疗之实施共同协力。[1]《荷兰民法典》第 452 条也规定，"患者应当为医疗服务提供者履行其医疗合同的义务尽其所知向其告知信息并提供合作"[2]。在我国当前法律环境下，患者在医疗活动中不应仅仅是字面上的"配合治疗"，更应当根据诚信原则，向医方如实陈述病情，提供与诊疗相关的信息，同医方合作与协作，共同决定医疗的过程，选择符合其意愿的治疗方案。

三、遵守医嘱的义务

在医疗活动中，患者遵守医生医嘱和前述如实陈述病情的义务一样，都属于不真正义务，但两者并不相同。如实陈述病情的义务是在医生执行诊疗方案之前与之中对医生的配合，而执行医生医嘱往往是在医生诊疗方案实施完毕后，换言之，二者具有衔接关系。患者的健康维护不仅需要医疗机构，从某种程度上来说，患者本人承担更多、更大的责任。患者应履行遵守医师医嘱的义务，为医师诊疗权的实现提供保障，维护其他患者的合法权益。当患者因不遵从医嘱而导致健康权受损时，应自行承担相应的责任。

四、遵守医疗秩序的义务

在医疗活动中，医患双方的权利义务是针对对方而言的。医生享有人身安全、人格尊严不被侵犯的权利等；与此相对应，患者负有尊重医师人格尊严、不得侵害医师人身安全、不得妨害公共医疗秩序的义务。《民法典》第 1228 条规定："医疗机构及其医务人员的合法权益受法律保护。干扰医疗秩序，妨碍医务人员工作、生活，侵害医务人员合法权益的，应当依法承担法律责任。"最高人民法院、最高人民检察院、公安部等五部门在《关于依法惩处涉医违法犯罪维护正常医疗秩序的意见》中提出，对于六类涉医违法犯罪行为，必须准确适用法律，依法惩处。此外，《医疗事故处理条例》第 59 条、《护士条例》第 33 条也分别为医务人员合法权益和医疗秩序的保障提供了法律依据，患者也相应地承担遵守医疗秩序的义务，应当尊重医师人格尊严、不得侵害医师人身安全、不得妨害公共医疗秩序。

【典型案例】
孙某斌杀医案

本章思考题

1. 简述患者权利的主要内容及其现实意义。
2. 联系实际，谈谈当患者生命权与知情同意权、隐私权等发生冲突时，应当如何处理。
3. 侵害身体权的表现有哪些？毁坏、侮辱遗体是否侵害了死者的身体权？
4. 简述患者应当遵守的义务以及违反这些义务可能导致的法律后果。

---

① 参见台湾大学法律学院、台大法律基金会编译：《德国民法典》，北京大学出版社 2017 年版，第 588 页。

② Hans Warendorf, Richard Thomas, Ian Curry-Sumner（trans.），The Civil code of the Netherlands, Wolters Kluwer, 854.

第十一章
医疗机构与医务人员的权利和义务

医疗服务关系中，医疗服务提供者是提供医疗服务的医疗机构和医务人员。医疗机构和医务人员是医患关系的参加人，更是患者健康权利的守护人，其执业行为直接关系医疗服务质量和患者生命健康，必须切实履行其各项法定义务和对于患者的义务，尊重和保护患者权利，同时其执业权利也必须得到充分保障。

第一节　医　疗　机　构

一、医疗机构的概念与特征

医疗机构是指依法设立的为社会公众提供医疗服务的组织机构。《医疗机构管理条例实施细则》第 2 条规定，医疗机构是经依法登记取得《医疗机构执业许可证》的机构。医疗机构具有以下特征：

第一，医疗机构是依法特许设立的机构。根据《医疗机构管理条例》《医疗机构管理条例实施细则》的规定，医疗机构必须依法进行登记并取得执业许可证。由于医疗机构是为社会提供医疗服务的基本力量，对于社会公共利益保护具有重要意义，对其资质、能力、人员构成等均有严格的法定要求。因此，医疗机构必须符合法定设立条件。

第二，医疗机构的职能是从事医疗服务，即开展疾病的诊断治疗。医疗机构的医疗服务功能，与以提供基本公共卫生服务和疾病预防为主要职能的公共卫生和疾病控制机构不同，与养老、社会福利、健身机构等提供其他社会福利服务的机构也不同。

第三，医疗机构的设置具有规划性。医疗机构是重要的医疗资源，必须根据各地的《医疗机构设置规划》合理配置和利用，而医疗机构不论其类别、所有制形式、隶属关系、服务对象如何，其设置必须符合当地《医疗机构设置规划》。

二、医疗机构的分类

（一）根据功能分类

《医疗机构管理条例实施细则》第 3 条将医疗机构分为以下类别：（1）综合医院、中医医院、中西医结合医院、民族医医院、专科医院、康复医院；（2）妇幼保健院、妇幼保健计划生育服务中心；（3）社区卫生服务中心、社区卫生服务站；（4）中心卫生院、乡（镇）卫生院、街道卫生院；（5）疗养院；（6）综合门诊部、专科门诊部、中医门诊部、中西医结合门诊部、民族医门诊部；（7）诊所、中医诊所、民族医诊所、卫生所、医务室、卫生保健所、卫生站；（8）村卫生室（所）；（9）急救中心、急救站；（10）临床检验中心；（11）专科疾病防治院、专科疾病防治所、专科疾病防治站；（12）护理院、护理站；（13）医学检验实验室、病理诊断中心、医学影像诊断中心、血液透析中心、安宁疗护中心；（14）其他诊疗机构。这主要是依据医疗机构所担负的功能、业务范围、规模、服务内容等进行的分类，大体可以提炼为医院、基层医疗机构和专门公共卫生机构三种类型。

（二）根据性质分类

根据医疗机构的社会服务性质，可以将其分为公立医院和非公立医院两类。

公立医院是由各级政府设立的医院，是我国医疗服务体系的主体和核心力量。公立医院在服务能力和服务数量上的压倒性优势，决定了其在我国医疗卫生体系中的基础地位。公立医院为社会公众提供基本医疗服务，是保障公众健康权的便利性、可及性的基本力量，必须强调其公益性以避免公立医院的商业化。

非公立医院又称民营医院或者社会力量办医。经过几十年的发展，我国非公立医院数量呈现增长态势，在数量上远超公立医院，已经成为我国医疗服务的重要组成部分。当前，我国优先支持社会力量举办非营利性医疗机构，推进非营利性民营医院与公立医院同等待遇，同时通过推动医师多点执业等方式，鼓励和支持非公立医院的发展。

（三）根据分级诊疗要求分类

分级诊疗指按照疾病的轻重缓急及治疗的难易程度进行分级，不同级别的医疗机构承担不同疾病的治疗，逐步实现从全科到专业化的医疗过程。根据《国务院办公厅关于推进分级诊疗制度建设的指导意见》的规定，分级诊疗的基本要求包括：基层首诊，鼓励并逐步规范常见病、多发病患者首先到基层医疗卫生机构就诊；双向转诊，实现不同级别、不同类别医疗机构之间的有序转诊；急慢分治，为患者提供科学、适宜、连续性的诊疗服务；上下联动，推动医疗资源合理配置和纵向流动。

在分级诊疗模式下，患者就医顺序为：患者首诊到基层医疗机构由全科医生（家庭医生）完成必要的诊疗，如果患者病情超出其诊疗能力，则由全科医生将患者转诊到上级医院，接受上级专科医生进一步诊疗；患者疾病进入稳定期后，再由上级专科医生将患者转回基层医疗机构，接受康复治疗；患者如果需要急诊服务，可以直接前往大医院寻求诊疗服务。

在分级诊疗中，各级医疗机构均为医疗系统中的有机组成部分。我国提出了"构建医疗卫生机构分工协作机制"，"鼓励上级医院出具药物治疗方案，在下级医院或者基层医疗卫生机构实施治疗"，"基层医疗卫生机构可以与二级以上医院、慢性病医疗机构等协同，为慢性病、老年病等患者提供老年护理、家庭护理、社区护理、互助护理、家庭病床、医疗康复等服务"。在这个分级诊疗体系中，不同级别的医疗机构担负着不同的职责。

三、医疗机构的职责

《医疗机构管理条例》对医疗机构的职责作出了规定。该法第 3 条规定了医疗机构的宗旨，即"医疗机构以救死扶伤，防病治病，为公民的健康服务为宗旨"，这也是医疗机构的基本职责。同时，医疗机构负有登记、按照核准的诊疗科目开展诊疗活动、选聘适格卫生技术人员、加强医德教育等义务。此外，医疗机构还负有依法遵规义务。

四、医疗机构与医务人员的关系

医疗机构提供医疗服务离不开医务人员。对于医疗机构和医务人员的关系，有必要予以厘清。

（一）组织医疗

现代医学体系发展之前，医疗服务的主要形态是医师独立执业并承担个人责任。随着现代医学的发展，医疗逐渐演变为以医疗机构为载体的系统性医疗服务，从一种"纯粹的专业活动"向"提供专业服务的企业活动"的转变。现代医疗基本上不再是单个医生的诊疗行为，更多地表现为医疗体系的系统性活动，是一种"组织医疗"，即"复数医疗人员的运作群体，各自依自己专业分担医疗行为之一部分，完成病患治疗的组织态样"[①]。

美国医学研究院 1999 年出版的研究报告《孰能无过：构建更安全的医疗体系》即指出，现代医疗体系中 90% 以上的医疗过失并非基于个人原因，而是复杂的医疗系统中某一环节出错的结果，表现为系统失灵。[②]因此，现代医疗是以医疗机构为核心、围绕患者安全建立起来的医疗系统，医疗机构作为这个系统的组织者、管理者和责任者，负有两方面的职责。一方面，医疗系统不应限制医务人员个人能力，而应使个体的作用更安全和有效地发挥出来，尊重个体的判断力和独创性。[③]另一方面，医疗机构更加谨慎地审视其医疗系统，及时总结和纠正医疗系统中暴露的风险，在医务人员培训制度、任务分配制度、协调制度、信息流通制度、药品管理制度、警示监督制度等多方面完善制度设计和执行程序，不断提高患者安全保障水平和医疗服务质量。

（二）医师多点执业

为充分发挥医务人员的医疗服务能力，我国积极推荐医师多点执业。2015 年发布的《推进和规范医师多点执业的若干意见》允许和鼓励医师于有效注册期内在两个或两个以上医疗机构定期从事执业活动。根据该意见，医师与第一执业地点医疗机构签订聘用（劳动）合同，明确人事（劳动）关系和权利义务，与拟多点执业的其他医疗机构分别签订劳务协议。因此，医师与第一执业地点医疗机构为人事（劳动）关系，与其他医

[①] 黄丁全：《医事法新论》，法律出版社 2013 年版，第 450 页。
[②] See Linda T. Kohn et al., eds., *To Err Is Human: Building a Safer Health System*, National Academy Press, 1999, 3-4.
[③] See Suzette Woodward, *Rethinking Patient Safety*, CRC Press, 2017, 37.

疗机构为劳务关系。在具体的医疗活动中，应当根据医师所从属的医疗机构确定其医疗主体。

（三）院外会诊

根据《医师外出会诊管理暂行规定》第 2 条，院外会诊，又称医师外出会诊，是指医师经所在医疗机构批准，为其他医疗机构特定的患者开展执业范围内的诊疗活动。由于医疗活动的高度专业性，接诊医疗机构邀请其他医疗机构医务人员会诊是惯常做法，会诊也为医疗资源缺乏地区的患者获得高品质的医疗服务提供了可能性。在院外会诊中，需要注意的是医疗服务关系的主体是邀请会诊的医疗机构还是派出会诊的医疗机构。一般而言，如果会诊是邀请会诊的医疗机构的医疗体系的一部分，无论会诊医师提出的意见是参考性的还是决策性的，医疗服务主体仍然是邀请会诊的医疗机构。当邀请机构和被邀请机构的诊疗行为共同形成医疗体系时，双方即形成共同医疗关系。

（四）远程医疗

随着科学技术的发展，远程医疗已成为提高医疗服务可及性和质量的重要手段。世界卫生组织将远程医疗界定为：当距离为重要因素时，由各类健康保障专业人士通过使用信息和通信技术交换关于诊断、治疗以及预防疾病与损伤的有效信息并进行研究和评估，通过健康服务提供者的持续性教育的医疗服务提高个人及其社群的健康。[1]在这个过程中，远程医疗服务提供者通过信息和通信手段参与诊断、治疗和预防等活动，其中也形成了类似会诊的关系。对于远程医疗中医疗主体的判断，可分为以下几种情况：

第一，远程医师之诊疗行为不形成医疗决策性意见。例如，远程医师通过远程系统对疾病的诊断和治疗提出咨询性意见的，其医疗决策权仍在实地医师，其医疗行为仍为实地医疗机构组织体系中的一部分。

第二，远程医师独立实施某一环节的医疗行为。例如，实地医疗机构委托远程机构通过远程系统进行病理分析或影像判读，该行为构成独立的医疗环节。但是，由于远程医师无法完成亲自诊视，诊视和信息收集、传递中的过失应由实地机构负责人承担。

第三，远程医师为主导实施医疗行为，实地医疗机构配合。随着科学技术的发展，远程医疗不仅能够提供咨询，甚至可以通过远程手术机器人等技术手段进行手术等，而实地医师完成现场辅助工作。此时，诊疗行为是远程机构医疗组织体系的一部分。同时，由于"远端医师能够信赖实地医师会在其能力范围内恰当履行所承担的注意义务，对于实地医师违反注意义务所造成的危险没有预见可能性，不必为实地医师过失造成的损害结果承担责任"[2]，实地医疗机构应对其医疗辅助行为负责。

---

[1] Telemedicine：Opportunities and Development in Member State：Report on the Second Global Survey on eHealth，World Health Organization，2009，9.

[2] 于佳佳：《论远程医疗安全底线的法律保障》，载《上海交通大学学报（哲学社会科学版）》2017 年第 3 期，第52—53 页。

第二节　医师的权利和义务

一、医师的资格与执业

医师是医务人员的主体。《医师法》第 2 条规定："本法所称医师，是指依法取得医师资格，经注册在医疗卫生机构中执业的专业医务人员，包括执业医师和执业助理医师。"由于医疗服务具有高度专业性，法律对于医师资格、医师注册与执业都有具体的规定。

（一）医师资格

国家对医务人员采用严格的考试和注册制度。《医师法》第 8 条规定，国家实行医师资格考试制度。对于参加医师执业资格考试的教育和训练要求，该法规定了 3 种情形：第 1 种由第 9 条规定："具有下列条件之一的，可以参加执业医师资格考试：（一）具有高等学校相关医学专业本科以上学历，在执业医师指导下，在医疗卫生机构中参加医学专业工作实践满一年；（二）具有高等学校相关医学专业专科学历，取得执业助理医师执业证书后，在医疗卫生机构中执业满二年。"第 2 种由第 10 条规定："具有高等学校相关医学专业专科以上学历，在执业医师指导下，在医疗卫生机构中参加医学专业工作实践满一年的，可以参加执业助理医师资格考试。"第 3 种由第 11 条规定："以师承方式学习中医满三年，或者经多年实践医术确有专长的，经县级以上人民政府卫生健康主管部门委托的中医药专业组织或者医疗卫生机构考核合格并推荐，可以参加中医医师资格考试。"

（二）医师注册与执业

医师资格考试成绩合格，取得执业医师资格或者执业助理医师资格后，还应向卫生行政部门申请注册，才能在注册的医疗机构中按照注册的执业地点、执业类别、执业范围执业，从事相应的医疗、预防、保健业务。

医师的执业方式包括在医疗机构中执业和个人行医两种。根据《医师法》第 2 条规定，医师包括执业医师和执业助理医师。医师应当在依法取得执业医师资格或者执业助理医师资格后，注册在医疗、预防、保健机构中执业。该法第 20 条规定，经注册后在医疗机构执业满 5 年的，可以办理审批或备案个体行医手续。

二、医师的权利

《医师法》第 22 条规定，医师在执业活动中享有下列权利：（1）在注册的执业范围内，按照有关规范进行医学诊查、疾病调查、医学处置、出具相应的医学证明文件，选择合理的医疗、预防、保健方案；（2）获取劳动报酬，享受国家规定的福利待遇，按照规定参加社会保险并享受相应待遇；（3）获得符合国家规定标准的执业基本条件和职业防护装备；（4）从事医学教育、研究、学术交流；（5）参加专业培训，接受继续医学教育；

（6）对所在医疗卫生机构和卫生健康主管部门的工作提出意见和建议，依法参与所在机构的民主管理；（7）法律、法规规定的其他权利。兹详述如下：

第一，医疗执业权。医疗执业权是执业医师的基本权利，也是医患关系中医师各种权利的基础。医疗执业权是指执业医师在其注册范围内，有权利从事包括医学诊查，疾病调查，医学处置，出具相应的医学证明文件，选择合理的医疗、预防、保健方案等在内的医疗活动。医疗执业权具有专属性的特点，是经注册的执业医师的专项权利。

第二，条件保障权。执业医师有权获得从事医疗活动所需的设备等物质保障。

第三，学术研究权。医学是不断发展的科学，执业医师有权利也有义务通过参与医学学术研究，促进医学发展。

第四，继续教育权。执业医师有权获得继续教育以提高执业能力。

第五，人身权利。执业医师与其他自然人平等地享有生命权、健康权、身体权，以及人格尊严、名誉权、隐私权、个人信息等人身权益，同时，由于医师执业特点和执业风险，医师的人格权益较一般人而言更容易遭受侵害。近年来，由于医患关系紧张，患者及其近亲属侵害医师及其他医务工作者人身权利的事件时有发生，严重影响了医师及其他医务工作者的人身安全，也给医疗卫生工作带来了不可估量的损失。《民法典》第 1228 条规定，干扰医疗秩序，妨碍医务人员工作、生活，侵害医务人员合法权益的，应当依法承担法律责任。该法条结合侵权责任的一般条款，构成了侵害医务人员人身权益民事责任的法律规范。当然，侵害医务人员人身权益还可能承担行政责任和刑事责任。

第六，获得报酬和福利待遇权。这属于劳动者都应享有的权利。

第七，意见和建议权。在现代组织医疗体系下，医疗机构应当充分发挥医师个体的作用，尊重其判断力和独创性。同时，医疗机构应善尽组织义务，以保障患者安全、提供优质的医疗服务。因此，执业医师作为医疗体系的主体成员，有权利对医疗体系的建立和完善提出意见和建议。

三、医师的义务

（一）医师义务的类型

医师的义务类型可作如下划分。

1. 法律义务与伦理义务

医师伦理是医学规范的基础，也是法律规范的重要来源。医学行为与人的生命健康密切相关，自始至终都受到伦理道德的规范。古希腊"医圣"希波克拉底提出的医师誓词即提出，医者负有应尽最大能力与判断力为患者谋福利、避免一切堕落害人之败行、平等对待一切患者为患者保守秘密等伦理义务。世界医学大会（WMA）1948 年颁布的《日内瓦宣言》提出，作为医学界的一员，医师的伦理义务包括：以病人健康为首要理念；尊重病人的自主权和尊严；对人类生命最高的敬畏；不容许有任何宗教、国籍、种族、政党政治或社会地位的考虑介于医师职责和病人间；保护患者隐私和秘密；维护医业的荣誉和高尚的传统等。2018 年中国医师协会公布的《中国医师宣言》也提出，中国医师的伦理义务包括：平等仁爱，关爱患者，无论患者民族、性别、贫富、宗教信仰和社会地位如何，一视同仁；患者至上，尊重患者的权利，维护患者的利益；真诚守信，敢于担当救治风险，不因其他因素隐瞒或诱导患者，保守患者私密；精进审慎，探索促进健康与防治疾病的理论和方法，严格遵循临床诊疗规范，审慎行医，避免疏忽和草率；廉洁公正，不取不义之财，充分利用有限的医疗资源，为患者提供有效适宜的医疗保健服务；终身学习，持续追踪现代医学进展，不断更新医学知识和理念，努力提高医疗质量。这些伦理义务，很多为法律所吸收，成为医方的法律义务。

2. 法定义务与约定义务

《医师法》《医疗机构管理条例》等规定了医师的法定义务，同时在医疗服务合同中，医师负有合同义务。两种义务相互联系。医疗服务合同中约定的义务，很多直接来源于法律规定，如诊疗义务、亲自诊视义务、制作和保存病历义务、保护患者隐私和个人信息义务等。医疗服务合同不得违反法律规定的义务，但可以约定高于法定义务标准的义务。需要注意的是，医疗服务合同中的义务是一种平等主体之间的民事义务，其所对应的是患者的权利。而法定义务则包括公法上的义务，如《医师法》第23条所规定的"努力钻研业务，更新知识，提高医学专业技术能力和水平"和"宣传推广与岗位相适应的健康科普知识，对患者及公众进行健康教育和健康指导"等，均是公法上的义务，而非对具体患者的民法义务。

（二）医师义务的内容

根据《医师法》等规定，医师在执业活动中所负有的义务主要包括：

1. 依法遵规诊疗义务

医师应当遵守法律法规、技术操作规范等。该义务旨在通过法律法规和诊疗规范为诊疗活动建立客观标准，实现医疗活动的规范化、制度化、标准化，防止任意性诊疗。《民法典》第1222条规定，患者在诊疗活动中受到损害，有下列情形之一的，推定医疗机构有过错：（1）违反法律、行政法规、规章以及其他诊疗规范的规定；……。由此可见，是否违反诊疗规范也被用于进行是否有过错的判断中。

此处的法律法规，是指与具体诊疗活动有关的法律法规，体现了国家对医疗行为的管理、指引和规范。医疗机构在诊疗活动中必须遵守这些规范性文件，否则，不仅应当承担行政违法的后果，而且在追究侵权责任时将直接被推定为有过错。[①]

关于"技术操作规范"，本教材认为，结合《民法典》的规定，作为确定执业医师义务的规范范围不宜过宽，应当主要限于有关部门、行业协会等制定的规章和制度，否则将严重限制执业医师根据诊疗需要灵活使用诊断手段的可能性，以及不断探索诊疗新技术、新方法的积极性，不利于医学的发展与进步。

关于诊疗规范的内容，不仅包括诊疗活动的技术标准和操作规范，也应包括国家对医疗行为的管理规范，如此方可实现对医疗行为规范化的管理目的。

2. 敬业尽职义务

根据《医师法》第23条，医师应当"树立敬业精神，恪守职业道德，履行医师职责，尽职尽责救治患者"。此种义务来源于医师的伦理义务，是医师诊疗活动的基本指针。

---

① 参见王利明主编：《中华人民共和国侵权责任法释义》，中国法制出版社2009年版，第285页。

3. 尊重和保护隐私义务

根据《医师法》第 23 条，医师应"尊重、关心、爱护患者，依法保护患者隐私"。此义务也源自希波克拉底誓词中医师对于患者的关爱和保密义务。

4. 业务水平提升义务

根据《医师法》第 23 条，医师应"努力钻研业务，更新知识，提高医学专业技术能力和水平"。医学是不断发展的科学，结合《医师法》第 22—23 条，提升业务水平既是医师的权利，也是医师的义务。

5. 健康教育义务

医师不仅是医疗服务的提供者，也是公众健康教育的实施者，应当充分发挥其专业优势和影响，根据《医师法》第 23 条，"宣传推广与岗位相适应的健康科普知识"，并在诊疗活动中对患者进行健康教育。

6. 服从调遣义务

《医师法》第 32 条规定："遇有自然灾害、事故灾难、公共卫生事件和社会安全事件等严重威胁人民生命健康的突发事件时，县级以上人民政府卫生健康主管部门根据需要组织医师参与卫生应急处置和医疗救治，医师应当顺从调遣。"该法条为紧急情况下医师根据政府统一调遣参加突发性公共卫生事件救治义务的规定。近年来，在多次重大传染病疫情、自然灾害和重大伤亡事故中，我国广大医务工作者均充分发挥了舍己为人的执业精神，为公众健康事业做出了突出的贡献。

7. 疫情和事件报告义务

《医师法》第 33 条规定，医师发现传染病、医疗事故时，应当按照有关规定及时向所在医疗卫生机构或者有关部门、机构报告。医师发现患者涉嫌伤害事件或者非正常死亡时，也应当按照有关规定向有关部门报告。对传染病发生的及时报告义务，对于及早发现和控制传染性疫情具有重要作用。对涉嫌伤害事件和非正常死亡的报告，则对于社会秩序的维护至关重要。

第三节　其他医务人员的权利与义务

在医疗法律关系中，除医师外，还包括护士、执业药师等医务人员。对于其资格、执业以及权利义务，由《护士条例》等法律法规作出了规定。

一、护士的权利与义务

（一）护士的资格与执业

《护士条例》第 2 条规定，护士是指经执业注册取得护士执业证书，依照该条例规定从事护理活动，履行保护生命、减轻痛苦、增进健康职责的卫生技术人员。

护士开展执业，应当经执业注册取得护士执业证书。《护士条例》第 7 条规定，申请护士执业注册，应当具备下列条件：（1）具有完全民事行为能力；（2）在中等职业学校、高等学校完成国务院教育主管部门和国务院卫生主管部门规定的普通全日制3年以上的护理、助产专业课程学习，包括在教学、综合医院完成8个月以上护理临床实习，并取得相应学历证书；（3）通过国务院卫生主管部门组织的护士执业资格考试；（4）符合国务院卫生主管部门规定的健康标准。

自通过护士执业资格考试之日起3年内，可以提出护士执业注册申请。申请护士执业注册的，应当向拟执业地省、自治区、直辖市人民政府卫生主管部门提出申请。收到申请的卫生主管部门应当自收到申请之日起20个工作日内作出决定，对具备上述条件的，准予注册，并发给护士执业证书；对不具备上述条件的，不予注册，并书面说明理由。护士在执业注册有效期内变更执业地点的，还应当向注册部门报告并申请办理变更手续。

（二）护士的权利

根据《护士条例》的规定，护士享有工资报酬、福利待遇和社会保险保障权，获得专业技术职务职称、参加专业培训和从事学术交流的权利，提出意见和建议的权利等。这些权利与执业医师的权利基本相同。以下两项权利比较特殊：

第一，获得防护和保健的权利。护士所从事的护理工作，直接接触患者，有较强的风险性，有权获得必需的防护和健康服务保障。《护士条例》第13条规定："护士执业，有获得与其所从事的护理工作相适应的卫生防护、医疗保健服务的权利。从事直接接触有毒有害物质、有感染传染病危险工作的护士，有依照有关法律、行政法规的规定接受职业健康监护的权利；患职业病的，有依照有关法律、行政法规的规定获得赔偿的权利。"此种权利对于保障护理人员职业安全、解除护理人员后顾之忧具有重要的意义。

第二，获得相关信息的权利。护理人员在诊疗活动中主要扮演执行者而非决策者的角色，为保障其能够充分发挥专业作用，护理人员有权获得相关诊疗信息。为此，《护士条例》第15条规定："护士有获得疾病诊疗、护理相关信息的权利和其他与履行护理职责相关的权利，可以对医疗卫生机构和卫生主管部门的工作提出意见和建议。"

（三）护士的义务

《护士条例》对于护士在执业中的义务作出了规定。其中，有的义务与执业医师的义务相同，如依法遵规义务、尊重和保护隐私义务、服从调派义务等，同时也负有以下不同于医师等的义务：

第一，及时通知医师义务。《护士条例》第17条第1款规定："护士在执业活动中，发现患者病情危急，应当立即通知医师；在紧急情况下为抢救垂危患者生命，应当先行实施必要的紧急救护。"这种义务是与护士的工作性质密切相关的。在求诊阶段，护士一般是患者的首位接待者；在诊疗、护理、康复节点，护士是治疗的执行者并随时了解患者状态，往往能够最先发现患者的危重病情，此时应当及时通知医师。

第二，紧急救护义务。当不立即实施必要抢救可能危及患者生命安全时，首先采取必要的紧急救护措施，并及时通知医师。

第三，医嘱监督义务。护士是医师作出的医嘱的执行者，在一定程度上也是医嘱的监督者。《护士条例》第17条第2款规定："护士发现医嘱违反法律、法规、规章或者诊疗技术规范规定的，应当及时向开具医嘱的医师提出；必要时，应当向该医师所在科室的负责人或者医疗卫生机构负责医疗服务管理的人员报告。"因此，护士对于不符合诊疗常规的医嘱，有向作出医嘱的医师进行反映和必要时向上级负责人报告的义务。

二、执业药师的执业资格及义务

（一）执业药师的资格与执业

2019 年，国家药监局和人力资源社会保障部发布的《执业药师职业资格制度规定》，对于执业药师资格、注册、执业以及权利义务作出了规定。《执业药师职业资格制度规定》规定，执业药师是指经全国统一考试合格，取得《中华人民共和国执业药师职业资格证书》（以下简称《执业药师职业资格证书》）并经注册，在药品生产、经营、使用和其他需要提供药学服务的单位中执业的药学技术人员。执业药师应当通过执业资格考试并获得资格证书。取得《执业药师职业资格证书》者，应当通过全国执业药师注册管理信息系统向所在地注册管理机构申请注册。经注册后，其方可从事相应的执业活动。未经注册者，不得以执业药师身份执业。

（二）执业药师的义务

第一，遵守执业标准和业务规范，以保障和促进公众用药安全有效为基本准则。

第二，严格遵守《药品管理法》及国家有关药品研制、生产、经营、使用的各项法规及政策。执业药师对违反《药品管理法》及有关法规、规章的行为或决定，有责任提出劝告、制止、拒绝执行，并向当地负责药品监督管理的部门报告。

第三，负责对药品质量的监督和管理，参与制定和实施药品全面质量管理制度，参与单位对内部违反规定行为的处理工作。

第四，负责处方的审核及调配，提供用药咨询与信息，指导合理用药，开展治疗药物监测及药品疗效评价等临床药学工作。

本章思考题

1. 医疗服务提供者主要有哪些类型？
2. 如何理解医疗机构的主要执业权利及其性质？
3. 医疗服务提供者负有哪些法定义务和伦理义务？
4. 试评析《医师法》有关医师执业义务的规定。

第十二章
医疗服务合同关系

医疗服务提供者与患者之间法律关系的基础，是医疗服务提供者为患者提供诊断、治疗、护理等医疗服务。在此种医疗服务关系中，医疗机构与患者是平等主体，其法律关系为平等主体之间的民事关系。患者自愿到医疗机构寻求医疗服务，医疗机构根据患者的要求为其提供医疗服务，双方互享权利、互负义务，符合《民法典》第 464 条第 1 款关于合同的定义，故医患双方之间存在医疗服务合同关系。

第一节　医疗服务合同

医疗服务合同作为一种无名合同，其订立和内容效力受我国《民法典》总则编"民事法律行为"和合同编"通则"的规范。

一、医疗服务合同的订立

由于医疗服务合同是双方法律行为，根据《民法典》第 134 条，一般应基于双方或者多方的意思表示一致成立。《民法典》第 471 条规定："当事人订立合同，可以采取要约、承诺方式或者其他方式。"医疗服务合同主要通过要约、承诺方式订立，但是特殊情况下，也可能通过强制缔约等形式订立。

（一）意思表示一致

1. 患者发出要约

医疗服务合同主要是患者基于其健康需求向医疗服务提供者寻求帮助而订立的。按照一般的就医流程，患者一般自行前往或者由院前急救机构送至医疗服务提供者处，由患者或其亲属向医疗服务提供者进行挂号。对于患者的何种行为构成要约，学术上有不同见解。有学者认为患者向医疗服务提供者挂号即构成要约，也有学者认为除挂号外，需由患者向医疗服务提供者说明病情，才能构成要约。另有学说认为，从保护患者的权利方面考虑，患者到达服务提供者处挂号，即视为发出要约，医疗服务提供者设立挂号处为要约邀请。

2. 医疗服务提供者作出承诺

医疗服务提供者接受患者的挂号，即为作出承诺。《民法典》第 469 条规定，"当事人订立合同，可以采用书面形式、口头形式或者其他形式"。因此，医疗服务提供者的承诺也可以通过书面或者口头形式进行，具体应当根据其医疗流程确定。

（二）强制缔约

医疗服务提供者作为公共服务提供者，负有为社会公众提供医疗服务的法定义务，无正当理由不得拒绝患者的要约，即负有强制缔约义务。在紧急情况下，为避免患者生命健康受到损害，医疗服务提供者负有开展急救处置的法定义务。《医师法》第27条规定，"对需要紧急救治的患者，医师应当采取紧急措施进行诊治，不得拒绝急救处置"。《医疗机构管理条例》第30条规定，"医疗机构对危重病人应当立即抢救"。此时，患者到达医疗服务提供者处，可以视为默示要约；医疗服务提供者已经实施医疗服务的事实行为，则可视为默示承诺。此时双方已经对合同的订立形成合意，应当认定已经成立合同关系。在医疗服务合同中，只有患者的医疗服务需求超出医疗服务机构服务范围时，医疗服务提供者可拒绝患者的缔约请求，但应明确告知患者可供寻求诊疗的其他医疗服务提供者的名称、地址。

二、医疗服务合同的履行

医疗服务合同成立并生效后，医疗服务提供者和患者各自应如何享受权利、承担义务？医方和患者的权利义务是相对应的：医方享有收取报酬、执业诊疗的权利，患者相应地承担支付诊疗费用与接受检查、遵守医嘱、配合治疗等义务；患方享有知情同意权、妥善医疗权、隐私权等权利，医疗服务提供者相应地承担依法遵规诊疗、合理说明、尊重和保护隐私等义务。与一般民事合同不同，医疗服务提供者不仅要承担医疗服务合同中明确规定的合同义务，还要承担法定义务和其他说明义务。

（一）医疗服务提供者的义务

第一，告知说明的义务。知情同意原则是当代医患关系的基本原则，也是医疗行为正当性的基础所在。知情同意原则以患者自主决定权作为医疗行为基础，而患者自主决定权必须建立在医方对相关信息进行充分告知的基础上。《民法典》第1219条第1款规定："医务人员在诊疗活动中应当向患者说明病情和医疗措施。需要实施手术、特殊检查、特殊治疗的，医务人员应当及时向患者具体说明医疗风险、替代医疗方案等情况，并取得其明确同意；不能或者不宜向患者说明的，应当向患者的近亲属说明，并取得其明确同意。"《医师法》第25条规定："医师在诊疗活动中应当向患者说明病情、医疗措施和其他需要告知的事项。需要实施手术、特殊检查、特殊治疗的，医师应当及时向患者具体说明医疗风险、替代医疗方案等情况，并取得其明确同意；不能或者不宜向患者说明的，应当向患者的近亲属说明，并取得其明确同意。"相较而言，《民法典》和《医师法》的规定一致，要求对特殊诊疗应"具体"作出说明，同时增加了不能向患者说明的例外情形。

在特殊情况下，医疗服务提供者享有医事特权，即在相关信息明显将给患者带来严重损害时，可免于向患者告知，并将患者利益告知患者之外的其他人。为了避免医事特权的滥用，医师行使医事特权时必须征询其他医疗服务提供者的同意。当相关信息不会再损害患者利益时，应当及时告知患者。

同时，患者处于危及生命健康的紧急情况且无法向患者进行说明的，医疗服务提供者享有紧急专断治疗权。对此，《民法典》第1220条规定："因抢救生命垂危的患者等紧急情况，不能取得患者或者其近亲属意见的，经医疗机构负责人或者授权的负责人批准，可以立即实施相应的医疗措施。"此时，医务人员可以不经说明，径行实施必要的诊疗行为。

第二，提供适当医疗服务的义务。医疗服务合同的主要目的是提供医疗服务。医疗服务一般包括诊断、检验、治疗、护理、康复等。需要明确的是，医疗服务合同就其性质而言是手段债务而非结果债务，即医疗服务提供者的义务是提供适当的医疗服务，而不是提供患者期待的治疗目的。这是因为医疗本身具有不确定性和风险性，医疗服务不能确保治疗目的的实现，医疗服务提供者只要提供了适当的医疗服务即可认为其履行了合同主要义务。适当医疗服务应符合规范诊疗和适当诊疗两个标准。

规范诊疗是指医疗服务行为应当符合相关诊疗和伦理规范的要求。《医师法》第23条第2项规定，医师在诊疗活动中应当"遵循临床诊疗指南，遵守临床技术操作规范和医学伦理规范等"。《民法典》第1222条第1项也规定，医疗服务提供者违反法律、行政法规、规章以及其他有关诊疗规范的规定的，可以推定医疗机构有过错。

适当诊疗是指医疗服务提供者应当为患者提供达到应有水平的医疗服务，保证医疗服务质量。在医疗水平的判断上，法律一般采用客观标准，即以同等条件下一般的医疗服务提供者所能够提供的医疗服务水平作为判断医疗质量的标准。随着医学的发展和医疗水平的提高，医疗服务提供者所提供的医疗服务应当与时俱进。《医师法》第23条第4项规定，医师应当努力钻研业务，更新知识，提高医学专业技术能力和水平，提升医疗卫生服务质量。《民法典》第1221条规定："医务人员在诊疗活动中未尽到与当时的医疗水平相应的诊疗义务，造成患者损害的，医疗机构应当承担赔偿责任。"易言之，医疗服务提供者所提供的医疗服务，应当与"当时的医疗水平"相应。

"当时的医疗水平"的判断应当考虑以下因素：（1）地域性因素。不同地域的医疗服务提供者在医疗水平上可能存在差别。我国地域广大，当前地域发展不均衡，医疗资源分布地区差异较大，各地医疗机构和医务人员的诊疗水平有较大差异，故在判断医务人员在诊疗中的注意义务水平时，应考虑此种地域差异。（2）医疗机构功能因素。我国采用三级分级医疗体系，各级医疗机构在医疗服务供应体系中所发挥的作用各有不同，其人员构成、专业特长、医疗设施配备等均有不同，应当根据其具体的医疗机构层级确定其注意义务标准。（3）医疗专业分工因素。医疗为高度分工协作的专业活动，不同专业、不同资质的医务人员均可能参与诊疗活动，注意义务标准应当根据其专业和资质情况具体判断。（4）个案的具体因素。应有的医疗水平并不是简单地与医疗常规或者"通常情况下"对某一种疾病的诊疗方案进行比较，而应当考虑个案中诊疗的具体情况，包括病患的体质、病情的特征、诊疗手段的特殊性、时间的急迫性等。

第三，制作和保存病历的义务。病历是记载患者接受诊疗服务全过程的法定文书。《医师法》第24条规定，医师应按照规定及时填写病历等医学文书，不得隐匿、伪造、篡改或者擅自销毁病历等医学文书及有关资料。《民法典》第 1225 条规定："医疗机构及其医务人员应当按照规定填写并妥善保管住院志、医嘱单、检验报告、手术及麻醉记录、病理资料、护理记录等病历资料。患者要求查阅、复制前款规定的病历资料的，医疗机构应当及时提供。"医疗服务提供者未能及时书写并妥善保管病历，有隐匿或者拒绝提供与纠纷有关的病历资料，或者遗失、伪造、篡改或者违法销毁病历资料的行为的，根据《民法典》第 1222 条之规定，应推定其对患者遭受的医疗损害有过错。

第四，制作和交付医疗证明文件的义务。医疗服务提供者应当根据诊疗活动的需要，为患者制作和交付相关医学证明文件。《医师法》第 24 条规定，"医师实施医疗、预防、保健措施，签署有关医学证明文件，必须亲自诊查、调查"，"医师不得出具虚假医学证明文件以及与自己执业范围无关或者与执业类别不相符的医学证明文件"。《医疗机构管理条例》第 31 条规定："未经医师（士）亲自诊查病人，医疗机构不得出具疾病诊断书、健康证明书或者死亡证明书等证明文件；未经医师（士）、助产人员亲自接产，医疗机构不得出具出生证明书或者死产报告书。"因此，医疗机构应当在医务人员亲自诊视的前提下，制作相关医疗证明文件并交付患者。

第五，保护患者人身财产安全的义务。医疗服务提供者应当在履行医疗服务合同的过程中，保障患者的人身财产权利不因各种原因受到侵害。例如，医疗服务提供者应采取适当措施防止院内感染的发生和传播，避免患者因院内感染遭受损害；医疗服务提供者负有保障院内环境和设施完善的义务，防止患者因环境和设施不当遭受损害；医疗服务提供者对于在诊疗中表现出明显心理问题的患者，应当及时进行心理干预，防止患者因心理因素出现不良后果。

第六，保护患者隐私和个人信息的义务。在医疗服务过程中，医疗服务提供者可以接触和获得患者的大量隐私和个人信息。对此，《民法典》第 1226 条规定："医疗机构及其医务人员应当对患者的隐私和个人信息保密。泄露患者的隐私和个人信息，或者未经患者同意公开其病历资料的，应当承担侵权责任。"

（二）患者的义务

患者在医疗活动中有缴纳费用的义务、配合医疗的义务、遵守医嘱的义务、遵守医疗秩序的义务等。

第一，缴纳费用的义务。我国建立社会基本医疗保险，按一定比例为患者支付部分医疗费用，剩余部分由患者自行支付。政府保障的就医权是基础性的，患者也应履行维护自身健康的义务。国家对医院有一定的投资，但是医院仍需收取必要费用来维持其正常运转。因此，患者应履行支付医疗费用的义务，不能以对治疗不满意为由拒绝支付医疗费用的现象。

第二，配合医疗的义务。安全有效的诊疗行为，不仅有赖于医疗服务提供者履行其义务，也需要患者的积极配合。患者在医疗活动中不应仅仅是"配合治疗"，更应当根据诚信原则，尽到其诚信义务，以最大诚信向医方提供与诊疗相关的信息，并与医方合作与协作，共同决定医疗的过程，选择符合其意愿的治疗方案。

第三，遵守医嘱的义务。在医疗活动中，患者应当遵守医生的医嘱，患者的健康维护不仅依靠医疗机构，从某种程度上来说，患者本人应承担更多、更大的责任。患者应履行遵守医师医嘱的义务，为医师诊疗权的实现提供保障，维护其他患者的合法权益。患者因不遵从医嘱而导致健康权受损时，应自行承担相应的责任。

第四，遵守医疗秩序的义务。在医疗活动中，患者负有尊重医师人格尊严、不得侵害医师人身安全、不得妨碍公共医疗秩序的义务。《民法典》第1228条规定："医疗机构及其医务人员的合法权益受法律保护。干扰医疗秩序，妨碍医务人员工作、生活，侵害医务人员合法权益的，应当依法承担法律责任。"最高人民法院、最高人民检察院、公安部等五部门在《关于依法惩处涉医违法犯罪维护正常医疗秩序的意见》中也提出6类涉医违法犯罪行为，对于这些行为，必须准确适用法律，依法惩处。

三、医疗服务合同的消灭

（一）合同消灭的情形

根据《民法典》第557条的规定和医疗服务合同的性质，医疗服务合同可能因履行完毕、合同解除、当事人死亡或丧失资格等原因消灭。

1. 合同履行完毕

医疗服务合同约定的医疗行为履行完毕的，医疗服务合同消灭。由于其手段之债的性质，履行完毕并不以达成预期的医疗效果作为判断标准。

2. 合同解除

医疗服务合同可以由双方协议解除和行使解除权而解除。

（1）协议解除。根据《民法典》第562条，医疗服务合同双方可以通过协商一致解除合同。

（2）行使法定解除权解除。患者可以根据《民法典》第563条之规定，在存在不可抗力、预期违约、迟延履行、根本违约等情形下行使法定合同解除权，同时主张违约责任。存在疑问的是，医疗服务提供者是否可以在患者存在违约情形时解除合同。对此本教材认为，应根据此种情形是否违反医疗服务提供者的继续诊疗义务加以判断。例如，根据患者身心状况，停止医疗将危及患者生命健康安全的，医疗服务提供者不得解除合同停止诊疗，否则将违反《医师法》第27条和《医疗机构管理条例》第30条规定的对危重患者的诊治义务。当停止医疗不会危及患者生命健康时，患者有违约行为，如不支付医疗费用、不配合治疗的，医疗服务提供者有权解除合同。

（3）行使任意解除权解除。医疗服务合同是以患者对医疗服务提供者的信赖为基础的合同，如信赖不存，自应有权解除合同。与此相似的有《民法典》第787条规定的承揽合同中定作人的任意解除权和第933条委托合同中委托人或受托人的任意解除权。与委托合同中的任意解除权不同的是，基于继续诊疗义务，医疗服务提供者不享有任意解除权，只有患者享有任意解除权。

3. 患者死亡

患者死亡的，医疗服务合同因丧失合同一方主体和医疗行为履行对象而消灭。

4. 医疗服务提供者解散或者丧失资格

医疗机构解散的，医疗服务合同消灭。同时，由于医疗服务提供者有法定执业资质要求，根据《医师法》和《医疗机构管理条例》的规定，医疗机构被吊销《医疗机构执业许可证》，或者个体行医的执业医师被注销注册或者吊销执业医师资格的，均丧失执业资质，此时医疗服务合同消灭。

（二）合同消灭后的诚信义务

《民法典》第 558 条规定："债权债务终止后，当事人应当遵循诚信等原则，根据交易习惯履行通知、协助、保密、旧物回收等义务。"基于医疗服务合同的性质，医疗服务提供者在合同消灭后仍负有诚信义务，如告知患者复诊要求、必要时对患者进行随访以及对患者隐私和个人信息保密等。

第二节　其他医疗法律关系

医疗服务实践中除了常见的医疗服务合同外，还存在一定的无因管理、紧急避险与强制医疗等准合同行为，需要医患双方特别注意其特殊的权利和义务。

一、医疗无因管理

（一）无因管理的概念和构成要件

《民法典》第 979 条将无因管理定义为"管理人没有法定的或者约定的义务，为避免他人利益受损失而管理他人事务"，并且符合受益人真实意思。根据此概念，医疗无因管理应具备以下构成要件：

第一，对患者实施了医疗行为。维持自身身心健康属于患者个人事务。医务人员对患者实施的诊治行为，是对患者事务的管理行为。

第二，没有法定或者约定的义务。医患之间已经存在医疗服务合同关系的，医疗服务提供者对患者负有约定的诊疗义务，其诊疗行为属于合同履行行为，不属于无因管理。此处的法定义务主要是指医务人员对患者负有法定的诊疗义务，例如，对法定传染病患者采取强制医疗措施。不无疑问的是，医疗机构、医务人员根据《医师法》第 27 条和《医疗机构管理条例》第 30 条规定的对危重患者进行救治，是否属于履行法定义务的行为而不构成无因管理。[①] 本书认为，无因管理中的法定义务应理解为私法上的义务，如对于绝对权保护的义务（对于绝对权主要是消极义务，但安全保障义务等为积极义务）。医疗机构、医务人员公法上有救治义务，不意味着其行为属于履行法定义务的行为，应当认定为医疗无因管理，否则无法解释因对危重患者救助而产生的费用请求权、管理报告义务等。

第三，有为患者利益而管理他人事务的意思。《民法典》第 979 条将"为避免他人利益受损失"作为要件，从目的解释角度，其含义是指使他人从管理活动中获益。这要求医

---

① 参见赵万一主编：《医事法概论》，华中科技大学出版社 2019 年版，第 266 页。

疗机构和医务人员对患者进行救治时，其主观上应具有使患者获益的目的，换言之，以实现自己的利益或其他利益而非使患者受益为目的，如使患者参与医学人体试验等，不应构成无因管理。

第四，不违反本人真实意思。无因管理应以不违反本人真实意思为要件。一般而言，实施医疗行为是为了保护患者的生命健康，即使患者没有或者无法明确表示自己的意思，也推定医疗行为不会违背患者真实意思。值得讨论的是，如果患者有明确的意思，但该意思不符合患者最大利益，或者不符合伦理道德的要求，是否应当遵从患者意思。例如，自杀者在送医后明确表示拒绝治疗，或者指征要求必须实施剖宫产的产妇坚持要求自己生产等，违背患者的明确意志是否可以构成无因管理？

对此本书认为，此时应当具体分析患者意思的真实性以及是否符合医学伦理。作为一项原则，拒绝治疗权是患者知情同意权的应有之义，在患者明确反对的情况下，即使患者情况危及生命，医生也不能违反患者意志进行治疗。例如，患者生命危急需要实施心肺复苏术，但患者已经通过预先指示（advanced directive）的形式明确拒绝接受心肺复苏术的，应当尊重患者的自主意志。医务人员罔顾患者意愿所实施的行为，不构成无因管理。

（二）无因管理的法律效果

1. 违法阻却

构成医疗无因管理的首要效果是医疗机构、医务人员的诊疗行为取得合法性依据，不属于侵权行为。

2. 医方权利。

医方的债权主要是费用和损害补偿债权。《民法典》第 979 条规定，无因管理人可以请求受益人偿还因管理行为而支出的必要费用，同时管理人因管理行为受到损失的，可以请求受益人给予适当补偿。

3. 医方义务

根据《民法典》第 982 条、第 983 条的规定，医方负有妥善管理义务、通知义务、报告义务等。

（三）无因管理的转化

《民法典》第 984 条规定："管理人管理事务经受益人事后追认的，从管理事务开始时起，适用委托合同的有关规定，但是管理人另有意思表示的除外。"对于医患关系而言，患者在无因管理后对医疗行为加以追认的，应适用医疗服务合同的规定。

二、医疗紧急避险

（一）医疗紧急避险的概念和构成要件

紧急避险是指为了使公共利益，本人或者他人人身、财产和其他权利免受正在发生的损害危险，不得已而采取的损害另一较小合法权益的行为。[①] 当疾病可能危及公共利益

---

① 参见王利明：《侵权行为法研究（上卷）》，中国人民大学出版社 2004 年版，第 559 页。

或者患者本人利益时，医疗机构可以实施损害患者较小利益的行为，以避免患者遭受更大损害。例如，患者因车祸必须截肢，但因患者昏迷无法取得其同意也无法联系到其近亲属的，为避免患者遭受更大损害，可以直接实施截肢。

医疗紧急避险必须符合以下要件：

第一，合法权益面临紧急危险。遭受危险的权益包括公共利益、患者本人利益或者他人利益。此种危险必须是紧急且现实存在的。面临的是假想的风险，或者并不紧急的风险，不构成紧急避险。

第二，必须具有避险的必要。只有在不采取必要的措施，就不能避免损害的发生时，才能实施紧急避险。

第三，不得超过必要的限度。紧急避险是一种在不同权益之间衡量的结果，只能通过牺牲较小的利益来保存较大的利益，而不能相反。需要特别注意的是，不同权益之间是有位阶的，医疗活动所针对的权益主要是人身权益，人身权益在权利体系中具有最高位阶，不可让渡、不受贬损，特别是每个人的生命权都是平等的，保护多数人的生命而牺牲个别人生命权的"避险行为"在法律上是不被允许的。当然，为了患者本人、他人的生命健康，不得已牺牲和限制患者的身体权（如截肢）或者人身自由是可以接受的。

（二）医疗紧急避险的法律效果

1. 违法阻却

紧急避险的首要效果也是阻却违法，紧急避险使紧急医疗行为具有了法律上的正当性。

2. 措施和限度适当义务

医方所采取的措施必须适当且不超出必要的限度。《民法典》第182条规定，"紧急避险采取措施不当或者超过必要的限度，造成不应有的损害的，紧急避险人应当承担适当的民事责任"。医疗机构采取措施不当或者超出必须限度的，应当承担民事责任。需要注意的是，《民法典》第184条规定："因自愿实施紧急救助行为造成受助人损害的，救助人不承担民事责任。"此即所谓"好撒马利亚人法"，通过免除紧急救助人责任的方式，鼓励对他人进行救助。在医疗紧急救助中，由于医疗行为和医务人员的专业性，医务人员所负救助义务应远高于一般公众，不应简单适用该规定而免责。但是，医疗紧急救助也存在无法避免的风险或者损害，如为他人实施心肺复苏术造成肋骨骨折的，只要其行为符合应有的医疗水平，即不应承担责任。

三、强制医疗

（一）强制医疗的概念

所谓强制医疗，是指医疗机构为保护患者及他人的生命健康和社会整体利益，根据法律规定，对某些特殊的患者强制进行的治疗。强制医疗与一般意义上的患者自主医疗有很大不同。一方面，患者自主医疗的目的是维护患者自身的身心健康，具有自益性。而强制医疗虽然也有保护患者身心健康的作用，但主要目的是实现社会整体利益，具有公益性。

另一方面，患者自主医疗是由患者根据自主意愿启动和参与的，是基于患者的自主决定权的，患者可以决定接受医疗，也可以决定不进行医疗，或者中止正在进行的医疗。而强制医疗的启动和进行均是根据法律要求由医疗机构或者相关机关进行的，不以患者的意志为转移，患者也无权拒绝。

（二）强制医疗的类型

当前，我国法律规定的强制医疗类型主要包括：对于突发公共卫生事件中需隔离患者和法定传染病患者的强制治疗；对于精神障碍患者的强制治疗；对于吸毒人员的强制戒毒。

1. 需隔离患者和法定传染病患者

《突发公共卫生事件应急条例》第 44 条规定："在突发事件中需要接受隔离治疗、医学观察措施的病人、疑似病人和传染病病人密切接触者在卫生行政主管部门或者有关机构采取医学措施时应当予以配合；拒绝配合的，由公安机关依法协助强制执行。"《传染病防治法》第 39 条进一步规定对病人、病原携带者，予以隔离治疗，疑似病人确诊前在指定场所单独隔离治疗；对医疗机构内的病人、病原携带者、疑似病人的密切接触者，在指定场所进行医学观察和采取其他必要的预防措施。

2. 对严重精神障碍患者的强制医疗

《精神卫生法》第 28 条规定，疑似精神障碍患者发生伤害自身、危害他人安全的行为，或者有伤害自身、危害他人安全的危险的，其近亲属、所在单位、当地公安机关应当立即采取措施予以制止，并将其送往医疗机构进行精神障碍诊断。该法第 30 条规定，对已经发生伤害自身的行为或者有伤害自身的危险，和已经发生危害他人安全的行为或者有危害他人安全的危险的严重精神障碍患者，应当实施住院治疗。

3. 强制戒毒治疗

《禁毒法》第 43 条规定，强制隔离戒毒场所应当根据戒毒人员吸食、注射毒品的种类及成瘾程度等，对戒毒人员进行有针对性的生理、心理治疗和身体康复训练。

（三）强制医疗的特点

第一，强制医疗是基于公法产生的医疗行为。强制医疗不是基于患者与医疗机构之间的平等主体关系在自愿基础上产生的行为，而是基于公法上特别是行政法上的国家权力产生的医疗行为，具有行政管理属性。

第二，医患双方基于行政管理产生义务。在一般的医患关系中，医患双方互有权利义务；而在强制医疗中，双方均只基于行政管理产生义务，即医疗机构有义务为患者提供医疗服务，患者有义务接受医疗服务。

第三，强制医疗的正当性基础为法律授权。现代医疗的正当性基础为患者的自主决定权，但是在强制医疗中，医疗行为以法律授权作为正当性基础，医疗机构开展医疗行为无须获得患者的同意。当然，医疗机构仍应当将所实施的医疗行为的性质、风险等向患者进行说明。

第四，强制医疗以国家强制力为后盾。强制医疗中医患双方的医疗行为都受到国家权力的强制要求。医疗机构应当实施强制医疗而未实施的，应当承担法律责任。对于患者而言，必须配合接受强制医疗，否则，公安机关可以采取强制措施。

本章思考题

1. 如何理解与贯彻医疗服务合同中医方的强制缔约义务？

2. 医方的主要合同义务有哪些？违反这些合同义务可能产生的法律后果是什么？

3. 试述患者费用支付义务的性质和特点。

4. 医疗无因管理行为的构成要件是什么？医疗无因管理关系如何转化为医疗服务合同关系？

5. 如何理解强制医疗行为的性质和特点？

第十三章
医疗损害责任

医疗损害责任主要是指医疗侵权责任，即医疗机构或医务人员在诊疗活动中因过错或者在有明确法律规定的情况下，造成患者人身损害或者其他损害，应当承担的以损害赔偿为主要方式的侵权责任。确定医疗损害责任的法律依据是《民法典》侵权责任编第六章"医疗损害责任"的规定。

第一节　医疗损害责任概述

一、医疗损害责任的概念

侵权行为是指由于过错侵害他人人身权和财产权而依法应当承担侵权责任的行为以及根据法律的特别规定而承担侵权责任的其他致害行为。[1] 侵权责任是指侵权人因实施侵害或损害他人民事权益的行为而承担的不利的法律后果。

在我国的医疗损害责任认定中，实施侵权行为的主体是医疗机构及其医务人员，但医疗损害责任的承担主体通常被限定为医疗机构，一般不包括医务人员，即医疗损害责任的承担形式表现为医疗机构对其医务人员所造成的损害承担替代责任。替代责任的特征表现为侵权行为人与责任人的分离，医疗机构不得以无选任不当之过错或已尽监督责任为由推卸医疗损害赔偿责任。医疗机构对其医务人员的不当诊疗行为造成患者一方损害所承担的医疗损害责任，可以用雇主责任或者"代表人责任"来说明。[2]

二、医疗损害责任的类型

按照《民法典》侵权责任编的规定，医疗损害责任可分为以下几类：
（一）医疗技术损害责任
医疗技术损害责任是指，医疗机构及其医务人员从事病情检验、诊断，治疗方法的选

---

[1] 申卫星：《民法学（第 2 版）》，北京大学出版社 2017 年版，第 529 页。
[2] 张新宝：《侵权责任法（第 5 版）》，中国人民大学出版社 2020 年版，第 195 页。

择，治疗措施的执行，病情发展过程的追踪，以及术后照护等医疗行为时，存在不符合当时医疗水平的过失，造成患者损害，医疗机构所应当承担的侵权赔偿责任。这是医疗损害责任最基本的类型。《民法典》第1218条规定："患者在诊疗活动中受到损害，医疗机构或者其医务人员有过错的，由医疗机构承担赔偿责任。"该条款即是对医疗技术损害作出的规定。《民法典》第1227条规定："医疗机构及其医务人员不得违反诊疗规范实施不必要的检查。"此处的过度检查属于医疗技术损害责任的另一种表现形式。

（二）医疗伦理损害责任

医疗伦理损害责任是指医疗机构及医务人员从事各种医疗行为时，违背职业良知和医疗伦理的要求、违背告知或保密义务，造成患者人身损害以及其他合法权益损害而应承担的侵权赔偿责任。一般表现为违反告知义务及违反保密义务的损害责任。《民法典》第1219条规定："医务人员在诊疗活动中应当向患者说明病情和医疗措施。需要实施手术、特殊检查、特殊治疗的，医务人员应当及时向患者具体说明医疗风险、替代医疗方案等情况，并取得其明确同意；不能或者不宜向患者说明的，应当向患者的近亲属说明，并取得其明确同意。医务人员未尽到前款义务，造成患者损害的，医疗机构应当承担赔偿责任。"这就是有关违反告知义务的医疗伦理损害责任的规定。同时，《民法典》第1226条规定："医疗机构及其医务人员应当对患者的隐私和个人信息保密。泄露患者的隐私和个人信息，或者未经患者同意公开其病历资料的，应当承担侵权责任。"这是有关违反保密义务的伦理损害责任的规定。

（三）医疗产品损害责任

医疗产品损害责任是指医疗机构在医疗过程中使用有缺陷的药品、消毒药剂、医疗器械以及不合格血液等医疗产品，造成患者人身损害的，医疗机构或者医疗产品生产者所应承担的损害赔偿责任。判断医疗产品是否存在缺陷，应当以《产品质量法》的规定作为基本标准。在医疗产品损害责任中，医疗机构往往是缺陷医疗产品的销售者，与缺陷医疗产品的生产者承担不真正连带责任。《民法典》第1223条规定："因药品、消毒产品、医疗器械的缺陷，或者输入不合格的血液造成患者损害的，患者可以向药品上市许可持有人、生产者、血液提供机构请求赔偿，也可以向医疗机构请求赔偿。患者向医疗机构请求赔偿的，医疗机构赔偿后，有权向负有责任的药品上市许可持有人、生产者、血液提供机构追偿。"这就是对于违反医疗产品损害责任的规定。

第二节 医疗损害责任的归责原则

我国医疗损害责任的归责原则经历了只有过错责任原则、过错和因果关系双重推定原则，再到《民法典》确定的多元化归责原则的演进过程。

一、医疗损害责任归责原则的演进

医疗损害责任归责原则的变化主要体现于几个关键性法律及相关解释的适用上。依据

《民法通则》，医疗损害侵权责任不属于《民法通则》明确规定的"但法律规定应当承担民事责任的，应当承担民事责任"的特殊侵权的范围，因此，医疗损害责任的归责原则按照一般侵权行为适用过错责任原则。但是，由于医患信息不对称，以及社会上认为患者是弱势群体的呼声日趋强烈，2001 年 12 月 21 日公布的《最高人民法院关于民事诉讼证据的若干规定》第 4 条第 1 款第 8 项规定，因医疗行为引起的侵权诉讼，由医疗机构就医疗行为与损害结果之间不存在因果关系及不存在医疗过错承担举证责任。医疗损害责任的归责原则由之前的过错责任原则走向过错及因果关系的双重推定原则，举证责任也由之前的"谁主张、谁举证"演变成举证责任倒置。由此开启了我国司法审判中运用过错推定原则处理医疗损害案件的实践，也导致了行政法规和司法解释之间存在较大的矛盾：前者要考量医疗行为的特点，后者要给受害患者以更优越的民事诉讼地位；前者旨在减轻医疗机构的责任，后者旨在加强对受害患者的权利保护。[①]

医疗损害责任实行过错推定及举证责任倒置的实践，引发了医疗机构防御性医疗行为的盛行；同时，由于医学科学的有限性，也使得许多基于医学发展有限性不能解释的损害直接由医方承担了损害赔偿责任，不利于医学科学的发展及个体患者利益与整体患者利益的平衡。基于此，2009 年 12 月颁布的《侵权责任法》依据不同情况，确定了医疗损害责任的归责原则以过错责任原则为主、过错责任原则与无过错责任原则相结合的多元化归责原则体系，《民法典》侵权责任编第六章"医疗损害责任"对此进行了承继。2019 年修改后的《最高人民法院关于民事诉讼证据的若干规定》删除了医疗损害责任举证倒置的规定。

二、我国医疗损害归责原则体系

侵权责任归责原则是据以确定侵权行为人承担民事责任的根据。[②]不同的归责原则强调不同的责任承担根据和基础，如过错责任体现的是"责任自负"的传统理念，而无过错原则体现的主要是损害的合理分担以及受害者保护。

医疗损害责任的归责原则是确定医疗机构或其他责任人承担医疗损害赔偿责任的一般准则，是在受害患者的损害事实已经发生的情况下，确定医疗损害责任人对自己的行为所造成的损害是否需要承担赔偿责任的准则。

我国医疗损害责任的归责原则是以过错责任原则为主、过错责任原则与无过错责任原则相结合的多元化归责原则体系。

（一）过错责任原则

过错责任原则，是指以加害人有过错作为归责根据的归责原则，[③]即过错是归责的根本事由，是加害人承担责任的基础。数人因共同过错而造成他人损害时，该数人应就损害承担连带赔偿责任。过错责任不仅意味着加害人要因其具有过错的致人损害的行为承担责任，也意味着受害人要就其因自身的过错而导致损害的发生或扩大自负损害。《民法典》第

---

① 杨立新：《中国医疗损害责任制度改革》，载《法学研究》2009 年第 4 期，第 80—92 页。
② 申卫星：《民法学（第 2 版）》，北京大学出版社 2017 年版，第 535 页。
③ 申卫星：《民法学（第 2 版）》，北京大学出版社 2017 年版，第 535 页。

1165 条第 1 款规定："行为人因过错侵害他人民事权益造成损害的，应当承担侵权责任。"

《民法典》规定的医疗损害责任的一般归责原则是过错责任原则，即医疗机构的过错是医疗损害责任的构成要件，医疗机构因过错侵害患者民事权益，应当承担侵权责任。《民法典》第 1218 条的规定即是医疗损害责任中过错责任原则的适用。

过错推定责任是过错责任的一种特殊形态。根据《民法典》第 1222 条："患者在诊疗活动中受到损害，有下列情形之一的，推定医疗机构有过错：（1）违反法律、行政法规、规章以及其他有关诊疗规范的规定；（2）隐匿或者拒绝提供与纠纷有关的病历资料；（3）遗失、伪造、篡改或者违法销毁病历资料。"这意味着，医疗机构及其医务人员存在上述行为时先推定医疗机构存在过错，医疗机构不能证明自己没有过错的，应当承担侵权责任。但这一法律规定的推定可以被反驳，即可以由医方通过反面证明予以推翻。《民法典》规定的"医疗过错推定"，患方首先要证明损害后果存在，其次证明医方存在《民法典》第 1222 条规定的三种情形之一，才推定医方存在医疗过错，然后由医方提出证据证明医疗行为无过错。虽然"医疗过错推定"依然适用举证责任倒置，但在一定程度上实现了有条件的过错推定，既缓和了患者医疗举证能力不足的缺陷，也一定程度上平衡了医患双方的利益。

（二）无过错责任原则

无过错责任原则，是指法律规定不论加害人是否有过错，只要存在其行为、损害后果以及两者之间存在因果关系即应承担民事责任的归责原则。《民法典》第 1166 条规定："行为人造成他人民事权益损害，不论行为人有无过错，法律规定应当承担侵权责任的，依照其规定。"无过错责任原则不考虑行为人的过错，责任承担不以有无过错为构成要件；其免责事由受到严格限制，需要在该严格责任的特别规定中寻找；无过错责任是一种严格责任，因此，只有在法律有明文规定的情况下才能适用，其构成要件、免责事由和减轻事由也须法定。

《民法典》第 1223 条规定，因医疗产品造成患者损害的，不论加害人是否有过错，法律规定应当承担民事责任的，行为人应当对其行为所造成的损害承担民事责任。受害患者无须就加害人的过错进行举证，加害人也不得以其没有过错为由主张免责或减责抗辩。换言之，无论药品上市许可持有人、生产者、血液提供机构及医疗机构是否具有过错，都应当承担侵权责任。药品上市许可持有人、生产者、血液提供机构及医疗机构主张不承担责任的，应当举证证明医疗产品不存在缺陷或者血液合格等。

第三节　医疗损害责任的构成要件

一、一般医疗损害责任构成要件

一般医疗损害责任构成要件适用一般侵权责任的构成要件。这里的一般侵权责任是指侵害行为造成损失的责任，适用过错责任原则，主要采用赔偿损失和恢复原状等填补损害性质的责任方式。[①] 不同的侵权责任归责原则会影响侵权责任的构成要件，不同归责原则下的侵权责任构成要件的差别主要体现在过错的地位上：在过错责任原则下，过错是侵权责任的构成要件；而在无过错责任原则下，过错不是构成要件，即不论有无过错都要依照法律的明确规定来承担相应责任。

一般医疗损害责任的构成要件包括侵害行为、医疗损害、因果关系、医疗过错四个要件。

（一）侵害行为

侵害行为，是指行为人实施的侵害受害人民事权益的不法行为。侵害行为是一般侵权行为的构成要件之一，包括积极侵害行为与消极侵害行为。

医疗损害责任中的侵害行为实施人必须具有特殊身份，即医疗机构及其医务人员。基于替代责任原理，医疗机构是赔偿义务人，而不由其医务人员承担责任。在医疗产品损害的情形下，医疗产品的生产者、销售者及上市许可持有人可以成为医疗损害责任的主体。不具备医疗机构主体资格造成患者损害的，不构成医疗损害责任，而构成非法行医损害责任。

医疗机构及其医务人员在诊疗活动中的不当诊疗行为，本质上具有不法性，是构成医疗损害责任的首要要件。医疗行为涵盖较广，所以这种侵害行为在《民法典》中有诸多不同的表现形式，主要包括：违反适当诊疗义务的侵害行为，违反医疗告知义务的侵害行为，违反紧急情况救助义务的侵害行为等。

医疗损害责任中的侵害行为分为积极侵害行为与消极侵害行为。积极侵害行为是指行为人采取积极的举止行为，如护士不遵守"三查七对"的规定，发错药打错针。消极侵害行为是指负有特定的作为义务而不履行其义务，并致他人损害。例如，对急危患者，医师应当采取紧急措施进行诊治，不得拒绝急救处置，但医务人员拖延或拒绝治疗而造成了损害。

（二）医疗损害

损害，也称损害后果，是指加害人的行为侵犯了他人的人身、财产或者精神等权益而给受害人带来的不利后果，包括财产损失、名誉毁损、精神痛苦或者肉体疼痛、身体伤害、健康损害等。

医疗损害责任构成中的医疗损害指因医方违反其注意义务的过错行为给患者造成客观上的人身、财产或者精神上的不利后果。从理论上分析，医疗损害事实包括以下内容：

第一，人身损害。医疗侵权首先侵害的是患者的生命权、健康权或者身体权，造成人身损害。

侵害患者的知情同意权是一种特殊的人身损害。知情同意权是指患方在选择和接受诊断与治疗过程中有权获得必要的信息，并在理性的情况下作出决定的权利。[②] 医疗损害中对患者知情同意权的损害主要表现为违反《民法典》《基本医疗卫生与健康促进法》等相关法律规定，未告知、告知不足或未经患者同意擅自进行治疗，等等。

---

① 　张新宝：《侵权责任法（第 5 版）》，中国人民大学出版社 2020 年版，第 23 页。
② 　杨立新：《医疗损害责任研究》，法律出版社 2009 年版，第 30 页。

第二，患者的财产损害。医疗损害中对患者财产损害主要表现为：因医疗损害增加的费用、不必要的医疗费用、丧葬费等。

第三，患者及其近亲属的精神损害。精神损害，是指受害人因为他人的侵害而产生的精神方面的痛苦、疼痛和严重的精神反常现象。[①] 医疗损害责任构成的精神损害包括两个方面：一是侵害物质型人格权造成精神痛苦的精神损害，二是侵害隐私权等精神型人格权造成的精神利益损害。造成的精神损害应当达到严重的程度，即《民法典》第 1183 条规定："侵害自然人人身权益造成严重精神损害的，被侵权人有权请求精神损害赔偿。因故意或者重大过失侵害自然人具有人身意义的特定物造成严重精神损害的，被侵权人有权请求精神损害赔偿。"

（三）因果关系

因果关系是指客观事物和现象之间的前因后果的关联性，即一种现象在一定条件下必然引起另一现象的发生。前一种现象称为原因，后一种现象称为结果，这种原因与结果之间的关系，就是因果关系。一般侵权责任构成要件中的因果关系是指侵害行为与损害后果之间的因果关系。医疗损害责任中的因果关系是指医方的侵害行为与患者人身损害后果之间的因果关系。

目前，在因果关系的判定上占据通说地位的是相当因果关系理论，该理论认为侵权人应当对其侵害行为为相当原因的损害负赔偿责任，但是对超出这一范围的损害不负民事责任。相当原因必须是损害后果发生的必要条件，并且极大地增加损害后果发生的可能性即"客观可能性"。[②] 相当因果关系的判定有两个步骤，即事实因果关系判定和法律因果关系判定。对医疗损害责任而言，医疗损害鉴定可以看成事实因果关系的判定，而法官需要在事实因果关系确定后，对法律因果关系进行判定。事实因果关系解决的是侵权责任是否成立；法律上的因果关系解决的是在多大范围内承担赔偿责任的问题。

1. 事实因果关系判定

事实因果关系是指行为人与损害后果之间客观存在的因果关系。在事实因果关系的判定上，大陆法系一般采用"条件结果关系"（sine qua non），即"如无则不"标准，如果无此原因必不生此结果，即该原因是结果的必要条件。如果有此原因不足以生此结果，或者无此原因也会生此结果，则不能认定事实因果关系的存在。在进行事实因果关系的检验时，可以运用删除法和替代法相互验证。[③] 在医疗损害责任事实因果关系的判定上，可采用认定或推定来确认。事实因果关系的认定是指直接确认因果关系事实的存在。通常情况下，如果医疗违法行为和医疗损害事实之间的因果关系联系是较为明确的，没有外来的不确定因素的影响，原被告双方对此因果关系确定也没有争议，即可以通过事实本身认定两者间的因果关系。事实因果关系判定适用于被告的违反义务的行为与其造成的损害后果关联性比较明显的情况。例如，手术中错误地对没有受伤的腿进行了手术。但是，大多数情况下对医疗损害因果关系判定是专业性极强的问题，仅凭经验方法是不可能的，必须借助

① 张新宝：《侵权责任法（第 5 版）》，中国人民大学出版社 2020 年版，第 29 页。
② 申卫星：《民法学（第 2 版）》，北京大学出版社 2017 年版，第 544 页。
③ 王利明：《侵权责任法研究（上卷）》，中国人民大学出版社 2010 年版，第 382 页。

医学会、司法鉴定机构等专业鉴定机构，由法官作出事实因果关系的判定。

2. 法律因果关系判定

法律因果关系是指事实因果关系中具有法律意义的那部分因果关系。判定是否构成法律因果关系，主要依据原告所主张的事实和请求是否符合某种侵权诉因要求的因果关系。若符合，则构成法律因果关系；[①]反之，则不构成法律因果关系。法律因果关系是一种主观判断，在事实因果关系确定后，需要进一步判断原因是否具有可责性，即确定因果关系的相当性，这实际上是一种法律政策工具，是价值判断，[②]即判断原因是否具有充分性，或者说被告的行为是否为损害发生的充足原因。

医疗损害责任中的法律因果关系是指在确定医疗侵害行为与医疗损害事实之间存在事实因果关系的前提下，由法官依法认定医方是否应当依法承担赔偿责任及责任大小的问题，是对因果关系所作的价值判断，是将事实上的因果关系与医疗损害责任相衔接的重要环节。在考查因果关系的相当性问题上，要以行为时的一般社会经验和智识水平作为判断标准，认为该行为有引起该损害事实的可能性，而实际上该行为又确实引起了该损害事实，则该行为与该结果之间有因果关系。

相当因果关系说对医疗损害责任中的因果关系认定具有重要意义。适用相当因果关系学说判定医疗损害责任因果关系，关键在于判断医疗侵害行为是否为发生患者损害事实的适当条件，即在考察造成患者损害的所有原因事实中，是否存在医疗机构违反义务的原因行为。

（四）医疗过错

过错是侵权人的一种可归责的心理状态，医疗过错包括故意和医疗过失。相对而言，故意要求医疗机构的明知，标准清晰，实践中争议较少，但医疗过失的认定标准及其影响因素都比较复杂。对于如何认定过失，大陆法系和普通法系的观点不尽一致。大陆法系侵权法上的过失是指应注意、能注意而不注意，即行为人得预见其行为的侵害结果而未为避免。普通法系的侵权法中，过失是一种在特定的情况下未能履行合理的注意义务而导致不合理损害危险的行为。但不论是大陆法系还是普通法系，对于判断过失的标准都存在主观标准说和客观标准说两种观点。

1. 主观标准说

主观标准说认为过错是由行为人内在的意志决定的，主观过错表明行为人具有道德上应受非难性。进言之，主观标准说通过判断行为人能否预见其行为的后果来判断行为人的心理状况。主观标准说强调有过错的行为人对其造成的损害负责，以此督促人们做出正确的行为，承担对社会和他人的责任。所以过错责任应惩罚的对象是有过错心理的行为人。

2. 客观标准说

客观标准说不以行为人的预见能力或识别（判断）能力为过失的认定标准，而以某种客观的行为标准来衡量行为人的行为，进而作出其有无过失的判断：如果其行为达到了该客观行为标准，则认定没有过失；反之，则认定有过失。

---

① 张新宝：《侵权责任法（第 5 版）》，中国人民大学出版社 2020 年版，第 30 页。
② 王泽鉴：《侵权行为法（第 1 册）》，中国政法大学出版社 2001 年版，第 204 页。

比较各国的司法实践，多数国家民法都采取客观标准来判断行为人的过失，即把行为人的行为与一个拟制的标准行为进行比较来确定行为人是否有过失。采客观标准说，受害人能够得到相对公正的救济。

《民法典》第 1221 条规定，医务人员在诊疗活动中未尽到与当时的医疗水平相应的诊疗义务，造成患者损害的，医疗机构应当承担赔偿责任。医方在医疗活动中承担高度注意义务，确定医方是否有过错应当以其是否尽到与当时医疗水平相应的诊疗注意义务等为标准；对医疗机构或者其医务人员的过错，应当依据法律、行政法规、规章以及其他有关诊疗规范进行认定，可以综合考虑患者病情的紧急程度、患者个体差异、当地的医疗水平、医疗机构与医务人员资质等因素。当时的医疗水平一般是指当时的临床实践水平，而非医学理论水平或医学研究水平，在司法实践中一般需要通过鉴定予以确定。

此外，在具体进行医疗过失判断时，还应当综合考虑以下客观因素：（1）不同地区的医疗水平的差异；（2）不同类别的医生的注意义务不同；（3）不同级别的医生的注意义务不同；（4）临床医疗的特殊性；（5）急诊抢救中医疗过失的特殊判断标准；（6）医生在医疗过程中的自由裁量权。

二、医疗产品损害责任构成要件

医疗产品损害责任属于特殊侵权损害责任，需要有明确的法律规定。根据《民法典》第 1223 条规定，医疗产品损害责任的构成要件有三：一是医疗产品存在缺陷；二是患者在使用有缺陷的医疗产品后出现相应的损害后果；三是医疗产品的缺陷与患者损害后果之间存在因果关系。此条款为《民法典》第 1166 条原则性规定的具体适用，即"行为人造成他人民事权益损害，不论行为人有无过错，法律规定应当承担侵权责任的，依照其规定"。同时也是《民法典》侵权责任编第四章产品责任相关规定在医疗损害责任领域的具体体现。关于患者的损害后果、因果关系认定等内容，可参见本节其他内容。这里着重讨论医疗产品存在缺陷、责任的承担者、缺陷医疗产品损害赔偿案件的举证责任分配等问题。

根据《最高人民法院关于审理医疗损害责任纠纷案件适用法律若干问题的解释》第 25 条第 2 款，该法所称的"医疗产品"包括药品、消毒产品、医疗器械等。《民法典》第 1223 条则把不合格血液损害也纳入这类产品损害责任中。

缺陷医疗产品损害责任认定采用无过错责任原则，即只要患者因药品、消毒产品及医疗器械等医疗产品的缺陷受到损害，无论医疗产品的生产者（含药品上市许可持有人）、销售者是否存在过错，均应承担无过错责任。在医疗产品损害纠纷中，患者需要对产品缺陷、损害后果、因果关系这三个要件事实承担举证责任。

（一）医疗产品存在缺陷与血液不合格

医疗产品缺陷，是指医疗产品存在危及患者人身、他人财产安全的不合理的危险。药品等医疗产品需符合保障人体健康和人身、财产安全的国家标准，有缺陷的医疗产品往往不符合国家有关强制性标准的要求。

患者在使用医疗产品后出现的所有损害后果，并非都由医疗产品的缺陷所致，法律也并未要求包括医疗产品在内的所有产品均完美无缺。只有在医疗产品具有法定的缺陷并造成患者损害后果时，药品上市许可证持有人、生产者、医疗机构才承担侵权责任。同时，医疗产品作为一种特殊的产品，在治疗疾病的同时可能会给患者造成一定的损害，患者在使用医疗产品后可能会出现正常的不良反应、药物副作用，药品上市许可证持有人、生产者、医疗机构对此是不承担责任的，除非有法律的特别规定。例如，《疫苗管理法》第56条规定："国家实行预防接种异常反应补偿制度。实施接种过程中或者实施接种后出现受种者死亡、严重残疾、器官组织损伤等损害，属于预防接种异常反应或者不能排除的，应当给予补偿。补偿范围实行目录管理，并根据实际情况进行动态调整。接种免疫规划疫苗所需的补偿费用，由省、自治区、直辖市人民政府财政部门在预防接种经费中安排；接种非免疫规划疫苗所需的补偿费用，由相关疫苗上市许可持有人承担。国家鼓励通过商业保险等多种形式对预防接种异常反应受种者予以补偿。预防接种异常反应补偿应当及时、便民、合理。预防接种异常反应补偿范围、标准、程序由国务院规定，省、自治区、直辖市制定具体实施办法。"

不合格血液是指用于输血治疗患者疾病的人类血液不符合医学技术规范的要求，存在危及患者人身安全的缺陷的血液。原卫生部于2000年12月14日颁布并实施的《血站基本标准》明确规定了《全血及成分血质量标准》，凡不符合该标准的血液均应定为不合格血液，不得向医疗机构提供，该标准即为认定血液是否合格的依据。

（二）医疗产品损害责任的承担主体适格

医疗产品损害责任的承担主体包括上市许可持有人、生产者、血液提供机构及医疗机构，其定位各有不同。

1. 药品上市许可持有人

根据《药品管理法》的规定，药品上市许可持有人依法对药品研制、生产、经营、使用全过程中药品的安全性、有效性和质量可控性负责。药品上市许可持有人是指取得药品注册证书的企业或者药品研制机构等。如果药品上市许可持有人同时是缺陷药品的生产者，则当然应承担《民法典》第1223条规定的无过错责任；如果其不是生产者，则应当作为连带责任人承担缺陷药品损害赔偿责任。

2. 医疗机构

如果缺陷医疗产品的受害患者选择起诉医疗机构，医疗机构应当依法先行承担无过错赔偿责任，然后向生产者等追偿。如果医疗产品的缺陷是由医疗机构过错使用造成的，应当由医疗机构承担医疗产品损害赔偿责任。但是，医疗产品并不存在缺陷，医疗机构医务人员过错使用本不应当使用的医疗产品造成损害的，则不构成医疗产品损害责任，而仅仅构成医疗损害责任。

（三）责任主体之间承担不真正连带责任

医疗产品责任是一种不真正连带责任。此处的不真正连带责任是指多数行为人违反法定义务对一个受害人实施侵害行为，或者基于不同的行为人不同的行为而致使受害人的权利受到损害，各个行为人对引起的同一内容的侵权责任，各负全部赔偿责任，并因行为人之一的履行而使全体责任人的责任归于消灭的侵权责任形态。[1] 对被侵权人来讲，相关主

---

[1]　最高人民法院民法典贯彻实施工作领导小组主编：《中华人民共和国民法典侵权责任编理解与适用》，人民法院出版社2020年版，第465页。

体承担的是无过错的连带责任，被侵权人可以选择向任何一方或者多方主张责任，而上述主体并不能以无过错为由对抗被侵权人的损害赔偿请求权。

在医疗产品损害责任中，遭受损害的患者可以向药品上市许可持有人、生产者、血液提供机构请求赔偿，也可以向医疗机构请求赔偿。医疗机构与上市许可持有人、生产者或血液提供机构的联系相较于患者更为紧密，因而受害患者得直接向医疗机构主张医疗产品或者不合格血液致害赔偿责任，医疗机构不得推诿。一般而言，除非医疗机构对医疗产品的缺陷产生有过错，否则一般只承担对外的连带责任，在其承担了对患者的赔偿责任后，可以向缺陷医疗产品的上市许可持有人、生产者或血液提供机构追偿，由他们承担最终赔偿责任。医疗机构不能指明具体生产者的，则作为生产者承担医疗产品损害责任。当然，患者也有权利直接向上市许可持有人、生产者或血液提供机构请求赔偿，如此，上市许可持有人、生产者或血液提供机构直接承担最终责任，就不存在追偿的问题了。

若医疗产品缺陷属于受托生产企业、销售者责任，而受害者找药品上市许可持有人、生产者赔偿的，持有人有权向受托生产企业、销售者追偿；反之，属于持有人责任但由受托生产企业、销售者赔偿的，受托生产企业、销售者有权向持有人追偿。综上，当药品上市许可持有人与生产者、销售者相分离的时候，对外承担连带责任，对内可以区分内部责任。

三、医疗损害鉴定

（一）医疗损害鉴定的概念

医疗损害鉴定是指在解决医疗损害赔偿纠纷的过程中，鉴定人受人民法院、行政主管部门、当事人或代理人的指派或委托，运用专门的知识和技能，依法对医患双方所争议的某些专门性问题作出鉴别并提供鉴定意见的活动。

医疗行业具有专业性和高风险性，一方面医学科学具有探索性和局限性，另一方面患者的身体状况及疾病情况存在个体差异，因此，在司法实践中，不能以是否得到理想治疗效果作为是否构成医疗过失的认定标准，医疗损害构成要件中的过错和因果关系的认定，往往需要通过专门的医疗损害鉴定来探明。

（二）医疗事故技术鉴定

医疗事故技术鉴定是由医学会组织的有关临床医学专家或和法医学专家组成的鉴定组依照医疗卫生管理法律、行政法规、部门规章和诊疗护理规范，运用医学科学原理和专业知识，独立进行医疗事故技术鉴定，对医疗事故进行鉴别和判断，从而为处理医疗事故提供医学依据的活动。

医疗事故技术鉴定的法律依据包括《医疗事故处理条例》《医疗事故技术鉴定暂行办法》《医疗事故分级标准（试行）》《医疗事故技术鉴定专家库学科专业组名录（试行）》等。设区的市级地方医学会和省、自治区、直辖市直接管辖的县（市）地方医学会负责组织首次医疗损害责任技术鉴定工作；省、自治区、直辖市地方医学会负责组织再次鉴定工作。必要时，中华医学会可以组织疑难、复杂并在全国有重大影响的医疗损害争议的技术鉴定工作。

（三）医疗损害鉴定制度

按照《医疗纠纷预防和处理条例》的规定，医学会或者司法鉴定机构可以接受委托从事医疗损害鉴定。

《医疗纠纷预防和处理条例》规定了协调统一的医疗损害鉴定管理机制，要求设区的市级以上人民政府卫生、司法行政部门共同设立医疗损害鉴定专家库，专家库应当包含医学、法学、法医学等领域的专家。聘请专家进入专家库，不受行政区域的限制。采用同行评议原则，医学会或者司法鉴定机构接受委托从事医疗损害鉴定，应当由鉴定事项所涉专业的临床医学、法医学等专业人员进行鉴定。医学会进行医疗损害鉴定主要依据的是《医疗纠纷预防和处理条例》。

法医鉴定机构按照《全国人民代表大会常务委员会关于司法鉴定管理问题的决定》及《司法鉴定程序通则》的规定来进行医疗损害鉴定活动。国家对从事法医类鉴定的鉴定人和鉴定机构实行登记管理制度，实行鉴定人负责制度。鉴定人应当依法独立、客观、公正地进行鉴定，对自己作出的鉴定意见负责，并在鉴定书上签名或者盖章。鉴定人应当出庭作证。

医学会、司法鉴定机构作出的医疗损害鉴定意见应当载明并详细论述下列内容：（1）是否存在医疗损害以及损害程度；（2）是否存在医疗过错；（3）医疗过错与医疗损害是否存在因果关系；（4）医疗过错在医疗损害中的责任程度。

咨询专家、鉴定人员有下列情形之一的，应当回避，当事人也可以以口头或者书面形式申请其回避：（1）是医疗纠纷当事人或者当事人的近亲属；（2）与医疗纠纷有利害关系；（3）与医疗纠纷当事人有其他关系，可能影响医疗纠纷公正处理。

（四）医疗损害其他问题的鉴定

医疗损害中患者死亡，医患双方不能确定死因或者对死因有异议的，或者涉及伤残的，要对伤残程度进行评定的，或者涉及体内毒药物，要进行毒药物的检验鉴定的，都可以通过法医学鉴定查明情况。

医疗损害中涉及病历资料的真实性、病历的修改，对输液、输血、注射、药物等引起不良后果的现场实物的争议，以及医疗器械、产品、药品、药液、血液等质量性的专门性问题而需要委托进行的鉴定，称为医疗损害专门性问题鉴定。医疗损害专门性问题鉴定由具有检验资格的检验机构进行。

四、医疗损害责任抗辩事由

医疗损害责任的抗辩事由，是指法律规定的可以减轻或不承担医疗损害责任的特定事由。医疗损害责任的抗辩事由的举证责任由医方承担。

（一）特殊抗辩事由

医疗损害责任的特殊抗辩事由，是指仅适用于医疗机构对抗患者或近亲属提出的医疗损害责任的特定抗辩事由。《民法典》第1224条规定："患者在诊疗活动中受到损害，有下列情形之一的，医疗机构不承担赔偿责任：（一）患者或者其近亲属不配合医疗机构进行符合诊疗规范的诊疗；（二）医务人员在抢救生命垂危的患者等紧急情况下已经尽到合理诊疗义务；（三）限于当时的医疗水平难以诊疗。前款第一项情形中，医疗机构或者其医务人员也有过错的，应当承担相应的赔偿责任。"

1. 患者或者近亲属不配合诊疗

患方或者近亲属不配合诊疗，是受害人过错的一种特殊情形。受害人过错是指损害的发生或扩大不是由于行为人的过错，而是由于受害人的过错引起的。如果受害人的过错是损害发生的唯一理由，其将构成损害责任的抗辩事由。

治疗疾病需要医患之间的协力配合。实践中，以下情形应视为患者或者其近亲属不配合医疗机构进行符合诊疗规范的诊疗：因患者原因延误诊疗；不按医嘱服药或私自服药；隐瞒病史、不真实反映病症；不接受医护人员的合理治疗措施；违背医嘱过早地增加活动；术后过早进餐，私自外出等。由于患者的这些原因导致的不良后果，医疗机构不承担责任。但医疗机构及其医务人员确有过错的，应当承担相应的赔偿责任。

2. 紧急医疗救治

紧急医疗救治是紧急避险抗辩事由在医疗损害责任案件中的适用。在此情形下，医师的思维能力、判断能力和预见能力均低于正常情形，同时由于时间的紧急性也不可能对患者进行全面的检查，所以医师的注意义务也应低于一般的医疗情形。根据《民法典》的规定和紧急避险理论，医疗行为构成紧急医疗救治须符合下列条件：（1）患者存在生命危险紧急情况；（2）紧急医疗措施应当限于当时别无选择、迫不得已；（3）医方必须履行了及时、全面和必要的紧急救治义务，对损害的发生没有重大过失；（4）对患者的损害应当控制在最小限度内，即紧急救治措施所导致的损害应当以挽救患者生命需要为界限。这里的"紧急情况"应作广义理解，它不单指患者的生命垂危，还包括其他紧急情况，如不及时施救患者会造成重度残疾等。

3. 医疗水平限制

医方尽到了与当时的医疗水平相应的诊疗义务，但该疾病限于当时的医疗水平难以诊疗的，医疗机构不承担赔偿责任。衡量当时的医疗水平主要考虑两个方面：一是以医疗行为发生当时的医疗水平为标准；二是执业医疗机构所在地区、医疗机构资质和医务人员资质等方面的因素。《民法典》一方面将当时的医疗水平作为确定医疗技术过失的标准，另一方面将限于当时的医疗水平难以诊疗的情形作为免责事由，在这个问题的两端作出了合理的规定。这一抗辩事由的规定也是出于鼓励和促进医学科学发展、保护广大患者利益以及整个医疗行业健康发展的需要而在法律制度上有所平衡。[①]

4. 医疗干预权

医疗干预权，又称医方特殊干预权，是指在特殊情况下，医师为了不损害患者或社会他人利益，对患者自主权进行干预和限制，并由医师作出医疗决定的权利。

《民法典》第1220条规定："因抢救生命垂危的患者等紧急情况，不能取得患者或者其近亲属意见的，经医疗机构负责人或者授权的负责人批准，可以立即实施相应的医疗措施。"此规定赋予医疗机构在特殊情况下的医疗干预权，不拘泥于患者知情同意这个程序

---

① 杨立新：《〈中华人民共和国侵权责任法〉精解》，知识产权出版社2010年版，第250页。

问题，以积极救治患者，其实质是维护患者生命健康利益。据此规定，行使医疗干预权必须同时符合两个条件：患者处于生命垂危的紧急状态，需要进行抢救；不能取得患者或者其近亲属的意见。

《最高人民法院关于审理医疗损害责任纠纷案件适用法律若干问题的解释》第18条作出解释："因抢救生命垂危的患者等紧急情况且不能取得患者意见时，下列情形可以认定为民法典第一千二百二十条规定的不能取得患者近亲属意见：（一）近亲属不明的；（二）不能及时联系到近亲属的；（三）近亲属拒绝发表意见的；（四）近亲属达不成一致意见的；（五）法律、法规规定的其他情形。"

医方行使干预权时还必须符合程序上的要求，即必须报经患者所处的医疗机构的负责人或者医疗机构授权的负责人批准以后才能实施。医务人员经医疗机构负责人或者授权的负责人批准立即实施相应医疗措施，患者因此请求医疗机构承担赔偿责任的，不予支持；医疗机构及其医务人员怠于实施相应医疗措施造成损害，患者请求医疗机构承担赔偿责任的，应予支持。

（二）一般抗辩事由

医疗损害责任作为一种侵权责任，同样适用《民法典》侵权责任编规定的其他免责事由，此即为一般抗辩事由，主要包括患者故意、不可抗力、紧急避险等。

1. 患者故意

《民法典》第1174条规定："损害是因受害人故意造成的，行为人不承担责任。"受害人故意是指受害人明知自己的行为会造成其自身的损害结果，却希望或放任这种结果的发生。临床实践中，患者故意最典型的表现形式是患者在医疗机构内自杀。如果医疗机构对于患者的自杀不存在过错，完全是患者自己选择的结果，医疗机构不承担责任。如果受害人有故意、重大过失，加害人也有过错，根据《民法典》第1173条规定的"被侵权人对同一损害的发生或者扩大有过错的，可以减轻侵权人的责任"进行过失相抵，即根据双方的过错程度和原因力程度确定医疗机构一方承担相应的赔偿责任。

2. 不可抗力

《民法典》第180条规定："因不可抗力不能履行民事义务的，不承担民事责任。法律另有规定的，依照其规定。不可抗力是不能预见、不能避免且不能克服的客观情况。"不可抗力包括自然原因（如地震、台风、海啸）和社会原因（如武装冲突、战争）等。在医疗损害责任中，不可抗力也是侵权的一般抗辩事由，在损害完全是由不可抗力引起的情况下，被告的行为与损害结果之间无因果关系，且没有过错，因此应免除责任。

3. 紧急避险

《民法典》第182条规定："因紧急避险造成损害的，由引起险情发生的人承担民事责任。危险由自然原因引起的，紧急避险人不承担民事责任，可以给予适当补偿。紧急避险采取措施不当或者超过必要的限度，造成不应有的损害的，紧急避险人应当承担适当的民事责任。"紧急避险是指为了使本人或者第三人的人身或财产公共利益免遭正在发生的、实际存在的危险而不得已采取的一种加害于他人人身或财产的行为。紧急避险采取措施不当或者超过必要的限度，造成不应有的损害的，紧急避险人应当承担适当的责任。

第四节　医疗损害赔偿

医疗损害赔偿是承担医疗损害责任的最主要形式，它是一种对过错行为所造成损失的经济上的弥补，也是对侵权行为承担法律责任的一种形式，医疗损害赔偿的原则、项目、计算方法以及医疗损害责任的抗辩长期以来是困扰医患双方和司法机关的难题。

一、医疗损害赔偿的原则

损害赔偿，是指加害人因侵权行为造成他人财产或者人身损害，依法应承担的以给付金钱或实物补偿受害人所受损害的民事责任形式。[①]

医疗损害赔偿，是指医疗机构和医务人员在诊疗过程中，存在过错或法律规定的无过错情形，造成患者人身或财产权益损害，依法应承担的民事赔偿责任。医疗损害赔偿的权利人包括基于患者人身或财产权益受到损害的事实，有权请求损害民事赔偿的患者及其近亲属。医疗损害赔偿的义务人是对造成患者人身或财产损害而依法应当承担赔偿责任的医疗机构。

医疗活动具有有限性、特异性及专业性等特点，因此在确定医疗损害赔偿时，既要遵循侵权损害赔偿的一般原则，也要考虑基于医疗行为的特殊性而产生的损害赔偿的特殊原则。

（一）一般原则

侵权损害赔偿所遵循的一般原则包括全部赔偿原则、财产赔偿原则、过失相抵原则、损益相抵原则等。

全部赔偿原则，即损害填补原则，是侵权损害赔偿的基本原则，它是指无论加害人在主观上是故意还是过失，加害人是否承担刑事责任或行政责任，均应根据受害人遭受财产损失的多少、精神损害的大小等，确定赔偿的范围与数额。全部赔偿原则在赔偿范围上要求财产损失、精神损失、直接损失和间接损失均应得到赔偿。在精神损害赔偿中，加害人主观上的过错程度对损害赔偿责任有影响。[②]

财产赔偿原则指无论侵权行为造成的是财产损害、人身损害还是精神损害，均以财产赔偿作为承担责任的唯一方法，不以其他方法为之。对于人身伤害、精神损害，只能以财产的方式予以赔偿。医疗侵权行为造成患者人身或财产权益损害，造成患者财产或非财产损失的，都以财产赔偿的方式进行承担责任。

过失相抵原则，亦称混合过错原则，是指受害人对损害的发生或者扩大也有过失时，

[①]　申卫星：《民法学（第2版）》，北京大学出版社2017年版，第594页。
[②]　《最高人民法院关于确定民事侵权精神损害赔偿责任若干问题的解释》第5条规定："精神损害的赔偿数额根据以下因素确定：（一）侵权人的过错程度，但是法律另有规定的除外……"

可以适当减轻或免除加害人的赔偿责任。医疗损害赔偿中，如果患者对损害的发生或扩大也有过错的，应当在其过错范围内承担相应的责任，即患者对损害的发生或扩大也有过错时，可以减轻医疗机构及医务人员的民事赔偿责任。

损益相抵原则，亦称损益同消原则，是指受害人基于损害发生的同一原因而受有利益时，将其利益部分从全部损害赔偿额中扣除的规则。其关键问题在于如何理解"同一原因"。它不是解决损害赔偿责任应否承担的规则，而是在损害赔偿责任已经确定由加害人承担的前提下，判断加害人应当怎样承担民事责任，承担多少赔偿责任的规则。比如在医疗损害赔偿中，如单位并未扣除患者误工费，医疗机构则不必予以赔偿，这也符合损益相抵的原则。

（二）特殊原则

在处理医疗损害赔偿时，一方面要对合法权益受到侵害的患者进行救济，另一方面要考虑医学的有限性和风险性，避免赋予医方过于严苛的责任，以防防御性医疗等消极行为产生并对医患双方的合法权益造成损害。因此，在确定医疗损害赔偿责任时，医疗损害赔偿责任的原因力规则及适当限制规则被提起。[①]

针对医疗损害赔偿责任中普遍存在的多因一果情形，适用原因力规则有助于确定医疗机构赔偿责任的公平公正。在医疗损害赔偿责任中，医疗过失行为与其他因素如患者自身的疾病原因结合，造成了同一个医疗损害后果，医疗过失行为与其他因素各有其不同的原因力，医疗机构仅对自己的医疗过失行为所引起的那一部分损害承担赔偿责任，对于患者因自身原因等引起的损害部分不承担赔偿责任。原因力在法医学上被表述为损害参与度，这是因为在侵权行为法理论和实践中使用了法医学的概念。[②]

对医疗损害赔偿责任是否进行适当限制，争议很大。有学者提出，基于我国医疗制度的福利性特点、医疗技术的风险性特点、受害患者利益与全体患者利益的平衡关系，以及医疗损害的发生并非医疗行为的单一原因，等等，医疗过失损害赔偿责任应当适当限制，可以通过限制精神抚慰金赔偿数额、对医疗过失引起的财产损害赔偿运用原因力规则合理确定、强调定期赔偿金而不是一次性赔偿在医疗过失损害赔偿中的应用、借鉴排除间接来源规则，从而在医疗损害赔偿中实行损益相抵原则等方法来实现。[③]

二、医疗损害赔偿依据

《民法典》"总则编"第八章"民事责任"部分规定了包括赔偿损失在内的民事责任承担方式，这是一种原则性的规定，具体的计算方式要按照《民法典》"侵权责任编"第二章"损害赔偿"及相关司法解释的规定来计算医疗损害赔偿。

确定医疗损害赔偿数额，应当综合考虑医疗过错行为在医疗损害后果中的责任程度、医疗损害后果与患者原有疾病状况之间的关系以及医疗发展水平、医疗风险状况等因素。

---

① 杨立新：《医疗损害责任研究》，法律出版社 2009 年版，第 176—217 页。
② 杨立新：《医疗损害责任研究》，法律出版社 2009 年版，第 179 页。
③ 杨立新：《医疗损害责任研究》，法律出版社 2009 年版，第 212—217 页。

三、医疗损害赔偿项目和方式

《民法典》第1179条规定："侵害他人造成人身损害的，应当赔偿医疗费、护理费、交通费、营养费、住院伙食补助费等为治疗和康复支出的合理费用，以及因误工减少的收入。造成残疾的，还应当赔偿辅助器具费和残疾赔偿金；造成死亡的，还应当赔偿丧葬费和死亡赔偿金。"第1183条规定："侵害自然人人身权益造成严重精神损害的，被侵权人有权请求精神损害赔偿。因故意或者重大过失侵害自然人具有人身意义的特定物造成严重精神损害的，被侵权人有权请求精神损害赔偿。"《民法典》同时规定，损害发生后，当事人可以协商赔偿费用的支付方式。协商不一致的，赔偿费用应当一次性支付；一次性支付确有困难的，可以分期支付，但是被侵权人有权请求提供相应的担保。

《最高人民法院关于审理医疗损害责任纠纷案件适用法律若干问题的解释》规定，被侵权人同时起诉两个以上医疗机构承担赔偿责任，人民法院经审理，受诉法院所在地的医疗机构不承担赔偿责任，其他医疗机构承担赔偿责任的，残疾赔偿金、死亡赔偿金的计算，按下列情形分别处理：（1）一个医疗机构承担责任的，按照该医疗机构所在地的赔偿标准执行；（2）两个以上医疗机构均承担责任的，可以按照其中赔偿标准较高的医疗机构所在地标准执行。另外，医疗机构邀请本单位以外的医务人员对患者进行诊疗，造成损害的，由邀请医疗机构而非受邀人承担赔偿责任。医疗产品的生产者、销售者明知医疗产品存在缺陷仍然生产、销售，造成患者死亡或者健康严重损害，被侵权人请求生产者、销售者赔偿损失及二倍以下惩罚性赔偿的，人民法院应予支持。

本章思考题

1. 简述医疗损害责任的归责原则。
2. 简述医疗过失认定的主要标准及其影响因素。
3. 评析医疗损害责任的主要抗辩事由。
4. 简述医疗损害的主要类型及其损害赔偿原则。
5. 评析医疗损害赔偿的具体项目及方法。

第十四章
医疗纠纷的预防与解决

　　医疗纠纷是医患双方因诊疗活动产生的争议。医疗纠纷具有特殊性，影响因素也比较复杂。认真对待医疗纠纷多元化纠纷处理机制建设是构建和谐医患关系的重要保障。为了预防和妥善处理医疗纠纷，保护医患双方的合法权益，维护医疗秩序，保障医疗安全，2018 年 6 月 20 日国务院通过了《医疗纠纷预防和处理条例》。本章将以此行政法规为主要依据展开论述。

第一节　医疗纠纷概述

一、医疗纠纷的概念与特点

　　医疗纠纷是指医患双方因诊疗活动产生的争议。根据《医疗纠纷预防和处理条例》的规定，医疗纠纷具有以下特点：

　　第一，必须发生于医方和患方之间。医方包括医疗机构和医务人员；患方包括患者及其近亲属，或者其他相关人员。患者一般是指通过挂号就诊、接受诊疗服务的人。实践中，虽没有挂号但与医疗机构形成实质上的医疗服务关系，原则上也被认定为医院的患者。患者近亲属一般包括配偶、父母、子女、兄弟姐妹、祖父母、外祖父母、孙子女、外孙子女。患方当事人除了患者本人及其近亲属外，还包括其他相关人员，如丧偶儿媳与公婆之间、共同生活的孤寡老人之间，他们因相互照顾、共同生活彼此形成依赖关系，其中一方因另一方遭受医疗损害而主张利益诉求的，应该属于医疗纠纷范畴。

　　第二，必须是由诊疗活动引发的。依据《医疗机构管理条例实施细则》第 88 条规定，诊疗活动是指通过各种检查，使用药物、器械及手术等方法，对疾病作出判断和消除疾病、缓解病情、减轻痛苦、改善功能、延长生命、帮助患者恢复健康的活动。此定义偏窄，不符合现实中医疗纠纷的现实状况，为了更好地保护患者权益和解决医疗纠纷，对条文中的"诊疗活动"宜作扩大解释，等同于"医疗活动"的概念：既包括诊断、治疗活动，也包括医疗美容活动；既包括积极地提供诊疗活动，也包括消极地拒绝提供诊疗活动；既包括卫生技术人员提供的诊疗服务，也包括医疗管理和医疗后勤人员提供的管理服务。[1]

---

① 申卫星：《医疗纠纷预防和处理条例条文释义与法律适用》，中国法制出版社 2018 年版，第 15 页。

医患双方的争议由诊疗活动引发，意味着诊疗活动是核心。因诊疗活动的内容比较丰富，所以这种争议可以表现为诊断治疗活动引发的争议，医疗美容活动引发的争议，拒绝提供诊疗活动引发的争议，侵犯患者隐私权、知情同意权等人格权利引发的争议，以及医疗管理服务引发的争议，等等。

第三，必须存在争议。无争议无纠纷。引发医疗纠纷的争议具有三个特征：（1）争议必须是因诊疗活动而起。（2）争议的内容包括但不限于诊疗服务的方式、内容，以及诊疗服务引发的损害赔偿等问题。医患双方之间的争议不以导致患者人身损害为必要条件，在没有造成患者人身损害的情况下，只要患者对于诊疗活动及其结果提出不满，均可以构成医疗纠纷。（3）争议是双向的，既包括患方对医方提出争议诉求，也包括医方对患方提出争议诉求，前者的典型表现是患方因遭受医疗损害要求医方承担损害赔偿责任，后者的典型表现是医方因患方拒不缴费而起诉患者，要求患者给付医疗费用。

二、医疗纠纷处理的立法

对医疗纠纷进行专门立法始于医疗事故。为了正确处理医疗事故，保障病员和医务人员的合法权益，维护医疗单位的工作秩序，国务院于 1987 年 6 月 29 日颁布了《医疗事故处理办法》（已失效），将医疗事故分为责任事故和技术事故。责任事故是指医务人员违反规章制度、诊疗护理常规等失职行为导致的事故；技术事故是指医务人员的技术过失导致的事故。医疗事故可分为三级，由县级以上地方政府成立医疗事故技术鉴定委员会，由卫生行政部门负责处理，对医疗事故争议进行技术鉴定。确定为医疗事故的，由医疗机构给予一次性经济补偿。为解决各地在贯彻执行《医疗事故处理办法》过程中遇到的问题，1988 年 5 月 10 日，原卫生部颁布了《关于〈医疗事故处理办法〉若干问题的说明》（已失效）。

1997 年修订《刑法》时，在第 335 条增加了医疗事故罪的有关规定，即医务人员由于严重不负责任，造成就诊人死亡或者严重损害就诊人身体健康的，处 3 年以下有期徒刑或者拘役。刑法领域的医疗事故范围小于行政法领域的医疗事故。

为适应医疗事故争议处理的新形势和新要求，国务院于 2002 年 4 月 4 日通过了《医疗事故处理条例》，该条例自 2002 年 9 月 1 日起实施。《医疗事故处理条例》对《医疗事故处理办法》进行了重大修改，取消了医疗事故的分类，扩大了事故的范围，将医疗事故由三级修改为四级；将医疗事故技术鉴定工作的组织主体由卫生行政部门调整为医学会；对医疗事故的处理由补偿改为赔偿；对医疗机构加大了处罚力度；为患者设立了知情权、病历复印权等权利，为患者及家属实质性参与医疗事故争议的处理作出制度性安排。

此后，原卫生部和国家中医药管理局又相继颁布了《医疗事故技术鉴定暂行办法》《医疗事故分级标准（试行）》《医疗事故技术鉴定专家库学科专业组名录（试行）》《病历书写基本规范》等部门规章或行业规范，构建了以《医疗事故处理条例》为主干的医疗事故争议处理法律系统。

2003 年 1 月 6 日发布的最高人民法院颁布的《关于参照〈医疗事故处理条例〉审理医疗纠纷民事案件的通知》规定，《医疗事故处理条例》施行后发生的医疗事故引起的医疗赔偿纠纷，诉到法院的，参照《医疗事故处理条例》的有关规定办理；因医疗事故以外的原因引起的其他医疗赔偿纠纷，适用《民法通则》的规定。同年颁布的《关于审理人身损害赔偿案件适用法律若干问题的解释》在人身损害的赔偿项目和计算方法上，与《医疗事故处理条例》不一致。《医疗事故处理条例》对妥善处理医疗事故争议发挥了重要作用，实现了行政责任处理模式向民事及行政责任处理模式的重大变革，但由于效力等级的局限性，未能从根本上解决法律适用二元化的问题。

2009 年 12 月 26 日，全国人大常委会审议通过《侵权责任法》，该法自 2010 年 7 月 1 日起施行。该法第七章以专章的形式对医疗损害责任进行了规定，明确了医疗损害责任的归责原则、患者知情同意权、医疗过错认定、医疗侵权责任形态、医疗损害责任豁免事由等内容，统一了医疗纠纷民事责任的法律适用问题。

《侵权责任法》颁布实施以前，《医疗事故处理条例》以"特别法"的优势地位在医疗事故处理中被优先适用，《医疗事故处理条例》设定的医疗事故技术鉴定也一直优先于司法鉴定。《侵权责任法》实施后，根据《立法法》规定的"法律的效力高于行政法规、地方性法规、规章"，《医疗事故处理条例》的规定与《侵权责任法》不一致时，应以《侵权责任法》为准。而其与《侵权责任法》不矛盾的地方，即有关医疗事故行政监督及预防处置的内容，仍然继续有效。2020 年 5 月 28 日通过的《民法典》基本承继了《侵权责任法》关于医疗损害责任的相关规定，自 2021 年 1 月 1 日起对医疗损害责任的处理应依照《民法典》的相关规定。

为正确审理医疗损害责任纠纷案件，依法维护当事人的合法权益，推动构建和谐医患关系，促进卫生健康事业发展，2017 年 12 月 13 日，最高人民法院颁布了《关于审理医疗损害责任纠纷案件适用法律若干问题的解释》，该解释于 2020 年进行了修正，对此类案件审理中的一些疑难问题进行了明确规定。

为了预防和妥善处理医疗纠纷，保护医患双方的合法权益，维护医疗秩序，保障医疗安全，2018 年 7 月 31 日，国务院颁布了《医疗纠纷预防和处理条例》，该条例自 2018 年 10 月 1 日起施行。《医疗纠纷预防和处理条例》突出了医疗纠纷预防，规范医疗损害鉴定，要求充分发挥人民调解作用，明确了医疗纠纷处理途径和程序。该条例明确规定，对诊疗活动中医疗事故的行政调查处理，依照《医疗事故处理条例》的相关规定执行。这就意味着《医疗事故处理条例》与《医疗纠纷预防和处理条例》并存，《医疗事故处理条例》中关于医疗事故认定及行政处理的内容仍然有效，而与《医疗纠纷预防和处理条例》冲突的内容应该适用《医疗纠纷预防和处理条例》。

第二节　医疗纠纷的预防措施

医疗纠纷的预防是指各社会主体采取多种措施，降低医疗纠纷的发生风险。有效预防医疗纠纷具有非常重要的意义。医方、患方、社会公众以及国家政府部门应该相互配合，共同做好医疗纠纷的预防工作，以减少纠纷的发生。

一、医疗纠纷预防概述

减少医疗纠纷的发生，有利于保障公民健康权益的实现；有利于医疗服务质量的提高；有利于强化医务人员的职业风险意识；有利于促进和谐医患关系的发展。[1]医疗纠纷的发生有其固有的规律性，医疗纠纷防范的关键在于树立安全意识。应当通过综合治理，提高风险防范意识，抓好环节质量控制，减少纠纷的发生和降低风险带来的损害。作为医疗服务的主要提供者，医疗机构在医疗纠纷的预防中承担着举足轻重的作用，应当树立患者安全的理念，完善医疗流程；作为服务的接受者，患者的预防工作也是不可或缺的一部分，患者和其家属应当积极配合医师的诊疗活动。由于医疗纠纷发生的原因是系统性的，单靠医疗机构和个人是很难根治的。政府应当运用其行政职能，畅通医疗纠纷社会解决机制及风险分担机制，建立与完善医疗纠纷防控体系以实现对医疗纠纷的严格监管和干预。

二、医疗机构和医务人员的预防措施

医疗机构和医务人员应当树立以病人为中心的理念，尊重患者权利，善尽医疗义务。在医院管理中，医方不仅要关注对专业技术活动的管理，还要关注对配套生活性非技术服务活动的管理；不仅要关注对患者本人的权利保障，还要关注其相关人员，这样才能做到对纠纷的全面防范。[2]概括来说，医疗机构及医务人员的预防措施包括以下方面：

第一，树立法治理念，切实保障患者权利。尊重患者的知情同意权、自我决定权、人格尊严及民族风俗习惯，保护患者隐私权和信息权，建立畅通的投诉渠道，接受患者的批评与建议。

第二，切实落实医疗质量安全核心制度，以保障患者安全的理念完善医疗全流程。医疗质量安全核心制度是指在诊疗活动中对保障医疗质量和患者安全发挥重要的基础性作用，医疗机构及其医务人员应当严格遵守的一系列制度。医疗机构应以《医疗质量安全核心制度要点》基础，加强医疗质量安全核心制度建设，保障医疗质量与医疗安全，夯实基础医疗质量，筑牢医疗安全底线。《医疗质量安全核心制度要点》确定了18项医疗质量安全核心制度，包括首诊负责制度、三级查房制度、会诊制度、分级护理制度、值班和交接班制度、疑难病例讨论制度、急危重患者抢救制度、术前讨论制度、死亡病例讨论制度、查对制度、手术安全核查制度、手术分级管理制度、新技术和新项目准入制度、危急值报告制度、病历管理制度、抗菌药物分级管理制度、临床用血审核制度、信息安全管理制度等。

第三，积极履行医疗义务。具体包括以下几个方面：（1）医务人员要履行合理医疗的义务，医务人员在诊疗活动中应当以患者为中心，严格遵守医疗卫生法律、法规、规章和诊疗相关规范、常规，选择合理的医疗、预防、保健方案，对患者进行合理检查、合理治疗、合理用药，禁止对患者实施不必要的检查、治疗、用药。（2）医务人员在特定条件下

---

①　赵敏主编：《医疗法律风险预防与处理》，北京大学出版社2019年版，第274—275页。

②　赵敏主编：《医疗法律风险预防与处理》，北京大学出版社2019年版，第275页。

要对患者主动履行急救义务，这是抢救生命的职责所在。在患者病情危急时，积极采用开通绿色通道或者请示医疗机构负责人等措施进行救治，不能以患者没有缴费、患者及近亲属无法进行知情同意为由，拒绝或怠于对患者进行紧急救治。（3）医疗机构要落实医疗技术临床应用管理职责，防止医疗技术的不规范临床应用甚至滥用。（4）依照有关法律、法规的规定，严格执行药品、医疗器械、消毒药剂、血液等的进货查验、保管等制度；禁止使用无合格证明文件、过期等不合格的药品、医疗器械、消毒药剂、血液等。（5）医疗机构与医务人员要落实病历书写、保管与提供义务，重视病历书写，做到客观、真实、准确、及时、完整、规范；重视病历保管和提供工作，严禁篡改、伪造、隐匿、非法销毁病历资料。医疗机构应加强对病案的质量控制，要确保病案的完整性和系统性，完善病案管理规章制度；要按照规定向患者提供病历资料。

第四，强化医患沟通，切实履行说明义务。在医患之间和谐关系的建立、预防医疗纠纷中，医患沟通的重要性不言而喻。良好的沟通技巧与语言艺术不仅可以减少医疗纠纷，促进患者的生理心理健康，还能加强治疗效果。从现代医学角度看，医患之间的语言沟通不再是单纯的信息交流，还包含着复杂的相互作用。例如，医生的表达方式会对患者心理和生理机制产生影响；反之，患者的回应也会对医生的诊断以及治疗方案产生影响。在这个互动中，医生无疑占据主导地位。医生沟通艺术高，患者的反应就积极；医生缺乏沟通艺术，患者就会比较消极。世界医学教育联合会《福冈宣言》中指出："所有医生必须学会交流和人际关系的技能。缺少与病人共鸣应视作技术不够，是无能的表现。"医务人员在诊疗活动中应当用患者容易理解的语言向患者说明其决策所需的信息，特别是对替代性医疗方案的说明。对患者在诊疗过程中提出的咨询、意见和建议，应当耐心解释、说明，并按照规定进行处理；应当建立健全投诉接待制度，对患者就诊疗行为提出的疑问，应当及时予以核实、自查，并指定有关人员与患者或者其近亲属沟通，如实说明情况。

第五，设立医疗服务质量监控部门，建立应急防范预案。首先，医疗机构应当设置质量监控部门，对医疗服务质量进行监控和管理，如制定医疗质量评价体系和质量控制标准；加强对诊断、治疗、护理、药事、检查等工作的规范化管理，提高服务水平。其次，要建立针对性的预案，通过医院系统化管理，发挥预案的预警、预知、预应效能，有效防范纠纷。具体方式如下：医疗机构要针对一些可能导致医疗纠纷的突发事件（比如就诊过程中突发抽搐、急性心肌梗死、输液反应、脑梗死、滑倒跌伤、断针、患者自杀、失踪等）进行全面分析，制定针对性的防范与化解预案；建立、健全医务人员的岗位规章、规范制度；强化医院、科室、部门医疗事故三级预案网络体系的建设，及时消除隐患；建立组织机构，将各种防范措施真正落到实处。例如，设立医疗服务质量监控部门，负责对医疗质量进行日常的监督管理；设立科技教育部门，负责医务人员的继续教育和培训工作，全方位提升医务人员的业务水平和职业道德意识；一旦发生医疗纠纷，处理预案马上启动，努力降低损害程度。

三、患方的预防措施

疾病的治疗过程应当是医患彼此信任、勠力同心的过程，医患之间只有协力配合才有助于应对疾病，患者对医生的不信任将加大医务人员的误诊率，导致严重的后果。因此，预防医疗纠纷不仅需要医疗机构和医务人员发挥重要作用，更需要患者及其近亲属正确认识医疗风险，充分信任并协力配合医方。

从患者角度而言，预防医疗纠纷包括如下几个方面：[①]

第一，正确认识医疗局限性和医疗风险必然性的客观现实。人体是由多系统组成的一个极为复杂的生命体，医学的发展远远滞后于疾病的产生，医疗永远无法穷尽所有疾病的治疗及治愈，医疗局限性永远客观存在；同时，许多的医疗手段具有致益与致害两个方面，在治疗疾病的同时可能会对人体造成伤害，医务人员对任何一个患者、一种疾病的诊疗都永远不可能达到完美的程度，疾病的治疗过程和结果也就始终存在成功与失败两种可能。患方应该充分地认识到医疗风险存在的必然性，对医疗健康服务效果要有清醒的认识，坦然面对成功与失败，甚至死亡。患方应当相信科学，树立正确的生死观。患者可以通过购买医疗风险方面的保险来分散医疗风险。

第二，充分信任医疗机构及医务人员。医患双方共同的敌人是疾病和不健康状态。因此，患者在接受医疗服务时要充分信任医方，如实向医务人员陈述病情，接受医学检查，积极配合治疗，参与构建良好的医患关系，这有助于医务人员对患者疾病早预防、早诊断、早治疗。

第三，正确履行义务，重视依从性。医疗活动是一种双向的特殊人际关系，患者就医时，一方面应当遵守国家法律、法规、规章及医疗机构的管理制度，积极履行义务，配合医生的治疗，支付医疗健康服务费用等；另一方面，应当重视就医的依从性，严格遵从医嘱接受治疗，并及时向主治医生报告意外的病情变化。

第四，遵守医院规章制度。患者在就医的过程中应严格遵守医院规章制度，文明就医。具体包括：遵循门诊程序，耐心等待，不大声喧哗、吵闹，不拥挤在医生旁边，以免影响医生的诊疗；不得擅自离院。

第五，依法处理医患矛盾。医患双方发生矛盾时，患方应依法处理和维权，可以通过双方自愿协商、申请人民调解、申请行政调解、向人民法院提起诉讼以及法律法规规定的其他途径解决，避免非理性维权。

四、社会预防措施

医疗卫生事业事关民生，对于医疗纠纷的预防，政府应扮演好调控者和指挥者的角色。国家应进一步健全、完善法律，提升医疗机构服务能力，加大医疗保障水平，解决看病贵、看病难等一系列问题，从社会宏观体制机制角度预防医疗纠纷。具体措施包括：

第一，不断深化医疗卫生领域的供给侧改革，提升医疗卫生服务能力。随着我国社会主要矛盾的变化，人民群众在健康、医疗方面的要求日益提高，全方位全周期的健康服务需求旺盛。而我国的医疗资源配置供给结构不合理，医疗资源总量供给不足，医疗纠纷的风险不断加大，因此，需要解决医疗资源配置供给结构不合理问题，从宏观层面统筹兼

---

① 赵敏主编：《医疗法律风险预防与处理》，北京大学出版社 2019 版，第 282—284 页。

顾，做好规划并落实到位，促进优质医疗资源的下沉与平衡发展；着力解决医疗资源总量供给不足问题，提升医疗服务能力；不断提高人民的医疗保障水平，减少因病返贫、因病致贫的现象，从而更好地保障病有所医。

第二，不断健全与完善卫生法律法规。针对适用法律不明确、法律之间有冲突、法律规定未及时修改等情况，不断进行完善。

第三，加强对医疗行业的监管。卫生行政部门要履行全方位的监管职责，从而降低医疗法律风险。例如，加强对医疗机构及医务人员准入、医疗技术应用、医疗质量和安全、医疗服务、采供血机构的管理，落实行风建设等工作，强化对医疗质量、医疗技术的监管。

第四，完善医疗纠纷预防与处理机制。建立健全医疗纠纷多途径解决机制，并将其纳入社会治安综合治理体系；正确看待医疗纠纷，明确医疗局限性及医疗风险必然性的认识，及时、客观、公正地处理医疗纠纷案件；建立完善医疗风险分担机制，发挥保险机制在医疗纠纷处理中的第三方赔付和医疗风险社会化分担的作用，鼓励医疗机构参加医疗责任保险，鼓励患者参加医疗意外保险。

第五，加强健康促进与教育工作，普及健康科学知识，提高公众对疾病治疗等医学科学知识的认知水平，强化医学是有限性科学的社会认知。新闻媒体应当加强对医疗卫生法律法规和医疗卫生常识的宣传，引导公众理性对待医疗风险；报道医疗纠纷时应当遵守有关法律法规的规定，恪守职业道德，做到真实、客观、公正。

第三节　医疗纠纷的解决途径

医疗纠纷的解决既可以是双方当事人之间的活动，如协商谈判，也可以是当事人在中立第三人如纠纷解决机构或主持者的主持和协助下进行的裁决和调解；既可以依靠国家职权解决，也可以借助民间社会力量解决。

一、医疗纠纷解决途径概述

医疗纠纷解决是指在纠纷发生后，特定的纠纷主体依据一定的规则和手段，消除冲突状态、对损害进行救济、恢复秩序的活动[1]。对于医疗纠纷的解决，《基本医疗卫生与健康促进法》第 96 条规定："国家建立医疗纠纷预防和处理机制，妥善处理医疗纠纷，维护医疗秩序。"《医疗纠纷预防和处理条例》规定了比较明确的纠纷解决途径，即双方自愿协商、申请人民调解、申请行政调解、向人民法院提起诉讼以及法律、法规规定的其他途径。这体现了医疗纠纷诉讼和非诉讼相结合的多元化纠纷解决机制的理念与价值导向，协商、人民调解及行政调解属于非诉讼解决机制。相对于单一化的纠纷解决方式而言，多元

---

[1]　范愉：《纠纷解决的理论与实践》，清华大学出版社 2007 年版，第 71 页。

化纠纷解决机制不把纠纷的解决单纯依托于某一程序，如诉讼，并将其绝对化，而是积极发挥民间和社会各种自发的或组织的力量在纠纷解决中的作用和积极性。医疗纠纷的复杂性、利益多元性及影响广泛性，使得多元化医疗纠纷解决途径的建构恰逢其时。

二、医疗纠纷非诉讼解决机制

与诉讼解决机制相比，医疗纠纷非诉讼解决机制具有如下特征：

第一，高度自主性。当事人有权依据自己主观愿望处分权利。对非诉讼解决途径的选择、纠纷处理的地点、内容和形式等问题，当事人均可按意思自治予以约定，享有充分的自主选择权。

第二，程序灵活性。当事人可自主规划适用的程序，没有严格的举证责任和期间、期日制度，也不必限于法定的诉讼程序。

第三，非终局性。协商和解的非诉讼解决机制虽耗时短、成本低，但达成的协议不属于正规法律文件，不具有法律约束力。需要注意的是，人民调解协议和仲裁裁决在一定条件下也可通过人民法院强制执行。

（一）协商解决

协商解决是指医患双方在平等、自愿、诚信的基础上，以合理解决医疗纠纷为出发点，通过摆明事实、沟通和解，达成合议的纠纷解决方式。

协商解决即和解，是一种在法律规则指导下的交易，与广泛存在于民间的"私了"并不完全相同。和解可分为诉讼外和解和诉讼内和解，这里指的是诉讼外和解。协商的目的是达成解决纠纷或预防潜在纠纷的协议。从纠纷解决的角度来看，协商是双边的活动，是一种当事人双方自己解决纠纷的方式，强调当事人的合意，是私力救济的体现。在不违反国家法律、法规，不损害国家、社会和他人合法权益的前提下，协商解决医疗纠纷既有利于增强医患间的理解，及时解决纠纷，也有利于维护医院的正常秩序，促进和谐医院、平安医院的建设。[①]《医疗纠纷预防和处理条例》规定，医患双方当事人可以自愿协商解决医疗纠纷，医患双方经协商达成一致的，应当签署书面和解协议书。

协商解决是一种民事法律行为，医患双方当事人都应该具备相应的民事权利能力和民事行为能力，患方当事人应该是患者本人或受患者委托的人，或患者的法定代理人，或患者近亲属。医方当事人应是法定代表人，或医院的授权委托人，协议书上应盖上医院公章。协商过程应遵循合法、自愿、诚信原则，协商结果不得规避行政责任和刑事责任。

医患双方选择协商解决医疗纠纷的，应当在专门场所协商，不得影响正常医疗秩序。医患双方人数较多的，应当推举代表进行协商，每方代表人数不超过 5 人。医患双方应当文明、理性表达意见和要求，不得有违法行为。协商确定赔付金额应当以事实为依据，对分歧较大或者索赔数额较高的医疗纠纷，鼓励医患双方通过人民调解的途径解决。医患双方经协商达成一致的，应当签署书面和解协议书。

协商提供了低成本、高效率的纠纷解决方式，有助于促进医患彼此的理解，但由于信

---

① 赵敏主编：《医疗法律风险预防与处理》，北京大学出版社 2019 年版，第 196 页。

息的不对称、缺乏可操作性的制度支持和公权力的介入，也暴露出一些隐患：协商协议效力不足，没有强制执行力，易导致更大的风险和重复成本。

（二）调解解决

调解因其契合了中华民族"以和为贵"的传统道德和处世方式，为传统儒家思想"息诉止讼"的社会治理理念所推崇。[①]调解是协商的延伸，是中立的第三人作为调解人介入纠纷处理但不作出决定，最终处分权由双方当事人自己掌握，是以协商为基础的纠纷解决方式。[②]调解体现了非诉讼的特点，是一种国家允许并提倡的、介于公力救济和私力救济之间的民间社会性纠纷解决方式，是司法社会化趋势的体现。

根据主持方的性质，调解可以分为法院调解、行政调解和人民调解。医疗纠纷的非诉讼解决主要通过人民调解或行政调解方式进行。

（三）医疗纠纷人民调解

医疗纠纷人民调解是指人民调解委员会通过说服、疏导等方法，促使医疗纠纷争议当事人在平等协商基础上自愿达成调解协议、解决纠纷的活动。

人民调解是我国宪法规定的基层民主自治的重要内容，也是人民群众自我教育、自我管理、自我服务的重要形式，是一项植根于我国历史传统并被实践长期证明的，具有中国特色的化解纠纷的非诉讼解决机制。[③]医疗纠纷人民调解正是人民调解制度在医疗领域的具体运用。

医疗纠纷人民调解具有如下特征：（1）专业性。医疗纠纷人民调解委员会聘请医学专家和法学专家对具体案例进行鉴定分析，并将此作为调解纠纷和损害赔偿的依据，保证了调解的专业性和权威性。（2）中立性。医疗纠纷人民调解委员会从性质上看，是独立于患方、医方、政府之外的第三方群众性组织。（3）自愿性。医疗纠纷人民调解坚持自愿平等原则。（4）非对抗性。医疗纠纷解决过程和结果具有互利性和平和性，医疗纠纷人民调解协议具有被确认的法律效力。（5）保密性。医疗纠纷人民调解委员会以不公开调解为原则。

《医疗纠纷预防和处理条例》规定，当事人可以向医疗纠纷人民调解委员会申请调解医疗纠纷。可以由医患双方共同申请；一方申请调解的，在征得另一方同意后进行调解。可以以书面或者口头形式申请调解。医疗纠纷人民调解委员会获悉医疗机构内发生重大医疗纠纷，可以主动引导医患双方申请调解。当事人已向人民法院提起诉讼并且已被受理，或者已经申请卫生主管部门调解并且已被受理的，医疗纠纷人民调解委员会不予受理；已经受理的，终止调解。

1. 医疗纠纷人民调解委员会

依法设立医疗纠纷人民调解委员会，可以聘任一定数量的具有医学、法学等专业知识且热心调解工作的人员担任专（兼）职医疗纠纷人民调解员。调解医疗纠纷不得收取费用，所需经费按照国务院财政、司法行政部门的有关规定执行。

① 王斗斗：《人民调解法让"东方之花"更加绚烂绽放》，载《法制日报》2010年8月30日，第2版。
② 范愉：《纠纷解决的理论与实践》，清华大学出版社2007年版，第226页。
③ 赵敏主编：《医疗法律风险预防与处理》，北京大学出版社2019年版，第180页。

2. 专家咨询与医疗损害鉴定

调解医疗纠纷时，可以选取医疗损害鉴定专家库的专家进行咨询。需要进行医疗损害鉴定以明确责任的，由医患双方共同委托医学会或者司法鉴定机构进行鉴定，也可以经医患双方同意，由医疗纠纷人民调解委员会委托鉴定。

3. 调解意见

调解周期一般应当自受理之日起 30 个工作日，但鉴定时间不计入调解期限。医患双方经人民调解达成一致的，应当制作调解协议书，经医患双方签字或者盖章，人民调解员签字并加盖医疗纠纷人民调解委员会印章后生效。医患双方可以依法向人民法院申请司法确认。

（四）行政调解解决

医疗纠纷行政调解是指在行政机关的主持下，以当事人双方自愿为基础，以国家法律、法规及政策为依据，通过说服和劝导双方，促进双方当事人互让互谅、平等协商，达成调解协议的活动。卫生行政部门的调解具有如下特征：（1）调解主持方具有特定性，限于卫生行政部门；（2）调解方式具有自愿性，建立在当事人申请的基础之上；（3）调解形式具有准司法性，行政机关作为第三方，居间对平等民事主体之间的民事争议予以调停处理，不同于一般的具体行政行为；（4）在效力上不具有强制执行力。

《医疗纠纷预防和处理条例》规定当事人可以向卫生主管部门提出调解医疗纠纷的申请。卫生主管部门应当自收到申请之日起 5 个工作日内作出是否受理的决定，30 个工作日内完成调解，但鉴定时间不计入调解期限。超过调解期限未达成调解协议的，视为调解不成。当事人已经向人民法院提起诉讼并且已被受理，或者已经申请医疗纠纷人民调解委员会调解并且已被受理的，卫生主管部门不予受理；已经受理的，终止调解。医患双方经卫生主管部门调解达成一致的，应当签署调解协议书。

卫生主管部门可以选取医疗损害鉴定专家库的专家进行咨询。需要进行医疗损害鉴定的，由医患双方共同委托医学会或者司法鉴定机构进行鉴定，也可以经医患双方同意，由卫生主管部门委托鉴定。

行政调解具有快速便捷、节约费用、灵活自由等优点，但目前，行政调解仍面临着很大障碍。首先，行政调解是一种被动介入，程序的启动有赖于当事人的申请。其次，行政调解的中立性受到质疑，实践中行政调解机制被虚置，难以发挥其应有的优势。尽管如此，医疗纠纷的行政调解在现阶段仍具有一定的理论研究价值和实践意义，充分发挥卫生行政机关在医疗纠纷的指导协调职能，在当代中国不仅有助于转变政府职能、弘扬公民自治，更有利于弥补司法审判的缺憾，降低社会治理的综合成本[①]。

三、医疗纠纷诉讼解决机制

诉讼是指国家审判机关即人民法院，依照法律规定，在当事人和其他诉讼参与人的参加下，依法解决讼争的活动。医疗纠纷的诉讼解决机制是指医疗纠纷的当事人和其他诉

---

① 赵敏主编：《医疗法律风险预防与处理》，北京大学出版社 2019 年版，第 201 页。

讼参与人通过向人民法院提起诉讼，在人民法院的主持下，为解决医疗纠纷，依照法定诉讼程序进行的诉讼活动。诉讼解决是纠纷当事人借助国家权力解决纠纷的活动，是公力救济，诉讼程序具有法定性，也是解决纠纷的最后途径。诉讼具有终局性、权威性的优点，但由于诉讼是一种对抗性的纠纷解决机制，极强的对抗性会加剧医患之间的矛盾，不利于修补医患之间的信任关系，同时，诉讼还存在耗时长、效率低等不足。

医疗纠纷诉讼分为三类，即医疗纠纷行政诉讼、医疗纠纷民事诉讼以及医疗纠纷刑事诉讼。

医疗纠纷行政诉讼发生在医患任何一方不服卫生行政机关等行政主体的行政处理决定，或患者不服卫生行政机关的传染病强制防治、第一类疫苗管理行为等行政行为，认为其侵犯了自己的合法权利的情况下。对此，当事人可以向人民法院提起行政诉讼，要求人民法院对该具体行政行为进行裁判。

医疗纠纷民事诉讼是医疗纠纷诉讼中数量最多、最常见的一类诉讼。医患关系被普遍认为是一种特殊民事关系，大多数情况下，医疗纠纷会引发民事诉讼，即患者认为医方的治疗存在过错，给自己造成损失时，会提起民事侵权或违约之诉。发生医疗纠纷，当事人协商、调解不成的，可以依法向人民法院提起诉讼。当事人也可以直接向人民法院提起诉讼。诉讼是解决医疗事故等医疗损害赔偿争议的最终途径。

医疗纠纷刑事诉讼是医方的行为触及刑法的界限时，由公检法机关依法对相关医务人员进行侦查、起诉和审判的活动。在诊疗活动中，如果医方的过错行为严重损害了患者的权益，且已经构成犯罪，公检法机关应当依据《刑事诉讼法》的规定对直接责任人员追究刑事责任。常见的涉及医疗刑事犯罪的罪名有非法行医罪、医疗事故罪、非法进行节育手术罪等。

本章思考题

1. 简述医疗纠纷的解决途径及其优缺点。
2. 评析医疗纠纷预防的重要意义及主要措施。
3. 评析医疗纠纷的非诉讼解决机制。

第十五章
医疗伦理法律制度

医疗服务以救死扶伤、维护个体健康为中心，医疗服务关系或医患关系是一种信义关系（fiduciary relationship），具有强烈的伦理性。不论是常规治疗中对患者的尊重、对患者隐私和个人信息的保护，还是辅助生殖、基因治疗、器官捐献和分配、临终关怀、脑死亡等，都蕴含着丰富的伦理规范。

第一节　医疗法律制度的伦理向度

我国卫生健康事业的发展始终秉持以人民健康为中心的伦理理念，正在全面推进的健康中国战略更加强调政府、社会和个人共同履行健康伦理责任。因此，我国卫生健康法是伦理性很强的法律体系，具有法律的刚性和伦理的柔性双重属性。此外，卫生法运行的各个环节，无论是在法律的创制、适用还是遵守中都彰显着以人民为中心、以健康为根本的道德意蕴。

一、医事法调整范围的伦理属性

卫生健康法以人权保障、公平公正、自主自愿和互助共治为基本原则，其丰富的伦理底蕴进一步增强了其伦理正当性，使得卫生健康法具有鲜明的工具性与伦理性的双重价值，外刚内柔，在构建健康责任共同体过程中更有持久的生命力。具体表现为，健康权法律实现的各个面向，不论是国民健康法、医疗服务法、健康产品法还是健康科技法，都体现出尊重生命、护卫健康的伦理取向。

第一，以维护公众健康权为核心的国民健康法与伦理道德具有内在一致性。公众健康问题不仅是国家法律问题，也是社会伦理问题，需要依赖合乎伦理的制度安排，改善社会道德环境，以道德规范和伦理精神约束与调节政府、健康工作者和社会公众的健康促进行为。因此，国民健康法是以人的生命安全和身体健康为逻辑起点、以实现公众健康权为价值尺度、以贯彻健康正义为根本目标、以社会责任伦理为本质属性的制度伦理。[①]

---

① 朱海林：《公共健康伦理：关于公共健康问题的伦理解读》，载《河南师范大学学报（哲学社会科学版）》2012年第1期。

第二，以实现个体健康权为目标的医事法以构建和谐医患关系为基础。医患双方是休戚相关的道德共同体。然而，在医疗实践中，医疗纠纷时有发生。造成医患关系冲突的因素是多方面的，有技术性因素，也有社会性因素。就其社会成因而言，诸如价值观削弱使双方成为道德异乡人、患者满意度下降导致双方同理心下降、沟通投诉渠道不畅制约双方良性互动、风险社会背景下道德失范和政府失灵等，这些都需要在源头上促进伦理精神与法治精神的和谐共生。

第三，为保障健康权提供物质基础的健康产品法以防范健康产品风险为宗旨。健康产品安全风险来源呈现多元化和复杂化的趋势，健康产品利益相关者道德滑坡、伦理失范、诚信缺失加剧，健康产品安全伦理风险愈加凸显。研究表明，政府、媒体、企业、消费者四大关键利益相关者均有影响食品药品安全的伦理风险，其中，企业的责任最大。[①]当下，一些健康产品生产经营企业的社会责任薄弱，诚实信用观念缺失，利用政府市场监管漏洞，导致假劣食品药品泛滥、药害事件频繁发生、一次性医疗器械重复使用等乱象。健康产品风险防范是一个系统性工程，无论是外源性的还是内源性的问题，均需要诉诸伦理道德，充分发掘和利用各类道德资源，为健康产品的社会共治提供一种道德基础，将道德教化和法律规制相结合。

第四，新兴医疗技术的临床应用呼唤医疗科技伦理治理法治化。随着医疗科技的发展，很多新兴的医疗技术开拓了诸多新的社会领域和社会关系，挑战着传统伦理价值和法律秩序，加强科技治理体系建设、提高科技治理能力是卫生科技创新爬坡迈坎的强大推进器。而科技伦理治理法治化能够把道德律令变为法律义务，用法律巩固和增强现有监管制度的刚性，为科学家和临床医生划定行为边界，以防止健康技术不当使用、过度使用和肆意滥用，把卫生科技引领到为人类健康谋福祉的轨道上来，把追求高尚的科学精神和维护基本的人类尊严统一起来。正是基于现实的呼唤，医疗伦理法律制度应运而生。

二、医事法运行过程的伦理特征

构建科学完备的医疗服务法治体系需要从科学立法、严格执法、公正司法、全民守法四个方面体现其伦理蕴意。

第一，医事法的创制不仅以医疗伦理原则和规范为基本宗旨，而且将其贯穿始终、作为核心价值引领，即将伦理原则和规范的合理转化和制度设计融入医疗卫生法律法规的立、改、废、释的全过程，确保各项医疗卫生立法价值定位明确、伦理导向鲜明，始终坚持以保障人体生命健康利益为宗旨。

第二，医疗卫生行政执法监督以执法目的和执法手段的正当性为价值导向。卫生行政执法监督是卫生系统的重要组成部分，是实现卫生健康法宗旨的过程，也是实现卫生监管伦理价值的重要手段。卫生执法监督既要遵守法律规范，也要遵循道德规范，在履行法定职责活动中受到执法主体道德良心的约束，坚持行政合法性原则和合理性原则，遵守公平公正和程序正当的伦理导向，做到执法严明、执法公正，才能确保行政执法目的与手段的

① 刘永胜、王荷丽：《食品安全伦理风险来源的主体及风险行为研究》，载《调研世界》2018年第9期。

正当性和统一性。

第三，医疗法律责任追究和法律救济以伦理道德为依据和准绳。在医疗实践中，由于医疗职业道德的高标准性和医患关系立法的滞后性，医疗纠纷的司法裁判援引道德规范尤其是医学伦理规范的情况比较常见。在案件疑难复杂、成文法缺失的情况下，法官将伦理道德融入裁判文书进行释法说理是务实之举，以无锡宜兴冷冻胚胎继承案和上海龙凤胎监护权案为例，法官积极发挥伦理道德的价值，成功解决了冷冻胚胎管理和辅助生殖所生子女监护问题，使法律与伦理相得益彰、相互促进。

第四，医事法的自觉遵守需涵养守法精神和自律意识。守法是法律运行的关键环节。随着法治社会的深入发展，患者和公众健康意识、自主意识、参与意识、权利意识的不断提高，医疗界应积极顺应法治社会的要求，依法提升道德素养，爱护患者，乐于沟通，以仁爱之心、恻隐之情善待每个患者，对患者的疾苦感同身受，尊重患者的人格尊严，理解患者的情感。广大患者也应当自觉承担起自己健康第一责任人的道义义务，及时就医并自觉遵守医疗机构的规章制度，积极配合医务人员，谨遵医嘱，合理用药。当发生不良预后时，医患双方应理解包容，互谅互让，友好协商，主动化解医疗纠纷。[①]

第二节　器官捐献和移植伦理法律制度

人体器官捐献和移植涉及的问题十分广泛和复杂，并不局限在移植技术等医学领域。人体器官，特别是器官的法律属性、归属和利用等，牵涉法律法规、道德伦理等诸多问题。对此，《民法典》和《人体器官捐献和移植条例》均进行了明确规定，需要结合实践阐明其理论逻辑和法治意蕴。

一、器官捐献和移植的含义及其规范变迁

我国对人体器官捐献和移植事业的法律规范，始于 2003 年通过的《深圳经济特区人体器官捐献和移植条例》，这是一部有着先进理念的地方性法规，我国对人体器官捐献和移植的立法由此开启。其后，国务院于 2007 年颁布了《人体器官移植条例》，这是我国第一部在全国范围内对人体器官移植进行规制的行政法规，对规范和促进器官捐献和移植事业发展发挥了重要作用。经过多年的发展，我国逐步建立起科学公正、遵循伦理、符合国情的人体器官捐献和移植工作体系，捐献和移植数量快速增长、质量不断提升，但人体器官捐献和移植工作现状较之前发生了重大变化。其间，社会各界和各个部门多次提议对《人体器官移植条例》进行修订，并作出了积极的努力，最终国务院于 2023 年 12 月 4 日发布了《人体器官捐献和移植条例》，该条例于 2024 年 5 月 1 日起实施。《人体器官捐献和移植条例》的制定旨在进一步规范和加强人体器官捐献和移植工作，全过程完善管理制

---

① 杨芳：《中国特色社会主义卫生健康法的伦理逻辑研究》，载《福建医科大学学报（社会科学版）》2022 年第 1 期。

度，保证人体器官捐献和移植的各项工作在有效的监督管理下规范开展，在保证医疗质量和保障人体生命健康的同时，维护广大公民的合法权益。

人体器官捐献和移植是挽救垂危生命、服务医学发展、弘扬人间大爱、彰显社会文明的高尚事业，关乎人民群众生命健康，关系生命伦理和社会公平。《人体器官捐献和移植条例》的颁行，彰显了党和国家对相关工作的高度重视，认真贯彻落实习近平总书记"人民至上、生命至上"的重要指示精神，体现了积极推动人体器官捐献的立法理念，遵循世界卫生组织提出的获得同意、禁止器官买卖、公平分配器官等指导原则，坚持自愿、无偿原则，切实加强器官捐献和移植全流程管理，标志着我国人体器官捐献与移植的法治化迈上了新台阶。[①]

器官捐献，是指完全民事行为能力人在遵循自愿原则或者在不违反供体意愿的前提下，通过法定程序将自己的器官或者近亲属的器官无偿捐献给器官移植受体或者医学科学事业的行为。就目前器官捐献的实践来看，其有以下几种分类方式：一是按照器官供体是否已经死亡，器官捐献可以分为活体器官捐献和尸体器官捐献；二是按照器官捐献目的与用途，器官捐献可分为以医疗救助为目的器官捐献和以科学研究为目的的器官捐献；三是按照被摘取后器官再生能力的强弱，活体器官捐献又可分为可再生器官捐献和不可再生器官捐献。

器官移植，是指摘除一个个体器官并把它置于同一个体（自体移植）或同种另一个体（异体移植），或者不同种个体（异种移植）的相同部位（常位）或不同部位（异位）。从器官移植行为的构成上看，器官移植行为实质上包括器官摘取和器官植入两个行为。所谓器官摘取，是指具备资质的医疗机构及其医务人员，为了救治器官损坏、病变及功能衰竭的患者，从自愿捐献器官的供体身上（活体或尸体）分离器官移植所需器官的行为。所谓器官植入，是指具备资质的医疗机构及其医务人员，以医疗为目的，将合法摘取或储存的器官植入患者体内以替换其损坏、病变、功能衰竭的器官。根据器官移植的定义，本书将其分为自体移植、同种移植、异种移植三大类。自体移植是指个体将自身的某一器官移植到身体的其他部位，如将完好的皮肤移植到烧伤的皮肤部位；同种移植是指相同种类的个体之间的器官移植，如人与人之间的器官移植；异种移植则是指不同种类个体之间的器官移植，如将动物的器官移植于人体中。就器官移植的实践来看，如果个体器官移植的器官供体和受体为同一人，法律关系比较简单，并不涉及第三人的身体权和生命健康权，因此法律对自体移植规制得比较少。异种移植目前受到医学发展以及医疗技术水平的限制，并且人体对动物器官的排异反应剧烈，术后风险巨大，因此在器官移植实践中的临床应用十分少见，目前仍处于科学研究阶段。但是，异种移植的普及能够极大地解决器官来源短缺的问题，所以发展异种器官移植具有了一定的必要性。人与人之间的同种器官移植则最为普遍，目前绝大多数的器官移植均是同种移植，我国目前相关法律规范也仅对同种移植予以规定。若无特别说明，本书所研究的人体器官移植指的是同种器官移植。

从法律角度而言，由于人体器官不同于民法上的一般物品，它与人体本身密切相关，又包含诸多人格利益和伦理道德因素，患者死后，其尸体及其器官由其亲属支配，权利人

---

① 参见申卫星：《人体器官捐献和移植迈上法治化新台阶》，载《中国卫生》2024 年第 1 期。

能对尸体及其器官进行埋葬、祭祀、捐献，但对其利用和处分不能违背善良风俗。

二、器官捐献和移植的自我决定权

器官捐献人自我决定权，是指器官捐献人对于与自己的器官捐献有关的事项享有决定的权利，器官捐献人自我决定权的概念包含以下几方面内容：

第一，器官捐献人自我决定权是器官捐献人支配自我身体器官的权利，是器官捐献人对于器官捐献事项自主决定的权利。器官捐献人按照自由意志在器官捐献过程中作出器官捐献同意的决定，一方面实现了其身体自主性的人格利益，另一方面也放弃了其身体完整性人格利益。

第二，器官捐献人自我决定权的行使必须是在对作出器官捐献决定重要的医疗信息和其他信息充分知晓的前提下，在具备器官捐献行为能力、完全自愿的基础上进行的，器官捐献人行使该权利时不受非法干涉，器官捐献人在受到强迫、欺骗、利诱的情形下作出的器官捐献决定属于无效行为。

第三，器官捐献人自我决定权不是一项绝对的、不受限制的权利，其权利行使的限制比一般意义上身体自主权的行使更加严格，其必须在法律允许的范围内行使，不能有损社会的善良风俗、不能危及社会公共利益以及人类的整体尊严，禁止以器官交易为目的的器官移植，不可以以牺牲生命为代价进行器官捐献。另外，我国禁止未成年人进行器官捐献。

器官捐献人自我决定权是器官捐献人对其身体器官进行支配的权利，通常意义上的器官捐献自我决定限于同意决定器官捐献，器官捐献自我决定的内容还应当包括拒绝捐献的决定和同意后撤销捐献的决定。这种行为为权利主体行使器官捐献人自我决定权的行为，因此，器官捐献人自我决定权的法律性质应当初步界定为身份权。但是，身体权的权能包括保持身体完整和支配身体要素，以两者为内容的权利被称为身份权的权能习惯权利，身体自主权的内容体现的是自然人对其所有身份组成部分的自由支配，不仅包括身体器官，还包括身体器官以外的组成部分，自然人对其身体器官的支配是身体自主权的部分内容。

综上所述，器官捐献人自我决定权的法律性质应当是器官捐献人身体权下的一项权能。通过研究身体自主权在器官移植活动中的特殊体现，既可以明确器官捐献人自我决定权的基本性质和权利属性，并且可以阐明该权利在性质上的特殊性，将其与身体权和身体自主权进行明确的区分。

《民法典》第 1006 条规定："完全民事行为能力人有权依法自主决定无偿捐献其人体细胞、人体组织、人体器官、遗体。任何组织或者个人不得强迫、欺骗、利诱其捐献。完全民事行为能力人依据前款规定同意捐献的，应当采用书面形式，也可以订立遗嘱。自然人生前未表示不同意捐献的，该自然人死亡后，其配偶、成年子女、父母可以共同决定捐献，决定捐献应当采用书面形式。"据此，就活体器官捐献而言，器官捐献需要满足以下条件：（1）捐献人须为完全民事行为能力人。（2）捐献人必须与接受人存在特殊的关系。根据《人体器官捐献和移植条例》第 11 条规定，活体器官捐献人与接受人仅限于配偶、直系血亲或者三代以内旁系血亲关系。由此可以看出，我国对于活体器官捐献的基本政策为严控活体器官捐献。（3）捐献者本人或其近亲属共同书面同意。（4）捐献人身体适宜进行器官捐献。

遗体器官的捐献应注意：（1）自然人生前自己决定捐献其人体器官的，必须为完全民事行为能力人。（2）自然人生前明确表示不同意捐献的，任何人不得予以捐献；自然人生前未表示不同意捐献的，死后由其配偶、成年子女、父母共同书面同意捐献。

三、器官捐献的告知同意模式

人体器官移植属于医疗活动，获取人体器官和从事器官移植手术前，均需要取得相关人的同意。基于对这一问题的不同回应，产生了两种不同的立法模式，即告知同意模式和推定同意模式，前者被称为选择进入模式（opt-in system），后者被称为选择退出模式（opt-out system）。根据捐献者家属是否有权反对捐献者生前的捐献意愿，可以将选择进入模式划分为硬性选择进入模式（hard opt-in system）和柔性选择进入模式（soft opt-in system）。根据个人退出的程序难易条件以及是否需要征询家属意见，可以将选择退出模式分为硬性推定同意模式和柔性推定同意模式。

我国的器官捐献同意模式在器官捐献有关法律法规中有所体现，根据《民法典》第 1006 条，中国的器官捐献同意模式为告知同意模式，属于柔性选择进入模式，捐献者死后，亲属有权否决死者生前的捐献意愿。主要体现在：（1）捐献者本人生前明知且自愿表达捐献器官的意愿，经书面登记，并且在生前的任何时候均可自由撤销其捐献意愿；（2）若本人生前无否定的意思表示，则一定范围内的近亲属（配偶、成年子女和父母）可以共同决定捐献死者器官，这赋予了家属捐献器官的选择权；（3）即使本人生前同意器官捐献，如果近亲属坚决反对捐献，从伦理学和工作效果上看，需要尊重这些近亲属的意愿。

此外，由于我国缺乏明确的脑死亡立法，实践中采用"脑死亡"标准作为公民死亡判断依据的，须本人生前或近亲属书面同意采用"脑死亡"标准来判定死亡，并且书面登记同意器官捐献。

四、器官捐献和移植的工作体系

根据《人体器官捐献和移植条例》第 3 条的规定，人体器官捐献与移植工作要坚持"人民至上、生命至上"的原则，国家要建立人体器官捐献与移植工作的体系，具体包括如下内容。

（一）人体器官捐献体系

《人体器官捐献和移植条例》专设一章即第二章，用 7 个条文规定了人体器官捐献的基本原则，针对活体器官捐献和遗体器官捐献分别规定了不同的捐献条件。国家应当加强人体器官捐献的宣传教育和知识普及，新闻媒体应当积极开展人体器官捐献的公益宣传，以此促进整个社会形成有利于器官捐献的舆论氛围和社会风尚。该条例明确规定国家鼓励遗体器官捐献，公民可以通过中国红十字会总会建立的登记服务系统表示捐献其遗体器官的意愿。红十字会向遗体器官捐献人亲属颁发捐献证书，并组织进行缅怀纪念活动。

（二）人体器官获取与分配体系

这是《人体器官捐献和移植条例》新增的一项内容，也是其亮点所在。该条例第三章规定了从事人体器官获取的医疗机构应该具备的条件、遗体器官获取的流程、人体器官移植伦理委员会对器官获取的审查制度，同时明确了遗体器官应当通过国务院卫生健康部门设立的分配系统统一分配，以确保器官分配的公平、公正和公开。这些规定实现了对人体器官捐献和移植的全流程规制。

（三）人体器官移植临床服务体系

就人体器官移植临床业务的准入流程而言，《人体器官捐献和移植条例》要求医疗机构要向国务院卫生健康部门提出申请，审批同意后通知省级卫生健康部门办理登记。这与《人体器官移植条例》中向省级卫生主管部门申请办理人体器官移植诊疗科目登记的流程不同。对于从事人体器官移植的医疗机构，要求其应当有与从事人体器官移植相适应的管理人员、执业医师和其他医务人员；有满足人体器官移植所需要的设备、设施和技术能力；有相应的人体器官移植伦理委员会；有完善的人体器官移植质量和控制等制度。对于实施人体器官移植手术的执业医师，要求其应当具有相应的专业技术职务任职资格和临床经验，并经培训、考核合格方可从事移植手术。对临床服务资质的严格要求，能确保人体器官移植的医疗服务水平和质量。

（四）人体器官移植质量控制体系

《人体器官捐献和移植条例》明确规定，省级以上人民政府卫生健康部门应当建立人体器官移植质量管理和控制制度，定期对医疗机构的人体器官移植技术临床应用能力进行评估。对评估不合格的，国务院卫生健康部门通知原登记部门注销其人体器官移植诊疗科目登记。

（五）人体器官捐献与移植监管体系

根据《人体器官捐献和移植条例》规定，县级以上人民政府卫生健康部门负责本行政区域的人体器官捐献和移植的监督管理工作，主要对器官捐献、获取、分配、移植和术后管理进行监督和管理。此外，县级以上人民政府的发展改革、公安、民政、财政、市场监督管理、医疗保障等部门在各自职责范围内负责与人体器官捐献和移植有关的工作，从而形成了保障人体器官捐献和移植工作规范有序运转的监管保障体系。

第三节　人类辅助生殖技术伦理法律制度

一、人类辅助生殖技术法律规制概况

（一）人类辅助生殖技术产生的主要议题

人类辅助生殖技术飞速发展和广泛应用产生技术隐忧、伦理困境和法律争议日益凸

显，并催生新的社会关系和权利欲求，亟需法律治理。现将人类辅助生殖技术带来的伦理、法律和社会影响以及相关议题概括如下。

1. 第三方生殖的法律禁区

鉴于配子、合子捐赠的复杂性，许多国家的生殖医学团体都对此作出积极回应，制定了相关伦理指南，重点规范捐赠者的匿名权问题。关于捐赠者的匿名权问题，传统医疗实践通常因为男性不育的污名化而采取供受双盲制，但是，随着子女最佳利益原则的提出，互盲观念和惯例也被逐步打破，越来越多的国家试图立法限制捐赠者的匿名权，保护子女的基因知情权。早在 1984 年，瑞典就率先立法，赋予人工授精子女基因知情权，[①] 此后，基因知情权受到公众的关注，捐赠者匿名权遂受到强烈冲击，美国甚至鼓励受赠父母向子代公开捐赠事实，一些临床医生也开始建议供受双方签署关于未来孩子和供受者之间权益的协议。淡化匿名权导致配子捐赠的大量减少，不孕夫妻纷纷到国外寻求捐赠的生殖细胞，继而发生跨国生殖旅游的监管难问题。

2. 代孕的法律规制

代孕也属于第三方生殖，但伦理争议较大，许多国家都予以特别对待。临床实践一般拒绝代孕，即便是接受代孕的国家，也较为审慎地进行严格管控。例如，在澳大利亚，妊娠母亲的名字必须出现在出生证上；在巴西，代孕者必须与委托夫妻有亲属关系，且不得付酬；在希腊，代孕必须符合一定的医学指征，必须得到法院的批准，且禁止付酬；英国要求委托者必须符合规定的医学指证，允许向代孕者支付必需的费用但禁止取酬，委托父母必须通过收养手续获得子女监护权；以色列也有类似规定，但代孕可以付酬，并且代孕事宜须经过有关机关的批准，并有社会工作者全程监督子女监护权转移。

3. 人类生育力保存的法律规制

生育力保存的法律规制，总体而言，对男性宽松，对女性较严。目前，发达国家（如美国、澳大利亚和新西兰）已经为生育力保存和精子库、卵子库建设制定了相关伦理指南，规定配子和胚胎储存的伦理原则，一些国际学术机构和团体也总结了一些行之有效的伦理原则，如美国生殖医学会伦理委员会草拟《用于研究的配子和胚胎的利用和知情同意》[②] 和《配子捐赠者的权利、义务与责任》[③]，这些伦理指导文件都有利于促进合理、有效地采集、保存和提供精子，保障供精者和受者个人、家庭、后代的健康和权益。

4. 亲子关系的法律确定

人类辅助生殖技术临床应用的直接后果是把父母职能分割为若干片段，把父母分裂为基因父母、妊娠父母和社会父母，这引起了父母身份的多元化和亲子关系的不安定，重塑亲子关系法应当重点考察第三方参与人类辅助生殖对冲击传统亲权秩序的冲击，大致形成了"分娩主义""基因主义""意思主义"和"子女最佳利益说"等亲子关系认定标准，未

① Johnson L，Kane H，"Regulation of Donor Conception and the 'Time to Tell' Campaign"，*Journal of Law and Medicine*，2007.15（1），117–127.

② Ethics Committee of the American Society for Reproductive Medicine，"Informed Consent and the Use of Gametes and Embryos for Research"，*Fertility and Sterility*，2004.82（SUPPL 1），251–252.

③ Ethics Committee of the American Society for Reproductive Medicine，Ethics Committee of the American Society for Reproductive Medicine，"Interests，Obligations，and Rights in Gamete and Embryo Donation：an Ethics Committee Opinion"，*Fertility and Sterility*，2019.111（4），664–670.

来的基本趋势是以子女最佳利益为原则，综合采用多种标准，注重代际利益平衡，实现人类辅助生殖领域中的个体利益、社会利益以及代际利益的共赢。

（二）各国和地区人类辅助生殖技术法律治理概况

为趋利避害、合理使用人类辅助生殖技术，较早开展辅助生殖服务的瑞典、英国、澳大利亚、美国等西方发达国家已经制定了较为成熟的伦理纲领或者法律规范，逐步实现人类辅助生殖技术服务的规范化、制度化和法治化。

【典型案例】
无锡已故夫妻
冷冻胚胎权属
纠纷案

我国对人类辅助生殖技术的伦理指导和法律规范也有一定基础，目前主要采取行政监管体制。原卫生部颁布了《人类辅助生殖技术管理办法》、《人类精子库管理办法》、《人类辅助生殖技术规范》、《人类精子库基本标准和技术规范》、《人类辅助生殖技术和人类精子库伦理原则》（以下简称《技术规范、基本标准和伦理原则》）和《人类辅助生殖技术与人类精子库评审、审核和审批管理程序》等部门规章。这些规章虽然不是严格意义上的法律，但是对规范辅助生殖技术临床应用和保护相关利益者的合法权益发挥了重要作用。我国香港特别行政区、澳门特别行政区和台湾地区也形成了较为完善的治理体系。香港特别行政区《人类生殖科技条例》及相关配套规定、《父母与子女条例》专门规定了有关人工生殖子女父母身份的认定标准。澳门特别行政区虽然没有专门的人类辅助生殖技术伦理规范，但是在《澳门民法典》第4卷第3编"亲子关系"第1章"亲子关系之确立"第1723—1728条对"辅助生育"模式下的父亲身份进行了规定。我国台湾地区继"人工生殖技术伦理指导纲领"和"人工协助生殖技术管理办法"后，于2007年3月21日出台了"人工生殖法"。

综上所述，面对人类辅助生殖技术的冲击，许多国家和地区都积极致力于制度规范的构建，不同国家和地区的规范方式各不相同，有的是行业规范，有的是宗教戒律，有的是立法规制。立法规范人类辅助生殖技术的国家和地区有的是在普通法里加以规定，有的颁布特别法加以监管，有的采用单行立法，专门规定辅助生殖，有的采取统一立法，一揽子规定辅助生殖、组织细胞捐赠、医学试验和克隆等相关问题。有的立法强调传统秩序和社会利益，有的彰显个人的权利和自由。有的倾向保守，有的渐趋激进。仅就各国对人类辅助生殖技术的开放程度而言，基本上有谨慎限制型和宽松开放型两种。前者对第三方生殖比较保守，特别是对各种代孕技术不加区分，一概禁止，以避免伦理上的争议以及产生的法律难题，如德国和意大利。后者对代孕、生殖细胞捐赠和捐赠补偿等虽然不鼓励，甚至设置一些门槛，如仅开放治疗性代孕、妊娠代孕、非商业性代孕，但总体上较为宽容，英国和以色列堪称这种模式的代表。

二、宽松开放型国家的法律制度

（一）英国

英国是世界上第一例试管婴儿的诞生国，也是较早关注辅助生殖问题并积极作出立法回应的国家之一，1982年英国成立沃诺克委员会，对与人类受精和胚胎学研究的发展前景及其产生的伦理、法律和社会问题进行全面调查和综合评估，在此基础上提出相应的对策建议和立法思路。1984 年，沃诺克委员会发布了对英国代孕政策和立法产生深远影响的《沃诺克报告》。[①]1990 年，经过反复论证和讨论，英国政府通过了涵盖胚胎研究问题的《人类受精与胚胎学法》，补充了《代孕安排法》的内容和缺憾。鉴于《代孕安排法》疏于规范代孕当事人之间的权利义务，《人类受精与胚胎学法》的立法目的除了规范人类受精与胚胎研究的发展、禁止从事特定的胚胎及基因实验和建立人类受精与胚胎研究之主管机构外，还包括弥补《代孕安排法》《收养法》等法律法规的缺陷，厘定代孕协议的法律效力和亲权关系，将利他的治疗性代孕上升为治疗不孕症的法定手段，依法保障不孕症患者获得治疗并成为孩子父母的权利。这些内容主要体现在第 30 条和第 36 条等条文中。

其具体内容包括以下几个方面。（1）设立人类受精与胚胎研究管理局（Human Fertilization and Embryology Authority，HFEA），贯彻落实《人类受精与胚胎学法》，审查和监督英国境内的人类胚胎研究；负责相关医疗机构的许可和监督；规范精子、卵子和人类胚胎的储存。实行代孕许可制度，将代孕控制在 HFEA 的监管之下，以避免“地下交易”和“暗箱操作”可能带来的隐患。（2）明确代孕协议的法律地位。《人类受精与胚胎学法》厘清了代孕协议的法律效力。根据法案第 36 条，代孕协议不得由当事人执行，也不得对抗当事人。这说明代孕协议只是代孕关系的证明，不是权利义务的根据，任何一方均不能请求法院强制执行。这就意味着依据代孕协议移交孩子或者支付（收受）酬金均不受法律保护。（3）禁止给予不合理费用。《人类受精与胚胎学法》改变了《代孕安排法》有酬代孕除罪化的办法，规定在收养子女和申请亲权命令时除“合理费用”外均不得为金钱给付或有金钱价值的给付。（4）维护传统父母定义标准。《人类受精与胚胎学法》坚持了“分娩者为母”的传统母亲定义，规定：凡将精、卵或者胚胎置于其子宫内着床、孕育的妇女，即是所分娩孩子的法律母亲；若以代孕方式生育子女，代孕者即为孩子的母亲；如果代孕者已经结婚，则孩子即推定为其配偶或者伴侣的婚生子女，除非他能够证明代孕行为未征得其同意并且在孩子出生后的 6 个月内提出否认之诉。（5）规定代孕所生子女法律地位。在《人类受精与胚胎学法》实施以前，委托夫妻必须依据收养法的条件和程序“收养”自己的子女，才能取得亲权身份，《人类受精与胚胎学法》简化了委托夫妻取得父母身份的条件和程序——在孩子出生后的 6 个月内向法院申请亲权令。申请亲权令的条件是：孩子已经和委托夫妻居住在一起；夫妻一方或者双方与孩子有基因关系并且在英国有住所；夫妻双方均年满 18 周岁；代孕者（及其配偶）已经知情同意且无任何金钱给付。[②]

从《人类受精与胚胎学法》的规定来看，委托夫妻并不能凭借代孕协议当然地成为代孕所生子女的法律父母，无论该子女与其有无基因关系。依据“分娩者为母”的原则，代孕所生子女出生后，先在出生证上将代孕者（及其配偶）登记为孩子的父母，然后由委托夫妻向法院申请亲权令“收养”子女。这样设计是基于“子女最佳利益”的考量，一旦委托夫妻拒绝收养孩子则由代孕者承担孩子的抚养和监护责任；一旦代孕者爽约、拒绝交出孩子，在代孕协议无强制执行力的情况下，委托夫妻可以借助收养制度成为孩子的父母。

①　Warnock M，A Question of Life：The Warnock Report on Human Fertilization and Embryology，Basil Blackwell，1985，80–86.

②　Human Fertilisation and Embryology Act 1990.

总之，《人类受精与胚胎学法》突出对子女利益的法律保护和无效代孕协议的法律救济，这样就把事前预防和事后救济很好地结合起来，既提高了立法的针对性和实效性，又最大限度地保护了代孕所生子女的合法权益。

2005 年 12 月，《民事伴侣法》的正式生效，意味着同性伴侣有权借助捐卵、捐精和代孕方法实现生殖。《人类受精与胚胎学法》1990 年法案规定人工生殖的受术对象仅限于"有婚姻关系的配偶以及同居男女"。但是，进入新世纪以来，英国人类胚胎学研究的突飞猛进也呼唤法律保驾护航，《人类受精与胚胎学法》修订再次面临提速。2008 年，在经历了将近 20 年的激烈争论之后，英国终于完成《人类受精与胚胎学法》的修订。新法除了继续坚持 1990 年法案的基本原则，依法保护"代孕"等人工生殖技术的应用外，也在胚胎研究与人工生殖的受术对象、"父母"的定义以及亲子关系的认定等方面作出重大调整，如扩大胚胎研究范围（包括备受争议的人畜嵌合胚胎）；禁止非医学需要的胎儿性别选择；承认同性伴侣具有和异性夫妻同样的权利；提供生殖医疗服务时应充分考虑子女利益，子女需要"父亲"，更需要"家长"；利用捐赠的精子成为母亲的妇女，有权同意让任何人（近亲属除外，包括女性）成为孩子的"第二家长"。[①] 新法案的颁布实施使英国继续保持其在立法保护胚胎研究的世界领先地位；其在人工生殖子女"父母"认定标准的新规定，也使英国的亲子法完全摆脱单一的遗传因素的束缚而获得重大突破。

（二）以色列

以色列建国以来长期奉行鼓励生育政策，人均人类辅助生殖技术使用率居世界之冠。为规范辅助生殖治疗服务，以色列先后颁布《体外受精条例》《代孕协议法》《卵子捐赠法》等法律法规。以色列是世界上唯一承认代孕协议合法的国家，倍受争议的补偿性卵子捐赠最终在 2010 年获得法律保护，另外，许多国家视为禁区的辅助生殖服务项目，诸如死后生殖、实名捐赠以及通过胚胎植入前遗传学诊断进行非医学需要的性别选择等，在以色列均可实施。值得一提的是，政府几乎无限制地将所有公民的辅助生殖费用全部纳入医疗保险。2014 年伊始，以色列又着手修改现行法律，赋予同性恋者和单身者代孕生殖权。以色列对辅助生殖的慷慨资助和法律支持也引发诸多道德问题，公积金支持跨国生殖服务尤其遭受诟病。以色列有必要在充分认识过度使用人类辅助生殖技术的各种风险后，重新评估现有法律规范的复杂影响。

【拓展阅读】
世界主要国家对辅助生殖进行立法进展情况一览

以色列人类辅助生殖技术立法中最有特色是《代孕协议法》（Surrogate Motherhood Agreements Law）。1996 年 3 月，在以色列最高法院的敦促下，以色列议会不顾宗教界的强烈反对（犹太律法将代孕所生子女视为私生子），力排众议，颁布了《代孕协议法》，推翻禁止代孕的《公共健康（体外受精）条例》[Public Health（Extra-Corporeal Fertilization）Regulations]。《代孕协议法》的主要内容包括：（1）每一个代孕个案都要经过一个特别委员会的审批和监管，否则构成犯罪行为，处以 1 年以上的监禁；不得发布审批委员会讨

①　Fox M, The Human Fertilisation and Embryology Act 2008: Tinkering at the Margins, Feminist Legal Studies, 2009.17（3），333–344.

论、处理个案的相关信息资料，否则构成犯罪，处以 1 年以上的监禁；（2）只允许实施妊娠代孕，且精子必须源自丈夫；（3）代孕协议具有法律拘束力，并且在审批委员会的监督下向代孕者支付合理费用，未得到审批委员会审批的擅自给付或者索取费用构成犯罪；（4）代孕者须单身或者离异，委托者必须是合法的不孕症夫妻；（5）子女自出生时起到收养手续完成时止，福利员提名的社会工作者是孩子唯一的法定监护人；（6）委托夫妻和代孕母亲应当将孩子出生日期及移交的大致时间及时通知给社会工作者；孩子应当在社会工作者在场的情况下尽快移交给委托夫妻，如果没有福利员在场将被处 1 年监禁；完成移交手续后，孩子将处在委托夫妻的监护之下；（7）委托夫妻直接依据亲权命令取得法律父母身份和孩子监护资格，委托夫妻应当在孩子出生后 7 日内向法院申请亲权命令（如果未在规定的时间内提出，社会工作者应当提出），除非收到福利员的报告并且认为收养有违孩子的利益，否则应当批准收养申请；（8）法院批准收养申请后，委托夫妻即成为孩子唯一的法律父母；（9）代孕者在得到福利员证明的特定情势下，经过法院的批准，可以单方面解除代孕协议，并得到孩子的监护权。[①]

作为第一个代孕协议合法化、有偿化的国家，以色列制定的《代孕协议法》将代孕过程置于政府严密监管之下，在巩固委托者亲权地位的同时，尽可能弱化妊娠母亲的权利，这样就为代孕大开方便之门并且使以色列一举成为代孕协议合法化的急先锋。迄今为止，还没有哪一个国家的代孕立法比以色列的《代孕协议法》更开放、更丰富、更具体、更具可操作性。但是《代孕协议法》又将代孕过程置于严密的政府直接干预和严密监控之下，从而避免了私下交易的泛滥和可能产生的恶果。总之，《代孕协议法》通过法律手段为解决日益发展的代孕问题提供了一条富有特色的方案，也将为更多的以色列人提供一条独特的为人父母的机会，从而适应了鼓励生育政策和犹太文化，也满足了更多个体的生育需求。据审批委员会 2013 年 6 月 12 日透露，截至 2012 年 6 月，以色列代孕所生子女已经从 2007 年的 100 多人发展到 395 人。据以色列卫生部统计，过去的十年里以色列夫妇通过代孕服务为人父母的数字明显激增。2000 年的申请者 20 例，活产 6 例，而 2011 年分别增加了 92 例和 49 例。近年来，伴随着同性恋合法化呼声的高涨，男同性恋者通过代孕繁衍子嗣的要求也推动着《代孕协议法》的修订。如果草案成功通过，以色列将有更多代孕所生子女出生。

三、谨慎限制型国家的法律制度

（一）德国

素以严谨著称的德国在辅助生殖规范方面相当保守和严格。早在 1984 年 5 月，德国就成立了一个由科学家、哲学家、医生、律师以及教会组织代表组成的立法调研委员会，1985 年 11 月，委员会发布了《体外授精、基因分析和基因治疗》，该报告认为非配偶之间的体外授精会危及孩子的归属感和身份认定，不利于孩子的保护；胚胎在子宫里的成长发育以及孩子和孕妇之间的生物联系和心理交流是孩子个性发展的重要组成部分，采用代

---

① Benshushan A，Schenker J G，"Legitimizing surrogacy in Israel"，*Human Reproduction*，1997.12（7）：1832–1834.

孕方式生育子女，就会削弱母亲与孩子之间亲密的特殊自然联系，为了金钱报酬进行的代孕是不尊重孩子"人性尊严"的行为，因此报告只支持夫妻之间的体外授精，而反对非配偶间的体外授精，并作出"原则上禁止代孕"的建议。

1986 年，联邦法务部委员会提出并讨论《胚胎保护法》草案，禁止与代孕相关的医疗行为、代孕中介、斡旋及广告宣传。1990 年 12 月，德国颁布《胚胎保护法》（Embryo Protection Act），该法案一方面保护人性尊严、生命权以及研究自由，另一方面保护早期人类胚胎乃至细胞阶段的"法益"，特别强化对胎儿和人类胚胎的保护。《胚胎保护法》申明人类的生命于受精完成时即已存在，故需加以保护，但与后期的发育阶段比较，则不排除在方式、范围和程度上有差异存在。该法将刑法之禁止规定局限于特别的、专属的、不可放弃的法益保护，尤其将人性尊严及生命权的宪法价值纳入考虑范围，儿童福祉亦受到特别重视，因此，以刑罚方式保护特别高层次的法益是国家的义务，不能等到危害发生时，再采取行动。任何关乎人类生命的操作，于其准备阶段即应做到有章可循，而且要将所有与生殖医学方法相关的问题全面加以规范。作为一部特别刑法，《胚胎保护法》未对人工生殖子女的法律地位进行明确规定，却把"人性尊严"提前到受精时起，生殖技术滥用罪、人类胚胎滥用罪等 7 个罪名均从不同角度严厉打击滥用生殖科技和有损胚胎尊严的行为，曾被认为是欧洲最严厉的胚胎保护法。这种强烈的胚胎保护意识可能源自对"二战"时期纳粹极端行为的深刻反思和高度警惕。

然而，受"生殖旅游"的影响，特别是曾有"授精天堂"之称的意大利等周边国家的冲击，严厉的刑罚并未堵塞滥用生殖权的行为，常常出现非法人工生殖的现象。为保护所生子女的利益，德国本着求真务实的立法精神，多次修订《收养协议法》（The Adoption Arrangements Act），增列代孕中介内容。一方面重申《胚胎保护法》的立场，禁止代孕协议，禁止代孕中介和广告宣传；有代孕中介行为的，处 1 年以下有期徒刑，并处罚金；如因中介而获利者，处 2 年以下有期徒刑，并处罚金；以上行为如出于经济目的，处三年以下有期徒刑，并处罚金；代理孕母和委托父母免受刑责。另一方面特别增加代孕所生子女法律地位等条款。考虑到即使严刑峻法，仍有人以身试法，造成违法代孕和生育子女的事实，该法注重对违法生育子女的法律救济，规定孩子出生后交由委托夫妻收养，使委托者通过收养方式成为孩子的法律父母，以确保人工生殖子女不被遗弃或者争抢。

（二）意大利

意大利不孕不育治疗需求的激增，促进了医学辅助生殖服务的繁荣。但是，在 2004 年以前，意大利是欧洲唯一未立法规范医学辅助生殖的国家。2004 年 2 月 19 日，在各方的妥协或支持下，意大利议会终于通过《医学辅助生殖法》（又称 40/2004 法案），该法案于同年 3 月 10 开始实施。40/2004 法案全文共 7 章，包括基本原则、技术的适用范围、新生儿保护、许可监管、罚则、胚胎保护措施以及过渡性条款等，深受天主教教义影响的 40/2004 法案为强烈的保护胚胎意识所激励，在制度设计上自始至终把胚胎保护置于首要位置，并设专章保护胚胎利益，规定下列行为违法并给予严惩：（1）第三方参与医学辅助生殖，卵子或精子捐赠，使用代孕母亲，向同性恋者、单身者和死者提供医学辅助生殖治疗均属违法。（2）以研究或试验目的或以该法规定以外的任何方式培育人类胚胎；（3）对配子和胚胎进行任何形式的优生选择和干预措施，包括通过人类辅助生殖技术或用人工手段对配子或胚胎进行基因修饰；（4）以生殖和研究为目的，通过细胞核移植、胚胎分裂或早期体外发育进行干预性克隆；（5）以人类配子与其他物种配子、杂交产物或嵌合体进行受精；（6）除 1978 年 5 月 22 日第 194 号法令的规定外，堕胎或胚胎冷冻；（7）未遵守每个 IVF-ET 或 ICSI 周期内最多只能培养三个受精卵并且必须立刻同时植入母亲子宫的规范；（8）并非出现严重的有文件证明的不可抗力影响母亲健康可能影响受精着床不适合移植胚胎的情况下，胚胎冻存；（9）除 1978 年 5 月 22 日 194 号法令规定的情况外进行减胎。这些内容与意大利其他法律规定的权利相违背，也使 40/2004 法案成为欧洲范围内最保守、最严格的法律的标志性内容。这就为社会反对和改革 40/2004 法案埋下伏笔。

2005 年 6 月，激进派发起了一场全民公投来决定这部法律的命运。公投运动开始时，梵蒂冈成立"科学与生命"反公投组织，公开号召投票者放弃投票并取得胜利，2004/40法案继续有效。公投运动失败后，一些政治人物、科学团体和生殖学专家表示担忧，继续通过法院呼吁修改法案，主要有三个方面：（1）禁止 PGD（胚胎植入前遗传基因诊断）条款（即第 13 条第 2 款）；（2）三胎移植条款（即第 14 条第 2 款）；（3）禁止胚胎冷冻条款（即第 14 条第 3 款）。该呼吁获得部分成功。2009 年 5 月 8 日，宪法法院宣布，40/2004法案至少在部分内容上是违宪的，因而废除了 40/2004 法案的大多数限制性规定。2012 年8 月，欧洲人权法院应意大利诉讼当事人的诉请宣布废除 PGD 禁令。[①]

综上所述，各国对人类辅助生殖技术普遍积极应对，或者成立专家组或研究委员会，进行调查研究并形成调研报告或者伦理指南，或者由立法机关直接颁布成文法，对人类辅助生殖技术进行规制。综观各国的调研报告、伦理指南或法律规范（含草案），基于经济基础、法律文化、民族习惯和生育观念的差异，各国在对待和处理人工生殖子女亲子关系问题时也存在很大的差异。但是，追求家庭的幸福和谐却是所有国家立法的共同目标，解决人类辅助生殖技术对传统婚姻家庭结构造成的影响是每个国家面临的共同课题，因而各国相关规范在维护家庭道德、强化子女利益、重视公权力的监督、尊重当事人意思自治等方面有异曲同工之妙。[②]

第四节　基因编辑伦理法律制度

基因编辑被认为是当代生物学领域"最具影响力的技术"，也是最富有争议性的技术。根据英国纳菲尔德生命伦理学理事会的定义，基因编辑是指在 DNA 或 RNA 功能的分子水平上进行有针对性的干预，故意改变生物实体的结构或功能特征的做法。[③]一方面，基因编辑技术可以在碱基水平上进行精确的基因修饰，使人类免受某些单基因疾病的侵袭，因

---

① Legge 19 febbraio 2004，n.40.Norme in materia di procreazione assistita.（Gazzetta Ufficiale n.45 del 24 febbraio 2004）.

② 杨芳：《人类辅助生殖法律制度比较研究》，中国人民大学出版社 2022 年版，第 319—350 页。

③ Nuffield Council on Bioethics，Genome Editing：An Ethical Review，London，2016，4.

而具有极为广泛的发展前景和应用价值。另一方面，这一技术充满风险，其安全性与有效性一直存在争议。因此，贸然将其应用于人类生殖领域可能会引发"伦理学上的灾难"，并对生物安全带来威胁。例如，在"基因编辑婴儿事件"中，当事人便是在明知违反国家有关规定和医学伦理的情况下，仍然以天然免疫艾滋病为名，编辑人类胚胎 CCR5 基因。但是，由于作为编辑对象的 CCR5 基因遭到永久性破坏，由此诞生的人类胚胎的安全性与有效性均无法得到验证。

一、基因编辑的技术发展

人类基因组编辑依照被修饰细胞或组织的类别可以划分为体细胞编辑和生殖系基因组编辑，其中以生殖为目的的生殖系基因组编辑被称为可遗传基因组编辑。人类体细胞编辑（Human Somatic Genome Editing, HSGE）是在体细胞中进行的，这些细胞中基因组的改变不会遗传给后代；人类生殖系基因组编辑（Human Germline Genome Editing, HGGE）是指对生殖细胞进行的基因组编辑，此类细胞基因组发生的改变可以通过生殖活动传递给后代。生殖系基因组编辑包含用于实验室研究和以生殖为目的的基因组编辑，后者被称为人类可遗传基因组编辑（Heritable Human Genome Editing, HHGE）。此外，根据研究阶段和方式的不同，基因编辑可分为基础研究和临床试验（应用）；以目的为标准，基因编辑可分为治疗型编辑和增强型编辑。基于体细胞基因编辑的疾病治疗仅涉及被编辑的个人，与其他广泛应用的医学临床干预并无实质性区别，并未对人们的伦理认知造成大的冲击。[①]目前，人类可遗传基因组编辑技术的研究和应用是基因编辑治理领域重点规制的基因编辑类型，即"基因编辑婴儿事件"中涉及的基因编辑技术。

与基因编辑相关联的概念还包括基因检测（Gene Test）、基因诊断（Genetic Diagnosis）以及基因治疗（Gene Therapy）。严格而言，这一组概念之间既有联系又有区别。其中，基因检测是通过提取血液、其他体液或细胞，对被检测者细胞中的 DNA 分子信息进行检测的技术。通过这一技术，人们可以知晓自己的基因组成及是否含有某些特定基因，获知人种、性别、亲子关系、对某些疾病的易感性等信息。[②]基因诊断，是通过基因检测技术来判断检测对象是否存在异常基因或携带病原体。而基因治疗针对的是异常基因本身，即将正当基因导入靶细胞，以矫正或取代异常基因，从而实现治疗疾病的目的。目前来看，体细胞治疗是人类基因治疗研究和应用的重点所在。

二、基因编辑的多维风险

人类基因组编辑的风险可以被归纳为两类：一是基于技术本身的原初性风险，这是各类基因编辑技术都无法回避的问题；二是技术后期引发的衍生性风险。"技术自身的属性和逻辑具有相对的客观性，绝大多数技术有着可靠的技术原理作为支撑，经过技术试验和

---

① 参见孙海波：《基因编辑的法哲学辨思》，载《比较法研究》2019 年第 6 期。
② 项剑、谷振勇：《基因检测技术与基因隐私权法律保护》，载《科技与法律》2009 年第 5 期。

改进可以产生稳定可预期的效果。"① 然而，所谓的技术中立，仅仅强调技术作为工具可能的价值中立性，这无法掩盖技术本身固有的风险性，CRISPR基因编辑技术的准确性和安全性始终受到质疑，最为典型的是该技术可能产生的"脱靶效应"，此类技术瑕疵将极大地增加未来罹患癌症和其他恶性疾病的不可预知风险。②

与技术风险相比，人类基因组编辑引发的伦理和社会等衍生性风险亦不容小觑。当下，基于医疗目的的体细胞基因编辑因其本身不涉及对可遗传性信息的更改，故并未引发过度的伦理争议。基因编辑技术的衍生性风险主要是指以增强为目标的基因组编辑以及生殖系基因组编辑引发的后期风险，涉及一系列深层次的价值冲突：

第一，主体与客体重新定位的价值冲突。尊严是人类区别于其他物种的核心特质，是整个社会文明发展的基石，更是以宪法基本权利和人格权为代表的法秩序的核心。"人性尊严乃在彰显人的主体性，即以人为本，不以人作为手段或被支配客体"③，这也是康德哲学的精要所在。人作为自然选择的进化产物，遵循着生物演进的偶然性，两性活动并未改变生物遗传和自然出生的基本规律；而在哲学层面，人的固有存在就表明其本身的主体性地位与尊严性，这是对生命的敬畏。基因编辑对人的伦理性冲击表现为，通过技术对曾经被视为具有神圣性的人的自然体加以改造、设计和控制，实际上破坏或改变了人之完整性（personal integrity）。④ 同时，干预人的自然演化状态的行为，实际上是将人类个体作为基因试验对象，个体成为达成基因优化、使人类趋于完美的目的性工具，这不可避免地引发了对于人的客体化与物化的隐忧。

第二，生命的商业化价值冲突。论者认为，人类生殖细胞的基因编辑导致人生命自然属性的减弱和"技术—社会"属性的增强，生命的进化过程俨然变成一个技术选择过程，而生命设计更引发了生命价值商业化的反尊严后果。⑤ 技术背后，是资本的商业化运作，基于个人道德好恶的"生命定制""婴儿选择"可能诞生金钱化的市场交易行为。

第三，个体自由与社会公正的价值冲突。基因编辑同样是一种基因优劣的筛选过程，极易演化为新时代的基因种族主义与优生主义，形成新一轮的社会阶层分化、对立和冲突。

第四，当代与未来世代之间的利益冲突。由于基因突变的不可控性与未知性，盲目的遗传性基因编辑可能对人类基因库或基因池产生不可逆转的污染风险，进而对后代群体的利益造成损害，侵害代际权益。⑥ 且此类可遗传性基因编辑行为，具有单向性和强制性的特征，未来世代只能消极、被动地承受当代人的选择与结果，未来世代的自主性和自决权益被程序性地忽视。

① 郑玉双：《破解技术中立难题——法律与科技之关系的法理学再思》，载《华东政法大学学报》2018年第1期。
② 陶应时、王国豫、毛新志：《人类胚胎基因编辑技术的潜在风险述介》，载《自然辩证法研究》2018年第6期。
③ 王泽鉴：《人格权法》，北京大学出版社2013年版，第1页。
④ 孙海波：《基因编辑的法哲学辨思》，载《比较法研究》2019年第6期。
⑤ 易显飞：《人类生殖细胞基因编辑的伦理问题及其消解》，载《武汉大学学报（哲学社会科学版）》2019年第4期。
⑥ 钱继磊：《论作为新兴权利的代际权利——从人类基因编辑事件切入》，载《政治与法律》2019年第5期。

三、基因编辑技术的法律规制

"当代信息科技和生命科技引发的伦理和法理问题主要包括两方面：一是对社会主体的重新审视；二是对科技带来的社会风险、社会结构重塑等问题的应对。"[①] 治理现代化视野下，前述生命科技问题均依赖于一套协调有序的治理机制，在这一过程中，法律扮演了重要的制度角色。事实上，基因编辑治理的有关规范既包含了伦理道德规范，也包含了法律规范，两者并行不悖且相互作用，法律为对最低限度的"科技伦理"赋予了强制性保障。

（一）我国基因编辑技术规制的整体框架

我国早在 20 世纪末国家就已经展开对基因工程和相关基因技术的规范。例如，原卫生部于 1993 年制定了《人的体细胞治疗及基因治疗临床研究质控要点》，同年原国家科学技术委员会颁布了《基因工程安全管理办法》，两者均涉及对基因生物技术研究与开发的管理。从前述的规范来看，我国是允许将基因编辑技术应用到体细胞的治疗层面的。与基因编辑直接相关的法律规范包括《人类辅助生殖技术管理办法》《人类辅助生殖技术规范》《人类辅助生殖技术和人类精子库伦理原则》《人胚胎干细胞研究伦理指导原则》《干细胞临床研究管理办法（试行）》《涉及人的生物医学研究伦理审查办法》等。其中，《人胚胎干细胞研究伦理指导原则》是涉及基因编辑的实体性规范，该指导原则第 6 条明确规定，囊胚的体外培养期限自受精或核移植开始不得超过 14 天且不得植入人或任何其他动物的生殖系统。可以确定的是，在满足对配子和胚胎的严格保护和监管的前提下，我国允许生殖系基因组编辑的基础研究，但严禁可遗传基因组编辑技术的临床试验和应用。《涉及人的生物医学研究伦理审查办法》是对涉及人的生物医学研究领域伦理审查进行规制的一般性规范，由于生物医学研究的广泛性，该办法具有伦理审查领域基本法的性质，对基因组编辑的研究和应用起到了程序性控制作用。

为应对技术发展的安全问题，《生物技术研究开发安全管理办法》《医疗技术临床应用管理办法》等技术规制型法律也不断出台。"基因编辑婴儿事件"后，我国相关部门高度重视基因编辑的法律规制工作。2019 年，国务院颁布了《人类遗传资源管理条例》，加强对人体基因组等遗传材料和遗传资源的规范与保护。2020 年，《民法典》正式通过，"《民法典》第 1009 条不仅对人体基因、人体胚胎等有关的医学和科研活动具有直接适用性，也为后续的立法设定了原则与参照"[②]。同年，《生物安全法》通过。2020 年 12 月通过的《刑法修正案（十一）》新增非法植入基因编辑、克隆胚胎罪，非法基因编辑行为正式入刑。2023 年 2 月，国家卫生健康委、教育部、科技部及国家中医药局联合发布了《涉及人的生命科学和医学研究伦理审查办法》；2023 年 9 月，科技部、教育部、工业和信息化部等十部门联合印发了《科技伦理审查办法（试行）》。这些都标志着我国法律规范在伦理审查机制方面的完善。

---

① 张吉豫：《认真对待科技伦理和法理》，载《法制与社会发展》2020 年第 3 期。
② 石佳友、庞伟伟：《人体基因编辑活动的民法规制：以〈民法典〉第 1009 条的适用为例》，载《西北大学学报（哲学社会科学版）》2020 年第 6 期。

2021 年 12 月修订通过的《科学技术进步法》在完善我国科技治理基本框架和顶层设计层面具有重大战略意义。该法不仅直接体现了我国在科技领域加强科学技术创新和科技伦理治理的积极姿态，更进一步推动了我国科技治理体系和治理能力的现代化建设。首先，创新激励与风险防范的制度化统筹推进。《科学技术进步法》具有基本法的属性，2021 年修法时确立了科技创新发展与科技风险监管同步治理的规制模式，强调了前瞻性治理的基本理念和科技发展的伦理导向，推动科技向善发展。为此，《科学技术进步法》新增"监督管理"一章，以专章形式强化科技监管与科技伦理治理。其次，建立国家科技伦理委员会。《科学技术进步法》第 103 条首次以法律形式确立了国家科技伦理委员会的法律地位。建立高层级的国家科技伦理机构，有助于全面、系统化地指导和统筹协调推进全国的科技伦理治理工作。再次，划定人类胚胎基因编辑等科技活动的伦理底线。《科学技术进步法》第 107 条第 1 款明确要求："禁止危害国家安全、损害社会公共利益、危害人体健康、违背科研诚信和科技伦理的科学技术研究开发和应用活动。"最后，严格科技伦理违规法律责任。除了传统的民事、行政和刑事责任外，《科学技术进步法》还规定了撤销相关科学技术活动、追回资助、限制申请、失信惩戒等多种责任形式，倒逼科研主体严谨自律、遵守规范。

（二）我国《民法典》对基因编辑的规范框架

基因编辑法律规制的重要内容即对相关当事人民事权利的有效保护。作为民事活动的基本法，《民法典》以其具有独创性的人格权编对"基因编辑婴儿事件"和人体医学活动中的权利保护问题进行了回应。

总体而言，我国《民法典》采取了以行为准则为核心内容的人格权规制模式。一方面，人类基因组编辑主要涉及人体医学和生命伦理活动，相较于财产性权益，其与人格尊严、人格自由和健康权等人格权益更加密切。另一方面，与侵权损害赔偿相比，人格权规制模式更有助于实现对基因编辑行为的合理规范和引导，"人格权编是权利法，侵权责任编是救济法，权利的具体内容和权利的行使规则都只能是通过权利法加以规定，而不可能由救济法加以规定"[①]。

"确权—救济"构成了我国《民法典》的整体框架思路。《民法典》将侵权责任编作为最后一编，形成了以权利的救济与保护结尾的完善体系。[②] 这意味着，侵权责任编在《民法典》中发挥着一般性权利救济功能。《民法典》第六章"医疗损害责任"的第 1218 条规定："患者在诊疗活动中受到损害，医疗机构或者其医务人员有过错的，由医疗机构承担赔偿责任。"问题在于，基因编辑行为是否属于"诊疗活动"，民法典对此未作说明。对此，2017 年原国家卫生和计划生育委员会修订的《医疗机构管理条例实施细则》可资参考，该实施细则第 88 条第 1 款将诊疗活动规定为"通过各种检查，使用药物、器械及手术等方法，对疾病作出判断和消除疾病、缓解病情、减轻痛苦、改善功能、延长生命、帮助患者恢复健康的活动"。根据该定义，通过药物、器械及手术等方法治疗或改善生命健康的活动均属于诊疗活动。基因编辑作为对特定目标基因进行修饰的工程技术，涉及细胞、胚

---

① 刘凯湘：《民法典人格权编几个重要理论问题评析》，载《中外法学》2020 年第 4 期。
② 王利明：《体系创新：中国民法典的特色与贡献》，载《比较法研究》2020 年第 4 期。

胎等特定组织的基因诊断、基因治疗和基因改良，属于广义上的治疗或改善生命健康的活动，因此将基因编辑特别是其临床应用解释为侵权法上的诊疗活动，具有合理性。

在《民法典》的医疗损害责任中，医疗过失是判断"医疗机构或者其医务人员有过错"的主要标准，其核心是考察医疗机构或者医务人员是否违反注意义务，包括是否违反向基因编辑受试者进行说明并取得其同意的义务、是否尽到与当时的医疗水平相应的诊疗义务、是否存在违反诊疗法规或隐匿、篡改病例等行为，以及是否违反对患者隐私和个人信息保密的义务等。在基因编辑事件中，生殖细胞的基因编辑临床应用被现行法律法规禁止，因而基因编辑婴儿行为具有明显的违法性与主观过错，构成医疗过失；而体细胞的基因编辑临床应用则需要结合当前基因编辑技术的风险，行为主体是否达到该专业技术领域的医务人员通常应具备的医疗水平、履行了相应的注意义务，以及地域性、患者的合理期待、其他紧急情况等因素，进行个案判断。

除侵权过错要件外，在基因编辑事件中，损害和因果关系的规范评价也是症结所在。受试者和可能出生的基因编辑婴儿若受到身体健康损害，直接适用"侵权责任编"中关于人身损害的相关规定即可。需要讨论的是，若未出现直接的生理机能健康损害或身体组织完整性的缺失，是否可以得到救济。有学者认为，基因编辑婴儿被侵害的法益主要是人格尊严，可基于"不当生命"之诉，提起侵权损害赔偿请求。[1] 本质上，这是基于人格尊严、自由的一般人格权益受到侵害而适用过错责任一般条款的路径，具有一定的合理性。但在司法实践中，有法院以生命无法价值化的理由驳回婴儿的不当生命损害赔偿诉求，认为侵害的是父母的优生优育权。[2] 一般而言，基因编辑是否构成侵权损害需要根据侵害的法益类型进行判断。就侵害受试者知情同意权而言，不需要具备现实的物质性损害，知情同意权本质上是患者自主决定权在医疗领域的具体表现，强调的是权利主体的自主性，因而此处的损害应当作这样的理解——"权利侵害本身就是损害，而不必出现通常的人身上或财产上的具体损害"。[3] 基因编辑婴儿基于人格尊严提起侵权救济时，应当兼顾行为自由、权益保护和生命伦理等诸多价值，原则上应当要求精神损害等一般性后果，司法机关应审慎支持"不当生命"的诉求。更为重要的是，侵权责任法上的损害以确定性和现实性为基本要素，尽管基因编辑具有潜在的风险，但此种可能的风险不应当直接作为侵权法意义上的损害进行救济，否则有悖于一般侵权法理。由于医疗活动的专业性和技术性，特别是在增加了基因编辑要素的情况下，损害与行为之间的因果关系愈加复杂。在基因编辑案件中，有必要在传统的医疗损害鉴定基础上，增加科学领域的专家证人证言作为判断因果关系的重要参考，并且应当适当减轻患者在举证方面的责任，受试者或者婴儿的证明达到一定的盖然性标准后，相应的举证责任就应当向医疗机构或试验方移转。

由于医疗损害责任的主体为医疗机构，且该损害责任仅针对医疗过失，不包含故意侵权的情形，故其适用范围有限；当基因编辑行为主体为其他非医疗机构、非医务人员，或

---

① 王康：《"基因编辑婴儿"人体试验中的法律责任——基于中国现行法律框架的解释学分析》，载《重庆大学学报（社会科学版）》2019 年第 5 期。
② 参见（2007）昆民三终字第 854 号民事判决书。
③ 王康：《基因编辑婴儿事件受害人的请求权》，载《法律科学》2020 年第 3 期。

者加害人具有主观故意时，应当适用一般侵权责任的规定。另外，在基因编辑基础研究中，针对人体胚胎干细胞的编辑本身尽管不会直接侵害受试者的健康，但此种特殊的人体分离物，具有转化为"人"的潜在可能性，显然与普通之物有区别，对其"仍然可以考虑适用精神损害赔偿"。[1]并且，《民法典》第 1239 条新增占有或使用"高致病性等高度危险物"致害的侵权责任，基于被编辑细胞风险的不确定性，该高度危险责任有适用的空间。

第五节　终末期治疗伦理法律制度

人生无常，死亡有恒。临终前遭受高龄失能和沉疴宿疾折磨是许多人不能承受的生命之痛。同时，生命干预技术的采用在延缓死亡的同时也增加了死亡时的痛苦，从而引发了各种伦理和法律问题。其中，开展临终关怀但不实施、撤除或终止维生治疗引起了较大的伦理和法律争议。此间的核心议题是保障患者生命权与尊重其自主权的价值排序问题。尊重患者自主权意味着患者需要通过预先指示或者知情同意书等法律文件作出意思表示。在此基础上，需要厘清相关医疗措施之间的概念差异，妥善处理患者家属的角色定位以及明确医者救治义务的边界。

一、生前预嘱的法律效力

《布莱克法律词典》将生前预嘱（living will）界定为"当一个人无法合理预期其可以从极端的身体或精神疾病中恢复时，通过一份正式的法律文件指示不得通过特别的措施人为地延长其生命"。[2]以生前预嘱放弃维生治疗的理念最早由美国律师路易斯·肯特内尔（Louis Kuntner）所提出，其在 1969 年创造了"living will""will to live""advance health directive"的概念。[3]1976 年，美国加利福尼亚州通过的《自然死亡法案》（Natural Death Acts），是第一部明确患者有权拒绝接受生命支持的医疗技术的法律。[4]1990 年，美国国会正式通过《患者自决法案》（Patient Self-Determination Act），从联邦立法层面明确患者有权通过预先指示的方式选择或拒绝相关医疗措施。

生前预嘱这一概念自诞生起便饱受争议，其核心议题是如何接受"尊严死"这一命题。生前预嘱通常要求患者处于生命的晚期，但如何界定"生命的晚期"存在一定的模糊空间。例如，对一些残障人士而言，依靠呼吸机等设备生存是日常的生活状态，不能据此认为其是在"无尊严地生活"。此外，医生是否有权认定患者已处于生命晚期也存在不同看法。

就我国而言，《深圳经济特区医疗条例》第 78 条明确承认患者可以设立生前预嘱且医

---

① 王利明：《人格权法研究（第 3 版）》，中国人民大学出版社 2018 年版，第 308 页。

② Bryan A. Garner. ed，Black's Law Dictionary（8th ed），2004，2735.

③ 黄丁全：《医疗法律与生命伦理》，法律出版社 2007 年版，第 211 页。

④ 参见李忠鲜：《论尊严死亡的法律边界——以撤除维生干预为例》，载《山东法官培训学院学报》2023 年第 6 期。

疗机构应尊重患者的此种意思表示，[①]从而在地方性立法中率先引入了生前预嘱制度。但由于该条例仅为探索性立法，其对于该意思表示的条件、效力、法律后果等重要问题仍缺乏具体的规定。生前预嘱制度的法理基础是对过度临终医疗的反思以及尊重患者的自主意愿。患者有权基于知情同意原则作出关于自己医疗处置的决定，包括拒绝或撤除可能延长生命但无法改善生命质量的维持治疗。结合我国其他实体法规定，可根据以下三个要件认定生前预嘱的法律效力：首先，患者作出真实有效的意思表示。根据《民法典》第143条，有效的意思表示应由具备完全民事行为能力的患者作出。[②]其次，为确保该意思表示的真实性，医生应充分告知生前预嘱和撤除维生干预的医学和法律后果，并确认其明确的同意意愿，确保患者的知情同意权得到落实。对此，可以考虑引入除提供医疗服务的医生或医院之外的独立第三方作见证。例如，加利福尼亚州《自然死亡法案》规定，对于生前医疗指令（Advance Health Care Directive），通常需要至少两位无利害关系的成人作为见证人。最后，医疗机构应当对生前预嘱是否合法、是否达到相应的执行条件进行审查，这一程序对应着生前预嘱的生效条件，如医生应当询问患者是否了解何为维持生命干预措施、干预措施能在多大程度上延缓死亡、干预措施对身体带来哪些创伤，希望撤除维持生命干预措施的原因为何、在作出决定的一段时间内意思表示是否具有稳定性，[③]是否存在不合理的因素干扰，生前预嘱实施条件是否与临床无效医疗标准一致。对于生前预嘱执行条件，医务人员应判断临床状况是否符合生前预嘱中的规定情形。

二、患者家属的角色定位

虽然生前预嘱由患者作出，但考虑到患者的实际情况以及传统的家庭伦理观念，该决定仍离不开患者家属的深度参与。[④]实践中较为常见的情形包括：患者预先指示为尽力维持治疗或者未作出意思表示，但其家属出于家庭关系不融洽、迫于经济压力等，要求撤除维持生命干预措施；虽然患者预先指示是撤除维持生命干预系统，但家属因为对亲人的眷恋或者迫于道德压力而不愿撤除维持生命干预措施。这些问题实际上指向的是家属在开展临终关怀过程中的角色定位问题。

本书认为，在患者已作出明确和有效的意思表示的情况下，应当优先执行其意思表示。这是因为相比于家属，患者在身体情况、财产状况、社会关系上处于弱势地位，如果不对患者家属的影响力作出限制，受医疗费用、医患纠纷等影响，患者对医疗决定几乎没

---

① 《深圳经济特区医疗条例》第78条规定："收到患者或者其近亲属提供具备下列条件的患者生前预嘱的，医疗机构在患者不可治愈的伤病末期或者临终时实施医疗措施，应当尊重患者生前预嘱的意思表示：（一）有采取或者不采取插管、心肺复苏等创伤性抢救措施，使用或者不使用生命支持系统，进行或者不进行原发疾病的延续性治疗等的明确意思表示；（二）经公证或者有两名以上见证人在场见证，且见证人不得为参与救治患者的医疗卫生人员；（三）采用书面或者录音录像的方式，除经公证的外，采用书面方式的，应当由立预嘱人和见证人签名并注明时间；采用录音录像方式的，应当记录立预嘱人和见证人的姓名或者肖像以及时间。"

② 参见满洪杰：《对深圳生前预嘱规定的诊断意见》，载《上海法治报》2022年8月5日，第B7版。

③ See Samuel M Brown, C Gregory Elliott, Robert Paine, Response to Open Peer Commentaries on "Withdrawal of Nonfutile Life Support after Attempted Suicide", 3 *American Journal of Bioethics* 3, 4（2013）.

④ 参见景军：《基于死亡叙事的医疗社会生态分析》，载《思想战线》2022年第1期。

有自主权可言。但考虑到可能发生的医患纠纷，应尽可能由其近亲属参与生前预嘱的制定，以形成家庭的共同意志。但这一程序不应影响生前预嘱的有效或者生效，因此可作为一种倡导性规则或者不影响意思表示效力的强制性规则。在患者表达希望撤除维持生命干预措施的意思表示后，患者家属亦可表达自身意见，比如对于维持生命干预措施的认识与态度，这有利于形成一个患者和家属达成共识的医疗决定，更容易被医院接受和执行。例如，《德国民法典》第1901b条规定，在作出医疗决定时应当给予患者其他近亲属或信赖关系人表达意见的机会。[①]

在患者未设立生前预嘱或者设立的生前预嘱不生效力时，是否撤除维持生命干预措施由谁代为决定？对此，理论上有三种方案：一是由家属作出决定；[②]二是由医学伦理委员会作出决定；[③]三是由司法机关予以裁决。通常情况下，简单地赋予家属作出此类决定的权利不能被视为对现行法律的恰当解释。强制医疗的权利应当由医疗机构在评估临床情况后行使，而不是任由家属单方面决定。因此，合理的程序是家属发起请求，医生给出专业意见后由医院伦理委员会进行审查。这一过程确保了决策经过了专业的医疗分析，同时也使决策保持了必要的独立性。这样的决策框架旨在平衡专业知识与伦理关怀，兼顾病患与家属的期望，并确保决策过程的正当性。为确保决策过程的公正性与合理性，还应当全面评估并权衡客观上的患者最佳利益和主观上推定的患者意愿。在此情境下，患者的真实意愿只能通过以往的证据进行推断。由于这种推断可能会受到实际情况的不确定性和时间差异性的影响，可能并不能有效代表患者当前的意志。如此，经医学专业人员基于经验和证据所得出的判断将会是更为理想和合理的选择。

与生前预嘱相关的另一个问题是放弃过度治疗问题。放弃治疗是对提供无效治疗的道德否定，然而法律对此并无明确规定，一旦医患双方价值判断发生偏差，患者家属反悔，极易引发医患纠纷。因此，应制定有关放弃治疗的法律法规，使医疗决策科学化、合理化、规范化、文明化，减少和消除救治过程中盲目、不科学和过度的医疗干预现象，这对有效维护患者的人格尊严和人格自由，具有重要的现实意义和法律意义。放弃治疗的执行程序应当包括如下方面：（1）研判患者是否属于放弃治疗的对象；（2）生前预嘱是否符合法律条件，即患者有无行为能力，是否反复、明确、具体地表达了放弃治疗的意思，放弃治疗决定是否真实自愿；（3）证明生前预嘱有必要的证明人和法律上的拘束力；（4）执行的方式包括放弃生命维持疗法、限制性试验期、支持性替代措施、止痛剂和姑息疗法等。另外，在生前预嘱执行的过程中，医务人员都承担着特殊的道德责任，对放弃治疗患者及其亲属应尽人文关怀，给予充分的精神抚慰。

三、终末期治疗与安宁疗护

安宁疗护（palliative care），也称"临终关怀""慈怀疗护""善终服务"等。根据

---

① 参见满洪杰：《对深圳生前预嘱规定的诊断意见》，载《上海法治报》2022年8月5日，第B7版。
② 参见付子堂、王业平：《法律家长主义与安乐死合法化的范围界限》，载《法学杂志》2021年第3期。
③ 参见林世章：《无效医疗 去留之间》，载《中国医院院长》2011年第6期。

2017 年 1 月由国家卫计委办公厅发布的《安宁疗护实践指南（试行）》，"安宁疗护实践以临终患者和家属为中心，以多学科协作模式进行，主要内容包括疼痛及其他症状控制，舒适照护，心理、精神及社会支持等"，其目的在于提高患者和家属的生活质量，让患者无痛苦、安详地离世，同时也让家属的心灵得到慰藉。[①] 与一般医疗措施不同的是，安宁疗护并不以治愈疾病作为目标，而是尽可能地减轻临终患者的痛苦。

由于安宁疗护与撤除维生干预在理念上具有一致性，故我国各地实践中大多努力将两者融合，共同致力于实现对患者的全过程照护。换言之，在撤除维持生命干预措施后若能同时辅以舒缓身体疼痛的温和治疗，更能够提高患者生命质量。从前述指南来看，我国安宁疗护的适用对象主要是"临终患者"。而撤除维持生命干预措施的适用范围限于终末期患者，不包括植物人等近期内不会死亡的患者。这种做法能够减少争议，更适应我国医疗服务能力和医患关系的现状。我国台湾地区在"安宁缓和医疗条例"中规定了患者有权撤除心肺复苏术，在"病人自主权利法"中规定撤除维持生命治疗时应提供病人缓和医疗。美国的《统一健康护理决定法案》和韩国的《关于临终关怀·缓和医疗及临终期患者延命医疗决定的法案》也将两者予以融合。[②]

四、终末期治疗与安乐死

现代生命科学技术在延长生命方面成绩显著，但是也面临生命伦理的质疑。其中一个重要问题是，生前预嘱、安宁疗护、撤除维持生命干预等措施是否变相地将安乐死合法化？对此，需要对安乐死本身展开法理上的探讨。从内涵来看，安乐死存在消极与积极、自愿与非自愿之分。消极安乐死是对垂危患者停止治疗，尤其是停止使用现代抢救设备，让患者自行死亡；积极安乐死是指采取注射等积极措施结束垂危患者的生命。根据患者是否作出意愿表达，安乐死又可分为自愿安乐死与非自愿安乐死，前者是遵照患者意愿或要求实施的安乐死，后者则是对无法表达个人意思的患者实施的安乐死。

我国立法尚未采纳安乐死，但实践中已出现多起与此有关的案例。以 1986 年在陕西汉中发生的中国首例医生执行安乐死案为例，患者不堪忍受痛苦，在患者及其家属的请求下，医生蒲某为其执行了安乐死。法院认为，蒲某的行为虽具违法性，但因社会危害性小，最终无罪释放。而 2001 年在上海发生的一则案例中，被告梁某以电击方式对身患脑溢血深度昏迷瘫痪的母亲实施安乐死后自首，法院以故意杀人罪判处其 5 年有期徒刑。以上两则典型案例表明，实施安乐死的法律后果在我国尚具有一定程度的不确定性。

与安乐死相关的概念是尊严死。尊严死在国内外的学术研究和实践中有着不同的定义和标准，可分为狭义和广义两种。狭义上的尊严死通常是指遵循生命和医学规律的自然死亡，在患有不可治愈疾病的生命末期放弃抢救和不使用生命支持系统，让死亡既不提前，

---

① 涂炯、梅笑：《从嵌入到互构：中国安宁疗护本土化发展的挑战与机遇》，载《广东社会科学》2024 年第 2 期。
② 参见刘兰秋：《韩国延命医疗中断立法之评介》，载《河北法学》2018 年第 11 期。

也不延后。① 从该定义即可看出，撤除维持生命干预措施属于尊严死的一种，两者是包含与被包含的关系。② 但也应看到，撤除维持生命干预措施只是患者行使生命权和医疗自由的一种方式，并且是一种特殊方式，如果患者自主选择继续接受维持生命治疗，并不会从反面推断出其属于无尊严的死亡。提供多种临终治疗方式以供患者选择才是现代医疗的发展方向。广义上的安乐死还包括协助自杀。③ 协助自杀与安乐死十分类似，但亦存在区别。协助自杀是为一个人的自杀行为提供协助手段；而（积极）安乐死是根据患有严重和无法治愈疾病的患者的请求，有意结束其生命的行为，目的在于结束患者认为无法承受的状态。在协助自杀的情况下，医生最多只是为患者开具致死药物，药物情况须被充分告知并在家属陪护下由患者本人服用；在狭义安乐死中，致死药物由医生来管理和使用。近年来，一些欧洲国家对协助自杀行为进行了合法化，不再予以处罚。不过值得注意的是，协助自杀与撤除维持生命干预措施所追求的结果不同，后者并不会人为地加速死亡进程，因而在伦理上的争议相对较小。

五、脑死亡及其认定标准

死亡作为一种法律事实，在法律体系中具有重要意义。究竟以什么标准来判断人的死亡首先是一个科学问题。临床上长期以心肺死标准判定死亡。随着医学知识的进步和临床实践经验的积累，人们发现心死亡和脑死亡不一定是同步的，这促使人们重新思考生与死的界线。于是，脑死亡概念和标准应运而生。1966 年，国际医学界正式提出"脑死亡"概念，1968 年，美国哈佛医学院特设委员会提出了著名的哈佛标准，即脑死亡是整个中枢神经系统的全部死亡，是包括脑干在内的全部机能丧失的不可逆转的状态。④ 1968 年，世界卫生组织建立的国际医学科学组织委员会将死亡标准规定为：对环境失去一切反应；完全没有反射和肌肉张力；停止自主呼吸；动脉压陡降和脑电图平直。1973 年，第八届国际脑波——临床神经生理学大会提出了更加详细的定义，这就是全脑死亡（Whole Brain Death），即脑死亡是包括从小脑、脑干至第一颈髓的全脑机能的不可逆转的丧失。由此产生不同的脑死亡判定标准，如大脑皮质死亡、脑干死亡和全脑死亡。标准不一，必然影响到脑死亡的可靠性。目前，我国起草的《脑死亡判定标准》和《脑死亡判定技术规范》两个文件已在广泛征求意见。2018 年 9 月 12 日，全国人大教科文卫委员会回复了关于脑死亡立法建议的信函，表示建议在现行法律中增加脑死亡和心死亡的规定，给死者家属一定选择权。⑤ 这意味着我国心肺死标准的终结不再遥远。

---

① 参见睢素利：《对生前预嘱相关问题的探讨》，载《中国卫生法制》2014 年第 2 期。
② 参见章艳婷、钱新毅、李建军：《临终患者尊严死的研究进展》，载《护理学杂志》2020 年第 7 期。
③ 参见汪志刚：《善终服务的法律调整模式及选择逻辑》，载《中外法学》2022 年第 4 期。
④ 郭自力：《生物医学的法律和伦理问题》，北京大学出版社 2002 年版，第 3—4 页。
⑤ 参见全国人大教科文卫委员会发布的《关于十三届全国人大一次会议第 5344 号建议的答复》。

本章思考题

1. 简析医事法的伦理面向。
2. 简评《民法典》对器官捐献和移植的主要规定。
3. 简析人类辅助生殖技术应用产生的主要伦理、法律和社会问题。
4. 简述我国基因编辑技术规制的整体框架。
5. 简析我国《民法典》对基因编辑的规范框架。
6. 评析医疗纠纷预防的重要意义及主要措施。
7. 评析生前预嘱的法律属性及其效力。
8. 简评我国死亡的临床判断标准。

第四编
药事法

　　药事法是卫生健康法的重要组成部分，以药事法为代表的健康产品法是健康权得以实现的物质基础。健康产品法是一个比药事法更加宽泛的概念，因为健康产品包括药品、食品、保健品、化妆品、医疗器械等。考虑到食品、保健品、化妆品等健康产品更多是针对公众健康的监管法律制度，因此，这些内容都纳入本书第二编"公共健康法"。当然，药事法的很多内容也针对群体公共健康权的实现，但考虑到药品、疫苗、医疗器械都是针对患者来使用的，可以说既涉及群体健康权，也涉及个体健康权，故此，将以这些内容为研究对象的理论体系纳入第四编"药事法"。

　　此处的药事法，是广义上的药事法，既包括药事法一般理论即"药事法概述"以及药品管理法律制度，又包括疫苗管理法律制度、医疗器械管理法律制度，这些都是事关人民群众健康权实现的重要领域，需要将政府监管与企业自律、社会共治相结合。

第十六章
药事法概述

　　药事法是调整药事活动中各种社会关系的法律规范。法律是我国药事法律规范中最基础的表现形式，其中最为重要的当属《药品管理法》和《疫苗管理法》两部法律。在我国，药事法的主要法源还包括《药品管理法实施条例》《麻醉药品和精神药品管理条例》《中药品种保护条例》《医疗器械监督管理条例》等行政法规，以及《药品注册管理办法》《药物非临床研究质量管理规范》《药品生产监督管理办法》《药品经营和使用质量监督管理办法》《生物制品批签发管理办法》《药品网络销售监督管理办法》《药品生产质量管理规范》《药品经营质量管理规范》《医疗器械经营监督管理办法》等部门规章。

　　药事法的立法目的包括保护和促进公众健康、加强药品管理，以及保障药品安全、有效、可及。药事法的基本原则包括风险管理原则、科学原则、伦理原则、全程管控原则与社会共治原则等。当法律在具体实施中出现理解或认识上的分歧，需要解释或者明确具体条款如何适用时，应当根据药事法的立法目的和基本原则，对药事法进行解释与适用。

第一节　药事法的概念与适用范围

一、药事法的概念

　　"药事"这个词在《辞海》中并无记载，史书《册府元龟》有云"统尚药局有典御二人，侍御师二人，尚药监四人，总御药之事"，此处的"总御药之事"也许是"药事"一词的雏形。有学者将"药事"理解为一切与药品有关的事物，如药品的生产、质量监督、经营、销售、研究，药学技术、药用材料，药品法规、政策、管理，以及药学教育、药事组织、药学事故等[1]，这较为准确地揭示了"药事"一词的外延与内涵。

　　药事法是指由国家制定或认可，由国家强制力保障实施，以保障公众安全用药和合法权益为目的，调整和保护药事活动中各种社会关系的法律规范的总称。

二、药事法的适用范围

　　法的适用范围，又称法的效力范围，是指法律在什么地域、什么时间、对什么人发生

---

① 岳来发：《浅谈药事管理与药学会》，载《中国药事》1992 年第 1 期。

效力，包括空间效力范围、时间效力范围和对人的效力范围。

法律一般会在总则中明确其空间效力范围和对人的效力范围，在附则中明确时间效力范围。《药品管理法》第2条和《疫苗管理法》第2条分别对其效力范围加以规定。我国药事法的空间效力范围是中华人民共和国境内。就对人的效力范围而言，其体现为对调整有关药事事项的规定。在中华人民共和国境内从事药品研制、生产、经营、使用和监督管理活动，适用《药品管理法》；在中华人民共和国境内从事疫苗研制、生产、流通和预防接种及其监督管理活动，适用《疫苗管理法》。

需要指出的是，已在中华人民共和国境内上市或者拟在境内上市药品的境外研制、生产及其他相关过程，应符合我国药品法律、法规、规章、标准和规范的要求。境外生产药品的注册申请，应当按照药品的细化分类准备相应的申报资料。使用境外研究资料和数据支持药品注册的，其来源、研究机构或者实验室条件、质量体系要求及其他管理条件等应当符合国际人用药品注册技术要求协调会（ICH）通行原则，并符合我国药品注册管理的相关要求。国家药品监督管理局为确认药品境外研制、生产相关过程的真实性、可靠性和合规性，可实施药品境外检查。

在药事法领域，需要对特别法与一般法的关系加以探究。同一机关制定的法律、行政法规、地方性法规、自治条例和单行条例、规章，特别规定与一般规定不一致的，适用特别规定。[①] 特别法优越于一般法的原则，可以成为解决法律规范冲突问题的有力工具，因为可将特别规则视为一般规则的例外，特别规则作为更具体的规则，构成对一般规则的补充。

当两个法律规范的事实构成存在包容与被包容的关系时，包容的法律规范为特别法，被包容的为一般法。[②] 就疫苗管理而言，《疫苗管理法》是特别法，《药品管理法》是一般法；就疫苗预防接种等事务而言，《疫苗管理法》是特别法，《传染病防治法》是一般法。当特别法没有规定时，则适用一般法。对此，《疫苗管理法》第2条第1款明确规定，"本法未作规定的"，适用《中华人民共和国药品管理法》《中华人民共和国传染病防治法》等法律、行政法规的规定。例如，就疫苗管理而言，当涉及伦理审查、疫苗召回、假劣疫苗界定及惩罚性赔偿、刑事责任与行政责任衔接等问题时，则应适用《药品管理法》的相关规定。[③]

第二节　药事法的立法目的

目的是法律的创造者，法律是社会生活的行为规范，法律的制定以其要规范的目的为基础。"法律的标准不是真实性这种绝对的标准，而是目的这种相对的标准。"[④] 法律

---

① 参见《中华人民共和国立法法》第103条。
② 参见杨登峰：《选择适用一般法与特别法的几个问题》，载《宁夏社会科学》2008年第3期。
③ 参见袁杰、王振江、赵宁等主编：《中华人民共和国疫苗管理法释义》，中国民主法制出版社2019年版，第51页。
④ 英格博格·普珀：《法律思维小学堂：法律人的6堂思维训练课》，蔡圣伟译，北京大学出版社2011年版，第65页。

目的有时直接在法律中明文规定，有时需要从诸多法律条文中提取出共通的"基本价值判断"，以逆推法探求法律目的。[①] 目的是理解法律规范语句时必须观照的因素，在法律解释和适用过程中，可以基于立法目的来寻找最为适合的法律解释和适用方案。药事法的立法目的包括保护和促进公众健康、加强药品管理，以及保障药品安全、有效、可及。

一、保护和促进公众健康

《世界卫生组织组织法》在序言中规定，健康不仅为疾病或羸弱之消除，而系体格、精神与社会之完全健康状态。[②] 我国《药品管理法》第 1 条规定立法目的之一是"保护和促进公众健康"，《疫苗管理法》第 1 条规定立法目的之一是"保障公众健康"，《药品管理法》第 3 条规定"药品管理应当以人民健康为中心"。

《药品管理法》《疫苗管理法》均明确将保护公众健康作为立法主旨，并通过鼓励药物创新、药品储备供应等规定予以贯彻落实。

保护和促进公众健康，体现于对药物创新的鼓励、努力提高患者用药的可及性。国家鼓励研究和创制新药，保护公民、法人和其他组织研究、开发新药的合法权益。药物创新要更加关注真实世界的数据，关注患者的可及性、可负担性，关注新药的治疗效果。药物创新要争取有突破性的创新，在机理上有创新、在疗效上有提高，而非在低水平、低层次上的创新。对此，《药品管理法》第 16 条第 1 款规定，国家支持以临床价值为导向、对人的疾病具有明确或者特殊疗效的药物创新。《疫苗管理法》第 4 条第 2 款规定，国家支持疫苗基础研究和应用研究，促进疫苗研制和创新。《药品管理法》还规定了鼓励儿童用药品创新、优先审评审批制度，引入了药物临床试验机构备案管理和药物临床试验审批默示许可，规定了拓展性临床试验制度、附条件审批制度。

保护和促进公众健康的理念，体现于贯穿药品管理全过程的制度设计。申请药品注册，需要提供真实、充分、可靠的数据、资料和样品，证明药品的安全性、有效性和质量可控性。从事药品生产、经营活动，应当保证药品生产、经营全过程持续符合法定要求。药品上市许可持有人应当制订药品上市后的风险管理计划，主动开展药品上市后研究，对药品的安全性、有效性和质量可控性进行进一步确证，加强对已上市药品的持续管理，这都体现了保护和促进公众健康的理念。

二、加强药品管理

为什么要加强药品管理？因为药品关乎公众健康，质量低劣的药品不仅无法有效治疗疾病，还可能加重病情、危及公众健康，弱化医疗卫生制度的公信力。药品涉及药品研发者、生产者、经营者、使用者、患者等多方利益，而在药品市场主体和消费者之间存在

---

① 杨仁寿：《法学方法论》，中国政法大学出版社 1999 年版，第 127 页。

② 《世界卫生组织组织法》，载于世界卫生组织官网。

着信息不对称，药品可以说是一种高风险商品，在药品领域存在着"市场失灵"，仅靠市场的自生自发秩序，不足以防范市场主体的道德风险。因此有必要结合国家与社会的力量，进行有效的药品管理，保证药品质量。《药品管理法》着力构建和完善药品研制、生产、经营、使用等各环节全过程、全链条的监管制度，如建立药品追溯制度、药物警戒制度等，旨在全面加强药品管理。

制定和实施《疫苗管理法》，对于加强疫苗管理、保证疫苗质量和供应、规范预防接种、促进疫苗行业发展、保障公众健康、维护公共卫生安全具有重要意义。《疫苗管理法》第 3 条规定，国家对疫苗实行最严格的管理制度。《疫苗管理法》从疫苗研制、生产、流通和预防接种、上市后管理、监督管理、法律责任等角度，为疫苗制定了全过程、全环节、全方位最严格的监管制度。《疫苗管理法》对疫苗生产设置了比一般药品生产更为严格的准入条件，对疫苗注册、疫苗生产准入、疫苗批签发作出了更为严格的规定；对疫苗实施最严格的过程管理，严格生产过程控制，要求遵守疫苗储存、运输管理规范，保证疫苗质量；规定了严厉的处罚措施，《疫苗管理法》第 79 条明确规定，违反该法规定，构成犯罪的，依法从重追究刑事责任。

三、保障药品安全、有效、可及

《药品管理法》第 3 条规定，"保障药品的安全、有效、可及"，《药品注册管理办法》第 3 条在对"药品注册"的定义中指出，药品监督管理部门基于法律法规和现有科学认知，对药品注册申请人的申请进行安全性、有效性和质量可控性等审查。保障药品安全、有效、可及，应成为药事法的基本原则。

（一）安全

中文的"安全"和英文的"safety"都表示一种状态，表示"免于危险"或"没有危险"的状态。从外在和内在因素两个层面对"药品安全"进行考察，"药品安全"意味着药品不因外在因素而影响其安全性，同时其内在组分、质量和疗效，不会带来风险，或产生伤害。

药品本身存在着固有的风险。药品风险可能源自实验室阶段、非临床安全评价阶段或者临床研究阶段，也可能源自生产、经营、储存、运输、使用等上市后阶段，还可能是特定的药物相互作用或特异体质所致。因此，不存在"零风险"的药品。如果对于特定疾病、症状和特定人群而言，一个药品所带来的收益大于可预见的风险，就认为这个药品是安全的。

《药品管理法》第 1 条规定，"保障公众用药安全"，《疫苗管理法》第 3 条规定国家对疫苗管理坚持"安全第一"。为此，法律要求药品上市许可持有人依法对药品研制、生产、经营、使用全过程中的药品安全性负责；国家建立健全药品追溯制度，推进药品追溯信息互通互享，实现药品可追溯；在药品注册环节，药品监督管理部门基于法律法规和现有科学认知进行安全性、有效性和质量可控性等审查，决定是否同意药品注册申请人的申请；药品上市许可持有人应当主动开展药品上市后研究，对药品安全性等进行进一步确证；当药品存在安全隐患时，药品上市许可持有人应当召回已销售的药品。《药品管理法》

第 107 条规定了药品安全信息统一公布制度，以确保药品安全信息的规范性、统一性、科学性。

（二）有效

在我国《药品管理法》第 2 条第 2 款中，将药品界定为"用于预防、治疗、诊断人的疾病，有目的地调节人的生理机能并规定有适应症或者功能主治、用法和用量的物质"。《药品注册管理办法》第 3 条规定药品注册包括对药品"有效性"的审查。

保障药品有效，一方面要保障药品质量合格，另一方面要保障药品能有效预防、治疗、诊断人的疾病。就药品质量而言，《药品管理法》第 3 条规定药品管理应当"全面提升药品质量"。法律要求各主体遵守质量管理规范，建立健全相应的质量保证体系、质量管理体系，进而保障药品质量可控。

要让药品发挥疗效，首先需开展药物临床试验，即以药品上市注册为目的，为确定药物安全性与有效性，在人体开展药物研究。同时，还要开展药品上市后管理，《药品管理法》第 83 条规定，药品上市许可持有人应当对已上市药品的安全性、有效性和质量可控性定期开展上市后评价，经评价，对疗效不确切、不良反应大或者因其他原因危害人体健康的药品，应当注销药品注册证书。

（三）可及

药品可及性是指能够以可以承担的价格，安全地、实际地获得适当、可接受的药品，并方便地获得合理使用药品的相关信息。《药品管理法》与《疫苗管理法》体现了对药品可及的关切。为了保证药品可及，《药品管理法》第 16 条规定，国家支持以临床价值为导向的药物创新，鼓励治疗严重危及生命的疾病或者罕见病的新药研制；《药品管理法》第 23 条规定了拓展使用临床试验药物，这是从保护危重患者利益出发的灵活设计，对挽救特定患者的生命具有重要意义；《药品管理法》第 26 条规定，对治疗严重危及生命且尚无有效治疗手段的疾病以及公共卫生方面急需的药品，可以附条件批准；《疫苗管理法》第 20 条则规定了疫苗附条件批准和疫苗紧急使用制度。

《药品管理法》第九章为"药品储备和供应"，从制度上保障药品的可及：其一，构建药品储备制度，这是政府履行社会管理和公共服务职能，确保发生重大灾情、疫情等公共事件时医药物资及时有效供给的保障体系。[1]《药品管理法》第 92 条要求实行药品储备制度，建立中央和地方两级药品储备。其二，《药品管理法》第 93 条，实行基本药物制度，遴选适当数量的基本药物品种，加强组织生产和储备，提高基本药物的供给能力，满足疾病防治基本用药需求。其三，建立短缺药品供应保障制度，包括《药品管理法》第 94 条规定的短缺药品预警制度、《药品管理法》第 95 条规定的短缺药品清单管理制度和停产报告制度，《药品管理法》第 97 条则明确对短缺药品可以限制或者禁止出口，必要时可以采取组织生产、价格干预和扩大进口等措施保障供应。[2]其四，《药品管理法》第 96 条规定，对临床急需的短缺药品、防治重大传染病和罕见病等疾病的新药、儿童用药品予以优先审评审批，通过鼓励研制生产、优先审评审批来增加供给、保障供应。

---

① 参见袁杰、王振江、刘红亮等主编：《中华人民共和国药品管理法释义》，中国民主法制出版社 2019 年版，第 176 页。
② 参见《药品管理法》第 94、95、97 条。

第三节　药事法的基本原则

"原则"一词来自拉丁文 *Principium*，语义是"开始、起源、基础"。在法学中，法律原则是指可以作为规则基础或来源的综合性、稳定性原理和准则。原则的特点是，它不预设任何确定的、具体的事实状态，不规定具体的权利、义务和法律后果，但它指导和协调着全部社会关系或某一领域社会关系的法律调整机制。[①] 药事法中的法律原则体现了药品管理的共同法律精神，是具体规则的来源和依据。药事法的基本原则包括风险管理原则、科学原则、伦理原则、全程管控原则和社会共治原则等。

一、风险管理原则

药事法体现了风险管理的理念，力求建立科学的监管制度，以真实、准确、完整、可追溯的信息为基础，系统建构了风险评估、风险管理、风险警示、风险监管等制度，并通过制定风险治理规范，进行利益衡量，防范药品风险。《药品管理法》第3条和《疫苗管理法》第3条都规定了坚持风险管理的原则。风险管理原则在药品立法中具体体现为：

（一）附条件批准制度

根据《药品管理法》第26条规定，对治疗严重危及生命且尚无有效治疗手段的疾病以及公共卫生方面急需的药品，药物临床试验已有数据显示疗效并能预测其临床价值的，可以附条件批准。这体现了风险—收益评价的理念。根据《药品管理法》第78条的规定，对附条件批准的药品，药品上市许可持有人应当采取相应风险管理措施，并在规定期限内按照要求相关研究；逾期未按照要求完成研究或者不能证明其获益大于风险的，国务院药品监督管理部门应当依法处理，直至吊销药品注册证书。

（二）药物警戒制度

药物警戒是与发现、评估、理解和预防药品本身固有缺陷、药品质量问题、药物相互作用等药品使用风险的活动。《药品管理法》第12条第2款规定，国家建立药物警戒制度，对药品不良反应及其他与用药有关的有害反应进行监测、识别、评估和控制。法律还要求药品上市许可持有人制定药品上市后安全风险管理计划，主动开展药品上市后研究，开展药品上市后不良反应监测，主动收集、跟踪分析疑似药品不良反应信息，对已识别风险的药品及时采取风险控制措施。国家药品监督管理局颁布的《药物警戒质量管理规范》，要求药品上市许可持有人和获准开展药物临床试验的药品注册申请人应当基于药品安全性特征开展药物警戒活动，建立药物警戒体系，通过该体系的有效运行和维护，监测、识别、评估和控制药品不良反应及其他与用药有关的有害反应，最大限度地降低药品安全风险，保护和促进公众健康。

（三）重点监督检查制度

《药品管理法》第99条第2款规定，药品监督管理部门应当对高风险的药品实施重

---

① 参见张文显：《二十世纪西方法哲学思潮研究》，法律出版社1996年版，第390—391页。

点监督检查。风险监管要有的放矢，不能平均用力，要优化配置有限的监管资源，将"好钢用在刀刃上"。疫苗、血液制品、麻醉药品、精神药品、医疗用毒性药品、放射性药品等都属于高风险药品，对其要重点监管。除了法定监管重点之外，药品监管部门可以根据动态的风险信息等，将某些品种、某些主体或者某些地区列为一定时期内的重点监管对象。

（四）根据风险程度实行分类管理制度

药品审批上市后，需要根据科技进步、产业发展、监管要求等进行适时变更，以持续改进升级，但在改进升级过程中隐含着风险。《药品管理法》第 79 条按照对药品安全性、有效性和质量可控性的风险和产生影响的程度，对药品生产过程的变更实行分类管理。重大变更是风险高、影响程度大的变更，因此需要经国务院药品监督管理部门批准；其他变更的风险和影响程度则相对较低，根据其风险及影响程度分别采取备案或者报告的管理方式。①

【拓展阅读】
风险分级分类规制与药品监督

（五）药品安全信息统一公布制度和药品安全风险警示制度

根据《药品管理法》第 107 条的规定，国家实行药品安全信息统一公布制度，实行统一公布的信息包括国家药品安全总体情况、药品安全风险警示信息、重大药品安全事件及其调查处理信息和国务院确定需要统一公布的其他信息。公布药品安全信息，应当及时、准确、全面，并进行必要的说明，避免误导，这有助于确保药品安全信息的规范性、统一性、科学性。药品安全风险警示制度的建立，将起到警示作用，保障公众知情权，引导公众更为理性地认识药品安全、防范药品风险，并可避免误导公众，防止给社会造成不必要的恐慌。

二、科学原则

科学原则是药品监管的题中之义。药品的研制、生产、经营、使用、监督管理等都是科学性和专业性很强的活动，《药品管理法》《疫苗管理法》均明确要求建立科学的监督管理制度。药品监管是以科学为基础的监管，这要求从实际出发，运用科学技术和方法，尊重客观规律，适应经济社会发展和全面深化改革的要求。科学原则至少有如下四方面的体现：

（一）药品注册应以科学为基础

《药品注册管理办法》第 3 条规定，药品注册是指药品注册申请人依照法定程序和相关要求提出药物临床试验、药品上市许可、再注册等申请以及补充申请，药品监督管理部门基于法律法规和现有科学认知进行安全性、有效性和质量可控性等审查，决定是否同意其申请的活动。药品注册是知识密集型的活动，《药品管理法》第 25 条要求"组织药学、医学和其他技术人员进行审评"，这体现了审评工作的科学性、专业性和技术性。

---

① 参见袁杰、王振江、刘红亮等主编：《中华人民共和国药品管理法释义》，中国民主法制出版社 2019 年版，第 154—155 页。

（二）建立符合中药特点的科学监管制度

《中华人民共和国中医药法》（下称《中医药法》）第 2 条指出，中医药反映了中华民族对生命、健康和疾病的认识，具有悠久历史传统和独特理论及技术方法。《药品管理法》第 16 条第 2 款规定，国家鼓励运用现代科学技术和传统中药研究方法开展中药科学技术研究和药物开发，建立和完善符合中药特点的技术评价体系，促进中药传承创新。根据《药品注册管理办法》第 4 条，中药注册按照中药创新药、中药改良型新药、古代经典名方中药复方制剂、同名同方药等进行分类，由国家药品监督管理局根据注册药品的产品特性、创新程度和审评管理需要，组织制定相应的中药申报资料要求。

（三）规范专家咨询制度运行

《药品管理法》第 27 条第 1 款规定了药品审评中的专家咨询制度。对药品监管中专业性、技术性较强的事项，可以组织专家咨询。《药品注册管理办法》第 17 条规定，药品监督管理部门及药品审评中心等专业技术机构根据工作需要建立专家咨询制度，成立专家咨询委员会，在审评、核查、检验、通用名称核准等过程中就重大问题听取专家意见，充分发挥专家的技术支撑作用。

（四）强化科学监管能力建设

首先，《药品管理法》第 104 条、《疫苗管理法》第 71 条规定，国家建立职业化、专业化药品检查员队伍，检查员是加强药品监管、保障药品安全的重要支撑力量，检查员应当熟悉药品法律法规，具备药品专业知识，负责监督检查药品生产质量管理规范情况，收集疫苗质量风险和违法犯罪线索。其次，强化药品专业技术机构的能力建设，包括技术审评能力、检查体系、检验检测体系、监督评价体系建设，以更好地承担依法实施药品监督管理所需的审评、检验、核查、监测与评价等工作。最后，推进药品监管科学研究，开展药品安全基础、质量控制、安全评价与预警、检验检测新技术、标准和质量提高研究，推出药品审评与监管新制度、新工具、新标准、新方法，为药品监管提供科学技术支撑。

三、伦理原则

伦理原则关注专业主义的伦理维度，赋予专业人员道德信任，令其为共同福祉而行动。伦理解决"该不该做"的问题，探讨人类的行动规范，以及如何制定判定"该不该做"的标准；法律解决"能不能做"的问题，只能在法律准许范围内行事，超过范围行事应受处罚。药品监管中的伦理是一种"倡导"伦理，要求监管法律、监管政策和监管活动具有伦理上的正当性。应当将伦理原则作为药品立法和药品监管政策形成时的考量因素，作为药品研制、生产、经营、使用等活动的基本遵循。[1] 伦理层面的要求转化为相关法律法规的规定，表现为伦理委员会等机构的运作，以及从事相关活动需符合伦理原则。

---

① 参见约翰·科根、基思·塞雷特、A. M. 维安：《公共卫生法：伦理、治理与规制》，宋华琳、李芹等译，译林出版社 2021 年版，第 55—56 页。

药品涉及以人体为对象的医学研究，在国际上，此类医学研究需要遵循《纽伦堡法典》《世界医学大会赫尔辛基宣言》和世界卫生组织有关文件中的伦理原则。我国重视人体医学研究的伦理道德要求，注重保护受试者在临床研究中的知情同意权和安全权益。《药品管理法》第 20 条规定，开展药物临床试验，应当符合伦理原则，制定临床试验方案，需经伦理委员会审查同意。伦理委员会应当建立伦理审查工作制度，保证伦理审查过程独立、客观、公正，监督规范开展药物临床试验，保障受试者合法权益，维护社会公共利益。《药品管理法》第 21 条规定，在实施药物临床试验时，应当向受试者或者其监护人如实说明和解释临床试验的目的和风险等详细情况，取得受试者或者其监护人自愿签署的知情同意书，并采取有效措施保护受试者合法权益。这些要求都是伦理原则的体现。

此外，《生物安全法》第 34 条规定，从事生物技术研究、开发与应用活动，应当符合伦理原则。《生物安全法》第 37 条规定，从事生物技术研究、开发活动，应当遵守国家生物技术研究开发安全管理规范。《生物安全法》第 40 条规定，从事生物医学新技术临床研究，应当通过伦理审查，并在具备相应条件的医疗机构内进行；进行人体临床研究操作的，应当由符合相应条件的卫生专业技术人员执行。《生物安全法》第 55 条规定，采集、保藏、利用、对外提供我国人类遗传资源，应当符合伦理原则，不得危害公众健康、国家安全和社会公共利益。根据《生物安全法》第 56 条第 3 款，为了取得相关药品在我国上市许可，在临床试验机构利用我国人类遗传资源开展国际合作临床试验、不涉及人类遗传资源出境的，不需要批准；但是，在开展临床试验前应当将拟使用的人类遗传资源种类、数量及用途向国务院卫生健康主管部门备案。

药品生产、经营、使用活动也应遵循伦理原则。药品生产、经营和使用应符合法律、法规、规章、标准和规范的要求，接受法律原则和法律价值的指引；药品上市许可持有人、药品生产企业、药品经营企业、医疗机构应以公众健康和患者权益保障为中心，诚信、独立行事，履行法定的义务，依法承担相应的责任。

四、全程管控原则

《药品管理法》以药品研制和注册、药品上市许可持有人、药品生产、药品经营、医疗机构药事管理、药品上市后管理、药品价格和广告、药品储备和供应、监督管理及相关法律责任等为内容，来建构法律的章节框架，体现了对药品研制、生产、经营、使用等活动的全程管控。

全程管控的监管原则体现在以下环节：其一，《药品管理法》第 17 条规定，在药品研制环节，要遵守药物非临床研究质量管理规范、药物临床试验质量管理规范。根据《药品管理法》第 20 条和第 21 条，开展药物临床试验，需制定临床试验方案并经伦理委员会审查同意，采取有效措施保护受试者合法权益。其二，在药品生产经营环节，《药品管理法》要求从事生产经营活动应获批准，具备相应条件，建立健全药品生产经营质量管理体系，保证药品生产经营全过程持续符合法定要求。其三，在药品使用环节，根据《药品管理法》第 71 条，医疗机构应当有与所使用药品相适应的场所、设备、仓储设施和卫生环境，制定和执行药品保管制度，采取必要的冷藏、防冻、防潮、防虫、防鼠等措施，保证药品质量。法律还就药品上市后管理、药品价格和广告、药品储备和供应等作出了专门规定。

无论在药品管理的某一个环节，还是针对某种特定的药品，都要遵循全程管控原则。就药品生产而言，根据《药品管理法》第44、45、47条，生产药品要对供应原料、辅料等的供应商进行审核，应当按照国家药品标准和药品监督管理部门批准的生产工艺进行生产，药品生产企业应当对药品进行质量检验，建立药品出厂放行规程，符合出厂放行标准、条件的，经质量受权人签字后方可放行，这些都是全程管控原则在药品生产领域的生动体现。

药品追溯制度是全程管控原则的重要体现。《药品管理法》第7条要求从事药品研制、生产、经营、使用活动，应当保证全过程信息可追溯。《药品管理法》第36条要求，药品上市许可持有人、药品生产企业、药品经营企业和医疗机构应当建立并实施药品追溯制度，按照规定提供追溯信息，保证药品可追溯。药品上市许可持有人、生产企业、经营企业、使用单位通过信息化手段建立药品追溯系统，及时准确记录、保存药品追溯数据，形成互联互通药品追溯数据链，实现药品生产、流通和使用全过程来源可查、去向可追；有效防范非法药品进入合法渠道；确保发生质量安全风险的药品可召回、责任可追究。

五、社会共治原则

现代政府治理的重心由行政管理转向社会共治，《药品管理法》第3条、《疫苗管理法》第3条都明确规定药品管理应秉承社会共治原则。在药品管理的社会共治过程中，行政组织处于核心地位。《药品管理法》第9条规定，县级以上地方人民政府对本行政区域内的药品监管工作负责，统一领导、组织、协调本行政区域内的药品监管工作以及药品安全突发事件应对工作，建立健全药品监管工作机制和信息共享机制。此外，《药品管理法》第8条还规定了药品监督管理部门和其他有关部门的职责。《药品管理法》第11条规定，药品监督管理部门设置或者指定的药品专业技术机构为药品监管提供了重要技术支撑，承担依法实施药品监管所需的审评、检验、核查、监测与评价等工作。

社会共治强调多元主体的合作参与，药品上市许可持有人、药品生产企业、药品经营企业等市场主体应依法担负相应责任。《药品管理法》第6条规定了药品上市许可持有人的责任，《药品管理法》第43条、第53条分别为从事药品生产活动、药品经营活动设定了基本要求。药品市场主体有遵守药品法律、配合监督检查、如实提交信息的义务，药品市场主体还可在遵守法律的前提下，创新企业战略，改革内部质量管理，设定高于法定要求的自律性规范，以更好地保障药品安全。

我国的行业协会是由同一行业的经营者组成的、以保护和增进全体会员的共同利益为目的、根据章程开展活动的非营利性的社会团体。根据《药品管理法》第14条，药品行业协会应当依法加强行业自律，建立健全行业规范，加强药品安全宣传教育，推动行业诚信体系建设，引导和督促会员依法开展药品生产经营等活动。

新闻媒体是信息传播的主渠道，它作为社会舆论的重要引领者、传播者和推动者，构成了社会共治的重要力量。《药品管理法》第13条第2款和《疫苗管理法》第12条规定了新闻媒体的角色，新闻媒体应当开展药品、疫苗安全法律法规等知识的公益宣传，并对药品、疫苗违法行为进行舆论监督，有关药品、疫苗的宣传报道应当全面、科学、客观、公正。

公众参与是健全国家民主制度、提升公共生活民主性和公共性的重要途径。[①] 在药品监管法律、法规、政策、标准及相关规范性文件形成过程中，应当遵循民主决策原则，充分听取各方面意见，保障公众通过多种途径和形式参与决策。《药品管理法》第 106 条还规定了公众的咨询权、投诉权和举报权，规定了对举报人合法权益的保护。

本章思考题

1. 《药品管理法》《疫苗管理法》中哪些规定体现了风险管理原则？

2. 如何从药品研制、注册、生产、经营、使用等环节出发，理解全程管控原则的应用？

3. 如何理解确保药品安全有效与确保药品可及之间的关系？两者是否体现了不同的价值追求？

---

① 参见王锡锌：《公众参与：参与式民主的理论想象及制度实践》，载《政治与法律》2008 年第 6 期。

第十七章
药品管理法律制度

　　药品监督管理是对作为高风险产品的药品的预防性监管，相对于一般行政领域而言，药品监管要求监管者具有医学、药学、生物学、法学、经济学、公共政策等多方面的知识背景，具备丰富的监管经验，对科学、法律和政策问题作出处理。因此，需要由专门的药品监督管理部门，以风险控制为主旨，对药品加以监督管理。

　　《药品管理法》第 8 条第 1 款规定，国务院药品监督管理部门主管全国药品监督管理工作。第 8 条第 2 款规定，省、自治区、直辖市人民政府药品监督管理部门负责本行政区域内的药品监督管理工作；设区的市级、县级人民政府承担药品监督管理职责的部门负责本行政区域内的药品监督管理工作。

　　在中国现行药品管理法律法规体系中，《药品管理法》具有极为重要的地位。该法为我国药品监管奠定了法治蓝图，规定了药品监督管理的目的和基本原则，设定了药品监督管理体制，构成了从事药品管理活动的基本遵循，对药品研制和注册、药品上市许可持有人、药品生产、药品经营、医疗机构药事管理、药品上市后管理、药品价格和广告、药品储备和供应的管理作出了全面规定，规定了药品监督管理程序，规定了药品监督管理中违法相对人的法律责任和药品监督管理者的法律责任。

第一节　药品市场准入法律制度

一、药品上市许可制度

　　药品投放市场需要经过监管部门许可，这是为保障上市药品安全、有效和质量可控而作出的重要制度安排，是药品监管部门的重要职能之一，也是国际上药品监管的通行做法。在我国，药品上市许可通过药品注册制度予以规范，由国务院药品监督管理部门履行相应职能。

　　药品注册，是指药品注册申请人依照法定程序和相关要求提出药物临床试验、药品上市许可、再注册等申请以及补充申请，药品监督管理部门基于法律法规和现有科学认知水平进行安全性、有效性和质量可控性审查，决定是否同意其申请的活动。药品注册管理是药品市场准入的前置性管理措施，是国际上普遍认可与采用的管理模式。《药品管理法》第二章的标题为"药品研制和注册"，该章对鼓励药物创新、药物非临床研究、药物临床试验、药品审批程序加以体系性规定，彰显了促进药物创新的精神，明确了药物非临床研究的基本要求，规定了药物临床试验中的伦理原则、伦理委员会制度、知情同意制度，构建了关联审评制度、附条件审评制度，从而实现了鼓励药物创新、提高审评审批效率、规范药品研制活动之间的平衡。

（一）药品加快注册制度

国务院药品监督管理部门建立药品加快上市注册制度，支持以临床价值为导向的药物创新。对符合条件的药品，申请人可以申请适用突破性治疗药物、附条件批准、优先审评审批及特别审批等药品加快注册程序。在药品研制和注册过程中，药品监督管理部门及其专业技术机构应给予必要的技术指导、沟通交流、优先配置资源、缩短审评时限等政策和技术支持。

第一，《药品管理法》第 16 条第 1 款规定，国家支持以临床价值为导向、对人的疾病具有明确或特殊疗效的药物创新，鼓励具有新的治疗机理、治疗严重危及生命的疾病或者罕见病、对人体具有多靶向系统性调节干预功能等的新药研制，推动药品技术进步。

第二，对儿童用药品创新的鼓励。《药品管理法》第 16 条第 3 款规定，国家采取有效措施，鼓励儿童用药品的研制和创新，支持开发符合儿童生理特征的儿童用药品新品种、剂型和规格，对儿童用药品予以优先审评审批。

第三，突破性治疗药物程序。《药品注册管理办法》第 59 条规定，药物临床试验期间，用于防治严重危及生命或者严重影响生存质量的疾病，且尚无有效防治手段或者与现有治疗手段相比有足够证据表明具有明显临床优势的创新药或者改良型新药等，申请人可以申请适用突破性治疗药物程序。

第四，附条件批准程序。《药品管理法》第 26 条引入了附条件批准制度，对治疗严重危及生命且尚无有效治疗手段的疾病以及公共卫生方面急需的药品，药物临床试验已有数据显示疗效并能预测其临床价值的，可以附条件批准，并在药品注册证书中载明相关事项。《疫苗管理法》第 20 条规定，应对重大突发公共卫生事件急需的疫苗或者国务院卫生健康主管部门认定急需的其他疫苗，经评估获益大于风险的，国务院药品监督管理部门可以附条件批准疫苗注册申请。

第五，优先审评审批程序。《药品管理法》第 96 条规定，国家对临床急需的短缺药品、防治重大传染病和罕见病等疾病的新药予以优先审评审批。《药品注册管理办法》第 68 条则列举了若干可以申请优先审评审批程序的药品。

第六，特别审批程序。《药品注册管理办法》第 72 条规定，在发生突发公共卫生事件的威胁时以及突发公共卫生事件发生后，国家药品监督管理局可以依法决定对突发公共卫生事件应急所需防治药品实行特别审批。《药品注册管理办法》第 73 条规定，对实施特别审批的药品注册申请，国家药品监督管理局按照统一指挥、早期介入、快速高效、科学审批的原则，组织加快并同步开展药品注册受理、审评、核查、检验工作。特别审批的情形、程序、时限、要求等按照药品特别审批程序规定执行。

第七，关联审评审批。《药品管理法》第 25 条第 2 款规定，国务院药品监督管理部门在审批药品时，对化学原料药一并审评审批，对相关辅料、直接接触药品的包装材料和容器一并审评，对药品的质量标准、生产工艺、标签和说明书一并核准。

（二）药物非临床研究制度

从事药品研制活动，应当遵守国务院食品药品监督管理部门制定的《药物非临床研究质量管理规范》（Good Laboratory Practice，以下简称 GLP）。非临床研究质量管理规范是指有关非临床安全性评价研究机构运行、管理和非临床安全性评价研究项目试验方案设计、组织实施、执行、检查、记录、存档和报告等全过程的质量管理要求。开展药物非临床研究，应当符合国家有关规定，具备与研究项目相适应的人员、场地、设备、仪器和管理制度，保证有关数据、资料和样品的真实性。

根据《药物非临床研究质量管理规范》的规定，非临床安全性评价研究机构应建立完善的组织管理体系，配备机构负责人、质量保证部门和相应的工作人员。非临床安全性评价研究机构的人员应符合特定的要求，非临床安全性评价研究机构负责人应具备医学、药学或其他相关专业本科以上学历及相应的业务素质和工作能力，非临床安全性评价研究机构应设立独立的质量保证部门。

根据所从事的非临床研究需要，应建立相应的实验设施，配备相应的仪器设备，制定与实验工作相适应的标准操作规程。研究工作结束后，专题负责人应将实验方案、标本、原始资料、文字记录和总结报告的原件，与实验有关的各种书面文件，以及质量保证部门的检查报告等按标准操作规程的要求整理交资料档案室，并按标准操作规程的要求编号归档。

（三）药物临床试验制度

1. 药物临床试验审批管理

基于对人体安全的考虑和伦理原则，对人体开展的药物临床试验，需要经过国务院药品监督管理部门批准。《药品管理法》第 19 条第 1 款规定了药物临床试验审批管理制度。开展药物临床试验，应当按照国务院药品监督管理部门的规定如实报送研制方法、质量指标、药理及毒理试验结果等有关数据、资料和样品，经国务院药品监督管理部门批准。开展生物等效性试验的，报国务院药品监督管理部门备案。国务院药品监督管理部门应当自受理临床试验申请之日起 60 个工作日内决定是否同意并通知临床试验申办者，逾期未通知的，视为同意。

2. 药物临床试验机构的备案

药物临床试验机构资格认定在我国药物临床试验发展过程中，对于保证临床试验质量和保护受试者合法权益，起到了重要的促进作用。随着多中心临床试验的逐渐普及以及临床试验数量的日渐增多，借鉴国际经验并在"放管服"改革的理念下，对医疗机构采取事前行政许可的方式进行了调整，以满足我国药物研发创新发展。《药品管理法》第 19 条第 2 款规定，开展药物临床试验，应当在具备相应条件的临床试验机构进行。药物临床试验机构实行备案管理。这体现了监管理念的变化，符合简政放权、放管结合、优化服务的要求；同时调整了监管模式，将针对机构的认定改为围绕药物临床试验开展检查，使得监管更加有的放矢。

3.《药物临床试验质量管理规范》的遵守

从事药品研制活动，应当遵守药物临床试验质量管理规范。《药物临床试验质量管理规范》规定了伦理委员会、研究者、申办者的职责，药物临床试验开展的试验方案，研究者手册，以及必备文件管理等。

4. 药物临床试验的伦理审查

《药品管理法》第 20 条规定了药物临床试验的伦理审查，这体现了伦理规制的法治化和对药品临床试验伦理的框架立法，引入程序性规制思路，让伦理委员会按照法律要求建立制度，实施相应的管理流程和决策程序，来确保伦理规范得以执行。

根据《药品管理法》第 20 条第 1 款的规定，开展药物临床试验，应当符合伦理原则，制定临床试验方案，经伦理委员会审查同意。伦理委员会在药物临床试验中承担着审查试验方案、监督临床试验实施、保障受试者权益的重要职责。伦理委员会应当建立伦理审查工作制度，保证伦理审查过程客观、公正，监督规范开展药物临床试验，保障受试者合法权益，维护社会公共利益。

5. 知情同意和受试者保护

根据《民法典》第 1008 的规定，为研制新药或者发展新的预防和治疗方法，需要进行临床试验的，应当依法经相关主管部门批准并经伦理委员会审查同意，向受试者或者受试者的监护人告知试验目的、用途和可能产生的风险等详细情况，并经其书面同意。《药品管理法》第 21 条规定，实施药物临床试验，应当向受试者或者其监护人如实说明和解释临床试验的目的和风险等详细情况，取得受试者或者其监护人自愿签署的知情同意书，并采取有效措施保护受试者合法权益。

（四）药品注册审批制度

申请药品注册，应当提供真实、充分、可靠的数据、资料和样品，证明药品的安全性、有效性和质量可控性。对申请注册的药品，国务院药品监督管理部门应当组织药学、医学和其他技术人员进行审评，对药品的安全性、有效性和质量可控性以及申请人的质量管理、风险防控和责任赔偿等能力进行审查；符合条件的，颁发药品注册证书。

根据《药品管理法》第 27 条的规定，国务院药品监督管理部门应当完善药品审评审批工作制度，加强能力建设，建立健全沟通交流、专家咨询等机制，优化审评审批流程，提高审评审批效率。国家市场监督管理总局于 2020 年 1 月颁布了《药品注册管理办法》。该办法规定了药品注册的基本要求，就药品上市注册的各项制度内容作出了较为完备的规定。

二、药品生产经营许可制度

药品是直接关系人民群众身体健康和人身安全的特殊产品，为确保药品在生产、经营过程中的质量安全，必须从严监管，对药品生产经营活动实施事前许可。

（一）药品生产许可

根据《药品管理法》第 42 条，获得药品生产许可的条件包括：一是有依法经过资格认定的药学技术人员、工程技术人员及相应的技术工人；二是有与药品生产相适应的厂房、设施、设备和卫生环境；三是有能对所生产药品进行质量管理和质量检验的机构、人员及必要的仪器设备；四是有保证药品质量的规章制度，并符合药品生产质量管理规范要求。

根据《药品生产监督管理办法》第 9 条，申请药品生产许可证，应向所在地省、自治区、直辖市人民政府药品监督管理部门提出申请。对药品生产许可的申请，省、自治区、直辖市药品监督管理部门应当自受理之日起 30 日内，根据不同情况作出决定。经审查符合规定的，予以批准，并自书面批准决定作出之日起 10 日内颁发药品生产许可证；不符合规定的，作出不予批准的书面决定，并说明理由。

（二）药品经营许可

根据《药品管理法》第 52 条，获得药品经营许可的条件包括：一是有依法经过资格认定的药师或者其他药学技术人员；二是有与所经营药品相适应的营业场所、设备、仓储设施和卫生环境；三是有与所经营药品相适应的质量管理机构或者人员；四是有保证药品质量的规章制度，并符合药品经营质量管理规范要求。

申请药品经营许可证，应区分药品批发活动和药品零售活动两种情形。根据《药品管理法》第 51 条，从事药品批发活动，应当经所在地省、自治区、直辖市人民政府药品监督管理部门批准，取得药品经营许可证。从事药品零售活动，应当经所在地县级以上地方人民政府药品监督管理部门批准，取得药品经营许可证。药品监督管理部门实施药品经营许可，除考虑上述应具备的条件外，还应当遵循方便群众购药的原则。

三、药品上市许可持有人制度

为推进药品审评审批制度改革，鼓励药品创新，提升药品质量，为进一步改革完善药品管理制度提供实践经验，第十二届全国人民代表大会常务委员会第十七次会议于 2015 年 11 月 4 日通过了《全国人民代表大会常务委员会关于授权国务院在部分地方开展药品上市许可持有人制度试点和有关问题的决定》，授权国务院在 10 个省、直辖市开展药品上市许可持有人制度试点，允许药品研发机构和科研人员取得药品批准文号，对药品质量承担相应责任。2018 年 10 月 26 日，第十三届全国人民代表大会常务委员会第六次会议通过了《关于延长授权国务院在部分地方开展药品上市许可持有人制度试点期限的决定》，将在部分地方开展药品上市许可持有人制度试点工作的 3 年期限延长 1 年。

《药品管理法》第 6 条明确规定国家对药品管理实行药品上市许可持有人制度。药品上市许可持有人依法对药品研制、生产、经营、使用全过程中的药品安全性、有效性和质量可控性负责。以法律形式确立药品上市许可持有人制度，有助于压实主体责任、重构监管模式、鼓励研发创新、促进行业发展。具体而言，功能有四：（1）有利于厘清药品全生命周期各参与主体的法律责任，强化药品上市许可持有人对药品质量安全的主体责任；（2）有利于形成以上市许可持有人为核心的全过程、全链条监管模式，提升药品监管效能；（3）有助于研发者最大限度地享受创新带来的成果，激发科研机构和人员创新的积极性，并明确和强化科研机构和人员在药品全生命周期中承担的法律责任；（4）实行生产许可与药品注册相分离，有利于药品行业的优胜劣汰、结构调整和升级换代，促进资源优化配置。[①]

《药品管理法》第 30 条规定，药品上市许可持有人是指取得药品注册证书的企业或者

---

① 参见袁杰、王振江、刘红亮等主编：《中华人民共和国药品管理法释义》，中国民主法制出版社 2019 年版，第 58 页。

药品研制机构等，药品上市许可持有人应当依照《药品管理法》规定，对药品的非临床研究、临床试验、生产经营、上市后研究，以及不良反应的监测、报告及处理等承担责任。药品上市许可持有人的义务主要包括：

第一，《药品管理法》第31条规定，药品上市许可持有人应当建立药品质量保证体系，配备专门人员独立负责药品质量管理。药品上市许可持有人应制定本单位的质量目标和质量计划，设立独立于其他部门的质量保证控制部门，并为其配备足够的资源，确保药品生产经营质量保证体系能有效运行。

第二，加强委托生产、销售、储存运输的管理。《药品管理法》第32条规定，药品上市许可持有人委托生产、委托销售、委托储存运输药品时，双方应当签署委托协议，并严格履行协议约定的义务。《药品管理法》第31条第2款规定，药品上市许可持有人应当对受托药品生产企业、药品经营企业等进行定期审核，监督其持续具备质量保证和控制能力。

第三，《药品管理法》第33条规定，药品上市许可持有人应当建立药品上市放行规程，对药品生产企业出厂放行的药品进行审核，经质量受权人签字后方可放行。不符合国家药品标准的，不得放行。

第四，《药品管理法》第36条规定，药品上市许可持有人应当建立并实施药品追溯制度，应按照规定提供准确、完整的追溯信息，保证药品可追溯，做到每个药品最小包装单位可追溯、可核查。

第五，药品上市许可持有人应履行上市后义务。《药品管理法》第37条规定，药品上市许可持有人应当建立年度报告制度，每年将药品生产销售、上市后研究、风险管理等情况按照规定向省、自治区、直辖市人民政府药品监督管理部门报告。《药品管理法》第77条规定，药品上市许可持有人应当制定药品上市后风险管理计划，主动开展药品上市后研究，对药品的安全性、有效性和质量可控性进行进一步确证，加强对已上市药品的持续管理。《药品管理法》第80条规定，药品上市许可持有人应当开展药品上市后不良反应监测，主动收集、跟踪分析疑似药品不良反应信息，对已识别风险的药品及时采取风险控制措施。

第二节　药品风险控制法律制度

一、药品风险管理制度

药品作为一种特殊商品，存在固有的风险：（1）在药品设计、研制、生产、经营、使用等环节，可能存在风险；（2）难以判断药品风险发生的时间或阶段；（3）不存在"零风险"的药品，药品风险只能被削减，无法被完全消除；（4）药品风险有可能和其他安全、健康风险叠加，构成复合风险；（5）药品风险有可能超越国界，构成全球公共健康风险；（6）药品风险带来的损害后果有时是不可逆的；（7）公众有时难以理性认识药品风险，有可能高估或低估药品风险。

我国《药品管理法》第 3 条和《疫苗管理法》第 3 条都规定了风险管理的原则。风险监管体现于《药品管理法》第 26、78 条规定的附条件批准制度,《药品管理法》第 12 条第 2 款规定的药物警戒制度,《药品管理法》第 99 条第 2 款规定的重点监督检查制度,《药品管理法》第 79 条根据风险程度对药品上市后变更的分类管理,《药品管理法》第 107 条规定的药品安全信息统一公布制度和药品安全风险警示制度。

我国未来可在法规、规章中对"药品风险""风险收益衡量""风险管理体系""药品上市后风险管理计划"加以界定,进一步明确药品风险管理的原则,厘定药品上市许可持有人、药品生产企业、药品经营企业、医疗机构在药品风险管理中的职责,对药品上市后风险管理、药品上市后不良反应监测、药品不良反应报告、药品再评价制度等加以规范。

(一)风险评估

风险评估是风险管理中相对较具专业性的问题。它侧重于对药品所带来科学风险的客观度量。[①] 只有系统地收集、整理、分析和评估与药品安全相关的危险因素,才能使药品安全监管建立在更为科学、扎实的基础之上。此外,应依法建立药品安全风险评估专家咨询委员会制度和专家咨询机制,从而更好地汲取专业知识,凝聚科学共识。

(二)风险控制

控制药品风险的责任,首先由市场主体而非政府承担,因此,政府在药品上市后风险控制中,更重要的是扮演监管者的角色。国务院药品监督管理部门出台了相关技术指南,为企业、医疗机构的药品上市后风险控制活动设定最低要求,鼓励和引导药品企业、医疗机构开展药品上市后风险控制,并依法进行监管。药品生产、经营、使用机构也应当完善质量管理,强化风险控制体系建设。

(三)风险交流

风险交流在风险管理中具有重要的意义。风险交流可以传递风险信息,让不同的利益相关方了解风险信息与彼此的立场,增加风险监管决定的可接受性。美国《联邦食品、药品与化妆品法》第 567 条题为"风险交流",该条款规定部长应建立风险交流咨询委员会,委员会成员应由风险交流专家、相关风险领域专家、患者代表、消费者代表、医疗从业人员代表组成,委员会针对药品的风险和收益同公众交流并给出建议。

我国应将药品安全风险交流机制法定化,对此,可考虑设立药品安全风险交流咨询委员会,成员可包括来自医药、生物、化学、法律、政策和新闻学领域的专家,委员会可以作为政府与公众之间的桥梁,承担相应的风险交流工作。

二、药品追溯制度

追溯,又称为"溯源"或者"可追溯性"。追溯体系建设是采集记录产品生产、流通、消费等环节信息,实现来源可查、去向可追、责任可究,强化全过程质量安全管理与风险

---

① 参见史蒂芬·布雷耶:《打破恶性循环:政府如何有效规制风险》,宋华琳译,法律出版社 2009 年版,第 8 页。

控制的有效措施。药品追溯是药品上市许可持有人、生产企业、经营企业、使用单位、药品监督管理部门、消费者等与药品质量安全相关的追溯相关方，通过记录和标识等信息化手段，正向追踪和逆向溯源药品的生产、流通和使用情况，获取药品全生命周期追溯信息的活动。

《药品管理法》第 12 条第 1 款明确规定，国家建立药品追溯制度。《药品管理法》第 7 条规定，从事药品研制、生产、经营、使用活动，应当遵守法律、法规、规章、标准和规范，保证全过程信息真实、准确、完整和可追溯。《药品管理法》第 36 条规定，药品上市许可持有人、药品生产企业、药品经营企业和医疗机构应当建立并实施药品追溯制度，按照规定提供追溯信息，保证药品可追溯。《药品管理法》第 39 条规定，中药饮片生产企业履行药品上市许可持有人的相关义务，对中药饮片生产、销售实行全过程管理，建立中药饮片追溯体系，保证中药饮片安全、有效、可追溯。

《药品管理法》第 12 条第 1 款规定，国务院药品监督管理部门应当制定统一的药品追溯标准和规范，推进药品追溯信息互通互享，实现药品可追溯。药品追溯制度建设以"一物一码，物码同追"为方向，建设原则如下：监管部门定制度、建标准；多码并存，充分发挥企业主体作用；加强部门协作，数据互联互通。国家药品监督管理局已颁布了一批药品追溯标准规范：一是基础通用标准，从药品追溯统筹指导、夯实基础角度出发，提出了药品信息化追溯体系建设总体要求、药品追溯码编码要求和药品追溯系统基本技术要求，包括《药品信息化追溯体系建设导则》《药品追溯码编码要求》《药品追溯系统基本技术要求》3 个标准。二是药品（不含疫苗）追溯数据及交换标准，针对药品（不含疫苗）生产、经营、使用和消费者查询等环节，提出了追溯数据采集、存储和交换的具体要求，包括《药品上市许可持有人和生产企业追溯基本数据集》《药品经营企业追溯基本数据集》《药品使用单位追溯基本数据集》《药品追溯消费者查询基本数据集》《药品追溯数据交换基本技术要求》5 个标准。[①]

三、药物警戒制度

药物警戒是发现、评估、理解和预防药品本身固有缺陷、药品的质量问题、与其他药物的相互作用等药品使用风险的活动。药物警戒总体目标是预防和降低任何可能的药品不良反应及其他与用药有关的有害反应事件，促进公众安全合理地使用药品，并及时向监管部门、患者、医护人员及公众传递与药品有关的安全性信息，保护患者健康和公众健康。[②]

药品不良反应监测主要是药品上市后采取的措施。与药品不良反应监测相比，药物警戒的范围更广，贯穿药品整个生命周期，是对药品相关所有问题的警戒。药物警戒关注人体使用药品的风险，这些风险可能来自药品本身固有缺陷（如不良反应）、质量问题、药物相互作用，以及药物误用、滥用、错用等。药物警戒手段包括被动监测、主动监测、观

---

① 《有关药品追溯标准规范的解读》，载于国家药品监督管理局网站。

② 参见袁杰、王振江、刘红亮等主编：《中华人民共和国药品管理法释义》，中国民主法制出版社 2019 年版，第 70 页。

察性研究等。通过开展药物警戒活动，及时识别风险信号，采取针对性的预防和控制措施（如修订药品说明书、发布用药安全信息或实施产品撤市等），更好地保证药品的安全有效使用。

国家实行药物警戒制度，制定药物警戒相关的规章规范和指南性文件，指导药品上市许可持有人、药品生产流通企业、医疗机构等按规定开展药物警戒活动。药品上市许可持有人（以下简称持有人）和获准开展药物临床试验的药品注册申请人（以下简称申办人）应当根据药品安全性特征开展药物警戒活动，最大限度地降低药品安全风险，保护和促进公众健康。持有人和申办者应当建立药物警戒体系，通过体系的有效运行和维护，监测、识别、评估和控制药品不良反应及其他与用药有关的有害反应。[①]《药品管理法》第 80 条规定，药品上市许可持有人应当开展药品上市后不良反应监测，主动收集、跟踪分析疑似药品不良反应信息，对已识别风险的药品及时采取风险控制措施。风险控制措施主要包括：一是风险识别。上市及许可持有人应当在药品上市后不良反应监测的基础上，识别、确认和评估风险信号，及早发现药品安全及其他方面的新风险或已知风险的变化。二是风险控制。药品上市许可持有人应当及时选择和采取最佳的风险最小化措施来预防或控制药品安全风险，并在必要时对风险最小化措施进行评估。[②]

四、药品上市后研究制度

开展药品上市后研究，对药品的安全性、有效性和质量可控性进行进一步确证，加强对已上市药品的持续管理，是落实上市许可持有人药品全生命周期管理的重要手段。根据《药品管理法》第 30 条第 2 款的规定，药品上市许可持有人依法对药品上市后研究承担责任。《药品管理法》第 127 条规定了未按照规定开展药品上市后研究的法律责任。药品上市后研究包括多种情形：一是Ⅳ期临床试验，即新药上市后应用阶段研究，其目的是考察广泛使用条件下的药物疗效和不良反应，对在普通或者特殊人群中利益的使用与风险关系以及改进给药剂量等进行评价。二是附条件批准药品的上市后研究，《药品管理法》第 78 条规定，对附条件批准的药品，药品上市许可持有人应当采取相应风险管理措施，并在规定期限内按照要求完成相关研究。三是上市许可持有人根据药品安全性、有效性和质量可控性的实际情况，针对其可能存在的问题，主动开展或者根据药品监督管理部门相关要求开展的上市后研究。[③]

《药品注册管理办法》第 76 条第 3 款要求，药品批准上市后，持有人应当持续开展药品安全性和有效性研究，根据有关数据及时备案或者提出修订说明书的补充申请，不断更新完善说明书和标签。药品监督管理部门依职责可以根据药品不良反应监测和药品上市后评价结果等，要求持有人对说明书和标签进行修订。

[①]　参见《药物警戒质量管理规范》第 3、4 条。
[②]　参见袁杰、王振江、刘红亮等主编：《中华人民共和国药品管理法释义》，中国民主法制出版社 2019 年版，第 71 页。
[③]　参见《药品管理法》第 77、79 条。

五、药品上市后评价制度

开展上市后评价是药品上市许可持有人落实市场主体责任、落实药品全生命周期质量管理责任的体现。《药品管理法》第 83 条对药品上市后评价制度加以系统规定,《药品管理法》第 127 条规定了未按照规定开展药品上市后评价的法律责任。

药品上市许可持有人应当对已上市药品的安全性、有效性和质量可控性定期开展上市后评价。开展上市后评价时,须将批准上市时的研究情况、上市后持续研究情况等进行综合分析,对药品不良反应报告和监测资料进行定期汇总分析,汇总国内外安全性信息,对上市药品开展风险因素分析和风险效益评价。药品上市许可持有人根据评估后的上市后评价结果,依法采取修订药品说明书、提高质量标准、完善工艺处方、暂停生产销售、召回药品、注销药品批准证明文件等措施。[①]

根据《药品管理法》第 83 条,国务院药品监督管理部门可以根据药品安全性、有效性和质量可控性的实际情况,责令上市许可持有人开展上市后评价,或直接组织开展上市后评价。经评价,对于被判定为疗效不确切、不良反应大或者因其他原因危害人体健康的药品,应当注销药品注册证书。

第三节　药品安全监管法律制度

一、药品不良反应管理制度

药品不良反应(adverse drug reaction,简称 ADR)监测包括药品不良反应发现、报告、评价和控制的过程。药品不良反应监测通过建立和完善药品不良反应监测体系,实现对上市后药品不良事件的报告、评价和控制,从而达到降低用药风险,保障公众用药安全的目的。

《药品管理法》第 80 条规定药品上市许可持有人应当开展药品不良反应监测;《药品管理法》第 81 条为药品上市许可持有人、药品生产企业、药品经营企业和医疗机构设定了经常考察药品不良反应、报告疑似不良反应的义务,赋予药品监督管理部门对已确认发生严重不良反应的药品采取紧急控制措施的权力;《药品管理法》第 134 条则针对未按照规定开展药品不良反应监测、未按照规定报告疑似药品不良反应的行为,设定了相应的行政处罚。

二、药品召回制度

药品召回是药品上市许可持有人按照规定的程序收回已上市的存在质量问题或者其他安全隐患的药品,并采取相应措施以及时控制风险、消除隐患的活动。药品召回制度旨在

---

① 参见袁杰、王振江、刘红亮等主编:《中华人民共和国药品管理法释义》,中国民主法制出版社 2019 年版,第 159 页。

通过召回产品，以最小的社会成本最大限度地维护消费者的合法权益。

《药品管理法》第 82 条系统规定了药品召回制度。药品召回包括主动召回和责令召回。药品存在质量问题或者其他安全隐患的，药品上市许可持有人应当召回已销售的药品，及时公开召回信息；药品上市许可持有人依法应当召回药品而未召回的，省、自治区、直辖市人民政府药品监督管理部门应当责令其召回。《药品召回管理办法》将需召回药品的"质量问题或者其他安全隐患"界定为"由于研制、生产、储运、标识等原因导致药品不符合法定要求，或者其他可能使药品具有的危及人体健康和生命安全的不合理危险"。根据药品质量问题或者其他安全隐患的严重程度，将药品召回分为一级召回、二级召回、三级召回，并将主动召回和责令召回程序予以细化。

三、药品标签和说明书管理制度

药品的正确合理使用，离不开标签和说明书内容的完整与规范。药品生产、经营者为了引导消费者进行药品消费，以药品标签、说明书为载体，就自己生产经营的药品提供相应信息，而消费者需要药品标签和说明书作为选择或购买的依据。[①] 如果政府对药品标签和说明书的事项置之不理，企业很可能会本能地在标签、说明书上"报喜不报忧"，其内容未必完全真实准确，乃至会误导消费者的选择。因此，对标签和说明书内容与事项的监管，成为药品监管的重要内容之一。[②]

《药品管理法》第 49 条规定："药品包装应当按照规定印有或者贴有标签并附有说明书。标签或者说明书应当注明药品的通用名称、成份、规格、上市许可持有人及其地址、生产企业及其地址、批准文号、产品批号、生产日期、有效期、适应症或者功能主治、用法、用量、禁忌、不良反应和注意事项。标签、说明书中的文字应当清晰，生产日期、有效期等事项应当显著标注，容易辨识。麻醉药品、精神药品、医疗用毒性药品、放射性药品、外用药品和非处方药的标签、说明书，应当印有规定的标志。"

《药品管理法》第 125 条为"使用未经核准的标签、说明书"的行为设定了法律责任。原国家食品药品监督管理局公布的《药品说明书和标签管理规定》明确了对药品说明书、药品内标签、药品外标签的要求。药品说明书应当包含药品安全性、有效性的重要科学数据、结论和信息，用以指导安全、合理使用药品。药品的标签应当以说明书为依据，其内容不得超出说明书的范围，不得印有暗示疗效、误导使用和不适当宣传产品的文字和标识。

第四节　药品安全法律责任

法律责任是为保障立法目的实现，对特定主体设定的不履行法定义务的不利后果。[③]

---

① 铃木深雪：《消费生活论——消费者政策》，张倩、高重迎译，中国社会科学出版社 2004 年版，第 116—117 页。
② 宋华琳：《药品不良反应与政府监管制度改革——从安徽欣弗事件引发的思考》，载《法学》2006 年第 9 期。
③ 参见张越：《法律责任设计原理》，中国法制出版社 2010 年版，第 10 页。

就药品安全管理法律责任而言，其以法律预先为从事药品研制、生产、经营、使用和监督管理活动的主体设定义务为前提；追究法律责任，需以违反《药品管理法》等药品法律规范的规定为前提。法律规范中对药品法律责任的设定，实则是与行为规范相对应的制裁规范。没有责任的保障，义务便难以履行；没有严格的法律责任，法律规范便丧失威慑力。因此，应完善药品管理法律责任的制度体系，对行政责任、民事责任、刑事责任加以妥善配置。

2019 年修订后的《药品管理法》将法律责任部分由修订前的 28 条增加到 38 条，约占全文的 1/4。立法者设定了更为严格的法律责任，提高了行政罚款幅度，对法人违法适用双罚制度，做到处罚到人，并对法人及其责任人员加大资格罚力度。立法者通过依法设定药品管理法律责任，综合利用行政、民事和刑事法律责任机制，提高违法者违法成本，减少药品违法事件的发生，保障公众用药安全和合法权益，同时提高了法律责任的可预见性。

一、行政法律责任

药品监管立法目的在于保障公众用药安全和合法权益，保护和促进公众健康。对违反药品监管法律规范的行为，应科处行政处罚，这体现了药品法律规范中规则体系的完整性。通过依法设定违反药品法律规范的行政责任来提高违法者的违法成本，进而有效遏制违法行为、规范药品行业，这一路径兼具必要性与可行性。

根据《行政处罚法》第 2 条，行政处罚是指行政机关依法对违反行政管理秩序的公民、法人或者其他组织，以减损权益或者增加义务的方式予以惩戒的行为。《行政处罚法》规定了声誉罚、财产罚、资格罚、人身罚和其他行政处罚，这些构成了有效实施药品监管和保障药品法律贯彻施行的重要手段。《药品管理法》《疫苗管理法》设定了作为声誉罚的警告；设定了作为财产罚的罚款、没收违法所得、没收非法财物；设定了作为资格罚的吊销许可证件、责令停产停业等；设定了作为人身罚的行政拘留。以 2020 年全国查处的药品违法案件为例，罚款金额达 5.31 亿元，没收违法所得 8 735.36 万元，吊销生产许可证、经营许可证的案件分别为 11 件、80 件，责令停产停业 262 户，责令关闭 72 户。《行政处罚法》第 5 条第 2 款规定，设定和实施行政处罚应当以事实为依据，与违法行为的事实、性质、情节以及社会危害程度相当。在设定和实施药品行政处罚时，应考虑违法者是企业还是个人、违法行为存续时间长短、违法者给公众和社会造成的损害大小、违法者是否在法定期限内改正了自己的行为等。

（一）声誉罚的拓展

声誉罚是对违法者的名誉、荣誉、信誉或精神上的利益造成一定损害的行政处罚，以剥夺、限制或贬损违法者声誉权益为内容，[①]具体种类有警告、通报批评、信用惩戒等。声誉罚是公权力主体披露相对人负面信息、降低相对人评价的行为。随着信息技术的发展和监管方式的转型，声誉罚作为自动化、普遍化的监管方式，成为弥散于制裁网络的基础性

① 参见贺译萃：《公布行政违法信息作为声誉罚：逻辑证成与制度构设》，载《行政法学研究》2020 年第 6 期。

监管工具。[1]

针对特定违法行为，《药品管理法》《疫苗管理法》明文设定了"警告"。警告能使当事人形成一定的心理压力，同时营造对其不利的社会舆论环境，促使被处罚人认识其行为的违法性和对社会的危害性，从而纠正违法行为，使违法状态不再持续。

警告制度适用于相对较为轻微的违法行为，并通常伴有责令改正违法行为的要求。《药品管理法》第117、126、127、128、130、132、134 条均设定了警告。警告属于相对较轻的行政处罚，主要起到警示和督促改正的作用。被警告的主体可以是自然人，也可以是法人或其他组织。给予违法相对人警告后，违法相对人拒不改正违法行为时，法律一般附加设定了行政罚款。

（二）财产罚的合理配置

财产罚是指使被处罚的当事人的财产权利和利益受到损害的行政处罚。财产罚对当事人的财产权予以剥夺，并不影响违法者的人身自由和进行其他活动的权利。药品法律规范通过设定罚款、没收违法所得、没收非法财物等处罚方式，加大了财产罚的处罚力度，以期解决违法成本低、处罚力度弱的问题。

1. 行政罚款幅度的提高

由于药品领域违法行为主要以直接或间接获取经济利益为目的，或者说违法行为造成的损害直接与经营性行为相关，当有可能以货币来衡量潜在违法者的预期收益与造成的损害时，可以选择适当的罚款基数作为衡量违法行为所获得利益的基准，并根据违法行为社会危害性的强弱以及制裁该违法行为的目的，来设定行政罚款的倍率区间。[2] 在药品管理法律规范中，对于能确定货值金额、违法所得等基数，且社会危害程度相对较高、违法行为性质较为恶劣、情节较为严重的谋利型违法行为，立法相对倾向以区间倍率的形式来设定行政罚款。例如，《药品管理法》第115、116、117、118、120、122、124、129 条都以区间倍率的方式设定了行政罚款，同时大幅提高了行政罚款倍率区间的下限与上限。[3]

在药品管理中，当以区间倍率的方式设定行政罚款时，所选择的基准多为"货值金额""所获收入"而非"违法所得"。例如，对于未经许可生产销售药品、生产销售假药、生产销售劣药等违法行为，其处罚倍率基准都为"货值金额"，也有相关条文将相应处罚倍率基准进一步限定为"违法生产、进口、销售的药品货值金额""违法销售制剂货值金额""应召回药品货值金额"等。计算货值金额时，应包括已售出和未售出的药品。

《药品管理法》第151 条规定了实施罚款时货值金额的计算方法，其分为两种情况：（1）违法生产、销售的药品有标价的，按照标价计算。"标价"是指药品的生产者、销售者等以价格表、价格签或其他标价方式标明的药品销售价格。货值金额为标价乘以违法生产、销售药品的总数量。[4]（2）违法生产、销售的药品没有标价的，按照同类药品的市场

---

① 参见王瑞雪：《声誉制裁的当代图景与法治建构》，载《中外法学》2021 年第 2 期。

② 参见张红：《行政罚款设定方式研究》，载《中国法学》2020 年第 5 期；徐向华：《行政处罚中罚款数额的设定方式——以上海市地方性法规为例》，载《法学研究》2006 年第 6 期。

③ 例如，针对未经许可生产、销售药品的行为，《药品管理法》2019 年修订时将罚款幅度由违法生产、销售的药品货值金额的 2 倍至 5 倍提高到货值金额的 15 倍至 30 倍；针对生产、销售假药的行为，将罚款幅度由违法生产、销售的药品货值金额 2 倍至 5 倍提高到货值金额的 15 倍至 30 倍。

④ 参见袁杰、王振江、刘红亮等主编：《中华人民共和国药品管理法释义》，中国民主法制出版社 2019 年版，第 270 页。

价格计算。"同类药品的市场价格"是指同种类、同型号合法药品一定时期内在市场上销售的平均价格，货值金额为平均价格乘以违法生产、销售药品的总数量。[①]

在药品法律规范中，也有以区间数值的方式设定行政罚款的诸多实例。区间数值式明确规定了行政罚款的上限和下限，要求行政机关根据违法情节，在规定的区间内选择罚款金额，这使得过罚相当原则与比例原则能较好地践行。[②] 例如，根据《药品管理法》第127 条的规定，对开展生物等效性试验未备案、药物临床试验期间发现存在安全性问题或者其他风险但未及时调整临床试验方案、未按照规定建立并实施药品追溯制度、未按照规定提交年度报告、未按照规定对药品生产过程中的变更进行备案或者报告的违法行为，警告后逾期不改正的，处 10 万元以上 50 万元以下的罚款。

2. 没收违法所得

没收违法所得是指特定的行政机关依法将违法行为人的违法所得收归国有的处罚种类。违法所得是指违法行为人从事非法经营所获得的利益。虽然违法所得不是合法财产，但在被查处之前实际处于当事人的控制和支配之下，对之予以剥夺会对当事人产生惩戒和制裁的效果，也会对当事人的精神造成压力，从而使当事人从违法行为中获利的愿望落空。没收违法所得体现了风险预防的作用，包括对违法当事人的特殊预防，以及对潜在行为人的一般预防。[③]

《行政处罚法》第 28 条规定，当事人有违法所得，除依法应当退赔的外，应当予以没收。诸多药品管理法律规范条款都设定了没收违法所得制度。[④] 其中，《药品管理法》第118、126 条针对违法行为相关责任人员，规定"没收违法行为发生期间自本单位所获收入"；《药品管理法》第 120 条针对为生产、销售假、劣药等提供便利的行为，规定"没收全部储存、运输收入"。这些条款的表述中虽未出现"违法所得"，但在功能意义上仍构成《行政处罚法》意义上的"没收违法所得"。而被没收的违法生产、销售的药品属于与"非法所得"并列的"非法财物"，本身不构成"违法所得"。

违法所得数额隐蔽性强，认定相对困难，且受到各种主客观因素制约。《行政处罚法》第 28 条规定，违法所得是指实施违法行为所取得的款项。《药品管理法》《疫苗管理法》中规定的"违法所得"，一般而言是指实施违法行为的全部经营收入。这更容易界定当事人一次或多次违法行为获得的违法所得，并更好发挥没收违法所得的制裁作用。[⑤] 在具体执法过程中应结合案件认定的事实与证据，按照行政处罚的基本原则依法认定违法所得。[⑥]

---

① 参见袁杰、王振江、刘红亮等主编：《中华人民共和国药品管理法释义》，中国民主法制出版社 2019 年版，第 271 页。

② 参见《药品管理法》第 117 条第 2 款、第 122 条、第 123 条、第 125 条、第 126 条、第 127 条、第 131 条、第 134 条、第 135 条、第 138 条、第 140 条、第 141 条和《疫苗管理法》第 82 条、第 83 条、第 85 条、第 86 条、第 89 条、第 91 条的规定。

③ 参见郑琳：《行政处罚上违法所得的认定和处置研究》，载《财经法学》2022 年第 3 期。

④ 参见《药品管理法》第 115 条、第 116 条、第 117 条第 1 款、第 118 条、第 120 条、第 122 条、第 124 条、第 125 条、第 126 条、第 129 条、第 131 条、第 133 条、第 138 条、第 141 条、第 142 条、第 145 条及《疫苗管理法》第 80 条、第 81 条、第 82 条、第 85 条、第 86 条、第 87 条、第 91 条的规定。

⑤ 参见郑琳：《行政处罚上违法所得的认定和处置研究》，载《财经法学》2022 年第 3 期。

⑥ 参见《关于〈药品管理法〉〈药品管理法实施条例〉"违法所得"问题的批复》。

3. 没收非法财物

没收非法财物是指行政机关依照法定行政处罚程序，对违反行政法上义务的相对人，剥夺其对违法工具、物品和违禁品等特定标的物的所有权，并将其收归国有的处罚形式。[①] 其目的是使行为人不能因违法行为而获得财产上的不法利益。没收非法财物原则上以受处罚者所有的财物为限。出于维护社会安全、公共秩序及预防目的的考量，违法生产、销售的药品以及专门用于生产假劣药或违法生产销售的原料、辅料、包装材料、容器和生产设备等物品，其持有具有危险性，容易危害公共安全、公共利益或人民群众的生命身体健康，因此需采取预防性的保全措施，即对这些物品加以没收。[②]

《药品管理法》第 115、116、117 条规定了"没收违法生产、销售的药品"。违法生产、销售的药品在法律上不具有合法性，其药品安全性得不到保障，继续在市场上流通可能给消费者带来隐患，因此，没收违法药品有助于惩戒违法行为、维护市场秩序。

对专门用于生产假、劣药或违法生产销售的原料、辅料、包装材料、容器和生产设备等物品，也应依法予以没收。[③] 例如，《药品管理法》第 118 条第 2 款规定"对生产者专门用于生产假药、劣药的原料、辅料、包装材料、生产设备予以没收"。此规定旨在防止违法生产者利用这些物品再次实施生产销售假劣药品或其他违法行为。药品监管部门不得随意处理没收的非法财物。除依法应当予以销毁的物品外，依法没收的非法财物必须按照国家规定公开拍卖或者按照国家有关规定处理。[④]

（三）行为罚的设定

《行政处罚法》第 9 条规定了行为罚的种类，包括限制开展生产经营活动、责令停产停业、责令关闭等。药品管理法律责任的相关规定主要涉及责令停产停业、责令关闭两种行为罚类型。

1. 责令停产停业

责令停产停业是指行政主体依法命令当事人在一定期限内暂停某项生产或经营活动的行政处罚，具有防止违法行为危害后果继续扩大的效果。[⑤] 药品管理法律规范以如下三种方式，规定了责令停产停业的适用情形：

第一，出现特定违法行为时，直接适用停产停业处罚。例如，对于《药品管理法》第 116 条规定的生产、销售假药行为，《药品管理法》第 124 条规定的未取得药品批准证明文件生产、进口药品等行为，《药品管理法》第 125 条规定的未经批准开展药物临床试验等行为，当这些违法行为发生时，行政机关即有责令相关责任主体停产停业整顿的义务，而没有选择是否责令停产停业整顿的裁量权。以"天津市某生物药业有限公司生产假药小败毒膏案"为例，该公司将生产外用药的原料颠茄流浸膏用于该涉案批次小败毒膏生产，导致所含成分与国家药品标准规定不符，因此涉案批次药品被认定为假药。在依据《药品管理法》第 116 条作出的行政处罚中，除处以没收违法生产、销售的药品、没收违法所

① 参见陈信安：《行政罚法利得剥夺及没入规定与刑法没收规定竞合问题之研究》，载《台大法学论丛》2020 年第 3 期。
② 参见陈清秀：《行政罚法》，新学林出版股份有限公司 2017 年版，第 278 页。
③ 参见《药品管理法》第 118 条第 2 款、第 124 条、第 125 条和《疫苗管理法》第 80 条、第 81 条。
④ 参见《行政处罚法》第 74 条第 1 款。
⑤ 参见袁雪石：《中华人民共和国行政处罚法释义》，中国法制出版社 2021 年版，第 80 页。

得、罚款、吊销药品批准证明文件等处罚外，行政机关还对该公司处以责令停产停业整顿的处罚。[①]

第二，出现特定违法行为，且情节严重或后果严重时，责令停产停业整顿。例如，《药品管理法》第 117 条针对生产、销售劣药行为设定处罚时，《药品管理法》第 126 条针对未遵守药品生产质量管理规范等相关质量管理规范的行为设定处罚时，都规定当情节严重时，适用责令停产停业整顿的处罚。

第三，违法行为逾期未改正时，责令停产停业整顿。例如，根据《药品管理法》第 134 条的规定，对于药品上市许可持有人未按照规定开展药品不良反应监测或者报告疑似药品不良反应的行为，或药品经营企业未按照规定报告疑似药品不良反应的行为，责令限期改正，给予警告，当逾期不改正时，责令停产停业整顿。

2. 责令关闭

《行政处罚法》第 9 条将"责令关闭"明确列为一种行政处罚类型。针对违法行为作出的责令关闭决定，具有制裁性，属于行政处罚。责令关闭是比责令停产停业更为严厉的处罚措施。责令停产停业是在一定时间内限制违法行为人的生产经营权，而责令关闭是永久性的限制，在作出时一般不附加期限。[②]

《药品管理法》第 115 条规定，对于未取得药品生产许可证、药品经营许可证或者医疗机构制剂许可证生产、销售药品的，责令关闭。在实务中，未取得合法许可证件生产、销售药品的"黑工厂""黑窝点"等，处于非法生产经营的地位，实质上不具有进行生产经营的条件，由其生产的药品一旦进入市场，将危及公众用药安全和公众健康，因此应依法责令其关闭，停止无证生产、销售的违法行为。[③]

（四）资格罚的嬗变

资格罚是以剥夺、终止或限制被处罚人从事一定职业与活动的权利资格为内容的处罚。《行政处罚法》第 9 条规定的资格罚类型包括暂扣许可证件、降低资质等级、吊销许可证件等。就药品管理法律责任而言，资格罚主要涉及吊销许可证件和限制从业。

1. 吊销许可证件

吊销许可证件是指行政主体取消违法行为人已取得的从事某项活动的权利或资格证书，永久性剥夺被处罚人从事某项活动的权利或资格的处罚类型。相对于停产停业整顿，吊销许可证件针对的是更为严重的违法行为，规定了确定性的法律后果，是对违法相对人从事活动权利或资格的永久性剥夺。

行政许可作为一种重要的事前监管工具，有助于预防药品安全风险，维护药品市场秩序，在药品管理中发挥着重要作用。例如，《药品管理法》第 25 条规定了药品注册证书制度，第 41 条规定了药品生产许可证制度，第 51 条规定了药品经营许可证制度，第 74 条规定了医疗机构制剂许可证制度。当市场主体有性质较为严重的违法行为，仅科处罚款或责令停产停业整顿已不足以实现边际威慑效应时，应吊销相应的许可证件，剥

① 《国家药监局公布 5 起药品安全专项整治典型案例》，载于国家药品监督管理局官网。
② 宗珊珊：《责令关闭网站的法律属性》，载《互联网天地》2021 年第 10 期。
③ 参见袁杰、王振江、刘红亮等主编：《中华人民共和国药品管理法释义》，中国民主法制出版社 2019 年版，第 214 页。

夺违法市场主体相应的权利或资格。药品管理法律规范的诸多条文针对违法行为设定了吊销许可证照的行政处罚，吊销许可证照的处罚往往以存在情节严重的违法行为为前提。[①]

《药品管理法》第115—138条主要规定了吊销药品生产许可证、药品经营许可证、医疗机构制剂许可证、药品批准证明文件、医疗卫生人员执业证书及撤销药品检验机构检验资格、药品临床试验许可、药品生产许可、药品经营许可、医疗机构制剂许可或者药品注册证书等法律责任。根据《行政许可法》的规定，行政机关在作出行政许可决定后，还应当对被许可人从事行政许可事项的活动实施有效监督，对被许可事项进行事后监管。为保障监督管理的有效性、统一性、连续性，根据《药品管理法》第139条的规定，撤销许可、吊销许可证件的，由原批准、发证的部门决定。[②]

2. 限制从业

限制从业是指行政主体为实现特定任务，维护行政管理秩序，依据法律规定，在一定期限内以至终身禁止相对人从事某种业务或活动，或剥夺其某种任职资格。限制从业的思路，是基于对违法相对人资质、能力与信誉的已有评价，认为相对人不具备从事特定业务或活动所需的资质、能力和信誉，因此禁止其未来从事特定业务或活动，以更好保护公众的生命、自由、身体和财产。[③]

限制从业是防止违法者以后再次实施违法活动、危害公共利益的一种有效方式。在关系人身健康的药品等行业，限制从业制度既是维护公共利益的需要，也是对违法者的一种否定性评价，是因其已然的违法行为，终身或者在一定期限内禁止其从事特定活动的制裁性措施。

我国《行政处罚法》明确将限制从业列为行政处罚类型，现行《药品管理法》第116、118、122、123、124、125、126、141条均对限制从业制度加以规定，并对限制从业制度的适用对象、构成要件和适用期限进行了明确。

相关法律应根据限制对象在违法行为中所扮演的角色、发挥的作用，严格限定限制对象的范围。例如，在《药品管理法》第118、122、124、125、126条等条款中，从业限制的对象被界定为"法定代表人、主要负责人、直接负责的主管人员和其他责任人员"。对法定代表人、主要负责人设定从业限制，是因为他们在药品生产经营过程中，未能履行内部的监督管理义务；对直接负责的主管人员和其他责任人员设定从业限制，是因为他们直接实施了违法的生产经营活动。[④] 限制从业的对象主要是自然人，也可以是法人或其他组织。例如，根据《药品管理法》第126条的规定，当未遵守药品质量管理规范且情节严重时，"药物非临床安全性评价研究机构、药物临床试验机构等"5年内不得开展药物非临床安全评价、药物临床试验。

相关法律应规定限制从业的构成要件。考察药品管理法律规范对限制从业的设定可

---

① 参见《药品管理法》第116、117、119、122、124、125、126、128、129、130、132、135、141、142条和《疫苗管理法》第80、81、82、85、86、87、88、89条的规定。

② 参见袁杰、王振江、刘红亮等主编：《中华人民共和国药品管理法释义》，中国民主法制出版社2019年版，第252页。

③ 参见宋华琳：《禁入的法律性质及设定之道》，载《华东政法大学学报》2020年第4期。

④ 参见宋华琳：《禁入的法律性质及设定之道》，载《华东政法大学学报》2020年第4期。

知，从业限制的实施多以相对人实施了违法行为为前提，一般无须特定后果的发生。例如，《药品管理法》第 118 条针对生产、销售假药的行为，对相关人员设定了终身的从业限制。但有时法律对从业限制的规定以违法行为"情节严重"为前提，例如，《药品管理法》第 124 条针对未取得药品批准证明文件生产、进口药品等违法行为设定的从业限制以"情节严重"为前提。有时针对"情节严重"的违法行为，法律对违法者设定和执行相对更长的从业限制期限。

设定从业限制的期限，实际是在设定从业限制措施的法律效果，比例原则要求从业限制期限应当与违法行为的严重性相当。药品管理法律规范中对从业限制期限的设定方式有如下三种：

第一，为限制从业期限设定一定的范围，从而赋予行政执法机关一定的裁量权。例如，《药品管理法》第 124 条、125 条、126 条将从业限制的期限设定为"十年直至终身禁止"。以"沈阳某药房连锁有限公司违反药品经营质量管理规范案"为例，在该案中，该药房连锁有限公司存在严重违反药品经营质量管理规范的行为，法定代表人赵某林从未在该公司实际工作，未能履行相关管理职责。2022 年 1 月，辽宁省药监局依据《药品管理法》第 126 条以及《辽宁省药品监督管理局行政处罚裁量权适用规定》第 12 条第 1 款第 7 项的规定，认为违法行为符合情节严重情形，除对该公司处以罚款 125 万元的行政处罚外，还对该公司法定代表人处以终身禁止从事药品生产经营活动的行政处罚。[①]

第二，针对实施特定违法行为的主体，设定固定的从业限制期间。例如，《药品管理法》第 142 条规定了 5 年的从业限制期间；《药品管理法》第 116、122 条规定了 10 年的从业限制期间。

第三，将从业限制期限规定为终身。例如，针对《药品管理法》第 118 条中的生产销售假药、生产销售劣药且情节严重的行为，《药品管理法》第 141 条第 2 款中的在药品研制、生产、经营中向国家工作人员行贿的行为，规定了终身禁止从业。

为保障从业限制规定的有效实施，《药品管理法》第 140 条规定，药品上市许可持有人、药品生产企业、药品经营企业或者医疗机构违反该法规定聘用人员的，由药品监督管理部门或者卫生健康主管部门责令解聘，处 5 万元以上 20 万元以下的罚款。药品上市许可持有人、药品生产企业、药品经营企业或者医疗机构在聘用相关人员时，应查看相关人员信息，如其属于被禁止从事药品生产经营活动的人员，则不得聘用。违法聘用处于从业限制期限内的被限制人员，由上述监管部门责令解聘。

（五）人身罚的引入

《行政处罚法》第 9 条将行政拘留明确界定为一种处罚类型。行政拘留属于人身罚，一般指的是针对违法行为的行政处罚，是由法定的行政机关（目前通常是公安机关）依法对违反行政法律规范的自然人，在短期内限制人身自由的一种行政处罚。根据《行政处罚法》第 10 条规定，行政拘留作为限制人身自由的行政处罚，只能由法律设定。

《药品管理法》第 118、122、123、124 条规定，行政拘留的对象是违法市场主体的"法定代表人、主要负责人、直接负责的主管人员和其他责任人员"，还规定"并可以由

[①]　《国家药监局公布 5 起药品安全专项整治典型案例》，载于国家药品监督管理局官网。

公安机关处 5 日以上 15 日以下的拘留"，此处赋予了公安机关决定是否科处行政拘留的裁量权。

二、刑事法律责任

刑法的任务在于用刑罚同一切犯罪行为作斗争，以保护公民私人所有的财产，保护公民的人身权利和其他权利，维护社会秩序和经济秩序。药品安全领域需要刑法及时、积极介入，构建药品领域刑事法治，发挥刑法在维护药品安全、保障公众用药安全和合法权益方面的作用，并充分发挥刑法对药品市场秩序和药品研发、生产、经营行为规范的指引、评价功能，为市场主体提供明确的行为指引。

《刑法修正案（十一）》对涉药犯罪的罪名及内容进行了修正，将原《刑法》第 141 条规定的"生产、销售假药罪"调整为"生产、销售、提供假药罪"；将原《刑法》第 142 条规定的"生产、销售劣药罪"调整为"生产、销售、提供劣药罪"；《刑法》第 142 条之一新增设了"妨害药品管理罪"。药品刑事责任的设定与优化，有助于完善药品犯罪打击范围，加大打击力度，更好地保障人身财产安全法益和药品管理秩序法益。

【拓展阅读】
最高人民法院发布危害药品安全犯罪典型案例

《刑法修正案（十一）》坚持了刑事违法性在判断上的相对独立，使刑法上假劣药的认定标准与《药品管理法》上的标准在明面上脱钩；同时，它顺应了《疫苗管理法》的目标设定，尝试将药品管理秩序与公众健康生命法益适当分离，并竭力保持规范目标上的纯化。《刑法修正案（十一）》还试图拓展和完善药品犯罪的打击范围，并覆盖生产、销售之外的申请注册与药品使用等环节。这些修正使药品犯罪的保护客体、行为对象、行为方式等核心规范要素得以优化。[①]

（一）生产、销售、提供假药罪

《刑法》第 141 条第 1 款规定，生产、销售假药的，处 3 年以下有期徒刑或者拘役，并处罚金；对人体健康造成严重危害或者有其他严重情节的，处 3 年以上 10 年以下有期徒刑，并处罚金；致人死亡或者有其他特别严重情节的，处 10 年以上有期徒刑、无期徒刑或者死刑，并处罚金或者没收财产。《药品管理法》第 98 条规定，"有下列情形之一的，为假药：（一）药品所含成份与国家药品标准规定的成份不符；（二）以非药品冒充药品或者以他种药品冒充此种药品；（三）变质的药品；（四）药品所标明的适应症或者功能主治超出规定范围"。

在我国司法实践中，因有关药品使用单位人员的刑事责任的规定相对不足，存在药品使用单位的有关人员明知是假药、劣药而提供给他人使用的情况，《刑法修正案（十一）》出台之前，《刑法》对此缺少明确规定。在此背景下，依据《刑法修正案（十一）》修正后的《刑法》第 141 条第 2 款明确规定："药品使用单位的人员明知是假药而提供给他人使用的，依照前款的规定处罚。"此条是针对药品使用单位人员未积极履行职责的处罚，以其具备"明知"的主观故意要件为前提。

---

① 参见杜宇：《〈刑法修正案（十一）〉中药品犯罪修订之得失》，载《法学》2021 年第 3 期。

（二）生产、销售、提供劣药罪

《刑法》第 142 条第 1 款规定，生产、销售劣药，对人体健康造成严重危害的，处 3 年以上 10 年以下有期徒刑，并处罚金；后果特别严重的，处 10 年以上有期徒刑或者无期徒刑，并处罚金或者没收财产。需要指出的是，生产、销售、提供劣药罪与生产、销售、提供假药罪定罪量刑时最主要的区别在于，生产、销售、提供假药罪系行为犯，其成立无须以对人体健康造成严重危害为前提；生产、销售、提供劣药罪则系结果犯，其成立必须以对人体健康造成严重危害为前提。

《药品管理法》第 98 条规定，"有下列情形之一的，为劣药：（一）药品成份的含量不符合国家药品标准；（二）被污染的药品；（三）未标明或者更改有效期的药品；（四）未注明或者更改产品批号的药品；（五）超过有效期的药品；（六）擅自添加防腐剂、辅料的药品；（七）其他不符合药品标准的药品"。

《刑法》第 142 条第 2 款规定了药品使用单位将劣药提供给他人使用的，可能构成犯罪，即"药品使用单位的人员明知是劣药而提供给他人使用的，依照前款的规定处罚"。此条是针对药品使用单位人员未积极履行职责的处罚，以行为人具备"明知"的主观故意要件为前提。

（三）妨害药品管理罪

2019 年修订后的《药品管理法》对假药、劣药的定义和范围作了调整，删除了"按假药论处""按劣药论处"的分类，将药品质量功效作为界定假劣药的主要标准，对于违反药品管理秩序未经批准生产、进口药品等违法行为，不再以假药论处，而是规定了另外的法律责任。这一修改直接影响了《刑法》相关规定的适用。如何追究之前按生产、销售假药罪论处的相关行为的刑事责任，在刑法上留下了空白。为了与《药品管理法》相衔接，在总结多起案件经验教训的基础上，《刑法修正案（十一）》第 7 条将一些此前以假药论处的情形以及社会危害性相对较高的行为单独规定为一类犯罪，即妨害药品管理罪，这体现在《刑法》第 142 条之一的规定中。

《刑法》第 142 条之一第 1 款规定，违反药品管理法规，有下列情形之一，足以严重危害人体健康的，处 3 年以下有期徒刑或者拘役，并处或者单处罚金；对人体健康造成严重危害或者有其他严重情节的，处 3 年以上 7 年以下有期徒刑，并处罚金：（1）生产、销售国务院药品监督管理部门禁止使用的药品的；（2）未取得药品相关批准证明文件生产、进口药品或者明知是上述药品而销售的；（3）药品申请注册中提供虚假的证明、数据、资料、样品或者采取其他欺骗手段的；（4）编造生产、检验记录的。

三、民事法律责任

《民法典》规定了与药品管理有关的内容，例如，针对人体基因和胚胎科研活动、生物安全、伦理审查、产品侵权等作了相关规定。[①] 我国药品管理法律规范规定了民法上的损害赔偿责任、首负责任制、惩罚性赔偿等制度。《民法典》与药品法律规范中设定的民

---

① 参见国家药品监督管理局编：《药品管理法 疫苗管理法读本》，法律出版社 2021 年版，第 215 页。

事法律规范有助于促使药品市场主体依法履行民事义务、承担民事责任，保护药品活动中各主体的合法权益，维护药品管理秩序。

（一）损害赔偿责任的完善

《药品管理法》第144条第1款规定了药品市场主体的民事责任，即损害赔偿责任，规定药品上市许可持有人、药品生产企业、药品经营企业或者医疗机构违反该法规定，给用药者造成损害的，依法承担赔偿责任。

药品是特殊产品。《民法典》《产品质量法》等对产品缺陷造成损害的赔偿责任和具体赔偿方式加以规定。例如，《民法典》第1202条规定，因产品存在缺陷造成他人损害的，生产者应当承担侵权责任。此处的"缺陷"，可理解为产品存在危及人身、他人财产安全的不合理的危险。[①] 而药品有保障人体健康和人身、财产安全的国家标准，因此药品的缺陷特指不符合国家药品标准。

（二）首负责任制的引入

首负责任制体现于《药品管理法》第144条第2款，即因药品质量问题受到损害的，受害人可以向药品上市许可持有人、药品生产企业请求赔偿损失，也可以向药品经营企业、医疗机构请求赔偿损失。接到受害人赔偿请求的，应当实行首负责任制，先行赔付；先行赔付后，可以依法追偿。首负责任制便利受害人求偿，有利于维护受害人的合法权益，有助于防止药品上市许可持有人、药品生产企业、药品经营企业、医疗机构之间相互推诿，有助于督促药品全生命周期各环节的主体依法履行质量管理职责。

首负责任者先行赔付，并不意味着其要承担实质意义的法律责任。先行赔付是首负责任制的必要条件而非充分条件，有首负责任制当有先行赔付，但有先行赔付未必一定有首负责任制。先行赔付系指受害人因药品质量问题受到损害时，由并非真正承担赔偿责任的主体向受害人先行赔付的情形。《药品管理法》第144条规定，先行赔付后，可以依法追偿。《民法典》第1203条第2款也规定，产品缺陷由生产者造成的，销售者赔偿后，有权向生产者追偿。因销售者的过错使产品存在缺陷的，生产者赔偿后，有权向销售者追偿。

（三）惩罚性赔偿的设计

惩罚性赔偿，又称示范性赔偿或报复性赔偿。惩罚性赔偿是以私法机制达成公法目的的一种特殊法律责任制度，是与补偿性赔偿相对应的一项特殊民事赔偿制度，是赔偿数额超出实际损害数额的赔偿。在药品管理领域，针对特定违法行为引入惩罚性赔偿，有助于弥补公共资源的不足，发挥个体维护自身权益的优势。药品领域的违法者依法被科处惩罚性赔偿，既符合其应受报应的观念，又能使其受到惩罚性赔偿责任的威慑。

《民法典》第1207条规定："明知产品存在缺陷仍然生产、销售，或者没有依据前条规定采取有效补救措施，造成他人死亡或者健康严重损害的，被侵权人有权请求相应的惩罚性赔偿。"《药品管理法》第144条第3款引入了惩罚性赔偿制度，其制度要点包括：其一，惩罚性赔偿针对的对象是"生产假药、劣药或者明知是假药、劣药仍然销售、使用的"法人、自然人或其他组织。其二，受害人或者其近亲属有权提起惩罚性赔偿请求。其三，惩罚性赔偿请求的标的物为损失及赔偿金，赔偿金的计算方式是选择式的，可以请求

---

① 参见《产品质量法》第46条。

支付价款 10 倍或者损失 3 倍的赔偿金；增加赔偿的金额不足 1 000 元的，为 1 000 元。其四，《药品管理法》第 144 条第 3 款设定的惩罚性赔偿以相应违法行为发生为前提，但不以实际损害后果的发生为要件。

本章思考题

1. 如何理解药品市场准入法律制度？其包含哪些内容？

2. 如何理解药品生产、经营许可制度？

3. 如何理解药品上市许可持有人制度及其意义？

4. 怎样看待药品风险控制法律制度？如何在药品生产的全生命周期都贯彻药品风险控制的理念和制度？

5. 违反《药品管理法》可能会产生哪些行政法律责任、民事法律责任和刑事法律责任？

第十八章
疫苗管理法律制度

疫苗是保障人体健康和公共卫生的基本公共产品,疫苗接种是防控传染病发生和流行最经济、最有效的措施,在保护人体健康、降低死亡率和提高人的预期寿命方面发挥了不可替代的作用。疫苗安全直接关系我国免疫规划政策的推行,是直接关涉公众健康的重大民生问题。

2018 年 7 月,吉林长春长生公司问题疫苗事件发生后,为规范疫苗研制、生产、流通、预防接种,保障和促进公众健康,维护公共安全,全国人大常委会于 2019 年 6 月通过了《疫苗管理法》。

《疫苗管理法》将此前分散在多部法律法规中有关疫苗研制、生产、流通、预防接种、异常反应监测、保障措施、监督管理、法律责任等的规定进行全链条统筹整合,系统谋划思考。《疫苗管理法》聚焦疫苗全链条、全生命周期管理,对关键点加以控制,规定各方主体权利、义务与法律责任,为疫苗管理立章建制,为疫苗行业规范有序发展提供法律指南。

第一节　疫苗管理法律制度概述

《疫苗管理法》系统引入了风险治理理念,建构了风险监管制度;强调疫苗的战略性、公益性,努力在安全、发展和创新之间建构平衡;引入了全程管控的理念,对疫苗全生命周期进行管理。

一、引入风险治理

疫苗是特殊药品,是国家战略性、公益性产品,是保障人体健康和公共卫生的基本公共产品,也是一种高风险的公共物品。《疫苗管理法》体现了风险治理的理念,它以保障公众健康、维护公共安全为要旨,以捍卫公共利益为依归,以科学为基础,进行规范建构与利益权衡,以防范疫苗风险。《疫苗管理法》设定了疫苗风险治理的框架,规定了疫苗风险治理中多元主体的权利、义务与责任,规定了相应的行政监管方式,授权行政管理部门作出更优、更适当的风险预防决定。

（一）开展风险评估

疫苗风险评估涉及对疫苗安全性、有效性的评估，疫苗风险评估主要基于疫苗的现有科学数据资料、我国疫苗生产检定规程、相关疫苗的检定结果、疫苗的生物学和理化属性，以及典型案例调查中受种者抗体检测结果，此外还需结合对全国预防接种异常反应监测数据的分析结果。疫苗风险评估与后续监管政策的形成和实施，与有限监管资源的配置都有着密切的关联。例如，《疫苗管理法》第 29 条第 1 款规定，应当根据疫苗质量风险评估情况，对疫苗批签发检验项目和检验频次进行动态调整。

（二）进行风险—收益评价

没有绝对安全的药品，也没有"零风险"的疫苗。在疫苗监管和疫苗审评中，应进行风险—收益评价。《疫苗管理法》第 20 条规定，应对重大突发公共卫生事件急需的疫苗或者国务院卫生健康主管部门认定急需的其他疫苗，经评估获益大于风险的，国务院药品监督管理部门可以附条件批准疫苗注册申请。这实际上是在保障疫苗可及性和疫苗安全性之间的价值平衡，也体现了风险—收益评价的理念，践行了利弊权衡的精神。

（三）完善风险警示制度

风险警示制度有助于引导消费者合理使用疫苗，能够让公众了解疫苗质量和风险，在选择、使用时更具有判断力；通过发布疫苗安全风险警示信息，可以引起媒体和公众的普遍关注，起到相应的警示作用。《疫苗管理法》第 76 条第 2 款规定，国务院药品监督管理部门会同有关部门负责公布疫苗安全风险警示信息；公布重大疫苗安全信息，应当及时、准确、全面，并按照规定进行科学评估，作出必要的解释说明。

二、促进疫苗行业的发展与创新

《疫苗管理法》第 2 条规定，疫苗是"为预防、控制疾病的发生、流行，用于人体免疫接种的预防性生物制品"。《疫苗管理法》第 97 条对"免疫规划疫苗"和"非免疫规划疫苗"都作了界定，其中，"免疫规划疫苗，是指居民应当按照政府的规定接种的疫苗"。《传染病防治法》第 15 条则规定了预防接种制度、国家免疫规划项目。

疫苗安全直接关系到我国免疫规划政策的推行，是直接关系公众健康的重大民生问题。《疫苗管理法》第 1 条规定其立法目的之一为"促进疫苗行业发展"，这兼顾了安全、发展与创新。我国是世界上为数不多的能够依靠自身能力解决全部计划免疫疫苗的国家之一。为积极地促进我国疫苗质量的进一步提升，《疫苗管理法》作出一系列规定，鼓励疫苗的发展与创新。

第一，国家对疫苗基础研究、应用研究予以支持，对疫苗研制予以支持和鼓励。这体现为：（1）《疫苗管理法》第 4 条第 2 款规定，国家支持疫苗基础研究和应用研究，促进疫苗研制和创新，将预防、控制重大疾病的疫苗研制、生产和储备纳入国家战略。（2）《疫苗管理法》第 14 条规定，国家根据疾病流行情况、人群免疫状况等因素，制定相关研制规划，安排必要资金，支持多联多价等新型疫苗的研制。国家组织联合攻关，研制疾病预防、控制急需的疫苗。

第二，国家支持疫苗产业发展，推动疫苗技术进步。这体现为：（1）《疫苗管理法》

第 4 条第 3 款规定，国家制定疫苗行业发展规划和产业政策，支持疫苗产业发展和结构优化，鼓励疫苗生产规模化、集约化，不断提升疫苗生产工艺和质量水平。（2）《疫苗管理法》第 15 条规定，国家应鼓励疫苗上市许可持有人加大研制和创新资金投入，优化生产工艺，提升质量控制水平，推动疫苗技术进步。

第三，引入优先审评审批制度。《疫苗管理法》第 19 条第 2 款规定，对疾病预防、控制急需的疫苗和创新疫苗，国务院药品监督管理部门应当予以优先审评审批。《药品注册管理办法》第 68 条对疫苗优先审评审批作了进一步规定。疾病预防、控制急需的疫苗具体清单由国家卫生健康委员会、工业和信息化部提出，并经国家药品监督管理局组织确定。[1]

三、对疫苗实施全程管控

《疫苗管理法》第 3 条规定，国家对疫苗实行最严格的管理制度，坚持"全程管控"。疫苗管理链条长、环节多，有必要建立从疫苗研制注册、疫苗生产、疫苗流通、预防接种到上市后管理的全过程监管制度。

疫苗作为生物制品，其质量不能仅依靠对最终产品的检验，还必须依靠对过程的严格控制，因此必须加强对疫苗全生命周期的质量管理。[2]《疫苗管理法》第 5 条第 1 款规定，疫苗上市许可持有人应当加强疫苗全生命周期质量管理。《疫苗管理法》第 5 条第 2 款规定，从事疫苗研制、生产、流通和预防接种活动的单位和个人，应当保证全过程信息真实、准确、完整和可追溯。这有助于对疫苗全生命周期链条进行有效控制，促使各主体履行相应的义务，界定不同主体的责任；有助于监管部门以信息为基础，进行风险监管；有助于保障消费者的知情权和选择权。

（一）疫苗全程电子追溯制度

疫苗信息化追溯体系是药品信息化追溯体系的重要组成部分，是指疫苗上市许可持有人 / 生产企业、配送单位、疾病预防控制机构、接种单位、监管部门等疫苗追溯参与方，通过信息化手段，对疫苗生产、流通、使用等各环节的信息进行追踪、溯源的有机整体。追溯体系的建立，体现了全程管控的理念，有助于实现疫苗信息可查询、来源可追溯、过程可控制、责任可追究。

《疫苗管理法》第 10 条规定了疫苗全程电子追溯制度。国务院药品监督管理部门会同国务院卫生健康主管部门制定统一的疫苗追溯标准和规范。目前，疫苗信息化追溯体系建设所需标准已全部发布实施，包括《药品信息化追溯体系建设导则》《药品追溯码编码要求》《药品追溯系统基本技术要求》《疫苗追溯基本数据集》《疫苗追溯数据交换基本技术要求》。其中，《药品信息化追溯体系建设导则》《药品追溯码编码要求》《药品追溯系统基本技术要求》是 3 个基础通用标准。《疫苗追溯基本数据集》《疫苗追溯数据交换基本技术要求》这 2 个标准对疫苗追溯参与方提出了追溯信息采集、存储、传输和交换的具体技术

---

[1]　参见《药品上市许可优先审评审批工作程序（试行）》。
[2]　参见袁杰、王振江、赵宁等主编：《中华人民共和国疫苗管理法释义》，中国民主法制出版社 2019 年版，第 63 页。

要求。①

　　根据《疫苗管理法》第 10 条第 2 款，国务院药品监督管理部门会同国务院卫生健康主管部门建立全国疫苗电子追溯协同平台，整合疫苗生产、流通和预防接种全过程追溯信息，实现疫苗可追溯。协同平台作为疫苗信息化追溯体系的"桥梁"和"枢纽"，主要提供以下几种服务：一是提供基础信息的采集与分发服务，保障各系统中基础信息的一致性；二是提供疫苗追溯码编码规则的备案服务，保障追溯码的唯一性；三是提供地址解析服务，准确定位每个追溯码所在的疫苗追溯系统；四是提供公众查询服务，提供统一的疫苗追溯信息的查询入口。②

　　疫苗上市许可持有人应当建立疫苗电子追溯系统，与全国疫苗电子追溯协同平台相衔接，实现生产、流通和预防接种全过程最小包装单位疫苗可追溯、可核查。疾病预防控制机构、接种单位应当依法如实记录疫苗流通、预防接种等信息，并按照规定向全国疫苗电子追溯协同平台提供追溯信息。

（二）对疫苗生产流通环节的要求

　　疫苗管理中的全程管控，体现于《疫苗管理法》第三章中对疫苗生产的规定，包括对疫苗生产的严格准入，设定从事疫苗生产活动的条件，对疫苗上市许可持有人的法定代表人、主要负责人和关键岗位人员的要求，对生产工艺和质量控制标准的要求；全程管控还体现于《疫苗管理法》第四章中对疫苗流通的管理，包括对遵守疫苗储存、运输管理规范的要求，要求销售记录真实、准确、完整，要求疾病预防控制机构、接种单位建立疫苗定期检查制度。

第二节　疫苗注册和生产法律制度

一、疫苗注册法律制度

（一）细化对疫苗非临床研究的要求

　　《药品管理法》第 18 条规定，开展药物非临床研究，应当符合国家有关规定，有与研究项目相适应的人员、场地、设备、仪器和管理制度，保证有关数据、资料和样品的真实性。《药品管理法》第 17 条规定，从事药品研制活动，应当遵守药物非临床研究质量管理规范。《药物非临床研究质量管理规范》是国家市场监督管理总局于 2017 年公布的部门规章。《药物非临床研究质量管理规范》规范了有关非临床安全性评价研究机构的运行管理，为非临床安全性评价研究项目试验方案设计、组织实施、执行、检查、记录、存档和报告等全过程的质量管理设定要求。疫苗非临床研究应当有与非临床研究项目相适应的条件，

---

① 参见《国家药监局综合司　国家卫生健康委办公厅关于做好疫苗信息化追溯体系建设工作的通知》。
② 参见《疫苗信息化追溯体系建设常见问题》，载于国家药品监督管理局。

应当恪守《药物非临床研究质量管理规范》的要求。

疫苗的安全性已经受到越来越多的重视，非临床安全性评价已成为疫苗开发的国际化要求。非临床安全性评价研究是指为评价药物安全性，在实验室条件下用实验系统进行的试验，包括安全药理学试验、单次给药毒性试验、重复给药毒性试验、生殖毒性试验、遗传毒性试验、致癌性试验、局部毒性试验、免疫原性试验、依赖性试验、毒代动力学试验以及与评价药物安全性有关的其他试验。疫苗非临床安全性评价的主要关注点包括免疫原性、免疫毒性、系统毒性、局部刺激性，主要项目包括重复给药毒性试验、急性毒性试验、过敏试验、生殖毒性试验、生物分布，评价方法涉及免疫原性评价方法、一般毒性研究、免疫毒性研究、组织分布研究、局部刺激性试验以及对佐剂的评价等。此外，还需阐明体外方法的结果与整体研究结果的相关性，基于评价来预测疫苗毒性。[1]

（二）依法开展疫苗临床试验

疫苗临床试验，是指在人体上进行疫苗的系统性研究，以证实或揭示试验疫苗的作用、不良反应等，目的是确定试验疫苗的安全性和有效性。[2]《疫苗管理法》第16条规定，开展疫苗临床试验，应当经国务院药品监督管理部门依法批准，由符合国务院药品监督管理部门和国务院卫生健康主管部门规定条件的三级医疗机构或者省级以上疾病预防控制机构实施或者组织实施。

根据国际通行的医学伦理原则，对目标人群为儿童和婴幼儿的疫苗，由于儿童和婴幼儿对不良反应的耐受力较低，因此开展疫苗临床试验时，应按照成年人、儿童、婴幼儿的顺序分步进行，在成年人初步试验确认安全的情况下，逐步扩展到目标人群。《疫苗管理法》第17条规定，疫苗临床试验申办者应审慎选择受试者，合理设置受试者群体和年龄段，并根据风险程度采取有效措施，保护受试者合法权益。

疫苗临床试验受试者的人格应受完整的尊重。取得受试者书面知情同意书是进行药物临床试验的前提，研究者应向受试者说明试验的内容。《疫苗管理法》第18条明确规定，开展疫苗临床试验，应当取得受试者的书面知情同意；受试者为无民事行为能力人的，应当取得其监护人的书面知情同意；受试者为限制民事行为能力人的，应当取得本人及其监护人的书面知情同意。

（三）引入优先审评审批程序

《疫苗管理法》第19条第2款规定，对疾病预防、控制急需的疫苗和创新疫苗，国务院药品监督管理部门应当予以优先审评审批。《药品注册管理办法》第68条对疫苗优先审评审批作了进一步规定。在《药品上市许可优先审评审批工作程序（试行）》中规定，疾病预防、控制急需的疫苗具体清单由国家卫生健康委员会和工业和信息化部提出，并经国家药品监督管理局组织确定。

申请人如适用优先审评审批程序，在提出疫苗上市许可申请前，应当与国家药品监督管理局药品审评中心进行沟通交流，探讨现有研究数据是否满足药品上市许可审查要求、是否符合优先审评审批程序纳入条件等，对于初步评估认为符合优先审评审批纳入条

[1]　参见刘丽、李波：《疫苗的非临床安全性研究》，载《中国新药杂志》2018年第21期。
[2]　参见袁杰、王振江、赵宁等主编：《中华人民共和国疫苗管理法释义》，中国民主法制出版社2019年版，第85页。

件的，应当在会议纪要中予以明确。经沟通交流确认后，申请人应当在提出药品上市许可申请的同时，通过药审中心网站提出优先审评审批申请，并提交相关支持性资料。《药品注册管理办法》第70条规定，对于纳入优先审评审批程序的疫苗上市许可申请，按注册申请受理时间顺序优先配置资源进行审评，其上市许可申请的审评时限为130日；需要核查、检验和核准药品通用名称的，予以优先安排；经沟通交流确认后，可以补充提交技术资料。

（四）适用附条件批准程序

附条件批准是为鼓励以临床价值为导向的药物创新，加快具有突出临床价值的临床急需药品上市。[①]《药品管理法》第26条设定了药品附条件批准制度，规定对"公共卫生方面急需的药品"，"药品临床试验已有数据显示疗效并能预测其临床价值的"，可以附条件批准。《疫苗管理法》第20条进一步规定了疫苗附条件批准制度。当适用疫苗附条件批准程序时，申请上市的疫苗需为"应对重大突发公共卫生事件急需"或"国务院卫生健康主管部门认定急需的其他疫苗"，当经评估获益大于风险时，国务院药品监督管理部门可以附条件批准疫苗注册申请。

（五）规范疫苗的紧急使用

美国、欧盟、日本都设置了医药产品紧急使用授权（Emergency Use Authorizations，EUAs）制度。我国《疫苗管理法》第20条规定，出现特别重大突发公共卫生事件或者其他严重威胁公众健康的紧急事件，国务院卫生健康主管部门根据传染病预防、控制需要提出紧急使用疫苗的建议，经国务院药品监督管理部门组织论证同意后可以在一定范围和期限内紧急使用。例如，在新冠肺炎防控过程中，启动了疫苗紧急使用制度。2020年6月，依法批准《新型冠状病毒疫苗紧急使用（试用）方案》，随后小范围起步、稳妥审慎推进，在知情同意自愿的基础上，在做好充分的不良反应监测和应急救治准备的前提下，对高风险人群开展了新冠肺炎疫苗的紧急接种。[②]

二、疫苗生产法律制度

（一）质量跟踪分析

根据《疫苗管理法》第58条，疫苗上市许可持有人应当对疫苗进行质量跟踪分析，持续提升质量控制标准，改进生产工艺，提高生产工艺稳定性。

（二）重要和关键岗位人员资质要求

疫苗上市许可持有人的重要和关键岗位人员应当具备相应资质，符合相应要求。根据《疫苗管理法》第23条，疫苗上市许可持有人的法定代表人、主要负责人应当具有良好的信用记录，生产管理负责人、质量管理人、质量受权人应当具有相关专业背景和从业经历。《疫苗生产流通管理规定》第7条规定，疫苗上市许可持有人的生产管理负责人、质量管理负责人和质量受权人等关键岗位人员应当具有医学、药学、生物学等相关专业本

---

① 参见袁利佳、陈小明、张宁：《我国药品附条件批准程序实施情况及相关思考》，载《中国药事》2022年第10期。
② 参见许安标：《深入贯彻疫苗管理法　切实保障公众健康》，载《行政管理改革》2021年第10期。

科及以上学历或具备中级以上专业技术职称，具有 5 年以上从事疫苗领域生产质量管理经验，能够在生产、质量管理中履行职责，并承担相应责任。

（三）严格进行生产质量管理

疫苗上市许可持有人应当建立完整的生产质量管理体系，严格按照经核准的生产工艺和质量控制标准组织生产，确保产品符合上市放行要求。生产过程中应当持续加强物料供应商管理、变更控制、偏差管理、产品质量回顾分析等工作。采用信息化手段如实记录生产、检验过程中形成的所有数据，确保生产全过程持续符合法定要求。对于无法采用在线采集数据的人工操作步骤，应将该过程形成的数据及时录入相关信息化系统或转化为电子数据，确保相关数据的真实、准确、完整和可追溯，同时按要求保存相关纸质原始记录。

（四）持续更新说明书、标签

《疫苗管理法》第 59 条规定，疫苗上市许可持有人应当根据疫苗上市后研究、预防接种异常反应等情况持续更新说明书、标签，并按照规定申请核准或者备案。说明书、标签更新后，疫苗上市许可持有人应将更新的内容立即通知相关疾病预防控制机构、接种单位、疫苗配送单位等。

（五）年度质量报告

《疫苗管理法》第 60 条规定，疫苗上市许可持有人应当建立疫苗质量回顾分析和风险报告制度，每年将疫苗生产流通、上市后研究、风险管理等情况按照规定如实向国务院药品监督管理部门报告。疫苗上市许可持有人每年需在 4 月底之前上传上年度的质量年度报告，质量年度报告内容至少应当包括疫苗生产和批签发情况，关键人员变更情况，生产工艺和场地变更情况，原料、辅料变更情况，关键设施设备变更情况，偏差情况，稳定性考察情况，销售配送情况，疑似预防接种异常反应情况，风险管理情况，接受检查和处罚情况等。

第三节　疫苗流通法律制度

一、疫苗供应制度

疫苗的流通环节要求较高，又需要保证及时足额供应，直接供应可以减少中间环节，减少风险点与疫苗质量安全隐患，可以有效保障疫苗的安全性、有效性，有效保障疫苗的及时供应。

疫苗采购应当签订书面采购合同。采购合同的签订主体为疫苗上市许可持有人和疾病预防控制机构，采购合同的主要内容包括疫苗的品种、数量、价格、配送要求等，合同双方都应当严格履行合同约定的义务。《疫苗管理法》第 35 条规定，疫苗上市许可持有人应当按照采购合同约定，向疾病预防控制机构供应疫苗，再由疾病预防控制机构按照规定向接种单位供应疫苗。

为了保障疫苗安全有效，法律对疫苗供应主体作了特殊规定。一方面，只有疾病预防控制机构可以向接种单位供应疫苗，疾病预防控制机构以外的任何单位和个人都不能向接种单位供应疫苗。另一方面，接种单位只能接收疾病预防控制机构供应的疫苗，对疾病预防控制机构以外的任何单位和个人提供的疫苗都不得接收。

二、疫苗配送制度

疫苗是生物制品，相较于一般药品而言，疫苗的储存、运输要求更高，条件更严，疫苗配送是保障疫苗质量的重要环节。为了体现全链条、全过程从严监管，法律将供应与配送分开规定，对疫苗配送的主体、条件、规范要求等进行明确，保证配送环节疫苗的质量。

疫苗上市许可持有人应当严格履行采购合同，按照采购合同约定的时间、数量、接收单位配送疫苗。采购合同约定的接收单位可以是疾病预防控制机构，也可以是疾病预防控制机构指定的接种单位。

根据《疫苗管理法》第 36 条，疫苗上市许可持有人、疾病预防控制机构可以自行配送疫苗，也可以委托配送单位配送疫苗。委托配送单位配送疫苗，应当对受托方的质量保障能力和风险管理能力进行评估，与其签订委托协议，明确疫苗质量责任、操作规程等内容，并对受托方进行监督。无论是疫苗上市许可持有人、疾病预防控制机构自行配送疫苗，还是配送单位配送疫苗，都应当具备疫苗冷链储存、运输条件，按照要求装备保障疫苗质量的储存、运输冷链设施设备。

法律一般只规定基本的、主要的制度，对一些具体操作层面的细节问题，难以面面俱到。因此，《疫苗管理法》授权国务院财政部门会同国务院价格主管部门制定收取储存、运输费用的具体办法，省、自治区、直辖市人民政府价格主管部门会同财政部门制定具体的收费标准。各省在制定收费标准时，应当根据本地实际情况，科学进行成本核算，合理确定收费标准。

三、疫苗储存与运输制度

储存、运输环节是保证疫苗质量的重要环节。与一般药品不同，疫苗属于生物制品，对储存、运输的温度环境等有更高的要求，需要规定更加严格的管理制度。

根据《疫苗管理法》第 37 条，疾病预防控制机构、接种单位、疫苗上市许可持有人、疫苗配送单位都应当遵守疫苗储存、运输管理规范。《疫苗管理法》授权国务院药品监督管理部门、国务院卫生健康主管部门共同制定疫苗储存、运输管理规范。2017 年版《疫苗储存和运输管理规范》对疫苗储存、运输的设施设备、温度监测，储存、运输中的管理以及温度异常的管理等作了规定。

在疫苗储存、运输冷链设施设备方面，疾病预防控制机构、接种单位、疫苗生产企业、疫苗配送企业、疫苗仓储企业应当装备保障疫苗质量的储存、运输冷链设施设备，根据疫苗储存、运输的需要，配备普通冷库、低温冷库、冷藏车和自动温度监测器材或设备等；设区的市级、县级疾病预防控制机构应当配备普通冷库、冷藏车或疫苗运输车、低温冰箱、普通冰箱、冷藏箱（包）、冰排和温度监测器材或设备等；接种单位应当配备普通冰箱、冷藏箱（包）、冰排和温度监测器材或设备等。疾病预防控制机构、接种单位、疫苗生产企业、疫苗配送单位应当建立健全冷链设备档案，并对疫苗储存、运输的设施设备运行状况进行记录。

在疫苗储存、运输的温度监测方面，疾病预防控制机构、接种单位、疫苗生产企业、疫苗仓储企业必须按照疫苗说明书、《预防接种工作规范》等有关疫苗储存、运输的温度要求储存和运输疫苗。疫苗配送企业、疾病预防控制机构、接种单位应当对疫苗运输过程进行温度监测并填写"疫苗运输温度记录表"。记录内容包括疫苗运输工具、疫苗冷藏方式、疫苗名称、生产企业、规格、批号、有效期、数量、用途、启运和到达时间、启运和到达时的疫苗储存温度和环境温度、启运至到达行驶里程、送/收疫苗单位、送/收疫苗人签名。

在疫苗储存、运输中温度异常的管理方面，疫苗应当在批准的温度范围（控制温度）内储存、运输。疫苗生产企业应当评估疫苗储存、运输过程中出入库、装卸等常规操作产生的温度偏差对疫苗质量的影响及可接收的条件。符合接收条件的，疫苗配送企业、疾病预防控制机构、接种单位应当接收疫苗。在特殊情况下，如停电、储存运输设备发生故障造成温度异常的，须填写"疫苗储存和运输温度异常情况记录表"。疫苗生产企业应当及时启动重大偏差或次要偏差处理流程，评估其对产品质量的潜在影响，并将评估报告提交给相应单位。经评估对产品质量没有影响的，可继续使用。经评估对产品质量产生不良影响的，应当在当地卫生健康主管部门和药品监督管理部门的监督下将其销毁。

根据《疫苗管理法》第37条规定，有关部门应适时对《疫苗储存和运输管理规范》进行修改，有关单位要严格执行《疫苗管理法》和《疫苗储存和运输管理规范》关于疫苗储存、运输的规定，保证疫苗质量。

第四节　疫苗预防接种法律制度

《疫苗管理法》第五章为"预防接种"，该章细化了对疾病预防控制机构、接种单位和医疗卫生人员的要求。接种单位须符合规定条件并经卫生健康主管部门指定或者备案。预防接种应当遵守预防接种工作规范、免疫程序、疫苗使用指导原则和接种方案等要求；实施接种工作的医疗卫生人员应当经过培训并考核合格，并依法履行"三查七对"等义务。对于预防接种异常反应，应当按照规定监测、报告、调查、诊断、鉴定和处理。

一、免疫规划法律制度

通过免疫规划开展预防接种，能彰显政府责任，实现社会福利的公平性，提高人群的健康水平。国家免疫规划是指根据国家疾病预防控制的需要，由国务院卫生健康主管部门制定的免疫规划项目，包括国家免疫规划疫苗种类、覆盖人群、免疫程序以及接种率目标等。《疫苗管理法》第41条规定，国务院卫生健康主管部门制定国家免疫规划，国家免疫规划疫苗种类由国务院卫生健康主管部门会同国务院财政部门拟定，报国务院批准后公布。国务院卫生健康主管部门建立国家免疫规划专家咨询委员会，并会同国务院财政部门建立国家免疫规划疫苗种类动态调整机制。

《疫苗管理法》第42条规定，国务院卫生健康主管部门制定、公布的预防接种工作规范，构成了技术指导和规范预防接种工作的依据。国务院卫生健康主管部门制定、公布国家免疫规划疫苗的免疫程序和非免疫规划疫苗的使用指导原则。省、自治区、直辖市人民政府卫生健康主管部门应当结合本行政区域实际情况制定接种方案，并报国务院卫生健康主管部门备案。

二、疫苗接种单位的条件和要求

根据《疫苗管理法》第44条，疫苗接种单位应当具备的条件包括：（1）取得医疗机构执业许可证；（2）具有经过县级人民政府卫生健康主管部门组织的预防接种专业培训并考核合格的医师、护士或者乡村医生；（3）具有符合疫苗储存、运输管理规范的冷藏设施、设备和冷藏保管制度。接种单位应当加强内部管理，开展预防接种工作应当遵守预防接种工作规范、免疫程序、疫苗使用指导原则和接种方案。各级疾病预防控制机构应当加强对接种单位预防接种工作的技术指导和疫苗使用的管理。

三、医疗卫生人员实施接种的规范化要求

医疗卫生人员实施接种，应符合法律规范的要求。医疗卫生人员实施接种时，应保障受种者或者其监护人的知情权。根据《疫苗管理法》第45条第1款，应当告知受种者或者其监护人所接种疫苗的品种、作用、禁忌、不良反应以及现场留观等注意事项，询问受种者的健康状况以及是否有接种禁忌等情况，并如实记录告知和询问情况。受种者或者其监护人应当如实提供受种者的健康状况和接种禁忌等情况。有接种禁忌不能接种的，医疗卫生人员应当向受种者或者其监护人提出医学建议，并如实记录提出医学建议情况。

根据《疫苗管理法》第45条第2款，医疗卫生人员在实施接种前，应当按照预防接种工作规范的要求，做到"三查七对"，即检查受种者健康状况、核查接种禁忌，查对预防接种证，检查疫苗、注射器的外观、批号、有效期，核对受种者的姓名、年龄和疫苗的品名、规格、剂量、接种部位、接种途径，做到受种者、预防接种证和疫苗信息一致，确认无误后方可实施接种。

四、疫苗接种记录信息制度

医疗卫生人员应依法记录接种信息，保存接种记录。根据《疫苗管理法》第46条，

医疗卫生人员应当按照国务院卫生健康主管部门的规定，真实、准确、完整记录疫苗的品种、上市许可持有人、最小包装单位的识别信息、有效期、接种时间、实施接种的医疗卫生人员、受种者等接种信息，确保接种信息可追溯、可查询。接种记录应当保存至疫苗有效期满后不少于 5 年备查。

第五节　疫苗安全法律责任

疫苗安全法律责任以法律为从事疫苗研制、生产、流通、接种和监督管理活动的主体设定义务为前提；追究法律责任以违反《疫苗管理法》等法律规范为前提。疫苗安全法律责任规范实则是与行为规范相对应的制裁规范。应完善疫苗管理法律责任的制度体系，对行政法律责任、刑事法律责任、民事法律责任加以妥善配置。

《疫苗管理法》中的法律责任规范共计 18 条。立法者设定了严格的法律责任，对法人违法适用双罚制度，做到处罚到人，并对法人及其责任人员处以资格罚。通过依法设定药品管理法律责任，综合利用行政、刑事和民事法律责任机制，提高违法者违法成本，减少药品违法事件的发生，保障公众用药安全和合法权益，同时提高了法律责任的可预见性。

一、行政法律责任

（一）生产、销售的疫苗属于假药、劣药的法律责任

《药品管理法》第 98 条对假药、劣药的范围加以界定。《疫苗管理法》第 80 条规定了生产、销售的疫苗属于假药、劣药的法律责任。

第一，生产、销售的疫苗属于假药的，由省级以上人民政府药品监督管理部门没收违法所得和违法生产、销售的疫苗以及专门用于违法生产疫苗的原料、辅料、包装材料、设备等物品，责令停产停业整顿，吊销药品注册证书，直至吊销药品生产许可证等，并处违法生产、销售疫苗货值金额 15 倍以上 50 倍以下的罚款，货值金额不足 50 万元的，按 50 万元计算。

第二，生产、销售的疫苗属于劣药的，由省级以上人民政府药品监督管理部门没收违法所得和违法生产、销售的疫苗以及专门用于违法生产疫苗的原料、辅料、包装材料、设备等物品，责令停产停业整顿，并处违法生产、销售疫苗货值金额 10 倍以上 30 倍以下的罚款，货值金额不足 50 万元的，按 50 万元计算；情节严重的，吊销药品注册证书，直至吊销药品生产许可证等。

第三，生产、销售的疫苗属于假药，或者生产、销售的疫苗属于劣药且情节严重的，由省级以上人民政府药品监督管理部门对法定代表人、主要负责人、直接负责的主管人员和关键岗位人员以及其他责任人员，没收违法行为发生期间自违法单位所获收入，并处所获收入 1 倍以上 10 倍以下的罚款，终身禁止从事药品生产经营活动，由公安机关处 5 日

以上 15 日以下拘留。

（二）申请疫苗注册有欺骗行为、委托生产疫苗未经批准等违法行为的法律责任

《疫苗管理法》第 81 条规定了对申请疫苗注册有欺骗行为、委托生产疫苗未经批准等 6 种违法行为的法律责任。当出现这些违法行为时，由省级以上人民政府药品监督管理部门没收违法所得和违法生产、销售的疫苗以及专门用于违法生产疫苗的原料、辅料、包装材料、设备等物品，责令停产停业整顿，并处违法生产、销售疫苗货值金额 15 倍以上 50 倍以下的罚款，货值金额不足 50 万元的，按 50 万元计算；情节严重的，吊销药品相关批准证明文件，直至吊销药品生产许可证等，对法定代表人、主要负责人、直接负责的主管人员和关键岗位人员以及其他责任人员，没收违法行为发生期间自违法单位所获收入，并处所获收入 50% 以上 10 倍以下的罚款，10 年内直至终身禁止从事药品生产经营活动，由公安机关处 5 日以上 15 日以下拘留。

该条款对应的违法行为有 6 类：（1）申请疫苗临床试验、注册、批签发提供虚假数据、资料、样品或者有其他欺骗行为；（2）编造生产、检验记录或者更改产品批号；（3）疾病预防控制机构以外的单位或者个人向接种单位供应疫苗；（4）委托生产疫苗未经批准；（5）生产工艺、生产场地、关键设备等发生变更按照规定应当经批准而未经批准；（6）更新疫苗说明书、标签按照规定应当经核准而未经核准。

（三）违反药品相关质量管理规范的法律责任

《疫苗管理法》第 82 条规定了违反药品相关质量管理规范的法律责任，这里是指除《疫苗管理法》另有规定的情形外，违反药品相关质量管理规范的行为。药品相关质量管理规范包括《药物非临床研究质量管理规范》《药物临床试验质量管理规范》《药品生产质量管理规范》《药品经营质量管理规范》等。

根据《疫苗管理法》第 82 条，对于违反药品相关质量管理规范的，由县级以上人民政府药品监督管理部门责令改正，给予警告；拒不改正的，处 20 万元以上 50 万元以下的罚款；情节严重的，处 50 万元以上 300 万元以下的罚款，责令停产停业整顿，直至吊销药品相关批准证明文件、药品生产许可证等。对法定代表人、主要负责人、直接负责的主管人员和关键岗位人员以及其他责任人员，没收违法行为发生期间自违法单位所获收入，并处所获收入 50% 以上 5 倍以下的罚款，10 年内直至终身禁止从事药品生产经营活动。

（四）未按照规定建立疫苗电子追溯系统等违法行为的法律责任

《疫苗管理法》第 83 条针对违反《疫苗管理法》管理要求的 6 种行为，设定了同一幅度的法律责任，包括：（1）未按照规定建立疫苗电子追溯系统；（2）法定代表人、主要负责人和生产管理负责人、质量管理负责人、质量受权人等关键岗位人员不符合规定条件或者未按照规定对其进行培训、考核；（3）未按照规定报告或者备案；（4）未按照规定开展上市后研究，或者未按照规定设立机构、配备人员主动收集、跟踪分析疑似预防接种异常反应；（5）未按照规定投保疫苗责任强制保险；（6）未按照规定建立信息公开制度。

对于疫苗上市许可持有人的上述违法行为，由省级以上人民政府药品监督管理部门责令改正，给予警告；拒不改正的，处 20 万元以上 50 万元以下的罚款；情节严重的，责令停产停业整顿，并处 50 万元以上 200 万元以下的罚款。

（五）批签发机构的法律责任

《疫苗管理法》第 26 条规定了疫苗批签发制度，确立了疫苗批签发证明、不予批签发通知书的法律地位，明确了批签发机构的审核、检验、公布上市疫苗批签发结果义务。《疫苗管理法》第 29 条规定了批签发机构的核实义务，《疫苗管理法》第 30 条规定了批签发机构对疫苗重大质量风险的报告义务。

与以上规定相对应，《疫苗管理法》第 84 条第 1 款对批签发机构未按照规定进行审核和检验、未及时公布上市疫苗批签发结果、未按照规定进行核实、未按照规定报告或备案等行为，设定了法律责任，即由国务院药品监督管理部门责令改正，给予警告，对主要负责人、直接负责的主管人员和其他直接责任人员依法给予警告直至降级处分。

《疫苗管理法》第 84 条第 2 款则针对批签发机构未按照规定发给批签发证明或者不予批签发通知书的行为，设定了相应法律责任，即由国务院药品监督管理部门责令改正，给予警告，对主要负责人、直接负责的主管人员和其他直接责任人员依法给予降级或者撤职处分；情节严重的，对主要负责人、直接负责的主管人员和其他直接责任人员依法给予开除处分。

（六）预防接种异常反应补偿制度的实行

《疫苗管理法》第 56 条系统规定了预防接种异常反应补偿制度，这属于行政补偿制度，法律对补偿原则、补偿范围、补偿费用、补偿办法等规定作出了较大的完善。实施接种过程中或者实施接种后出现的受种者死亡、严重残疾、器官组织损伤等损害，属于预防接种异常反应或者不能排除的，应当给予补偿。

【拓展阅读】
美国疫苗损害补偿制度的法律框架

《疫苗管理法》第 56 条要求补偿范围实行目录管理，并根据实际情况进行动态调整，预防接种异常反应补偿范围、标准、程序由国务院规定，省、自治区、直辖市制定具体实施办法。由国务院制定补偿范围、标准和程序，有助于全国作出整齐划一的规定，也有助于最高行政机关行使裁量权，使得补偿程序更为及时、便民、合理，补偿范围和标准可以更好地因应医学的发展、社会的变迁、公众的需求。

我国《疫苗管理法》第 56 条第 2 款规定，国家鼓励通过商业保险等多种形式，对预防接种异常反应受种者予以补偿。商业保险形式更符合疫苗生产、流通和接种的规律，其以更为简化、便捷的救济方式，快速有效地对受种者进行补偿。

二、刑事法律责任

行政管理类的法律对刑事责任的通常表述为"违反本法规定，构成犯罪的，依法追究刑事责任"。在立法过程中，有立法工作者提出，对生产假劣疫苗等违法行为，除规定比一般药品违法行为更严厉的行政处罚外，构成犯罪的，还应当依法从重追究刑事责任，体现"四个最严"的精神。据此，《疫苗管理法》第 79 条明确，违反该法规定，构成犯罪的，依法从重追究刑事责任。一是违反该法规定，构成犯罪的，依法追究刑事责任。目前主要包括生产、销售、提供假药罪，生产、销售、提供劣药罪，非法经营罪，提供虚假证明文件罪等。二是依法从重追究刑事责任。

三、民事法律责任

通过并用民法典规范与疫苗监管法律规范中设定的民事法律规范，有助于促使疫苗市场主体依法履行民事义务、承担民事责任，以保护疫苗活动中各主体的合法权益，维护疫苗管理秩序。

民事主体依照法律规定或者按照当事人约定，履行民事义务，承担民事责任。《疫苗管理法》第 96 条规定了疫苗损害赔偿责任：疫苗存在质量问题，或者疾病预防控制机构、接种单位违反预防接种工作规范、免疫程序、疫苗使用指导原则、接种方案的，疾病预防控制机构、接种单位除应当依法承担相应的刑事责任、行政责任外，还应当依法承担民事赔偿责任。

（一）疫苗损害赔偿责任

《民法典》第 120 条规定："民事权益受到侵害的，被侵权人有权请求侵权人承担侵权责任。"第 1202 条规定："因产品存在缺陷造成他人损害的，生产者应当承担侵权责任。"《疫苗管理法》第 96 条以民法原理和民法一般规范为基础，明确规定了疫苗损害赔偿制度。

《疫苗管理法》第 96 条规定，因疫苗质量问题造成受种者损害的，疫苗上市许可持有人应当依法承担赔偿责任。疾病预防控制机构、接种单位因违反预防接种工作规范、免疫程序、疫苗使用指导原则、接种方案，造成受种者损害的，应当依法承担赔偿责任。

（二）疫苗责任强制保险制度

为确保受害者能够及时获得相应的赔偿，《疫苗管理法》第 68 条规定，国家实行疫苗责任强制保险制度。疫苗上市许可持有人应当按照规定投保疫苗责任强制保险，赔付的条件是"因疫苗质量问题造成受种者损害"。此处的"疫苗质量问题"是指疫苗不符合国家药品标准或者药品注册标准，影响安全性、有效性及质量可控性。如果疫苗本身合格，虽然在实施规范接种过程中或者实施规范接种后造成受种者机体组织器官、功能损害，但相关各方均无过错的，属于预防接种异常反应，不能适用疫苗责任强制保险制度的有关规定。[①]

疫苗质量问题导致受种者遭受损害的，保险公司在承保的责任限额内予以赔付。疫苗责任强制保险制度的具体实施办法，由国务院药品监督管理部门会同国务院卫生健康主管部门、保险监督管理机构等制定。根据《疫苗管理法》第 74 条，疫苗上市许可持有人应当建立信息公开制度，按照规定在其网站上及时公开投保疫苗责任强制保险情况。

---

① 参见袁杰、王振江、赵宁等主编：《中华人民共和国疫苗管理法释义》，中国民主法制出版社 2019 年版，第 173 页。

本章思考题

1. 疫苗全程电子追溯制度在疫苗管理中有何重要意义？

2. 如何理解疫苗优先审评审批、疫苗附条件批准、疫苗紧急使用之间的区别与联系？

3. 如何理解疫苗责任强制保险制度在防范疫苗风险、维护受害者合法权益方面的意义？

第十九章
医疗器械管理法律制度

医疗器械是用于疾病的诊断、预防、治疗和康复，与人体健康和生命安全密切相关的特殊商品。以健全的立法对医疗器械的研制、生产、经营、使用进行全过程监管对于保障人民的健康权至关重要。本章介绍医疗器械的含义、分类及立法概况，基于医疗器械的监管流程介绍医疗器械市场准入、风险控制、监督管理等法律制度，以及与此相关的法律责任。

第一节　医疗器械管理法律制度概述

一、医疗器械的含义与分类

根据《医疗器械监督管理条例》第 103 条规定，医疗器械是指直接或者间接用于人体的仪器、设备、器具、体外诊断试剂及校准物、材料以及其他类似或者相关的物品，包括所需要的计算机软件。其效用主要通过物理等方式获得，不是通过药理学、免疫学或者代谢的方式获得，或者这些方式虽然参与但是只起辅助作用。医疗器械可用于：（1）疾病的诊断、预防、监护、治疗或者缓解；（2）损伤的诊断、监护、治疗、缓解或者功能补偿；（3）生理结构或者生理过程的检验、替代、调节或者支持；（4）生命的支持或者维持；（5）妊娠控制；（6）对来自人体的样本进行检查，为医疗或者诊断目的提供信息。

医疗器械具有多学科覆盖、知识密集型的特点，涉及机械、电子、材料、生命科学等众多学科，既具有很强的专业性，又具有跨专业的综合性。医疗器械风险跨度大，从纱布、棉签，到心脏起搏器、血管支架等，都属于医疗器械。因此，应该根据医疗器械的风险程度进行分类管理。《医疗器械监督管理条例》根据医疗器械的预期目的、结构特征、使用方法等因素确定的风险程度，将医疗器械分为三类：第一类是风险程度低，实行常规管理可以保证其安全、有效的医疗器械；第二类是具有中度风险，需要严格控制管理以保证其安全、有效的医疗器械；第三类是具有较高风险，需要采取特别措施严格控制管理以保证其安全、有效的医疗器械。

国务院药品监督管理部门负责制定医疗器械的分类规则和分类目录，并根据医疗器械生产、经营、使用的情况，及时对医疗器械的风险变化进行分析、评价，对分类规则和分类目录进行调整。制定、调整分类规则和分类目录，应当充分听取医疗器械注册人、备案人、生产经营企业以及使用单位、行业组织的意见，并参考国际医疗器械分类实践。医疗器械分类规则和分类目录应当向社会公布。对新研制的尚未列入分类目录的医疗器械，申请人直接申请第三类医疗器械产品注册的，国务院药品监督管理部门应当按照风险程度确定类别，对准予注册的医疗器械及时纳入分类目录。申请类别确认的，国务院药品监督管理部门应当自受理申请之日起 20 个工作日内对该医疗器械的类别进行判定并告知申请人。

二、医疗器械管理法律制度概况

我国医疗器械安全总体呈现稳中向好的趋势，自 20 世纪末以来，我国医疗器械评价抽检合格率已从 80% 左右上升到 90% 以上，并保持稳定。作为一种特殊商品，医疗器械广泛应用于疾病的预防、诊断、治疗、康复等领域，其质量关乎人体健康和生命安全，必须实行最严格的监管。

国务院于 2000 年制定了《医疗器械监督管理条例》，该条例是我国医疗器械监督管理的主要法律依据。该条例先后于 2014 年、2017 年和 2021 年进行过三次修订。2014 年的首次修订以医疗器械分类管理为基础，基于风险管理的理念，按照风险的高低在完善医疗器械分类管理，减少事前的行政许可，强调生产、经营企业以及使用单位的主体责任，强化日常监管，完善法律责任等方面进行了大幅修改。针对药品、医疗器械审评审批中存在的问题，国务院于 2015 年 8 月下发了《关于改革药品、医疗器械审评审批制度的意见》，此后，药品、医疗器械审批制度的改革开始提速，一系列政策随之出台。2016 年 3 月，原国家食品药品监督管理总局、原国家卫生和计划生育委员会联合发布了《医疗器械临床试验质量管理规范》（已失效）。2016 年 10 月，原国家食品药品监督管理总局发布了《医疗器械优先审批程序》，将符合国家科技重大专项、临床急需等情形的产品纳入优先审批通道。2017 年修订后的《医疗器械监督管理条例》体现了鼓励医疗器械的研发、创新的理念，鼓励医疗器械新技术的推广应用，同时进一步细化、明确了监管部门的职责，其中特别增加了对大型医用设备的监管内容，防止大型医用设备相关的过度检查、过度治疗等。[①]2020 年 12 月 21 日，国务院第 119 次常务会议再次修订《医疗器械监督管理条例》，修订后的条例自 2021 年 6 月 1 日起施行。此次修订强化了企业、研制机构对医疗器械安全性、有效性的责任，明确了审批、备案程序，充实了监管手段，增设了产品唯一标识追溯、延伸检查等监管措施，加大了违法行为惩处力度，对涉及质量安全的严重违法行为大幅提高了罚款数额，对严重违法单位及责任人采取吊销许可证、实行行业和市场禁入等严厉处罚，涉及犯罪的依法追究刑事责任。

根据《医疗器械监督管理条例》及相关配套文件的规定，可将医疗器械管理法律制度分为医疗器械市场准入法律制度、医疗器械风险控制法律制度、医疗器械监督检查法律制度以及医疗器械安全法律责任等部分。其中，医疗器械市场准入法律制度包括医疗器械产

① 夏金彪：《监管改革促医疗器械创新发展》，载搜狐网。

品注册备案制度、医疗器械临床评价与临床试验制度以及医疗器械生产经营制度；医疗器械风险控制法律制度包括医疗器械不良事件监测制度、医疗器械风险警示与控制制度、医疗器械再评价制度以及医疗器械召回制度。

第二节　医疗器械市场准入法律制度

一、医疗器械产品注册备案制度

国家对医疗器械按照风险程度实行分类管理。第一类医疗器械实行产品备案管理，第二类、第三类医疗器械实行产品注册管理。对新研制的尚未列入分类目录的医疗器械，申请人可以依照《医疗器械监督管理条例》第三类医疗器械产品注册的规定直接申请产品注册，也可以依据分类规则判断产品类别并向国务院药品监督管理部门申请类别确认后依照该条例的规定申请产品注册或者进行产品备案。医疗器械注册人、备案人应当加强医疗器械全生命周期质量管理，对研制、生产、经营、使用全过程中医疗器械的安全性、有效性依法承担责任。

（一）医疗器械备案制度

根据《医疗器械监督管理条例》第15条，医疗器械备案是指医疗器械备案人向负责药品监督管理的部门提交备案资料，药品监督管理部门对提交的备案资料存档备查。医疗器械备案的对象是第一类医疗器械，即风险程度低，实行常规管理可以保证其安全、有效的医疗器械。第一类医疗器械产品备案，由备案人向所在地设区的市级人民政府负责药品监督管理的部门提交备案资料。向我国境内出口第一类医疗器械的境外备案人，由其指定的我国境内企业法人向国务院药品监督管理部门提交备案资料和备案人所在国（地区）主管部门准许该医疗器械上市销售的证明文件。未在境外上市的创新医疗器械，可以不提交备案人所在国（地区）主管部门准许该医疗器械上市销售的证明文件。

医疗器械备案不涉及实质性审查和批准，备案人向负责药品监督管理的部门提交符合《医疗器械监督管理条例》规定的备案资料后即完成备案。备案管理的主要目的是根据备案存档收集信息，并通过后续监督检查监督备案人的生产行为是否合法。

《医疗器械监督管理条例》第14条第1款规定，第一类医疗器械产品备案应当提交下列资料：（1）产品风险分析资料；（2）产品技术要求；（3）产品检验报告；（4）临床评价资料；（5）产品说明书以及标签样稿；（6）与产品研制、生产有关的质量管理体系文件；（7）证明产品安全、有效所需的其他资料。产品检验报告应当符合国务院药品监督管理部门的要求，可以是医疗器械注册申请人、备案人的自检报告，也可以是委托有资质的医疗器械检验机构出具的检验报告。

根据《医疗器械监督管理条例》第14条第3款和第24条，对于工作机理明确、设计定型，生产工艺成熟，已上市的同品种医疗器械临床应用多年且无严重不良事件记录，不改变常规用途的医疗器械，以及其他通过非临床评价能够证明该医疗器械安全、有效的医疗器械，其产品注册、备案可以免于提交临床评价资料。

医疗器械备案人，即办理医疗器械备案的企业或者研制机构，负责向药品监督管理部门报送资料，药品监督管理部门对备案资料进行形式审查，符合要求的，发给备案人备案凭证，并向社会公布备案信息。医疗器械备案人应当确保提交的资料合法、真实、准确、完整和可追溯。

（二）医疗器械注册制度

医疗器械注册是指药品监督管理部门根据医疗器械注册申请人的申请，依照法定程序，对医疗器械的安全性、有效性以及注册申请人保证医疗器械安全、有效的质量管理能力等进行审查，以决定是否同意其申请的行政许可制度。

根据《医疗器械监督管理条例》第 16 条，医疗器械注册的对象是第二类、第三类医疗器械。申请第二类医疗器械产品注册，注册申请人应当向所在地省、自治区、直辖市人民政府药品监督管理部门提交注册申请资料。申请第三类医疗器械产品注册，注册申请人应当向国务院药品监督管理部门提交注册申请资料。向我国境内出口第二类、第三类医疗器械的境外注册申请人，由其指定的我国境内企业法人向国务院药品监督管理部门提交注册申请资料和注册申请人所在国（地区）主管部门准许该医疗器械上市销售的证明文件。未在境外上市的创新医疗器械，可以不提交注册申请人所在国（地区）主管部门准许该医疗器械上市销售的证明文件。

另据《医疗器械监督管理条例》第 17、18 条规定，申请第二类、第三类医疗器械产品注册应当提交的资料与要求，和第一类医疗器械产品备案应当提交的材料与要求相同。受理注册申请的药品监督管理部门应当自受理注册申请之日起 3 个工作日内将注册申请资料转交技术审评机构。技术审评机构应当在完成技术审评后，将审评意见提交受理注册申请的药品监督管理部门作为审批的依据。药品监督管理部门在组织对医疗器械的技术审评时认为有必要对质量管理体系进行核查的，应当组织开展质量管理体系核查。药品监督管理部门审查后，对符合条件的，准予注册并发给医疗器械注册证，并自准予注册之日起 5 个工作日内通过国务院药品监督管理部门在线政务服务平台向社会公布注册有关信息；对不符合条件的，不予注册并书面说明理由。

《医疗器械监督管理条例》第 21、22 条规定了医疗器械的变更注册与延续注册制度。已注册的第二类、第三类医疗器械产品，其设计、原材料、生产工艺、适用范围、使用方法等发生实质性变化，有可能影响该医疗器械安全、有效的，注册人应当向原注册部门申请办理变更注册手续；发生其他变化的，应当按照国务院药品监督管理部门的规定备案或者报告。医疗器械注册证有效期为 5 年。有效期届满需要延续注册的，应当在有效期届满 6 个月前向原注册部门提出延续注册的申请。接到延续注册申请的药品监督管理部门应当在医疗器械注册证有效期届满前作出准予延续的决定。逾期未作决定的，视为准予延续。但有下列情形之一的，不予延续注册：（1）注册人未在规定期限内提出延续注册申请的；（2）医疗器械强制性标准已经修订，申请延续注册的医疗器械不能达到新要求的；（3）附条件批准的医疗器械，未在规定期限内完成医疗器械注册证载明事项。

《医疗器械监督管理条例》第 19 条还对"附条件批准制度"和"紧急使用制度"作了

明确规定，以满足临床急需和应对重大突发公共卫生事件等急需。对用于治疗罕见疾病、严重危及生命且尚无有效治疗手段的疾病和应对公共卫生事件等急需的医疗器械，受理注册申请的药品监督管理部门可以作出附条件批准决定，并在医疗器械注册证中载明相关事项。出现特别重大突发公共卫生事件或者其他严重威胁公众健康的紧急事件，国务院卫生主管部门根据预防、控制事件的需要提出紧急使用医疗器械的建议，经国务院药品监督管理部门组织论证同意后可以在一定范围和期限内紧急使用。

二、医疗器械临床评价与临床试验制度

（一）医疗器械临床评价

医疗器械的临床评价，又称临床评估，是指与医疗器械相关的临床数据评价及分析，以验证医疗器械临床使用时的安全、有效。根据《医疗器械监督管理条例》第 24 条，医疗器械产品注册、备案，应当进行临床评价，但是，如果医疗器械工作机理明确、设计定型，生产工艺成熟，已上市的同品种医疗器械临床应用多年且无严重不良事件记录，不改变常规用途的，以及其他通过非临床评价能够证明该医疗器械安全、有效的，可以免于进行临床评价。国务院药品监督管理部门应当制定医疗器械临床评价指南。

根据《医疗器械监督管理条例》第 25 条第 1 款，进行医疗器械临床评价，可以根据产品特征、临床风险、已有临床数据等情形，通过开展临床试验，或者通过对同品种医疗器械临床文献资料、临床数据进行分析评价，证明医疗器械安全、有效。

（二）医疗器械临床试验

临床试验是确认医疗器械临床使用安全性和有效性的直接手段。医疗器械临床试验，是指在具备相应条件的医疗器械临床试验机构中，对拟申请注册的医疗器械在正常使用条件下的安全性和有效性进行确认或者验证的过程。

1. 临床试验的范围

按照国务院药品监督管理部门的规定，进行医疗器械临床评价时，已有临床文献资料、临床数据不足以确认产品安全、有效的医疗器械，应当开展临床试验。

2. 临床试验机构的管理

医疗器械临床试验机构实行备案管理。医疗器械临床试验机构应当具备的条件以及备案管理办法和临床试验质量管理规范，由国务院药品监督管理部门会同国务院卫生主管部门制定并公布。国家支持医疗机构开展临床试验，将临床试验条件和能力评价纳入医疗机构等级评审，鼓励医疗机构开展创新医疗器械临床试验。

3. 医疗器械临床试验备案与审批

《医疗器械监督管理条例》第 26 条第 1 款规定，开展医疗器械临床试验，应当按照医疗器械临床试验质量管理规范的要求，在具备相应条件的临床试验机构进行，并向临床试验申办者所在地省、自治区、直辖市人民政府药品监督管理部门备案。接受临床试验备案的药品监督管理部门应当将备案情况通报临床试验机构所在地同级药品监督管理部门和卫生主管部门。

但是，《医疗器械监督管理条例》第 27 条规定了第三类医疗器械临床试验审批制。第

三类医疗器械临床试验对人体具有较高风险的，应当经国务院药品监督管理部门批准。国务院药品监督管理部门审批临床试验，应当对拟承担医疗器械临床试验的机构的设备、专业人员等条件，该医疗器械的风险程度，临床试验实施方案，临床受益与风险对比分析报告等进行综合分析，并自受理申请之日起 60 个工作日内作出决定并通知临床试验申办者。逾期未通知的，视为同意。准予开展临床试验的，应当通报临床试验机构所在地省、自治区、直辖市人民政府药品监督管理部门和卫生主管部门。临床试验对人体具有较高风险的第三类医疗器械目录由国务院药品监督管理部门制定、调整并公布。

4. 临床试验中的受试者保护

根据《医疗器械监督管理条例》第 28 条，开展医疗器械临床试验，应当按照规定进行伦理审查，向受试者告知试验目的、用途和可能产生的风险等详细情况，获得受试者的书面知情同意；受试者为无民事行为能力人或者限制民事行为能力人的，应当依法获得其监护人的书面知情同意。开展临床试验，不得以任何形式向受试者收取与临床试验有关的费用。

5. 拓展性临床试验

为满足公众临床需要，使临床急需治疗的患者能够尽快获得试验用医疗器械，规范医疗器械拓展性临床试验的开展和安全性数据的收集，维护受试者权益，国家药品监督管理局会同国家卫生健康委员会发布了《医疗器械拓展性临床试验管理规定（试行）》。医疗器械拓展性临床试验，是指患有危及生命且尚无有效治疗手段的疾病的患者，在开展临床试验的机构内使用尚未批准上市的医疗器械的活动和过程。《医疗器械监督管理条例》第 29 条明确规定，对正在开展临床试验的用于治疗严重危及生命且尚无有效治疗手段的疾病的医疗器械，经医学观察可能使患者获益，经伦理审查、知情同意后，可以在开展医疗器械临床试验的机构内免费用于其他病情相同的患者，其安全性数据可以用于医疗器械注册申请。

三、医疗器械生产经营法律制度

（一）医疗器械生产备案与许可制度

从事第一类医疗器械生产的，应当向所在地设区的市级人民政府负责药品监督管理的部门备案。从事第二类、第三类医疗器械生产的，应当向所在地省、自治区、直辖市人民政府药品监督管理部门申请生产许可以及所生产医疗器械的注册证。医疗器械生产许可证有效期为 5 年。有效期届满需要延续的，依照有关行政许可的法律规定办理延续手续。

（二）医疗器械委托生产制度

根据《医疗器械监督管理条例》第 34 条第 1 款，医疗器械注册人、备案人可以自行生产医疗器械，也可以委托符合《医疗器械监督管理条例》规定、具备相应条件的企业生产医疗器械。但是具有高风险的植入性医疗器械不得委托生产，具体目录由国务院药品监督管理部门制定、调整并公布。

根据《医疗器械监督管理条例》第 34 条第 2 款，委托生产医疗器械的，医疗器械注册人、备案人应当对所委托生产的医疗器械质量负责，并加强对受托生产企业生产行为的管理，保证其按照法定要求进行生产。医疗器械注册人、备案人应当与受托生产企业签订委托协议，明确双方权利、义务和责任。受托生产企业应当依照法律法规、医疗器械生产质量管理规范、强制性标准、产品技术要求和委托协议组织生产，对生产行为负责，并接受委托方的监督。

（三）医疗器械产品质量管理制度

根据《医疗器械监督管理条例》第 35 条第 1 款，医疗器械注册人、备案人、受托生产企业应当按照医疗器械生产质量管理规范，建立健全与所生产医疗器械相适应的质量管理体系并保证其有效运行；严格按照经注册或者备案的产品技术要求组织生产，保证出厂的医疗器械符合强制性标准以及经注册或者备案的产品技术要求。

《医疗器械监督管理条例》第 33 条规定，医疗器械生产质量管理规范应当对医疗器械的设计开发、生产设备条件、原材料采购、生产过程控制、产品放行、企业的机构设置和人员配备等影响医疗器械安全、有效的事项作出明确规定。

根据《医疗器械监督管理条例》第 35 条第 2 款，医疗器械注册人、备案人、受托生产企业应当定期对质量管理体系的运行情况进行自查，并按照国务院药品监督管理部门的规定提交自查报告。

根据《医疗器械监督管理条例》第 36 条，医疗器械的生产条件发生变化，不再符合医疗器械质量管理体系要求的，医疗器械注册人、备案人、受托生产企业应当立即采取整改措施；可能影响医疗器械安全、有效的，应当立即停止生产活动，并向原生产许可或者生产备案部门报告。

（四）医疗器械经营许可与备案管理制度

根据《医疗器械监督管理条例》第 40 条，医疗器械经营企业是从事医疗器械经营活动的市场主体，从事医疗器械经营活动，应当有与经营规模和经营范围相适应的经营场所和贮存条件，以及与经营的医疗器械相适应的质量管理制度和质量管理机构或者人员。

《医疗器械监督管理条例》第 43 条规定，经营第一类医疗器械不需要许可和备案，经营第二类医疗器械实行备案管理，经营第三类医疗器械实行许可管理。但医疗器械注册人、备案人经营其注册、备案的医疗器械，无须办理医疗器械经营许可或者备案，符合法定的经营条件即可。

根据《行政许可法》和《医疗器械监督管理条例》第 41 条，从事第二类医疗器械经营的，由经营企业向所在地设区的市级人民政府负责药品监督管理的部门备案并提交有关资料。按照国务院药品监督管理部门的规定，对产品安全性、有效性不受流通过程影响的第二类医疗器械，可以免于经营备案。根据《医疗器械监督管理条例》第 42 条规定，从事第三类医疗器械经营的，经营企业应当向所在地设区的市级人民政府负责药品监督管理的部门申请经营许可并提交符合有关资料。受理经营许可申请的负责药品监督管理的部门应当对申请资料进行审查，必要时组织核查，并自受理申请之日起 20 个工作日内作出决定。对符合规定条件的，准予许可并发给医疗器械经营许可证；对不符合规定条件的，不予许可并书面说明理由。医疗器械经营许可证有效期为 5 年。有效期届满需要延续的，依照有关行政许可的法律规定办理延续手续。

第三节 医疗器械风险控制法律制度

一、医疗器械不良事件监测制度

医疗器械不良事件是指获准上市的、质量合格的医疗器械，由于医疗器械产品自身固有风险、产品缺陷以及使用风险等发生的与医疗器械预期使用效果无关的有害事件。医疗器械不良事件监测制度是医疗器械上市后风险控制的重要制度之一。《医疗器械监督管理条例》明确规定，国家建立医疗器械不良事件监测制度，对医疗器械不良事件及时进行收集、分析、评价、控制。该条例第62—63条对医疗器械不良事件监测和报告主体以及行政机关和技术机构的职责作了规定。

（一）医疗器械不良事件监测和报告主体

医疗器械注册人、备案人应当建立医疗器械不良事件监测体系，配备与其产品相适应的不良事件监测机构和人员，对其产品主动开展不良事件监测，并按照国务院药品监督管理部门的规定，向医疗器械不良事件监测技术机构报告调查、分析、评价、产品风险控制等情况。医疗器械生产经营企业、使用单位应当协助医疗器械注册人、备案人对所生产经营或者使用的医疗器械开展不良事件监测；发现医疗器械不良事件或者可疑不良事件，应当按照国务院药品监督管理部门的规定，向医疗器械不良事件监测技术机构报告。其他单位和个人发现医疗器械不良事件或者可疑不良事件，有权向负责药品监督管理的部门或者医疗器械不良事件监测技术机构报告。

（二）行政机关及技术机构的职责

国务院药品监督管理部门应当加强医疗器械不良事件监测信息网络建设。医疗器械不良事件监测技术机构应当加强医疗器械不良事件信息监测，主动收集不良事件信息；发现不良事件或者接到不良事件报告的，应当及时进行核实，必要时进行调查、分析、评估，向负责药品监督管理的部门和卫生主管部门报告并提出处理建议。医疗器械不良事件监测技术机构应当公布联系方式，方便医疗器械注册人、备案人、生产经营企业、使用单位等报告医疗器械不良事件。

二、医疗器械风险警示与控制制度

根据《医疗器械监督管理条例》第64条，负责药品监督管理的部门应当根据医疗器械不良事件评估结果及时采取发布警示信息以及责令暂停生产、进口、经营和使用等控制措施。省级以上人民政府药品监督管理部门应当会同同级卫生主管部门和相关部门组织对引起突发、群发的严重伤害或者死亡的医疗器械不良事件及时进行调查和处理，并组织对同类医疗器械加强监测。负责药品监督管理的部门应当及时向同级卫生主管部门通报医疗器械使用单位的不良事件监测的有关情况。

《医疗器械监督管理条例》第 65 条规定，医疗器械注册人、备案人、生产经营企业、使用单位应当对医疗器械不良事件监测技术机构、负责药品监督管理的部门、卫生主管部门开展的医疗器械不良事件调查予以配合。

三、医疗器械再评价制度

受客观条件的制约，医疗器械的安全性和有效性在上市前不一定能得到充分的验证，医疗器械的潜在风险可能随着临床使用的增多逐渐显现。医疗器械再评价是指基于医疗器械上市后发现的风险，对上市后的医疗器械的安全性、有效性进行重新评价并实施相应处置措施的过程，是医疗器械上市后风险控制的重要途径。

《医疗器械监督管理条例》第 66 条对医疗器械再评价制度作了明确规定。有下列情形之一的，医疗器械注册人、备案人应当主动开展已上市医疗器械再评价：（1）根据科学研究的发展，对医疗器械的安全、有效有认识上的改变；（2）医疗器械不良事件监测、评估结果表明医疗器械可能存在缺陷；（3）国务院药品监督管理部门规定的其他情形。医疗器械注册人、备案人应当根据再评价结果，采取相应控制措施，对已上市医疗器械进行改进，并按照规定进行注册变更或者备案变更。再评价结果表明已上市医疗器械不能保证安全、有效的，医疗器械注册人、备案人应当主动申请注销医疗器械注册证或者取消备案；医疗器械注册人、备案人未申请注销医疗器械注册证或者取消备案的，由负责药品监督管理的部门注销医疗器械注册证或者取消备案。省级以上人民政府药品监督管理部门根据医疗器械不良事件监测、评估等情况，对已上市医疗器械开展再评价。再评价结果表明已上市医疗器械不能保证安全、有效的，应当注销医疗器械注册证或者取消备案。负责药品监督管理的部门应当向社会及时公布注销医疗器械注册证和取消备案情况。被注销医疗器械注册证或者取消备案的医疗器械不得继续生产、进口、经营、使用。

四、医疗器械召回制度

医疗器械召回，是指医疗器械生产企业按照规定的程序对其已上市销售的某一类别、型号或者批次的存在缺陷的医疗器械产品，采取警示、检查、修理、重新标签、修改并完善说明书、软件更新、替换、收回、销毁等方式进行处理的行为。

根据召回发起主体的不同，医疗器械召回分为主动召回和责令召回。主动召回是医疗器械注册人、备案人的法定义务。《医疗器械监督管理条例》第 67 条第 1 款和第 2 款规定了主动召回制度。医疗器械注册人、备案人发现生产的医疗器械不符合强制性标准、经注册或者备案的产品技术要求，或者存在其他缺陷的，应当立即停止生产，通知相关经营企业、使用单位和消费者停止经营和使用，召回已经上市销售的医疗器械，采取补救、销毁等措施，记录相关情况，发布相关信息，并将医疗器械召回和处理情况向负责药品监督管理的部门和卫生主管部门报告。医疗器械受托生产企业、经营企业发现生产、经营的医疗器械存在上述情形的，应当立即停止生产、经营，通知医疗器械注册人、备案人，并记录停止生产、经营和通知情况。医疗器械注册人、备案人认为属于法律规定需要召回的医疗器械，应当立即召回。

《医疗器械监督管理条例》第 67 条第 3 款规定了责令召回制度。责令召回是药品监督管理部门的职责，当医疗器械注册人、备案人、受托生产企业、经营企业未依照规定实施召回的，负责药品监督管理的部门可以责令其召回。

第四节　医疗器械监督检查法律制度

一、医疗器械监督检查的主体及职权

医疗器械的监督检查是确保医疗器械生产经营行为合法合规、确保其安全性和有效性的重要保障。药品监督管理部门、卫生主管部门和市场监督管理部门作为医疗器械监督检查的主体，依法履行监督检查职权。《医疗器械监督管理条例》第 68 条明确规定，国家建立职业化专业化检查员制度，加强对医疗器械的监督检查。

（一）药品监督管理部门及其职权

《医疗器械监督管理条例》第 69 条规定，负责药品监督管理的部门应当对医疗器械的研制、生产、经营活动以及使用环节的医疗器械质量加强监督检查，并对下列事项进行重点监督检查：（1）是否按照经注册或者备案的产品技术要求组织生产；（2）质量管理体系是否保持有效运行；（3）生产经营条件是否持续符合法定要求。必要时，负责药品监督管理的部门可以对为医疗器械研制、生产、经营、使用等活动提供产品或者服务的其他相关单位和个人进行延伸检查。

根据《医疗器械监督管理条例》第 70 条，负责药品监督管理的部门在监督检查中有下列职权：（1）进入现场实施检查、抽取样品；（2）查阅、复制、查封、扣押有关合同、票据、账簿以及其他有关资料；（3）查封、扣押不符合法定要求的医疗器械，违法使用的零配件、原材料以及用于违法生产经营医疗器械的工具、设备；（4）查封违反《医疗器械监督管理条例》规定从事医疗器械生产经营活动的场所。进行监督检查，应当出示执法证件，保守被检查单位的商业秘密。有关单位和个人应当对监督检查予以配合，提供相关文件和资料，不得隐瞒、拒绝、阻挠。

《医疗器械监督管理条例》第 72 条规定，医疗器械生产经营过程中存在产品质量安全隐患，未及时采取措施消除的，负责药品监督管理的部门可以采取告诫、责任约谈、责令限期整改等措施。对人体造成伤害或者有证据证明可能危害人体健康的医疗器械，负责药品监督管理的部门可以采取责令暂停生产、进口、经营、使用的紧急控制措施，并发布安全警示信息。

《医疗器械监督管理条例》第 73 条第 1 款规定，负责药品监督管理的部门应当加强对医疗器械注册人、备案人、生产经营企业和使用单位生产、经营、使用的医疗器械的抽查检验。抽查检验不得收取检验费和其他任何费用，所需费用纳入本级政府预算。省级以上人民政府药品监督管理部门应当根据抽查检验结论及时发布医疗器械质量公告。

（二）卫生主管部门及其职权

根据《医疗器械监督管理条例》第71条，卫生主管部门应当对医疗机构的医疗器械使用行为加强监督检查。实施监督检查时，可以进入医疗机构，查阅、复制有关档案、记录以及其他有关资料。

另据该条例第73条第2款，卫生主管部门应当对大型医用设备的使用状况进行监督和评估；发现违规使用以及与大型医用设备相关的过度检查、过度治疗等情形的，应当立即纠正，依法予以处理。

（三）市场监督管理部门及其职权

《医疗器械监督管理条例》第77条规定，市场监督管理部门应当依照有关广告管理的法律、行政法规的规定，对医疗器械广告进行监督检查，查处违法行为。

二、医疗器械监督检查的范围与内容

（一）医疗器械生产监管

根据《医疗器械监督管理条例》第30条，从事医疗器械生产活动，除需要取得生产许可之外，还应当具备下列条件：（1）有与生产的医疗器械相适应的生产场地、环境条件、生产设备以及专业技术人员；（2）有能对生产的医疗器械进行质量检验的机构或者专职检验人员以及检验设备；（3）有保证医疗器械质量的管理制度；（4）有与生产的医疗器械相适应的售后服务能力；（5）符合产品研制、生产工艺文件规定的要求。医疗器械注册人、备案人和受托生产企业的医疗器械生产活动还应严格遵守医疗器械生产质量管理规范。

（二）医疗器械经营监管

《医疗器械监督管理条例》第44—47条对医疗器械的经营监管作了明确规定。

《医疗器械监督管理条例》第44条规定，从事医疗器械经营，应当依照法律法规和国务院药品监督管理部门制定的医疗器械经营质量管理规范的要求，建立健全与所经营医疗器械相适应的质量管理体系并保证其有效运行。

《医疗器械监督管理条例》第45条规定，医疗器械经营企业、使用单位应当从具备合法资质的医疗器械注册人、备案人、生产经营企业购进医疗器械。购进医疗器械时，应当查验供货者的资质和医疗器械的合格证明文件，建立进货查验记录制度。从事第二类、第三类医疗器械批发业务以及第三类医疗器械零售业务的经营企业，还应当建立销售记录制度。

《医疗器械监督管理条例》第46条规定，从事医疗器械网络销售的，应当是医疗器械注册人、备案人或者医疗器械经营企业。从事医疗器械网络销售的经营者，应当将从事医疗器械网络销售的相关信息告知所在地设区的市级人民政府负责药品监督管理的部门，经营第一类医疗器械和根据国家药监部门规定产品安全性、有效性不受流通过程影响的第二类医疗器械的除外。为医疗器械网络交易提供服务的电子商务平台经营者应当对入网医疗器械经营者进行实名登记，审查其经营许可、备案情况和所经营医疗器械产品注册、备案情况，并对其经营行为进行管理。电子商务平台经营者发现入网医疗器械经营者有违反《医疗器械监督管理条例》规定行为的，应当及时制止并立即报告医疗器械经营者所在地设区的市级人民政府负责药品监督管理的部门；发现严重违法行为的，应当立即停止提供网络交易平台服务。

根据《医疗器械监督管理条例》第 47 条规定，运输、贮存医疗器械，应当符合医疗器械说明书和标签标示的要求；对温度、湿度等环境条件有特殊要求的，应当采取相应措施，保证医疗器械的安全、有效。

（三）医疗器械使用监管

《医疗器械监督管理条例》第 48—52 条对医疗器械使用监管作了规定。

《医疗器械监督管理条例》第 48 条规定，医疗器械使用单位应当有与在用医疗器械品种、数量相适应的贮存场所和条件。医疗器械使用单位应当加强对工作人员的技术培训，按照产品说明书、技术操作规范等要求使用医疗器械。

医疗器械使用单位配置大型医用设备，应当符合国务院卫生主管部门制定的大型医用设备配置规划，与其功能定位、临床服务需求相适应，具有相应的技术条件、配套设施和具备相应资质、能力的专业技术人员，并经省级以上人民政府卫生主管部门批准，取得大型医用设备配置许可证。大型医用设备配置管理办法由国务院卫生主管部门会同国务院有关部门制定。大型医用设备目录由国务院卫生主管部门商国务院有关部门提出，报国务院批准后执行。

《医疗器械监督管理条例》第 49 条规定，医疗器械使用单位对重复使用的医疗器械，应当按照国务院卫生主管部门制定的消毒和管理的规定进行处理。一次性使用的医疗器械不得重复使用，对使用过的应当按照国家有关规定销毁并记录。一次性使用的医疗器械目录由国务院药品监督管理部门会同国务院卫生主管部门制定、调整并公布。列入一次性使用的医疗器械目录，应当具有充足的无法重复使用的证据理由。重复使用可以保证安全、有效的医疗器械，不列入一次性使用的医疗器械目录。对因设计、生产工艺、消毒灭菌技术等改进后重复使用可以保证安全、有效的医疗器械，应当调整出一次性使用的医疗器械目录，允许重复使用。

根据《医疗器械监督管理条例》第 50 条，医疗器械使用单位对需要定期检查、检验、校准、保养、维护的医疗器械，应当按照产品说明书的要求进行检查、检验、校准、保养、维护并予以记录，及时进行分析、评估，确保医疗器械处于良好状态，保障使用质量；对使用期限长的大型医疗器械，应当逐台建立使用档案，记录其使用、维护、转让、实际使用时间等事项。记录保存期限不得少于医疗器械规定使用期限终止后 5 年。

医疗器械使用单位应当妥善保存购入第三类医疗器械的原始资料，并确保信息具有可追溯性。使用大型医疗器械以及植入和介入类医疗器械的，应当将医疗器械的名称、关键性技术参数等信息以及与使用质量安全密切相关的必要信息记载到病历等相关记录中。发现使用的医疗器械存在安全隐患的，医疗器械使用单位应当立即停止使用，并通知医疗器械注册人、备案人或者其他负责产品质量的机构进行检修；经检修仍不能达到使用安全标准的医疗器械，不得继续使用。

（四）医疗器械广告监管

根据《医疗器械监督管理条例》第 60 条，医疗器械广告的内容应当真实合法，以经负责药品监督管理的部门注册或者备案的医疗器械说明书为准，不得含有虚假、夸大、误导性的内容。发布医疗器械广告，应当在发布前由省、自治区、直辖市人民政府确定的广告审查机关对广告内容进行审查，并取得医疗器械广告批准文号；未经审查，不得发布。省级以上人民政府药品监督管理部门责令暂停生产、进口、经营和使用的医疗器械，在暂停期间不得发布涉及该医疗器械的广告。

第五节　医疗器械安全法律责任

一、民事法律责任

违反《医疗器械监督管理条例》的规定，造成人身、财产或者其他损害的，应依法承担民事赔偿责任。例如，医疗器械生产经营企业所生产、经营的医疗器械对使用者造成人身、财产或其他损害的，应当依法承担民事赔偿责任；医疗机构不依照规范使用医疗器械给患者造成损害的，应当依法承担相应的民事责任。

二、行政法律责任

（一）违反医疗器械许可、备案管理规定的行政责任

根据《医疗器械监督管理条例》第 81 条，生产、经营未取得医疗器械注册证的第二类、第三类医疗器械的，未经许可从事第二类、第三类医疗器械生产活动的，未经许可从事第三类医疗器械经营活动的，都将依法承担没收违法所得、违法生产经营的医疗器械和用于违法生产经营的工具、设备、原材料等物品，罚款，停产停业，甚至终身禁业等行政责任。生产、经营未取得医疗器械注册证的第二类、第三类医疗器械，情节严重的，由原发证部门吊销医疗器械生产许可证或者医疗器械经营许可证。

【拓展阅读】
原国家食品药品监督管理局公布 8 起医疗器械违法案件典型案例信息

《医疗器械监督管理条例》第 82—85 条对"未经许可擅自配置使用大型医用设备""在申请医疗器械行政许可时提供虚假资料或者采取其他欺骗手段""伪造、变造、买卖、出租、出借相关医疗器械许可证件""备案时提供虚假资料"等行为，分别规定了相应的行政责任。生产、经营未经备案的第一类医疗器械、未经备案从事第一类医疗器械生产、经营第二类医疗器械，应当备案但未备案或者已经备案的资料不符合要求的，由负责药品监督管理的部门向社会公告单位和产品名称，责令限期改正；逾期不改正的，没收违法所得、违法生产经营的医疗器械；依据违法生产经营的医疗器械的货值金额处以相应数额的罚款。情节严重的，对违法单位的法定代

表人、主要负责人、直接负责的主管人员和其他责任人员，没收违法行为发生期间自本单位所获收入，并处所获收入 30% 以上 2 倍以下罚款，5 年内禁止其从事医疗器械生产经营活动。

（二）违反医疗器械生产、经营、使用管理规范的行政法律责任

《医疗器械监督管理条例》第 86 条对下列几种情形规定了罚款，责令停产停业，吊销医疗器械注册证、医疗器械生产许可证、医疗器械经营许可证，限制从业等行政法律责任：（1）生产、经营、使用不符合强制性标准或者不符合经注册或者备案的产品技术要求的医疗器械；（2）未按照经注册或者备案的产品技术要求组织生产，或者未依照《医疗器械监督管理条例》规定建立质量管理体系并保持有效运行，影响产品安全、有效；（3）经营、使用无合格证明文件、过期、失效、淘汰的医疗器械，或者使用未依法注册的医疗器械；（4）在负责药品监督管理的部门责令召回后仍拒不召回，或者在负责药品监督管理的部门责令停止或者暂停生产、进口、经营后，仍拒不停止生产、进口、经营医疗器械；（5）委托不具备《医疗器械监督管理条例》规定条件的企业生产医疗器械，或者未对受托生产企业的生产行为进行管理；（6）进口过期、失效、淘汰等已使用过的医疗器械。

根据《医疗器械监督管理条例》第 88 条，下列情形也将承担罚款、责令停产停业、吊销许可证、限制从业等行政法律责任：（1）生产条件发生变化、不再符合医疗器械质量管理体系要求，未依照该条例规定整改、停止生产、报告；（2）生产、经营说明书、标签不符合该条例规定的医疗器械；（3）未按照医疗器械说明书和标签标示要求运输、贮存医疗器械；（4）转让过期、失效、淘汰或者检验不合格的在用医疗器械。

根据《医疗器械监督管理条例》第 89 条之规定，下列情形可能承担警告、责令停产停业、吊销注册证或许可证等行政法律责任：（1）未按照要求提交质量管理体系自查报告；（2）从不具备合法资质的供货者购进医疗器械；（3）医疗器械经营企业、使用单位未依照该条例规定建立并执行医疗器械进货查验记录制度；（4）从事第二类、第三类医疗器械批发业务以及第三类医疗器械零售业务的经营企业未依照该条例规定建立并执行销售记录制度；（5）医疗器械注册人、备案人、生产经营企业、使用单位未依照该条例规定开展医疗器械不良事件监测，未按照要求报告不良事件，或者对医疗器械不良事件监测技术机构、负责药品监督管理的部门、卫生主管部门开展的不良事件调查不予配合；（6）医疗器械注册人、备案人未按照规定制定上市后研究和风险管控计划并保证有效实施；（7）医疗器械注册人、备案人未按照规定建立并执行产品追溯制度；（8）医疗器械注册人、备案人、经营企业从事医疗器械网络销售未按照规定告知负责药品监督管理的部门；（9）对需要定期检查、检验、校准、保养、维护的医疗器械，医疗器械使用单位未按照产品说明书要求进行检查、检验、校准、保养、维护并予以记录，及时进行分析、评估，确保医疗器械处于良好状态；（10）医疗器械使用单位未妥善保存购入第三类医疗器械的原始资料。

（三）违反医疗器械临床试验、检验、广告、审评、监测活动管理规定的行政法律责任

《医疗器械监督管理条例》第 93—100 条分别规定了临床试验活动违规，医疗器械检验机构违规，医疗器械广告活动违规，医疗器械技术审评机构、医疗器械不良事件监测技术机构等违规的行政法律责任。

（四）监管部门违法的行政法律责任

《医疗器械监督管理条例》第 101 条规定："负责药品监督管理的部门或者其他有关部门工作人员违反本条例规定，滥用职权、玩忽职守、徇私舞弊的，依法给予处分。"

三、刑事法律责任

违反《医疗器械监督管理条例》的规定，构成犯罪的，依法追究刑事法律责任。根据《刑法》规定，与医疗器械相关的犯罪主要包括"生产、销售不符合标准的医用器材罪"和"生产、销售伪劣产品罪"。

根据《刑法》第 145 条和第 150 条的规定，生产、销售不符合标准的医用器材罪是指生产不符合保障人体健康的国家标准、行业标准的医疗器械、医用卫生材料，或者销售明知是不符合国家标准、行业标准的医疗器械、医用卫生材料，足以对人体健康造成严重危害的行为。犯该罪的，处 3 年以下有期徒刑或拘役，并处销售金额 50% 以上 2 倍以下罚金；对人体健康造成严重危害的，处 3 年以上 10 年以下有期徒刑，并处销售金额 50% 以上 2 倍以下罚金；后果特别严重的，处 10 年以上有期徒刑或者无期徒刑，并处销售金额 50% 以上 2 倍以下罚金或者没收财产。单位犯该罪的，对单位判处罚金，并对其直接负责的主管人员和其他直接责任人员，依照该条的规定处罚。

另据《刑法》第 149 条第 1 款之规定，生产、销售不符合标准的医疗器械但不足以对人体健康造成严重危害从而不构成生产、销售不符合标准的医用器械罪，但是销售金额在 5 万元以上的，依照生产、销售伪劣产品罪定罪处罚。《刑法》第 140 条规定了生产、销售伪劣产品罪，生产者、销售者在产品中掺杂、掺假，以假充真，以次充好或者以不合格产品冒充合格产品，销售金额 5 万元以上不满 20 万元的，处 2 年以下有期徒刑或者拘役，并处或者单处销售金额 50% 以上 2 倍以下罚金；销售金额 20 万元以上不满 50 万元的，处 2 年以上 7 年以下有期徒刑，并处销售金额 50% 以上 2 倍以下罚金；销售金额 50 万元以上不满 200 万元的，处 7 年以上有期徒刑，并处销售金额 50% 以上 2 倍以下罚金；销售金额 200 万元以上的，处 15 年有期徒刑或者无期徒刑，并处销售金额 50% 以上 2 倍以下罚金或者没收财产。生产、销售不符合标准的医用器械构成生产销售不符合标准的医用器械罪，同时又构成生产、销售伪劣产品罪的，属于"法规竞合"情形，根据《刑法》第 149 条第 2 款规定，依照处罚较重的规定定罪处罚。

本章思考题

1. 请结合医疗器械的立法沿革谈谈医疗器械管理法律法规的价值。
2. 如何理解医疗器械的分类管理法律制度及其意义？
3. 医疗器械临床评价和临床试验有何区别？
4. 简述医疗器械再评价制度。

第五编
医疗保障法

　　健康权的实现依赖于医疗机构及其医务人员的服务水平，依赖于国家对于群体健康权保障的投入程度，也依赖于国家关于医疗卫生筹资和支付的体系与水平，而医疗保障法就是围绕实现健康权的筹资和支付体系展开的法律制度，是卫生健康法的一个特殊法律部门。医疗保障法律制度是以传统的基本医疗保险为主体，以医疗救助为托底，商业健康保险、长期护理保险、补充医疗保险、医疗救助等医疗保障制度相互衔接、共同发展的多层次制度体系。医疗保障法学则是以这些内容为研究对象而形成的理论体系。

　　本编共分三章，第二十章"医疗保障法概论"，阐释了医疗保障、医疗保障权和医疗保障法基本理论，构成了整个"医疗保障法编"的基础。第二十一章重点介绍了作为多层次医疗保障体系"主体"的基本医疗保险制度，包括基本医疗保险法律关系、基本医疗保险筹资法律制度和基本医疗保险给付法律制度等。第二十二章介绍了城乡居民大病医疗保险制度、医疗救助法律制度、商业健康保险法律制度等其他多层次医疗保障制度。

第二十章
医疗保障法概述

医疗保障法是卫生健康法的重要组成部分，是健康权得以实现的筹资保障。本章主要对医疗保障法的含义、内容、面临的问题以及未来的发展方向进行介绍。其中，第一节主要论述医疗保障与医疗保障法的内容，通过对医疗保障概念和内涵的阐述，引出医疗保障的基本原则，并探讨医疗保障制度及其类型，分析作为核心的"医疗保障权"的概念与具体内容，同时介绍我国医疗保障法律制度的现状和未来的构建思路；第二节详细介绍医疗保障法的体系、渊源和特征，包括我国医疗保障法律体系的历史沿革、法律定位，与其他卫生健康法律制度的衔接及建设方略，医疗保障法的直接和间接法源，以及医疗保障法在我国和比较法上的不同特征。第三节主要介绍医疗保障法中的多层次医疗保障制度，回顾多层次医疗保障的提出与发展，探讨多层次医疗保障制度体系的含义，分析多层次医疗保障制度体系的特征，梳理多层次医疗保障制度的立法概况。通过对这些内容的学习，学生将形成对医疗保障法体系和价值的初步认知。

第一节　医疗保障与医疗保障法

一、医疗保障

（一）医疗保障的概念与内涵

医疗保障是指通过社会、政府和个人等多层次主体的参与，为公民提供包括医疗服务、医疗救治、医疗保险、医疗救助、法律救济等在内的一系列保障措施。医疗保障的目的在于当公民面对健康问题时，社会可以为其提供及时、有效、有质量的医疗保障服务，并通过社会特定制度减轻因疾病及其救治所导致的经济负担，以增进人民健康水平，提高人民获得医疗救济和保障的程度，并促进社会和谐与稳定。医疗保障的内涵体现在以下几个方面。

1. 保障公民的医疗需求

医疗保障旨在确保每个公民都能够在遭遇疾病时获得相应的医疗与保障服务，包括满足就医、治疗、住院、服用药品、康复等方面的需求。因此，医疗保障既体现为对门诊、急诊的全方位覆盖，也包含了常规健康检查、预防性医疗服务等。只有建立完善的医疗体系和服务网络，构建各级医疗卫生服务机构、药品配送体系等，才能确保全方位、多层次、覆盖全社会的医疗保障需求。

2. 建设高质量的医疗保障体系

建设高质量的医疗保障体系是保障公民健康、促进社会医疗保障长远发展的重要任务。应当确保医疗保障覆盖面广泛，涵盖各个年龄段、不同经济水平和地域的人群，实现医疗保障的普惠性与广泛性。建立全民医疗保障制度，包括城镇职工基本医疗保险、城乡居民基本医疗保险、大病保险、补充医疗保险、商业保险等，让每个公民都能享受到基本医疗保障服务。建立医疗服务价格管理和医疗费用控制机制，合理控制医疗费用的增长速度，确保医疗费用的合理性和透明度。同时，推动医疗资源的合理配置和利用，优化医疗服务流程，降低医疗成本，提高医疗资源利用效率。通过加强医疗信息化建设，建立健全医疗信息管理系统，实现医疗信息的互联互通和共享，提高医疗服务的效率和质量。通过电子健康档案建设、远程医疗等方式，提升医疗服务的便捷性和可及性，满足公民的医疗需求。加强医疗服务质量管理，建立健全医疗服务评价和监督机制，推动医院和医生实行绩效考核和激励机制，提高医疗服务质量和医疗技术水平。加强对医疗机构和医务人员的培训和管理，提升其专业素质，优化其服务态度。同时，创新医疗保障模式，包括医保支付方式、医保管理机制等方面的创新。

3. 降低医疗费用个人负担

降低医疗费用个人负担指的是通过各种措施和政策，减轻个人和家庭因医疗费用而产生的经济负担。例如，通过医疗保险、医疗救助等方式，提高国家和社会医疗救助支付比重，降低个人医疗费用支付比例；通过政府定价、医保支付政策等措施，控制医疗服务价格的上涨；提高医疗保障覆盖率与优化医疗服务流程，扩大医疗保障的覆盖范围，使更多人能够享受到医疗保险和医疗救助的福利，减少因医疗费用而导致的贫困和经济风险。

总之，医疗保障是现代社会保障制度中不可或缺的重要组成部分，对维护公民的健康权益、提升社会整体健康、促进社会发展、建设健康中国具有重要意义。

（二）医疗保障的基本原则

1. 平等性原则

医疗保障天然具有公平性和公益性，其追求公民在医疗保障获得上依法享有平等的权利和机会，而不论其经济水平、年龄、性别、地域等情况。当前，我国的医疗保障体制总体而言存在制度差异和地域差异，主要体现为城乡二元体系下城市与乡村以及经济发达和欠发达地区在医疗资源供给、资金扶持比例、医疗保障制度建设方面的差异。从医疗保障获得的平等性角度来看，全体国民应当平等地充分享有完善的医疗保障，全体国民的健康权在获得和保障上应当具有平等性，特别是应获得同等的治疗和机会。

平等性原则要求医疗资源在不同阶层之间公平地分配，避免向特定阶层、特定人群、特定地区过度倾斜。通过发展初级治疗、按人头付费严格控制医疗费用、对边远地区和落后地区医疗机构重点扶持，引导医疗资源在全国不同地域之间更加合理和平等地进行分配。[1]

---

[1]　申卫星主编：《卫生法学原论》，人民出版社 2022 年版，第 159—160 页。

2. 普惠性原则

医疗保障体制惠及全体国民，作为社会公益性事业，每个公民都应享有获得基本医疗保障的权利，这是国家应尽的职责与义务。首先，普惠性原则要求医疗保障覆盖所有国民，提高医疗服务的可获得性，降低医疗服务的稀缺性与集中性，实现就近治疗，保障偏远地区的医疗经费和医疗资源。其次，普惠性原则要求对贫困人群等群体进行重点保障。对于绝大部分国民而言，罹患疾病时的医疗支出仍然是一笔较大的基本生活开支。特别是对于长期患病群体、老年人、人均可支配收入较低群体等群体而言，他们更加依赖医疗保障制度减轻其经济负担。因此，医疗保障制度应当向上述群体适当倾斜，防止因治疗疾病而致贫返贫。同时，普惠性原则不仅要求享受医疗服务的可负担性，也要求医疗保险的可负担性。此外，我国目前的医疗保障制度在很多方面着眼于大病医保、慢病医保等，对于一般性疾病、常见病以及疾病预防性建设没有给予足够的保障。基于普惠性原则，医疗保障应当同时关注疾病预防、一般性疾病治疗和大病治疗。

3. 可及性原则

医疗保障对于国民而言应当是可及的，即居民可以及时有效地获得医疗服务和医疗资源，全体国民都有在患病时获得医疗保障的机会。目前，我国已经构建了较为完善的医疗服务体系。在地理分布上，三级医疗体制和社区卫生服务站能够极大渗透进居民生活区，实现就近分配医疗机构、就近满足基本医疗服务需求，在时间和空间上满足了民众就医的可及性。在信息可获取性上，医疗信息对民众充分公开，即民众能够了解医疗服务的质量、价格、医保政策、医疗资源等，以便能够作出合理选择。提高医疗资源的透明度和可信任度，是可及性原则的重要内容。在特殊治疗需求可及性上，要求满足特殊群体的特殊治疗需求，包括残疾人、老年人、孕妇、儿童、偏远地区居民等。在内容上，要求与时俱进开发先进的医疗服务手段，满足不同群体对于医疗卫生服务的需求。

4. 社会化原则

社会化是社会保障的基本特征，社会保障的社会化主要体现为制度的开放性、筹资的社会化、服务的社会化和管理与监督的社会化。[1] 有别于纯粹国家义务的社会保障模式，我国的医疗保障是多主体、多层次参与制度，要求个人、家庭、社会组织、政府部门共同参与。比如，在筹资方面，医疗保障同时涵盖了个人、社会、政府以及商业保险负担，强化社会多元参与。在实现医疗保障的过程中，转变国家所有理念，充分开放医疗服务社会市场，赋予地方政府在调整医疗服务上的能动性，允许社会各类主体合作参与。在服务方式上，实行有偿、低偿、无偿服务相结合，逐步形成营利性与非营利性服务的相互渗透、相互补充格局。[2] 因此，医疗保障体制正在向着社会化、多元化趋势不断迈进，这既能有效减轻国家医疗保障的资金负担，提升医疗保障服务水平，又可以满足社会需求端的不同需求，形成良性循环。

（三）医疗保障制度及其类型

根据社会的经济发展情况和医疗保障需求，世界各国从医疗保障经费来源、医疗保障

---

[1] 郑功成：《社会保障学》，中国劳动社会保障出版社 2005 年版，第 22 页。
[2] 尧金仁：《社会保障的社会化与官民融合》，载《兰州学刊》2010 年第 11 期，第 120—123 页。

支付方式、医疗保障覆盖范围、医疗保障经办机构、补充医保机制等方面构建符合本国国情的医疗保障体制。目前，医疗保障体制主要有以下三种模式。

1. 政府主导模式

政府主导模式表现为以社会公共税收为主要资金来源，以国家福利方式向全民提供，由政府承担国家医疗保障的国家义务。在政府主导模式下，公民个人仅需向医疗保障基金支付极低的存缴比例或存缴数额，民众的医疗保障水平较高，公民个人成本较低。采用政府主导模式的国家大多为发达国家，如英国、加拿大等，其医疗保障体制建立时间相对较早，体制较为成熟。该种模式的弊端也较为明显。由于政府主导模式的资金几乎源于公共税收，个人及企业雇主无须缴纳社会保险费用，公共资金可能会因负担过重而出现一定缺口，特别是在老龄化社会到来以及长期护理保险等医疗保障制度逐步建立的现实背景下。政府主导下的"免费医疗"并非完全意义上的全部免费和无偿接受，为了扭转持续不断的财政缺口，政府主导模式下的国家正在积极尝试通过各项税费（如所得税、增值税、消费税等）、个人费率、雇主费率、国民保险费等方式增加公共医疗保障基金的来源。

2. 社会保险模式

社会保险模式指的是由政府、参与劳动关系的雇主和雇员、社会组织、其他个人等共同建立社会保障基金，通过共同存缴、共助互济的方式对参与社会保险的个人提供高额报销比例的医疗保障制度。社会保险模式强调存续的劳动关系，政府不天然地负担主要的国家义务，而是提供适当补助。社会保险模式经过长期的摸索和发展，已经形成一套较为完善的体系，能够较好地平衡个人支付和国家保障以及财政负担之间的关系，典型国家有德国、日本等。社会保险模式下，政府通过国有化医保基金和经办机构来完成对社会医疗保障体系的运作，政府不作为筹资的主要来源，而是对筹资行为本身和医疗保障的具体实施开展监督监管，建立全国性的健康基金和管理人分配基金的制度以及与之相对应的集体谈判机制。

3. 混合保险模式

混合保险模式是上述两种医疗保障制度的结合，一方面强调国家在社会保障中应当承担的家长义务，将国家作为医疗保障筹资的义务主体来源之一，另一方面要求个人和企业进行存缴以防止国家公共税收不足以支持医疗保障基金。混合保险模式同样允许大规模商业保险的市场化运作，通过对不同类型社会保障的专门规定，引导不同社会保障供给端开展相应的医疗保障服务。在混合保险模式下，个人完全可以依靠商业保险来获得医疗保障，也可以通过国家医保获得最基本的医疗保障，在这种模式下，可以将医疗保障惠及全体国民，形成特有的"全民医保"。典型国家主要有美国、泰国等。

（四）医疗保障权

1. 医疗保障权的概念

医疗保障权是指公民因疾病或其他突发事件造成身体与健康损害时获得医疗服务，或对其发生的医疗费用损失和其他损失获得经济补偿或救济的权利。[1] 医疗保障权是维系个人生存发展的基本权利，具有基础性和根本性。随着社会的进步，医疗保障权的内涵与外

---

[1]　周向明：《医疗保障权研究》，吉林大学 2006 年博士学位论文，第 8 页。

延也在不断扩大。疾病风险是个人一生难以避免的重要风险因素，而不同的人抵御疾病风险的能力不同，互助共济是当前实现医疗保障权的主要途径。此外，不同社会对于群体性疾病、传染病以及公共卫生事件的抵御能力也不同，因此，医疗保障权实现需要同时兼顾个体与社会公众。

2. 医疗保障权的基本内容

（1）医疗救济权。医疗救济权，又称医疗救助权，指个人享有的在患病且无经济能力负担基本医疗费用的情况下由国家介入并提供医疗资源以获得救济的权利。我国《社会救助暂行办法》第 27 条规定："国家建立健全医疗救助制度，保障医疗救助对象获得基本医疗卫生服务。"从社会公益和政府责任的角度，任何社会成员都有获得医疗救济权的正当性和可能性，但是个人医疗救济权的获得应当符合法律规定的必要条件，即预期接受帮助的权利人应当有证据证明自身因陷入贫困而无力负担基本医疗费用。尽管医疗救助的费用由社会共同负担，但是获得医疗救助可能会在程序上遇到困难。政府主导下的医疗救济权应当更多地发挥主观能动性，由职能部门依职权保障医疗救济权的落地和顺利实现。

（2）医疗保险权。我国《宪法》和《社会保险法》均对医疗保险权作出了规定。《宪法》第 45 条第 1 款规定："中华人民共和国公民在年老、疾病或者丧失劳动能力的情况下，有从国家和社会获得物质帮助的权利。国家发展为公民享受这些权利所需要的社会保险、社会救济和医疗卫生事业。"《社会保险法》第 2 条进一步规定："国家建立基本养老保险、基本医疗保险、工伤保险、失业保险、生育保险等社会保险制度，保障公民在年老、疾病、工伤、失业、生育等情况下依法从国家和社会获得物质帮助的权利。"作为一项基本权利，医疗保险权最大限度地赋予了公民在遭受

【典型案例】
孟某诉滨海县医保中心不履行给付基本医疗保险金职责案

疾病风险时获得医疗帮助以及经济补偿的权利。作为医疗保障权的重要内容，医疗保险通过设立公共专门基金，将获得医疗保险补助和帮助的权利具象化。缴纳医疗保险费的公民在患病时便依法享有了获得医疗保障的权利，极大地减轻了程序性烦琐以及获得了基于医疗保险的经济性保障。医疗保险权是医疗保障权中最为重要的权利内容。

（3）基本医疗卫生服务权。《基本医疗卫生与健康促进法》第 5 条规定："公民依法享有从国家和社会获得基本医疗卫生服务的权利。国家建立基本医疗卫生制度，建立健全医疗卫生服务体系，保护和实现公民获得基本医疗卫生服务的权利。"基本医疗卫生服务权利是一个概括性权利，根据《基本医疗卫生与健康促进法》规定，基本医疗卫生服务包括基本公共卫生服务和基本医疗服务，总体上体现为对公民和社会的兜底性权利保障。其既要求消除可能影响个人健康的不利因素，又要求在罹患疾病时提供医疗保障。基本医疗卫生服务权同样涵盖对社会整体的卫生健康的保护，如特殊群体（婴幼儿、老年群体、残疾人等）的健康管理、疫苗接种和疾病预防、公共空间卫生健康的维持。

（4）医疗保障的程序性权利。医疗保障权的实现途径主要是公民依法定程序向医疗保障经办机构申请以及医疗保障经办机构依职权履行。现行的法律未直接对医疗保障利益请求权等进行规范。因此，公民依法申请并受领医疗保险服务、申请行政司法机关保护救济、申请接受医疗救助以及对所得医疗救助进行自主支配等权利应当予以明确。同时，对

于医疗保障经办机构依职权适用医疗保障和医疗救助、发放补助津贴等，也应当完善相应程序，确保合理适用。

3. 医疗保障权的价值理念

（1）医疗保障权是基本人权。基本人权是维持人类生存、平等、尊严、基本自由和发展不可剥夺的普遍权利。[①] 医疗保障权是维持人类基本生存、免受疾病困扰并获得健康的基本人权。从权利的基本价值属性来说，人类社会文明应当充分重视每一个个体的生存需要，对个人应当提供最低标准的医疗保护和保障，充分尊重个人，这是基本价值认同。《宪法》规定的"有从国家和社会获得物质帮助的权利"，以及《民法典》所规定的自然人享有的"生命权、身体权、健康权"等，均体现了公民在法律上有权获得医疗保障的应然属性。同时，医疗保障权作为基本人权体现出权利的复合性和非对称性。复合性指的是具有人身和财产的双重属性。人身属性是指医疗保障的诊疗救治行为直接作用于自然人的身体。财产属性是指医疗保障对公民的医疗费用提供经济补偿。非对称性指的是任何公民在医疗保障中都有获益而无须承担对称义务的权利。从不同医疗保障模式可以看出，不论何种体制，个人担负的医疗保障经济支出与其在罹患疾病时所能获得的医疗保障给付水平存在相当的差距，这也是社会连带理念的重要表现。

（2）医疗保障权旨在实现公平与效率。社会医疗资源是有限的，凭借有限的资源往往难以实现绝对的效率与公平，因此，在法律及实践中真正落实公平与效率，一直是我国医疗保障事业建设和发展的根本任务之一。医疗保障权的价值理念应当以公平为主，兼顾效率。从公平理念考虑，社会成员在享受基本医疗保障上应当是平等的，这意味着不论社会地位、收入水平、年龄、宗教、性别如何，社会成员在最基本的医疗保障上应当获得相同的医疗服务，具体表现为筹资的平等性、支付比例的平等性、获得保障条件的平等性以及医疗保障内容的平等性。因此，应当推动城乡基本公共医疗服务的均等化，维护基本医疗服务的公益性，逐步缩小健康服务体系的差异性，重点解决低收入人群、特殊群体、罹患慢性病重疾等人群的医疗保障问题。出于效率理念的考虑，社会总体的医疗资源应当与供需关系匹配，使得医疗保障资源能最大限度得到利用，并获得最大效益。效率的提高也能促进公平分配，提高医疗服务水平。我国发展医疗保障事业的根本目的在于保障整体社会成员的健康，减少因病致贫、因病返贫，消除疾病，完善社会健康和医疗保障体系。

二、医疗保障法

（一）医疗保障法律制度现状

党的十八大以来，中国共产党在治国理政过程中深刻认识到法治对于保障人民健康的重要性。党的二十大召开以后，中国共产党进一步明确要在新时期健全多层次的医疗保障体系。促进医疗保障多层次间的有序衔接，完善大病保险和医疗救助制度，落实异地就医结算，建立长期护理保险制度，积极发展商业医疗保险，加快完善全国统一的社会保险公

---

① 关今华主编：《基本人权保护与法律实践》，厦门大学出版社 2003 年版，第 41 页。

共服务平台。在《社会保险法》等法律规范的助力下，我国已经建成世界上规模最大的医疗保障体系，基本医疗保险参保率稳定在 95% 左右，基本公共服务均等化水平明显提升，多层次医疗保障体系相对健全。

近年来，党中央、国务院多次发布重要政策性文件，从顶层设计的角度为医疗保障社会问题的法治应对和制度构建锚定了方向、勾画了蓝图。但是，随着我国社会主要矛盾发生变化以及城镇化、人口老龄化和就业方式多样化进程的加快，我国医疗保障体系仍存在显著不足。例如，制度整合没有完全到位，制度之间转移衔接不够通畅；部分农民工、灵活就业人员、新业态就业人员等人群没有纳入医疗保障，存在"漏保""脱保""断保"的情况；政府主导并负责管理的医疗保障"一枝独大"，而市场主体和社会力量承担的补充保障发育不够等。整体来看，我国目前医疗保障制度缺乏统一和规范的法律规制，医疗保障领域法律规范碎片化、分散化严重，急需制定一部能够从整体上推进医疗保障事业发展且具有"基本法"地位的医疗保障法。

2021 年 3 月，浙江省颁布《浙江省医疗保障条例》。2023 年 1 月，江苏省颁布《江苏省医疗保障条例》。此外，多个其他省份也在起草本地的医疗保障条例。医疗保障法将成为我国医疗保障领域的专门性法律，对我国医疗保障法治化建设具有里程碑式的意义。医疗保障制度是以传统的基本医疗保险为主体，以医疗救助为托底，长期护理保险、补充医疗保险、商业健康保险、慈善医疗救助等制度相互衔接、共同发展的制度体系。除社会保险所应涵盖的基本医疗保险与长期护理保险外，还包括医疗救助、补充医疗保险、商业健康保险、慈善医疗救助等非社会保险性质的社会保障制度，以及具有医疗保障作用的非社会保险制度。相较于《社会保险法》，《医疗保障法》内容宏大且立意深远，其涵盖内容广泛，各内容之间还存在诸多理论、实务上的未竟之处，因而亟须梳理医疗保障立法中既有的重难点问题，构建医疗保障法立法的总体思路，研究提出解决相关重难点问题的建设性意见，以加快推进医疗保障立法工作，顺利推进医疗保障法律体系的完善。

（二）医疗保障法构建的总体思路

构建中国特色社会主义医疗保障法，应当建设完善的医疗保障法制体系，构建符合现实需要的医疗保障基本法以及其他相关法律法规，建立健全医疗保障制度的管理与运行，最终实现我国医疗保障的法治化。

1. 构建医疗保障基本法以及专门法

医疗保障法领域应当有自己的基本法，以构建和完善我国社会保障制度，解决我国社会关于医疗保障的基本法律问题，同时为宪法赋予公民的医疗保障权利提供法律渊源。目前，我国《医疗保障法（征求意见稿）》已经公开征求意见，我国即将形成以医疗保障法为基本法的医疗保障法律体系。基于我国国情以及多层次的医疗保障体制，应当在医疗保障基本法之下对特殊医疗保障制度专门立法，以完善医疗保障法律体系。

医疗保障法主要对医疗保障体系中的基本医疗保险、补充医疗保险、医疗救助、其他医疗保障、生育保险等进行规定。除此之外，还可以对如下制度进行专门规定：一是对基本医疗保险中的对象、筹资、程序等进行专门规定；二是对医保经办机构的运作流程和机构建设进行专门规定；三是对医疗保障基金中资金的筹集、运作、监督管理等进行专门规定；四是对商业健康保险的具体实施细则进行专门规定；五是对医药管理服务中的医药提供单位、医药配送、医保报销、医药价格等专门规定；六是对医疗保障的公共服务进行专门规定，如医疗保险的信息化建设、异地参保登记、结算服务、标准化建设等；七是针对长期护理保险的长期照护模式等进行特殊规定，满足社会现实需要。通过上述立法，能够厘清医疗保障中基本法与专门法的适用顺序，明确具体权利义务关系，打造完善的医疗保障法律制度。

2. 医疗保障法中的基本问题

我国医疗保障相关立法应当明确以下内容：

第一，明确基本医疗保险、医疗救助和其他法定医疗保障制度的定位与功能，以及适用条件和范围。我国医疗保障法将采取"总则—分则"的立法方式，因此在提取公因式和具体制度的建构上应当厘清顺位。

【典型案例】
甲医疗保障管理
中心与乙医院追
偿权纠纷案

第二，在筹资机制方面，用人单位应当依据《劳动合同法》以及《社会保险法》的规定为参加劳动的职工缴纳社会保险，个人应当依法承担个人缴纳部分。政府应当对灵活就业人员、特殊群体等提供医疗保障补贴，灵活调整用人单位、个人参保、国家财政之间筹资分配比例。

第三，完善医疗救助的具体使用标准和程序。医疗救助属于国家主导的兜底性责任，由地方医疗机构和民政部门给予配合，因此，法律对具体职责履行和比例分担事项的规定尤为重要。

第四，在医保待遇方面，应当明确参与主体的具体权利和实现条件，通过清单的方式对医保待遇进行明确，联通医疗服务项目、医疗用品项目清单、住院项目等。

第五，明确医保基金和医疗保障经办机构的运行管理体系和监督机制，规范监督管理方式。

第六，明确各主体的法律责任，明晰个人责任、用人单位责任、经办机构责任、医疗机构责任，确保医疗保障体系平稳顺利运行。

第二节　医疗保障法的体系、渊源和特征

一、医疗保障法的体系

我国的医疗保障体系由社会医疗保险、医疗救助、补充医疗保险、商业健康保险、慈善医疗救助等制度共同组成。制定一部完善的医疗保障法是统筹医疗保障体系的重要方式。

（一）我国医疗保障法体系的发展历程

我国对医疗保障的立法最早可以追溯至 1951 年颁布的《劳动保险条例》。自 1998 年起，我国开始了对于医疗保障服务事业的体系化探索，我国先后于 1998 年、2003 年、2007 年颁布法律法规，建立了城镇职工基本医疗保险制度、新型农村合作医疗制度、城镇居民医疗保险制度，逐步完善覆盖全民的医疗保障制度。2010 年，我国通过《社会保

险法》，标志着我国形成了以《社会保险法》为基本法的医疗保障体系。[①]2016 年，《国务院关于整合城乡居民基本医疗保险制度的意见》出台，拉开了我国对城乡医保统筹改革的序幕。2018 年，国家医疗保障局建立，"健康中国战略"积极开展。2021 年，《医疗保障法（征求意见稿）》公开，标志着中国医疗保障体系化进程取得突破性进展。

（二）医疗保障法的法律定位

1. 医疗保障法是医疗保障相关领域的基本法

我国医疗保障法是基于宪法赋予公民的社会保障权而制定的医疗保障领域的基本法，因此，《医疗保障法》应当是医疗保障领域的母法。其明确了医疗保障领域的基本理念与原则，为医疗保障制度体系化发展提供指引，也为医疗保障领域部门规章和地方立法的制定提供了细化立法的依据。将医疗保障法定位成基本法，并通过总则和分则的形式构建完善的医疗保障法律体系，突破了过去把覆盖全民的基本医疗保险制度简单纳入社会保险相关法律调整范围的立法局限，可以使公民的医疗保障权利得到更好地实现。

医疗保障法的制定是完善医疗保障法律体系、推动医疗保障制度高质量发展的重要路径。一部体例安排合理、体系构建科学、涵盖内容完善的《医疗保障法》是推进中国特色社会主义医疗保障法律体系创新发展的内在要求，将成为推动医疗保障制度改革的坚实基础，同时推动《基本医疗卫生与健康促进法》的立法细化，切实保障人民群众的利益。医疗保障法的不断完善，能够使医疗保障行政部门、医保经办机构、参保人更好地理解和适用医疗保障法律，搭建各法之间的适用桥梁，促进我国医疗保障法律制度科学、系统地发展，切实解决医疗保障法律实践中的具体问题。

2. 医疗保障法应构建多层次法律保障体系

我国医疗保障制度体系是由基本医疗保险、补充医疗保险、医疗救助、其他医疗保障（如商业健康保险、医疗互助、慈善医疗救助、长期护理保险等）制度构成的多层次保障体系，呈现出覆盖面广、保障层次丰富的特点，为公民提供了参与医疗保障的多元选择。在行政机构上，中央与地方的医疗保障行政机关在法律的规制下将不断整合多项保障职能，使得各制度发挥出各自在医疗保障体系不同层次制度安排中的应有功能。

（三）医疗保障法与其他卫生健康法律之间的关系及衔接问题

《基本医疗卫生与健康促进法》是统领整个卫生健康领域的基本法。该法从基本医疗卫生服务法律制度、医疗卫生机构法律制度、卫生职业法律制度、药品供应保障法律制度和综合监管法律制度等方面对我国卫生健康法律体系进行了系统、全面的制度设计，确立了卫生健康工作的基本方针、原则和体制机制，对完善我国整个卫生健康法治体系具有重要意义。而作为医疗保障领域基本法的医疗保障法，将对《基本医疗卫生与健康促进法》进行延伸和立法细化。《基本医疗卫生与健康促进法》所创新整合的"医疗卫生事业应当坚持公益性"、首次在法律层面明确健康权、明确基本医疗卫生服务的内容等，也应在医疗保障法中得到进一步深化。除此之外，医疗保障法中的规定也同《老年人权益保障法》《残疾人保障法》《传染病防治法》《精神卫生法》中的部分规定存在交叉重叠。因此，有

---

① 参见郑功成：《中国社会保障 70 年发展（1949—2019）：回顾与展望》，载《中国人民大学学报》2019 年第 5 期，第 1—16 页。

必要厘清医疗保障法与这些卫生健康法律之间的关系及衔接问题，明确法律概念和法律适用。

1. 健康权在医疗保障体系中的地位

《基本医疗卫生与健康促进法》第 4 条规定，"国家和社会尊重、保护公民的健康权"。这一规定也被称为健康权中心主义，构成法学意义下卫生相关法律法规的中心表达。医疗保障法中，"健康"是核心概念，但健康并非完全是法律概念，以"健康权"组织该法的概念体系更符合法律体系建构的方式。从体系建构视角来看，健康权可以划定我国卫生法律体系的基本范畴和边界。需要阐明的是，国家作为积极健康权的主要义务主体，其承担之给付并非"健康"而是"实现健康的环境"，健康作为一种状态是不可能被直接给付的，从理论和实践角度都不可能实现。健康的个体实现是个人的选择，但是国家应当提供一个平等的、尽可能高水平的实现环境，比如充足的医疗、不受污染的环境等。这些与医疗保障有着密不可分的联系。

2. 医疗保障体系与分级诊疗

《基本医疗卫生与健康促进法》第 30 条第 1 款规定："国家推进基本医疗服务实行分级诊疗制度，引导非急诊患者首先到基层医疗卫生机构就诊，实行首诊负责制和转诊审核责任制，逐步建立基层首诊、双向转诊、急慢分治、上下联动的机制，并与基本医疗保险制度相衔接。"但如何将基本医疗服务与分级诊疗相衔接，目前尚未形成明确规范。总体来说，分级诊疗对基本医疗保险的影响主要在于支付，基本医疗保险改革的目的之一是通过医保支付方式实现对医疗机构、医生的激励和约束，以促进分级诊疗的实现。目前，全国大部分医院实行"总额预付＋按服务项目付费"的支付方式，医院的收入与服务项目数量挂钩，按照分级诊疗制度要求，医院将康复期、病情稳定的患者下转回基层，但下转患者会直接影响医院收入，造成利益减损，医院往往缺乏下转患者的动力，这就造成了上转多、下转少的局面。同时，转诊患者依赖诊治医生的自主判断，医生很大程度上会受到医院激励政策的影响，而不是仅仅依据患者病情，各机构间的"转诊"会存在人为因素的干扰。

因此，应当变革医疗保险支付方式，调整各级医疗机构间的经济利益分配方式，真正发挥基本医疗保险对分级诊疗的调节和引导功能，以经济杠杆促进患者分级就医。

3. 医疗救助的法律衔接

在我国目前的法律体系中，有部分特别法涉及医疗救助问题，大体可以分为两种类型：第一种类型是对老年人、婴幼儿、残疾人等弱势群体提供医疗救助的规定，如《老年人权益保障法》第 29、31 条，《残疾人保障法》第 47、48 条等。第二种类型是对于传染病患者、精神障碍患者等有特殊健康需求者的保护，如《传染病防治法》第 62 条、《精神卫生法》第 68 条对患有特定传染病的困难人群以及精神障碍患者的医疗救助等。医疗保障法中也应当规定医疗救助。国家建立健全医疗救助制度，公平覆盖医疗费用负担较重的困难职工和城乡居民，根据救助对象类别实施分类救助。但是应当注意相应的法律衔接问题。对于第一种情况，应当在救助对象范围和确定程序上与医疗救助立法保持一致，避免法律冲突和矛盾。对于第二种情况，应当考虑特殊情况下的医疗救助，例如，对大规模传染病情况下的医疗救助作出特殊规定，为有特殊健康需求者的医疗救助提供法律规范基础。

（四）医疗保障法律体系的构建

1. 社会连带理念

社会连带与社会保障法有着内在的牵连性和一致性，特别是社会连带的内容、结构和性质制约着社会保障法的制度安排与功能。[①] 社会保险基金通过政府的强制性手段设立，由政府、参保人、社会组织等共同出资组成，当参保人出现个人难以为继或达到医疗保险介入的条件时，以政府为主导的医疗保障将充分发挥作用，这种模式本质上是人类社会互助连带的体现。社会法使人们清楚地认识到个人的社会差异性和他们的社会地位，并由此首先通过法律照顾到特定群体，使对社会特定群体的救济和对社会超强群体的限制等成为可能。[②] 因此，不论是在国内还是域外，医疗保障都朝着一体化连带的方向发展。

我国建设医疗保障法体系以 14 亿庞大的人口基数和迈向老龄化社会为背景，树立医疗保障社会连带理念，推动医疗保障法律体系建设的完善，是实施健康中国战略的重要保障。因此，互助共济的社会连带理念是我国推进医疗保障体系化改革的基本指引，通过集体力量和坚固的机制化解个体风险，减少疾病风险的不确定性，提高家庭抵御能力，减少疾病对于家庭的经济冲击，也是推动医疗保障城乡一体化的要求，更是实现社会保障公平性和普及性的必由之路。

2. 完善多层次的医疗保障法律体系

目前，我国已经逐步建立起较为完善的医疗保障法律制度体系，但是在多层次构建和各个制度衔接中还存在一定问题，特别是在城乡二元结构的社会现实下，广大农村地区的医疗卫生服务在公平性、可及性、费用负担、居民健康状况等方面存在着明显差距，不同保险机制下的参保对象、筹资机制、补偿机制、统筹层次均有差异。[③] 此外，除了完善基本医疗保险外，作为多层次医疗保障体系组成部分的城乡居民大病保险制度、重大疾病医疗救助制度等也应当充分发挥实际作用。随着医疗保险市场化的不断成熟，商业保险已经成为多层次医疗保障中的重要一环，商业健康保险与基本医疗保险服务目标、本质属性、服务手段相契合，因而商业健康保险能够有效弥补基本医疗保险的短板与不足。[④]

3. 医疗救助制度的法治化构建

目前，我国医疗救助制度尚在体系化构建阶段。医疗救助作为保障性制度，既不能过度保障，也要合理配置资源以避免歧视性保障。就医疗救助法治化的目标来看，还有诸多方面亟须完善。

第一，医疗救助的功能指向。我国医疗救助究竟以使公民特别是经济上处于最不利者获得健康照顾为目的，还是以贫困救助为目的？虽然医疗救助可以通过为最贫困人口提供医疗费用，防止因病致贫、因病返贫，医疗保障与贫困救助之间存在密切的联系，但是医

① 董溯战：《论作为社会保障法基础的社会连带》，载《现代法学》2007 年第 1 期，第 81 页。
② 拉德布鲁赫：《法哲学》，王朴译，法律出版社 2005 年版，第 129 页。
③ 参见郑功成主编：《中国社会保障改革与发展战略：医疗保障卷》，人民出版社 2011 年版，第 35—36 页。
④ 参见李玉华：《商业健康保险与基本医疗保险的衔接路径和对策——基于协作性公共管理的视角》，载《南方金融》2019 年第 10 期，第 75—81 页。

疗保障与贫困救助在目标上并不完全一致。医疗保障所保护的是公民的健康权,而健康权的实现受制于健康资源在社会整体资源以及社会成员资源分配中的有限性。因此,基本医疗保障需要特别关注平等性问题,即社会中的每个人均有权获得健康资源的适当份额。据此,医疗救助应当立足于保障贫困人口平等地获得基本医疗保障,而不应当将重点落在让受助者获得超出其他公众所获得医疗保障水平的特殊救助上。[①]

第二,医疗救助立法应当厘清与基本医疗保险的关系。医疗救助与基本医疗保险虽然都属于三重保障的组成部分,但是两者在属性上具有极大的不同。基本医疗保险是为所有公民平等地提供医疗保障,是一种"普惠性"制度。而医疗救助则是为特定人群提供特殊帮扶的"特惠性"机制,两者在性质、目的和制度架构上具有明显不同。因此,应当在规范层面厘清医疗救助与基本医疗保险的功能与任务。

第三,救助对象、救助方式和救助费用范围等制度的具体内容应该通过规范予以确立。在医疗保障领域立法构建中,至少应该在以下几个层面对相关制度予以阐释:一是救助对象及其确定程序。应当根据中央相关文件精神,总结地方实践经验,明确救助对象的范围,并建立完善的确定程序。二是救助费用保障范围和救助措施。可以采用列举方法,确定救助费用保障的范围和相应的救助措施。三是确定基本救助水平。可以根据各地经济发展和居民收入水平适时调整,实现救助水平的稳定性和发展性。四是救助给付程序。应当明确受救助对象取得救助的途径和程序。五是资金来源和基金管理。应当明确各级政府对医疗救助基金的筹资职责,引导和鼓励社会力量参与慈善捐助,在救助基金筹集渠道中彩票公益金所获得的关注度不足,应当予以补充规定。

4. 医疗保障经办机构的体系化改革

经办服务机制是医疗保障制度落地的关键环节,医疗保障制度实践的效果乃至成败,在很大程度上取决于医保经办服务机制是否健全高效、能否充分履行医疗保障的行政职责。深化医保制度改革必须将完善医保经办服务机制摆到重要位置并优先着力推进。我国的医疗保障体系全面依赖于地区经办服务机构的建设,如进行参保登记、保险支付、个人权益记录、待遇实现、开展医疗保障服务协议管理等工作。又如,在医疗保险费征收机构的问题上,《社会保险法》在实施过程中出现了因为社会保险费征缴部门不统一而造成的问题。从地方实践来看,通过社会保险经办机构征缴和通过税务机构征缴的省份各占一半。因此,国家层面应当尽快制定统一的医保经办服务机制与政策,为各地医保经办服务机制改革提供统一的依据。这一深化改革的核心涉及对医保经办机构统一定性、统一标识、统一职责、统一人员编制标准、统一信息系统、统一服务内容及规程等,以此确保全国医保经办机构上下一体,合理对接。同时,通过规范化、制度化的建设,完善内部治理和内控管理。

医疗保障法律体系还应该进一步明确有关服务协议的以下问题:(1)在购买关系的形成环节健全与完善进入机制。在明确买什么、怎么买的基础上,规范运用委托管理方式,向商业保险机构购买整体经办或部分经办服务,对于能做到深度参与的商业保险机构,须在进入环节给予优先对待。经办费用或绩效考核奖励金由医保管理部门或财政部门另行出

[①] 满洪杰:《从健康权角度看医疗救助的法治化》,载《西北大学学报(哲学社会科学版)》2022年第6期,第44页。

资支付，不宜从基本医保基金中计提。（2）在购买关系的执行环节健全与完善履约机制。在交易契约层面，政府和商业保险机构按照服务合同约定履行职责并承担责任，政府还须对商业保险机构提供基本医保经办服务的过程和结果进行监管，并加强政府购买基本医保经办服务的外部监管。（3）在购买关系的变更或终止环节健全与完善续约机制。关系变更时，各地须对基金风险情形早做预案，发生风险时及时签立补充合同对变更事项做出应对，以免影响报销理赔，规避极端事件。（4）在购买关系的修复方面健全完善纠纷处理机制。政府和商业保险机构在进入环节和履约环节均有可能发生纠纷。为预防纠纷，政府要充分做到信息公开和交流沟通。

5. 补充医疗的体系化构建

目前，我国的补充医疗保险制度主要包括城乡居民大病保险、职工大额医疗费用补助、公务员医疗补助等。其中，还存在几个亟待解决的问题。

第一，补充医疗保险的规范数量少、内容不足。目前我国还没有针对补充医疗保险形成适应现代社会的规范制度，特别是在能够促进各类医疗保险制度发展的相关国家法律、制度和政策方面，补充医疗保险的审批、经办与运行更是缺乏及时有效、规范有序的制度性基础。比如，在《医疗保障法》的体系化构建中并未专门对补充医疗保险的内涵、外延、原则、补充医疗保险和基本医疗保险的关系、补充医疗保险资金的筹集、管理和待遇支付等问题进行规制。目前所称的补充医疗保险体系，实际上包括三个独立的板块，虽然体系上作为基本医疗保险的补充并无问题，但如若意在实现补充医疗保险体系化的发展，则还需要更多的规范作为基础。

第二，应通过法律规范明确政府在补充医疗保险发展过程中应具备的权限与必要的限制。目前，政府在补充医疗保险的具体运营方式方面干预过多，不利于补充医疗保险的健康发展。对此，应当厘清政府在发展补充医疗保险制度方面的角色，以确定政府在补充医疗保险领域的具体义务。

第三，应通过法律规范明确、细化补充医疗保险风险管控的相关问题。补充医疗保险风险管控困难源自三个方面：一是源自基本医疗保险政策。基本医疗保险政策的定位不准确，使某些补充医疗保险业务被医疗保险经办机构垄断，这加大了补充医疗保险风险管控的难度。二是源自补充医疗保险的投保方行为。现实中，社保机构的业务具有垄断性、投保方提供的信息和数据有限、医保中心单证校验松散、报销目录不够明确等因素均增加了商业保险公司参与职工大额医疗费用补助经办管理的风险。三是源自补充医疗保险经办主体自身。例如，补充医疗保险经办主体经营补充医疗保险业务时间短、经验少、数据缺乏、对业务风险缺乏清醒的认识、专业化程度不高、专业人力资源缺乏等。

第四，应通过法律规范促使基本医疗保险与补充医疗保险有效衔接。补充医疗保险和基本医疗保险均以满足公民医疗保障需求为目的，但定位和运行模式有所不同，前者的功能在于填补后者的保障缺口，为公民提供更高程度的医疗保障。以补充医疗保险与基本医疗保险的关系为标准，补充医疗保险可以分为替代性补充医疗保险、附加性补充医疗保险和增补性补充医疗保险。但补充医疗保险在实践中具体包括哪些险种，这些险种应当如何在"补充"的轨道上有序运行，如何确保其在基本医疗保险和商业健康保险之间有效发挥医疗保障作用，从而形成完整、连续、无缺口的医疗保障，是设计相关法律规范时需要重点考虑的问题。

二、医疗保障法的渊源

《宪法》第45条第1款规定："中华人民共和国公民在年老、疾病或者丧失劳动能力的情况下，有从国家和社会获得物质帮助的权利。国家发展为公民享受这些权利所需要的社会保险、社会救济和医疗卫生事业。"据此，我国在国家的根本法上确立了公民享有的社会保障权，而医疗保障权则属于社会保障权的下位概念。另外，未来制定《医疗保障法》根本目的在于规范医疗保障关系，健全高质量多层次医疗保障体系，推动医疗保障事业高质量发展，维护公民医疗保障合法权益，优化医疗保障服务，推进健康中国建设。《医疗保障法》是根据宪法制定的，因此医疗保障法的渊源直接来自宪法规定。此外，医疗保障权属于人权的范畴，《世界人权宣言》第25条第1款规定："人人有权享受为维持他本人和家属的健康和福利所需的生活水准，包括食物、衣着、住房、医疗和必要的社会服务；在遭到失业、疾病、残废、守寡、衰老或在其他不能控制的情况下丧失谋生能力时，有权享受保障。"

《社会保险法》在社会保障领域正式确立了基本医疗保险制度，为我国医疗保险制度的发展提供了基本框架和规范。各省市相继出台了地域性的救助条例、医疗保障基金监督管理办法和医疗保障条例，如《浙江省社会救助条例》《上海市社会救助条例》《湖南省基本医疗保险监督管理办法》《江苏省医疗保障条例》等。在行政法规层面上，出台了《社会救助暂行办法》《全国社会保障基金条例》等。在部门规章方面，出台了《社会保险稽核办法》《社会保险费征缴监督检查办法》等。

三、医疗保障法的特征

（一）比较法上的特征

德国率先于1883年制定第一部涉及医疗保障的单行立法——《工人医疗保险法》。第二次世界大战后，德国通过对各类社会保障规范进行编纂，制定社会保障领域的基本法，即《社会法典》。[1] 通过不断完善，德国《社会法典》目前由总则、为求职者提供的基本保障、劳动促进、社会保险总则、法定医疗保险、法定养老金保险、法定事故保险、儿童和青少年扶助、残疾人的康复和参与、社会保障行政程序和社会数据保护、社会护理保险、社会救助、社会补偿等构成。其中，法定医疗保险以潘德克顿式立法方式对基本医疗保险的总则、参保人范围、保险给付、医疗保险机构与医疗服务提供机构的法律关系、健康事业发展评估委员会、医疗保险机构、筹资等事项进行详尽规定。德国实行个体无差别待遇的全民医保模式，通过职工与雇主建立劳动关系缴纳社会保险以及免缴费家庭等方式共同完成保险的全覆盖。法定医疗保险制度通过社会化经办和分散化经办达到"管办分离"和

---

① See Reinhard Busse, Miriam Blümel, et, "Statutory Health Insurance in Germany: A Health System Shaped by 135 Years of Solidarity, Self-governance, and Competition", *The Lancet*, 390（10097），July 2017, 883-897.

"有序竞争"的目标，以签署和履行集体性医疗服务协议体现社会化管理的思路，并且让商业保险有序参与社会保险体系，政府发挥辅助性的监管功能。[1]

日本有关医疗保障的法律主要有《健康保险法》《船员保险法》《国民健康保险法》《高龄者医疗确保法》等。通过一般法和特殊法的立法方式，对普通大众和特殊群体进行区分，立法内容细致，对各方的权利义务作出了较为全面的规定。在内容上包括总则、保险人、被保险人、保险给付、费用负担、审查请求、法律责任等。[2] 随着日本老龄化社会的到来，日本政府针对老年人群体特别颁布了《老人福祉法》《老人保健法》《高龄者医疗确保法》等法律，通过财政调整与倾斜以及社会连带理念的实际应用，对各代之间实现均衡负担。随着支付压力的不断提高，日本中央统筹以及中央统一调度的力量逐渐增大，社区服务能力逐渐增强，"社区医疗保障"逐渐成为解决日本医疗保障的中坚力量。在立法理念上突破了地域和职业限制，体现了实质平等和社会连带。[3]

英国最早确立了全民医疗保障模式，1936 年颁布的《国民健康服务法》明确对全体英国公民无差别实行全民免费医疗。1946 年，《国民健康服务法案》开启了建设全民免费医疗模式及构建完善的国民健康服务制度的时代。通过数次修正《国民健康服务法案》，颁布《国民健康服务制度与社区护理法案》《健康和社会服务法案》《卫生与社会保健法案》等法案，设立 NHS 运营委员会等行为，英国政府整合国家医疗服务系统，允许市场化参与，引进个人责任制度，形成了政府主导资源分配和三级医疗服务的体系，协调英国财政负担和医疗保障经济秩序，打造世界范围内独树一帜的医疗保障系统。[4]

美国的医疗保障体系主要由私人医疗保障和公共医疗保障构成，相关立法庞杂，主要包括《母婴法案》《社会保障法案》《医疗救助法案》《紧急医疗和积极劳动法》《健康保险可转移性和责任法案》《平衡预算法案》等，另外，《美国法典》对公共医疗保障法律制度进行了汇编。2012 年《患者保护与平价医疗法案》的出台，改变了美国传统意义上医疗保障由市场完全主导的模式，使全民医保覆盖率达到 95%，政府为贫困群体提供补助并建立健康福利交易所，加强对商业保险公司的监管。[5] 美国形成一套以私营健康保险为主、公私相结合的医保模式，也开启了美国全民健康保险的时代。[6] 总体而言，美国立法相对分散，个案和政府政策改革对其有一定影响，从主体上看，政府、市场化机构、个人多元参与。

（二）我国医疗保障法的特征

随着我国社会经济的不断进步，我国对于医疗保障问题逐渐重视，公民的健康权和医疗保障权也成为法律规制的重点对象。从我国医疗保障法体系发展沿革的角度来看，医疗保障法律呈现出分散化和碎片化的特征，城镇职工医疗保险、城镇居民医疗保险、新农

---

[1] 参见郑功成、华颖等：《医疗保障立法研究（上卷）》，人民出版社 2024 年版，第 167—172 页。

[2] 参见田思路：《日本社会保障法研究》，中国社会科学出版社 2021 年版，第 123 页。

[3] 参见李文静：《高龄化背景下老年人医疗保险之立法因应——日本老年人医疗保险立法之考察》，载《比较法研究》2013 年第 3 期，第 97—99 页。

[4] 参见何佳馨：《公私联动多元并举的医疗保险法律改革论　以美国经验为视角》，载《中外法学》2012 年第 3 期，第 578—593 页。

[5] See Nicholas Bagley, "Legal Limits and the Implementation of the Affordable Care Act", *University of Pennsylvania Law Review*, 2016.164（7）, 1715–1752.

[6] 李国庆：《医疗保障城乡一体化及其法律问题研究》，中国金融出版社 2020 年版，第 121 页。

合、大病医保、补充医疗保险、商业保险、医疗救助等法律制度各自为政。特别是在进入21世纪之前，医疗保障的规范大多以政策的方式呈现，由部委或者地方政府以意见、通知等形式作出，各地医疗保障体系没有建立统一登记与统筹支付制度，不同的参保人群和医疗保障的基金设立方式不同，经办机构也是五花八门，整个医疗保障机制在法律构建上具有割裂感，这也是中央逐步整合医疗保障法律体制，对社保体系不断改革的重要原因。《社会保险法》构建了我国的基本医疗保险制度，在经费来源模式上，城镇职工医疗保险通过建立正式的用人关系由雇佣双方缴纳，而城镇居民医疗保险和新农合则是以自我缴费为主。纵观世界医疗保障经费来源的发展进程，政府和个人的缴费比例不断改变。我国医疗改革中多次提到要将基本医疗卫生制度打造为公共产品并向全民提供，充分缓解公民群众看病难、看病贵问题。因此，医疗保障制度势必要沿着公益性的方向不断迈进。目前，我国医疗保障法即将出台，未来将形成以《医疗保障法》为基本法、以其他医疗保障专门制度为框架的全面医疗保障法律体系，各个医疗保障制度之间将更加协调统一，市场化医疗保障力量也将充分参与，改革的硕果将惠及大众。

第三节 医疗保障法的多层次医疗保障制度

一、多层次医疗保障的提出与发展

完善多层次医疗保障制度是建设医疗保障制度和医疗保障法的重要内容。在人口老龄化与经济低迷的背景下，发达国家在20世纪80年代掀起了社会保障改革潮，其目的主要是强化个人责任，除了调整法定保障制度的相关参数外，还要在法定医疗保障制度中引入私人账户、推行完全积累制等。但实践证明，这种做法动摇了现代社会保障作为强制共享机制的互助共济本色，不仅未能解决存在的问题，还衍生出了强化利己主义与损害制度公平等后遗症。在注入私有元素之路难行通的条件下，为适应社会分层和重构责任分担机制，建构多层次社会保障体系逐渐成为主流取向，即在法定保障制度之外再建补充层次的保障制度，从而达到既坚定维护与延续现代社会保障制度追求的公平普惠、互助共济的本色，又通过调动市场、社会力量参与社会保障从而达到共建、共享的目标。这种发展取向得到了当今世界的广泛认同，在越来越多的国家或地区付诸实践并取得了日益明显的效果。[1]

为了更好地满足不同层次社会成员的医疗保障需求，充分发挥政府、市场、社会、个人等不同主体在医疗保障中的作用，提升医疗保障制度的公平性、有效性和可持续性，我国一直在探索建立多层次医疗保障制度体系，并将多层次医疗保障制度建设作为完善医

---

[1] 郑功成：《中国多层次医疗保障体系建设：理论认识、实践进展与发展路径》，载郑功成主编：《中国医疗保障发展报告（2023）：多层次医疗保障体系建设与发展》，社会科学文献出版社2023年版，第3页。

疗保障法的重要内容。中共中央、国务院于 2009 年发布的《关于深化医药卫生体制改革的意见》首次对多层次医疗保障制度体系作出框架性规定:"加快建立和完善以基本医疗保障为主体,其他多种形式补充医疗保险和商业健康保险为补充,覆盖城乡居民的多层次医疗保障体系。""城镇职工基本医疗保险、城镇居民基本医疗保险、新型农村合作医疗和城乡医疗救助共同组成基本医疗保障体系,分别覆盖城镇就业人口、城镇非就业人口、农村人口和城乡困难人群。""鼓励工会等社会团体开展多种形式的医疗互助活动。鼓励和引导各类组织和个人发展社会慈善医疗救助。""积极发展商业健康保险。鼓励商业保险机构开发适应不同需要的健康保险产品,简化理赔手续,方便群众,满足多样化的健康需求。鼓励企业和个人通过参加商业保险及多种形式的补充保险解决基本医疗保障之外的需求。"

2020 年 2 月,中共中央、国务院发布《关于深化医疗保障制度改革的意见》强调要"坚持以人民健康为中心,加快建成覆盖全民、城乡统筹、权责清晰、保障适度、可持续的多层次医疗保障体系",并明确"到 2030 年,全面建成以基本医疗保险为主体,医疗救助为托底,补充医疗保险、商业健康保险、慈善捐赠、医疗互助共同发展的医疗保障制度体系"的目标。该文件同时指出,"促进多层次医疗保障体系发展。强化基本医疗保险、大病保险与医疗救助三重保障功能,促进各类医疗保障互补衔接,提高重特大疾病和多元医疗需求保障水平。完善和规范居民大病保险、职工大额医疗费用补助、公务员医疗补助及企业补充医疗保险。加快发展商业健康保险,丰富健康保险产品供给,用足用好商业健康保险个人所得税政策,研究扩大保险产品范围。加强市场行为监管,突出健康保险产品设计、销售、赔付等关键环节监管,提高健康保障服务能力。鼓励社会慈善捐赠,统筹调动慈善医疗救助力量,支持医疗互助有序发展。探索罕见病用药保障机制。"

根据 2021 年 9 月国务院办公厅公布的《"十四五"全民医疗保障规划》,以基本医疗保险为主体,医疗救助为托底,补充医疗保险、商业健康保险、慈善捐赠、医疗互助等共同发展的多层次医疗保障制度框架已经基本形成。该规划强调,"坚持共享共治、多方参与。促进多层次医疗保障有序衔接、共同发展,形成政府、市场、社会协同保障的格局",要求"健全多层次医疗保障制度体系","坚持公平适度、稳健运行,持续完善基本医疗保障制度。鼓励支持商业健康保险、慈善捐赠、医疗互助等协调发展"。

综上所述,我国已经初步建成以基本医疗保险为主体,以医疗救助为托底,补充医疗保险、商业健康保险、慈善捐赠、医疗互助等相互衔接、共同发展的多层次医疗保障制度体系,并且该制度最终将在医疗保障法的规制下逐步完善,达到切实保障人民健康生活、提供有效高水平医疗保障的目标。

二、多层次医疗保障制度的含义

(一)关于"多层次"的不同理解

"多层次"是我国医疗保障事业的原则之一,健全多层次医疗保障制度体系是当前我国医疗保障制度改革与发展的既定目标,对于满足公民的医疗保障需求具有重要意义。但是，对于何谓"多层次"，学界存在"两层次""三层次"和"四层次"等不同观点。

"两层次"理论认为，多层次医疗保障制度体系可分为由政府承担主要供给责任、保障国民基本健康权的"基本医疗保障制度"和由市场和社会力量供给、个人自愿参加的、提供基本医疗保障项目以外的项目的"补充医疗保障制度"。[①]"三层次"理论认为，多层次医疗保障制度体系基于责任主体及运行机制的不同，可分为"政府主导的法定医疗保障""市场主导的商业健康保险以及相关保障"和"社会力量支撑的慈善医疗"三个层次，并认为"政府主导的法定医疗保障"包括基本医疗保险、医疗救助和居民大病医疗保险，"市场主导的商业健康保险以及相关保障"包括商业健康保险和补充医疗保险，"社会力量支撑的慈善医疗"包括慈善捐赠、医疗互助以及其他慈善医疗服务。[②]还有研究者指出，医疗保障的"多层次"由四个层次构成：第一层次是国家举办的基本医疗保障，第二层次是雇主举办的企业补充医疗保险，第三层次是以个人购买为主的商业健康保险，第四层次是来自社会和市场化的慈善公益和医疗互助。[③]另有学者将"四层次"表述为"国家举办的法定医疗保障""用人单位举办的补充医疗保险""商业健康险"以及"社会慈善公益和医疗互助"。[④]

上述关于"多层次"的不同理解主要源于对多层次医疗保障制度体系内不同医疗保障制度进行分类的精细化程度以及对个别医疗保障制度的归类有别，对多层次医疗保障制度体系所应包含的医疗保障制度的种类，并不存在认知分歧。

（二）多层次医疗保障制度的含义与分类

根据我国关于多层次医疗保障制度体系的政策与法律，可以认为多层次医疗保障制度是指以基本医疗保险为主体，医疗救助为托底，补充医疗保险、商业健康保险、慈善捐赠、医疗互助等相互衔接、共同发展的医疗保障制度体系。以医疗保障制度的经费来源、责任主体以及功能定位为标准，可将多层次医疗保障制度体系中的不同医疗保障制度划分为"基本医疗保障""商业健康保障"以及"慈善医疗与医疗互助"三类。

1. 基本医疗保障

基本医疗保障是指政府主导的、以财政供款和用人单位及个人缴费为经费来源的、保障人们基本医疗保障需求的医疗保障制度。基本医疗保障遵循互助共济、公平保障的原则，主要包括基本医疗保险、城乡居民大病医疗保险和医疗救助。城乡居民大病医疗保险原则上由政府招标选定的商业保险机构承办，之所以将其归入基本医疗保障的范畴，是因为该险种并没有单独的筹资来源，经费来自居民基本医疗保险基金中按一定比例或额度划出的资金，其覆盖对象即居民基本医疗保险的参保人。当参保居民患大病并发生高额医疗费用时，由保险公司对政策范围内医疗费用超过一定限额的费用进行第二次补偿，因此本质上属于居民医疗保险制度的自然延伸。

---

① 陈云良主编：《卫生法学》，高等教育出版社 2019 年版，第 322 页。

② 郑功成：《中国多层次医疗保障体系建设：理论认识、实践进展与发展路径》，载郑功成主编：《中国医疗保障发展报告（2023）：多层次医疗保障体系建设与发展》，社会科学文献出版社 2023 年版，第 5 页。

③ 郑秉文：《"多层次"医疗保障体系三大亮点与三大挑战——抗击疫情中学习解读〈中共中央 国务院关于深化医疗保障制度改革的意见〉》，载《中国医疗保险》2020 年第 4 期。

④ 许飞琼：《中国多层次医疗保障体系建设现状与政策选择》，载《中国人民大学学报》2020 年第 5 期。

2. 商业健康保障

商业健康保障包括商业健康保险和补充医疗保险。商业健康保险建立在公民个人与保险机构签订的合同基础之上，以满足参保人在疾病医疗与健康管理方面的个性化需求为目标，遵循自主交易的市场法则。补充医疗保险主要包括职工大额医疗费用补助、公务员医疗补助及企业补充医疗保险等。补充医疗保险是在特定政策支持下由用人单位举办的，它建立在用人单位与职工共同供款的基础之上，以增进员工福利为己任，强调相对公平与激励功能并重，遵循的是职业福利自主设置的法则，保障参保人员经基本医疗保险保障后个人负担的符合规定的医疗费用，通常以用人单位为其员工购买相应的健康险的方式进行保障，可将其归入商业健康保障的范畴。[①]

3. 慈善医疗与医疗互助

慈善医疗和医疗互助都是多层次医疗保障制度体系的组成部分，二者都建立在社会捐献与互助的基础之上，遵循社会慈善法则，是以社会力量帮助解决困难群体的医疗需求问题的医疗保障模式。

慈善医疗，又称慈善医疗救助，实践中主要有 3 种慈善医疗供给组织形态：专门慈善医疗组织、非医疗救助型慈善组织中的医疗救助项目和大病网络个人求助平台。其中，专门慈善医疗组织是指专门以开展慈善医疗救助为宗旨的慈善组织，这类慈善医疗组织专门针对重大疾病患者或特殊病种患者，为其提供现金资助、药物援助以及公益医疗服务等。

医疗互助主要以两种形式开展，一种是由全国总工会创办的"中国职工保险互助会"开展的职工医疗互助，另一种是近年来兴起并迅速发展的网络医疗互助。中国职工保险互助会创办于 1993 年，是由中华全国总工会创办，经原劳动部同意、民政部批准注册的全国性社团互助合作制保障机构。职工保险互助会自愿参加，由基层工会统一组织参保，主要为中低收入职工提供相关的保障服务，保障项目主要包括在职职工及其子女意外伤害、在职职工重大疾病、在职女职工特殊疾病等。网络互助自 2011 年以来逐步发展，是由网络互助平台组织、社会公众自愿参加，利用互联网的信息撮合功能和便捷支付功能实现疾病风险分摊的一种互助保障形式。加入网络互助的成员每期为其他患病成员分摊小额的互助金，在未来自己患病（特指互助协议所包含的疾病）时，便可获得一笔由其他成员分摊形成的互助金。[②]

三、多层次医疗保障制度的特征

（一）以基本医疗保障制度为基础

由基本医疗保险、城乡居民大病医疗保险和医疗救助构成的基本医疗保障制度是我国多层次医疗保障制度体系的基础，其覆盖程度和保障力度对于满足国民的医疗卫生服务需求，化解灾难性医疗卫生支出风险，保障国民健康权具有决定性意义。补充医疗保险、商

---

① 许飞琼：《中国多层次医疗保障体系建设现状与政策选择》，载《中国人民大学学报》2020 年第 5 期。
② 宋占军、李静：《医疗互助与多层次医疗保障体系建设》，载《中国医疗保险》2020 年第 12 期。

业健康保险、慈善捐赠和医疗互助等医疗保障制度也是我国多层次医疗保障制度体系的重要组成部分，是基本医疗保障制度的必要补充。

（二）以基本医疗保险为主体

基本医疗保险包括职工基本医疗保险和城乡居民基本医疗保险，是基本医疗保障制度中最为核心和重要的组成部分，在我国多层次医疗保障制度体系中居于主体地位。健全基本医疗保险制度，强化基本医疗保险制度的主体地位是建设多层次医疗保障制度的应然之义。当前，我国已经建成世界上最大的基本医疗保障网。根据国家医保局发布的《2023年医疗保障事业发展统计快报》，截至 2023 年底，基本医疗保险参保人数达 133 386.9 万人，参保覆盖面稳定在 95% 以上，参保质量持续提升。参加职工基本医疗保险人数 37 093.88 万人。参加城乡居民基本医疗保险人数 96 293.02 万人。2023 年，基本医疗保险基金（含生育保险）总收入、总支出分别为 33 355.16 亿元、28 140.33 亿元。职工基本医疗保险基金（含生育保险）收入 22 880.57 亿元，其中，统筹基金收入 16 636.07 亿元。基金支出 17 717.80 亿元，其中，统筹基金支出 11 620.58 亿元。职工基本医疗保险统筹基金（含生育保险）年末累计结存 26 405.89 亿元。城乡居民基本医疗保险基金收入 10 474.59 亿元，支出 10 422.53 亿元。[①] 我国基本医疗保险制度运行稳健。

（三）以医疗救助为托底

医疗救助是指以财政补助、彩票公益金、社会捐赠等多渠道筹集形成的医疗救助基金或疾病应急救助基金，为符合救助条件的困难人员提供所需的基本医疗卫生服务的制度，是我国医疗保障体系的重要组成部分，并在该体系中发挥着托底性保障作用。医疗救助制度包括城乡医疗救助制度和疾病应急救助制度。前者是指向提出救助申请的最低生活保障家庭成员、特困供养人员以及县级以上人民政府规定的其他特殊困难人员提供费用资助或补偿以保障其获得基本医疗卫生服务的制度，主要通过资助参保和直接医疗费用救助两种形式实现救助功能。"资助参保"是指对救助对象参加居民基本医疗保险的个人缴费部分给予资助。"直接医疗费用救助"是对救助对象经基本医疗保险、大病保险和其他补充医疗保险支付后，个人及其家庭难以承担的符合规定的基本医疗自负费用，给予补助。疾病应急救助制度是指对需要急救但身份不明或者无力支付急救费用的急重危伤病患者给予救助的制度。符合规定的急救费用由疾病应急救助基金支付。

（四）不同医疗保障制度互相衔接、共同发展

多层次医疗保障制度体系中的不同医疗保障制度并非相互割裂、孤立发展的，而是互相衔接、共同发展的有机体。首先，基本医疗保险、大病保险与医疗救助制度之间互补衔接，发挥着基础性、普惠性、兜底性的保障功能，共同保障公民的基本医疗需求。基本医疗保险发挥主体保障功能，大病保险对基本医疗保险目录范围内的规定费用进行二次报销，发挥减负功能，医疗救助起着托底保障功能，对经大病保险报销后仍有困难的群众实施重特大疾病医疗救助。应强化基本医疗保险、大病保险与医疗救助三重保障功能，遵循强制、普惠、公平、互助共济的原则，以覆盖全体人口、为所有人提供基本医疗保障为出

---

① 《2023 年医疗保障事业发展统计快报》，载国家医疗保障局官网。

发点，保障待遇对所有人一律平等，同时让保障水平伴随国家现代化进程稳步提升。[①]其次，商业健康保险、慈善医疗救助和医疗互助与基本医疗保障制度相衔接，发挥着补充性保障功能。其中，商业健康保险是对基本医疗保障制度保障能力和覆盖范围的补充，有助于满足中高收入群体超出基本医疗需求的多样化医疗保障需求；慈善医疗救助和医疗互助则充分调动社会力量和民间资源，为有需要的低收入群体提供医疗费用相关援助，在基本医疗保障制度之外发挥着补充性保障功能。

四、多层次医疗保障制度的立法概况

健全多层次医疗保障制度体系是我国医疗保障制度改革的重要目标，也是《基本医疗卫生与健康促进法》确定的医疗保障制度框架。该法第 83 条第 1 款规定，国家建立以基本医疗保险为主体，商业健康保险、医疗救助、职工互助医疗和医疗慈善服务等为补充的、多层次的医疗保障体系。同时，多层次医疗保障制度体系的建设更是完善医疗保障立法的应有之义。2021 年 6 月，国家医疗保障局研究起草的《医疗保障法（征求意见稿）》明确将"健全高质量多层次医疗保障体系"作为立法目的之一。通过规定医疗救助制度、补充医疗保险、商业健康保险、慈善捐赠等制度对"多层次医疗保障"体系进行框架性规定。

但是，就多层次医疗保障制度体系中的不同医疗保障制度而言，上述规定在充分性、均衡性和精细化上欠妥。具体而言，《社会保险法》第三章以 10 个条文对"基本医疗保险"作了专章规定，《社会救助暂行办法》第五章以 6 个条文对"医疗救助"作了专章规定，除《保险法》外，商业健康保险还受《健康保险管理办法》这一部门规章的调整。慈善医疗虽然需要遵循《慈善法》的规定，但《慈善法》并未针对慈善医疗作出专门规定，且未针对慈善医疗制定具有法律约束力的文件，因此慈善医疗救助仍缺乏必要的法律规范。除此之外，城乡居民大病保险、补充医疗保险、医疗互助主要以政策的形式推进。以城乡居民大病保险为例，自依据 2012 年国家发展改革委等六部门联合发布《关于开展城乡居民大病保险工作的指导意见》在全国范围内开展面向城乡居民的大病保险试点以来，国务院办公厅分别于 2015 年印发《关于全面实施城乡居民大病保险的意见》、于 2021 年发布《关于健全重特大疾病医疗保险和救助制度的意见》，民政部等部门于 2017 年联合印发了《关于进一步加强医疗救助与城乡居民大病保险有效衔接的通知》，这些政策文件对大病医疗保险制度的资金来源、覆盖对象、支付政策、经办服务、监督管理以及与医疗救助等的衔接机制作了具体规定。

本章思考题

1. 目前世界范围内有几种典型的医疗保障法律体制？我国的医疗保障法律体制所呈现的特征偏向于何种类型？为什么？

---

① 郑功成：《多层次社会保障体系建设：现状评估与政策思路》，载《社会保障评论》2019 年第 1 期。

2. 医疗保障权是一项什么性质的权利？它有哪些基本内容？

3. 医疗保障法的法律定位是什么？为何采取这样的法律定位？

4. 医疗保障法与其他卫生健康法是何种关系？应该如何处理医疗保障法与其他卫生健康法的衔接问题？

5. 我国与世界典型国家在医疗保障法律上存在哪些共同点和差异性？这些特点对于我国医疗保障法律的构建有怎样的启示？

6. 如何理解建设多层次医疗保障制度的意义？

第二十一章
基本医疗保险法律制度

基本医疗保险是我国多层次医疗保障制度体系的主体，包括职工基本医疗保险和城乡居民基本医疗保险。应遵循强制、普惠、公平、互助共济的原则，进一步完善基本医疗保险制度，以更好地满足全体人民的基本医疗保障需求。本章介绍基本医疗保险的含义、发展历程及其法治化状况，分析基本医疗保险法律关系，阐述基本医疗保险筹资法律制度和给付法律制度。

第一节　基本医疗保险法律制度概述

一、基本医疗保险概述

（一）基本医疗保险的含义

基本医疗保险是指由国家立法为补偿公民因疾病或非因工负伤风险造成的经济损失而建立的一项社会保险制度。[①] 根据《社会保险法》规定，基本医疗保险是我国社会保险制度的法定险种之一，由职工基本医疗保险制度、城镇居民基本医疗保险制度和新型农村合作医疗制度组成。2016 年 1 月，国务院发布《关于整合城乡居民基本医疗保险制度的意见》，要求将城镇居民医疗保险和新型农村合作医疗整合为统一的居民基本医疗保险制度，实现覆盖范围、筹资政策、保障待遇、医保目录、定点管理、基金管理的统一。《基本医疗卫生与健康促进法》第 82 条第 2 款规定，公民有依法参加基本医疗保险的权利和义务。用人单位和职工按照国家规定缴纳职工基本医疗保险费。城乡居民按照规定缴纳城乡居民基本医疗保险费。这一规定明确了基本医疗保险由职工基本医疗保险和城乡居民基本医疗保险组成，分别覆盖就业人群和非就业人群。

1. 职工基本医疗保险

职工基本医疗保险，简称"职工医保"，是我国基本医疗保险制度中开展时间最早、制度体系最为复杂、最为典型的法定基本医疗保险，是指政府主导的、以用人单位的职工

[①]　郑功成主编：《中华人民共和国社会保险法释义与适用指引》，中国劳动社会保障出版社 2012 年版，第 83—84 页。

以及灵活就业人员为参保人的、由用人单位及其职工共同缴费和灵活就业人员个人缴费为主进行筹资、保障参保人基本医疗需求的医疗保险制度。

2. 城乡居民基本医疗保险

城乡居民基本医疗保险，简称"居民基本医疗保险"或"居民医保"，是我国基本医疗保险制度中覆盖人口最多的法定基本医疗保险，是指政府主导的、以城乡居民为参保人的、由城乡居民以家庭为单位个人缴费和财政补助进行筹资、保障参保人基本医疗需求的医疗保险制度。城乡居民基本医疗保险覆盖未参加职工基本医疗保险或者未按照规定享有其他医疗保障的人员，实施财政补助和个人缴费相结合的筹资模式，按年定额筹资，综合考虑经济社会发展、医疗费用增长、医疗保障待遇支付等因素，按年调整筹资标准。

（二）基本医疗保险制度的建立与发展

1. 职工基本医疗保险的建立与发展

20 世纪 50 年代开始，我国逐步建立起面向企业职工及其家属的劳保医疗制度和面向机关事业单位及其家属的公费医疗制度，所需资金分别从企业经营成本和政府财政列支，职工无须缴费。但是，随着计划经济向市场经济体制的逐渐转轨，政府财政逐渐难以承受公费医疗的费用，劳保医疗也因无法适应社会经济发展的需要而难以为继，公费医疗和劳保医疗制度改革势在必行。1993 年，党的十四届三中全会通过《关于建立社会主义市场经济体制若干问题的决定》，提出在城镇建立社会统筹与个人账户相结合的职工医疗保险制度。国务院从 1994 年起在江苏镇江、江西九江启动职工医疗保险制度改革试点。1998年 12 月，在总结各地试点经验的基础上，国务院发布《关于建立城镇职工基本医疗保险制度的决定》，从 1999 年初起，在全国范围内进行城镇职工医疗保险制度改革，职工基本医疗保险逐渐取代了公费医疗和劳保医疗制度。根据《国务院关于建立城镇职工基本医疗保险制度的决定》规定，城镇所有用人单位，包括企业（国有企业、集体企业、外商投资企业、私营企业等）、机关、事业单位、社会团体、民办非企业单位及其职工，都要参加基本医疗保险。

随着我国经济体制改革的进一步深化和产业结构的调整，灵活就业人员逐步增加。为解决灵活就业人员的医疗保障问题，原劳动和社会保障部办公厅于 2003 年 5 月发布《关于城镇灵活就业人员参加基本医疗保险的指导意见》，明确将灵活就业人员纳入基本医疗保险制度范围。[①]

2. 居民基本医疗保险制度的建立与发展

居民基本医疗保险制度经历了 2003 年新型农村合作医疗制度建立、2007 年城镇居民基本医疗保险制度建立和 2016 年以后两项制度整合成城乡居民医保制度三个发展阶段。

（1）2003 年新型农村合作医疗制度建立。改革开放以前，我国在农村实行合作医疗制度，以较低的成本初步解决了农村的基本医疗卫生服务问题，也为世界各国特别是发展中国家解决农村基本卫生服务供给难题提供了一个范例。20 世纪 70 年代末，随着家庭联产承包经营责任制的广泛运行，集体经济迅速解体，农村合作医疗制度逐渐失去了互助合作的基础，亟须重建面向农村居民的医疗保障体系。2002 年 10 月，《中共中央、国务院

---

① 尹蔚民主编：《中华人民共和国社会保险法释义》，中国劳动社会保障出版社 2010 年版，第 94—95 页。

关于进一步加强农村卫生工作的决定》提出各级政府要积极组织引导农民建立以大病统筹为主的新型合作医疗制度，2010 年，在全国农村基本建立起这一制度。2003 年 1 月，国务院办公厅转发卫生部、财政部、农业部《关于建立新型农村合作医疗制度的意见》，决定从 2003 年开始按照财政支持、农民自愿、政府组织的原则进行新农合试点，新型农村合作医疗成为世界上覆盖人口最多的一项基本医疗保障制度。[①]

（2）2007 年城镇居民基本医疗保险制度建立。随着城镇职工医疗保险制度的全面实施和新型农村合作医疗工作的顺利推进，城镇学生、儿童等非就业的城镇居民医疗问题日益突出，社会反响强烈。从 2004 年开始，部分地区开始探索建立城镇居民医疗保险制度，取得了较好效果。2006 年，党的十六届六中全会通过的《关于构建社会主义和谐社会若干重大问题的决定》要求建立以大病统筹为主的城镇居民医疗保险。2007 年 7 月，国务院印发了《关于开展城镇居民基本医疗保险试点的指导意见》，全面部署城镇居民基本医疗保险试点工作。城镇居民基本医疗保险主要覆盖城镇非就业居民，自愿参保，以家庭缴费为主、政府给予适当补助。

（3）2016 年以来城乡居民医疗保障制度建立。新型农村合作医疗和城镇居民基本医疗保险分别作为面向农村居民和城市居民的基本医疗保险制度，先后于 2008 年和 2010 年达成政策目标，[②]实现了对城乡居民的全覆盖。但是，这种制度分设、管理分离、资源分割的城乡居民医疗保险制度不利于推进城乡一体化，也不利于实现公民平等的基本医疗保障权。2009 年 3 月，《中共中央、国务院关于深化医药卫生体制改革的意见》明确提出，"探索建立城乡一体化的基本医疗保障管理制度"，"随着经济社会发展，逐步提高筹资水平和统筹层次，缩小保障水平差距，最终实现制度框架的基本统一"，"有效整合基本医疗保险经办资源，逐步实现城乡基本医疗保险行政管理的统一"。2016 年 1 月，国务院发布了《关于整合城乡居民基本医疗保险制度的意见》，明确提出将新型农村合作医疗和城镇居民基本医疗保险两项制度加以整合，建立全国统一的居民医保制度，实现覆盖范围、筹资政策、保障待遇、医保目录、定点管理、基金管理的统一。

二、基本医疗保险制度的法治化

基本医疗保险旨在为全体参保人员提供基本医疗保障，与公民健康权的实现息息相关。基本医疗保险制度涉及政府、保险人、投保人、被保险人、医疗保险辅助人等多元主体之间的复杂法律关系，涵盖参保、筹资、经办、给付、监管等诸多环节与事项。因此，强化基本医疗保险制度的规范化、法治化至关重要。以 2010 年通过《社会保险法》和 2019 年通过《基本医疗卫生与健康促进法》为界点，可将我国基本医疗保险法治进程分为探索期、发展期和完善期三个阶段。

（一）基本医疗保险法治探索期（20 世纪 90 年代—2005 年）

20 世纪 90 年代以来，我国开展基本医疗保险制度试点工作并逐步在全国范围内确立，

[①]　郑功成主编：《中华人民共和国社会保险法释义与适用指引》，中国劳动社会保障出版社 2012 年版，第 88—89 页。

[②]　孙淑云：《改革开放 40 年：中国医疗保障体系的创新与发展》，载《甘肃社会科学》2018 年第 5 期。

基本医疗保险的立法工作也在同步探索之中，体现出作为社会保险险种之一而与其他社会保险统一立法探索的特点。第八届全国人大常委会就将包含基本医疗保险在内的社会保险立法纳入立法规划，第九、十届全国人大常委会也都将社会保险法纳入立法规划。第十一届全国人大常委会更将社会保险法作为我国社会主义法律体系中发挥支柱作用的法律，要求在 2010 年之前完成立法工作。

根据第八届全国人大常委会的立法规划和要求，原劳动部从 1993 年起就开始起草《社会保险法（草案）》，并于 1995 年将草案报国务院。1998 年之后，根据第九届全国人大常委会的立法规划和要求，原劳动部第二次组织起草《社会保险法（草案）》，并于 2001 年再次将草案报国务院。但是，由于当时社会保险制度还在急剧变革之中，各方对社会保险制度的发展方向、基本模式等还未形成较为统一的认识，尤其是农村居民和城镇居民的社会保险制度建设还未提上议事日程，因此，这两次报国务院审议的《社会保险法（草案）》，都未能形成共识，也未能提请全国人大常委会审议。[①]

（二）基本医疗保险法治发展期（2005—2019 年）

继 1998 年职工基本医疗保险建立之后，新型农村合作医疗制度和城镇居民基本医疗保险分别于 2003 年和 2007 年建立。基本医疗保险制度的初建为基本医疗保险立法提供了制度基础，立法取得重要进展。这一时期的基本医疗保险法治呈现出两个特点：一是仍然作为社会保险法的组成部分进行一体化立法，呈现非独立性；二是从立法内容来看，因应基本医疗保险制度的初建表现出明显的框架搭建特点，精细化程度不高。

2005 年，第十届全国人大常委会第三次将《社会保险法》纳入立法规划，原劳动和社会保障部第三次组织起草了《社会保险法（草案）》，并于 2006 年报国务院。2007 年 11 月，国务院常务会议讨论通过了《社会保险法（草案）》，并提请全国人大常委会审议。2007 年 12 月，第十届全国人大常委会第三十一次会议对草案进行了初次审议。2008 年 12 月，第十一届全国人大常委会第六次会议对草案进行了第二次审议，并向社会公布公开征求意见。2009 年 12 月，第十一届全国人大常委会第十二次会议对《社会保险法（草案）》进行第三次审议。[②]2010 年 10 月，第十一届全国人大常委会第十七次会议对《社会保险法（草案）》进行了第四次审议并表决通过。《社会保险法》第三章以 10 个法条对"基本医疗保险"作出了原则性、框架性的规定。

除了《社会保险法》之外，这一时期还制定了《社会保险费征缴暂行条例》和《社会保险稽核办法》等行政法规和部门规章。

（三）基本医疗保险法治完善期（2019 年 12 月至今）

2019 年 12 月，十三届全国人大常委会第十五次会议审议通过了《基本医疗卫生与健康促进法》。作为我国卫生健康领域第一部基础性、综合性法律，该法搭建起我国卫生健康法治的框架，对包括基本医疗保险在内的医疗保障制度体系作了明确规定。该法颁行之后，对卫生健康领域的具体事项制定"精细化"的"单行法"提上日程。这一时期的基本医疗保险立法呈现出专门化、系统化、精细化的特点。2021 年 6 月，国家医保局组织起

---

① 王超英、孔昌生：《中华人民共和国社会保险法释义与案例》，人民出版社 2010 年版，第 7—8 页。

② 尹蔚民主编：《中华人民共和国社会保险法释义》，中国劳动社会保障出版社 2010 年版，第 8—9 页。

草了《医疗保障法（征求意见稿）》并向社会公开征求意见。2022 年 5 月，全国人大常委会公布 2022 年度立法工作计划，医疗保障法被列为预备审议项目。2023 年 9 月 7 日发布的《十四届全国人大常委会立法规划》中，医疗保障法为第二类项目。

这一时期，与基本医疗保险相关的行政法规和部门规章也密集出台。2021 年 1 月，国务院通过《医疗保障基金使用监督管理条例》，并于同年 5 月 1 日开始实施；2023 年 7 月，国务院第十一次常务会议通过《社会保险经办条例》，并于同年 12 月 1 日起施行。2020 年以来，国家医保局先后发布了 6 部部门规章，分别是 2020 年 7 月发布的《基本医疗保险用药管理暂行办法》、2020 年 12 月发布的《医疗机构医疗保障定点管理暂行办法》和《零售药店医疗保障定点管理暂行办法》、2021 年 6 月发布的《医疗保障行政处罚程序暂行规定》、2022 年 1 月发布的《医疗保障基金使用监督管理举报处理暂行办法》以及 2023 年 3 月发布的《医疗保障基金飞行检查管理暂行办法》。

地方基本医疗保险立法活动也较为活跃。2019 年 12 月，天津市发布《天津市基本医疗保险条例》；2021 年 3 月，浙江省通过《浙江省医疗保障条例》；2023 年 1 月，江苏省通过了《江苏省医疗保障条例》。

第二节　基本医疗保险法律关系

法律关系是以法律规范为基础形成的、以法律权利与法律义务为内容的社会关系。[①] 基本医疗保险法律关系是指基本医疗保险法律规范所调整的不同活动主体之间在医疗保险活动中形成的权利义务关系。基本医疗保险法律关系包括主体、客体和内容三个构成要素。

一、基本医疗保险法律关系的主体

法律关系的主体简称法律主体，是指在法律关系中享有权利和履行义务的人。[②] 基本医疗保险法律关系的主体包括国家、政府及其医疗保障相关部门、医疗保险经办机构、定点医药机构、用人单位及职工、灵活就业人员、城乡居民等。

（一）国家

《宪法》第 45 条第 1 款规定，中华人民共和国公民在年老、疾病或者丧失劳动能力的情况下，有从国家和社会获得物质帮助的权利。国家发展为公民享受这些权利所需要的社会保险、社会救济和医疗卫生事业。《社会保险法》进一步明确规定，国家建立基本医疗保险，保障公民在疾病的情况下依法从国家和社会获得物质帮助的权利。《基本医疗卫生与健康促进法》第 82 条第 1 款也规定，国家依法多渠道筹集基本医疗保险基金，逐步完善基本医疗保险可持续筹资和保障水平调整机制。因此，国家是基本医疗保险法律关系的主体。

---

① 张文显主编：《法理学（第 5 版）》，高等教育出版社、北京大学出版社 2018 年版，第 152 页。
② 张文显主编：《法理学（第 5 版）》，高等教育出版社、北京大学出版社 2018 年版，第 154 页。

（二）政府及其医疗保障相关部门

在基本医疗保险法律关系中，国家的职责和义务主要由国务院及其医疗保障相关部门，和县级以上地方人民政府及其医疗保障相关部门履行，政府及其医疗保障相关部门也是基本医疗保险法律关系的主体。医疗保障相关部门是指医疗保障行政部门，即医疗保障局及卫生健康、市场监督、药品监管、发展改革、财政、税务等与基本医疗保险相关的政府各职能部门。

（三）医疗保障经办机构

医疗保障经办机构简称"医保经办机构"或"经办机构"，根据《医疗机构医疗保障定点管理暂行办法》第51条第1款之规定，经办机构是具有法定授权，实施医疗保障管理服务的职能机构，是医疗保障经办的主体。经办机构在基本医疗保险法律关系中居于保险人的法律地位，根据法律法规的授权负责基本医疗保险基金的管理和使用，作为所有参保人员的代表，以第三方的角色对医疗服务进行战略性购买并行使稽核职能，保护参保人员的合法权益。同时，就其所经办的业务接受医保行政主管部门、审计部门和社会各界的监督。

（四）定点医药机构

定点医药机构是基本医疗保险的服务机构，包括定点医疗机构和定点零售药店。《医疗机构医疗保障定点管理暂行办法》第51条第2款将"定点医疗机构"界定为"自愿与统筹地区经办机构签订医保协议，为参保人员提供医疗服务的医疗机构"。另据《零售药店医疗保障定点管理暂行办法》第48条第3款之规定，定点零售药店是指自愿与统筹地区经办机构签订医保协议，为参保人员提供药品服务的实体零售药店。

（五）用人单位及职工、灵活就业人员

《社会保险法》第23条第1款规定，职工应当参加职工基本医疗保险，由用人单位和职工按照国家规定共同缴纳基本医疗保险费。因此，用人单位和职工属于投保人，而职工作为参保人员同时具有被保险人的法律地位。负有强制参保义务的"职工"主要是指有正式工作单位、劳动关系清晰的正式职工，根据《社会保险费征缴暂行条例》第3条第2款之规定，包括国有企业、城镇集体企业、外商投资企业、城镇私营企业和其他城镇企业及其职工，国家机关及其工作人员，事业单位及其职工，民办非企业单位及其职工，社会团体及其专职人员。

《社会保险法》第23条第2款规定，无雇工的个体工商户、未在用人单位参加职工基本医疗保险的非全日制从业人员以及其他灵活就业人员可以参加职工基本医疗保险，由个人按照国家规定缴纳基本医疗保险费。这些灵活就业人员属于工薪劳动者，但往往没有明确的工作单位，或者和工作单位之间缺乏清晰的劳动关系，甚至没有劳动关系，属于"非正规就业者"，可参加基本医疗保险，但应由个人按照国家规定缴纳基本医疗保险费。

（六）城乡居民

根据2016年国务院发布的《关于整合城乡居民基本医疗保险制度的意见》，城乡居民医保制度覆盖范围包括现有城镇居民医保和新农合所有应参保（合）人员，即覆盖除职工基本医疗保险应参保人员以外的其他所有城乡居民。参加城乡居民医疗保险的城乡居民，作为参保人员的同时也是被保险人。

二、基本医疗保险法律关系的客体

法律关系的客体是法律关系主体发生权利义务联系的中介，是法律关系主体的权利和义务所指向、影响和作用的对象。其具体形态多种多样，包括物、人身／人格、智力成果、行为、信息以及其他客体。[①] 基本医疗保险法律关系主体的多元性决定了客体的复杂性，不同类型的法律关系中的客体也有所不同。

具体而言，国家、政府及其医疗保障相关部门等管理主体与保险人、投保人、被保险人、医疗保险服务机构之间法律关系的客体是医疗保险行政监管行为；保险人与被保险人之间法律关系的客体是基本医疗保险待遇的请求与给付行为；保险人与参保人之间法律关系的客体是基本医疗保险费的征缴行为；在职工基本医疗保险中，被保险人与投保人之间法律关系的客体是基本医疗保险的登记与保险费的缴纳行为；保险人与医疗保险服务机构之间法律关系的客体是医药服务提供以及医疗服务费用的结算行为；被保险人与医疗保险服务机构之间法律关系的客体是医药服务的提供行为。

三、基本医疗保险法律关系的内容

法律关系的内容是指法律主体就具体某个客体，在特定条件下所享有的权利和应当履行的义务。[②] 卫生法律关系的内容包括卫生权利、卫生义务、卫生权力和卫生责任。[③]

（一）国家、政府及其相关医疗保障部门的主要职责和义务

1. 国家的主要职责和义务

国家负有建立健全基本医疗保险各项制度、保障公民健康权的义务，具体包括：（1）建立基本医疗保险，保障公民在疾病的情况下依法从国家和社会获得物质帮助的权利。[④]（2）建立健全全国统一的医疗保障经办管理体系，提供标准化、规范化的医疗保障经办服务，实现省、市、县、乡镇（街道）、村（社区）全覆盖。[⑤]（3）建立健全基本医疗保险经办机构与协议定点医疗卫生机构之间的协商谈判机制，科学合理确定基本医疗保险基金支付标准和支付方式，引导医疗卫生机构合理诊疗，促进患者有序流动，提高基本医疗保险基金使用效益，[⑥] 等等。

2. 政府及其相关医疗保障部门的主要职责和义务

（1）主管基本医疗保险经办工作。国务院医疗保障行政部门主管全国基本医疗保险、生育保险等社会保险经办工作。[⑦] 县级以上地方人民政府医疗保障行政部门按照统筹层次

[①] 张文显主编：《法理学（第 5 版）》，高等教育出版社、北京大学出版社 2018 年版，第 157—159 页。

[②] 解志勇主编：《卫生法学通论（第 2 版）》，中国政法大学出版社 2022 年版，第 17 页。

[③] 申卫星主编：《卫生法学原论》，人民出版社 2022 年版，第 28 页。

[④] 参见《社会保险法》第 2 条。

[⑤] 参见《医疗保障基金使用监督管理条例》第 9 条。

[⑥] 参见《基本医疗卫生与健康促进法》第 84 条。

[⑦] 参见《社会保险经办条例》第 4 条第 1 款。

主管基本医疗保险、生育保险等社会保险经办工作。[①] 医疗保障行政部门应当加强对医保服务协议订立、履行等情况的监督。[②]

（2）制定基本医疗保障基金支付范围及协议管理等政策、法规和规范性文件。国务院医疗保障行政部门依法组织制定医疗保障基金支付范围。省、自治区、直辖市人民政府按照国家规定的权限和程序，补充制定本行政区域内医疗保障基金支付的具体项目和标准，并报国务院医疗保障行政部门备案。[③] 国务院医疗保障行政部门负责制定服务协议管理办法，规范、简化、优化医药机构定点申请、专业评估、协商谈判程序，制作并定期修订服务协议范本。国务院医疗保障行政部门制定服务协议管理办法，应当听取有关部门、医药机构、行业协会、社会公众、专家等方面意见。[④]

（3）领导、主管基本医疗保障基金监督管理工作。县级以上人民政府加强对医疗保障基金使用监督管理工作的领导，建立健全医疗保障基金使用监督管理机制和基金监督管理执法体制，加强医疗保障基金使用监督管理能力建设，为医疗保障基金使用监督管理工作提供保障。[⑤] 国务院医疗保障行政部门主管全国的医疗保障基金使用监督管理工作。国务院其他有关部门在各自职责范围内负责有关的医疗保障基金使用监督管理工作。[⑥] 县级以上地方人民政府医疗保障行政部门负责本行政区域的医疗保障基金使用监督管理工作。县级以上地方人民政府其他有关部门在各自职责范围内负责有关的医疗保障基金使用监督管理工作。[⑦] 医疗保障行政部门组织开展医疗保障基金使用专项检查、飞行检查、联合检查、指定检查等形式的监督检查。[⑧]

（4）对基本医疗保险基金进行补助的义务。县级以上人民政府在基本医疗保险基金出现支付不足时，给予补贴。[⑨]

（二）医保经办机构的主要职责和义务

医保经办机构应在国家规定的支付范围内使用医疗保障基金；[⑩] 应建立健全业务、财务、安全和风险管理制度，做好服务协议管理、费用监控、基金拨付、待遇审核及支付等工作，并定期向社会公开医疗保障基金的收入、支出、结余等情况，接受社会监督；[⑪] 应与定点医药机构建立集体谈判协商机制，合理确定定点医药机构的医疗保障基金预算金额和拨付时限，并根据保障公众健康需求和管理服务的需要，与定点医药机构协商签订服务协议，规范医药服务行为，明确违反服务协议的行为及其责任；[⑫] 应及时向社会公布签订服

---

① 参见《社会保险经办条例》第 4 条第 2 款。
② 参见《医疗保障基金使用监督管理条例》第 11 条第 3 款。
③ 参见《基本医疗卫生与健康促进法》第 85 条、《医疗保障基金使用监督管理条例》第 8 条第 2 款。
④ 参见《医疗保障基金使用监督管理条例》第 23 条。
⑤ 参见《医疗保障基金使用监督管理条例》第 5 条。
⑥ 参见《医疗保障基金使用监督管理条例》第 6 条第 1 款。
⑦ 参见《医疗保障基金使用监督管理条例》第 6 条第 2 款。
⑧ 参见《医疗保障基金使用监督管理条例》第 25—26 条，《医疗保障基金飞行检查暂行办法》第 2 条。
⑨ 参见《社会保险法》第 65 条第 2 款。
⑩ 参见《医疗保障基金使用监督管理条例》第 8 条第 1 款。
⑪ 参见《医疗保障基金使用监督管理条例》第 10 条。
⑫ 参见《医疗保障基金使用监督管理条例》第 11 条第 1 款。

务协议的定点医药机构名单，[①] 按照服务协议的约定，及时结算和拨付医疗保障基金；[②] 在使用基本医疗保险基金过程中，不得收受贿赂或者取得其他非法收入；不得通过伪造、变造、隐匿、涂改、销毁医学文书、医学证明、会计凭证、电子信息等有关资料，或者虚构医药服务项目等方式，骗取医疗保障基金。[③]

当定点医药机构违反服务协议时，医疗保障经办机构可以督促其履行服务协议，按照服务协议约定暂停或者不予拨付费用、追回违规费用、中止相关责任人员或者所在部门涉及医疗保障基金使用的医药服务，直至解除服务协议；定点医药机构及其相关责任人员有权进行陈述、申辩。[④]

（三）定点医药机构的权利和义务

根据《医疗保障基金使用监督管理条例》第12—20条之规定，定点医药机构主要负有按照法律法规和医保协议向参保人提供医药服务，提高服务质量，合理使用医疗保障基金，维护公民健康权益的法定义务。具体包括：（1）建立医疗保障基金使用内部管理制度，由专门机构或者人员负责医疗保障基金使用管理工作，建立健全考核评价体系。（2）组织开展医疗保障基金相关制度、政策的培训，定期检查本单位医疗保障基金使用情况，及时纠正医疗保障基金使用不规范的行为。（3）执行实名就医和购药管理规定，核验参保人员医疗保障凭证，按照诊疗规范提供合理、必要的医药服务，向参保人员如实出具费用单据和相关资料，不得分解住院、挂床住院，不得违反诊疗规范过度诊疗、过度检查、分解处方、超量开药、重复开药，不得重复收费、超标准收费、分解项目收费，不得串换药品、医用耗材、诊疗项目和服务设施，不得诱导、协助他人冒名或者虚假就医、购药。（4）确保医疗保障基金支付的费用符合规定的支付范围；除急诊、抢救等特殊情形外，提供医疗保障基金支付范围以外的医药服务的，应当经参保人员或者其近亲属、监护人同意。（5）按照规定保管财务账目、会计凭证、处方、病历、治疗检查记录、费用明细、药品和医用耗材出入库记录等资料，及时通过医疗保障信息系统全面准确传送医疗保障基金使用有关数据，向医疗保障行政部门报告医疗保障基金使用监督管理所需信息，向社会公开医药费用、费用结构等信息，接受社会监督。（6）在使用基本医疗保险基金过程中，不得收受贿赂或者取得其他非法收入。（7）不得为参保人员利用其享受医疗保障待遇的机会转卖药品，接受返还现金、实物或者获得其他非法利益提供便利。（8）不得通过伪造、变造、隐匿、涂改、销毁医学文书、医学证明、会计凭证、电子信息等有关资料，或者虚构医药服务项目等方式，骗取医疗保障基金。

医疗保障经办机构违反服务协议的，定点医药机构有权要求纠正或者提请医疗保障行政部门协调处理、督促整改，也可以依法申请行政复议或者提起行政诉讼。

（四）用人单位及其职工、灵活就业人员、城乡居民的权利和义务

在职工基本医疗保险中，用人单位负有基本医疗保险缴费义务，享有缴费记录查询权、咨询权、救济权等程序性权利。职工、灵活就业人员、城乡居民等参保人员的权利包

---

① 参见《医疗保障基金使用监督管理条例》第11条第2款。
② 参见《医疗保障基金使用监督管理条例》第12条第1款。
③ 参见《医疗保障基金使用监督管理条例》第20条。
④ 参见《医疗保障基金使用监督管理条例》第13条第1款。

括：（1）参保权。我国实行全民医保制度，公民有依法参加基本医疗保险的权利。（2）获得医疗保障待遇的权利。基于国家立法的强制性规定，参保人员参保后，当发生保险事件时，基本医疗保险参保人员有权请求基本医疗保险基金按照规定予以支付，并要求定点医药机构如实出具其费用单据和相关资料。（3）查询权。参保人员有权查询个人权益记录，以确定自身始终处于在保状态，具体而言，查询权可拓展到请求医疗保障经办机构及时为个人建立档案的权利，请求医疗保障经办机构完整、准确地登记参保人员信息的权利。（4）咨询和改进建议权。参保人员有权要求医疗保障经办机构提供医疗保障咨询服务，有权对医疗保障基金的使用提出改进建议。（5）依法寻求救济的权利。参保人员个人认为医疗保险费征收部门的行为侵害自己合法权益的，可以依法申请行政复议或者提起行政诉讼。对医疗保障经办机构不依法办理参保登记、支付医疗保障待遇或者侵害其他医疗保障权益的行为，可以依法申请行政复议或者提起行政诉讼。[①]

根据《社会保险法》《基本医疗卫生与健康促进法》以及《医疗保障基金使用监督管理条例》的相关规定，参保人员负有如下义务：（1）按照规定缴纳基本医疗保险费的义务。（2）持本人医疗保障凭证就医、购药，并主动出示接受查验。（3）妥善保管本人医疗保障凭证，防止他人冒名使用。因特殊原因需要委托他人代为购药时，提供委托人和受托人的身份证明。（4）按照规定享受医疗保障待遇，不得重复享受。（5）不得利用其享受医疗保障待遇的机会转卖药品，接受返还现金、实物或者获得其他非法利益。（6）不得通过伪造、变造、隐匿、涂改、销毁医学文书、医学证明、会计凭证、电子信息等有关资料，或者虚构医药服务项目等方式，骗取医疗保障基金。

第三节 基本医疗保险筹资法律制度

基本医疗保险筹资，是指医疗保险经办机构依据法律规定，按照一定的缴费基数和缴费比率，向征缴对象收缴基本医疗保险费用并形成基本医疗保险基金的过程。筹资是基本医疗保险制度运行的重要环节，合理筹资是基本医疗保险制度可持续发展的重要保障。基本医疗保险筹资法律制度主要包括筹资来源、筹资标准、缴费年限和征缴主体四方面内容。

一、基本医疗保险筹资来源

（一）职工基本医疗保险筹资来源
1. 职工的缴费规定

《社会保险法》第23条第1款规定，职工应当参加职工基本医疗保险，由用人单位和职工按照国家规定共同缴纳基本医疗保险费。该法第65条第2款规定，县级以上人民政府在社会保险基金出现支付不足时，给予补贴。据此，职工基本医疗保险基金的来源包

---

① 解志勇主编：《卫生法学通论（第2版）》，中国政法大学出版社2022年版，第25页。

括职工及其所在单位的缴费，以及当基金支付不足时的政府补贴。但实践中，职工基本医疗保险建立以来，都能保持收支平衡，因此，政府财政一直未对职工医疗保险基金进行补贴。

根据《国务院关于建立城镇职工基本医疗保险制度的决定》，职工基本医疗保险基金由统筹基金和个人账户构成，即采用统账结合模式。职工个人缴费全部划入个人账户，用人单位缴纳的基本医疗保险费分为两部分，一部分用于建立统筹基金，另一部分划入个人账户。划入个人账户的比例一般为用人单位缴费的30%左右，具体比例由统筹地区根据个人账户的支付范围和职工年龄等因素确定。统筹基金和个人账户按各自的支付范围分开管理。需要注意的是，职工医保个人账户的设置在劳保医疗和公费医疗向职工基本医疗保险制度转型的过程中具有一定意义，但从根本上来看，个人账户的资金不能统筹使用，丧失了参保人之间的互助共济功能。中共中央、国务院2020年发布的《关于深化医疗保障制度改革的意见》明确要求，改革职工基本医疗保险个人账户，建立健全门诊共济保障机制。未来应尽快逐步淡化甚至取消个人账户，以增强制度的互助共济性。[①]

职工参加基本医疗保险应当向社会保险经办机构办理社会保险登记，根据《社会保险法》第58条第1款的规定，用人单位应当自用工之日起30日内为其职工向社会保险经办机构申请办理社会保险登记。未办理社会保险登记的，由社会保险经办机构核定其应当缴纳的社会保险费。在办理社会保险登记后，用人单位应当自行申报、按时足额缴纳社会保险费，非因不可抗力等法定事由，不得缓缴、减免。职工应当缴纳的社会保险费由用人单位代扣代缴，用人单位应当按月将缴纳社会保险费的明细情况告知本人。[②]

2. 非正规就业者的缴费规定

《社会保险法》第23条第2款规定，无雇工的个体工商户、未在用人单位参加职工基本医疗保险的非全日制从业人员以及其他灵活就业人员可以参加职工基本医疗保险，由个人按照国家规定缴纳基本医疗保险费。与具有明确劳动关系的用人单位职工负有强制参加基本医疗保险的法定义务不同，非正规就业者享有参加或不参加职工基本医疗保险的选择权，属于任意参保人，又称自愿参保人，该群体可以选择参加职工基本医疗保险，也可以选择不参加职工基本医疗保险而参加居民基本医疗保险。如果参加职工基本医疗保险，即应由个人缴纳全部基本医疗保险费。因此，实践中大多数非正规就业者选择不参加保险费用较高的职工基本医疗保险，而是参加待遇水平略低但保险费用更低的居民基本医疗保险。由于居民基本医疗保险以自愿参保为原则，因此有极少部分人选择既不参加职工基本医疗保险，也不参加居民基本医疗保险。虽然《基本医疗卫生与健康促进法》第82条第2款规定，公民有依法参加基本医疗保险的义务，但并未设置公民不履行该义务时的法律责任，因此实践中仍有部分人不参加基本医疗保险，这不利于"全民医保"的实现和维系。因此，应优化筹资结构以促进非正规就业者参保。[③]

①　郑功成：《中国医疗保障基金发展报告（2022）》，载郑功成主编：《中国医疗保障发展报告（2022）：医保基金政策演进、实践效果及优化》，社会科学文献出版社2022年版，第29—52页。

②　郑功成主编：《中华人民共和国社会保险法释义与适用指引》，中国劳动社会保障出版社2012年版，第85页。

③　何文炯、刘来泽：《中国职工基本医疗保险制度的完善》，载郑功成主编：《中国医疗保障发展报告（2023）：多层次医疗保障体系建设与发展》，社会科学文献出版社2023年版，第50页。

　　根据《社会保险法》第58条第2款和第60条第2款之规定，自愿参加基本医疗保险的无雇工的个体工商户、未在用人单位参加社会保险的非全日制从业人员以及其他灵活就业人员应当向社会保险经办机构申请办理社会保险登记。在进行社会保险登记之后，可以直接向社会保险费征收机构缴纳社会保险费。

（二）居民基本医疗保险筹资来源

　　如前所述，居民基本医疗保险由新型农村合作医疗和城镇居民基本医疗保险整合而来，这两项制度均以自愿参保为基本原则，因此，居民基本医疗保险也沿袭了自愿参保的原则。根据国务院发布的《关于整合城乡居民基本医疗保险制度的意见》，城乡居民医疗保险制度覆盖范围包括现有城镇居民医保和新农合所有应参保（合）人员，即覆盖除职工基本医疗保险应参保人员以外的其他所有城乡居民，所有农村居民都可以家庭为单位自愿参加居民基本医疗保险。农民工和灵活就业人员依法参加职工基本医疗保险，有困难的可按照当地规定参加城乡居民医保。居民基本医疗保险的自愿参保原则容易发生拒保、漏保、脱保或断保等情形，影响全民参保的实现。未来应实施强制参保或自动参保，实现稳定的全覆盖。[①]

　　根据《关于整合城乡居民基本医疗保险制度的意见》，整合之后的城乡居民基本医疗保险坚持多渠道筹资，继续实行个人缴费与政府补助相结合为主的筹资方式，鼓励集体、单位或其他社会经济组织给予扶持或资助。据此，居民基本医疗保险筹资来源包括个人缴费、政府补助和社会扶持三部分。实践中，居民基本医疗保险主要由城乡居民以家庭为单位个人缴费和财政补助进行筹资，按年定额筹资，综合考虑经济社会发展、医疗费用增长、医疗保障待遇支付等因素，按年调整筹资标准。这种按人头实行定额缴费和定额补贴的制度虽然操作简便，但是不符合参保者缴费义务应与其收入挂钩的社会医疗保险筹资规则，也不利于合理确定和调整个人与政府的筹资责任分担方式。以户籍为依据的财政补助机制也不适应人户分离现象的常态化。未来应探索将定额缴费制转向收入关联型缴费制，并将政府财政补助从以户籍为依据逐步转变为以常住人口为依据。[②]

二、基本医疗保险筹资标准

（一）职工基本医疗保险筹资标准

　　职工基本医疗保险的筹资标准由缴费基数和缴费比率两个因素决定。根据《社会保险费征缴暂行条例》第3条第5款之规定，社会保险费的费基、费率依照有关法律、行政法规和国务院的规定执行。

　　1. 缴费基数

　　根据《国务院关于建立城镇职工基本医疗保险制度的决定》，职工基本医疗保险的参保者个人缴费基数是参保者的工资收入，用人单位的缴费基数则是"职工工资总额"。各

---

① 华颖：《中国居民医保制度的现状及展望》，载郑功成主编：《中国医疗保障发展报告（2023）：多层次医疗保障体系建设与发展》，社会科学文献出版社2023年版，第80页。

② 华颖：《居民医疗保险基金筹资发展报告（2022）》，载郑功成主编：《中国医疗保障发展报告（2022）：医保基金政策演进、实践效果及优化》，社会科学文献出版社2022年版，141—148页。

地对个人缴费基数一般是在当地社会平均工资的 60% 到 300% 之间据实确定。用人单位的缴费基数有"单基数"和"双基数"两种确定方法,"单基数"是以个人缴费基数之和为用人单位缴费基数,"双基数"是直接以用人单位的工资总额为缴费基数。

2. 缴费比率

(1)用人单位缴费比率。《国务院关于建立城镇职工基本医疗保险制度的决定》规定,"用人单位缴费率应控制在职工工资总额的 6% 左右","随着经济发展,用人单位和职工缴费率可作相应调整"。用人单位缴纳的基本医疗保险费分为两部分,一部分用于建立统筹基金,另一部分划入个人账户。划入个人账户的部分一般为用人单位缴费的 30% 左右。

(2)参保者个人缴费比率。《国务院关于建立城镇职工基本医疗保险制度的决定》规定,职工医保参保者个人缴费比率一般为本人工资收入的 2%,但实际上这个比率只适用于在用人单位工作的正式职工。对于灵活就业等其他人员而言,其缴费比率可能还要加上用人单位缴费的那部分,即灵活就业等其他人员参保时还需要缴纳本应由用人单位缴纳的那部分保险费。[①]灵活就业者参加基本医疗保险的缴费率原则上按照当地的缴费率确定,缴纳的基本医疗保险费纳入统筹地区基本医疗保险基金统一管理。

(二)居民基本医疗保险筹资标准

居民医保采取个人定额缴费和政府财政按人均定额补助相结合的筹资方式,国家规定个人筹资和财政补贴的最低标准,这一标准逐年上升,且各地可以根据实际情况执行本地区的筹资办法和标准。2024 年,城乡居民基本医疗保险人均财政补助标准为每人每年不低于 670 元,居民个人缴费金额为 400 元,合计缴费 1 070 元。享受最低生活保障的人、纳入特困人员救助供养范围的人、丧失劳动能力的残疾人、低收入家庭 60 周岁以上的老年人和未成年人等参加城乡居民基本医疗保险所需个人缴费部分,由政府给予补贴。

三、基本医疗保险缴费年限

与城乡居民基本医疗保险实行终身缴费制不同,职工基本医疗保险有缴费年限的规定。《社会保险法》第 27 条规定,参加职工基本医疗保险的个人,达到法定退休年龄时累计缴费达到国家规定年限的,退休后不再缴纳基本医疗保险费,按照国家规定享受基本医疗保险待遇;未达到国家规定年限的,可以缴费至国家规定年限。据此,"最低缴费年限"是指职工实现退休后继续享受医疗保险待遇,不需要再缴纳基本医疗保险费所应达到的最低缴纳医疗保险费的年限。目前对最低缴费年限没有全国统一的规定,由各统筹地区根据本地情况来确定。参加职工基本医疗保险的个人,退休时未达到国家规定的最低缴费年限的,可以采用补缴的方式缴费至国家规定年限,补缴的费用包括其实际缴费年限与国家规定的最低缴费年限相差的期间内,应当由用人单位和个人缴纳的全部医疗保险费用。

[①] 何文炯、刘来泽:《职工基本医疗保险筹资分析报告(2022)》,载郑功成主编:《中国医疗保障发展报告(2022):医保基金政策演进、实践效果及优化》,社会科学文献出版社 2022 年版,第 60—62 页。

四、基本医疗保险费征缴主体与规则

根据中共中央办公厅、国务院办公厅印发的《国税地税征管体制改革方案》，基本医疗保险费由税务部门统一征收。社会保险经办机构应当及时向税务机关提供缴费单位社会保险登记、变更登记、注销登记以及缴费申报的情况。

根据《社会保险法》和《社会保险费征缴暂行条例》，基本医疗保险缴费规则如下：（1）缴费单位和缴费个人应当以货币形式全额缴纳社会保险费。缴费个人应当缴纳的医疗保险费，由所在单位从本人工资中代扣代缴。非因不可抗力等法定事由不得缓缴、减免。缴费单位未按规定缴纳和代扣代缴医疗保险费的，由医疗保障行政部门或者税务机关责令限期缴纳；逾期仍不缴纳的，除补缴欠缴数额外，从欠缴之日起，按日加收2‰的滞纳金。滞纳金并入医疗保险基金。（2）征收的医疗保险费存入财政部门在国有商业银行开设的社会保障基金财政专户，基本医疗保险基金、生育保险基金等单独核算。医疗保险基金不计征税费。（3）医疗保险经办机构应当建立缴费记录，包括记录个人账户缴费情况。负责保存缴费记录，并保证其完整、安全，缴费单位、缴费个人有权按照规定查询缴费记录。（4）用人单位未按规定申报应当缴纳的医疗保险费数额的，按照该单位上月缴费额的110%确定应当缴纳数额；缴费单位补办申报手续后，由征收机构按照规定结算。用人单位逾期仍未缴纳或者补足医疗保险费的，征收机构可以向银行和其他金融机构查询其存款账户，并可以申请县级以上有关行政部门作出划拨医疗保险费的决定，书面通知其开户银行或者其他金融机构划拨医疗保险费。用人单位账户余额少于应当缴纳的医疗保险费的，征收机构可以要求该用人单位提供担保，签订延期缴费协议。用人单位未足额缴纳医疗保险费且未提供担保的，征收机构可以申请人民法院扣押、查封、拍卖其价值相当于应当缴纳医疗保险费的财产，以拍卖所得抵缴医疗保险费。

第四节 基本医疗保险给付法律制度

基本医疗保险给付是当保险对象发生保险所承保的疾病风险时，保险人按照法律规定的条件和标准，为其提供基本医疗服务并对其在医疗过程中产生的医疗费用进行金钱补偿。基本医疗保险制度的功能，不仅在于补偿病患的医疗费用，还在于维持与促进国民健康，因此大多数国家都采用向保险对象提供相关医疗服务的方式进行给付，即以实物给付（医疗服务给付）为原则，金钱补偿为例外。[1]基本医疗保险给付法律制度包括给付内容、给付标准、费用结算等。

---

① 陈云良主编：《卫生法学》，高等教育出版社2020年版，第330页。

一、基本医疗保险给付内容与限制性规定

（一）基本医疗保险的给付内容

《社会保险法》第 28 条规定，符合基本医疗保险药品目录、诊疗项目、医疗服务设施标准以及急诊、抢救的医疗费用，按照国家规定从基本医疗保险基金中支付。《基本医疗卫生与健康促进法》第 85 条进一步明确了基本医疗保险基金支付范围的确定程序：基本医疗保险基金支付范围由国务院医疗保障主管部门组织制定，并应当听取国务院卫生健康主管部门、中医药主管部门、药品监督管理部门、财政部门等的意见。省、自治区、直辖市人民政府可以按照国家有关规定，补充确定本行政区域基本医疗保险基金支付的具体项目和标准，并报国务院医疗保障主管部门备案。国务院医疗保障主管部门应当对纳入支付范围的基本医疗保险药品目录、诊疗项目、医疗服务设施标准等组织开展循证医学和经济性评价，并应当听取国务院卫生健康主管部门、中医药主管部门、药品监督管理部门、财政部门等有关方面的意见。评价结果应当作为调整基本医疗保险基金支付范围的依据。

1. 基本医疗保险药品目录

为了贯彻落实《国务院关于建立城镇职工基本医疗保险制度的决定》，保障职工基本医疗用药，合理控制药品费用，规范基本医疗保险用药范围管理，1999 年 5 月，原劳动和社会保障部等部门联合制定了《城镇职工基本医疗保险用药范围管理暂行办法》，规定基本医疗保险用药范围；通过制定《国家基本医疗保险和工伤保险药品目录》[①]（以下简称《药品目录》）进行管理。纳入《药品目录》的药品，应是临床必需、安全有效、价格合理、使用方便、市场能够保证供应的药品，包括西药、中成药（含民族药）、中药饮片（含民族药）三部分，由国家在全国范围内组织临床医学、药学专家评审制定。其中，西药和中成药在《国家基本药物目录》的基础上遴选，分为"甲类目录"和"乙类目录"。"甲类目录"的药品是治疗必需、使用广泛、疗效好、在同类药品中价格低的药品。"乙类目录"的药品是可供临床治疗选择使用、疗效好、在同类药品中比"甲类目录"药品价格略高的药品。"甲类目录"由国家统一制定，各地不得调整。"乙类目录"由国家制定，各省、自治区、直辖市可根据当地经济水平、医疗需求和用药习惯，适当进行调整，增加和减少的品种数之和不得超过国家制定的"乙类目录"药品总数的 15%。[②] 从 2017 年开始还逐步建立了药品医保准入谈判制度。2020 年 7 月，国家医疗保障局印发了《基本医疗保险用药管理暂行办法》，对基本医疗保险药品目录调整的程序、原则、条件等作出明确规定。《国家基本医疗保险、工伤保险和生育保险药品目录（2023 年）》收载西药和中成药共 3 088 种，西药 1 698 种，中成药 1 390 种，另含中药饮片 892 种。[③]

---

① 自 2017 年起，我国生育保险和职工基本医疗保险制度合并实施，生育保险基金并入职工基本医疗保险基金统一征缴，在职工基本医疗保险统筹基金待遇支出中设置生育待遇支出项目，所需资金从职工基本医疗保险基金中支付。在此之后，《国家基本医疗保险和工伤保险药品目录》更名为《国家基本医疗保险、工伤保险和生育保险药品目录》。

② 尹蔚民主编：《中华人民共和国社会保险法释义》，中国劳动社会保障出版社 2010 年版，第 117—118 页。

③ 参见《2023 年医疗保障事业发展统计快报》，载于国家医疗保障局官网。

2. 基本医疗保险诊疗项目范围

诊疗项目主要包括两部分：一是医疗技术劳务项目，如体现医疗劳务的诊疗费、手术费、麻醉费、化验费等，体现护理人员劳务的护理费、注射费等，非医疗技术劳务如护工费等不包含在内。二是采用医疗仪器、设备和医用材料进行的诊断、治疗项目，如 B 超、CT 等诊断设备，各种导管等医用材料等。1999 年 6 月，原劳动和社会保障部等部门联合制定的《关于城镇职工基本医疗保险诊疗项目管理的意见》和《关于确定城镇职工基本医疗服务设施范围和支付标准的意见》规定，基本医疗保险对诊疗项目、医疗服务设施实行分级管理，国家层面采用排除法规定基本医疗保险不予支付费用和支付部分费用的诊疗项目范围以及基本医疗保险不予支付的医疗服务设施范围。在此基础上，各省根据实际情况采取排除法或准入法制定本省的诊疗项目目录，明确医疗保障支付的医疗服务设施范围。

3. 基本医疗保险医疗服务设施标准

基本医疗保险医疗服务设施是指由定点医疗机构提供的，参保人员在接受诊断、治疗和护理过程中所必需的生活服务设施，如住院期间使用的病床等。基本医疗保险医疗服务设施费用主要包括住院床位费及门（急）诊留观床位费。基本医疗保险住院床位费及门（急）诊留观床位费支付标准，由统筹地区劳动保障行政部门按照本省物价部门规定的标准确定。随着城乡医保制度的整合，基本医疗保险门（急）诊留观床位费支付标准按本省物价部门规定的收费标准确定，但不得超过基本医疗保险住院床位费支付标准。参保人员的实际床位费标准低于基本医疗保险住院床位费支付标准的，以实际床位费标准按基本医疗保险的规定支付；高于基本医疗保险住院床位费支付标准的，在支付标准以内的费用，按基本医疗保险的规定支付，超出部分由参保人员自付。

4. 急诊、抢救的医疗费用

急诊，是指医疗机构为急性病患者进行紧急治疗的门诊。抢救，是指在紧急危险情况下的迅速救护。与一般治疗相比，急诊、抢救的特点是变化急骤、时间性强、随机性大、病谱广泛、多科交叉、涉及面广，而且急危重病人的诊治风险大、社会责任重。在定点医疗机构发生的符合基本医疗保险药品目录、诊疗项目、医疗服务设施标准的急诊、抢救的医疗费用，应当由基本医疗保险基金按照国家规定支付。除此之外，在一定情况下，在非定点医疗机构发生的急诊、抢救的医疗费用，以及超出基本医疗保险药品目录的急诊、抢救医疗费用，也属于基本医疗保险的支付范围。

（二）基本医疗保险给付内容的限制性规定

根据《社会保险法》第 30 条第 1 款规定，下列医疗费用不纳入基本医疗保险基金支付范围：（1）应当从工伤保险基金中支付的；（2）应当由第三人负担的；（3）应当由公共卫生负担的；（4）在境外就医的。该条第 2 款规定，医疗费用依法应当由第三人负担，第三人不支付或者无法确定第三人的，由基本医疗保险基金先行支付。基本医疗保险基金先行支付后，有权向第三人追偿。国家医疗保障局、财政部联合发布的《关于建立医疗保障待遇清单制度的意见》在上述四种情况之外，还规定了两种不予支付的情况，即"体育健身、养生保健消费、健康体检"和"国家规定的基本医疗保险基金不予支付的其他费用"。

二、基本医疗保险的给付标准

基本医疗保险的给付标准，又称基本医疗保险的支付标准或待遇标准，由起付标准、最高支付限额和支付比例三部分组成。起付标准又称起付线，起付标准之下的医疗费用，由参保人个人支付。最高支付限额又称封顶线，是指医保基金最高支付数额。支付比例又称分担比例或共付比例，是指被保险人对起付标准以上、最高支付限额以下的医疗费用，请求保险人予以分担的比例或固定数额。参保人在定点医药机构发生的医保政策内就医费用，医保基金按比例支付起付标准以上、最高支付限额以下的部分。

《社会保险法》第 3 条规定，社会保险制度坚持保基本、可持续的方针，社会保险水平应当与经济社会发展水平相适应。国家医疗保障局、财政部联合发布的《关于建立医疗保障待遇清单制度的意见》要求各地因地制宜，在国家规定范围内制定住院和门诊起付标准、支付比例和最高支付限额；不得自行制定个人或家庭账户；逐步规范缴费年限。

《关于建立医疗保障待遇清单制度的意见》对住院待遇支付政策作了如下规定：（1）起付标准。职工医保的起付标准原则上不高于统筹地区年职工平均工资的 10%，具体标准由各地根据本地实际情况确定。不同级别医疗机构适当拉开差距。低保对象、特困人员原则上全面取消救助门槛，暂不具备条件的地区，对其设定的年度起付标准不得高于统筹区上年居民人均可支配收入的 5%，并逐步探索取消起付标准，低收入家庭成员按 10% 左右确定，因病致贫家庭重病患者按 25% 左右确定。（2）支付比例。对于起付标准以上、最高支付限额以下的政策范围内的费用，基本医保总体支付比例 75% 左右，职工医保和城乡居民医保保持合理差距，不同级别医疗机构适当拉开差距。（3）基金最高支付限额。职工医保叠加职工大额医疗费用补助、居民医保叠加大病保险的最高支付限额原则上达到当地职工年平均工资和居民人均可支配收入的 6 倍左右。

该意见对门诊待遇支付政策规定如下：（1）普通门诊。对于起付标准以上、最高支付限额以下的政策范围内的费用，居民医保门诊统筹支付比例不低于 50%。（2）门诊慢特病。把高血压、糖尿病等门诊用药纳入医保报销。恶性肿瘤门诊放化疗、尿毒症透析、器官移植术后抗排异治疗、重性精神病人药物维持治疗、糖尿病胰岛素治疗、肺结核、日间手术等，可参照住院管理和支付。

三、基本医疗保险费用结算

基本医疗保险费用结算是控制医疗费用和保障参保人员享有恰当的医疗服务的重要政策措施。《社会保险法》规定了基本医疗保险费用直接结算制度和异地就医医疗费用结算制度。

（一）基本医疗费用直接结算制度

目前，在世界范围内，医疗保险费结算制度主要有预付制和后付制两种基本分类。预付制一般是指在医疗费用发生之前，保险人按照一定的标准将医疗费用预先支付给医疗服务提供方。支付标准在一定时期内是固定的，一段时间后按实际情况的变化再作相应调整。预付制主要包括总额预付制、按人头支付和按疾病诊断相关分组支付等。后付制一般是指医疗保险方在费用发生后，按投保人以实际发生的医疗费用为基础向医疗机构进行支付。

我国长期以来采用后付制，即由参保人员在就医后先自行支付全部医疗费用，然后再就其中应当由医疗保险基金支付的部分到医疗保险经办机构报销。为了缓解个人大量垫付医疗费的问题，1999 年之后，我国开始探索医疗费用直接结算制度。[①] 原人力资源和社会保障部、财政部发布的《关于进一步加强基本医疗保险基金管理的指导意见》要求"改进费用结算方式。积极探索医疗保险经办机构与医疗机构、药品供应商通过协商谈判，合理确定医药服务的付费方式及标准，发挥医疗保障对医疗服务和药品费用的制约作用。鼓励探索实行按病种付费、总额预付、按人头付费等结算方式，充分调动医疗机构和医生控制医疗服务成本的主动性和积极性"。

《社会保险法》从法律上确立了基本医疗费用直接结算制度。该法第 29 条第 1 款规定，参保人员医疗费用中应当由基本医疗保险基金支付的部分，由社会保险经办机构与医疗机构、药品经营单位直接结算。《社会保险经办条例》第 20 条第 1 款也明确规定，个人医疗费用、生育医疗费用中应当由基本医疗保险（含生育保险）基金支付的部分，由社会保险经办机构审核后与医疗机构、药品经营单位直接结算。基本医疗保险费用直接结算制度确立后，参保人员无须再先行垫付医疗费用，也不必再去医疗保险经办机构报销。

（二）异地就医医疗费用结算制度

异地就医是指参保人员在自己所在统筹地区以外的中国境内就医的情况。异地就医的费用结算直接影响到参保人异地就医的便捷性，是其基本医疗保险待遇的重要组成部分。《社会保险法》确立了异地就医医疗费用结算制度，根据该法第 29 条第 2 款之规定，社会保险行政部门和卫生行政部门应当建立异地就医医疗费用结算制度，方便参保人员享受基本医疗保险待遇。《社会保险经办条例》第 23 条也规定，医疗保障行政部门应当按照职责建立健全异地就医医疗费用结算制度。基本医疗保险经办机构应当做好异地就医医疗费用结算工作。

跨省异地就医直接结算是指参保人员跨省异地就医时只需支付按规定由个人负担的医疗费用，其他费用由就医地经办机构与跨省联网定点医药机构按医疗保障服务协议约定审核后支付。跨省异地就医直接结算费用医保基金支付部分实行先预付后清算，预付资金原则上来源于参保人员所属统筹地区的医疗保险基金。根据《基本医疗保险跨省异地就医直接结算经办规程》第 7 条规定，参加基本医疗保险的下列人员，可以申请办理跨省异地就医直接结算：（1）跨省异地长期居住人员，包括异地安置退休人员、异地长期居住人员、常驻异地工作人员等长期在参保省外工作、居住、生活的人员。（2）跨省临时外出就医人员，包括异地转诊就医人员，因工作、旅游等原因异地急诊抢救人员以及其他跨省临时外出就医人员。

---

① 郑功成主编：《中华人民共和国社会保险法释义与适用指引》，中国劳动社会保障出版社 2012 年版，第 101—102 页。

本章思考题

1. 简述职工基本医疗保险和城乡居民基本医疗保险的异同。
2. 思考《基本医疗卫生与健康促进法》实施之后基本医疗保险的法治化趋势。
3. 基于我国基本医疗保险的发展历程思考其未来发展趋势。
4. 思考职工基本医疗保险个人账户制度改革的必要性及方向。
5. 如何提升城乡居民基本医疗保险筹资制度的公平性?

第二十二章
其他多层次医疗保障制度

疾病风险是人类社会面临的永恒风险，人口老龄化等社会因素加剧了这一风险。同时，随着经济社会的发展和民众健康意识的提升，公民的健康保障需求也日益多元化。在此背景下，建构既能基本解决公民疾病的后顾之忧，又能满足公民个性化、差异化的健康保障需求的医疗保障制度体系，成为现代文明社会的共同选择。本章介绍城乡居民大病医疗保险制度、医疗救助制度和商业医疗保险制度等基本医疗保险之外的其他多层次医疗保障制度。

第一节　城乡居民大病医疗保险制度

为解决城乡居民因重大疾病引发灾难性医疗支出而陷入贫困的状况，城乡居民大病医疗保险制度应运而生。在基本医疗保险难以缓解患者的重大医疗支出时，可由城乡居民大病医疗保险制度实现医疗费用的托底。城乡居民大病医疗保险基本制度的法治化在国民卫生健康治理法治化中占据重要地位。

一、城乡居民大病医疗保险制度现状

2012 年 8 月，国家发展和改革委员会、卫生部、财政部等联合印发了《关于开展城乡居民大病保险工作的指导意见》(下文简称《指导意见》)，标志着城乡居民大病医疗保险制度的正式诞生。这一制度旨在减轻大病患者的医疗费用负担，防止大病患者因病致贫、返贫。2014 年，国务院医改办印发了《加快推进城乡居民大病保险工作的通知》，在宏观上突出了要强化城乡居民大病医疗保险的组织领导工作。2015 年，国务院办公厅印发了《关于全面实施城乡居民大病保险的意见》，相较前面两个文件，这一文件较为详细地规定了城乡居民大病医疗保险运行的具体操作办法，如高额医疗费用的标准等。

各省市区也结合地方实际，颁布了城乡居民大病保险的相关实施方案。如《安徽省统一城乡居民基本医疗保险和大病保险保障待遇实施方案（试行）》《北京市城乡居民大病保险试行办法》《广东省开展城乡居民大病保险工作实施方案（试行）》等。除甘肃、海南、河南、吉林、青海、山东、西藏七个省份实行省级统筹外，其余省份均实行市级统筹。有

16 个省份以人均可支配收入作为起付线的标准（多在 2—4 万元之间），仅甘肃（5 000 元）、海南（8 000 元）、吉林（城居保 8 000 元、新农合 5 000 元）、宁夏（8 400 元）起付线在 1 万元以下。就支付比例而言，除少数省份笼统地规定了支付比例不低于 50% 外，大多数省份的实施方案具体规定了分段标准和相应的报销比例，各省标准差异较大。大多数省份不设封顶线，除河南的封顶线为 40 万元外，其他几个省份（安徽、福建、海南、湖南、宁夏、山东、重庆）的封顶线在 20 万左右。此外，福建、广东等诸多省份的实施方案，就具体的承办和管理方式进行了较为全面、详细的规定。

二、城乡居民大病医疗保险的权利基础

健康权和免于贫困的权利互动是城乡居民大病医疗保险开展的权利基础。健康权是公民享有的基本人权，可获取性和平等性是健康权的应有之义。2000 年，联合国经济、社会和文化权利委员会通过的《享有能达到的最高健康标准的第 14 号一般性意见》第 12 条在"可获取性"（accessibility）中强调了"实际获得的条件（physical accessibility）"和"经济上的获得条件（可支付）（accessibility/affordability）"。《基本医疗卫生与健康促进法》第 5 条第 1 款规定："公民依法享有从国家和社会获得基本医疗卫生服务的权利。"一方面，获得优质的医疗资源是健康权的基本要求。公民有权安全、切实地获得优质、可及的卫生设施和医疗服务，且相关设施、物资和服务应当是所有人都能承担得起的。昂贵的医疗成本会让贫困人口望而却步，从而延误、加重病情。另一方面，平等性也是健康权的固有内涵。接受医疗服务带来的巨额医疗费用支出会加剧患者的经济负担，给原本贫困的家庭雪上加霜，拉大贫富差距的鸿沟。国家对健康权负有实现义务，国家有义务采取措施让贫困人口获得必要的医疗资源、减轻贫困人口求医问药的成本。

适当的生活水准是实现人权的必要条件，贫困是制约自由、平等、尊严等基本人权实现的重要因素。《世界人权宣言》第 25 条第 1 款规定，人人有权享受为维持他本人和家属的健康和福利所需的生活水准。《经济、社会及文化权利国际公约》第 11 条规定，"本盟约缔约国确认人人有权享受其本人及家属所需之适当生活程度"。维持适当生活程度的首要前提就是消灭贫困。而疾病与贫困是一种双向互动关系，健康问题会导致贫困，没钱治病又会加剧健康问题，陷入"疾病—贫困—疾病"的恶性循环。《宪法》第 45 条规定，中华人民共和国公民在年老、疾病或者丧失劳动能力的情况下，有从国家和社会获得物质帮助的权利。国家发展为公民享受这些权利所需要的社会保险、社会救济和医疗卫生事业。公民在医疗保险领域从国家和社会获得物质帮助，是减轻公民医疗支出负担，提升医疗资源可获取性的应有之义。

三、城乡居民大病医疗保险的目的与属性

《指导意见》阐述了设立大病保险制度的四个目的：一是减轻群众的大病医疗费用负担，防止群众因病致贫、因病返贫；二是健全多层次医疗保障体系；三是通过政府主导和市场机制结合，提升医疗保障水平；四是促进互助共济，维护公平正义。在医疗保障领

域，任何一种制度的设立都是为了健全医疗保障制度、维护公平正义，故大病保险制度设立的特殊之处主要在于减少灾难性医疗支出和在医疗保障领域引入市场机制。

《指导意见》明确了大病保险"在基本医疗保障的基础上，对大病患者发生的高额医疗费用给予进一步保障的一项制度性安排，可进一步放大保障效用，是基本医疗保障制度的拓展和延伸，是对基本医疗保障的有益补充"。

大病保险应当是社会保险。从保险关系的建立方式看，社会保险多具有强制性，商业保险则以自愿性为特征。城镇居民医保参保人均自动参与城乡居民大病医疗保险，参加该保险具有强制性。从保障对象看，城乡居民大病医疗保险的保障对象是全体城乡居民，保障对象具有广泛性、普惠性，符合社会保险的特征。从保障程度看，城乡居民大病医疗保险旨在减少灾难性医疗支出，保障患者基本的生活水准，提供的是最低程度的保障。从资金来源看，城乡居民大病医疗保险的资金源于基本医保基金，而基本医保基金的资金是由个人缴费和国家补贴共同构成的，具有鲜明的社会性。从经营主体及运营模式看，城乡居民大病医疗保险虽然以商业保险公司为运营主体，但需要接受政府的主导，报销范围、最低补偿比例等都由政府规定。在推进城乡居民大病医疗保险法治化的过程中，要坚持其社会保障属性，同时要兼顾商业保险公司利益，充分发挥商业保险公司在精算、保险产品设计、风险管理等方面的专业优势。

四、城乡居民大病医疗保险的开展方式

合作行政是城乡居民大病医疗保险开展的基本方式。该保险采取政府主导、商业保险公司承办的公私合作方式运营。此处的公私合作（Public-Private Partnership，PPP）是指政府部门与私人部门建立合作关系，以实现公共基础设施的建设和公共产品的供给等。公私合作行政是对传统高权行政模式的打破，强调发挥多元主体在社会治理中的作用。社会专业力量的引入可以提高公共服务水平。[1]

五、城乡居民大病医疗保险的支付机制

当前，城乡居民大病医疗保险存在高额医疗费用和按病种付费两种支付模式。高额医疗费用模式中，城乡居民大病医疗保险的保障范围是高额医疗费用和城乡居民人均收入的差值。按病种付费模式是指划定重大疾病的具体范围，城乡居民大病医疗保险只对患有目录内疾病的患者进行报销。一些地区通过列举法建立了独立的城乡居民大病医疗保险目录，如山东省规定了儿童白血病等 20 种重大疾病。[2] 上海市将病种和治疗手段结合，规

---

[1] 参见袁文峰：《公私合作在我国的实践及其行政法难题研究》，中国政法大学出版社 2018 年版。
[2] 《关于印发〈20 类重大疾病新农合大病保险合规医疗费用（试行）〉的通知》（鲁卫农卫发〔2013〕2 号），规定了 20 种重大疾病，即儿童白血病、儿童先天性心脏病、终末期肾病、乳腺癌、宫颈癌、重性精神疾病、血友病、耐多药肺结核、艾滋病机会性感染、慢性粒细胞白血病、唇腭裂、肺癌、食道癌、胃癌、I 型糖尿病、甲亢、急性心肌梗塞、脑梗死、结肠癌、直肠癌。

定了四大类纳入保险范围的疾病和治疗手段。[①] 此外，有一些地区采取排除法来建立城乡居民大病医疗保险目录，如《山西省建立和完善城乡居民大病保险工作实施方案》规定，"合规医疗费用是指城乡居民大病保险资金不予支付费用以外的项目的费用"。在支付方式上，则需要推动后付制向预付制转变，将费用风险前移，让医疗机构和社保机构共同承担大病保险运行的风险，同时推动疾病诊断相关分组支付模式（Diagnosis Related Groups，DRG）改革，改进分段支付方式。

六、城乡居民大病医疗保险与医疗救助的关系

城乡居民大病医疗保险和医疗救助制度均兼具医疗保障和贫困救济的功能，因此，要完善城乡居民大病医疗保险制度、推进城乡居民大病医疗保险法治化，必须要明确城乡居民大病医疗保险的定位，协调好城乡居民大病医疗保险制度和医疗救助制度之间的关系。

首先，二者的本质属性和功能定位不同。城乡居民大病医疗保险虽然具有一定程度的福利性，但是本质上还是保险，而医疗救助制度本质上属于社会救助。二者虽然同属于社会保障制度，但本质属性并不相同。《国务院办公厅关于健全重特大疾病医疗保险和救助制度的意见》强调"增强大病保险减负功能、夯实医疗救助托底保障功能"。城乡居民大病医疗保险是一种补充保险，用以解决基本医保报销数额较低的问题，功能在于"减负"，而医疗救助的功能定位则是"托底保障"。

其次，要理顺城乡居民大病医疗保险和医疗救助的适用顺序。后者应当是对前者的兜底，这就决定了城乡居民大病医疗保险原则上要先于医疗救助适用。《国务院办公厅关于健全重特大疾病医疗保险和救助制度的意见》也明文规定了"先保险后救助"的顺序，即城乡居民大病医疗保险支付后，个人医疗费用负担仍然较重的，可以得到医疗救助。

最后，在医疗救助中要对城乡居民大病医疗保险实施倾斜保障。《国务院办公厅关于健全重特大疾病医疗保险和救助制度的意见》规定"探索完善大病保险对低保对象、特困人员和返贫致贫人口的倾斜支付政策"。天津、福建、河南等地的实施方案均降低了特定类型医疗救助对象的城乡居民大病医疗保险起付标准（降至原起付线的50%），提高了城乡居民大病医疗保险的报销比例（在原报销比例上提高5%），并取消了封顶线。

七、城乡居民大病医疗保险的司法救济

患者对于城乡居民大病医疗保险理赔问题有争议的，可以根据《行政诉讼法》第12条第1款第10项以及《社会保险法》第83条第2款规定，以社会保险经办机构没有依法支付社会保险待遇为由，提起行政诉讼。鉴于城乡居民大病医疗保险具有政府主导、统一

---

① 《上海市城乡居民大病保险办法》第4条规定，"参保居民因重症尿毒症透析治疗、肾移植抗排异治疗、恶性肿瘤治疗（化学治疗、内分泌特异治疗、放射治疗、同位素治疗、介入治疗、中医治疗）、部分精神病病种治疗（精神分裂症、中重度抑郁症、躁狂症、强迫症、精神发育迟缓伴发精神障碍、癫痫伴发精神障碍、偏执性精神病）所发生的医疗费用，纳入城乡居民大病保险范围"。

投保、强制投保的特征，未来立法应建立起统一的大病保险理赔预付款制度，明确规定社保机构的支付义务，厘清社保机构和承保公司的预付、决算操作。这样才能真正与商业保险相区别。

　　法院在行政诉讼中，应当围绕城乡居民大病医疗保险相关规范性法律文件规定的报销条件和报销程序，就原告的情况是否符合报销条件和报销程序进行形式审查，医疗费用支出是否真正给患者家庭带来了灾难等实质性问题，则属于行政机关认定事实的范围，法院应当予以尊重。

第二节　医疗救助法律制度

一、医疗救助法律制度概述

　　医疗救助是我国当前医疗保障体系的重要组成部分，与基本医保、大病保险构成医疗费用综合保障的三重制度。[①] 医疗救助制度是政府对患病后无力支付医疗费用的城乡困难居民按一定标准给予救助的医疗保障制度，本质是通过转移支付实现不同人群和地区之间卫生资源的公平分配，保障贫困人口的卫生服务利用公平。《基本医疗与健康促进法》第83条规定，国家建立以基本医疗保险为主体，商业健康保险、医疗救助、职工互助医疗和医疗慈善服务等为补充的、多层次的医疗保障体系；国家完善医疗救助制度，保障符合条件的困难群众获得基本医疗服务。从该条内容看，医疗救助是保障困难群众获得基本医疗服务的补充性医疗保障制度。2021年10月，国务院办公厅发布了《关于健全重特大疾病医疗保险和救助制度的意见》(以下简称《健全救助制度的意见》)，对进一步完善我国的医疗救助制度提出了新的要求。

　　我国医疗救助制度是伴随着社会救助制度和医疗保险制度发展起来的。2002年10月，中共中央、国务院下发了《关于进一步加强农村卫生工作的决定》，提出"对农村贫困家庭实行医疗救助"。2003年11月，民政部等部委下发的《关于实施农村医疗救助的意见》(已失效)初步建立了农村医疗救助制度。根据该意见，农村医疗救助制度的特点在于：(1)制度目标被定义为"政府拨款和社会各界自愿捐助等多渠道筹资，对患大病农村五保户和贫困农民家庭实行医疗救助的制度"。(2)救助对象包括农村五保户、农村贫困户家庭成员，以及地方政府规定的其他符合条件的农村贫困农民。(3)救助方式主要是"资助医疗救助对象缴纳个人应负担的全部或部分资金，参加当地合作医疗，享受合作医疗待遇"，"因患大病经合作医疗补助后个人负担医疗费用过高，影响家庭基本生活的，再给予适当的医疗救助"。但是，"医疗救助对象全年个人累计享受医疗救助金额原则上不超过当地规定的医疗救助标准"。(4)在申请和审批上，采用向村民委员会申请、乡镇人民政府

[①]　参见《国务院办公厅关于健全重特大疾病医疗保险和救助制度的意见》，载于中国政府网。

审核、县级人民政府复核并发放的程序。（5）在资金来源上，主要由地方各级财政安排医疗救助资金，中央财政通过专项转移支付对中西部贫困地区农民贫困家庭医疗救助给予适当支持，还包括社会捐赠及其他资金。可以说，当时的农村医疗救助制度，塑造了我国之后医疗救助制度的属性，其影响一直延续至今。

2005 年 3 月，国务院办公厅转发了民政部等部门《关于建立城市医疗救助制度试点工作意见》（已失效），在城市展开医疗救助制度试点，其基本特征与农村医疗救助相同，救助对象"主要是城市居民最低生活保障对象中未参加城镇职工基本医疗保险人员、已参加城镇职工基本医疗保险但个人负担仍然较重的人员和其他特殊困难群众"。

此后，国务院及各部委主要通过制定文件的方式推动医疗救助制度的进一步完善，如《关于加快推进农村医疗救助工作的通知》《关于进一步完善城乡医疗救助制度的意见》和《民政部办公厅关于确定重特大疾病医疗救助试点单位的通知》（已失效）等。有关部门还制定了《农村医疗救助基金管理试行办法》（已失效）和《关于加强城市医疗救助基金管理的意见》（已失效）等相关配套管理文件。

这一时期的相关文件，给医疗救助制度注入了新的特征。例如，对于救助对象范围，《关于进一步完善城乡医疗救助制度的意见》要求"在切实将城乡低保家庭成员和五保户纳入医疗救助范围的基础上，逐步将其他经济困难家庭人员纳入医疗救助范围。其他经济困难家庭人员主要包括低收入家庭重病患者以及当地政府规定的其他特殊困难人员"，从而将救助对象从绝对贫困人员逐步扩展到相对贫困人员。对于救助内容，该意见提出要"坚持以住院救助为主，同时兼顾门诊救助。住院救助主要用于帮助解决因病住院救助对象个人负担的医疗费用；门诊救助主要帮助解决符合条件的救助对象患有常见病、慢性病、需要长期药物维持治疗以及急诊、急救的个人负担的医疗费用"。在补助标准上，则提出了逐步降低或取消医疗救助的起付线，合理设置封顶线，进一步提高救助对象经相关基本医疗保障制度补偿后需自付的基本医疗费用的救助比例。

医疗救助制度的法治化始于 2014 年国务院颁布的《社会救助暂行办法》。根据《社会救助暂行办法》，医疗救助制度的目的是"保障医疗救助对象获得基本医疗卫生服务"。可以申请医疗救助的人员包括最低生活保障家庭成员、特困供养人员以及县级以上人民政府规定的其他特殊困难人员；救助方式包括对救助对象参加城镇居民基本医疗保险或者新型农村合作医疗的个人缴费部分，给予补贴；对救助对象经基本医疗保险、大病保险和其他补充医疗保险支付后，个人及其家庭难以承担的符合规定的基本医疗自负费用，给予补助。在获得医疗救助的程序上，采用了向乡镇人民政府申请，经县级人民政府医疗保障部门审批的体制。

2020 年 9 月，民政部和财政部公布了《社会救助法（草案征求意见稿）》并公开征求意见。该草案征求意见稿第 30 条规定："国家对最低生活保障对象、特困人员、低收入家庭成员等符合条件的医疗救助对象，对其参加城乡居民基本医疗保险的个人缴费部分，以及经基本医疗保险、大病保险和其他补充医疗保险支付后，个人及其家庭难以承担的符合规定的基本医疗自负费用，按规定给予补助。"该条文对医疗救助具体制度缺乏进一步的详细规定。

2021 年 6 月 15 日，国家医疗保障局公布了《医疗保障法（征求意见稿）》。该征求意见稿第 2 条规定："国家建立以基本医疗保险为主体，医疗救助为托底，补充医疗保险、商业健康保险、慈善医疗救助等相互衔接、共同发展的医疗保障制度体系。"从该规定看，医疗救助被作为医疗保障制度的重要组成部分。但是，该征求意见稿并未过多涉及医疗救助制度的具体内容，仅在第 19 条原则性地规定，"县级以上人民政府应当健全医疗救助制度，为符合医疗救助条件的困难人员实施资助参保和直接医疗费用救助。医疗救助对象、救助方式和救助费用范围，按照国家有关规定执行。医疗救助基金通过财政补助、彩票公益金、社会捐赠等多渠道筹集。县级以上人民政府根据经济社会发展水平和医疗救助基金筹集情况，科学合理确定医疗救助标准"。该条文将医疗救助制度作为地方性制度看待。

2021 年 10 月国务院办公厅发布的《健全救助制度的意见》，对于医疗救助制度的健全提出了更高的要求。《健全救助制度的意见》要求医疗救助制度聚焦减轻困难群众重特大疾病医疗费用负担，建立健全防范和化解因病致贫返贫长效机制，通过强化基本医保、大病保险、医疗救助综合保障，实事求是确定困难群众医疗保障待遇标准，确保困难群众基本医疗有保障，不因罹患重特大疾病影响基本生活，同时避免过度保障。

随着我国医疗救助的逐步建立，部分地方政府先后制定了政府规章和文件。例如，在省级层面，湖北省政府 2004 年 7 月起实施《湖北省城乡贫困群众重大疾病医疗救助试行办法》，甘肃省政府 2009 年 11 月制定了《甘肃省城乡医疗救助试行办法》，黑龙江省政府于 2015 年 12 月发布了《黑龙江省城乡医疗救助暂行办法》；在地市和县级层面，贵州省黔东南自治州于 2017 年 5 月发布了《黔东南州医疗救助办法（试行）》，福建省三明市政府于 2017 年 12 月发布了《三明市城乡居民医疗救助实施办法（试行）》，此外还有甘肃省高台县于 2016 年 10 月印发的《高台县城乡居民医疗救助试行办法》等。

国务院办公厅发布《健全救助制度的意见》后，全国各省级人民政府纷纷根据该意见制定了本省的规范文件。据不完全统计，截至 2022 年 8 月，全国共有 23 个省级政府发布了关于健全医疗救助的"实施意见""实施方案""若干措施"或者其征求意见稿，对国务院意见的落实进行了细化，这些文件主要对受救助人员范围、代缴医疗保险比例、医疗费用补助的比例作出了较为具体的规定。

二、我国医疗救助制度的特点

（一）兼具医疗保障与社会救助的性质与功能

当前的医疗救助制度在性质和功能上展现出复合性特征，其既是医疗保障的组成部分，也发挥着扶贫济困的社会救助功能。早期的规范性文件对于其医疗救助功能主要强调医疗保障方面。例如，2005 年发布的《关于建立城市医疗救助制度试点工作的意见》将城市医疗救助制度的目标规定为"切实帮助城市贫困群众解决就医方面的困难和问题"。《"健康中国 2030"规划纲要》和《基本医疗卫生与健康促进法》也将医疗救助作为医疗保障的重要组成部分。《"健康中国 2030"规划纲要》提出"进一步健全重特大疾病医疗保障机制，加强基本医保、城乡居民大病保险、商业健康保险与医疗救助等的有效衔接"。《基本医疗卫生与健康促进法》第 83 条强调了医疗救助制度"保障符合条件的困难群众获得基本医疗服务"的作用。

近年来,相关指导意见和规范性文件强调了医疗救助在医疗保障和社会救助,特别是在化解贫困中所起的作用。2020 年 2 月,由中共中央、国务院发布实施的《关于深化医疗保障制度改革的意见》要求"建立防范和化解因病致贫返贫长效机制"和"增强医疗救助托底保障功能"。《健全救助制度的意见》要求在聚焦减轻困难群众重特大疾病医疗费用负担的同时,建立健全防范和化解因病致贫返贫长效机制,从而实现基本医疗有保障和不因罹患重特大疾病影响基本生活的双重目标。

（二）以地方性规范为主而法治化不足

与医疗保障体制的其他制度一样,我国医疗救助体制并非通过立法形式进行顶层设计建构而成,而是在中央推动下,通过地方的探索和实践渐次形成的。反映在规范依据上,中央层面虽然制定和下发了大量的规范性文件,但主要以各类"意见""通知""纲要"为主,不属于法律规范的范围。《基本医疗卫生与健康促进法》《社会救助暂行办法》等法律、行政法规对于医疗救助作的规定又均为原则性、宣示性规定,缺乏具体的规范内容。而在地方,医疗救助主要被归为市县级政府的事务,省级政府主要以"实施意见"等方式转述中央的政策精神和要求。例如,《健全救助制度的意见》颁布后,全国多数省级政府均制定了相应的"实施意见",但是这些实施意见的目的是指导本级政府主管部门和下级政府,并非为行政机关的行政行为以及相对人权利行使提供法律依据。例如,《山东省人民政府办公厅关于健全重特大疾病医疗保险和救助制度的实施意见》虽然就"分类分层实施医疗救助托底保障"和"建立因病致贫重病患者依申请救助机制"提出了较为明确的要求,但同时规定了"具体标准由各市根据医疗救助基金支撑能力科学确定"。[①]2022 年 1 月起施行的《湖南省医疗救助办法》规定:(1)市州人民政府负责统筹本地区医疗救助工作,根据国家和省有关规定,合理确定本地区的医疗救助具体政策,规范工作流程;(2)县市区人民政府负责实施本地区医疗救助工作;(3)乡镇人民政府(街道办事处)负责辖区内医疗救助申请受理、调查核实和基础资料审核等工作。[②]从该规定看,各地实施的医疗救助,仍然依赖各级地方政府的地方性法规、地方政府规章,甚至是不具备地方政府规章制定权的区县政府制定的文件加以规范。

（三）内容具有发展性而均衡性不足

自 2002 年开始试点农村贫困家庭医疗救助以来,我国医疗救助制度在体系设计与内容上均不断演化发展。在救助对象方面,从农村困难家庭到城乡低保家庭成员和五保户,再到低保、特困或者低保边缘家庭,后拓展至因病致贫重病患者。[③]在救助方式方面,从资助参加城乡医疗保险扩展到对医疗自付费用进行报销。在救助水平上,中央文件逐步要求提高救助水平,各地具体规定的救助水平也在逐渐提高,有的地方取消了起付线,有的地方提高了报销比例和封顶线。总体而言,我国的医疗救助水平持续提高,但是这种发展具有不平衡性。不仅城乡之间有所差别,各地区之间也差距明显。

---

① 《山东省人民政府办公厅关于健全重特大疾病医疗保险和救助制度的实施意见》,载于山东省人民政府网。

② 《湖南省人民政府办公厅关于印发〈湖南省医疗救助办法〉的通知》,载于湖南省人民政府网。

③ 参见《国务院办公厅关于健全重特大疾病医疗保险和救助制度的意见》。

（四）制度上的补充性与必要性

医疗救助制度被称为我国医疗费用总和保障的三重制度之一。与基本医疗保险、针对特殊病种和大额医疗支出的大病保险相比，医疗救助针对的是贫困人口，是为贫困和弱势群体提供医疗保障的利贫（pro—poor）制度，其目的在于支持最贫困人口获得基本医疗保险的覆盖，以及避免医疗费用支出影响其正常生活。但是，专以贫困人口为保障目标的医保制度，往往在实际中不能起到应有的作用。因为制度执行会出现各种偏离设计目标的现象，如确定谁为贫困人口的问题。从比较法的角度分析，泰国 1975 年建立了《低收入保障方案》（Low Income Scheme），为贫困和弱势群体提供医疗保障。但研究表明，在该保障方案的执行过程中，有相当高比例的保障卡获得者并非低收入者。只有 17% 的贫困人口获得低收入保障卡，而持卡人中只有 35% 属于贫困人口。[1]2002 年，泰国《全民健康保险法》以普惠性的全民医疗保险（Universal Coverage Scheme，UCS）取代之前各种不同覆盖人群的医疗保险，极大地降低了贫困人口数量和因病返贫的概率，特别是大大减少了灾难性医疗支出。在 UCS 所覆盖的最贫困 20% 的人口中，灾害性医疗支出发生率由 1996 年的 6.8% 降到 2008 年的 2.8%。因医疗支出导致的返贫率由 1996 年和 2000 年的 1.97% 和 2.21%，降到 2004 年和 2009 年的 1.21% 和 0.49%。[2]从泰国的例子看，一个无差别的普惠性基本医疗保险制度，较之助贫制度能够更好地解决贫困人口的医疗保障问题。但是，我国目前建立的以职工基本医疗保险和城乡居民基本医疗保险为核心的基本医疗保险制度，虽然在覆盖率和保障程度上不断提高，但其自身仍然存在着对贫困人口获得医疗保障的阻碍性因素。例如，在经费来源上，两个基本医疗保险都需要参保人或者其雇主缴纳一定比例的保费，而对于最贫困人口，这是阻碍其获得基本医疗保险覆盖的主要原因。在医疗保险保障方面，起付线、共付率和费用先支出后报销的方式，使最贫困人口由于无力承担自付部分、无力垫付费用而抑制了其获得健康照顾的需求，特别是造成贫困人口对于"小病"、慢性病往往采取容忍或者放任的态度，直至小病拖成大病。因此，在目前未完全由公共税收支付基本医疗保险费用的背景下，仍然需要将医疗救助作为最贫困人口获得医疗保障和健康服务的最后一道防线。

三、医疗救助制度的法治化

（一）医疗救助法律规范体系

经过 20 多年的实践探索，我国的医疗救助制度已逐渐成熟，但是在法治建设方面仍存在规范层级低、分散化、碎片化以及文件化等弊端，这一直阻碍着医疗救助制度的进一步发展和完善，不利于健康权平等的实现。如前所述，建设医疗救助法治，通过医疗救助为公民特别是最贫困人口提供医疗保障是国家实现健康权的义务，为此，国家应当加强顶层设计，以国家立法的形式，建立起具有实质规范内容和可操作性的医疗救助法律体系。

---

[1] 满洪杰：《泰国〈全民健康保障法〉及其对我国医疗保障立法的启示》，载《法学论坛》2016 年第 4 期。
[2] 满洪杰：《泰国〈全民健康保障法〉及其对我国医疗保障立法的启示》，载《法学论坛》2016 年第 4 期。

1. 医疗救助立法的宪法依据

医疗救助立法的宪法依据在于我国《宪法》关于建立社会保障制度、保护公民健康权利和获得救助的权利的规定。《宪法》第 14 条规定，"国家建立健全同经济发展水平相适应的社会保障制度"。第 21 条规定，"国家发展医疗卫生事业，发展现代医药和我国传统医药，鼓励和支持农村集体经济组织、国家企业事业组织和街道组织举办各种医疗卫生设施，开展群众性的卫生活动，保护人民健康"。上述条款分别是关于国家建立包括医疗保障在内的社会保障制度的义务和国家发展医疗卫生事业的义务的规定。《宪法》第 45 条规定，"中华人民共和国公民在年老、疾病或者丧失劳动能力的情况下，有从国家和社会获得物质帮助的权利。国家发展为公民享受这些权利所需要的社会保险、社会救济和医疗卫生事业"。这一规定确立了国家为需要物质帮助的公民提供医疗救助的义务。其中，"物质保障"应当既包括通过提供基本医疗保险而使贫困人口获得医疗保障，也包括对于贫困人口根据基本医疗保险所应自我承担的费用予以救济。

2. 医疗救助立法的功能定位

医疗救助立法应当定位于医疗保障功能。当前，我国的医疗救助在制度定位上并不明确。

关于医疗救助是立足于使国民特别是经济上处于最不利者获得健康照顾，还是救助贫困问题，正如前文所述，医疗救助应当立足于保障贫困人口平等地获得基本医疗保障，而不应当将关注点落在让受助者获得超出其他公众所获得的医疗保障水平的特殊救助上。对此，《健全救助制度的意见》明确提出，在救助范围上，"除国家另有明确规定外，各统筹地区不得自行制定或用变通的方法擅自扩大医疗救助费用保障范围"；在救助水平上，"具体救助比例的确定要适宜适度，防止泛福利化倾向。各统筹地区要根据经济社会发展水平、人民健康需求、医疗救助基金支撑能力，合理设定医疗救助年度救助限额"。这些要求，强化了医疗救助的医疗保障属性。

同时，医疗救助立法应当厘清其与基本医疗保险的关系。医疗救助与基本医疗保险虽然都属于三重保障的组成部分，但是两者在性质、目的和制度架构上具有明显不同。正如前文所述，有些地方的政策，混淆了医疗救助与基本医疗保险的功能与任务。一方面，有的地方为了实现对贫困人口的救助，防止贫困人口因病致贫，通过改变基本医疗保险待遇提高了贫困人口基本医疗保险的报销比例。例如，2017 年 12 月湖南省多部门出台的《关于贯彻落实社会保险扶贫工作的实施意见》，将参加城乡居民基本医疗保险的建档立卡贫困人口、特困人员在各级定点医疗机构住院就医的政策范围内费用报销比例提高 10%。[①]此种做法，虽然有助于贫困人口获得更多的社会保险支持，却违背了医疗保险"同病同报销"的要求和平等的基本原则。另一方面，医疗救助在我国存在的意义，在于弥补基本医疗保障制度中采取的缴费、共付等方式对于最贫困人口获得医疗保障的限制，而在当前的制度设计上，医疗救助与基本医疗保险存在大量的趋同关系。例如，各地医疗救助普遍采用了基本医疗保险式的起付线制度。《健全救助制度的意见》仍然要求"按救助对象家庭困难情况，分类设定年度救助起付标准（以下简称"起付标准"）。对低保对象、特困人员

---

① 《湖南：贫困人员医保报销比例提高 10%》，载于湖南民生网。

原则上取消起付标准"。对暂不具备条件的地区，仍允许保留起付线。各省级政府发布的"实施意见"等，相应地取消了低保对象和特困人员的起付线，但对其他救助对象仍然保留了一定金额的起付线。这仍然没有脱离我国当前基本医疗保险共付模式的范畴，也没有完全解决特别贫困人口无力承担共付费用的问题。对此，在立法中应当根据医疗救助自身的功能定位设计相关制度，避免医疗救助的保险化。

3. 医疗救助立法的形式及架构

医疗保障法立法从整体上总结和推进医疗保障体制，对于保障公民健康权利具有重要意义，制定《医疗保障法》被已列入十四届全国人大常委会立法计划。医疗救助作为医疗保障的组成部分，不妨借助医疗保障法立法的契机，根据其功能定位构建行之有效的法律规范。

2021年6月国家医疗保障局发布的《医疗保障法（征求意见稿）》，虽然在第二章"筹资和待遇"第二节"多层次医疗保障"的第19条规定了医疗救助，但该条将医疗救助制度的构建权交给了县级以上人民政府，将救助对象、救助方式和救助费用范围等具体内容，交给了"国家有关规定"，将救助标准的确定权留给了县级以上人民政府。此种条文，难以为医疗救助具体制度建构提供具有法律效果的规范。

对此，本书建议，《医疗保障法》应专门设立医疗救助一章，与基本医疗保险、补充医疗保险相并列，具体内容见前文所述。

4. 与其他法律的衔接

如前所述，我国有部分特别法涉及医疗救助问题，如《老年人权益保障法》《残疾人保障法》《传染病防治法》《精神卫生法》等。[①] 医疗救助立法应注意与上述法律的衔接。

（二）医疗救助立法的具体规范内容

1. 救助对象范围

救助对象包括长期救助对象与临时救助对象两种类型。长期救助对象是收入型贫困人口，即因财产和收入状况不能自立维持其基本生活所需的家庭和个人。长期救助对象的确定依据是财产与收入，应当采取家计调查等方式确认其财产和收入状况，确认程序较为复杂。临时救助对象是支出型贫困人口。支出型贫困，是指家庭成员出现重大疾病、突发事件等意外情况，导致家庭支出远远超过承受能力而造成的绝对生活贫困。《社会救助法（草案征求意见稿）》第18条规定，该法所称支出型贫困家庭，指经县级民政部门会同有关社会救助管理部门审核确认，符合下列规定的家庭：（1）共同生活的家庭成员年人均收入低于上年度当地居民人均可支配收入；（2）家庭财产状况符合当地有关规定；（3）医疗、教育等必需支出占家庭总收入的比例达到或者超过当地规定，导致基本生活出现严重困难；（4）未纳入最低生活保障、特困供养或者低收入家庭救助范围。在医疗救助中，只有医疗支出导致基本生活出现严重困难的，才符合临时救助对象的条件。支出型贫困人口相较于收入型贫困人口认定难度更大，因为支出相对于收入的变动性更强，当发生重大医

---

① 《传染病防治法》第62条规定："国家对患有特定传染病的困难人群实行医疗救助，减免医疗费用。具体办法由国务院卫生行政部门会同国务院财政部门等部门制定。"《精神卫生法》第68条规定，"县级人民政府应当按照国家有关规定对家庭经济困难的严重精神障碍患者参加基本医疗保险给予资助""精神障碍患者通过基本医疗保险支付医疗费用后仍有困难，或者不能通过基本医疗保险支付医疗费用的，医疗保障部门应当优先给予医疗救助"。

疗费用支出时，就会产生相应的救助需求。因此，对于支出型贫困形成的救助需要，应当根据《健全救助制度的意见》要求，采用较为主动的预警监测机制，通过对贫困边缘人口医疗费用支出的动态监测和管理，协助确认救助对象。

2. 救助对象的确认程序

在救助对象的确定程序上，基于社会保障给付的性质和对消极健康权的保护，应采用申请主义。[①] 但是，申请主义可能会产生两方面的问题：一是救助决定的非溯及主义造成的保障事故发生时和给付开始期之间的时间差和给付不足问题。二是救助对象缺乏申请能力造成的救助不足的问题。[②] 对于第一个问题，应当采用溯及主义原则，由相关行政机关在确定救助对象的同时确定其需要救助的时间，使救助对象可以溯及地获得保护。对于第二个问题，应当强化国家机关积极推动救助对象申请的义务。本书认为，政府负有贯彻落实国家政策的法定职责，应在其辖区内宣传社会救助政策，对医疗救助政策进行释明，指导居民办理医疗救助，确保国家政策落实到位。

需要特别强调的是，当前我国各地采取的救助对象确认程序，基本要求申请人向户籍所在地政府申请。在我国存在大量流动人口的情况下，户籍地管辖原则不仅抑制了流动人口获得医疗救助的权利，也给受理机关开展有效的家计调查带来困难。因此，应当准许申请人向户籍所在地或经常居住地有关机关提出申请。

3. 救助费用保障范围和救助水平

在救助费用保障范围上，我国各地政策一直采用住院为主、限制门诊的模式，重视大病、住院保障，而轻视和限制门诊、预防的保障。这种保障范围的设定，一方面可能抑制救助对象预防和早期病症的诊治，导致小病拖成大病，不仅有损救助对象健康，而且进一步加重了救助对象和社会的费用负担。另一方面可能在实际执行中引起道德风险，诱使受救助者无论轻重症均要求住院治疗，增加了救助成本。应当避免使用门诊和住院的区分方法控制救助费用保障范围，实现合理保障与有效控费的平衡，避免不足或者过度保障。

在救助水平上，要实现医疗保障的公平性与对贫困人口的救助性的平衡，防止将医疗救助变成一种福利。对于长期救助对象，主要的救助方式应当是补助其参加基本医疗保险。对于参加医疗保险后的自付部分，应当根据自付对于其生活的影响，与临时救助对象采用相同标准对自付部分进行救助。如果自付部分对受救助对象正常生活影响较大的，应避免因起付线、共付率或者事后保险等因素抑制其健康需求。

4. 医疗救助筹资

医疗救助立法应当明确各级政府的筹资职责，不应把医疗救助筹资完全作为县区级政府的职能。在全国性财政统筹难以实现的情况下，应当规定医疗救助经费由省级财政统筹解决，避免救助范围和救助水平方面出现过大的地区差异。同时，应当充分发挥社会参与和慈善救助的筹资能力，通过税收优惠等法律政策，鼓励社会主体捐资用于医疗救助。

---

① 参见菊池馨实：《社会保障法制的将来构想》，韩君玲译，商务印书馆 2018 年版。
② 参见菊池馨实：《社会保障法制的将来构想》，韩君玲译，商务印书馆 2018 年版。

第三节　商业健康保险法律制度

一、商业健康保险的含义

商业健康保险，是指由保险公司对被保险人因健康原因或者医疗行为的发生给付保险金的保险。从广义上看，商业健康保险既包括医疗保险、疾病保险、失能收入损失保险、护理保险等旨在分散因疾病的不确定性引起的费用风险的"费用型保险"，也包括医疗责任保险、医师执业保险以及医疗意外保险等旨在分担医疗的不确定性引起的医疗损害风险的"损害型保险"。作为多层次医疗保障制度体系重要组成部分的商业健康保险，主要是指与分散公民疾病风险相关的、社会保障意义上的健康保险。

（一）商业健康保险是由市场力量主导的医疗保障模式

商业健康保险和基本医疗保险一样，都遵循互济性、经济补偿性等保险的一般原则，通过风险转移化解疾病给个人带来的经济损失。但是，与基本医疗保险由政府主导以及被保险人有义务参加基本医疗保险[1] 不同，商业健康保险遵循市场规则，以合同的形式将被保险人的疾病风险造成的经济损失转移给保险人，在对疾病发生概率进行数理预测和精算的基础上，通过对收取被保险人缴费建立的医疗保险基金的调剂使用达到补偿被保险人医疗费用的目的。[2] 政府只负责制订相关法律法规，从制度上规范相关主体的行为，保护被保险人和保险人的利益，并不干预商业健康保险的具体运行。被保险人没有参加商业健康保险的法定义务，遵循自愿原则决定是否参加、何时参加以及参加何种商业健康保险。保险公司则基于对被保险人的健康风险筛查结果，针对"不合格"的被保险人酌情拒保或要求加费投保。

（二）商业健康保险包括商业医疗保险、疾病保险、失能收入损失保险和护理保险等

从险种来看，商业健康保险包括商业医疗保险、疾病保险、失能收入损失保险和护

---

[1] 《中华人民共和国社会保险法》第三章"基本医疗保险"中规定了职工基本医疗保险的强制参保义务，即该法第23条规定的职工应当参加职工基本医疗保险。无雇工的个体工商户、未在用人单位参加职工基本医疗保险的非全日制从业人员以及其他灵活就业人员可以参加职工基本医疗保险，由个人按照国家规定缴纳基本医疗保险费。但该法并未规定城乡居民基本医疗保险的强制参保义务。《基本医疗卫生与健康促进法》明确规定了公民的参保义务，该法第82条第2款规定，公民有依法参加基本医疗保险的权利和义务。用人单位和职工按照国家规定缴纳职工基本医疗保险费。城乡居民按照规定缴纳城乡居民基本医疗保险费。由于该法作为卫生健康领域的基础性、综合性法律，并未设定公民不履行参保义务之时的法律责任，国家医疗保障局发布的《医疗保障法（征求意见稿）》对基本医疗保险的参保义务作了更为明确的规定，其中第12条第2款规定，国家机关、企业、事业单位、社会组织、有雇工的个体工商户等用人单位及其职工应当参加职工基本医疗保险。该条第3款"未参加职工基本医疗保险或者未按照规定享有其他医疗保障的人员依法参加城乡居民基本医疗保险"之规定，可以视为全民医保的兜底条款，具有重要意义。该条第4款和第5款规定，鼓励无雇工的个体工商户、未在用人单位参加职工基本医疗保险的非全日制从业人员以及其他灵活就业人员参加职工基本医疗保险；参保人员不得重复参加基本医疗保险。

[2] 乌日图：《医疗保障制度国际比较》，化学工业出版社2003年版，第142页。

理保险等。其中，商业医疗保险是指按照保险合同约定为被保险人的医疗、康复等提供保障的保险，疾病保险是指发生保险合同约定的疾病时，为被保险人提供保障的保险；失能收入损失保险是指以保险合同约定的疾病或者意外伤害导致工作能力丧失为给付保险金条件，为被保险人在一定时期内收入减少或者中断提供保障的保险；护理保险是指按照保险合同约定为被保险人日常生活能力障碍引发护理需要提供保障的保险。

医疗保险与疾病保险都是健康保险的重要险种，二者的区别在于保险事由不同。医疗保险以医疗行为的发生为保险事由，而疾病保险则以疾病的发生为保险事由，只要疾病确诊即可给付保险金，无须考虑患病之后的治疗情况。

二、商业健康保险的功能

（一）商业健康保险功能的国际考察

根据商业健康保险在不同国家和地区医疗保障制度体系中的作用和功能，可将其分为替代型商业健康保险和补充型商业健康保险。

替代型商业健康保险是指商业健康保险在医疗保障体系中发挥着可以替代基本医疗保险制度的功能，符合条件的公民可以择一参保。德国是替代型商业健康保险的代表国家，其医疗保险体系采取法定医疗保险和商业医疗保险的二元结构形式，通过强制适用的法定医疗保险和任意适用的商业医疗保险制度实现全民医保的目的。根据德国《社会法典》第五编之规定，所有人都负有强制参加法定医疗保险的义务，年收入超过该强制参保义务限额的高收入群体除外。法律免除该群体加入法定医疗保险的义务，并赋予其选择参加法定医疗保险或商业医疗保险的权利。也就是说，年收入超过法定医疗保险强制参保义务的群体，既享有加入法定医疗保险或商业医疗保险的自由选择权，同时也负有必须参加法定医疗保险或商业医疗保险的强制参保义务。可见，德国的商业医疗保险虽以自愿加入为前提，但其所发挥的功能是"替代性的""完全保险"。

补充型商业健康保险是指商业健康保险在医疗保障体系中发挥着补充性、附加性的功能，在主体性医疗保障制度的覆盖范围和保障程度之外为参保人提供所需的保障。英国、法国等大多数欧洲国家的商业健康保险都属于补充型商业健康保险。以法国为例，法国医疗保障制度由基础型医疗保险和补充型医疗保险组成。基础型医疗保险为所有在法国工作或者连续居住 3 个月以上的居民提供基础性的医疗保障。同时，大多数法国人有私人的补充保险，用于支付公共医疗保险系统不能报销的费用。商业健康保险提供了法定保险计划未能覆盖的医疗服务，如牙科和眼科护理，保障患者个人医疗条件的舒适性，比如超出每日限额的单人病房费用。[①]

（二）我国商业健康保险的功能

2016 年，中共中央、国务院发布的《"健康中国 2030"规划纲要》提出"丰富健康保险产品，鼓励开发与健康管理服务相关的健康保险产品"，努力实现到 2030 年"商业健康

---

① 王琬：《中国商业健康保险的发展》，载郑功成主编：《中国医疗保障发展报告（2023）：多层次医疗保障体系建设与发展》，社会科学文献出版社 2023 年版，第 104 页。

保险赔付支出占卫生总费用比重显著提高"的目标。2020 年 3 月，中共中央、国务院发布的《关于深化医疗保障制度改革的意见》进一步明确"发展商业健康保险，丰富健康保险产品供给"。党的二十大报告也指出，要"促进多层次医疗保障有序衔接"，"积极发展商业医疗保险"。

从功能上来看，商业健康保险是我国多层次医疗保障制度体系的重要组成部分，我国自商业健康保险制度建立之始，就将其功能定位为基本医疗保险的必要补充。1998 年，国务院颁布《关于建立城镇职工基本医疗保险制度的决定》，提出在"保基本"的基础上对"超过最高支付限额的医疗费用，可以通过商业医疗保险等途径解决"，初步搭建起了社会医疗保险与商业医疗保险之间的桥梁。2009 年，中共中央、国务院发布的《关于深化医药卫生体制改革的意见》也明确提出，要"加快建立和完善以基本医疗保障为主体，其他多种形式补充医疗保险和商业健康保险为补充，覆盖城乡居民的多层次医疗保障体系"，"积极发展商业健康保险，鼓励商业保险机构开发适应不同需要的健康保险产品"，"鼓励企业和个人通过参加商业保险以及多种形式的补充医疗保险解决基本医疗保障之外的需求"。《"十四五"全民医疗保障规划》进一步要求，鼓励商业保险机构提供医疗、疾病、康复、照护、生育等多领域的综合性健康保险产品和服务，逐步将医疗新技术、新药品、新器械应用纳入商业健康保险保障范围。厘清基本医疗保险责任边界，支持商业保险机构开发与基本医疗保险相衔接的商业健康保险产品，更好覆盖基本医保不予支付的费用。

三、我国商业健康保险法律制度

我国《保险法》《基本医疗卫生与健康促进法》等对商业健康保险作了较为宏观的规定。根据《保险法》第 95 条之规定，保险公司的业务范围包括：（1）人身保险业务，包括人寿保险、健康保险、意外伤害保险等保险业务；（2）财产保险业务，包括财产损失保险、责任保险、信用保险、保证保险等保险业务；（3）国务院保险监督管理机构批准的与保险有关的其他业务。保险人不得兼营人身保险业务和财产保险业务。但是，经营财产保险业务的保险公司经国务院保险监督管理机构批准，可以经营短期健康保险业务和意外伤害保险业务。保险公司应当在国务院保险监督管理机构依法批准的业务范围内从事保险经营活动。《基本医疗卫生与健康促进法》第 83 条第 2 款规定，国家鼓励发展商业健康保险，满足人民群众多样化健康保障需求。

2006 年 8 月，原中国保险监督管理委员会发布了《健康保险管理办法》，这是我国健康保险监管领域的首部部门规章。2019 年 10 月，中国银保监会发布了修订后的《健康保险管理办法》，该管理小法自 2019 年 12 月 1 日起施行。其包括 9 章 72 条，除总则和附则外，还对健康保险的经营管理、产品管理、销售管理、准备金评估、健康管理服务与合作、再保险管理和法律责任等作了具体规定。

（一）健康保险的属性、原则与类型

根据《健康保险管理办法》第 3 条和第 4 条之规定，健康保险是国家多层次医疗保障体系的重要组成部分，坚持健康保险的保障属性，鼓励保险公司遵循审慎、稳健原则，不

断丰富健康保险产品，改进健康保险服务，扩大健康保险覆盖面，并通过有效管理和市场竞争降低健康保险价格和经营成本，提升保障水平。健康保险按照保险期限分为长期健康保险和短期健康保险。长期健康保险，是指保险期间超过1年或者保险期间虽不超过1年但含有保证续保条款的健康保险。长期护理保险保险期间不得低于5年。短期健康保险，是指保险期间为1年以及1年以下且不含有保证续保条款的健康保险。

（二）健康保险的经营管理、产品管理和销售管理

商业健康保险的经营主体主要包括人身险公司、财产险公司和专业健康险公司。《健康保险管理办法》第8条规定："依法成立的健康保险公司、人寿保险公司、养老保险公司，经银保监会批准，可以经营健康保险业务。前款规定以外的保险公司，经银保监会批准，可以经营短期健康保险业务。"除健康保险公司外，保险公司经营健康保险业务应当成立专门健康保险事业部。保险公司应当对从事健康保险的核保、理赔以及销售等工作的从业人员进行健康保险专业培训。

我国健康保险产品体系主要包括医疗保险、疾病保险、失能收入损失保险以及护理保险等。除此之外，一些新型的健康保险产品，如百万医疗险、惠民保、专病险等层出不穷。《健康保险管理办法》对健康保险产品的设计、销售和理赔行为作了明确规范，明确了各类健康保险产品的产品特点和要求，要求保险公司在销售过程中提供充分的信息披露，确保消费者能够全面了解产品的特点和风险，鼓励保险公司将信息技术、大数据等应用于健康保险产品开发、风险管理、理赔等方面，提升管理水平。

（三）健康管理服务与合作

《健康保险管理办法》对健康管理服务与合作作了专章规定。保险公司可以将健康保险产品与健康管理服务相结合，提供健康风险评估和干预、疾病预防、健康体检、健康咨询、健康维护、慢性病管理、养生保健等服务，降低健康风险，减少疾病损失。保险公司开展健康管理服务的，有关健康管理服务内容可以在保险合同条款中列明，也可以另行签订健康管理服务合同。健康保险产品提供健康管理服务，其分摊的成本不得超过净保险费的20%。超出以上限额的服务，应当单独定价，不计入保险费，并在合同中明示健康管理服务价格。保险公司经营医疗保险，应当加强与医疗机构、健康管理机构、康复服务机构等合作，为被保险人提供优质、方便的医疗服务。保险公司经营医疗保险，应当按照有关政策文件规定，监督被保险人医疗行为的真实性和合法性，加强医疗费用支出合理性和必要性管理。保险公司应当积极发挥健康保险费率调节机制对医疗费用和风险管控的作用，降低不合理的医疗费用支出。

（四）健康保险中的消费者权益保护

《健康保险管理办法》强化了健康保险中的消费者权益保护，要求保险公司应当加强投保人、被保险人和受益人的隐私保护，建立健康保险客户信息管理和保密制度；规定保险公司销售健康保险产品不得强制搭配其他产品销售、不得诱导投保人为同一被保险人重复购买保障功能相同或者类似的费用补偿型医疗保险产品等，明确保险公司不得要求投保人提供或者非法收集、获取被保险人除家族遗传病史之外的遗传信息或者基因检测资料，也不得以被保险人家族遗传病史之外的遗传信息、基因检测资料作为核保条件；将长期健康保险的"犹豫期"设置为不得少于15天，并规定疾病保险、医疗保险、护理保险产品

的等待期不得超过 180 天。

本章思考题

1. 如何理解建设多层次医疗保障制度体系的意义？
2. 基本医疗保险在多层次医疗保障制度体系中居于什么地位？
3. 基本医疗保险和基本医疗保障的区别是什么？
4. 思考医疗救助对于健康权和免于贫困权利的双重作用。
5. 大病保险和医疗救助的区别与联系是什么？
6. 如何理解商业健康保险的功能？

郑重声明

高等教育出版社依法对本书享有专有出版权。任何未经许可的复制、销售行为均违反《中华人民共和国著作权法》，其行为人将承担相应的民事责任和行政责任；构成犯罪的，将被依法追究刑事责任。为了维护市场秩序，保护读者的合法权益，避免读者误用盗版书造成不良后果，我社将配合行政执法部门和司法机关对违法犯罪的单位和个人进行严厉打击。社会各界人士如发现上述侵权行为，希望及时举报，我社将奖励举报有功人员。

反盗版举报电话　（010）58581999　58582371
反盗版举报邮箱　dd@hep.com.cn
通信地址　北京市西城区德外大街 4 号　高等教育出版社知识产权与法律事务部
邮政编码　100120

读者意见反馈

为收集对教材的意见建议，进一步完善教材编写并做好服务工作，读者可将对本教材的意见建议通过如下渠道反馈至我社。

咨询电话　400-810-0598
反馈邮箱　gjdzfwb@pub.hep.cn
通信地址　北京市朝阳区惠新东街 4 号富盛大厦 1 座　高等教育出版社总编辑办公室
邮政编码　100029